Sistemas Tributários
no Mundo

Sistemas Tributários no Mundo

A TRIBUTAÇÃO NO DIREITO COMPARADO

2020

Coordenadores
Marcus Abraham
Vítor Pimentel Pereira

SISTEMAS TRIBUTÁRIOS NO MUNDO
A TRIBUTAÇÃO NO DIREITO COMPARADO
© Almedina, 2020

Coordenação: Marcus Abraham e Vítor Pimentel Pereira

Diretor Almedina Brasil: Rodrigo Mentz
Editora Jurídica: Manuella Santos de Castro
Editor de Desenvolvimento: Aurélio Cesar Nogueira
Assistentes Editoriais: Isabela Leite e Larissa Nogueira

Diagramação: Almedina
Design de Capa: FBA

ISBN: 9786556271378
Dezembro, 2020

Dados Internacionais de Catalogação na Publicação (CIP)
(Câmara Brasileira do Livro, SP, Brasil)

Sistemas tributários no mundo: a tributação no direito comparado
coordenação Marcus Abraham, Vítor Pimentel Pereira.
1. ed. – São Paulo: Almedina, 2020.

ISBN 978-65-5627-137-8

1. Direito 2. Direito comparado 3. Direito tributário
4. Tributação I. Abraham, Marcus. II. Pereira, Vítor Pimentel.

20-46168   CDD-34:336.2

Índices para catálogo sistemático:

1. Direito tributário 34:336.2

Aline Graziele Benitez – Bibliotecária – CRB-1/3129

Este livro segue as regras do novo Acordo Ortográfico da Língua Portuguesa (1990).

Todos os direitos reservados. Nenhuma parte deste livro, protegido por copyright, pode ser reproduzida, armazenada ou transmitida de alguma forma ou por algum meio, seja eletrônico ou mecânico, inclusive fotocópia, gravação ou qualquer sistema de armazenagem de informações, sem a permissão expressa e por escrito da editora.

Editora: Almedina Brasil
Rua José Maria Lisboa, 860, Conj. 131 e 132, Jardim Paulista | 01423-001 São Paulo | Brasil
editora@almedina.com.br
www.almedina.com.br

SOBRE OS COORDENADORES

Marcus Abraham
Desembargador Federal do Tribunal Regional Federal da 2ª Região (desde 2012). Foi Procurador da Fazenda Nacional (2000-2012). Foi advogado de escritório de advocacia e de empresa multinacional (1992-2000). Pós-Doutorado na Universidade Federal do Rio de Janeiro – FND/UFRJ (2019). Pós-Doutorado na Universidade de Lisboa (2018). Doutor em Direito Público pela Universidade do Estado do Rio de Janeiro – UERJ (2005). Mestre em Direito Tributário pela Universidade Candido Mendes (2000). MBA em Direito Empresarial pela EMERJ/CEE (1998). Graduação em Administração pela Universidade Candido Mendes (1996). Graduação em Direito pela Universidade Candido Mendes (1992). Ex-Diretor da Associação Brasileira de Direito Financeiro (2006-2013).
Professor de Direito Financeiro da Universidade do Estado do Rio de Janeiro (UERJ), na categoria de Professor Adjunto de 2006 a 2016, e de Professor Associado desde 2016. Membro da Diretoria da Escola da Magistratura Regional Federal da 2ª Região – EMARF (desde 2013). Coordenador do Núcleo de Estudos em Finanças Públicas, Tributação e Desenvolvimento da Faculdade de Direito da UERJ – NEFIT/UERJ desde 2010. Foi Diretor da Escola Superior da PGFN (2003-2004). Foi Diretor da Associação Brasileira de Direito Financeiro (2006-2013). Foi Professor da Universidade Candido Mendes Ipanema (1996-2007). Foi Professor da Pós-Graduação da Fundação Getúlio Vargas – FGV (2000-2006) e do Instituto Brasileiro de Mercado de Capitais – IBMEC (2003-2010). Foi Professor da Faculdade Carioca (1996-1997).

Autor de diversos livros jurídicos, dentre eles o *Curso de Direito Tributário Brasileiro*, 2ª edição, Editora Forense, 2020; *Curso de Direito Financeiro Brasileiro*, 6ª edição, Editora Forense, 2020; *Lei de Responsabilidade Fiscal Comentada*, 3ª edição, Editora Forense, 2020. É autor de mais de 100 artigos e capítulos de livros, publicados nos mais diversos meios, inclusive em jornais de grande circulação e no exterior.

Vítor Pimentel Pereira
Bacharel e Mestre em Direito (Universidade do Estado do Rio de Janeiro). Vice-presidente jurídico do Centro Interdisciplinar de Ética e Economia Personalista (CIEEP). Membro honorário do Instituto dos Advogados Brasileiros (IAB). Assessor jurídico no Tribunal Regional Federal da 2ª Região.
Autor, em coautoria com Marcus Abraham, do livro *Jurisprudência tributária vinculante – teoria e precedentes*, Editora Quartier Latin, 2015, e organizador, também com Marcus Abraham, das obras *Princípios de direito público: ênfase em direito financeiro e tributário*, Editora Fórum, 2018, e *Orçamento Público no Direito Comparado*, Quartier Latin, 2015.

SOBRE OS AUTORES

Andrea Siqueira Martins
Bacharel em Direito e Ciências Econômicas pela UFF (Universidade Federal Fluminense). Mestre em Finanças Públicas, Tributação e Desenvolvimento pela Universidade do Estado do Rio de Janeiro (UERJ). Conselheira Substituta do Tribunal de Contas do Estado do Rio de Janeiro (TCE – RJ).

Bruno de Paula Soares
Mestrando no Programa de Pós-graduação em Direito da Universidade do Estado do Rio de Janeiro (PPGD/UERJ) em Finanças Públicas, Tributação e Desenvolvimento. Pós-graduando em Direito e Processo Tributário pela Universidade Estácio de Sá (UNESA). Pós-graduando em Residência Jurídica pela Universidade Federal Fluminense (UFF). Bacharel em Direito pela Universidade Federal Fluminense (UFF). Advogado.

Clara Gomes Moreira
Doutora e Mestre em Direito Tributário pela Universidade de São Paulo. Professora Colaboradora do Mestrado Profissional do Instituto Brasileiro de Direito Tributário em Direito Tributário Internacional. Advogada em São Paulo.

Daniel Giotti de Paula
Doutor em Finanças Públicas, Tributação e Desenvolvimento (UERJ). Professor de Direito Financeiro e Tributário. Procurador da Fazenda Nacional.

Daniel Lannes Poubel
Mestre e Doutorando em Finanças Públicas, Tributação e Desenvolvimento pelo Programa de Pós-graduação em Direito da Universidade do Estado do Rio de Janeiro (PPGD-UERJ). Advogado.

Diego Fernandes Ximenes
Mestre e Doutorando (UERJ). Pós-graduado em Direito Civil-Constitucional (UERJ) e Direito Tributário (FGV), além de possuir cursos em Análise Econômica do Direito (UERJ) e Contabilidade (FGV). Advogado, professor, servidor público da Secretaria de Fazenda do Estado do Rio de Janeiro (SEFAZ-RJ).

Donovan Mazza Lessa
Mestre em Direito Tributário pela Universidade Cândido Mendes (UCAM) e Doutor em Finanças Públicas, Tributação e Desenvolvimento pela Universidade do Estado do Rio de Janeiro (UERJ). Advogado.

Eduarda Cardoso Motta
Mestranda em Tributação e Finanças Públicas pela Universidade do Estado do Rio de Janeiro (UERJ). Advogada graduada pela Universidade Federal do Rio de Janeiro (UFRJ).

Érico de Carvalho Pimentel
Mestre e Doutorando em Direito (Finanças Públicas, Tributação e Desenvolvimento) pela UERJ. Procurador do Estado do Espírito Santo.

Guilherme de Lara Picinini
Graduado em Direito pela Universidade Federal do Rio de Janeiro. Mestrando em Finanças Públicas, Tributação e Desenvolvimento pela Universidade do Estado do Rio de Janeiro. Advogado.

Gustavo Telles da Silva
Advogado. Mestrando do Programa de Pós-Graduação Stricto Sensu da Universidade do Estado do Rio de Janeiro – Linha de Pesquisa Finanças Públicas, Tributação e Desenvolvimento.

Kerlly Huback Bragança
Doutorando em Finanças Públicas, Tributação e Desenvolvimento (UERJ). Mestre em Direito (PUC-SP). Pós-graduado em Direito Tributário (FGV-Rio). Graduado em Direito (UERJ) e em Análise de Sistemas (UFRJ). Professor de Direito Tributário e Previdenciário. Auditor da RFB.

Leonardo Farias Florentino
Especialista em Direito Tributário pelo IBET e mestrando na linha de Finanças Públicas, Tributação e Desenvolvimento pela UERJ. Advogado em São Paulo.

Lucas Henrici Marques de Lima
Mestrando na linha de pesquisa de Finanças Públicas, Tributação e Desenvolvimento no Programa de Pós-Graduação em Direito da UERJ. Pesquisador da Cátedra UERJ-VALE. Bacharel em Direito pela Faculdade de Direito da UERJ. Advogado.

Magno de Aguiar Maranhão Junior
Especialista em Regulação da Agência Nacional do Cinema – Ancine. Professor Universitário da Fundação Técnico Educacional Souza Marques. Mestrando em Direito Tributário pela Universidade do Estado do Rio de Janeiro – UERJ.

Mariana Wendriner
Graduada pela Universidade do Estado do Rio de Janeiro – UERJ. Mestranda do programa de pós-graduação da Universidade do Estado do Rio de Janeiro, na linha de pesquisa de Finanças Públicas, Tributação e Desenvolvimento – PPGD-UERJ.

Paulo Vitor Gouvea Soares
Mestrando em Finanças Públicas, Tributação e Desenvolvimento pela Universidade do Estado do Rio de Janeiro. Foi Vice-Presidente da Comissão de Combate Intolerância Religiosa da OAB/RJ. Membro do Pleno do Superior Tribunal de Justiça Desportiva de Futebol Americano. Advogado especialista em Direito Tributário e Direito Público na Rodrigo Brandão Advogados. Graduado pela Universidade Federal do Rio de Janeiro – Faculdade Nacional de Direito.

Renata da Silveira Bilhim
Conselheira do CARF. Professora da FGV; IBMEC; PUC; UFF, EMERJ. Sócia fundadora da Bilhim Educação e Consultoria Tributária. Doutora em Finanças e Tributação (UERJ). Mestre em Direito Público e Evolução Social (UNESA). Especialista em Direito Tributário (IBET). Pós-Graduada em Comércio Internacional, pelo Instituto de Estudos Superiores/Genebra. Pós-Graduada em Direito Público e Privado (EMERJ). Especialista em Processo Administrativo e Judicial Tributário (UCAM). Graduada em Direito (PUC/RJ).

Samuel Azulay
Sócio do escritório DSMA Azulay. Mestrando em Ciências Jurídicas com foco em Direito Tributário pela Universidade Autónoma de Lisboa. Pós-graduado (LLM) em Direito Tributário pela Fundação Getúlio Vargas. Bacharel em Direito pela Universidade Federal do Rio de Janeiro.

Theophilo Antonio Miguel Filho
Doutor em Direito (Pontifícia Universidade Católica do Rio de Janeiro – PUC/RJ). Mestre em Direito da Administração Pública (Universidade Gama Filho). Especialista em Direito Processual Civil e Direito Sanitário (Universidade de Brasília). Professor Adjunto da PUC/RJ (Direito Processual Civil, Direito Internacional Privado e Improbidade Administrativa). Coordenador Científico da Comissão de Direito Internacional da Escola da Magistratura Regional Federal da 2ª Região. Extensão em Propriedade Intelectual (PUC/RJ). Desembargador do Tribunal Regional Federal da 2ª Região.

Vanessa Huckleberry Portella Siqueira
Procuradora do Estado do Rio de Janeiro – PGE-RJ. Doutoranda em Finanças Públicas – UERJ. Mestre em Direito e Economia – UFG. Professora da Universidade Federal do Rio de Janeiro – UFRJ. Professora da Escola da Magistratura do Estado Rio de Janeiro – EMERJ. Professora da Pós-Graduação em Advocacia Pública – UERJ. Professora da Pós--Graduação em Direito Tributário – UFF. Professora da Pós-Graduação em Advocacia Pública – ESAP/PGE-RJ.

Vinícius Alves Portela Martins
Mestrando em Finanças Públicas, Tributação e Desenvolvimento na UERJ. Mestre pelo Instituto de Economia da UFRJ (PPED). Pós-graduado em Economia da Regulação (IE/UFRJ). Pós-graduado em Direito Público e Tributário (UCAM). Pós-graduado em Administração (Gestão Estratégica – UCAM). Psicólogo e Advogado. Especialista em Regulação na Ancine.

SUMÁRIO

Apresentação — 17

Prefácio — 19

1. O sistema tributário da Alemanha
   Andrea Siqueira Martins — 23

2. O sistema tributário da Argentina
   Vinícius Alves Portela Martins — 47

3. O sistema tributário da Austrália
   Donovan Mazza Lessa — 85

4. O sistema tributário da Áustria
   Clara Gomes Moreira — 111

5. O sistema tributário da Bélgica
   Bruno de Paula Soares — 123

6. O sistema tributário do Canadá
   Daniel Giotti de Paula — 143

7. O sistema tributário do Chile
   Mariana Wendriner — 175

8. O sistema tributário da China
   Leonardo Farias Florentino   213

9. O sistema tributário da Espanha
   Guilherme de Lara Picinini   239

10. O sistema tributário dos Estados Unidos da América
    Magno de Aguiar Maranhão Junior   267

11. O sistema tributário da Finlândia
    Renata da Silveira Bilhim   289

12. O sistema tributário da França
    Eduarda Cardoso Motta   313

13. O sistema tributário da Índia
    Diego Fernandes Ximenes   339

14. O sistema tributário da Inglaterra
    Érico de Carvalho Pimentel   363

15. O sistema tributário de Israel
    Samuel Azulay   391

16. O sistema tributário da Itália
    Lucas Henrici Marques de Lima   413

17. O sistema tributário do Japão
    Vítor Pimentel Pereira   435

18. O sistema tributário do Líbano
    Theophilo Antonio Miguel Filho   457

19. O sistema tributário do México
    Gustavo Telles da Silva   471

20. O sistema tributário da Nova Zelândia
    Daniel Lannes Poubel   507

21. O sistema tributário de Portugal
    Vanessa Huckleberry Portella Siqueira   533

22. O sistema tributário da Suíça
    Kerlly Huback Bragança   559

23. O sistema tributário da União Europeia
    Marcus Abraham   583

24. O sistema tributário do Uruguai
    Paulo Vitor Gouvea Soares   603

APRESENTAÇÃO

Esta coletânea de artigos que o leitor agora tem em mãos nasceu de um projeto de pesquisa acadêmica pensado conjuntamente entre professor e alunos, gestado dentro de sala de aula no segundo semestre do ano de 2019, por ocasião da disciplina "Direito Tributário Comparado", ministrada pelo Prof. Dr. Marcus Abraham a mestrandos e doutorandos no Programa de Pós-Graduação em Direito da Universidade do Estado do Rio de Janeiro (UERJ). A elaboração dos textos e a materialização desta obra se realizaram ao longo do primeiro semestre de 2020.

Ao grupo original de coautores agregaram-se outros colaboradores convidados pelo Prof. Marcus Abraham, escolhidos por se tratar de profissionais e acadêmicos especializados em Direito Tributário. Dentre estes colaboradores, Vítor Pimentel Pereira, que, além de ser coautor com um texto sobre o sistema tributário japonês, atuou conjuntamente na reunião, compilação e revisão de todos os artigos, razão pela qual figura agora também como coordenador da presente obra coletiva.

A expectativa é de que, a partir da consulta aos textos, o leitor possa ter, em língua portuguesa, um panorama geral dos principais aspectos do sistema tributário de cada país apresentado, bem como indicações bibliográficas seguras sobre cada um deles.

Foram analisados os seguintes sistemas tributários: 1. Alemanha; 2. Argentina; 3. Austrália; 4. Áustria; 5. Bélgica; 6. Canadá; 7. Chile; 8. China; 9. Espanha; 10. Estados Unidos da América; 11. Finlândia; 12. França; 13. Índia; 14. Inglaterra; 15. Israel; 16. Itália; 17. Japão; 18. Líbano; 19. México; 20. Nova Zelândia; 21. Portugal; 22. Suíça; 23. União Europeia; 24. Uruguai.

Para fins de sistematização e padronização do conteúdo da obra, diversas perguntas foram elaboradas pelos coordenadores para serem respondidas por cada coautor ao longo de seus textos, na análise do país escolhido. Dentre elas, destacamos: Qual sua carga tributária e sua relação com o PIB? Onde se concentra predominantemente a tributação, sobre patrimônio, renda ou consumo? Quais são os mais relevantes princípios tributários? Quantas e quais são as espécies tributárias? Quais são os principais modelos de cobrança das dívidas fiscais?

Cremos que a comparação de sistemas jurídicos presentes ao redor do mundo – e sobretudo das diferentes soluções dadas a situações e desafios similares – pode ser um campo profícuo para a reflexão e o desenvolvimento do próprio direito nacional, bem como para se pensar em alterações legislativas que possam vir a estimular o alcance da tão desejada *justiça fiscal*.

Navegar pelas águas dos sistemas tributários costuma ser uma tarefa de alta complexidade. Todavia, como disse William Sheed, "um navio está seguro no porto, mas não foi construído para ficar ancorado".

Esperamos, portanto, que o livro atue como uma espécie de bússola introdutória a guiar o leitor que deseje aprofundar suas pesquisas nos "mares revoltos" das normas tributárias de ordenamentos jurídicos estrangeiros.

Por fim, ficam aqui registrados os agradecimentos a todos os coautores que, com seus esforços pessoais na composição dos artigos, tornaram realidade esse intento.

Desejamos uma boa e proveitosa leitura!

MARCUS ABRAHAM
VÍTOR PIMENTEL PEREIRA
Coordenadores

PREFÁCIO

> "O Tejo é mais belo que o rio que corre pela minha aldeia,
> Mas o Tejo não é mais belo que o rio que corre pela minha aldeia
> Porque o Tejo não é o rio que corre pela minha aldeia
> (...)
> O Tejo desce de Espanha
> E o Tejo entra no mar em Portugal.
> Toda gente sabe isso.
> Mas poucos sabem qual é o rio da minha aldeia
> E para onde ele vai
> E donde ele vem.
> E por isso, porque pertence a menos gente,
> É mais livre e maior o rio da minha aldeia."[1]
> (Fernando Pessoa)

É atribuída a Leon Tolstói a máxima de que "se queres ser universal, começa por pintar a tua aldeia". Com absoluta certeza, o russo não pensava na dogmática tributária ou no "senso comum teórico" dos juristas, na expressão de Luís Alberto Warat,[2] quando expôs essa convicção

---

[1] PESSOA, Fernando. **Poesia Completa de Alberto Caeiro.** Edição de Fernando Cabral Martins e Richard Zenith. São Paulo: Companhia das Letras, 2005. p. 45.
[2] WARAT, Luís Alberto. O sentido comum teórico dos juristas. In: FARIA, José Eduardo (org.). **A Crise do Direito numa Sociedade em Mudança.** Brasília: UnB, 1988. p. 35 e 36.

artística. No entanto, a Academia e a literatura jurídica brasileira parecem aldeadas nos muros construídos há cinquenta e cinco anos pela Emenda Constitucional nº 18/1965, na oportunidade em que esta reformou de forma estrutural o sistema tributário nacional.

Por essa razão, muito nos alegrou e honrou o convite formulado pelos Professores Marcus Abraham e Vítor Pimentel Pereira para aportar breve proêmio a esta obra. Isso porque se depreende dela o esforço hercúleo conduzido por vinte e quatro destacados tributaristas em explanar o mesmo número de sistemas tributários de praticamente todos os continentes, com exceção da África. Nesse sentido, merecem cordiais saudações os organizadores pelo labor artesanal de reunião, compilação e revisão dos artigos, assim como pela seleção criteriosa e feliz dos coautores do presente livro.

Em um país com quase duas mil faculdades de Direito e imprecisos milhões de bacharéis em ciências jurídicas, mostra-se extremamente oportuno um olhar ao direito tributário comparado a partir de consulta aos textos deste livro vertidos em língua portuguesa, tendo em conta as escorreitas descrições dos principais aspectos da tributação em cada país selecionado, além de orientação bibliográfica segura a quem busque aprofundar-se no tema.

Nota-se com muita satisfação o progressivo interesse dos corpos docente e discente das grandes faculdades de Direito do país, dentre as quais certamente insere-se a Universidade do Estado do Rio de Janeiro (UERJ), em verticalizar pesquisas no âmbito do Direito Tributário Internacional, sob as luzes da imperativa necessidade de o Brasil compor a cadeia internacional produtiva de bens e serviços. A título de exemplo, cita-se a ambição nacional em integrar a Organização para a Cooperação e Desenvolvimento Econômico (OCDE).

Contudo, a presente coletânea de artigos vai além disso, em busca da fundação de um verdadeiro Direito Tributário Comparado, o que se tornará nítido em pouco tempo – continuada a produção de obras de excelência como esta – pelo modo como encaramos com naturalidade a distinção entre o Direito Constitucional (que se internacionaliza) e o Direito Internacional (que se constitucionaliza). Trata-se de esforço metodológico de notável complexidade, tal como "navegar em mares revoltos", em consonância à figura de linguagem utilizada pelos organizadores.

Decerto, não são desprezíveis as diferenças de raciocínios, estruturas, funções e ideias em cada cultura jurídica atinentes ao tratamento doutrinário conferido aos sistemas tributários de nações múltiplas. O empreendimento comparativo representa a reconstrução de textos muitos peculiares, como os códigos e as legislações sobre tributos, com uma exigente preocupação de leitura sintópica[3] de textos canônicos em cada país a respeito de um tema simultaneamente político e técnico, a tributação.[4]

Sem dúvidas, cuida-se de atividade hermenêutica que não está isenta de perquirir as contradições, tensões internas, espaços vazios, redundâncias, dicotomias e suplementos na contextualização das ordens tributárias, quando cotejadas entre si. Enfim, a importância do debate sobre a qualidade epistemológica dos estudos tributários comparados reflete diretamente a função destes na qualidade de método para apreensão do direito.[5]

Permito-me, por fim, subscrever as palavras dos organizadores em sede de apresentação segundo as quais a comparação entre sistemas jurídicos presentes ao redor do mundo é campo profícuo para a reflexão e o desenvolvimento do próprio direito nacional, sempre informado pela persecução da justiça fiscal. Isso é particularmente verdadeiro em tempos de discussões e pensamentos sobre as reformas das atividades financeiras e tributárias do Estado brasileiro, sob pena de importarmos – como panaceia para nossas graves iniquidades sociais – instituições desenhadas em distintos contextos que nada mais serão, caso positivadas

---

[3] "Até agora não dissemos nada específico sobre como ler dois ou mais livros sobre o mesmo assunto (...) Saber que existe mais de um livro relevante para a abordagem de uma questão específica é a primeira obrigação de qualquer projeto de leitura sintópica. Saber quais livros ler, de modo geral, é a segunda. É muito mais difícil cumprir a segunda obrigação do que a primeira (...) Esse paradoxo [da leitura sintópica] pode ser formulado desta maneira: a menos que você saiba que livros precisa ler, não poderá ler sintopicamente, mas, a menos que você leia sintopicamente, não saberá que livros precisa ler." (ADLER, Mortimer J.; DOREN, Charles Van. **Como ler livros**: o guia clássico para a leitura inteligente. Trad. Edward H. Wolff e Pedro Sette-Câmara. São Paulo: É Realizações, 2010. p. 313 e 332)

[4] Insuperável nessa discussão é o pensamento de Max Weber sobre a política e a ciência como vocações: WEBER, Max. **El Político y el Científico**. 2. ed. Buenos Aires: Libertador, 2008.

[5] HIRSCHL, Ran. **Comparative Matters**: The renaissance of Comparative Constitutional Law. Oxford: Oxford University Press, 2014. p. 151-191.

em leis e emendas constitucionais, do que ideias fora de lugar, não nos servindo perfeitamente.[6]

Sendo assim, recomendo muito vividamente a persistência e a curiosidade do leitor a navegar nas próximas páginas e a apropriar-se da presente obra como bússola introdutória a diversos sistemas tributários estrangeiros, desde a Suíça ao Líbano, perpassando pelo Japão e pela Austrália.

Boa leitura a todas e todos!

REYNALDO SOARES DA FONSECA

Ministro do Superior Tribunal de Justiça. Pós-Doutor em Democracia e Direitos Humanos pelo Centro de Direitos Humanos (*Ius Gentium Conimbrigae*), da Universidade de Coimbra. Doutor em Função Social do Direito pela Faculdade Autônoma de São Paulo (Fadisp) e Mestre em Direito Público pela Pontifícia Universidade de São Paulo (PUC/SP). Especialista em Direito Constitucional pela Universidade Federal do Maranhão (UFMA), em Direito Penal pela Universidade de Brasília (UnB) e Inteligência Financeira pela Escola de Administração Fazendária. Professor Adjunto da UFMA, atualmente em colaboração técnica perante a UnB.

---

[6] Crítica particularmente incisiva e clara é a de Roberto Mangabeira Unger: "No Brasil é pior, porque estamos vergados sob o jugo do colonialismo mental. Nossas ideias, como nossas instituições, em geral, não são nossas, são importadas. Importamos as correntes com que nos manietamos, as ilusões que emprestam às estruturas estabelecidas no país a auréola de autoridade e necessidade que não merecem. Importamos desorientação (...) Nossas instituições não são nossas. São quase todas copiadas. Tal como roupa emprestada, nos caem mal: não nos permitem dar instrumentos à energia desmedida dos brasileiros. Nossa cultura popular é marcada pela afirmação vigorosa de uma identidade brasileira. Nossas elites do poder, do dinheiro e do conhecimento, porém, não acreditam em nossa originalidade coletiva - ou na delas". (UNGER, Roberto Mangabeira. **Depois do Colonialismo Mental:** repensar e reorganizar o Brasil. São Paulo: Autonomia Literária, 2018. p. 13 e 17)

1. O sistema tributário da Alemanha

ANDREA SIQUEIRA MARTINS

Introdução
Este artigo tem a finalidade de detalhar as características gerais do sistema tributário alemão, através de um estudo comparado, para que, ao final, se possa cotejar os atributos do modelo germânico e do brasileiro, de modo a sugerir a adoção de seus principais acertos.

Inicialmente, faz-se uma análise, ainda que sucinta, dos aspectos econômicos, políticos e governamentais do modelo alemão, dando-se destaque a sua Câmara Alta, o *Bundesrat*, o qual, considerando a sua forma de constituição, atua efetivamente em prol dos interesses regionais.

A seguir, são relacionados os princípios e as normas tributários contidos na Lei Fundamental (*Grundgesetz – GG*) e no Código Tributário (*Abgabenordnung – AO*) alemães, pondo-se em evidência as principais espécies tributárias.

Dar-se-á, em seguida, relevo ao modelo de incidência alemão, que prioriza os tributos diretos, de modo a concretizar a justiça tributária, através da progressividade das alíquotas, bem como ao modelo de cobrança fiscal, o qual privilegia, fundamentalmente, a solução extrajudicial.

Por fim, faz-se uma breve comparação entre os sistemas alemão e brasileiro, com sugestões para a adoção de alguns institutos e instrumentos do modelo germânico, com o objetivo de tornar o protótipo brasileiro mais justo e eficiente.

1. Características regionais econômicas, políticas e governamentais

De acordo com o Serviço Federal de Estatística alemão,[1] a dimensão populacional, em 30.09.2019, totalizava 83.149,3 (em milhões) de habitantes, subdividida da seguinte forma: 41.036,5 pessoas do sexo masculino e 42.112,7, do sexo feminino. Segundo relatório anual do FMI,[2] o PIB anual alemão (2019) fora da ordem de 3.344.370M.€, tendo a receita total tributária totalizado 1.321.087,0 (em milhões de euros), com receita fiscal *per capita* de 15.957 € e apresentando carga fiscal (em percentual do PIB) de 38,2%.

A Alemanha é um Estado federal, conforme previsto no artigo 20 de sua Constituição, denominada Lei Fundamental (*Grundgesetz = GG*), de 23.05.1949.[3] O país é formado, atualmente, por 16 estados (*Länder*), incluindo três cidades-estados (Berlim, Bremen e Hamburgo), sendo que cinco deles – Brandemburgo, Mecklemburgo-Pomerânia Ocidental, Saxônia, Saxônia-Anhalt e Turíngia – foram criados e incorporados durante a reunificação com a antiga República Democrática da Alemanha, em 1990. Os municípios possuem autonomia de gestão, mas são submetidos ao controle e à coordenação dos governos estaduais.

A organização estatal se assenta em um sistema parlamentarista de governo, formado por uma estrutura bicameral: (i) o Conselho Parlamentar (*Bundestag*) ou Câmara Baixa, com representantes do povo eleitos por um sistema eleitoral misto; e (ii) o Conselho Federal (*Bundesrat*) ou Câmara Alta, com representantes dos estados. Esta instituição, especificamente, se distancia muito da forma usual dos "Senados", adotados em outras federações, já que seus membros não são eleitos, mas indicados pelos respectivos governos estaduais. O número de componentes de cada estado varia entre três e seis, a depender da população local.

---

[1] Fonte: *Destatis Statistisches Bundesamt* (Serviço Federal de Estatística). Disponível em: <https://www.destatis.de/DE/Themen/Gesellschaft-Umwelt/Bevoelkerung/Bevoelkerungsstand/Tabellen/zensus-geschlecht-staatsangehoerigkeit-2019.html;jsessionid=DD1822908751A975C6AFC0688736AF4A.internet8711>. Acesso em: 8 maio 2020.

[2] Fonte: Fundo Monetário Internacional (FMI). Disponível em: <https://www.imf.org/en/Publications/CR/Issues/2019/07/09/Germany-2019-Article-IV-Consultation-Press-Release-Staff-Report-and-Statement-by-the-47093>. Acesso em: 8 maio 2020.

[3] Artigo 20
[Princípios constitucionais – Direito de resistência]
(1) A República Federal da Alemanha é um Estado federal, democrático e social.

Sérgio Prado chama a atenção para um aspecto essencial na dinâmica política do *Bundesrat*, que compõe sua diferença principal em relação às Câmaras Altas dos sistemas bicamerais usuais. Nestas, os representantes estaduais são eleitos diretamente e não devem subordinação aos respectivos governos, sendo que, no geral, os Senados se estruturam segundo linhas partidárias, o que acaba por permitir que o posicionamento dos representantes se oriente por agendas políticas partidárias ou pessoais. Embora seja provável alguma correlação entre os partidos políticos que ocupam os executivos estaduais e seus senadores, não se pode deixar de reconhecer que tal situação não é necessária e certa.

Já no modelo alemão, esta conexão é direta, visto que as composições políticas do *Bundesrat* se traduzem em expressão direta da composição de poder ao nível de governo intermediário. Tal representação fortalece os estados, não em um sentido individual, mas sim, coletivamente, o que faz com que os estados, isoladamente considerados, não detenham poder significativo, mesmo quando tenham grande capacidade econômica. Sendo assim, os estados só têm força, na medida em que consigam se organizar coletivamente, nas negociações dentro do *Bundesrat* perante o poder central.[4]

Há uma intensa concentração da competência legislativa no âmbito da União, ficando a cargo dos estados a execução das leis federais. A maior parte das leis são elaboradas e aprovadas pelo Governo Federal, tornando-se diminuta a atuação dos Estados nessa seara. Apesar de existirem críticas dos estados, especialmente no que diz respeito à criação de encargos aos entes subnacionais por leis federais, não se pode olvidar que existe uma participação efetiva dos estados no processo legislativo federal, na construção das escolhas políticas mais importantes concernentes à elaboração das políticas públicas e até mesmo nos processos de emenda à Constituição e de escolha dos juízes do Tribunal Constitucional Federal.[5]

---

[4] PRADO, Sérgio. *Equalização e federalismo fiscal*: uma análise comparada. Rio de Janeiro: Konrad-Adenauer-Stiftung, 2006. p. 75-76.

[5] DERZI, Misabel de Abreu Machado; BUSTAMANTE, Thomas da Rosa de. O Princípio Federativo e a Igualdade: uma perspectiva crítica para o Sistema Jurídico Brasileiro a partir da análise do Modelo Alemão. In: DERZI, Misabel Abreu Machado; BATISTA JÚNIOR, Onofre Alves; MOREIRA, André Mendes (Org.). *Estado Federal e Guerra Fiscal no Direito Comparado*. Belo Horizonte: Arraes, 2015. p. 475.

As transferências intergovernamentais são um instrumento de concretização de um princípio constitucional, o da equivalência das condições de vida no território alemão, que, em última análise, se traduz na busca da uniformidade das condições individuais dos cidadãos, não importa a região em que vivam,[6] tratando-se de um poderoso mecanismo de equalização social, devendo-se atentar para a questão da fidelidade estatal, sob a qual o Governo Federal e os Estados deverão se pautar. Esta significa verdadeiramente um mútuo dever existente com fins de formação de uma comunidade solidária, na qual coexiste a autonomia de cada ente, mas que a insolvência de um dos membros é excluída pelos outros.[7]

2. Normas tributárias na Constituição e na legislação

Conforme já visto, a competência legislativa, incluindo a tributária, se concentra no âmbito do governo central, sendo diminuta a atuação do Poder Legislativo dos Estados. A União concentra a maior parte dos recursos oriundos da arrecadação tributária; contudo, os impostos cuja receita se destine aos Estados ou Municípios necessitam da aprovação do Conselho Federal (*Bundesrat*).[8]

---

[6] Previsto no art. 106, (3), 2, da Lei Fundamental:
2. As necessidades de cobertura da Federação e dos Estados devem ser harmonizadas entre si de tal forma, que se alcance uma compensação equitativa, se evite uma sobrecarga dos contribuintes e **se mantenha a uniformidade das condições de vida no território federal**. Adicionalmente, na fixação das participações da Federação e dos Estados no imposto sobre mercadorias e serviços, será levada em conta a diminuição da receita fiscal dos Estados, a partir de 1º de janeiro de 1996, resultante da consideração dos filhos no direito do imposto de renda. A matéria será regulamentada por lei federal mencionada na terceira frase. (grifei)
[7] HEINTZEN, Markus. A distribuição das verbas públicas entre o governo federal, os estados e os municípios na República Federal da Alemanha. In: DERZI, Misabel Abreu Machado; BATISTA JÚNIOR, Onofre Alves; MOREIRA, André Mendes (Org.). op. cit. p. 448.
[8] Artigo 83
[Execução pelos Estados]
Os Estados executarão as leis federais como matéria própria, salvo disposição em contrário prevista ou permitida pela presente Lei Fundamental.
Artigo 104a
[Repartição de despesas – Sistema financeiro – Responsabilidade]
(4) Leis federais, que resultem em deveres de prestações pecuniárias, de prestações de bens avaliáveis em dinheiro ou prestações comparáveis de serviços a terceiros e sejam executadas pelos Estados como matéria própria ou segundo o §3, segunda frase, por delegação

Os Estados são responsáveis pela fiscalização e administração das receitas tributárias, enquanto a União administra apenas os seguintes impostos: imposto sobre importações, alíquotas alfandegárias e imposto sobre o consumo (energia elétrica e artigos de tabacaria).

De acordo com o Ministério das Finanças germânico, a administração tributária é compartilhada entre duas autoridades tributárias: o *Federal Central Tax (Bundeszentralamt für Steuern)* e os aproximadamente 650 escritórios tributários regionais (*Finanzämter*), o que provoca alguns problemas operacionais, tais como: a necessidade de se unificar as interpretações tributárias e o sistema de tecnologia eletrônica, que permita a verificação individualizada da situação de cada contribuinte.

A Lei Fundamental alemã (*GG*) é bastante sucinta ao tratar da matéria tributária. Em seu artigo 105^9 traz regras simples de competências tributárias, sem fazer menção expressa a princípios desta natureza. A doutrina alemã considera que certos princípios tributários podem ser extraídos da leitura de dispositivos constitucionais, os quais serão analisados no próximo item.

Conforme descrição do Ministério Federal das Finanças (*Bundesministerium der Finanzen*),[10] o Código Tributário (*Abgabenordnung – AO*) reúne as regras aplicáveis a todos os impostos como um compêndio da lei tributária geral. Tais regras referem-se especialmente ao procedimento

---

da Federação, requerem a aprovação do Conselho Federal, quando as despesas resultantes devam ser assumidas pelos Estados.

[9] Artigo 105 [Competências na legislação tributária]
(1) À Federação compete a legislação exclusiva sobre os direitos aduaneiros e os monopólios fiscais.
(2) À Federação compete a legislação concorrente sobre outros impostos, se lhe couber parcial ou integralmente a receita desses impostos ou caso se verifiquem as condições previstas no artigo 72 §2.
(2 a) Os Estados têm competência legislativa para os impostos locais de consumo e das despesas de representação, enquanto e na medida em que eles não sejam análogos aos impostos regulamentados por lei federal. Eles têm a competência para determinar a alíquota do imposto sobre a renda imobiliária.
(3) Leis federais sobre impostos, cuja receita se destine integral ou parcialmente aos Estados ou municípios (associações de municípios), necessitam de aprovação pelo Conselho Federal.
[10] DEUTSCHLAND. *Steuern von A bis Z*. Berlin: Bundesministerium der Finanzen, 2019. Disponível em: <https://www.bundesfinanzministerium.de/Content/DE/Downloads/Broschueren_Bestellservice/2018-03-26-steuern-von-a-z.html>. Acesso em: 10 maio 2020.

tributário e variam para determinar a base tributária à avaliação, cobrança e execução de impostos, acordos extrajudiciais e aplicação de sanções. Enquanto as leis tributárias individuais estipulam as circunstâncias nas quais qualquer imposto específico é pago, o Código Tributário estabelece as regras básicas sobre como um imposto é determinado, a quem o imposto se aplica e quando o imposto deve ser pago.

O Código Tributário geralmente se aplica a todos os impostos e benefícios fiscais regidos por lei federal ou por normativos da União Europeia. Subdivide-se em nove partes. As primeiras incluem regras introdutórias e disposições legais sobre responsabilidade tributária, além de explicar, por exemplo, os princípios básicos válidos para todos os impostos.

3. Princípios tributários

A doutrina extrai alguns princípios tributários da leitura de dispositivos constitucionais, apesar de não estarem previstos expressamente, conforme listagem abaixo:

(i) *princípio da igualdade tributária*, que resulta da tutela constitucional da dignidade humana e do direito universal da personalidade, do qual é deduzido, entre outros, o do sigilo fiscal, da proibição do excesso e a proibição do tributo estrangulador, ancorados na proteção do artigo 3º da GG;

(ii) *princípio da capacidade contributiva*, o qual era previsto expressamente na Constituição de Weimer,[11] mas que, no entanto, não foi reproduzido na Lei Fundamental atualmente em vigor. Para a doutrina, o referido princípio pode ser deduzido da regra geral da igualdade, de modo a se concretizar a proibição do arbítrio e o mínimo para a sobrevivência, em atendimento, por conseguinte, à dignidade humana;

(iii) *princípio da legalidade*, que, apesar de previsto expressamente no Código Tributário (*AO*), da mesma forma que os demais, não é um princípio expresso na Lei Fundamental (*GG*). Segundo Luiz Doria Furquim, no entanto, pode ser deduzido de seus dispositivos:

   a) quando refere que a liberdade de ação econômica como emanação de livre desenvolvimento da personalidade (Art. 2 I GG

---

[11] Art. 134: "Todos os cidadãos sem distinção contribuem na proporção de seus recursos para todos os encargos públicos nos limites das leis".

– BVerfGE 6, 32, 36 Elfes Urteil) somente pode ser limitada com base – corporificada mediante leis constitucionais – na Ordem Constitucional; b) quando vincula o Poder Executivo e a Jurisprudência à Lei e ao Direito (Art. 20 III GG); c) quando são integrados pelas leis o conteúdo e limites da propriedade e direito sucessório segundo o art. 14 I 2 GG: só através de lei ou com base em uma lei que regule o modo e a extensão da indenização pode ocorrer uma desapropriação. Como a imposição em qualquer caso é uma intervenção mais onerosa do que a desapropriação, já que é executada sem indenização, a vinculação pela via constitucional à lei é também relativamente ao art. 14 III GG, consequente.[12]

(iv) *princípio da proibição de leis retroativas*, que é extraído, conforme jurisprudência do BVerfG (*Bundesverfassungsgericht* – Tribunal Constitucional Federal), do princípio da segurança jurídica no Estado de Direito em combinação com os direitos fundamentais, para se atender à tutela da proteção da confiança;
(v) *proibição do imposto-estrangulamento*, resultante da garantia da propriedade e do direito hereditário, bem como da liberdade de profissão.

O Código Tributário (*Abgabenordnung – AO*), ao contrário da Lei Fundamental, elenca, expressamente, alguns princípios em seus dispositivos, como: o princípio da reserva legal, da uniformidade, da proporcionalidade e da eficiência econômica da administração, conforme transcrição a seguir:

§ 85. princípios de tributação
As autoridades fiscais devem definir e aumentar os impostos de acordo com a lei. Em particular, devem garantir que os impostos não sejam reduzidos, cobrados indevidamente ou que abatimentos e abatimentos não sejam concedidos ou negados indevidamente.

---

[12] FURQUIM, Luiz Doria. O Moderno Direito Tributário Alemão. Traduzido e condensado da obra "Steuerrecht", de Klaus Tipke/Joachim Lang, 18ª edição. *Revista de Doutrina da 4ª Região – TRF*, n. 20, 2007.

§ 88. princípio da investigação

(2) A autoridade tributária determinará a natureza e o escopo da investigação nas circunstâncias do caso e de acordo com os **princípios de uniformidade, legalidade e proporcionalidade**; não está vinculado às observações e pedidos de provas das partes. A decisão sobre a natureza e extensão da investigação pode levar em consideração a experiência geral das autoridades fiscais, bem como a economia e a adequação.

(5) As autoridades fiscais podem usar sistemas automatizados (sistemas de gerenciamento de risco) para avaliar a necessidade de investigações e auditorias adicionais para garantir tributação e tributação uniformes e regulares, bem como dedução de deduções e adiantamentos. O **princípio da eficiência econômica da administração** também deve ser levado em consideração. (grifos nossos)

4. Espécies tributárias

A competência legislativa tributária se concentra, predominantemente, na União, cujas leis federais estabelecem os fatos geradores e alíquotas dos impostos mais relevantes. No entanto, nos casos em que a receita se destine total ou parcialmente aos Estados-membros ou aos Municípios, as leis federais devem necessariamente ser aprovadas pelo Conselho Federal (*Bundesrat*).

No que tange à competência arrecadatória, fiscalizatória e de gestão dos tributos, a competência é, prioritariamente, estadual. À União cabe unicamente a administração das questões tributárias atinentes às alíquotas alfandegárias, ao imposto sobre importações e negócios no exterior e ao imposto sobre o consumo.[13]

Praticamente toda a receita tributária deriva de impostos, sendo que o sistema tributário alemão prevê algumas taxas, como as alfandegárias, e contribuições para a seguridade social, a saber: (i) seguro de saúde (*Krankenversicherung*); (ii) seguro de pensão (*Rentenversicherung*); (iii) seguro de enfermagem para pessoas com deficiência e velhice (*Plegeversicherung*); e (iv) seguro de desemprego (*Arbeitlosenversicherung*). Esses pagamentos geralmente são compartilhados entre o empregado e o empregador, que contribui com 50%. A parte dos empregados é retida do salário e transferida para as organizações. A contribuição total para a seguridade

---

[13] HEINTZEN, Markus. A distribuição das verbas públicas entre o governo federal, os estados e os municípios na República Federal da Alemanha. In: DERZI, Misabel Abreu Machado; BATISTA JÚNIOR, Onofre Alves; MOREIRA, André Mendes (Org.). op. cit. p. 445.

social geralmente equivale a cerca de 20 a 22% da remuneração até um limite máximo especificado.

A distribuição da competência tributária pode ser pesquisada no *site* do Ministério Federal das Finanças, conforme o gráfico abaixo. Em linhas gerais, cabem à Federação os impostos sobre a transferência de capitais, sobre o contrato de seguro, sobre operações de câmbio etc. Aos Estados, cabem os impostos sobre o patrimônio, sobre sucessão e doações etc. Cabem, ainda, à Federação e aos Estados, conjuntamente, o imposto sobre a renda, pessoa física e jurídica, o imposto sobre o valor adicionado (IVA) ou sobre mercadorias, os quais concentram os maiores volumes de arrecadação.

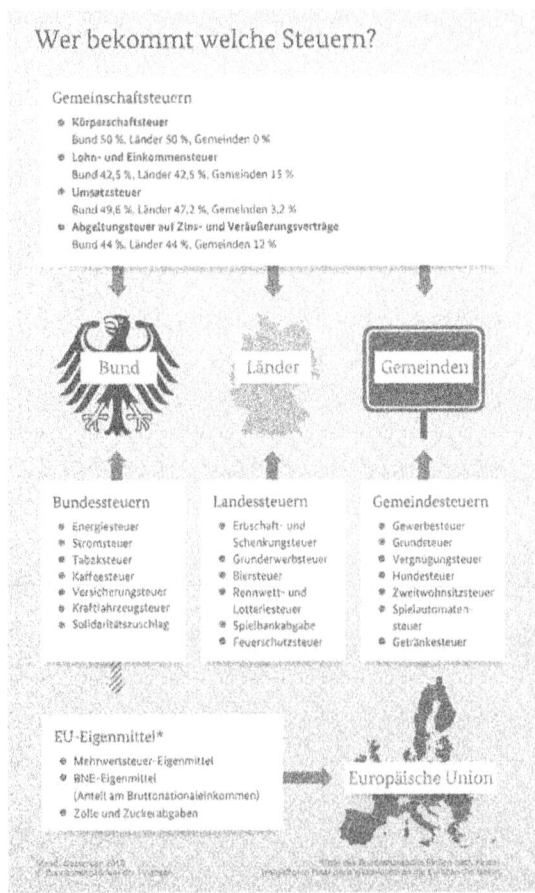

Fonte: *Bundesministerium der Finanzen*

A distribuição dos recursos oriundos da arrecadação tributária é implementada através das compensações financeiras, que constituem a característica peculiar do federalismo fiscal alemão, pois visam fortalecer os Estados economicamente mais fracos, de modo a concretizar o princípio constitucional da equivalência das condições de vida em todo o território nacional.

As transferências intergovernamentais estão reguladas no artigo 106 da Lei Fundamental Alemã. A compensação financeira federal, ou seja, aquela existente entre o governo federal e os Estados, bem como a dos Estados entre si, são reguladas exclusivamente em nível federal. Não existem leis estaduais ou acordos contratuais que versem sobre o tema. Já a compensação municipal está regulada primordialmente em âmbito estadual, visto que as municipalidades são consideradas como parte da organização administrativa, e não como um terceiro nível da organização estatal. Em regra, as receitas distribuídas não se vinculam originariamente a uma determinada finalidade, sendo que os entes beneficiários possuem plena autonomia para decidir em que tipo de despesas serão aplicadas, tendo em vista as necessidades locais.

Sem dúvida, os mecanismos de partilha e equalização horizontal se traduzem no aspecto distintivo e peculiar do federalismo alemão. De acordo com Sérgio Prado, há três tipos básicos de procedimentos de partilha de recursos no sistema alemão, os quais podem ser considerados como etapas de um processo:

(i) compartilhamento de impostos (basicamente IR e IVA):
(ii) transferências interestaduais sem participação da União (*Länderfinanzausgleich*);
(iii) transferências verticais União-Estados e Estados-Municípios.[14]

Heintzen destrincha as referidas etapas com interessante abordagem didática.[15]

---

[14] PRADO, Sérgio. op. cit. p. 76.
[15] HEINTZEN, Markus. op.cit. p. 452.

(1) *Compensação financeira primária vertical*:
A palavra "vertical" se refere às transferências do governo federal para os Estados. Já a palavra "primária" resulta da apuração total das receitas tributárias auferidas no exercício financeiro e a posterior verificação da porção proporcional devida ao Governo Federal e aos Estados separadamente considerados.

(2) *Compensação financeira primária horizontal*:
Na primeira fase, apura-se a parcela da receita tributária de um exercício que será destinada aos Estados conjuntamente. Já nesta segunda etapa – primária e horizontal – define-se quantitativamente o valor que cada Estado, individualmente considerado, receberá do montante total. Para tanto, observa-se o princípio da arrecadação local, ou seja, cada Estado receberá o valor correspondente à diferença entre o montante que os seus respectivos órgãos fazendários arrecadam[16] e a parte designada, legal e constitucionalmente, ao governo federal.

(3) *Compensação financeira horizontal secundária*:
Após a etapa distributiva primária, é hora de se compensar as discrepâncias dos valores partilhados a cada Estado, de forma secundária, em que se confrontam receitas e despesas de cada ente subnacional, objetivando aferir quais seriam os mais necessitados de recursos para a consecução dos objetivos constitucionais e legais. Trata-se, por conseguinte, de um mecanismo de correção de eventuais distorções. Nesta fase, não há participação da União, mas sim, de uma equalização resultante de recursos dos próprios Estados entre si, segundo critérios legais.

(4) *Compensação financeira vertical secundária*:
Prevista no artigo 107 da Constituição alemã, esta fase engloba repasses do governo federal aos Estados mais fragilizados economicamente, com

---

[16] Sérgio Prado (op. cit. p. 98-99) informa que IR, combustíveis e atividade produtiva local são distribuídos conforme a origem da receita, ou seja, os montantes guardam estreita correlação com a capacidade econômica das jurisdições. Já o IVA foi escolhido para funcionar como elemento de ajuste do sistema, sendo que três quartos dos recursos são distribuídos numa base *per capita* e os 25% restantes são utilizados para melhorar a receita dos estados mais pobres, de modo que estes últimos se aproximem da capacidade financeira média nacional.

o objetivo de se reduzir ainda mais as desigualdades financeiras entre estes entes. De acordo com o autor, o volume da compensação financeira vertical secundária é atualmente o dobro que o da compensação financeira horizontal secundária, sendo a reunificação da Alemanha o maior motivo para dada consequência econômica.[17]

A Lei de Compensação Financeira (*Finanzausgleichsgesetzes*) regulamenta o referido dispositivo constitucional, dispondo que a definição do poder arrecadatório de um Estado é algo objetivamente verificável, de forma que dado conceito se dá a partir da apuração entre a capacidade arrecadatória de um Estado, acrescido das receitas por ele recebidas a título de compensação financeira, comparado com a média dos outros Estados em um mesmo exercício financeiro.

(5) *Auxílios financeiros federais*:
Diferentemente das etapas anteriores, esta não se destina à tarefa redistributiva entre os entes, mas sim, à melhoria da infraestrutura e ao incentivo de economias locais, sendo, portanto, transferências condicionadas. Desta feita, são concedidas, indistintamente, aos Estados que demonstrem necessidade para tal, de forma discricionária e com os recursos vinculados a uma atividade específica.[18]

5. Modelo de incidência: patrimônio, renda ou consumo
Segundo a economista alemã Katja Simone Rieter, do Macroeconomic Policy Institute, o modelo germânico privilegia os impostos diretos, de modo a realizar a progressividade. Para ela:

---

[17] Heintzen esclarece, ainda, que essa espécie de suplementações financeiras, ou seja, do Governo Federal para os "novos Estados alemães" terminam de uma forma regressiva até o final de 2019. Esta, inclusive, é uma das principais razões pelas quais o tema relativo à adequada compensação financeira continuar na pauta das discussões políticas, sendo periodicamente revisitado em fóruns e congressos jurídicos em todo o país (op. cit. p. 456).

[18] Sérgio Prado esclarece que, em 1975, decisão da Corte Constitucional alemã estabeleceu que todos os estados têm que concordar com a alocação deste tipo de fundos do governo federal para os estados, o que levou à edição de diversos regulamentos sobre o tema. Estes dispositivos reduziram em muito o caráter discricionário deste tipo de transferência, cuja facultatividade, aliás, costuma ser muito criticada pelos partidários de uma maior autonomia aos entes subnacionais, dado que a existência de contrapartidas, por parte do ente federal, tende a trazer embaraços a uma maior liberdade destes últimos (op. cit. p. 116).

1. O SISTEMA TRIBUTÁRIO DA ALEMANHA

A Alemanha, desde o final da Segunda Guerra, escolheu um sistema tributário com forte peso nos tributos diretos, tendo o imposto de renda como carro-chefe da arrecadação. A Alemanha persegue a renda dos mais ricos, que suportam esses tributos. Os impostos diretos são mais progressivos e os indiretos mais regressivos. Quase 70% da carga vem de impostos indiretos. A Alemanha tem uma taxa de solidariedade, instituída após sua unificação, que afeta apenas as faixas mais elevadas da sociedade.[19]

Os impostos mais relevantes em termos arrecadatórios são o IR e o IVA. O sistema convive, no entanto, com diversos impostos, instituídos pelas três esferas federativas, conforme exemplos a seguir.[20]

5.1. Imposto de Renda

A maioria das pessoas paga imposto de renda através de deduções na folha de pagamento por seu empregador. Se o indivíduo for autônomo ou administrar o seu próprio negócio será necessário enviar uma declaração anual para calcular seu imposto de renda. As alíquotas são progressivas e se diferenciam conforme as seguintes faixas de renda anual:

RENDA	ALÍQUOTA
Menos de 9.169 Euros	0%
9.169 – 14.255 Euros	14 a 24%
14.256 – 55.960 Euros	24 a 42 %
55.961 – 265.236 Euros	42%
Mais de 265.327 Euros	45%

Há, ainda, uma sobretaxa de solidariedade (*Solidaritätzuschlag*), frequentemente chamada de "*Soli*". Este suplemento de 5,5% é pago em todo tipo de imposto de renda. Foi introduzido inicialmente em 1991,

---

[19] RIETER, Katja Simone. *FIT: Sistemas da França e Alemanha em debate*. São Paulo: Fenafisco, 2018. Disponível em: <http://www.fenafisco.org.br/noticias-fenafisco/item-2/item/2544--fit-sistemas-da-franca-e-alemanha-em-debate>. Acesso em: 11 maio 2020.

[20] Para uma análise pormenorizada de todos os impostos, ver: DEUTSCHLAND. *Steuern von A bis Z*. Berlin: Bundesministerium der Finanzen, 2019. Disponível em: <https://www.bundesfinanzministerium.de/Content/DE/Downloads/Broschueren_Bestellservice/2018-03-26-steuern-von-a-z.html>. Acesso em: 10 maio 2020.

para cobrir os custos da reunificação alemã, por exemplo, pagando as pensões e dívidas do antigo governo da Alemanha Oriental. Esse imposto suplementar também é pago sobre ganhos de capital e impostos corporativos.

São previstas as seguintes deduções fiscais: prestações por filhos; despesas de emprego (a menos que já tenham sido reembolsadas por um empregador); gastos com mudança; pagamentos de pensão alimentícia a parceiros divorciados ou separados; contribuições de caridade para instituições de caridade alemãs; custo da assistência à infância; despesas com educação ou escolaridade; contribuições previdenciárias; imposto da igreja; e, pagamentos de juros de hipotecas (apenas hipotecas de compra para alugar).

O imposto sobre as sociedades (*Körperschaftsteuer*) é fixado em 15% (quinze por cento) e também está sujeito a uma sobretaxa de solidariedade de 5,5% (*Solidaritätszuschlag*), o que significa que a alíquota total de imposto é de 15,825% do lucro tributável (ou seja, lucro anual).

Ao invés de pagar o imposto sobre as sociedades, empresas individuais são tributadas sobre seus lucros via imposto de renda (*Einkommensteuer*). O cálculo é realizado considerando uma programação de pagamentos antecipados de impostos com base em suas previsões de rotatividade. No final do exercício, é possível calcular a obrigação tributária real preenchendo uma declaração anual de imposto de renda. Se as previsões iniciais estiverem incorretas, o contribuinte é obrigado a pagar mais impostos ou ter direito a um reembolso.

5.2. Imposto sobre o Valor Adicionado (IVA)

O IVA opera da mesma maneira que um imposto especial de consumo geral e é cobrado, em princípio, por todo o consumo público e privado (ou seja, bens e serviços adquiridos pelos consumidores finais). A esse respeito, difere do imposto de renda e do salário, que levam em consideração a capacidade do contribuinte de pagar impostos.

De acordo com o Ministério Federal das Finanças, o IVA não pode ter um efeito cumulativo, ou seja, não pode haver imposto sobre imposto. Isto é conseguido através da dedução do IVA suportado. Em outras palavras, uma empresa pode recuperar os impostos a pagar cobrados pelos fornecedores em relação ao IVA devido por sua própria rotatividade. Os impostos a montante adicionais que podem ser deduzidos incluem:

(i) IVA pago em aquisições intracomunitárias (imposto de aquisição); (ii) IVA pago por alguém que atue como destinatário no âmbito do sistema de cobrança reversa; e, (iii) IVA importado pago a estâncias aduaneiras de importação de países terceiros.

Como imposto sobre o consumo, o IVA é projetado para que o custo seja suportado pelos consumidores. No entanto, não seria tecnicamente viável cobrar o IVA destes contribuintes. Por esse motivo, a responsabilidade tributária é atribuída às empresas que realizam rotatividade tributável, que repassam o IVA a seus clientes, incluindo-o nos preços cobrados. As empresas geralmente indicam isso listando o IVA separadamente nas faturas de vendas tributáveis e são obrigadas a fazê-lo nas faturas de outras empresas e pessoas jurídicas. O mesmo se aplica ao fornecimento tributável de obras e/ou materiais ou outros serviços relacionados a bens imóveis. O IVA é classificado como um imposto indireto porque é cobrado dos consumidores através do intermediário do fornecedor que cobra o IVA.

Suas alíquotas estão sujeitas às diretivas da União Europeia, conforme tabela que se segue:

TIPO	DIRETIVA EU	PERCENTAGEM TRIBUTADA
Alíquota de IVA Standard	15%	19%
Alíquota de IVA reduzida	5%	7%
Isenção de IVA	Possibilidade para produtos e casos específicos	0%

5.3. Imposto eclesiástico (*Kirchensteuer*)

Se o contribuinte se declarar protestante, católico ou judeu, é obrigado a pagar o imposto da Igreja, que o departamento fazendário cobra e arrecada em nome de organizações religiosas na Alemanha.

Atualmente, a alíquota é de 8% na Baviera e Baden-Württemberg, e de 9% em todos os outros estados federais, incidente sobre o valor a ser efetivamente pago a título de imposto de renda (base de cálculo). Caso o contribuinte não tenha religião declarada, não pagará o imposto da Igreja.

5.4. Imposto sobre Veículos Automotores (*Kraftfahrzeugsteuer*)

Tem como fato gerador a propriedade de veículos automotores. O imposto depende do tipo de combustível e do tamanho do motor, de 5 a 37 euros por cada 100cc.

Os veículos registrados pela primeira vez antes de 30 de junho de 2009 são tributados de acordo com a sua classe de emissão. Os veículos matriculados após essa data são tributados com base em suas emissões de dióxido de carbono.

5.5. Imposto sobre cães (*Hundesteuer*)

Aquele que possui um cão, na Alemanha, é obrigado por lei a registrá-lo no departamento fazendário local, onde receberá uma etiqueta (*Hundemarke*) confirmando que a licença foi paga. Isso, geralmente, custa entre 90 a 150 euros por ano para o primeiro cão. O imposto é mais alto para cães adicionais, para impedir que os proprietários tenham muitos animais de estimação. Os cães de serviço, como cães-guia, são isentos, assim como outros animais de estimação.

5.6. Imposto sobre Venda de Imóveis (*Grunderwerbsteuer*)

Este imposto único se aplica quando uma propriedade avaliada em mais de 2.500 euros é transferida de um proprietário para outro. A alíquota varia entre estados federais, de 3,5 a 6,5% do valor do imóvel.

5.7. Imposto sobre Ganhos de Capital (*Abgeltungsteuer*)

Esse tipo de imposto se aplica quando há lucro na venda de propriedades. Atualmente, o imposto sobre ganhos de capital é da ordem de 25%. Há isenção, no entanto, para os que moram na propriedade há mais de 10 anos.

5.8. Imposto sobre Herança e Doações (*Erbschafts – und Schenkungssteuer*)

A taxa de imposto varia de 7% a 50%, dependendo do valor da herança e do grau de parentesco. A responsabilidade tributária é atribuída à quantia total dos ativos recebidos se o falecido for um residente alemão no momento de sua morte, se o doador for um residente alemão no momento da doação ou se o destinatário for um residente alemão quando o imposto se torna exigível. Se nenhuma das partes envolvidas for um residente alemão, a transferência se torna tributável na medida em que envolva certos ativos domésticos alemães, conforme descrito na seção 121 da Lei de Avaliação.

5.9. Imposto sobre imóveis (*Grundsteuer*)

De competência dos municípios em relação às propriedades. O valor do imposto devido é calculado sobre o valor da propriedade e a taxa de imposto local (que varia de 0,26% a 1%).

5.10. Imposto comercial (*Gewerbesteuer*)

Todas as empresas comerciais na Alemanha (com exceção de profissões independentes e organizações sem fins lucrativos) estão sujeitas a pagar impostos sobre o comércio (*Gewerbesteuer*). As obrigações de impostos comerciais começam assim que as operações comerciais se iniciam (para negócios e parcerias individuais) ou assim que os negócios são inseridos no registro comercial (para empresas).

O imposto sobre vendas é um imposto local, cobrado anualmente e pago às autoridades locais. As empresas devem preencher uma declaração anual de imposto sobre vendas (*Gewerbesteuererklärung*), que é calculado com base nos ganhos comerciais, levando em consideração quaisquer provisões isentas de impostos.

A taxa básica do imposto sobre o comércio é de 3,5%, multiplicada pela taxa de imposto municipal (*Hebesatz*) entre 200% e 580%, resultando em uma taxa total do imposto sobre o comércio entre 7% e 20,3%, dependendo da localização. Como regra geral, o imposto comercial é mais alto nas áreas urbanas.

Este imposto possui uma peculiaridade, em termos de federalismo fiscal, pois é repartido com as demais esferas (federal e estadual), mesmo em se tratando de um imposto local. Em regra, os compartilhamentos de impostos são realizados verticalmente de "cima para baixo", e não, como neste caso, de "baixo para cima".

6. Tributação de alta tecnologia

O aumento da globalização tornou mais fácil para as empresas multinacionais mudarem seus lucros reportados ao redor do mundo, a fim de pagar menos impostos. Isso levou a preocupações sobre a erosão da base tributária dos países, com reduções da arrecadação de impostos corporativos, bem como uma mudança de um sistema tributário residencial para um sistema tributário voltado para o destino, visto como uma maneira de incentivar as corporações a pagar impostos em cada país.[21]

Segundo relatório do FMI,[22] a base tributária da Alemanha está sob pressão devido a problemas globais de erosão da base, transferência de lucros de empresas multinacionais e concorrência tributária entre países – os quais foram intensificados pela digitalização.

A evasão fiscal potencialmente significativa das empresas digitais levou a uma preocupação internacional sobre sua tributação. A economia geral está se tornando cada vez mais digitalizada, dificultando ou impossibilitando a identificação de um setor digital. Em particular, os impostos *ad hoc*, especialmente se aplicados a bases ineficientes, como a rotatividade, e se adotados de maneira descoordenada, podem levar à tributação excessiva dos lucros reais, bem como a distorções econômicas.

Dessa forma, a Alemanha, juntamente com os demais países da União Europeia, vem intensificando os debates relativos a propostas de reformas tributárias, de modo a enfrentar as assimetrias oriundas da economia digital.

7. Modelo de cobrança fiscal

Conforme informações do Ministério Federal das Finanças,[23] as disposições relativas à implementação do processo tributário constituem uma parcela essencial do Código Tributário. Em consonância com a segurança jurídica, contém uma descrição detalhada dos direitos e obrigações das autoridades fiscais, por um lado, e dos contribuintes, por outro. O Código dá um peso especial à cooperação esperada dos contribuintes porque as autoridades fiscais dependem, em grau significativo, dessa colaboração na determinação da base da avaliação.

---

[21] LORENZ, J. Jarass; TOKMAN, Anthony E.; WRIGHT, Mark L.J. *The Burden of Taxation in the United States and Germany*. Chicago: Fed Letter, No. 382, 2017. Disponível em: <https://www.chicagofed.org/publications/chicago-fed-letter/2017/382>. Acesso em: 11 maio 2020.

[22] DAO, Mai Chi; PERRY, Victoria; KLEM, Alexander; HEBOUS, Shafik. *Germany Selected Issues*. Washington D.C.: International Monetary Fund – FMI, 2019. p. 25. Disponível em: <https://www.imf.org/en/Publications/CR/Issues/2019/07/09/Germany-Selected-Issues-47094>. Acesso em: 11 maio 2020.

[23] DEUTSCHLAND. *Steuern von A bis Z*. Berlin: Bundesministerium der Finanzen, 2019. Disponível em: <https://www.bundesfinanzministerium.de/Content/DE/Downloads/Broschueren_Bestellservice/2018-03-26-steuern-von-a-z.html>. Acesso em: 10 maio 2020.

Em atendimento à segurança jurídica, os autos de infração podem ser cancelados, alterados ou ajustados apenas e na medida em que seja permitido por lei. A este respeito, é irrelevante se algum erro é benéfico ou prejudicial para o contribuinte. Sendo assim, um aviso de avaliação tributária pode ser cancelado ou alterado de acordo com a seção 173 do Código Tributário, se fatos ou evidências que levem a um imposto maior ou menor forem subsequentemente apurados. Se os fatos novos ou evidências levarem a um imposto mais baixo, o auto de infração poderá ser ajustado apenas se a divulgação subsequente desses fatos ou evidências não for atribuída à negligência grave por parte do contribuinte. Em troca, o princípio de equidade e negociação justa proíbe a administração tributária de alterar um aviso de liquidação tributária de acordo com a seção 173 do Código, com base na divulgação subsequente de fatos ou evidências que possam levar a uma tributação mais alta, se esses fatos ou evidências não tivessem permanecido desconhecidos pela administração fiscal ao cumprir adequadamente seu dever de investigação, desde que o contribuinte, por sua vez, tenha cumprido totalmente sua obrigação de cooperar.

As autoridades fiscais têm o direito de verificar as informações fornecidas pelos contribuintes e podem fazê-lo com a ajuda de auditores externos. Os auditores externos geralmente conduzem as suas auditorias no local, onde os casos dizem respeito a ganhos com agricultura ou silvicultura, serviços pessoais independentes e empresas comerciais. As auditorias podem, no entanto, ser realizadas diretamente em instalações oficiais, ou seja, nos escritórios da autoridade de receita. Embora o procedimento de auditoria externa exija um amplo grau de cooperação dos contribuintes, também garante que eles tenham um amplo direito a serem ouvidos e a interpor recursos.

As disposições subsequentes do Código Tributário tratam dos procedimentos de cobrança e execução que mostram quando um imposto é devido e as consequências do atraso no pagamento. Quando os impostos não são pagos no vencimento, as autoridades fiscais devem obrigatoriamente recuperar impostos de acordo com as disposições legais. O Código também estipula as circunstâncias em que um imposto pode ser diferido ou uma remissão de imposto concedida por motivos equitativos.

Os contribuintes que não concordam com uma decisão tomada pelas autoridades fiscais podem reivindicar seus direitos perante os tribunais.

A jurisdição em matéria tributária é exercida nos tribunais fiscais. A administração da justiça em questões tributárias serve principalmente para proteger o indivíduo contra quaisquer medidas ilegais adotadas pelas autoridades fiscais em relação a impostos e taxas. Além disso, serve para monitorar a correta aplicação da lei tributária pelas autoridades administrativas e fornecer aos legisladores sugestões sobre o desenvolvimento futuro da lei tributária.

A jurisdição em matéria tributária é exercida por tribunais independentes especializados, separados das autoridades fiscais. A organização e os procedimentos desses tribunais estão regulamentados no Código de Procedimento dos Tribunais Fiscais. No nível dos *Länder*, a jurisdição fiscal pertence aos tribunais fiscais regionais e, no nível federal, ao Tribunal Fiscal Federal, localizado em Munique.

Os tribunais fiscais julgam em primeira instância, sendo a única instância em que os fatos de um caso são estabelecidos. Não há tribunais fiscais que tratem de recursos em questões fáticas. Os tribunais fiscais são classificados como tribunais superiores do *Land* e geralmente têm jurisdição para o território de uma única região. A Renânia do Norte-Vestfália possui três tribunais fiscais e a Baviera possui dois. Berlim e Brandemburgo compartilham um tribunal fiscal. Já os outros *Länder* têm um tribunal fiscal cada.

A ação pode ser intentada perante os tribunais fiscais para que um ato administrativo seja cancelado ou alterado, para impor a emissão de um ato administrativo que a autoridade fiscal em questão se recusou a emitir ou se absteve de emitir, para impor alguma outra ação por parte da autoridade, ou obter uma sentença declaratória que estabeleça a existência, ou não, de uma relação jurídica entre o requerente e a autoridade, bem como a invalidade de um ato administrativo.

Sujeito a determinadas condições, um recurso contra a decisão de um tribunal regional pode ser levado ao Tribunal Federal. Em uma apelação desse tipo, a decisão do tribunal regional pode ser examinada em busca de erros de lei e de procedimento, mas, como regra geral, o reenquadramento dos fatos não é admissível. Em recursos para o Tribunal Fiscal Federal, os contribuintes devem ser representados por um advogado, consultor tributário, representante tributário, auditor ou contador certificado.

8. Espécies de transação, arbitragem, conciliação

O procedimento de apelação, que prevê a interposição de recursos extrajudiciais, serve para proteger os direitos dos contribuintes e permite que as autoridades fiscais analisem suas decisões sem recorrer a processos perante os tribunais fiscais, sendo gratuito para o contribuinte.

Os contribuintes podem obter a ajuda de terceiros no cumprimento de suas obrigações fiscais. No entanto, o privilégio de prestar assistência profissional desse tipo é reservado para pessoas e empresas autorizadas por lei a fazê-lo. O grupo autorizado a prestar assistência irrestrita em questões tributárias abrange principalmente consultores tributários, representantes fiscais, auditores e contadores certificados, bem como as empresas que elas formam (parcerias, empresas de consultoria tributária, escritórios de advocacia, empresas de auditoria e contabilidade).

Em geral, uma ação só pode ser tomada perante os tribunais fiscais após esgotados os recursos extrajudiciais (envolvendo objeções de acordo com as disposições relevantes do Código Tributário). Essas objeções permitem que as autoridades da receita revisem as suas decisões e os reclamantes também têm a oportunidade de reconsiderar seus pontos de vista. Mais de 98% de todos os litígios tributários são resolvidos por esses meios.[24]

Sendo assim, a ampla maioria dos litígios é resolvida na fase denominada pelo Código Tributário como "procedimento de reparação extrajudicial", previsto na sétima parte, o qual não prevê transação ou arbitragem entre os contribuintes e o Fisco.

9. Tratados internacionais

A Alemanha concluiu mais de 100 convenções de dupla tributação com diferentes países. Entre essas convenções, a mais comumente usada é a da renda e do capital, assinada por quase 90 países, sendo que a primeira Convenção sobre renda e capital foi realizada com o Luxemburgo, assinada em 23.08.1958, e a mais recentemente concluída, com a Irlanda, em 30.03.2011.[25]

---

[24] Ibidem.
[25] DUMITER, Florin; TURCAS, Florin; OPRET, Anca. German Tax System: Double Taxation Avoidance Conventions, Structure and Developments. *Journal of Legal Studies*, Volume 16, Issue 30/2015.

De acordo com informação constante do *site* oficial do Ministério Federal das Finanças alemão,[26] aquele país não possui mais um acordo de bitributação com o Brasil desde o ano de 2006, conforme transcrição a seguir:

> Em 7 de abril de 2005, o governo federal alemão rescindiu o contrato de dupla tributação com o Brasil. A denúncia prevista no artigo 31 do Acordo entrou em vigor em 1º de janeiro de 2006.
>
> O acordo de dupla tributação com o Brasil remontava a 1975 e continha inúmeras regulamentações unilaterais que não correspondiam mais às políticas e práticas alemãs do DBA – nem mesmo aos países em desenvolvimento. Na prática, deixou de oferecer a proteção legal prevista no contrato à economia alemã. Depois que uma delegação alemã tentou em vão negociar uma revisão do acordo com uma delegação brasileira em fevereiro, a rescisão tornou-se inevitável.

10. Conclusões

Apesar de haver, no caso brasileiro, semelhança com o modelo alemão, no que tange à adoção de um federalismo cooperativo, verifica-se que a Alemanha procura concretizar efetivamente a solidariedade entre os entes federativos. No Brasil, apesar da adoção formal de um federalismo cooperativo, há várias assimetrias, ocasionadas pela ausência de um comportamento colaborativo entre as esferas federativas. Dentre estas, destacam-se, a título de exemplo, a guerra fiscal entre os estados, relativa ao ICMS, e, a conduta oportunista da União ao instituir inúmeros benefícios fiscais relativos aos impostos que integram os fundos de participação dos estados e municípios.

A forma de organização política germânica é bastante distinta, uma vez que o *Bundesrat* participa ativamente das decisões nacionais que possam ocasionar reflexos nas finanças dos *Länder*, o que inclui a repartição de competências e de recursos tributários. No Brasil, a opção política organizativa foi pela eleição dos membros do Senado, o que contribui para que seus membros priorizem questões políticas de interesse nacional. Já na Alemanha, cujos membros são indicados pelos respectivos

---

[26] Disponível em: <https://www.bundesfinanzministerium.de/Content/DE/Standardartikel/Themen/Steuern/Internationales_Steuerrecht/Staatenbezogene_Informationen/Laender_A_Z/Brasilien/2005-04-07-Brasilien-Abkommen-DBA-Kuendigung.html>. Acesso em: 10 maio 2020.

Estados, a prevalência acaba se voltando para a efetivação dos interesses regionais.

Quanto à matéria tributária, a existência de poucas normas tributárias na Lei Fundamental (*GG*) atribui maior flexibilidade ao legislador infraconstitucional, especialmente no que tange à criação de novos tributos.

A adoção de uma justiça própria, nos moldes dos Tribunais Fiscais alemães, seria um caminho para a especialização e celeridade das relações entre o Fisco e os contribuintes no Brasil. De igual modo, a priorização aos acordos extrajudiciais, que, conforme visto, solucionam 98% dos casos na Alemanha, evitaria o excesso de ações judiciais, o que contribui para a lentidão dos respectivos desfechos finais no Brasil. Como ocorre nos procedimentos administrativos alemães, poder-se-ia disponibilizar aos contribuintes o auxílio de terceiros especializados, que teriam a atribuição de fornecer assistência técnica-profissional, uma vez que a legislação tributária possui uma significativa complexidade jurídica e contábil.

De igual modo, o sistema tributário brasileiro, tal como o alemão, deveria privilegiar os impostos diretos, que incidam sobre a renda e o patrimônio, e, por conseguinte, ter a possibilidade de concretizar a justiça tributária, através da progressividade de suas alíquotas. O Brasil, no entanto, adota um modelo arrecadatório indireto que incide sobre o consumo, priorizando-se, por conseguinte, um sistema regressivo, o que, invariavelmente, demanda alterações profundas nas leis tributárias brasileiras.

Referências

DAO, Mai Chi; PERRY, Victoria; KLEM, Alexander; HEBOUS, Shafik. *Germany Selected Issues*. Washington D.C.: International Monetary Fund – FMI, 2019.

DERZI, Misabel de Abreu Machado; BUSTAMANTE, Thomas da Rosa de. O Princípio Federativo e a Igualdade: uma perspectiva crítica para o Sistema Jurídico Brasileiro a partir da análise do Modelo Alemão. In: DERZI, Misabel Abreu Machado; BATISTA JÚNIOR, Onofre Alves; MOREIRA, André Mendes (Org.). *Estado Federal e Guerra Fiscal no Direito Comparado*. Belo Horizonte: Arraes, 2015.

DEUTSCHLAND. *Steuern von A bis Z*. Berlin: Bundesministerium der Finanzen, 2019.

DUMITER, Florin; TURCAS, Florin; OPRET, Anca. German Tax System: Double Taxation Avoidance Conventions, Structure and Developments. *Journal of Legal Studies*, Volume 16, Issue 30/2015.

FURQUIM, Luiz Doria. O Moderno Direito Tributário Alemão. Traduzido e condensado da obra "Steuerrecht", de Klaus Tipke/Joachim Lang, 18ª edição. *Revista de Doutrina da 4ª Região – TRF*, n. 20, 2007.

HEINTZEN, Markus. *A distribuição das verbas públicas entre o governo federal, os estados e os municípios na República Federal da Alemanha.* In: DERZI, Misabel Abreu Machado; BATISTA JÚNIOR, Onofre Alves; MOREIRA, André Mendes (Org.). *Estado Federal e Guerra Fiscal no Direito Comparado.* Belo Horizonte: Arraes, 2015.

LORENZ, J. Jarass; TOKMAN, Anthony E.; WRIGHT, Mark L.J. *The Burden of Taxation in the United States and Germany.* Chicago: Fed Letter, No. 382, 2017.

PRADO, Sérgio. *Equalização e federalismo fiscal*: uma análise comparada. Rio de Janeiro: Konrad-Adenauer-Stiftung, 2006.

RIETER, Katja Simone. *FIT: Sistemas da França e Alemanha em debate.* São Paulo: Fenafisco, 2018.

2. O sistema tributário da Argentina

Vinícius Alves Portela Martins

Introdução
Este breve ensaio tem por objetivo descrever o sistema tributário argentino, com ênfase nas características ligadas a sua estruturação e as espécies tributárias (em especial o imposto sobre valor agregado – IVA e também o novo *Impuesto* país).

O estudo do direito comparado é importante para que se possa conhecer modelos, vantagens e desvantagens inerentes a cada um dos sistemas e como o direito tributário se adapta às circunstâncias e peculiaridades locais, inclusive quanto às necessidades de receita demandada pelo Estado, dentro dos corolários emanados da ciência das finanças acerca do tema[1].

Assim, para que se tenha esse paradigma que sirva de comparação ao sistema tributário brasileiro, descreveremos na primeira parte as características estruturais da República Federativa da Argentina e um pouco da construção histórica de sua república. Depois, trataremos do sistema tributário constitucional da Argentina, traçando alguns paralelos com o brasileiro em seus aspectos macroestruturais. Na terceira parte, descreveremos alguns aspectos quanto ao sistema tributário argentino emanado de sua norma geral (Lei nº 11.683/1978), como constituição de créditos, obrigações tributárias, repetição de indébito, espécies tributárias e outras caraterísticas do sistema tributário argentino. Ao final, apresentaremos alguns dados que refletem o sistema tributário argentino,

---
[1] CAMPOS, Carlos Alexandre Azevedo. Adam Smith. In: CAMPOS, Carlos Alexandre Azevedo et al. (Coord.). *Lições clássicas de direito tributário*. Salvador: JusPodivm, 2018.

caminhando para conclusão quanto às principais características desse sistema, analisando-o em linhas gerais e comparando essas características com o sistema tributário brasileiro.

1. A Argentina – brevíssimas características gerais e sistema de divisão de poderes

A Argentina é um país localizado no hemisfério sul ocidental da América do Sul, fazendo fronteira ao norte com a Bolívia e o Paraguai; ao nordeste, com o Brasil; ao leste, com o Uruguai, oceano Atlântico e Ilhas Malvinas e a oeste com o Chile. A região que hoje corresponde à Argentina era habitada por querandis, quíchuas, charruas e guaranis até a chegada dos colonizadores espanhóis em 1516.

No âmbito dessa colonização e relacionando-a a aspectos de desenvolvimento econômico (e de riqueza) local, destaca-se o papel das missões jesuítas, que levaram ao desenvolvimento do espaço cultural, urbano e estudantil, dando origem à primeira universidade argentina (Universidade Nacional de Córdoba). Nesse contexto, tinha-se a divisão da propriedade entre as "de Deus" e "dos Homens", o que permitia a comercialização de excedente de produção (erva mate, tabaco, couro, etc.) e os primórdios da ideia de tributação, que gerava também uma repartição das receitas entre estes.

A independência da Argentina foi proclamada em 9 de julho de 1816, a partir de um Congresso reunido anos antes na cidade de San Miguel de Tucumán e que deu origem a uma guerra que durou quinze anos, terminando com a vitória dos independentistas, os quais consolidaram a independência. Assim, em 25 de maio de 1810, a República Argentina iniciou o caminho de unificação que deu origem à libertação e independência em 1816. No ano de 1825, estas províncias recém-independentes trocaram sua denominação para Províncias Unidas do Rio da Prata. Finalmente, a Constituição de 1826 instaurou o nome de Nação Argentina (primeiro, Confederação Argentina até 1860, depois República Argentina, a partir de 1861). O primeiro presidente argentino (Províncias Unidas do Rio da Prata) foi Bernardino Rivadavia; o primeiro presidente da Confederação Argentina foi Justo Jose Urquiza; e o primeiro presidente da República Argentina foi Bartolomé Mitre, com mandato de seis anos. Este foi sucedido por Domingo Faustino Sarmiento e Nicolás Avellaneda.

2. O SISTEMA TRIBUTÁRIO DA ARGENTINA

Ponto relevante da história da Argentina se dá com a chegada ao poder do presidente Juan Domingo Perón em 4 de junho de 1946, como consequência do "Movimento Nacional Justicialista" (ou peronismo) que fora criado e idealizado por ele. Este movimento tinha como principais características ser essencialmente popular, realizando o desejo do povo; foco na classe dos trabalhadores; foco num tratamento privilegiado apenas às crianças; equilíbrio entre individualismo e comunitarismo, dentre outras características.

Juan Domingo Perón foi reeleito em 4 de junho de 1952, permanecendo no cargo até 1955. Elegeu-se ainda em 12 de outubro de 1973 para o que seria o seu terceiro mandato e o mais curto, em virtude de sua morte em primeiro de julho de 1974. Esta foi uma época marcada (1955 a 1976) pela instabilidade e conflitos e, paradoxalmente, também por um forte crescimento econômico, muito em decorrência do crescimento econômico mundial, influenciado, do ponto de vista **histórico**, pelo fim da 2ª Guerra e a necessidade de construção de diversas nações; pelo ponto de vista **político**, pela adoção de um Estado de bem-estar social[2], que gerou forte crescimento da intervenção do Estado em diversos âmbitos (econômico e social), em especial na prestação de serviços que visavam à melhoria social da população (trabalhador, indivíduos, etc.); do ponto de vista **econômico**, pela influência das ideias de John Maynard Keynes[3] (que influenciaram, inclusive, o Estado de bem-estar social).

A partir de 1976, instaura-se na Argentina a Ditadura Militar marcada pela acentuada repressão e violações sistemáticas dos direitos humanos (tal como boa parte das ditaduras que ocorreram na América latina). A Ditadura Militar termina no dia 10 de dezembro de 1983, com retorno da democracia ao país, representada pela posse do governo Raul Alfonsín, que teve mandato entre 10 de dezembro de 1983 a 8 de julho de 1989. Neste

---

[2] O Estado de bem-estar social foi um tipo de organização política, econômica e sociocultural que colocou o Estado como promotor e organizador social e econômico, regulamentando a vida e saúde social, política e econômica do país, em parceria com empresas privadas e sindicatos em níveis diferentes de acordo com o país em questão. Coube a esse garantir serviços públicos e proteção à população, provendo dignidade aos naturais da nação.

[3] John Maynard Keynes foi um economista britânico cujas ideias mudaram fundamentalmente a teoria e prática da macroeconomia, bem como as políticas econômicas instituídas pelos governos. Basicamente, defendia a ideia de que o desenvolvimento econômico de uma nação estaria atrelado a um princípio de intervenção do Estado na economia.

ano, assumiu o presidente Carlos Menem, naquele que seria o mandato mais longo da história da República Argentina, durando de 8 de julho de 1989 a 10 de dezembro de 1999. O próximo presidente seria Fernando de la Rúa, que também foi eleito, o que demonstrava, à época, uma certa consolidação da democracia na Argentina. Atualmente, o quadro argentino mantém-se relativamente estável, em que pese os governos incompletos de Fernando de la Rúa (1999-2001) e Eduardo Duhalde (2002-2003), que foi sucedido pelos governos de Néstor Kirchner (2003-2007), Cristina Fernandez Kirchner (2007 a 2015) e Mauricio Macri (2015 a 2019). O presidente da Argentina no ano de 2020 é Alberto Fernández.

1.1. Breves notas sobre a Constituição argentina

A primeira Constituição da Argentina é de 1º de maio de 1853, escrita pela Assembleia Constitucional reunida em Santa Fé, tendo como base a Constituição americana dos Estados Unidos da América O texto foi sancionado em congresso reunido na cidade de Santa Fé, tendo sido reformado sucessivas vezes – 1860, 1866, 1898, 1957 e 1994. É pautada em valores importantes como a justiça, defesa comum, bem-estar geral, liberdade, invocando Deus como fonte de toda razão e justiça.

Quanto a sua organização, a República Federativa da Argentina adota a república como forma de governo, sendo a federação composta de três níveis: a Nação (que corresponde a nossa União, pessoa jurídica de direito público interno); as províncias (que correspondem aos nossos estados membros) e os municípios (que correspondem aos nossos municípios sem que, entretanto, sejam dotados das mesmas características em termos de autonomia como no Brasil). A previsão normativa encontra-se no artigo 1º[4] da "Constitución de la Nación Argentina". Quanto à distribuição dos poderes, assemelha-se à brasileira, tendo o Poder Judiciário, Legislativo e Executivo (modelo de tripartição de poderes de Montesquieu encontrado em "O espírito das leis"[5]).

No que se refere às fontes de recursos de seu Estado fiscal, estas são obtidas a partir da cobrança de direitos de importação e de exportação,

---

[4] Constituição Argentina – **Artículo 1º.-** La Nación Argentina adopta para su gobierno la forma representativa republicana federal, según la establece la presente Constitución.
[5] MONTESQUIEU, Charles Louis de Secondat, Baron de la. *Do espírito das leis.* São Paulo: Abril Cultural, 1979.

da venda ou do aluguel de terras de propriedade nacional, da renda dos correios e das demais contribuições que equitativa e proporcionalmente sejam impostas à população pela casa legislativa (trataremos disso mais a frente), além de empréstimos e operações de crédito (vertente do crédito público e não entrada efetiva de receita pública, dada a criação concomitante de conta no passivo) decretadas pelo referido congresso, especialmente nos casos de urgência.

Agora, depois de conhecermos brevemente as características históricas que ensejaram a criação do Estado argentino e de sua Constituição, faremos breves considerações sobre seu sistema tributário: primeiro as previsões constitucionais e depois comentários sobre a lei de normas gerais tributárias.

2. O sistema tributário da Argentina: considerações preliminares e aspectos da norma geral
2.1. O sistema tributário constitucional da Argentina

O sistema tributário argentino nasce diante da necessidade de receitas públicas para fazer frente às despesas (como na maioria dos Estados constitucionais hoje existentes). Isso porque no caso argentino os principais tributos foram instituídos sob a tônica da emergência, da transitoriedade e da improvisação. Nesse sentido, Sacconi (2002, p. 17) ensina que "nesse país [Argentina], a estrutura fiscal em seu conjunto abarca o predomínio de elementos históricos sobre os racionais"[6]. Neste tópico, descreveremos brevemente os principais dispositivos constitucionais afetos ao direito tributário argentino para depois descrevermos alguns princípios e características derivadas da Constituição.

Quanto às normas constitucionais veiculadas na Constituição que se relacionam à divisão de poderes de tributação entre os entes federativos supracitados, destacam-se as previsões contidas nos artigos 4º, 9º, 10, 11, 12, 75, 121 e 126[7]. Complementarmente a estas, temos as normas dos

---

[6] SACCONE, Mario Augusto. *Manual de derecho tributario*. Buenos Aires: La Ley, 2002. p. 17.

[7] Constitución Argentina – **Artículo 4º.-** El Gobierno federal provee a los gastos de la Nación con los fondos del Tesoro nacional formado del producto de derechos de importación y exportación, del de la venta o locación de tierras de propiedad nacional, de la renta de Correos, de las demás contribuciones que equitativa y proporcionalmente a la población

imponga el Congreso General, y de los empréstitos y operaciones de crédito que decrete el mismo Congreso para urgencias de la Nación, o para empresas de utilidad nacional.

Artículo 9º.- En todo el territorio de la Nación no habrá más aduanas que las nacionales, en las cuales regirán las tarifas que sancione el Congreso.

Artículo 10.- En el interior de la República es libre de derechos la circulación de los efectos de producción o fabricación nacional, así como la de los géneros y mercancías de todas clases, despachadas en las aduanas exteriores.

Artículo 11.- Los artículos de producción o fabricación nacional o extranjera, así como los ganados de toda especie, que pasen por territorio de una provincia a otra, serán libres de los derechos llamados de tránsito, siéndolo también los carruajes, buques o bestias en que se transporten; y ningún otro derecho podrá imponérseles en adelante, cualquiera que sea su denominación, por el hecho de transitar el territorio.

Artículo 12.- Los buques destinados de una provincia a otra, no serán obligados a entrar, anclar y pagar derechos por causa de tránsito, sin que en ningún caso puedan concederse preferencias a un puerto respecto de otro, por medio de leyes o reglamentos de comercio.

Artículo 75.- Corresponde al Congreso:

1. Legislar en materia aduanera. Establecer los derechos de importación y exportación, los cuales, así como las avaluaciones sobre las que recaigan, serán uniformes en toda la Nación.

2. Imponer contribuciones indirectas como facultad concurrente con las provincias. Imponer contribuciones directas, por tiempo determinado, proporcionalmente iguales en todo el territorio de la Nación, siempre que la defensa, seguridad común y bien general del Estado lo exijan. Las contribuciones previstas en este inciso, con excepción de la parte o el total de las que tengan asignación específica, son coparticipables.

Una ley convenio, sobre la base de acuerdos entre la Nación y las provincias, instituirá regímenes de coparticipación de estas contribuciones, garantizando la automaticidad en la remisión de los fondos.

La distribución entre la Nación, las provincias y la ciudad de Buenos Aires y entre éstas, se efectuará en relación directa a las competencias, servicios y funciones de cada una de ellas contemplando criterios objetivos de reparto; será equitativa, solidaria y dará prioridad al logro de un grado equivalente de desarrollo, calidad de vida e igualdad de oportunidades en todo el territorio nacional.

La ley convenio tendrá como Cámara de origen el Senado y deberá ser sancionada con la mayoría absoluta de la totalidad de los miembros de cada Cámara, no podrá ser modificada unilateralmente ni reglamentada y será aprobada por las provincias.

No habrá transferencia de competencias, servicios o funciones sin la respectiva reasignación de recursos, aprobada por ley del Congreso cuando correspondiere y por la provincia interesada o la ciudad de Buenos Aires en su caso.

Un organismo fiscal federal tendrá a su cargo el control y fiscalización de la ejecución de lo establecido en este inciso, según lo determina la ley, la que deberá asegurar la representación de todas las provincias y la ciudad de Buenos Aires en su composición.

artigos, 16, 17, 18 20, 25, 28, 31, 39 e 52. Descrevemos abaixo algumas dessas normas:

> **Artículo 4º.-** El Gobierno federal provee a los gastos de la Nación con los fondos del Tesoro nacional formado del producto de derechos de importación y exportación, del de la venta o locación de tierras de propiedad nacional, de la renta de Correos, de las demás contribuciones que equitativa y proporcionalmente a la población imponga el Congreso General, y de los empréstitos y operaciones de crédito que decrete el mismo Congreso para urgencias de la Nación, o para empresas de utilidad nacional.

3. Establecer y modificar asignaciones específicas de recursos coparticipables, por tiempo determinado, por ley especial aprobada por la mayoría absoluta de la totalidad de los miembros de cada Cámara.
4. Contraer empréstitos sobre el crédito de la Nación.
5. Disponer del uso y de la enajenación de las tierras de propiedad nacional.
6. Establecer y reglamentar un banco federal con facultad de emitir moneda, así como otros bancos nacionales.
7. Arreglar el pago de la deuda interior y exterior de la Nación.
8. Fijar anualmente, conforme a las pautas establecidas en el tercer párrafo del inc. 2 de este artículo, el presupuesto general de gastos y cálculo de recursos de la administración nacional, en base al programa general de gobierno y al plan de inversiones públicas y aprobar o desechar la cuenta de inversión.
9. Acordar subsidios del Tesoro nacional a las provincias, cuyas rentas no alcancen, según sus presupuestos, a cubrir sus gastos ordinarios.
10. Reglamentar la libre navegación de los ríos interiores, habilitar los puertos que considere convenientes, y crear o suprimir aduanas.
11. Hacer sellar moneda, fijar su valor y el de las extranjeras; y adoptar un sistema uniforme de pesos y medidas para toda la Nación. [...]
Artículo 121.- Las provincias conservan todo el poder no delegado por esta Constitución al Gobierno federal, y el que expresamente se hayan reservado por pactos especiales al tiempo de su incorporación.
Artículo 126.- Las provincias no ejercen el poder delegado a la Nación. No pueden celebrar tratados parciales de carácter político; ni expedir leyes sobre comercio, o navegación interior o exterior; ni establecer aduanas provinciales; ni acuñar moneda; ni establecer bancos con facultad de emitir billetes, sin autorización del Congreso Federal; ni dictar los Códigos Civil, Comercial, Penal y de Minería, después que el Congreso los haya sancionado; ni dictar especialmente leyes sobre ciudadanía y naturalización, bancarrotas, falsificación de moneda o documentos del Estado; ni establecer derechos de tonelaje; ni armar buques de guerra o levantar ejércitos, salvo el caso de invasión exterior o de un peligro tan inminente que no admita dilación dando luego cuenta al Gobierno federal; ni nombrar o recibir agentes extranjeros.

Artículo 9º.- En todo el territorio de la Nación no habrá más aduanas que las nacionales, en las cuales regirán las tarifas que sancione el Congreso.

Artículo 31.- Esta Constitución, las leyes de la Nación que en su consecuencia se dicten por el Congreso y los tratados con las potencias extranjeras son la ley suprema de la Nación; y las autoridades de cada provincia están obligadas a conformarse a ella, no obstante cualquiera disposición en contrario que contengan las leyes o constituciones provinciales, salvo para la provincia de Buenos Aires, los tratados ratificados después del Pacto de 11 de noviembre de 1859.

Artículo 75.- Corresponde al Congreso:
1. Legislar en materia aduanera. Establecer los derechos de importación y exportación, los cuales, así como las avaluaciones sobre las que recaigan, serán uniformes en toda la Nación.
2. Imponer contribuciones indirectas como facultad concurrente con las provincias. Imponer contribuciones directas, por tiempo determinado, proporcionalmente iguales en todo el territorio de la Nación, siempre que la defensa, seguridad común y bien general del Estado lo exijan. Las contribuciones previstas en este inciso, con excepción de la parte o el total de las que tengan asignación específica, son coparticipables.[...][8]

O art. 4º configura uma cláusula geral de direito financeiro, definindo as fontes de recursos pelas quais o Estado financia suas atividades para concretizar suas funções e prestar os serviços de sua competência. O artigo 9º (assim como o 75 que veremos a seguir) traz a ideia de legalidade – tributação tem de ter representação no Congresso Nacional (*no taxation without representation*), enquanto que o art. 31 traz o reforço da Constituição como a Lei Maior a ser seguida por todas as províncias (estados membros argentinos). Extrai-se do art. 75 da Constituição da Argentina o princípio da legalidade, que possui estatura semelhante ao disposto no art. 150, I da Constituição da República Federativa do Brasil (CRFB). É princípio ligado ao valor segurança jurídica (com foco na dimensão objetiva). Esse princípio, necessário ao desenvolvimento socioeconômico, exige respeito no trato com o contribuinte, criando

---

[8] ARGENTINA. Constitución de la Nación Argentina. Promulgada em 22 de agosto de 1994. Disponível em: <http://servicios.infoleg.gob.ar/infolegInternet/anexos/0-4999/804/norma.htm>. Acesso em: 11 mar. 2020.

uma tributação de acordo com os interesses do povo (representado pelo poder legislativo – ao menos em tese) e que, na medida do possível, seja eficiente, neutra e não abusiva.

Mas vale lembrar que, como no direito brasileiro, a Constituição argentina irradia, por meio de seus princípios, a forma como se interpretará a legislação tributária. Nesse sentido, Sacconi (2002, p. 64) ensina que "a existência de uma lei não é suficiente, por si só; é imprescindível que esta se ajuste às normas e princípios estabelecidos expressa/implicitamente na Constituição[9]", o que denota a importância da Constituição na aplicação e interpretação da lei tributária.

Ainda de acordo com o posicionamento do referido autor, outros princípios destacam-se no direito tributário argentino: capacidade contributiva (art. 4º, 16 e 75, art. 2º da Constituição Argentina); igualdade (art. 16 da Constituição); generalidade (Art. 16); proporcionalidade (aqui mais voltado ao sentido de uma tributação proporcional em termos de alíquota e aplicação do aspecto quantitativo do fato gerador da exação e não a proporcionalidade como princípio instrumental, método de ponderação[10] e seus subprincípios da adequação, necessidade e proporcionalidade em sentido estrito nos termos, por todos, descrito por Gilmar Mendes[11] e usado no direito constitucional contemporâneo); e não confisco (art. 4º e 16)[12].

O direito tributário constitucional argentino estuda as formas fundamentais que disciplinam o exercício da autoridade e as regras que delimitam e coordenam os poderes tributários entre as diferentes esferas

---

[9] SACCONE, Mario Augusto. op. cit. p. 64.

[10] "O postulado da ponderação corresponde ao 3º. subprincípio da proporcionalidade no direito alemão. O primeiro é o postulado da adequação do meio utilizado para persecução do fim desejado. O segundo é o postulado da necessidade desse meio. O meio não é necessário se se dispõe de um mais suave ou menos restritivo constitui um fortíssimo argumento tanto para força teórica quanto prática da teoria". Retirado de MENDES, Gilmar; BRANCO, Paulo Gustavo Gonet. *Curso de Direito Constitucional*. São Paulo: Saraiva, 2013. p. 199.

[11] Gilmar Mendes sobre esta situação complementa: "no conflito entre princípios, deve-se buscar a conciliação entre eles e uma aplicação de cada qual em extensões variadas, segundo a respectiva relevância no caso concreto, sem que se tenha um dos princípios como excluído do ordenamento jurídico por irremediável contradição com outro". (MENDES, Gilmar; BRANCO, Paulo Gustavo Gonet. *Curso de Direito Constitucional*. São Paulo: Saraiva, 2013. p. 183.)

[12] Com referência no autor argentino SACCONE, Mario Augusto. op. cit. p. 62-77.

de poder em países com regime de governo federal (nação ou entidade central e províncias ou estados federais). Mas observe da descrição dos princípios supracitados e dos pesos que a ele são atribuídos que, no direito constitucional tributário argentino, há um maior equilíbrio dos princípios derivados do valor de segurança com os de justiça, diferentemente do que ocorre no Brasil. Na Argentina, a interpretação, por exemplo, do princípio da capacidade contributiva tem maior peso que o dado no Brasil, especialmente no que se refere na ponderação com princípios derivados do valor segurança, como a legalidade. Nesse sentido, Villegas (1999, p. 195) cita que "En líneas anteriores de este capítulo hemos expresado que la capacidad contributiva es el límite material en cuanto al contenido de la norma tributaria, garantizando su 'justicia y razonabilidad'..."[13]. Continua o referido autor:

> Lo cierto es que la Constitución nacional, al referirse a los tributos, lo hace con una terminología que no puede dejar dudas sobre la intención de los constituyentes. Vemos así que: a) en el art. 4 se habla de contribuciones que equitativa y proporcionalmente a la población, imponga el Congreso; b) en el art. 16, in fine, se dice que la igualdad es la base del impuesto; c) en el art. 67, inc. 2, al otorgarse al Congreso la facultad excepcional de imponer contribuciones directas, se estipula que ellas deben ser proporcionalmente iguales en todo el territorio de la Nación.[14]

Ou seja, dá-se uma dimensão maior que na doutrina brasileira, especialmente para autores[15] que focam somente em aspectos de segurança, legalidade e tipicidade cerrada (os denominados autores formalistas[16],

---

[13] VILLEGAS, Hector B. *Curso de finanzas, derecho financiero y tributário*. 7. ed. Buenos Aires: Depalma, 1999. p. 195.
[14] Ibidem. p. 196.
[15] Por todos, Antônio Roque Carraza defende a existência do princípio da tipicidade fechada. Segundo o autor, o tipo tributário seria "um conceito fechado, seguro, exato, rígido e preciso e reforçador da segurança jurídica". (CARRAZA, Roque Antônio. O princípio da legalidade e a faculdade regulamentar no direito tributário. In: TORRES, Heleno Taveira (Coord.). *Tratado de Direito Constitucional Tributário*. São Paulo: Saraiva, 2005. p. 522).
[16] Para usar uma qualificação consistente do termo, longe de subjetivismo e preconceitos, vide ROCHA, Sérgio André. O que é formalismo tributário. *Revista Dialética de Direito Tributário*, nº 227, 2015.

o que não nos parece um caminho para enfrentar o direito tributário no mundo globalizado no contexto de uma sociedade de risco[17]).

Quanto à divisão das competências tributárias e à repartição de receitas, no que tange às contribuições, de acordo com a Constituição argentina, citamos Sacconi (2002, p. 22) que descreve de forma precisa os elementos informadores e o procedimento dessa repartição:

> [...] uma lei/convênio, com base em acordos entre províncias e a nação, instituirá os regimes de coparticipação dessas contribuições, garantindo automaticamente a remessa de recursos para esses fundos. A distribuição entre a Nação, províncias e cidade de Buenos Aires e entre estas se efetuará em relação direta com as competências, serviços e funções de cada uma delas contemplando critérios objetivos de repartição. Será equitativa, solidária e dará prioridade para realização de um grau equivalente de desenvolvimento, qualidade de vida e igualdade de oportunidades em todo território nacional. Esta lei/convênio terá origem no Senado e deverá ser sancionada pela maioria absoluta da totalidade de cada uma das casas, não podendo ser modificada unilateralmente e nem regulamentada, e será aprovada pelas províncias.[18]

2.2. Sistema constitucional infralegal: breves considerações acerca da Lei 11.683/1978 e das principais características do sistema tributário argentino

2.2.1. Características gerais

A Lei 11.683/1998 é a lei de normas gerais em direito tributário na Argentina, sendo regulamentada e detalhada pelo Decreto 821 de 13 de julho de 1998. Esta lei traz aspectos do direito tributário material e também processuais, em que nos focaremos no que se refere a alguns aspectos institucionais e relacionados à execução fiscal mais à frente. Vale lembrar que, no Direito Argentino, a competência tributária

---

[17] Sociedade de risco é um conceito trazido pelo sociólogo Ulrich Beck no sentido de que a imposição do mundo moderno ocidental ao redor do mundo aliado ao enorme desenvolvimento do capitalismo no mundo globalizado pós-comunismo gerou como efeito colateral a imprevisibilidade e a ambivalência. Esta sociedade de risco, assim, traz a ideia de que os perigos enfrentados hoje decorrem da própria ação do ser humano, gerando a referida imprevisibilidade. BECK, Ulrich. A reinvenção da política: rumo a uma teoria da modernidade reflexiva. In: GIDDENS, Anthony; BECK, Ulrich; LASH, Scott (Org.). *Modernização Reflexiva*. Trad. Magda Lopes. São Paulo: UNESP, 1997.

[18] SACCONE, Mario Augusto. op. cit. p. 22.

(*La Potestad Tributaria*) pode ser originária ou derivada. O sistema, a princípio, é menos complexo e detalhado que o brasileiro, compreendendo aspectos materiais (conceituação de tributos, de fato gerador, obrigação tributária etc.) e os aspectos formais (processo).

Quanto aos sujeitos do processo/procedimento fiscal tributário, o sujeito ativo tributário é o Estado, enquanto o sujeito passivo tributário é o contribuinte, ao qual é imputado o dever – que na Argentina tem caráter de fundamentalidade (*deber fundamental*) – de pagar impostos. Na legislação argentina, também se verifica, tal como na brasileira, a separação entre contribuinte de direito (*sujeto de iure*) e contribuinte de fato (*sujeto de facto*).

Quanto aos aspectos relacionados ao tributo em espécie, a definição se dá de forma semelhante ao encontrado no art. 3º da lei brasileira 5.172/1966 (Código Tributário Nacional brasileiro). Mas difere quando traz a menção de sua finalidade – atender às necessidades públicas, o que traz uma aproximação ao direito financeiro. Quanto à classificação dos tributos, há, como no Brasil, tributos vinculados (taxas e contribuições) e não vinculados (impostos). O imposto é prestação exigida independentemente de qualquer atividade estatal. São classificados ainda como impostos reais (*reales* ou objetivos) ou pessoais (*personales*); diretos e indiretos (classificação extraída do artigo 75, 2[19] da Constituição Argentina); ordinários e extraordinários; proporcionais e progressivos.

O imposto possui função fiscal, cobrado com intuito de gerar recursos ao Estado para execução dos gastos públicos, vinculado à ideia de capacidade contributiva, extraindo fundamento jurídico no poder de império, limitado e na forma da lei. É fenômeno concomitantemente econômico e instituto jurídico. Possui ainda fundamento ético-jurídico – determinado por concepções de filosofia política que variam conforme o tempo.

---

[19] Assim prescreve o referido dispositivo: "**Artigo 75.** (...) 2. Impor contribuições indiretas como faculdade concorrente com as províncias. Impor contribuições diretas, por tempo determinado, proporcionalmente iguais em todo o território da Nação, sempre que a defesa, segurança comum e bem geral do Estado o exijam". No original: "**Artículo 75.** (...) 2. Imponer contribuciones indirectas como facultad concurrente con las provincias. Imponer contribuciones directas, por tiempo determinado, proporcionalmente iguales en todo el territorio de la Nación, siempre que la defensa, seguridad común y bien general del Estado lo exijan".

2. O SISTEMA TRIBUTÁRIO DA ARGENTINA

Serve ao financiamento da criação do Estado com objetivo de se manter a ordem e a coerência para uma convivência pacifica[20].

No que se refere aos impostos em espécie trazemos os tópicos abaixo. Lembrando que, dentro da perspectiva comparada em que procuramos trabalhar, os impostos correspondentes aos previstos no Brasil estarão entre parênteses. Observe que nem sempre serão, efetivamente impostos, como no caso das incidências sobre combustíveis que, no Brasil, ocorrem por meio de contribuição de intervenção no domínio econômico – CIDE[21] –, mais especificamente a CIDE combustível. Observe agora os principais impostos em espécie da Argentina:

- Impuesto a las ganancias (*IR*);
- Impuesto sobre los bienes personales (*IPTU e IPVA*);
- Impuesto a la transferencia de inmuebles de personas físicas y sucesiones indivisas (*ITBI*);
- Impuestos al valor agregado (*ICMS-ISS*);
- Impuestos internos (primas de seguro, aceites lubrificantes);
- Impuestos aduaneros (*II; IE*);
- Impuestos sobre los ingresos brutos (imposto sobre o lucro independente do IR);

---

[20] Com base em VILLEGAS, Hector B. op. cit.

[21] CIDE é uma espécie de contribuição (que é espécie de tributo) prevista na Carta Magna em seu art. 149. Tácio Lacerda Gama cita que "o critério que permite identificar as contribuições interventivas, separando-as das demais espécies, é a finalidade especial prescrita para o produto de sua arrecadação". (GAMA, Tácio Lacerda. *Contribuições de Intervenção no Domínio Econômico*. São Paulo: Quartier Latin, 2003. p. 130). Com relação à jurisprudência e no que tange à constitucionalidade dessa exação, o STF tem posicionamento pacífico no sentido de que são constitucionais, pois que representam um instrumento de intervenção, tendo como condição fundamental a destinação das receitas desta à finalidade para a qual foi criada – vide RE 396.266/SC, Rel. Min. Carlos Velloso; RE 389.016-AgR/SC, Rel. Min. Sepúlveda Pertence; RE 389.020-AgR/PR; Rel. Min. Joaquim Barbosa, entre outros etc. Paulsen afirma que "pode-se vislumbrar contribuição que, pela sua própria cobrança, implique determinado efeito, configurando em tal caso ela própria a pretendida intervenção…" (PAULSEN, Leandro. *Direito tributário*: Constituição e Código Tributário à luz da doutrina e da jurisprudência. Porto Alegre: Livraria dos Advogados, 2009. p. 129). Sobre o mesmo assunto, vide também MARTINS, Vinícius Alves Portela. *Possibilidades de intervenção regulatória por parte de CIDEs*: o caso específico da Condecine. Brasília, IV Prêmio SEAE, 2009. Disponível em: <http://www.seae.fazenda.gov.br/premio-seae/edicoes-anteriores/edicao-2009/iv-premio-seae-2009>. Acesso em: 16 mar. 2020.

- Impuestos de sellos;
- Impuestos e contribuciones inmobiliarias;
- Impuestos sobre los combustibles líquidos e gas natural.

Quanto à tributação da renda de pessoa jurídica, o modelo não se assemelha ao do Brasil, ainda que haja, como em nosso país, ausência de tributação sobre dividendos, o que no contexto atual parece ferir a capacidade contributiva e gerar uma tributação da renda (especialmente das mais altas) pouco efetiva. Quanto às pessoas jurídicas e à tributação pelo imposto de renda, tributa-se o lucro contábil ajustado no valor de 30% deste quanto às empresas locais, inclusive filiais e subsidiárias de empresas estrangeiras (30% para os bancos também). Tributa-se ainda juros a não residente no valor de 12% e o Royalties de não residente no valor de 24% da renda auferida.

Outro destaque são os tributos aduaneiros, os quais são de competência da União federal. Há diversos tipos de tributação como os impostos incidentes sobre a exportação, importação, equalização de preços, direitos *anti dumping*, dentre outros. Possuem forte função regulatória, ou seja, regulam economicamente o mercado, às vezes até mesmo com viés protecionista. Sobre estas características e o viés histórico dos impostos aduaneiros na Argentina, Vizcaíno descreve:

> La Constitución de 1853-60 nacionalizó las aduanas. En la actualidad, sólo el Estado nacional puede imponer tributos aduaneros (arts. 4, 9, 10, 75, inc. 1, y 126 de la C.N.). La sección IX del C.A. se refiere a los tributos regidos por la legislación aduanera. El título I precisa las diferentes especies de tales tributos (algunos tienen el carácter de impuestos, como los derechos de importación y exportación, el impuesto de equiparación de precios, los derechos antidúmping, los derechos compensatorios y, en algunos casos, los tributos con afectación especial; otros son tasas, como las de estadística, comprobación, servicios extraordinarios, almacenaje). El título II determina a los deudores y demás responsables de la obligación tributaria aduanera, además de las causales de extinción de esa obligación y la devolución de importes indebidamente percibidos en concepto de tributos.[22]

---

[22] VIZCAÍNO, Catalina García. *Derecho Tributario*. Tomo 3 – parte especial: el derecho tributário vigente, analisis de la legislación, doctrina e jurisprudencia. Buenos Aires: Depalma, 1997. p. 240.

Dado este breve panorama descritivo geral dos tributos em espécie e da tributação de pessoa jurídica (tributação da renda), trataremos agora da tributação sobre consumo – tributos circulatórios, que na Argentina é congregado no Imposto sobre Valor Agregado – IVA.

2.2.1.1. O Imposto sobre valor agregado – IVA

O IVA terá uma análise um pouco mais detalhada, em função de ser um tributo circulatório com natureza diferente dos encontrados no Brasil. O IVA argentino é de competência da União (Nação), diferentemente do que ocorre no Brasil, onde há ao menos três impostos (dentro dos denominados tributos circulatórios) de competências diferentes entre os entes que incidem sobre mercadorias, produtos e serviços que circulam na cadeia econômica que congrega o ICMS (competência dos Estados federados, tributando-se as mercadorias e determinados serviços previstos na CRFB/1988), o IPI (competência da União federal), o ISS (cuja incidência se dá de forma cumulativa, de competência municipal).

Na Argentina, o IVA surgiu em 1974, configurando-se em um imposto indireto de ampla incidência sobre todas as transações do processo de produção e circulação de bens e serviços, sendo que a imposição fiscal alcança apenas o valor acrescido por cada etapa de sua fabricação e comercialização. Dessa forma, quanto ao **aspecto material**[23] de seu fato gerador (suas hipóteses de incidência), tem-se as vendas em geral – transferência a título oneroso que represente a transmissão do domínio de coisa móvel, prestações de serviços, locações e obras, além das importações (coisas móveis destinadas ao consumo). Quanto ao **aspecto temporal**, a ocorrência do fato gerador se dá na saída do estabelecimento industrial;

---

[23] Usamos a classificação quanto aos aspectos do fato gerador de Geraldo Ataliba como descrito abaixo: "a hipótese de incidência é a descrição legislativa (necessariamente hipotética) de um fato cuja ocorrência in concreto a lei atribuiu força jurídica de determinar o nascimento da obrigação tributária. [...] esta categoria ou protótipo (hipótese de incidência) se apresenta sob variados aspectos, cuja reunião lhe dá entidade. Tais aspectos não vêm necessariamente arrolados de forma explícita e integrada na lei [...] são pois aspectos da hipótese de incidência as qualidades que esta tem de determinar hipoteticamente os sujeitos das obrigações tributárias, bem como seu conteúdo substancial, local e momento de nascimento. Daí designarmos os aspectos essenciais da hipótese de incidência tributária por: aspecto pessoal, aspecto material; aspecto temporal e aspecto espacial" (ATALIBA, Geraldo. *Hipótese de incidência tributária*. 4. ed. São Paulo: Revista dos Tribunais, 1991).

quanto ao **aspecto quantitativo**, a base de cálculo é o valor (adicionado) da mercadoria e serviço e a alíquota varia, em regra, de 2,5% a 66% sobre o valor do bem ou serviço[24]. Por fim, no que se refere ao aspecto pessoal (sujeito passivo do imposto), são as pessoas físicas e jurídicas que tenham habitualidade na venda de coisas móveis, praticando a gama de serviços incluída em seu fato gerador. De uma forma geral, são os comerciantes (no Brasil, sujeitos ao ICMS), importadores (no Brasil, sujeitos ao ICMS-importação e imposto de importação), industriais (no Brasil, sujeitos ao IPI) e prestadores de serviço em geral (no Brasil, sujeitos ao ISS).

Dentro de suas características principais, apresenta-se como um imposto **indireto** (porque incide sobre o consumidor final); **real** (não considera condições pessoais do sujeito passivo); de tributação plurifásico e **não-cumulativo** (não apresenta como efeito comum o aumento do preço final do bem ou serviço superior ao imposto arrecadado pelo Estado; acompanha ainda todas as fases de fabricação e comercialização dos bens e serviços, incidindo apenas no valor agregado em cada fase – valores fragmentados). No que tange a outras características gerais do IVA, trazemos as precisas palavras da autora Vizcaíno:

> Características del IVA. Además de consistir en un impuesto plurifásico no acumulativo (conforme resulta del punto 1.1), presenta las siguientes características: 1) Es un impuesto indirecto y, por ende, está comprendido dentro de las llamadas "facultades concurrentes" de la Nación y de las provincias; su producido es coparticipado parcialmente por la ley 23.548 (89 %); el resto (11 %) se lo destina a previsión social en las distintas jurisdicciones, en la forma que estatuye el art. 52 de la ley. Temporariamente (por un año, a partir del 1/4/95), el art. 3 de la ley 24.468 dispuso un adicional de tres puntos sobre la alícuota del IVA (en ese entonces, la alícuota del primer párrafo del art. 24 [actualmente, las alícuotas se hallan en el art. 28] era del 18%), con asignación específica a un fondo de "equilibrio fiscal", que "será administrado por el Tesoro nacional y se destinará al sostenimiento del equilibrio fiscal y el fortalecimiento del crédito público". La ley 24.631 aumentó la alícuota de ese primer párrafo del art. 24 [hoy, art. 28], llevándola al 21 % a partir del 1/4/96 inclusive, mas facultando al Poder Ejecutivo para reducirla con carácter general y para establecer alícuotas diferenciales inferiores en hasta un 50 % de la tasa general (ver punto 2.3).

---

[24] Há muitas variações aqui como, por exemplo, serviços associados à economia digital que veremos no tópico 3.2.6 desse trabalho.

Desde el punto de vista económico-financiero, grava las transacciones, o sea, la circulación económica de los bienes, los servicios y los consumos, que constituyen manifestaciones mediatas de capacidad contributiva. Es, en principio, trasladable: incide –casi siempre– en forma definitiva sobre el consumidor, en tanto que el obligado jurídicamente a pagarlo no es éste, sino el vendedor, productor o fabricante de los artículos de consumo y los locadores o prestadores de servicios. No hay protraslación directa, v.gr., en casos de autoconsumo (ver punto 1.3.1, A, b). 2) Es general, en razón de que, a diferencia de los 1.1., afecta el consumo en todas sus manifestaciones y categorías. 3) Es un impuesto real, ya que no toma en consideración las condiciones personales del contribuyente, sin perjuicio de ciertas exenciones personales (v.gr., art. 7, inc. h, aps. 1, 3, 6, 21, 25). Sin embargo, es personal desde el punto de vista del criterio distintivo clasificatorio que tiene en cuenta la técnica legislativa, por el cual son impuestos personales aquellos cuyas leyes ubican a la persona del contribuyente al lado del aspecto objetivo del hecho imponible, y reales –o, mejor dicho, objetivos– aquellos en que la ley no define al sujeto pasivo ni habla de él, sino que éste surge en virtud del carácter y concepto del hecho imponible objetivo. 4) Es proporcional. 5) Sobre su carácter de instantáneo y de recaudación periódica –salvo importaciones–, ver punto 1.3.3. 6) Se rige por las disposiciones de la ley 11.683 (t.o. en 1978 y modif.), y su aplicación, percepción y fiscalización están a cargo de la D.G.I., quedando facultada la D.G.A. "para la percepción del tributo en los casos de importación definitiva" (art. 51 de la ley). Actualmente, la D.G.I. y la D.G.A. integran la A.F.I.P. (conf. decreto 618/97). 7) Por último, como característica esencial, cabe destacar lo que Villegas llama "la fragmentación del valor de los bienes que se enajenan y de los servicios que se prestan" (la bastardilla es nuestra), a fin de que se tribute por cada una de las etapas de la circulación económica, sin efecto acumulativo.[25]

Quanto à obrigação tributária, observa-se um sistema de regras gerais para cada hipótese de incidência descrita acima do aspecto material de seu fato gerador. Há uma série de exceções, com disposições específicas para a configuração de determinados fatos geradores. Essa característica acaba por ajudar a concretizar a ideia de igualdade no imposto indireto (que tende a ser desigual e regressivo), além de facilitar o controle, pois possibilita a aplicação de mecanismos aptos à redução considerável da evasão fiscal, favorecendo o processo de integração econômica internacional

---

[25] VIZCAÍNO, Catalina García. op. cit. p. 140-141.

(especificamente pelo fato de não ser cumulativo), o que aumenta, por fim, a transparência na quantificação do mesmo.

Esses eram os aspectos gerais do IVA argentino. Dada esta breve descrição geral, agora trataremos das outras espécies tributárias: taxas e contribuições.

2.2.1.2. Taxas

Na Argentina, a taxa é graduada de acordo com o valor (custo) da prestação do serviço. É devida em razão de benefícios individuais ou de grupos sociais, derivados da realização de obras e gastos públicos e de atividades especiais do Estado para o contribuinte[26], sendo um tributo onde a competência de instituição por parte dos entes estatais do serviço varia de acordo com a competência para prestá-lo. É instrumento adequado para cobrir gastos públicos divisíveis.

A contraprestação representa um elemento essencial dessa espécie tributária, o que não a difere muito do modelo brasileiro. É paga em virtude de lei e de uma atividade divisível, relacionada diretamente ao contribuinte, serviços de prestação estes inerentes à soberania estatal. Difere do imposto pois é vinculada a alguma atividade estatal específica. Uma última observação importante: autores como Villegas chamam atenção para o risco de se utilizar a taxa com objetivo de impostos, tal como ocorre, no Brasil, com as contribuições, o que, além de atécnico, viola a boa-fé e o federalismo fiscal, inclusive quanto à correta aplicação de receitas diante das funções de determinados tributos. Nesse sentido, destacamos para finalizar:

> Debe distinguirse entre tasas razonables y tasas desproporcionadas, esto es, impuestos disfrazados de tasa. En este sentido, se debe tener cuidado porque las iniciales tasas pueden pasar a trasformarse en breve tiempo en abultados impuestos que desde luego serían inconstitucionales.[27]

2.2.1.3. Contribuições especiais e contribuições de melhoria

As Contribuições de Melhorias são prestações pecuniárias tributárias devidas por quem obtém um aumento de valor em um bem de que é

---

[26] SACCONE, Mario Augusto. op. cit.
[27] VILLEGAS, Hector B. op. cit. p. 213.

proprietário em razão de uma obra pública. Estas são bastante semelhantes ao caso brasileiro e muito pouco usuais na prática, motivo pelo qual não faremos maiores aprofundamentos.

Quanto às contribuições especiais, mais uma vez assemelha-se ao modelo brasileiro, em que pese não haver na legislação argentina uma divisão em subespécies tal qual no Brasil, que tem previsão no artigo 149 da CRFB.

No geral, assemelha-se ao modelo brasileiro, tendo como diferenciador a destinação específica do produto da arrecadação de sua receita. E sua vinculação se dá somente no que tange à destinação do produto de arrecadação de sua receita vincular-se a uma despesa específica, sem a necessidade de uma contrapartida específica do ente federativo, tal como ocorre com as taxas, por exemplo.

No Brasil, Domingues chama a destinação das contribuições de fato gerador acessório ou auxiliar[28]. Já Ricardo Lodi Ribeiro cita que é preciso considerar que

> o aspecto finalístico de seu fato gerador... deve estar coadunado com os demais aspectos deste, especialmente os nucleares (fato gerador em sentido estrito), pessoais (contribuinte) e quantitativos (especialmente a base de cálculo). Essa adequação entre finalidade e os demais aspectos do fato gerador é denominada de referibilidade de grupo... cuja destinação deve ser atividade estatal que... se relacione com o grupo que participa[29].

Tem-se aqui, então, o segundo importante princípio especifico relacionado às contribuições: **a referibilidade de grupo**. Se qualquer pessoa pagar contribuição, em virtude da ocorrência de um dado fato gerador, ter-se-á, aí, um imposto disfarçado de contribuição. Assim, este é outro princípio especifico importante para a constituição válida de tributo dessa natureza. Villegas ensina:

---

[28] OLIVEIRA, José Marcos Domingues de. Contribuições parafiscais, finalidade e fato gerador. *Revista dialética de direito tributário*, v. 73 apud RIBEIRO, Ricardo Lodi. As contribuições parafiscais e a validação constitucional das espécies tributárias. *Revista dialética de direito tributário*, v. 174, 2010. p. 111.

[29] RIBEIRO, Ricardo Lodi. As contribuições parafiscais e a validação constitucional das espécies tributárias. *Revista dialética de direito tributário*, v. 174, 2010. p. 111.

Por ésta razón, si el Estado resuelve recurrir a un tributo diferente como forma de lograr otros ingresos, además de los impositivos, y para ello se vale de la circunstancia concreta del ejercicio de determinadas actividades que presta obligatoriamente, pero que son divisibles y susceptibles, por lo tanto, de ser singularizadas en lo que respecta a determinadas personas, la tributación que se exige a esas personas que se ven involucradas por el servicio, no puede ser también graduada por su mayor o menor riqueza, puesto que esa misma potencialidad económica ya ha sido tenida en cuenta para la aplicación de los impuestos que tales personas han abonado, habiendo ellas contribuido también (al igual que el resto de los contribuyentes) a financiar ese mismo servicio respecto al cual ahora quedan afectadas. Que paguen una suma tributaria "extra" por esa especial afectación del servicio a su respecto, es equitativo, pero que vean acrecentada o alterada su obligación de tributar, por su situación patrimonial ya tenida en cuenta al cobrárseles el impuesto, y que nada tiene que ver con el servicio concreto que les atañe, es una superposición tributaria inaceptable que trae una situación tributaria injusta y que se presta a abusos y a la muchas veces irracional doble imposición interna. Aparte del inevitable problema de superposición que se crea y que contribuye a elevar la presión fiscal individual en forma inconveniente, se da otra situación que puede ser ilegítima, cual es el hecho de que, basándose la graduación de la tasa en la potencialidad económica del obligado, el monto de ella llegue a resultar manifiestamente desproporcionado con él servicio recibido. A veces la jurisprudencia argentina se ha alzado contra esta situación arbitraria resolviendo que "no acreditada en autos, ni aproximadamente la proporcionalidad necesaria entre el servicio posible y la tasa, resultando evidente una desproporción extraordinaria que justifica la resistencia al pago por la demandada, la suma que ésta deberá abonar, será fijada por el tribunal".[30]

Observa-se que é uma temática recorrente a criação de tributos com denominações de espécies tributárias diferentes das que, realmente, tem o governo intenção de instituir; o que, como dissemos, viola os preceitos da boa-fé, do federalismo fiscal, dentre outros. Para finalizar, vale ressaltar ainda importante crítica que o autor faz com relação ao sistema brasileiro, no que se refere ao uso abusivo de contribuições que constituem verdadeiros impostos disfarçados (termo também usado por Villegas no que se referem às taxas), questões a que autores brasileiros como Ricardo

---

[30] VILLEGAS, Hector B. op. cit. p. 103.

Lobo Torres também já faziam menção. Villegas, indicando o mesmo tipo de situação na Argentina, cita que (1999, p.103-104):

> En el Brasil, los abusos de los Estados y municipios dieron lugar a las más severas críticas de la doctrina y a resoluciones jurisprudenciales que corrigieron las distorsiones, fulminando de inconstitucionalidad varias falsas tasas, que encubrían verdaderos impuestos. Para dar término a esta situación, el Código Tributario nacional brasileño, en su art. 77, prohibió que las tasas tuvieran la misma base de cálculo y el mismo hecho generador que los impuestos, mientras que la Constitución estableció que para la cobranza de las tasas no se podía tomar como base de cálculo la que haya servido para la incidencia de los impuestos. No sucede, en cambio, lo mismo en la República Argentina, donde la falta de normas claras y precisas con respecto al instituto tributario de la tasa ha traído una serie de concepciones erróneas en cuanto a su graduación, las cuales han sido avaladas por la jurisprudencia. Se ha admitido así que ciertas tasas se graduarán según la productividad económica de la explotación que determina el servicio según la capacidad económica del contribuyente, lo cual llevó a que se considerasen válidas tasas de inscripción de negocios medidas por los ingresos brutos del contribuyente, o de inspección de motores según el capital en giro de la empresa. Los argumentos que se han dado para justificar este tipo de resoluciones no son convincentes.[31]

2.2.2. Tratado internacional Brasil-Argentina

Brasil e Argentina assinaram um tratado para evitar a dupla tributação. Trata-se do **Decreto nº 9.482, de 27 de agosto de 2018.** Este Promulga o Protocolo de Emenda à Convenção entre a República Federativa do Brasil e a República da Argentina, destinada a Evitar a Dupla Tributação e Prevenir a Evasão Fiscal em matéria de Impostos sobre a Renda. O Protocolo foi firmado em Mendoza, em 21 de julho de 2017. O objetivo é o fortalecimento da cooperação em matéria tributária e a intenção de evitar a não tributação, ou a tributação reduzida por meios ilícitos. Com esta nova emenda (que produziu efeitos a partir de 1º de janeiro de 2019), os contribuintes pagarão menos nas transações que envolvem prestação de serviços técnico (sujeitos a retenção de imposto de renda a uma alíquota máxima de 10%) e se beneficiarão de retenções mais baixas nas remessas entre os países. Além disso, haverá condições tributárias mais

---
[31] Ibidem. p. 103-104.

favoráveis – remessas internacionais de dividendos (alíquotas máximas de 15% ou 10%, dependendo de particularidades do beneficiário), juros (15%), royalties (15% ou 10%, dependendo de sua natureza), entre outros benefícios e vantagens mútuas.

2.2.3. Planejamento tributário e a norma antielisiva na Argentina

Planejamento tributário é tema de alta complexidade que envolve diversas áreas de conhecimento, inclusive relacionando-se com a filosofia política e moral, dado que os critérios de aceitação de seus efeitos dependerão dos fundamentos de validade do sistema tributário em que está inserido. Heleno Torres define planejamento tributário como "técnica de organização preventiva de negócios jurídicos, visando uma **economia lícita** de tributos"[32]. Marcus Abraham traz que "o debate sobre planejamento fiscal gira em torno da implementação, pelo contribuinte, de **procedimentos lícitos e eticamente aceitáveis**, que podem ser de natureza econômica, contábil, jurídica ou meramente operacional, para reduzir, ou elidir suas despesas com pagamentos de tributos."[33]. Ricardo Lodi Ribeiro destaca que o planejamento fiscal "é uma conduta inerente ao desenvolvimento regular das atividades das empresas, assegurado constitucionalmente pelo princípio da livre iniciativa (art. 170 da CF/1988)"[34].

Na Argentina, não há uma norma geral antielisiva, tal como no Brasil, o qual se inspira no modelo francês da década de 2000[35]. Mas há norma antielisiva. Ricardo Lobo Torres, sobre o modelo argentino, descreve que "as normas que autorizam o Fisco a desconsiderar a personalidade jurídica do contribuinte para atingir as relações econômicas efetivamente realizadas constituem autênticas normas antielisivas"[36]. A norma é caracterizada como doutrina da penetração, e está prevista no art. 2º da Lei 11.683, além do Decreto 828/1998, permitindo o levantamento

---

[32] TORRES, Heleno Taveira. *Direito tributário e direito privado*. São Paulo: Revista dos Tribunais, 2003.

[33] ABRAHAM, Marcus. *O planejamento tributário e o direito privado*. São Paulo: Quartier Latin, 2007. p. 227.

[34] RIBEIRO, Ricardo Lodi. O dever de comunicar à Fazenda Pública o planejamento fiscal no Brasil. *Revista dialética de direito tributário*, v. 242, p. 96-114, 2015. p. 104.

[35] Mudou recentemente a norma antielisiva da França (2018).

[36] TORRES, Ricardo Lobo. *Planejamento Tributário*: elisão abusiva e evasão fiscal. Rio de Janeiro: Elsevier, 2013. p. 39.

do véu da personalidade jurídica da empresa para que se possa atingir a substância do negócio jurídico. Dessa forma, conclui-se que, apesar de não haver uma norma antielisiva específica, há norma que controla o abuso de direito e de forma por parte do contribuinte, permitindo a desconsideração de atos e negócios dissimulados.

2.2.4. Órgãos da Administração fiscal na Argentina: organização, crédito tributário e execução fiscal

Neste tópico descreveremos brevemente as entidades fiscais responsáveis pela administração tributária na Argentina, além dos sujeitos responsáveis pela constituição do crédito tributário e breves noções sobre a execução fiscal neste país.

A Direção Geral de Impostos – DGI é o principal órgão administrativo fiscal de acordo com estipulado no art. 3º da Lei nº 11.683. É o encarregado pela aplicação, cobrança e fiscalização de tributos conforme previsto no § 1º do art. 2º da Lei nº 11.683, sendo o lançamento feito pela autoridade administrativa constituindo o crédito tributário, o qual é feito administrativamente. Juntamente com a Direção Geral de Alfândegas – DGA – e a Direção Geral de Recursos de Seguridade Social – DGRSS –, é uma das três organizações que compõem a Administração Federal de Ingressos Públicos (AFIP).

A DGI goza de alguma autonomia no sentido de que resoluções não são passíveis de recurso hierárquico perante a Secretaria do Tesouro, ou seja, de encaminhamento automático de recurso para a instância hierarquicamente superior, para fins de revisão da decisão tomada em primeira instância. Entretanto, há recurso tanto na esfera administrativa como na judicial, o que permite que suas resoluções possam ser revistas, em sede administrativa, pelo Tribunal Fiscal da Nação ou mesmo em sede judicial.

Suas autoridades máximas são os diretores gerais, tendo ainda um máximo de quatro vice gerentes gerais. Os poderes e deveres da autoridade máxima são de administração e organização interna; poder de regulamentar administrativamente; além de responder consultas, inclusive interpretativas. Além disso, cumpre a importante função de juiz administrativo, seja ele próprio ou através dos funcionários substitutos, tendo como competências principais: I – praticar o procedimento de determinação de ofício; II – resolver sobre aplicação de penalidades; III – intervir em recursos de repetição de indébito em grau de recurso; IV – resolver os recursos de reconsideração.

Também há o *Tribunal Fiscal de la Nación*, que é especializado em matéria tributária e aduaneira, resolvendo os recursos interpostos pelos contribuintes contra atos ditados pela Administração Federal de Contas Públicas – DGI e DGA. É ligado ao poder Executivo, tendo independência funcional.

Comparando ao Brasil, o *Tribunal Fiscal de la Nación* assemelha-se mais ao Conselho Administrativo de Defesa Econômica – CADE – que é uma entidade independente, autarquia pertencente à Administração indireta e vinculada ao Ministério da Justiça, que ao próprio Conselho Administrativo de Recursos Fiscais – CARF, que é subordinado ao Ministério da Economia e funciona como última instância recursal em matéria tributária, estando este sujeito ao poder hierárquico administrativo. Repare que nossa observação tem como premissa a estrutura estática. Ou seja, parece-se mais com o CADE em função de sua autonomia e sua própria função. Mas, logicamente, é mais assemelhado com o CARF no sentido de ser um órgão de recursos sobre decisões na área de direito tributário. Quanto à função judicante (órgão jurisdicional), há semelhança à celeuma que envolve o Tribunal de Contas. É que esse órgão, de cunho constitucional, exerce jurisdição administrativa, tendo função judicante administrativa, ou seja, não exerce jurisdição e não faz parte do Poder Judiciário. Suas decisões formam coisa julgada administrativa (assim como o CADE) e constituem título executivo extrajudicial, mas não impedem que o prejudicado por sua decisão recorra ao Poder Judiciário.

Esse grau de independência do *Tribunal Fiscal de la Nación* é encontrado em alguns sistemas do direito comparado semelhantes ao nosso. Exemplificativamente, no México, o Tribunal Federal de Justiça Fiscal e Administrativa, tribunal contencioso-administrativo, é dotado de total autonomia para emitir suas sentenças, responsável pela resolução de disputas legais que surjam entre a Administração Pública Federal e indivíduos. O artigo 17[37] da Constituição Política dos Estados Unidos Mexicanos estabelece como forma de solução dos conflitos sociais a justiça alternativa, integrada por mecanismos que, paralelamente, ajudam o sistema judicial; mas não faz parte do Judiciário, dependendo do

---

[37] "Artículo 17. Ninguna persona podrá hacerse justicia por sí misma, ni ejercer violencia para reclamar su derecho. Las leyes preverán mecanismos alternativos de solución de controversias."

orçamento do Executivo Federal (o que também acontece com o *Tribunal Fiscal de la Nación*).

Quanto à competência em si do *Tribunal Fiscal de la Nación*, trazemos os apontamentos de Villegas, que descreve cada competência recursal específica:

> En cuanto a la competencia (art. 141, ley), el Tribunal Fiscal debe entender en las siguientes cuestiones: 1) en los recursos de apelación contra las determinaciones de oficio de la D.G.I., por un importe superior al que fija la ley; 2) en los recursos de apelación contra las resoluciones de la D.G.I. que ajusten quebrantos por un valor superior al que la ley establece; 3) en los recursos de apelación contra resoluciones de la D.G.I. que impongan multas cuyo monto máximo establece la ley, o sanciones de cualquier otro tipo, salvo la de arresto; 4) en los recursos de apelación contra las resoluciones de la D.G.I. que deniegan reclamaciones por repetición de impuestos y en las demandas por repetición que se entablen directamente ante el Tribunal. En ambos casos, siempre que se trate de importes superiores a los que fija la ley. 5) en los recursos por retardo en la resolución de las causas radicadas ante la D.G.I.; 6) en el recurso de amparo previsto por los arts. 164 y 165 de la ley. Este recurso se origina en la "demora excesiva" de los empleados de la D.G.I. o Aduana en realizar un trámite o diligencia. Luego de tramitar el recurso, el Tribunal Fiscal puede ordenar la realización del trámite o liberar de él al particular; 7) en los recursos y demandas contra resoluciones de la Aduana de la Nación que determinen tributos, recargos, accesorios o apliquen sanciones (salvo en causas de contrabando). Asimismo en el recurso de amparo y en los reclamos y demandas de repetición de tributos y accesorios recaudados por la Aduana, así como en los recursos a que los reclamos dan lugar.[38]

Por fim, no que se refere às ações e recursos previstos na Lei 11.683, tem-se o denominado pedido de reconsideração[39] e o recurso de apelação[40].

---

[38] VILLEGAS, Hector B. op. cit. p. 435

[39] "Este recurso se interpone ante la misma autoridad de la D.G.I. que dictó la resolución recurrida (el 'juez administrativo' que haya tenido competencia en el caso concreto). La interposición es escrita y puede hacerse mediante entrega directa en las oficinas de la D.G.I. o mediante el Correo con carta certificada con aviso de retorno. Interpuesto el recurso, debe dictarse resolución dentro del término de sesenta días y se notifica al interesado tanto la resolución recaída como todos sus fundamentos (arts. 78 y 80, ley). Si el recurso se resuelve en contra, se debe pagar e iniciar demanda por repetición." Ibidem. p. 436.

[40] "él procede contra las resoluciones que impongan sanciones o determinen tributos y accesorios, o se dicten en reclamos por repetición de tributos". Ibidem. p. 437.

Quanto aos procedimentos de execução fiscal – cobrança administrativa da dívida tributária, estes são regulamentados pela Lei 11.683/1998, que busca otimizar os procedimentos de cobrança de créditos, atribuindo maior autonomia de atuação à Administração. Isso possibilita que diversas ações que demandariam atuação do Judiciário possam ser feitas na esfera administrativa. Dessa forma, observa-se um modelo diferente do previsto no Brasil, com maior autonomia para a Administração fiscal, corroborando-se um modelo onde a execução fiscal, em que pese permanecer no Poder Judiciário, prevista no Código de Processo Civil e Comércio Nacional, é mais flexível e ágil para a administração, em face de seu maior empoderamento. O artigo 111 da referida lei retrata que "a qualquer momento a Administração Federal de Ingressos Públicos poderá solicitar embargo preventivo, prevendo penhora dos bens na quantidade presumivelmente adequada", indicando a possibilidade de penhora de bens do devedor e responsáveis (inclusive devedores solidários) por ato administrativo, o que para a administração fiscal é significativo em termos de rapidez para garantir uma futura execução.

Assim, o modelo, se comparado ao brasileiro, pode ser chamado de modelo híbrido, com maiores poderes à Administração fiscal no que se refere à cobrança de créditos fiscais. Além de a constituição do crédito tributário ser feita pela autoridade administrativa, há ainda a possibilidade de penhora, a citação, adoção de medidas cautelares e decisões de cunho definitivo.

Como descrito acima, o *Tribunal Fiscal de la Nación* possui estrutura desvinculada do Poder Judiciário (ainda que exerça função judicante – jurisdição administrativa) em seu sentido organizacional, quanto a regimes de interpretação de normas, especialmente de fundo constitucional. A execução fiscal na Argentina desdobra-se junto à Administração, como regra, não obstante ao Judiciário garanta-se competência corretiva, de modo permanente e recorrente[41]. Trazemos, para finalizar, uma consideração de Villegas quanto ao aspecto ampliativo de interpretação do dispositivo que amplia o poder da Administração:

---

[41] Sobre o tema vide também GODOY, Arnaldo Sampaio de Moraes. Execução argentina permite penhora antecipada de bens. *Consultor Jurídico*, 28/04/2010. Disponível em: <https://www.conjur.com.br/2010-abr-28/execucao-fiscal-argentina-permite-penhora-antecipada-bens-fisco>. Acesso em: 16 mar. 2020.

El art. 41 de la ley 11.683 otorga a la D.G.I. amplios poderes para fiscalizar e investigar, en cualquier momento, incluso respecto de "períodos fiscales en curso" (o sea, a hechos imponibles no temporalmente acaecidos; ver supra, cap. IX, punto 15 D), el cumplimiento que los obligados reales o presuntos dan a las leyes, reglamentos, resoluciones e instrucciones tributarias... Llamamos la atención sobre la terminología de la ley cuando estipula que la Dirección tendrá "amplios poderes", lo cual indica que en lo referente a "facultades fiscalizadoras e investigatorias", esas facultades deben interpretarse con un criterio extensivo, y no restrictivo.[42]

Ou seja, depreende-se da citação que os poderes fiscais das autoridades são amplos, o que facilita a busca pelo crédito fiscal, havendo, como visto neste tópico, uma maior autonomia administrativa, especialmente se comparado ao modelo brasileiro do CARF[43].

2.2.5. Reforma tributária na Argentina

O sistema argentino passou por uma reforma em 2017, buscando a redução da sonegação tributária, além de um sistema tributário mais igualitário, eficiente e moderno. No Brasil, tentou-se uma reforma no ano de 2019, quando foram apresentados alguns projetos, focados na questão da diminuição da carga tributária e, principalmente, aumento da eficiência da arrecadação. Entretanto, tendo em vista um cenário global não favorável, do ponto de vista econômico, além de problemas políticos no Brasil e também chegada repentina da doença denominada Covid 19, que afetou drasticamente o mundo em todos os seus aspectos (econômico, político,

---

[42] VILLEGAS, Hector B. op. cit. p. 359
[43] O Conselho Administrativo de Recursos Fiscais – CARF é um órgão administrativo colegiado, criado pela Lei 11.941/2009, de maio de 2009, com a função de julgar em segunda instância administrativa os litígios em matéria tributária e aduaneira, além da competência quanto à uniformização da jurisprudência do órgão, mediante recurso especial das partes, nos casos em que ocorrer divergência de entendimento entre os colegiados de julgamento. Tem como missão assegurar à sociedade imparcialidade e celeridade na solução de litígios tributários, objetivando ainda contribuir para a segurança jurídica na área tributária, para aperfeiçoamento da legislação tributária e para reduzir os litígios judiciais e administrativos. O CARF surgiu com a unificação dos três Conselhos de Contribuintes então existentes, sendo justificada pela necessidade de eliminação de redundâncias, racionalização das atividades administrativas e otimização dos tramites processuais e imprimir maior celeridade na solução dos litígios administrativos fiscais.

social, etc.), este projeto de reforma tributária acabou sendo esquecido, diferentemente do que se deu na Argentina.

Voltando ao caso argentino, dentre outras medidas, foi imposta uma redução de 35% para 25% do imposto de renda das empresas que reinvistam seu faturamento; a criação do tributo sobre a renda financeira para pessoas físicas (até agora apenas as jurídicas pagavam); a eliminação dos encargos trabalhistas para salários de até 12 mil pesos (em torno de US$ 675). Trouxe ainda em seu bojo uma busca por mecanismos de consensualidade no âmbito do processo administrativo (que como já vimos, possui maior autonomia e uma estrutura mais independente, quando comparado ao do Brasil), reduzindo custos e aumentando a eficiência arrecadatória. Estes foram os pontos de destaque da referida reforma.

2.2.6. Tributação de novas tecnologias: a *Digital Tax Service* (Impuesto país) na Argentina

A Argentina desde o ano de 2017 vem flertando com a criação da genericamente denominada de *digital service tax*[44]. Em apertadíssima síntese, este tributo tem por finalidade tributar receitas provenientes das novas tecnologias e empresas da Internet, tendo em vista as características destas que torna insuficiente o modelo de tributação internacional derivado dos modelos e convenções da OCDE vigentes até então. Nesse sentido, lançou-se o plano de ação 1[45] do BEPS (*base erosion and profit shifting*[46]),

---

[44] Em apertada síntese, é o tributo que visa alcançar as riquezas da economia digital, a partir da busca de um elemento de conexão que são aqueles elementos apontados pela legislação para autorizar a tributação da renda transnacional.

[45] O BEPS tem por objetivo formular políticas e estratégias para combater a fuga de capitais para os chamados Paraísos Fiscais ou países de baixa tributação como Holanda, Irlanda, Luxemburgo, dentre outros, diminuindo o aumento da evasão fiscal em escala global. Apontou ainda que a legislação nacional de países do G-20 permitiu a manipulação de lucros através de manobras jurídicas de direitos e obrigações intangíveis, reduzindo legalmente os lucros e a **tributação no território fiscal das entidades geradoras das atividades produtivas**. Para dirimir esses efeitos negativos, o plano BEPS propõe 15 ações a serem consideradas pelos Países-membros da OCDE e do G-20, sendo a ação 1: – Identificar os principais desafios proporcionados pela economia digital na aplicação das regras vigentes para tributação direta e indireta e sugerir meios para contorná-los.

[46] Erosão de base e transferência dos lucros – Relaciona-se à incapacidade de se tributar determinadas riquezas, que acabam por provocar nos diversos Estados nacionais – tanto Estados fontes como residência – a fuga de rendas tributáveis.

que tinha a ideia de se permitir a tributação dessas rendas internacionais, sem que necessariamente se repactuasse as competências tributárias internacionais. E, neste modelo, privilegia-se (ou menos se flerta) com a tributação no país fonte, que origina a riqueza de boa parte dessas empresas de Internet.

A ideia inicial era de que isso surgisse de forma uniforme, no âmbito da OCDE; mas alguns países como França, Inglaterra e Índia[47] já a instituíram. Este é, de forma extremamente resumida, o cenário internacional da tributação da renda dessas gigantes da Internet, dado que não é objeto de nossa análise em nosso estudo e implicaria introduzir outros conceitos como o de estabelecimento permanente[48], tributação no país

---

[47] Vide SINGH, Manoj Kumar. Conflict of source versus residence based taxation in India with reference to fees for technical service. *INTERTAX*, Volume 44, Issue 6&7, 2016.

[48] Sérgio Andre Rocha define o conceito de estabelecimento permanente: "Uma das principais regras do Modelo OCDE que concretiza a máxima da tributação na residência é aquela prevista em seu artigo 7, segundo a qual os lucros de uma empresa de um Estado Contratante só podem ser tributados nesse Estado, a não ser que a empresa exerça sua atividade no outro Estado Contratante por meio de um estabelecimento permanente aí situado. Se a empresa exercer sua atividade desse modo, os lucros que forem imputáveis a esse estabelecimento permanente conforme as regras do parágrafo 2 poderão ser tributados naquele outro Estado". ROCHA, Sérgio André. *País tem seu próprio caminho na tributação internacional*. Disponível em: <https://www.conjur.com.br/2013-set-03/sergio-rocha-importacao-doutrinas-forma-critica>. Acesso em: 6 maio 2020.
Em outro estudo, Sérgio André Rocha ensina, de forma crítica: "Segundo Paula Rosado Pereira, 'de acordo com **o princípio da residência, a conexão relevante para fundamentar o poder tributário de um Estado é a residência no seu território do titular dos rendimentos em apreço**'. Por outro lado, ainda segundo esta autora, 'de acordo com o princípio da fonte, a conexão relevante para fundamentar o poder tributário de um Estado é o local de origem ou proveniência dos rendimentos'. A mesma lição é encontrada em Luís Eduardo Schoueri, para quem 'no Direito Tributário Internacional, o princípio da fonte caracteriza um critério adotado por diversos ordenamentos jurídicos nacionais para a definição do alcance da lei tributária a partir do seu aspecto objetivo. Enquanto o princípio da residência firma-se no elemento de conexão subjetivo, o princípio da fonte baseia-se no aspecto objetivo da situação tributável sujeitos a regras diferentes previstas em outros Artigos da Convenção. Ele incorpora o princípio básico de que, a não ser que a empresa de um Estado Contratante tenha um estabelecimento permanente situado no outro Estado, os lucros daquela empresa não podem ser tributados neste país, salvo o caso de tais lucros caírem em alguma categoria especial de rendimento para a qual outros Artigos da Convenção concedam poder tributário àquele outro Estado'. Fala-se no 'princípio básico' do estabelecimento permanente como se, de fato, se tratasse de um critério absoluto e universal de alocação de poder tributário, e não

da residência (princípio da residência), *value creation*⁴⁹ (valor agregado) que não são escopo desse trabalho.

Voltando à Argentina, foco de nosso estudo, em 2019 foi criado o denominado "Impuesto País", que tem um impacto significativo no consumo de serviços digitais na Argentina. Este novo imposto incide sobre a aquisição de serviços por consumidores finais na Argentina; especificamente, sobre os pagamentos feitos em dinheiro, ou por meio de cartão de crédito. Estes por sua vez exigem acesso ao mercado argentino de câmbio (pelo consumidor ou por qualquer intermediário de pagamento), os quais são tributados pelo "Impuesto País". Ele é uma espécie de adicional do IVA ao consumidor argentino (modelo que como veremos difere do proposto no Brasil).

A alíquota inicial do imposto é de 30% do valor bruto faturado, sendo reduzida a 8% nos casos em que os serviços digitais sejam tributados também pelo IVA (21%). Note-se que os serviços digitais que atraem IVA a 21% são os que constam de uma lista existente, compilada pela primeira vez em maio de 2018 pelo serviço de receita argentino (Administração Federal de Ingresos Públicos ou AFIP).

A partir de então, todos os serviços digitais vendidos a consumidores sediados na Argentina efetivamente atraem impostos à taxa de 30% (29% se na lista AFIP mencionada anteriormente). Não há obrigação de cobrança e remessa desse novo imposto para fornecedores de serviços não residentes. Este é cobrado pela entidade bancária ou de cartão de crédito que intervém no pagamento da transação pelo consumidor argentino. A cobrança em USD, de forma a que se calcule o valor do imposto, deve ser convertida em pesos argentinos usando a taxa de câmbio de venda publicada pelo Banco Central da Argentina. Depois de coletado do consumidor, o cartão de crédito ou a plataforma de pagamento envia o "Impuesto Pais" para as autoridades fiscais argentinas semanalmente, funcionando como um substituto tributário.

---

de um modelo que protege certos interesses dos países desenvolvidos." (ROCHA, Sérgio André. *Tributação Internacional*. São Paulo: Quartier Latin, 2013. p. 93-94). (grifo nosso)

⁴⁹ Basicamente, representa o valor que o usuário agrega ao usar o serviço, sendo considerado por alguns teóricos um parâmetro adequado para fins de base de cálculo para incidência da *Digital service tax* – DST. Sobre o tema, vide – ANDERSSON, Krister. Should We Use Value Creation or Destination as a Basis for Taxing Digital Businesses? Krister Andersson's Comments on the 2018 Klaus Vogel Lecture Given by Professor Michael Devereux. *Bulletin for International Taxation*, December 2018.

Dessa forma, vê-se que a Argentina já criou o seu *Digital Tax Service*, que tem a forma de imposto indireto, cobrado como adicional ao IVA.

Agora trataremos dos aspectos relacionados à dinâmica do setor tributário, com uma análise dos aspectos arrecadatórios que espelham o resultado da incidência tributária e do sistema tributário como um todo.

3. Breves notas sobre alguns dados que indicam o aspecto dinâmico da tributação na Argentina

3.1. Considerações iniciais

Este tópico tem por objetivo analisar dinamicamente o comportamento da carga tributária. Nosso objetivo aqui foi descrever o caráter dinâmico do sistema tributário argentino, considerando o resultado da incidência da forma como prevista na legislação.

3.2. Análise do sistema tributário argentino e seus resultados através de dados empíricos

Aqui traremos alguns dados provenientes de pesquisas empíricas. Primeiro serão apresentado os gráficos e depois serão feitos, quando for o caso, breves comentários acerca dos mesmos, sempre que possível, comparando ao sistema tributário brasileiro.

Gráfico 1 – Carga tributária América Latina e Caribe

Carga Tributária América Latina e Caribe (% do PIB 2014)

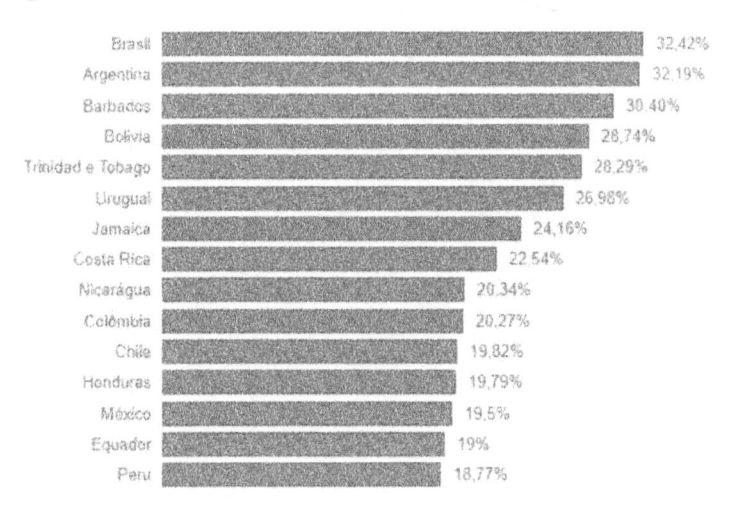

País	%
Brasil	32,42%
Argentina	32,19%
Barbados	30,40%
Bolívia	28,74%
Trinidad e Tobago	28,29%
Uruguai	26,98%
Jamaica	24,16%
Costa Rica	22,54%
Nicarágua	20,34%
Colômbia	20,27%
Chile	19,82%
Honduras	19,79%
México	19,5%
Equador	19%
Peru	18,77%

Os dados refletem a semelhança da carga tributária argentina com relação à brasileira. Em que pese os argentinos terem passado por uma recente reforma e terem a implementação do IVA, observa-se que a carga tributária é uma das mais altas da América Latina e Caribe, tal como a brasileira.

Gráfico 2 – **Carga tributária por renda, lucro e ganhos de capital**

Carga Tributária por renda, lucro e ganhos de capital

relativo ao percentual do PIB 2014

País	%
Dinamarca	33,2%
Islândia	18%
Nova Zelândia	17,99%
Noruega	16,93%
Bélgica	16,05%
Finlândia	15,34%
Suécia	14,81%
Canadá	14,67%
Itália	14,24%
Áustria	12,66%
Estados Unidos	12,54%
Suíça	12,29%
Irlanda	12,08%
Reino Unido	11,41%
Alemanha	11,03%
Portugal	10,71%
França	10,47%
Israel	9,71%
Espanha	9,64%
Grécia	8,66%
Estônia	7,57%
Coreia	7,16%
República Checa	7,14%
Chile	6,54%
Eslovênia	6,5%
Hungria	6,48%
Eslováquia	6,29%
Turquia	6,07%
Brasil	5,85%

Fonte: Receita Federal

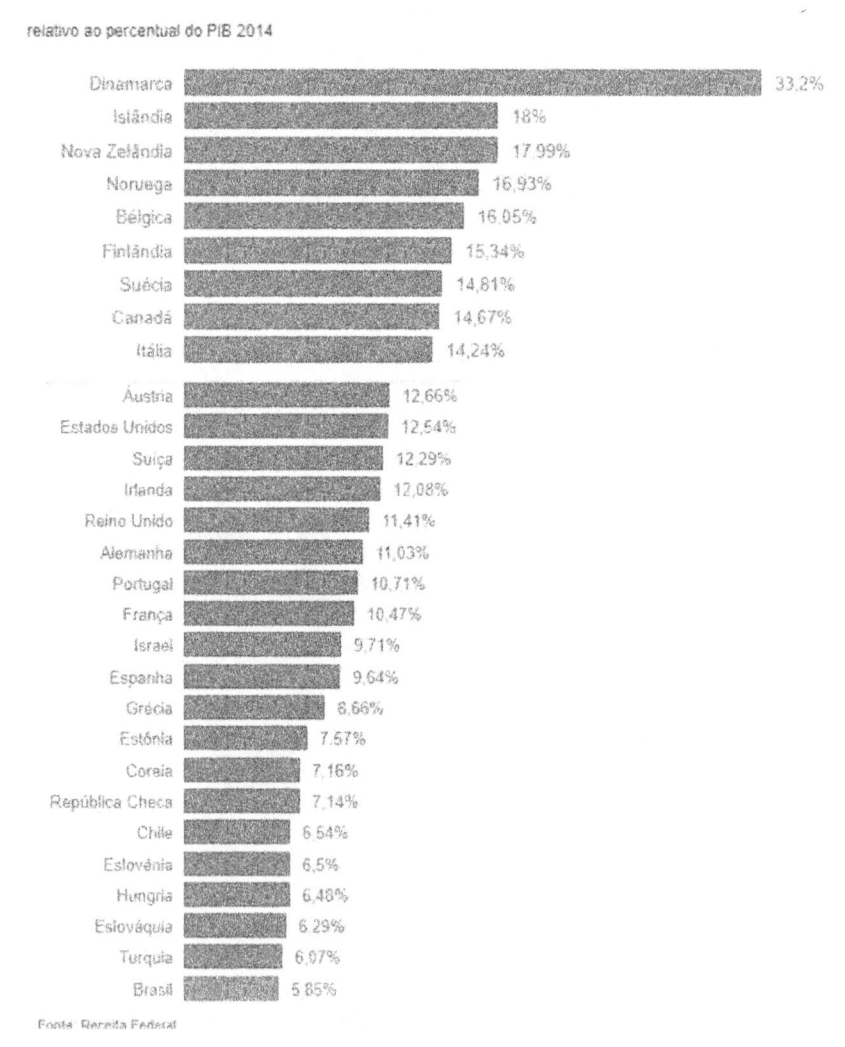

2. O SISTEMA TRIBUTÁRIO DA ARGENTINA

Dentre os países que mais tributam a renda, a Argentina não aparece nesses dados; o Brasil aparece em último, o que aponta uma concentração maciça da tributação nos impostos indiretos, levando a uma regressividade da tributação, tornando o sistema injusto. Neste aspecto, o sistema brasileiro e argentino mais uma vez se equivalem.

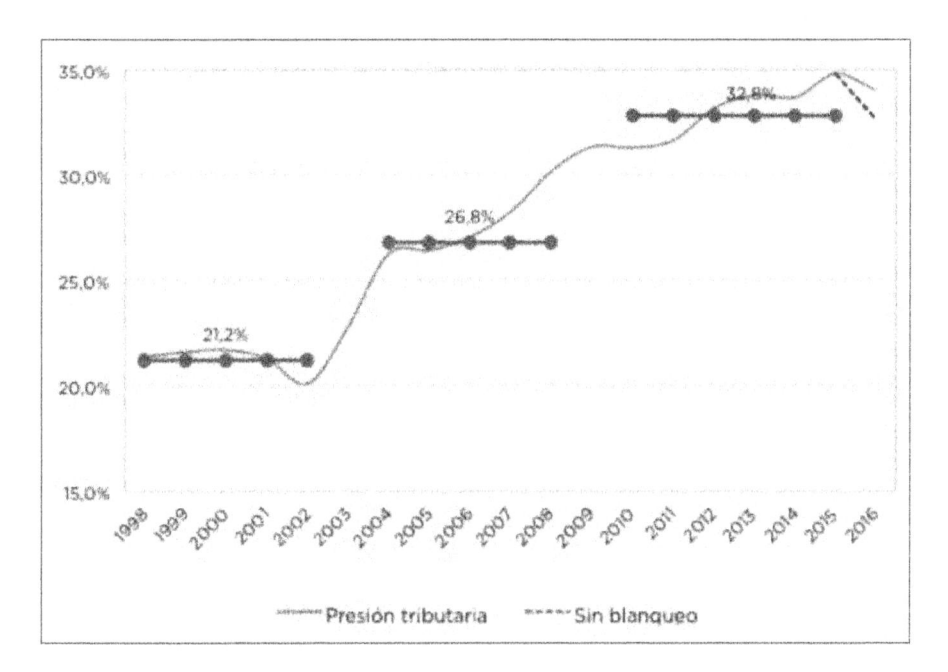

Gráfico 3 – **Evolução da carga tributária na Argentina**

Extrai-se do gráfico 3 o aumento enorme da carga na década de 2000, derivado da crise da década de 90 e do crescimento da economia na década de 2000, que aumentou a voracidade tributária de grande parte dos países da América Latina, tais como Brasil e Argentina.

Gráfico 4 – Composição da arrecadação dos seis países com maiores percentuais de carga tributária da América Latina

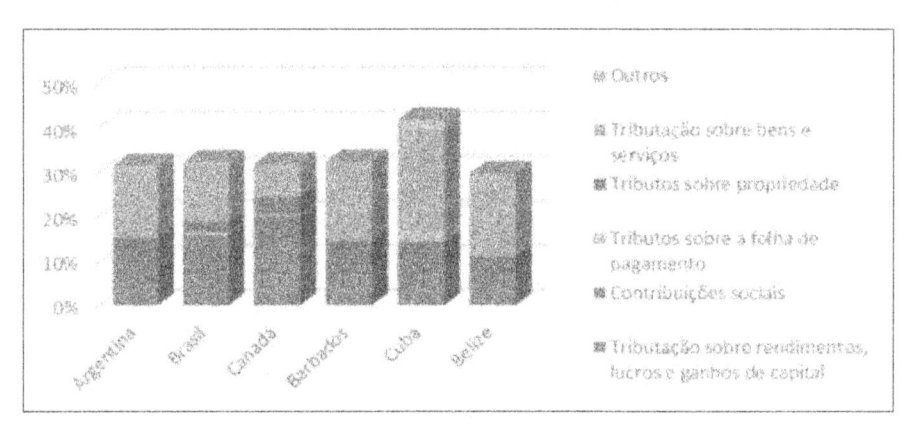

[Gráfico de barras – Argentina, Brasil, Canadá, Barbados, Cuba, Belize – com legendas: Outros; Tributação sobre bens e serviços; Tributos sobre propriedade; Tributos sobre a folha de pagamento; Contribuições sociais; Tributação sobre rendimentos, lucros e ganhos de capital]

Esse gráfico reforça que a base tributária é composta e baseada nos impostos indiretos, aumentando a regressividade do sistema, tal como observado no Gráfico 2.

Gráfico 5 – Composição da arrecadação nacional – 2016

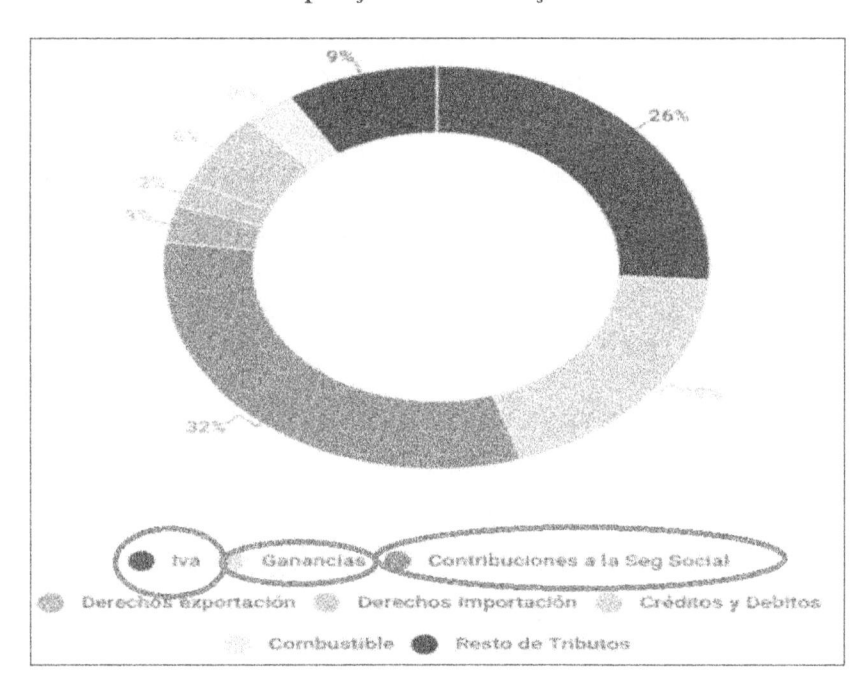

[Gráfico de pizza com valores: 26%, 32%, 9%, entre outros. Legendas: Iva; Ganancias; Contribuciones a la Seg Social; Derechos Exportación; Derechos Importación; Créditos y Débitos; Combustible; Resto de Tributos]

Este gráfico aponta que, ainda antes da reforma, as contribuições e o IVA compõem o grosso da arrecadação de receita proveniente de tributos na Argentina, confirmando mais uma vez a regressividade do sistema.

Conclusões

Diante do exposto, conclui-se que o sistema tributário argentino possui tanto semelhanças estruturais como também quanto a seu comportamento dinâmico, quando comparado ao sistema tributário brasileiro.

O objetivo desse trabalho foi fazer uma descrição do sistema tributário argentino, contextualizando-o nas circunstâncias históricas que remetem à formação desse Estado e de sua Carta política, inclusive na sua relação com o direito tributário, trazendo, por fim, as principais características de seu sistema tributário, de acordo com as principais legislações (constitucional e normas gerais), além dos autores que tratam do tema naquele país.

Observamos ao longo da descrição feita no presente trabalho, dentro dos aspectos que procuramos focar, que as características estruturais do direito tributário material e processual argentino são bastante semelhantes ao direito brasileiro. Com relação às espécies tributárias (inclusive as de impostos, taxas e contribuições), não se observou diferenças significativas (inclusive quanto aos problemas, como uso de contribuições e taxas com funções de impostos!). A exceção refere-se ao imposto sobre combustíveis (que o Brasil tributa com a espécie CIDE) e aos tributos circulatórios, havendo no Brasil três espécies, separadas entre os diferentes entes federativos, enquanto na Argentina há apenas o IVA, arrecadado pelo poder central (Nação, espécie de União da Argentina). Estas foram as diferenças estruturais mais significativas dentre estes sistemas.

Destacam-se ainda outras semelhanças com ações de repetição de indébito para contribuinte e as ações de execução fiscal para o Estado, que apresentam um modelo híbrido interessante, com maiores poderes à Administração fiscal no que se refere à cobrança de créditos fiscais, dentre os quais a possibilidade de penhora, a citação, adoção de medidas cautelares e decisões de cunho definitivo, havendo um Tribunal Fiscal, com estrutura desvinculada do Poder Judiciário, em seu sentido organizacional, mas independente, o *Tribunal Fiscal de la Nación*. A atividade administrativa, de uma forma geral, diante do exposto, pareceu-nos mais autônoma e eficiente que a brasileira. A execução fiscal na Argentina desdobra-se junto à Administração, como regra, não obstante o Judiciário a acompanhe e, se for o caso, garanta-se competência corretiva, de modo permanente e recorrente, além do fato de a execução fiscal ser proposta junto ao Judiciário.

Por fim, dentro daquilo que chamamos de caráter dinâmico de seu sistema tributário, observou-se que o mesmo possui, mais uma vez, características semelhantes ao nosso país, o que não deveria ser diferente, dado que, no que tange a seu caráter estático (seus princípios, suas limitações, conjuntos de regras tributárias constitucionais e infraconstitucionais), observamos que o sistema argentino é bastante semelhante ao brasileiro. A principal diferença foi observada quanto ao imposto sobre valor agregado – o IVA argentino, que além de concentrado, é de competência da União (Nação), diferentemente do que ocorre em nosso país, onde há ao menos três impostos de competências diferentes entre os entes que incidem sobre mercadorias, produtos e serviços que circulam na cadeia econômica (tributos circulatórios), congregando o ICMS, o IPI e o ISS.

Esperamos assim ter cumprido nossa breve proposta de trazer notas gerais sobre o sistema tributário argentino, indicando que há ainda muitos outros aspectos a serem considerados e aprofundados num nível mais avançado. Mas, por ora, e frente aos nossos objetivos, esperamos que o leitor tenha conseguido tirar suas dúvidas básicas neste estudo, a partir dessa perspectiva comparada dos sistemas brasileiro e argentino.

Referências

ABRAHAM, Marcus. *O planejamento tributário e o direito privado*. São Paulo: Quartier Latin, 2007.

ATALIBA, Geraldo. *Hipótese de incidência tributária*. 4. ed. São Paulo: Revista dos Tribunais, 1991.

ANDERSSON, Krister. Should We Use Value Creation or Destination as a Basis for Taxing Digital Businesses? Krister Andersson's Comments on the 2018 Klaus Vogel Lecture Given by Professor Michael Devereux. *Bulletin for International Taxation*, December 2018.

ARGENTINA. Constitución de la Nación Argentina. Promulgada em 22 de agosto de 1994. Disponível em: <http://servicios.infoleg.gob.ar/infolegInternet/anexos/0-4999/804/norma.htm>. Acesso em: 11 mar. 2020.

BECK, Ulrich. A reinvenção da política: rumo a uma teoria da modernidade reflexiva. In: GIDDENS, Anthony; BECK, Ulrich; LASH, Scott (Org.). *Modernização Reflexiva*. Trad. Magda Lopes. São Paulo: UNESP, 1997.

CAMPOS, Carlos Alexandre Azevedo. Adam Smith. In: CAMPOS, Carlos Alexandre Azevedo *et al.* (Coord.). *Lições clássicas de direito tributário*. Salvador: JusPodivm, 2018.

CARRAZA, Roque Antônio. O princípio da legalidade e a faculdade regulamentar no direito tributário. In: TORRES, Heleno Taveira (Coord.). *Tratado de Direito Constitucional Tributário*. São Paulo: Saraiva, 2005.

GAMA, Tácio Lacerda. *Contribuições de Intervenção no Domínio Econômico*. São Paulo: Quartier Latin, 2003.

GODOY, Arnaldo Sampaio de Moraes. Execução argentina permite penhora antecipada de bens. *Consultor Jurídico*, 28/04/2010. Disponível em: <https://www.conjur.com.br/2010-abr-28/execucao-fiscal-argentina-permite-penhora-antecipada-bens-fisco>. Acesso em: 16 mar. 2020.

MARTINS, Vinícius Alves Portela. *Possibilidades de intervenção regulatória por parte de CIDEs*: o caso especifico da Condecine. Brasília, IV Prêmio SEAE, 2009. Disponível em: <http://www.seae.fazenda.gov.br/premio-seae/edicoes-anteriores/edicao-2009/iv-premio-seae-2009>. Acesso em: 16 mar. 2020.

MENDES, Gilmar; BRANCO, Paulo Gustavo Gonet. *Curso de Direito Constitucional*. São Paulo: Saraiva, 2013.

MONTESQUIEU, Charles Louis de Secondat, Baron de la. *Do espírito das leis*. São Paulo: Abril Cultural, 1979.

OLIVEIRA, José Marcos Domingues de. Contribuições parafiscais, finalidade e fato gerador. *Revista dialética de direito tributário*, v. 73 apud RIBEIRO, Ricardo Lodi. As contribuições parafiscais e a validação constitucional das espécies tributárias. *Revista dialética de direito tributário*, v. 174, 2010.

PAULSEN, Leandro. *Direito tributário*: Constituição e Código Tributário à luz da doutrina e da jurisprudência. Porto Alegre: Livraria dos Advogados, 2009.

RIBEIRO, Ricardo Lodi. O dever de comunicar à Fazenda Pública o planejamento fiscal no Brasil. *Revista dialética de direito tributário*, v. 242, p. 96-114, 2015.

___. As contribuições parafiscais e a validação constitucional das espécies tributárias. *Revista dialética de direito tributário*, v. 174, 2010.

ROCHA, Sérgio André. *Tributação Internacional*. São Paulo: Quartier Latin, 2013.

___. *País tem seu próprio caminho na tributação internacional*. Disponível em: <https://www.conjur.com.br/2013-set-03/sergio-rocha-importacao-doutrinas-forma-critica>. Acesso em: 6 maio 2020.

___. O que é formalismo tributário. *Revista Dialética de Direito Tributário*, nº 227, 2015.

SACCONE, Mario Augusto. *Manual de derecho tributario*. Buenos Aires: La Ley, 2002.

SINGH, Manoj Kumar. Conflict of source versus residence based taxation in India with reference to fees for technical service. *INTERTAX*, Volume 44, Issue 6&7, 2016.

TORRES, Heleno Taveira. *Direito tributário e direito privado*. São Paulo: Revista dos Tribunais, 2003.

TORRES, Ricardo Lobo. *Planejamento Tributário*: elisão abusiva e evasão fiscal. Rio de Janeiro: Elsevier, 2013.

VILLEGAS, Hector B. *Curso de finanzas, derecho financieiro y tributário*. 7. ed. Buenos Aires: Depalma, 1999.

VIZCAÍNO, Catalina García. *Derecho Tributario*. Tomo 3 – parte especial: el derecho tributário vigente, analisis de la legislación, doctrina e jurisprudencia. Buenos Aires: Depalma, 1997.

3. O sistema tributário da Austrália

Donovan Mazza Lessa

Introdução
Abordar todos os aspectos de um determinado sistema tributário, com grande riqueza de detalhes, é uma empreitada que um artigo de poucas dezenas de páginas não comporta. Assim, a meta deste excerto é fazer um exame, ainda que breve, da estrutura jurídico-tributária da Austrália.

Para tanto, serão expostos, inicialmente, as características do referido Estado; posteriormente, abordaremos os aspectos políticos e institucionais, para ao fim se expor as características tributárias e fazer, sempre que possível, correlações entre o sistema tributário brasileiro e o australiano.

Em conclusão, serão expostas as diferenças que podem ser consideradas importantes/representativas ao acadêmico com interesse no direito tributário comparado, como (i) modelo de incidência de tributos sobre a renda; (ii) modelo de incidência de tributos sobre patrimônio; e (iii) modelo de negociação de litígios tributários.

1. Características regionais econômicas, políticas e governamentais
1.1. História, território e economia
No início de sua colonização, foram estabelecidas seis colônias no território australiano (Queensland, New South Wales, Victoria, Tasmania, South Australia e Western Australia), que não mantinham vínculos institucionais entre si, mas apenas – e diretamente – com o Reino Unido. Cada uma delas, portanto, possuía parlamento, cortes, constituição e legislação

próprias, que estariam subordinadas às leis definidas pelo Parlamento e pelas Cortes britânicos[1].

Em 1901, as seis colônias da Coroa Britânica situadas em território australiano formaram a sua federação, tendo sido promulgada o "Ato Constitucional da Comunidade da Austrália". Este episódio na história australiana sofreu grande influência dos movimentos de independência dos Estados Unidos e do Canadá, que também passaram pelo domínio britânico. De um modo geral, credita-se a criação desta Federação a independência da Austrália[2].

Em certa medida, Austrália e Brasil são países que têm muito em comum. Ambos têm dimensões continentais – a Austrália é o sexto maior país do mundo, com 7,7 milhões de Km^2[3], e o Brasil o quinto maior, com 8,5 milhões de Km^2– e estão localizados no hemisfério sul[4].

Não obstante, considerando o enorme vazio demográfico que atinge a parte central do território australiano (formado por deserto, também conhecido por *outback*), a população da Austrália é de cerca de 25,4 milhões de habitantes[5], ao passo que a atual população brasileira é estimada em 217 milhões de habitantes[6].

A Austrália está no grupo dos países desenvolvidos, ocupando atualmente a sexta posição conforme o seu índice de desenvolvimento humano

---

[1] Para maiores detalhes, ver o *New South Wales Courts Act (1787)*, o *Governor Phillip's Instructions (25 April 1787)* e o *New South Wales Act (1823)*.

[2] No entanto, há quem entenda que a Austrália só veio a se libertar efetivamente da Coroa inglesa quando foi assinado o Estatuto de Westminster, em 1931. Através deste instrumento foi concedido o *status* legal de domínios independentes para a Austrália, o Canadá, o Estado Livre Irlandês (nome este utilizado pela Irlanda entre 1922 e 1937), a Terra Nova e Labrador (província localizada ao leste do Canadá,), a Nova Zelândia e a África do Sul. A partir de então, aos olhos da Coroa, estes territórios deixaram de ter o *status* de domínio, passando, portanto, a condição de Estados independentes.

[3] AUSTRÁLIA. **Area of Australia – States and Territories**. Disponível em: <https://www.ga.gov.au/scientific-topics/national-location-information/dimensions/area-of-australia--states-and-territories>. Acesso em: 10 mar. 2020.

[4] IBGE. **Território – dados gráficos**. Disponível em: <https://brasilemsintese.ibge.gov.br/territorio/dados-geograficos.html>. Acesso em: 10 mar. 2020.

[5] AUSTRALIAN BUREAU OF STATISTICS. **Population**. Disponível em: <https://www.abs.gov.au/population>. Acesso em: 10 mar. 2020.

[6] IBGE. **Estimativas da População**. Disponível em: <https://www.ibge.gov.br/estatisticas/sociais/populacao/9103-estimativas-de-populacao>. Acesso em: 11 mar. 2020.

(IDH de 2018: 0,938). Já o Brasil está na 79ª posição (IDH de 2018: 0,761)[7] do referido *ranking*. A expectativa de vida na Austrália alcança a média de 83,3 anos, enquanto no Brasil a média é de 75,7 anos[8].

Apesar de o Brasil ter uma economia mais forte do que a Austrália – de acordo com o PIB de 2019, o Brasil é a oitava maior economia do mundo, com 2,93 trilhões de dólares, e a Austrália é a 13ª maior economia do mundo, com 1,71 trilhões de dólares[9] –, a relação PIB/per capta dos australianos é consideravelmente maior do que a brasileira, na medida em que sua população é quase dez vezes superior.

A expressão da Austrália na economia global é de extrema relevância. Dada como uma das mais estáveis, tal fator deve-se principalmente pela produção industrial ligada ao setor primário (alimentos, tabaco, exploração mineral). O setor terciário também vem a expressar-se significativamente em seu perfil através do grande desenvolvimento de tecnologia de ponta e de prestação de serviços qualificada. Produtos como carne, lã, trigo e minérios (bauxita, chumbo, manganês, níquel, ouro, prata e tungstênio) são os principais itens exportados pelo país[10].

1.2. Características políticas e governamentais

O desenho institucional seguido pelo Estado australiano é estruturado em conformidade com a maioria dos países que constituem a *Commonwealth* (*v. g.* Nova Zelândia e Canadá). Com relação a sua forma de estado, trata-se de uma federação composta desde 1901 por seis estados (*New South Wales, Victoria, Queensland, South Australia, Western Australia e Tasmania*) e dois territórios autogovernados (Território do Norte e o Território da Capital Australiana). Cada um deles possui constituição, governos e legislações próprios e exercem a sua soberania de maneira limitada[11].

---

[7] UNITED NATIONS DEVELOPMENT PROGRAMME. **Human Development Data (1990-2018)**. Disponível em: <http://hdr.undp.org/en/data>. Acesso em: 15 mar. 2020.
[8] *Ibidem*.
[9] INTERNATIONAL MONETARY FUND. **World Economic Outlook Database**. Disponível em: <https://www.imf.org/external/pubs/ft/weo/2017/01/weodata/index.aspx>. Acesso em: 15 mar. 2020.
[10] RESERVE BANK OF AUSTRALIA. **Key economic indicators**. Disponível em: <https://www.rba.gov.au/snapshots/economy-indicators-snapshot/>. Acesso em: 12 mar. 2020.
[11] No caso dos territórios autogovernados, seus poderes não são definidos pela Constituição, e sim pela legislação da *Commonwealth*, a qual garante a eles a prerrogativa do autogoverno.

A Constituição da Austrália, que é escrita e foi promulgada em 1900 por um ato do Parlamento do Reino Unido, estabelece o sistema parlamentar de governo, o qual pode ser traduzido na legitimação democrática do Poder Executivo a partir do Poder Legislativo, sendo poderes interdependentes[12]. O poder na Austrália é organizado no modelo da monarquia constitucional[13] com um sistema parlamentar de governo, enquanto no Brasil é estruturado como uma república federativa presidencialista.

Veja-se, a esse respeito, a Constituição:
"118. Recognition of laws etc. of States
Full faith and credit shall be given, throughout the Commonwealth to the laws, the public Acts and records, and the judicial proceedings of every State.
119. Protection of States from invasion and violence
The Commonwealth shall protect every State against invasion and, on the application of the Executive Government of the State, against domestic violence." AUSTRÁLIA. **The Australian Constitution**. Disponível em: <https://www.aph.gov.au/about_parliament/senate/powers_practice_n_procedures/constitution>. Acesso em: 15 mar. 2020.

[12] Veja-se a esse respeito o Overview da Constituição: "There is a small number of matters (probably only four) in relation to which the Governor-General is not required to act in accordance with Ministerial advice. The powers which the Governor-General has in this respect are known as 'reserve powers'. The two most important reserve powers are the powers to appoint and to dismiss a Prime Minister. In exercising a reserve power, the Governor-General ordinarily acts in accordance with established and generally accepted rules of practice known as 'conventions'. For example, when appointing a Prime Minister under section 64 of the Constitution, the Governor-General must, by convention, appoint the parliamentary leader of the party or coalition of parties which has a majority of seats in the House of Representatives". *Ibidem*.

[13] *Idem*. **Infosheet 20:** The Australian System of Government. Disponível em: <https://www.aph.gov.au/About_Parliament/House_of_Representatives/Powers_practice_and_procedure/00_-_Infosheets/Infosheet_20_-_The_Australian_system_of_government>. Acesso em 05 de fevereiro de 2020.
Nesse mesmo sentido, o Overview da Constituição: "As well as being a federation, Australia is a constitutional monarchy. Under this system of government, as the term suggests, the head of State of a country is a monarch whose functions are regulated by a constitution. The concept of 'the Crown' pervades the Constitution. For example, the Queen is part of the Parliament (section 1), and is empowered to appoint the Governor-General as her representative (section 2). The executive power of the Commonwealth is vested in the Queen and is exercisable by the Governor-General as her representative (section 61)." *Idem*. **The Australian Constitution**. *op. cit.*

No caso australiano, o Legislativo e o Executivo se sobrepõem, mesmo sendo estabelecidos pelo texto constitucional que são instituições separadas, visto que parte dos membros que compõem este último junto ao representante da coroa (Primeiro-Ministro, Ministro de Gabinete e outros Ministros) são indicados pelo primeiro. Já o Judiciário é encarregado pela fiscalização das atividades exercidas pelos outros dois Poderes e exerce suas funções de maneira independente.

O Parlamento Federal não atua unicamente na elaboração de todas as normas que regem o país. Há três níveis de governo que juntos fornecem aos australianos os serviços necessários para o pleno exercício de sua cidadania. São estes:

(i) Parlamento Federal, localizado na capital Canberra;
(ii) Parlamentos estaduais e territoriais, estabelecidos em cada capital estadual e territorial;
(iii) Conselhos locais (também chamados de Condados), que permeiam por todo o território australiano.

Ainda sobre o Parlamento federal australiano, deve-se ressaltar que, em nível federal, é formado por duas casas[14]: o Senado, composto por 76 (setenta e seis) senadores eleitos pelo sistema de representação proporcional (cada um dos seis estados possui doze senadores, que exercem mandatos de seis anos, enquanto cada um dos territórios autogovernados detém dois senadores, cujos mandatos duram três anos), e a Casa dos Representantes, composta por 151 (cento e cinquenta e um) membros eleitos pelo sistema de voto preferencial (cada um deles representa uma

---

[14] O Parlamento australiano é composto também pela Coroa Britânica, que é representada pelo Governador-Geral australiano. Cabe a esta figura emblemática realizar os deveres constitucionais dentro da Comunidade Australiana, tais como a nomeação de embaixadores, ministros, juízes, além de conferir o consentimento real para novas leis, convocar novas eleições e conferir honrarias. O Governador-Geral australiano também é o Presidente do Conselho Executivo Federal e o Comandante das Forças Armadas. Seu mandato não é fixo, mas estima-se que a média seja de cinco anos, sendo feita a seleção para o cargo pelo Primeiro-Ministro australiano, que indica o seu candidato e o submete ao crivo da Coroa, que pode não consentir com a escolha feita. Para maiores detalhes, ver: *Idem*. **The Office of the Official Secretary to the Governor-General**. Disponível em: <https://www.gg.gov.au/office-official-secretary-governor-general>. Acesso em: 05 fev. 2020.

divisão eleitoral e possuem mandato de três anos, assim como os senadores dos territórios)[15]. Todas as propostas legislativas devem passar por ambas as Casas. Os poderes legislativos do Senado são iguais aos da Casa dos Representantes, exceto pelo fato de que não pode introduzir ou alterar leis propostas que autorizam gastos para os serviços anuais ordinários do governo[16].

O modelo de contrapesos na Austrália é também exercido da seguinte maneira: os Ministros do Executivo são submetidos ao escrutínio por outros membros do Parlamento antes de assumirem seus postos, liderados pela oposição, e acabam por não controlar ambas as Casas do Parlamento[17].

Tem-se que atividades como a promulgação e a alteração de leis são feitas pelo Parlamento, e não pelo Governo Executivo. De tal forma, a função central do Parlamento é a edição de leis em conformidade com a legislação vigente no Estado. Também é responsável pelo fornecimento de mecanismos para a responsabilização do governo e a investigação e debate de questões nacionais[18]. Em relação ao Executivo, cabe a este definir a agenda política, propor novas leis e administrar aquelas já existentes. Tendo em vista que a tributação é definida pela lei e os gastos orçamentários assim também o são, cabe ao Legislativo promover a organização da vida financeira daquele Estado. Em outras palavras, o Executivo precisa que a sua administração orçamentária esteja subordinada as normas estabelecidas pelo Parlamento[19].

---

[15] *Idem*. **Infosheet 8 – Elections for the House of Representatives**. Disponível em: <https://www.aph.gov.au/About_Parliament/House_of_Representatives/Powers_practice_and_procedure/00_-_Infosheets/Infosheet_8_-_Elections_for_the_House_of_Representatives>. Acesso em: 05 fev. 2020.

[16] Idem. **About the Senate**. Disponível em: <https://www.aph.gov.au/About_Parliament/Senate/About_the_Senate>. Acesso em: 05 fev. 2020.

[17] *Idem*. **About the Senate**. *op. cit.*

[18] Chapter I da Constituição. *Idem*. **The Australian Constitution**. *op. cit.*

[19] *Idem*. Parliament of Australia. **Infosheet 19 – The House, Government and Opposition**. Disponível em: <https://www.aph.gov.au/About_Parliament/House_of_Representatives/Powers_practice_and_procedure/00_-_Infosheets/Infosheet_19_-_The_House_government_and_opposition>. Acesso em: 05 fev. de 2020.

2. Sistema jurídico-normativo: princípios, normas espécies tributárias e tratados internacionais sobre tributação

A Constituição da federação australiana possui, em linhas gerais, cinco artigos que dispõem, de forma direta ou indireta, sobre o sistema de criação e cobrança de tributos. São eles os artigos 51, 53, 55, 90 e 114.

O artigo 51 dispõe que o parlamento possui poderes para fazer leis a fim de viabilizar a paz, a ordem e a governabilidade do *Commonwealth*, em relação a tributos, mas sem poder fazer discriminação entre Estados e Partes de Estados[20]. Desse dispositivo, é possível extrair o princípio da legalidade, visto que atribui ao parlamento o poder de dispor sobre tributação em forma de lei, e da vedação à discriminação em razão de procedência[21], na medida em que há a vedação desse tipo de diferenciação injustificada em relação aos estados.

O artigo 53 estabelece diversas limitações à atuação do Senado no caso de imposições tributárias. Segundo o dispositivo, o Senado não pode originar ou emendar projeto de lei que (i) impõe tributação; (ii) aumenta alguma forma de cobrança ou ônus dos contribuintes; ou (iii) apropria algum tipo de receita. Nesses casos, pode o Senado devolver o texto da norma à Câmara com anotações sobre possíveis omissões ou alterações[22].

---

[20] Texto obtido a partir da tradução livre do art. 51 da Constituição: "51. Legislative powers of the Parliament
The Parliament shall, subject to this Constitution, have power12 to make laws for the peace, order, and good government of the Commonwealth with respect to: (...)
(ii) taxation; but so as not to discriminate between States or parts of States;" *Idem*. **The Australian Constitution**. *op. cit*.

[21] Esse princípio também é denominado de Princípio da não discriminação tributária, cf. ABRAHAM, Marcus. **Curso de Direito Tributário Brasileiro**. 2. ed. Rio de Janeiro: Forense, 2020. p. 101.

[22] "Constituição da Austrália: 53. Powers of the Houses in respect of legislation
Proposed laws appropriating revenue or moneys, or imposing taxation, shall not originate in the Senate. But a proposed law shall not be taken to appropriate revenue or moneys, or to impose taxation, by reason only of its containing provisions for the imposition or appropriation of fines or other pecuniary penalties, or for the demand or payment or appropriation of fees for licences, or fees for services under the proposed law.
The Senate may not amend proposed laws imposing taxation, or proposed laws appropriating revenue or moneys for the ordinary annual services of the Government.
The Senate may not amend any proposed law so as to increase any proposed charge or burden on the people.

Ademais, a Constituição da Austrália dispõe, no art. 55, que todas as normas que impõem tributação ou regulamentam determinado tributo só podem dispor sobre o referido assunto, de maneira que qualquer dispositivo que não trate do tema é ineficaz[23]. Essa limitação, em conjunto com as duas acima citadas, são a silhueta do Princípio da Legalidade de forma explícita.

Além desse princípio, podemos encontrar a imunidade recíproca quanto aos estados pertencentes à *Commonwealth*, prevista no art. 114, que dispõe que um Estado não deve manter força militar, ou impor imposto sobre propriedade de pertencentes à *Commonwealth* ou a um Estado[24].

Finalmente, a última norma explícita da Constituição sobre direito tributário é o artigo 90, o qual dispõe que é competência do parlamento federal impor tributos alfandegários ou especiais de consumo para o fim de regular e incentivar exportações de mercadorias[25].

The Senate may at any stage return to the House of Representatives any proposed law which the Senate may not amend, requesting, by message, the omission or amendment of any items or provisions therein. And the House of Representatives may, if it thinks fit, make any of such omissions or amendments, with or without modifications.
Except as provided in this section, the Senate shall have equal power with the House of Representatives in respect of all proposed laws." AUSTRÁLIA. **The Australian Constitution**. *op. cit.*

[23] "55. Tax Bill
Laws imposing taxation shall deal only with the imposition of taxation, and any provision therein dealing with any other matter shall be of no effect.
Laws imposing taxation, except laws imposing duties of customs or of excise, shall deal with one subject of taxation only; but laws imposing duties of customs shall deal with duties of customs only, and laws imposing duties of excise shall deal with duties of excise only". *Ibidem*.

[24] 114. States may not raise forces. Taxation of property of Commonwealth or State
A State shall not, without the consent of the Parliament of the Commonwealth, raise or maintain any naval or military force, or impose any tax on property of any kind belonging to the Commonwealth, nor shall the Commonwealth impose any tax on property of any kind belonging to a State." *Ibidem*.

[25] "90. Exclusive power over customs, excise, and bounties
On the imposition of uniform duties of customs the power of the Parliament to impose duties of customs and of excise, and to grant bounties on the production or export of goods, shall become exclusive.
On the imposition of uniform duties of customs all laws of the several States imposing duties of customs or of excise, or offering bounties on the production or export of goods, shall cease to have effect, but any grant of or agreement for any such bounty lawfully made

Entretanto, existem princípios tributários que podem ser extraídos de outras disposições da Constituição, os quais foram desenvolvidos para interpretação da legislação tributária no contexto do *Common Law*[26], como é o caso dos seguintes[27-28]:

(i) *Igualdade/vedação à discriminação odiosa*: garante a igualdade de tratamento entre contribuintes na mesma situação, conforme previsão genérica do art. 117 da Constituição[29];

(ii) *Equidade*: dividida em eficácia horizontal – na qual duas pessoas em condições econômicas similares devem adimplir com a mesma quantidade de tributos – e eficácia vertical – que impõe à pessoa com maior capacidade econômica a necessidade de pagamento da maior quantidade de tributos;

(iii) *Eficiência*: conceito que impõe que as regulamentações tributárias devem ser organizadas de forma a trazer a maior quantidade de recursos possível com o menor gasto para a administração

---

by or under the authority of the Government of any State shall be taken to be good if made before the thirtieth day of June, one thousand eight hundred and ninety-eight, and not otherwise.". Ibidem.

[26] "Australia has a common law system and many fundamental elements of the legal system such as contract law and tort law are based on principles developed by the courts through application of the doctrine of precedent. The tax law, in contrast, derives entirely from statute. The application of that statute, however, is guided to a significant extent by judicial interpretation of the words in the law and judicial characterization of transactions in light of the interpretation of the terms of tax provisions.". KREVER, Richard; MELLOR, Peter. Legal Interpretation of Tax Law: Australia. In: **Legal Interpretation of Tax Law**. Alphen aan den Rijn: Kluwer Law International, 2014. p. 23.

[27] TAX INSTITUTE. **Institutional Framework of Taxation in Australia**. Disponível em: <https://www.taxinstitute.com.au/files/dmfile/Institutional_Framework_of_Taxation_in_Australia.pdf>. Acesso em: 15 mar. 2020.

[28] Veja-se que os princípios implícitos são, essencialmente, derivados dos preceitos da boa tributação trazidos por Adam Smith em "A riqueza das nações". A esse respeito: CAMPOS, Carlos Alexandre Azevedo. Adam Smith. In: CAMPOS, Carlos Alexandre de Azevedo et al. (Coord.). **Leituras Clássicas de Direito Tributário**. Salvador: Juspodivm, 2018. p. 49-96.

[29] "117. Rights of residents in States

A subject of the Queen, resident in any State, shall not be subject in any other State to any disability or discrimination which would not be equally applicable to him if he were a subject of the Queen resident in such other State." AUSTRÁLIA. **The Australian Constitution**. *op. cit.*

(eficiência administrativa) e com a menor repercussão para a economia privada (eficiência econômica);

(iv) *Simplicidade e certeza*: significa que a administração fiscal deve ser otimizada para que se reduza a quantidade de regulamentações e a incerteza daqueles que devem pagar os tributos.

(v) *Neutralidade*: conceito que impõe aos legisladores a obrigação de criar tributos que, na medida do possível, não influenciem na livre escolha dos consumidores de produtos similares/concorrentes.

A título elucidativo, cita-se o interessante *Fiscal Responsibility Act*, do estado de New South Wales[30], que traz em suas disposições os princípios necessários para uma administração tributária eficiente, os quais podem ser observados também em larga escala: (i) manutenção do orçamento e das estimativas futuras em superávit; (ii) crescimento restrito do custo líquido de serviços e despesas; (iii) gerenciamento de custos com funcionários do setor público; (iv) avaliação de propostas de investimentos; (v) administrar as finanças do Estado com vistas a pressões fiscais de longo prazo; (vi) manter ou aumentar o patrimônio líquido da Administração Pública; (vii) financiamento passivo de aposentadoria do empregador, gerenciamento total de ativos e (viii) gestão prudente de riscos e restrição fiscal.

Sobre o sistema jurídico-normativo infraconstitucional australiano, há de se salientar que ele oferece, em um primeiro momento, certa resistência ao pesquisador estrangeiro, na medida em que não possui um código responsável por regulamentar as normas gerais concernentes a todos os tributos.

A regulamentação da tributação é, dessa forma, composta por leis esparsas que dispõem, a depender do caso, sobre certas hipóteses de incidência tributárias ou sobre outros aspectos pertinentes à obrigação tributária, como: multas, processo fiscal, administração fiscal, procedimento de fiscalização etc.

Considerando que existem, assim como no Brasil, incontáveis gravames com maior ou menor grau de especificidade, abaixo serão analisados os tributos cuja arrecadação consta entre as dez mais representativas nos

---

[30] *Idem*. Parliament of New South Wales. **Fiscal Responsability Act (2005)**. Disponível em: <https://www.legislation.nsw.gov.au/acts/2005-41.pdf>. Acesso em: 11 de março de 2020.

passivos dos contribuintes[31]. Esse recorte é necessário para possibilitar ao pesquisador estrangeiro compreender os principais aspectos dos tributos que estão presentes no dia a dia do cidadão do referido país. Passamos à análise:

(i) *Individual income tax*: tributo mais representativo no sistema australiano. Similar ao Imposto de Renda de Pessoas Físicas do Brasil. Aplicável a pessoas físicas residentes e não residentes no território australiano. A faixa de isenção para residentes é de 18,200 dólares australianos (aprox.. 50 mil reais) anuais[32]. As alíquotas de residentes variam, conforme as faixas de incidência, de 19% a 45%[33]. A alíquota de não residentes é proporcionalmente superior, a depender da quantia que foi auferida.

(ii) *Company e Super fund income tax*: tributo correspondente ao Imposto de Renda de Pessoas Jurídicas Brasileiro. Possui alíquota genérica de 30%[34], mas existe o regime para pequenas e médias companhias que possuem muitos passivos (*"Base rate entity companies"*), no qual a alíquota é de 27,5%[35-36].

(iii) *Goods and services tax (GST)*: tributo que onera a circulação de bens e serviços, de maneira similar aos impostos brasileiros sobre serviços (ISS), circulação de mercadorias (ICMS), produtos industrializados (IPI) e as contribuições sociais sobre receita (PIS e COFINS)[37]. O tributo é não-cumulativo e incide sobre

---

[31] A representação dos principais tributos na arrecadação total será exposta no tópico subsequente.

[32] Part I (20), Income Tax Rates Act 1986. AUSTRÁLIA. **Income Tax Rates Act 1986.** Disponível em: <https://www.legislation.gov.au/Details/C2017C00189>. Acesso em: 20 mar. 2020.

[33] Schedule 7, Part I, Income Tax Rates Act 1986. *Ibidem*.

[34] Income Tax Rates Act 1986. Part III. *Ibidem*.

[35] LIM, Wendy et al. Australia. In: EDGAR, Swift; SCHWARTZ, Jodi (Ed.). **The corporate tax planning law review**. London: Law Business Research, 2019. p.7

[36] Para um estudo abrangente sobre os princípios inerentes ao tributo, veja-se: PARSONS, R. W. **Income taxation in Australia:** Principles of income, deductibility and tax accounting. Sydney: University of Sydney, 2001. p. 76.

[37] "The goods and services tax (GST) in Australia is imposed on taxable supplies and taxable importations of goods and services86 at the rate of 10%.87 The GST was introduced with effect from 1 July 2000 and falls into the group of 'modern' value added tax (VAT) laws

amplíssima gama de operações, sob a alíquota de 10%. Há isenção para a maioria das operações que envolvem alimentação básica, cursos educacionais e cuidados médicos[38].

(iv) *Fringe benefits tax (FBT)*: tributo pago pelos empregadores cuja base de cálculo são os benefícios dados aos empregados e às suas famílias que não constituem salário e podem ser convertidos/estimados em dinheiro[39], como desconto na taxa de empréstimos, planos de academia, carros corporativos etc. A alíquota é de 47%, mas há uma faixa de isenção de até 2.000 dólares australianos anuais (aprox. 6 mil reais)[40].

(v) *Excise Tax*: tributo especialmente extrafiscal[41] pago em valor fixo por produção, armazenamento ou circulação de álcool, tabaco,

---

influenced by the example of the landmark New Zealand tax which was characterized by a single lower standard rate and limited exemptions, in contrast to the earlier traditional VAT laws imposed in European countries." KREVER, Richard; MELLOR, Peter. **Legal Interpretation of Tax Law**: Australia. *op. cit.* p. 34.

[38] A New Tax System (Goods and Services Tax) Act 1999, Part 2-2, Division 9, Subdivision 9-C. AUSTRÁLIA. **A New Tax System (Goods and Services Tax) Act 1999.** Disponível em: <https://www.legislation.gov.au/Details/C2019C00140>. Acesso em: 20 mar. 2020.

[39] "The judicial concept of 'ordinary income' under the income tax legislation only included cash or non-cash benefits that could be converted to cash. A receipt that otherwise would be treated as income from labour, business or property would not be considered ordinary income if it did not take the form of cash or a benefit that the recipient could turn into cash. The effect of this restriction on the ordinary income concept was to exclude from the tax base many types of fringe benefits (non-cash benefits) provided by employers to employees." COLEMAN, Cynthia et al. **Principles of taxation law**. 3 ed. Sydney: Thomson Reuters, 2010. p. 14

[40] Fringe Benefits Tax Assessment Act 1986, Section 6. AUSTRÁLIA. **Fringe Benefits Tax Assessment Act 1986**. Disponível em: < https://www.legislation.gov.au/Details/C2014C00048>. Acesso em: 20 mar. 2020.

[41] "The Commonwealth's fuel excise is just one tool for reducing environmental damage. With greater oil insecurity and some biofuel producers left out of sugary deals, federal fiscal favours for ethanol and unexcising the real price of fuel may be sweet or sour pork barrelling. Special income tax provisions for primary producers, which actively encourage environmental harm, rank alongside the sinful excision of fuel tax indexation as a high priority for environmental reformers (McKerchar and Coleman 2004), as do costly FBT concessions for company car use which tempt excessive fuel use and environmental sin." SMITH, Julie P. **Taxing popularity:** The story of taxation in Australia. Sydney: Australian Tax Research Foundation, 2004. p. 146.

combustíveis e derivados de petróleo. Os valores variam de acordo com o produto tratado e a quantidade[42].

(vi) *Petroleum resource rent tax (PRRT)*: onera o lucro gerado na venda de produtos derivados de petróleo e de gás natural e funciona como um adicional variável de acordo com a produção sobre o valor do *Company income tax*[43].

(vii) *Luxury car tax (LCT)*: tributo aplicável sobre veículos com valor superior a 75,526 (possui tecnologia de ser melhor aproveitamento de combustível) ou 67,525 (comuns). A alíquota é de 33%[44].

(viii) *Wine equalisation tax (WET)*: alíquota de 29% aplicável sobre a venda, importação e produção de vinhos[45].

(ix) *Stamp Duty*: tributo que deve ser pago na realização de certas transações, tais como transferência de veículos, arrendamentos e hipotecas, contratos de compra transferências de propriedades (como negócios, imóveis ou determinadas ações). Tributo inserido nas competências regionais[46].

(x) *Land Tax*: tributação sobre propriedade imóvel que não é utilizada como única residência dos contribuintes, como: casas de veraneio, terrenos baldios e unidades comerciais. Tributo inserido nas competências regionais[47].

---

[42] Excise Act 1901, Part I. *Idem*. **Excise Act 1901**. Disponível em: <https://www.legislation.gov.au/Details/C2018C00378>. Acesso em: 20 mar. 2020.

[43] Petroleum Resource Rent Tax Assessment Act 1987, Part II, section 2A. *Idem*. **Petroleum Resource Rent Tax Assessment Act 1987**. Disponível em: <https://www.legislation.gov.au/Details/C2017C00059>. Acesso em: 20 mar. 2020.

[44] A New Tax System (Luxury Car Tax Imposition—General) Act 1999, section 4. *Idem*. **A New Tax System (Luxury Car Tax Imposition—General) Act 1999**. Disponível em: <https://www.legislation.gov.au/Details/C2008C00524>. Acesso em: 20 mar. 2020.

[45] A New Tax System (Wine Equalisation Tax) Act 1999, Part 2, (3). *Idem*. **A New Tax System (Wine Equalisation Tax) Act 1999**. Disponível em: <https://www.legislation.gov.au/Details/C2017C00327>. Acesso em: 20 mar. 2020.

[46] Veja-se o exemplo da legislação da Australian Capital Territory. AUSTRALIAN CAPITAL TERRITORY. **Australian Capital Territory Stamp Duty Act 1969**. Disponível em: <https://www.legislation.gov.au/Details/C2004C02020>. Acesso em: 20 mar. 2020.

[47] Land Tax Act 1910. AUSTRÁLIA. **Land Tax Act 1910**. Disponível em: <https://www.legislation.gov.au/Details/C1910A00021>. Acesso em: 20 mar. 2020.

Finalmente, deve-se salientar que não existem tratados sobre Direito Tributário celebrados entre a Austrália e o governo brasileiro, segundo os sites oficiais de ambos os países[48].

3. Estatísticas fiscais e modelo de incidência

Segundo os dados da Organização para a Cooperação e o Desenvolvimento Econômico (OCDE)[49], o principal tributo da Austrália, em número de arrecadação, é o Imposto sobre Renda de Pessoas Físicas, que gerou o montante de 310 bilhões de dólares australianos, do total de 527 bilhões para o ano de 2017 (aprox. 58%).

Logo após o referido tributo, a cobrança sobre renda de companhias aparece como a segunda principal fonte de receita, com 97 bilhões de dólares australianos e representatividade de cerca de 18,5%.

A tributação indireta, sobre o consumo, representada pelos tributos sobre valor agregado e sobre os tributos gerais sobre bens e serviços (tributos especiais), aparece apenas na terceira posição, com uma representatividade muito inferior, de 65 bilhões (aprox. 12%). Os tributos sobre propriedade, por sua vez, representam algo próximo de 10% do total arrecadado.

Pode-se concluir, portanto, que o modelo de incidência da Federação Australiana é muito voltado à tributação da renda (aprox. 76% do total) e deixa de lado outras manifestações de riqueza, como o consumo e a propriedade, o que o torna menos regressivo e mais justo.

4. Tributação de alta tecnologia

A Austrália possui atualmente o *Diverted profits tax* (DPT), que tem por objeto alcançar companhias de tecnologia que possuem relevante atuação

---

[48] Brasil. RECEITA FEDERAL DO BRASIL. **Acordos Internacionais**. Disponível em: <http://receita.economia.gov.br/acesso-rapido/legislacao/acordos-internacionais>. Acesso em: 10 mar. 2020.
Austrália: AUSTRALIAN TAXATION OFFICE. **International tax agreements.** Disponível em: <https://www.ato.gov.au/General/International-tax-agreements/>. Acesso em: 10 mar. 2020.

[49] Os dados tratados neste tópico são da OCDE. OECD. **Revenue Statistics – OECD countries:** Comparative tables. Disponível em: <https://stats.oecd.org/Index.aspx?DataSetCode=REV>. Acesso em: 17 mar. 2020.

no marcado australiano e direcionam a grande maioria de seus lucros para o exterior[50].

Esse tributo é aplicável às *Significant Global Entities*, que são companhias que atuam na Austrália e possuem uma receita anual superior a 1 bilhão de dólares americanos ou faça parte de um grupo econômico cuja receita seja superior ao referido montante – caso não sejam fornecidos esses dados pela entidade controladora global, o Fisco australiano pode fazer esse levantamento estimado[51].

Com esse tributo, o fisco australiano pretende calcular a quantia de renda que teria escapado à arrecadação do referido país por conta de organizações societárias e transações entre partes relacionadas[52]. Nesses testes, que possuem complexa mensuração e podem inclusive ser alvos de negociações, deve-se chegar a um valor razoável de renda proporcional à atuação do grupo no território australiano. A partir desse valor, aplica-se uma alíquota de 40% sobre a renda gerada[53].

Essa espécie de tributo foi considerada necessária na medida em que os tradicionais tributos indiretos sobre consumo (GST, no caso de Austrália) geralmente falham em alcançar as manifestações de riqueza de

---

[50] AUSTRALIAN TAXATION OFFICE. **Diverted profits tax**. Disponível em: <https://www.ato.gov.au/Business/International-tax-for-business/In-detail/Doing-business-in-Australia/Diverted-profits-tax/>. Acesso em: 20 mar. 2020.

[51] *Ibidem*.

[52] Nesse ponto, o modelo seguido pela Austrália é semelhante ao inglês, que funciona da seguinte forma:
"É importante ressaltar, ainda, que desde 2015 está em vigor a cobrança do imposto sobre lucros desviados (DPT ou Google Tax). Trata-se de um imposto cobrado sob uma alíquota de 25%, cujo âmbito é limitado aos lucros que são considerados artificialmente desviados do Reino Unido. Combina-se com um regime administrativo muito específico, baseado num período de revisão de 12 meses, durante o qual é necessário um diálogo entre o contribuinte e as autoridades fiscais para determinar a responsabilidade fiscal final". (ROCHA, Sérgio André; CASTRO, Diana Rodrigues Prado de. Plano de Ação 01 do BEPS e as diretrizes gerais da OCDE. In: PISCITELLI, Tathiane (org.). **Tributação da economia digital**. São Paulo: RT / Thomson Reuters, 2018. p. 35-36).

[53] Diverted Profits Tax Act 2017, section 4. AUSTRÁLIA. **Diverted Profits Tax Act 2017**. Disponível em: <https://www.legislation.gov.au/Details/C2017A00021>. Acesso em: 22 mar. 2020.

companhias preponderantemente digitais, que se utilizam de estruturas societárias complexas para remeter seus valores ao exterior[54]

Essa espécie de tributo têm sido implementada especialmente em decorrência das conclusões da Ação nº 01 do Projeto contra a erosão das bases imponíveis e transferência de lucros (*base erosion and profit shifting* – "BEPS")[55], a qual reportou as dificuldades da tributação no atual estado tecnológico, mas propôs poucas soluções para a questão.

5. Modelo de cobrança fiscal e métodos alternativos de soluções de conflitos

No que tange ao modelo de cobrança fiscal, a *Australian Taxation Office* (correspondente à Receita Federal do Brasil), órgão responsável pela arrecadação tributária nacional, possui uma série de medidas administrativas para constringir o patrimônio do contribuinte, especialmente a notificação de fontes pagadoras para que enviem o dinheiro que seria pago ao devedor diretamente aos cofres públicos, sob pena criminal (*"Garnishee notices"*)[56]. Entretanto, caso o contribuinte mesmo assim não cumpra com os seus deveres, a ATO deve procurar o judiciário e apresentar um requerimento (*"tax claim"*) para que aquele débito seja considerado devido e que seja executado na via judicial.

Os contribuintes australianos podem, todavia, questionar a os atos e decisões tomadas pelo *Australian Taxation Office* de maneira interna e

---

[54] "Highly digitalised businesses, like other businesses operating in Australia, are subject to the Australian tax framework. Their Australian-sourced profits will be subject to Australian income tax, and the goods and services consumed by Australians will generally be subject to the GST. However, many foreign-based, highly digitalised businesses have relatively small Australian-sourced profits because the majority of their profit-generating assets and labour are located outside of Australia". DEPARTMENT OF THE TREASURY. **The digital economy and Australia's corporate tax system**. 2018. Disponível em: <https://treasury.gov.au/sites/default/files/2019-03/c2018-t306182-discussion-paper-1.pdf>. Acesso em: 10 mar. 2020. p. 7

[55] Para uma análise da Ação 1 do Projeto BEPS, veja-se: ROCHA, Sérgio André; CASTRO, Diana Rodrigues Prado de. Plano de Ação 01 do BEPS e as diretrizes gerais da OCDE. *op. cit*.. p. 15-38.

[56] Taxation Administration Act, Part III, Division 3, 8ZG. AUSTRÁLIA. **Taxation Administration Act**. Disponível em: <https://www.legislation.gov.au/Series/C1953A00001>. Acesso em: 20 mar. 2020.

externa, sendo essa última dividida entre o tribunal administrativo e os tribunais judiciais[57].

Ordinariamente, o litígio fiscal se inicia com a lavratura de um lançamento complementar pela autoridade da ATO (*"amended assessment"*), que é responsável por verificar a adequação e a veracidade das informações prestadas pelos contribuintes em suas declarações fiscais[58].

O contribuinte pode, quando intimado desse lançamento, apresentar uma defesa (*"objection"*) perante a própria autoridade fiscal, quando considerar que os fatos não foram devidamente tratados ou qualificados pela fiscalização. O agente fiscal possui 60 dias para proferir decisão em face da referida defesa[59], sob pena de que a decisão seja proferida por seu superior. Esse procedimento de defesa é chamado de *internal review*.

Caso o sujeito passivo não se satisfaça com o resultado do *internal review*, poderá optar entre levar o caso à justiça federal (*"Federal Courts"*) ou se submeter à arbitragem, que, no caso do direito tributário australiano, é pública e feita pelo *Administrative Appeals Tribunal* (*"AAT"*), tribunal administrativo independente da ATO e que possui poderes para reexaminar todos os aspectos do lançamento, inclusive as opções/interpretações fiscais e os fatos envolvidos.

Quanto à organização do AAT, existe uma subdivisão por valor de débitos em discussão: o *Small Taxation Claims Tribunal* (*"STCT"*) julga valores de até 5 mil dólares australianos (aprox. 15 mil reais) e o *Taxation Appeals Division* (*"TAD"*) é responsável pelos demais julgamentos.

Após o julgamento da AAT, o contribuinte ainda pode impugnar a decisão via poder judiciário, mas suas razões só poderão dispor sobre questões de direito. Não há nova dilação probatória no caso de o contribuinte ter optado por ir à AAT antes de buscar o poder judiciário. Há ainda a possibilidade de interposição de recursos para a 2ª instância

---

[57] "The process of tax dispute resolution in Australia is comprehensive and essentially consists of three layers: ATO (internal, ADR), AAT (external, ADR, administrative) and the courts (external, judicial review)." TRAN-NAM, Binh; WALPOLE, Michael. Independent Tax Dispute Resolution and Social Justice in Australia. **UNSW Law Journal**, Vol. 35 (2), 2012. p. 479.

[58] *Ibidem*. p. 478-479.

[59] Section 14AYA(2) of the Taxation Administration Act. AUSTRÁLIA. **Taxation Administration Act**. *op. cit.*

judicial ("*Full Federal Court*") e para o tribunal constitucional ("*High Court of Australia*"), caso exista divergência sobre interpretação constitucional.

Nesse sentido, o sistema de defesa dos contribuintes em matéria tributária na Austrália pode ser esquematizado da seguinte forma[60]:

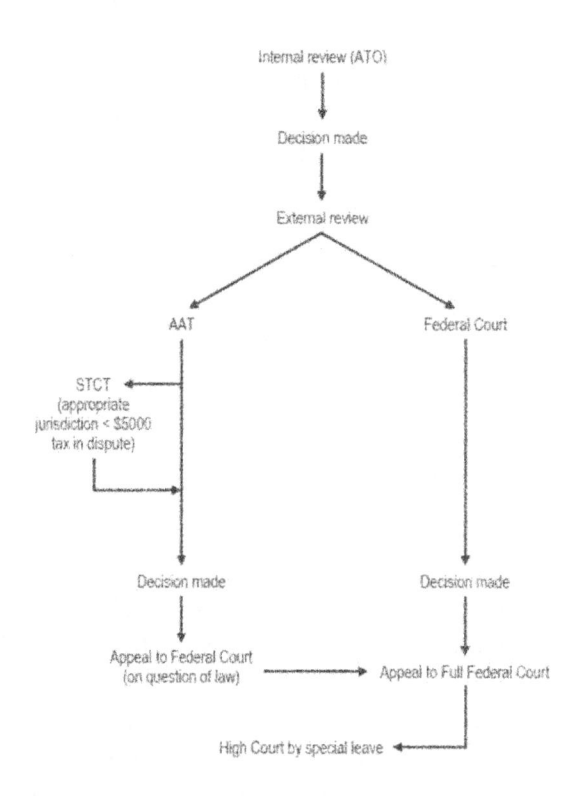

```
                    Internal review (ATO)
                            ↓
                      Decision made
                            ↓
                     External review
                      ↙           ↘
                   AAT           Federal Court
        STCT ←
    (appropriate
    jurisdiction < $5000
    tax in dispute)
                    ↓                 ↓
              Decision made      Decision made
                    ↓                 ↓
           Appeal to Federal Court
           (on question of law)  →  Appeal to Full Federal Court
                            ↓
                High Court by special leave ←
```

Deve-se ressaltar que em todas as instâncias, inclusive no fim da fase de fiscalização, a administração tributária possui liberdade para negociar formas alternativas de resolução de conflitos com os contribuintes.

Assim, pode ocorrer negociação entre as partes, sem qualquer terceiro envolvido, como também mediação, quando há um terceiro responsável por facilitar as tratativas[61]. A posição institucional favorável às formas alternativas de resolução de litígios, inclusive no âmbito administrativo,

---

[60] TRAN-NAM, Binh; WALPOLE, Michael. Independent Tax Dispute Resolution and Social Justice in Australia. *op. cit.* p. 480.
[61] *Ibidem*. p. 479

é tão forte que o *Commissioner of Taxation* (algo próximo ao Secretário da Receita Federal do Brasil) instituiu uma equipe responsável por instruir e incentivar os contribuintes a fazer alguma forma de acordo enquanto não são proferidas decisões administrativas[62-63].

Esse modelo de prevenção aos litígios permite que as autoridades fiscais verifiquem as reais condições que levaram o contribuinte a não adimplir com o tributo e proponham uma solução adequada para ambas as partes[64]-[65]. Há a possibilidade, por exemplo, de diferenciação de tratamento entre o contribuinte que cometeu mero erro material na declaração e o devedor contumaz, que se utiliza da inadimplência para aumentar o fluxo de caixa.

---

[62] ATO Practice Statement Law Administration 2013/3, parágrafos 1 a 3 AUSTRALIAN TAXATION OFFICE. **Practice Statement Law Administration 2013/3**. Disponível em: <https://www.ato.gov.au/law/view/document?DocID=PSR/PS20133/NAT/ATO/00001&PiT=99991231235958#P23>. Acesso em: 20 mar. 2020.

[63] "In the case studies discussed in this essay, the Australian Taxation Office (ATO) became persuaded to an enforcement pyramid approach to regulation (Ayres and Braithwaite, 1992; Gunningham and Grabosky, 1998). This means regulatory staff prefer the low-cost option of persuasion first and escalate to more deterrence-oriented options (and ultimately to incapacitation) as less interventionist strategies successivelyfail." BRAITHWAITE, Valerie; BRAITHWAITE, John. An evolving compliance model for tax enforcement. In: **ANU Research Publications**, 2001. Disponível em: <https://openresearch-repository.anu.edu.au/handle/1885/42019>. Acesso em: 22 mar. 2020.

[64] "The Australian compliance model offers a viable framework that incorporates a balanced and broad approach in the enforcement of taxes. Drawing on the principles of responsive regulation and the motivational posture doctrine, the Australian model conceptualizes taxpaying behavior as the result of factors that go beyond the needs, desires, and constraints of the autonomous taxpayer. It also considers that environmental conditions, including norms, values, and social habits, as well as the nature of the taxpayer interaction with the tax authority, are influential. Particularly, by focusing on the role the taxpayer–tax authority relationship plays in tax compliance, the tax administration is empowered to own up to its administrative responsibilities and explore different ways to manage this relationship." LEVINER, Sagit. An overview: A new era of tax enforcement – from "big stick" to responsive regulation. In: **Regulation & Governance**, (2008) 2. Sidney: John Wiley & Sons Australia, 2018. p. 373.

[65] Para dados estatísticos sobre o nível de confiança e cooperação dos contribuintes sobre o sistema tributário australiano, veja-se: BRAITHWAITE, Valerie REINHART, Monika. **The taxpayers' charter:** Does the australian tax office comply and who benefits?. Canberra: Australian National University, 2000.

Ademais, a Austrália adota um modelo de *compliance* tributário colaborativo, na medida em que o contribuinte pode colaborar para a elaboração das diretivas as quais será submetido e ajudar as autoridades a desenvolver melhores modelos de colaboração[66]. Esse sistema também pode contribuir para a redução de litigiosidade.

Conclusões

Diante de todo o exposto, pode-se concluir que a Austrália, muito embora seja uma federação bastante diferente da brasileira, possui interessantes características em seu sistema tributário, que podem funcionar como modelos para possibilitar maiores reflexões quanto a possíveis alterações no sistema brasileiro, como:

(i) A tributação sobre circulação de bens e serviços é integralmente da competência do estado federal, que distribui os valores aos federados[67]; os estados federados possuem competência para tributar especialmente transferência de imóveis e patrimônio, o que tende a diminuir a guerra fiscal;

(ii) O modelo de incidência possui preponderância sobre a renda de pessoas físicas, de maneira que a tributação pode ser melhor

---

[66] "Collaboration in the ATO is inclusive and interdisciplinary. Collaboration in the ATO is driven by three principles known as the '3C's'; collaboration, consultation and co-design. Collaboration is defined as 'the act of working with others' (Artefact 2, 2011). Consultation is described as understanding the viewpoints of stakeholders and co-design is 'a process of involving the user in the design of solutions' (The design guide, 2008, p. 5). The core design team consists of design leads and individuals chosen for their relevance and responsibility to the project context." RUSSO, Stefanie Di. **Design and Taxes:** a case study on design thinking in the Australian Taxation Office. Brisbane: IASDR, 2015. p. 11

[67] "One of the main features of Australia's taxation system, is the substantial 'vertical fiscal imbalance' in the revenue raising by the Commonwealth and State levels of government, which sees the two most important taxes, income tax (personal and corporate) and goods and services tax (GST), collected solely by the Commonwealth government and the States reliant upon substantial grants from the Commonwealth government (comprising all GST revenue collected and a portion of other Commonwealth revenue), in addition to the revenue collected under their taxes (payroll tax, land tax and various stamp duties)". KREVER, Richard; MELLOR, Peter. Legal Interpretation of Tax Law: Australia. *op. cit.* p. 16

equalizada de acordo com a capacidade contributiva, visto que todos os tributos são pagos, ao fim e ao cabo, com a renda[68];

(iii) As alíquotas do imposto sobre a renda das pessoas físicas são progressivas em mais faixas de incidência e alcançam maior percentagem, o que favorece a progressividade;

(iv) A tributação sobre patrimônio, seja de veículos ("*Luxury Car Tax*") ou de imóveis ("*Land Tax*"), é voltada especialmente para a tributação do acúmulo, de maneira a desonerar o contribuinte que possui um carro comum/popular e apenas uma casa familiar;

(v) A negociação entre os contribuintes e o fisco permite um tratamento mais pessoal e viabiliza uma forma de cooperação mais próxima entre o Fisco e os contribuintes;

(vi) O aparelhamento do órgão fiscal com mecanismos que incentivam a solução extrajudicial de conflitos garante uma cobrança mais efetiva, na medida em que 97% dos litígios não chegam nem mesmo aos tribunais administrativos e judiciais[69].

Quanto aos pontos identificados como desvantagens em relação ao sistema tributário brasileiro, temos:

(i) Ausência de sistematização legislativa, especialmente sobre conceitos gerais, normas de interpretação e espécies tributárias;

(ii) Ausência de sistematização de procedimentos sobre cobranças tributárias, provavelmente causada pela possibilidade de avaliação "caso a caso" acima descrita; e

---

[68] A esse respeito: "Visto que somente podem ser liquidados impostos a partir da renda e que o princípio da capacidade contributiva deve proporcionar o critério com que parte da renda permanentemente deve ser satisfeito o imposto, deve-se assim definir o princípio: 'Cada qual deve pagar impostos de conformidade com o montante de sua renda, desde que este ultrapasse o mínimo existencial e não deva ser empregado para obrigações privadas inevitáveis'." TIPKE, Klaus. **Moral tributária do Estado e dos contribuintes**. Trad. Luiz Dória Furquim. Porto Alegre: Sergio Antonio Fabris, 2012. p. 21.

[69] "According to the latest statistics published by the ATO, 97 per cent of tax and superannuation objections made in 2010–11 were finalised at the objection stage" TRAN-NAM, Binh; WALPOLE, Michael. Independent Tax Dispute Resolution and Social Justice in Australia. *op. cit.* p. 493.

(iii) Existência de poucos limites à atuação do legislador tributário federal[70], inclusive quanto à distribuição de competência, hipóteses de incidência, anterioridade e à retroatividade das normas.

Referências

ABRAHAM, Marcus. *Curso de Direito Tributário Brasileiro*. 2. ed. Rio de Janeiro: Forense, 2020.

AUSTRÁLIA. *A New Tax System (Goods and Services Tax) Act 1999*. Disponível em: <https://www.legislation.gov.au/Details/C2019C00140>. Acesso em: 20 mar. 2020.

___. *A New Tax System (Luxury Car Tax Imposition—General) Act 1999*. Disponível em: <https://www.legislation.gov.au/Details/C2008C00524>. Acesso em: 20 mar. 2020.

___. *A New Tax System (Wine Equalisation Tax) Act 1999*. Disponível em: <https://www.legislation.gov.au/Details/C2017C00327>. Acesso em: 20 mar. 2020.

___. *About the Senate*. Disponível em: <https://www.aph.gov.au/About_Parliament/Senate/About_the_Senate>. Acesso em: 05 fev. 2020.

___. *Area of Australia – States and Territories*. Disponível em: <https://www.ga.gov.au/scientific-topics/national-location-information/dimensions/area-of-australia-states-and-territories>. Acesso em: 10 mar. 2020.

___. *Diverted Profits Tax Act 2017*. Disponível em: <https://www.legislation.gov.au/Details/C2017A00021>. Acesso em: 22 mar. 2020.

___. *Excise Act 1901*. Disponível em: <https://www.legislation.gov.au/Details/C2018C00378>. Acesso em: 20 mar. 2020.

___. *Fringe Benefits Tax Assessment Act 1986*. Disponível em: <https://www.legislation.gov.au/Details/C2014C00048>. Acesso em: 20 mar. 2020.

___. *Income Tax Rates Act 1986*. Disponível em: <https://www.legislation.gov.au/Details/C2017C00189>. Acesso em: 20 mar. 2020.

___. *Infosheet 8 – Elections for the House of Representatives*. Disponível em: <https://www.aph.gov.au/About_Parliament/House_of_Representatives/Powers_practice_and_procedure/00_-_Infosheets/Infosheet_8_-_Elections_for_the_House_of_Representatives>. Acesso em: 05 de fev. de 2020.

___. *Land Tax Act 1910*. Disponível em: <https://www.legislation.gov.au/Details/C1910A00021>. Acesso em: 20 mar. 2020.

---

[70] "Unlike the case with the States, which are specifically excluded from some taxing fields by the Constitution, the Commonwealth suffers no constitutional restrictions on the nature of taxes it can impose under its taxing power." KREVER, Richard; MELLOR, Peter. Legal Interpretation of Tax Law: Australia. *op. cit.* p. 20.

3. O SISTEMA TRIBUTÁRIO DA AUSTRÁLIA

___. Parliament of Australia. *Infosheet 19 – The House, Government and Opposition*. Disponível em: <https://www.aph.gov.au/About_Parliament/House_of_Representatives/Powers_practice_and_procedure/00_-_Infosheets/Infosheet_19_-_The_House_government_and_opposition>. Acesso em: 05 fev. de 2020.

___. Parliament of Australia. *Infosheet 20*: The Australian System of Government. Disponível em: <https://www.aph.gov.au/About_Parliament/House_of_Representatives/Powers_practice_and_procedure/00_-_Infosheets/Infosheet_20_-_The_Australian_system_of_government>. Acesso em 05 fev. de 2020.

___. Parliament of New South Wales. *Fiscal Responsability Act (2005)*. Disponível em: <https://www.legislation.nsw.gov.au/acts/2005-41.pdf>. Acesso em: 11 mar. 2020.

___. *Petroleum Resource Rent Tax Assessment Act 1987*. Disponível em: <https://www.legislation.gov.au/Details/C2017C00059>. Acesso em: 20 mar. 2020.

___. *Taxation Administration Act*. Disponível em: <https://www.legislation.gov.au/Series/C1953A00001>. Acesso em: 20 mar. 2020.

___. *The Australian Constitution*. Disponível em: <https://www.aph.gov.au/about_parliament/senate/powers_practice_n_procedures/constitution>. Acesso em: 15 mar. 2020.

___. The Governor-General of the Commonwealth of Australia. *The Office of the Official Secretary to the Governor-General*. Disponível em: <https://www.gg.gov.au/office--official-secretary-governor-general>. Acesso em: 05 fev. 2020.

AUSTRALIAN BUREAU OF STATISTICS. *Population*. Disponível em: <https://www.abs.gov.au/population>. Acesso em: 10 mar. 2020.

AUSTRALIAN CAPITAL TERRITORY. *Australian Capital Territory Stamp Duty Act 1969*. Disponível em: <https://www.legislation.gov.au/Details/C2004C02020>. Acesso em: 20 mar. 2020.

AUSTRALIAN TAXATION OFFICE. *Diverted profits tax*. Disponível em: <https://www.ato.gov.au/Business/International-tax-for-business/In-detail/Doing-business-in-Australia/Diverted-profits-tax/>. Acesso em: 20 mar. 2020.

___. *International tax agreements*. Disponível em: <https://www.ato.gov.au/General/International-tax-agreements/>. Acesso em: 10 mar. 2020.

___. *Practice Statement Law Administration 2013/3*. Disponível em: <https://www.ato.gov.au/law/view/document?DocID=PSR/PS20133/NAT/ATO/00001&PiT=99991231235958#P23>. Acesso em: 20 mar. 2020.

BRAITHWAITE, Valerie; REINHART, Monika. *The taxpayers' charter:* Does the australian tax office comply and who benefits? Canberra: Australian National University, 2000.

BRAITHWAITE, Valerie; BRAITHWAITE, John. An evolving compliance model for tax enforcement. In: *ANU Research Publications*, 2001. Disponível em: <https://openresearch-repository.anu.edu.au/handle/1885/42019>. Acesso em: 22 mar. 2020.

CAMPOS, Carlos Alexandre Azevedo. Adam Smith. In: CAMPOS, Carlos Alexandre de Azevedo et al. (Coord.). *Leituras Clássicas de Direito Tributário*. Salvador: Juspodivm, 2018.

COLEMAN, Cynthia et al. *Principles of taxation law*. 3 ed. Sydney: Thomson Reuters, 2010.

DEPARTMENT OF THE TREASURY. *The digital economy and Australia's corporate tax system*. 2018. Disponível em: < https://treasury.gov.au/sites/default/files/2019-03/c2018-t306182-discussion-paper-1.pdf>. Acesso em: 10 mar. 2020.

IBGE. *Estimativas da População*. Disponível em: <https://www.ibge.gov.br/estatisticas/sociais/populacao/9103-estimativas-de-populacao>. Acesso em: 11 mar. 2020.

___. *Território – dados gráficos*. Disponível em: <https://brasilemsintese.ibge.gov.br/territorio/dados-geograficos.html>. Acesso em: 10 mar. 2020.

INTERNATIONAL MONETARY FUND. *World Economic Outlook Database*. Disponível em: <https://www.imf.org/external/pubs/ft/weo/2017/01/weodata/index.aspx>. Acesso em: 15 mar. 2020.

KREVER, Richard; MELLOR, Peter. Legal Interpretation of Tax Law: Australia. In: Legal *Interpretation of Tax Law*. Alphen aan den Rijn: Kluwer Law International, 2014.

LEVINER, Sagit. An overview: A new era of tax enforcement – from "big stick" to responsive regulation. In: *Regulation & Governance*, (2008) 2. Sidney: John Wiley & Sons Australia, 2018.

LIM, Wendy et al. Australia. In: EDGAR, Swift; SCHWARTZ, Jodi (Ed.). *The corporate tax planning law review*. London: Law Business Research, 2019.

OECD. *Revenue Statistics – OECD countries: Comparative tables*. Disponível em: <https://stats.oecd.org/Index.aspx?DataSetCode=REV>. Acesso em: 17 mar. 2020.

PARSONS, R. W. *Income taxation in Australia:* principles of income, deductibility and tax accounting. Sydney: University of Sydney, 2001.

RECEITA FEDERAL DO BRASIL. *Acordos Internacionais*. Disponível em: <http://receita.economia.gov.br/acesso-rapido/legislacao/acordos-internacionais>. Acesso em: 10 mar. 2020.

RESERVE BANK OF AUSTRALIA. *Key economic indicators*. Disponível em: <https://www.rba.gov.au/snapshots/economy-indicators-snapshot/>. Acesso em: 12 mar. 2020.

RIBEIRO, Ricardo Lodi. *Desigualdade e tributação na era da austeridade seletiva*. Rio de Janeiro: Lumen Juris, 2019.

ROCHA, Sérgio André; CASTRO, Diana Rodrigues Prado de. Plano de Ação 01 do BEPS e as diretrizes gerais da OCDE. In: PISCITELLI, Tathiane (Org.). *Tributação da economia digital*. São Paulo: RT / Thomson Reuters, 2018.

RUSSO, Stefanie Di. *Design and Taxes:* a case study on design thinking in the Australian Taxation Office. Brisbane: IASDR, 2015.

SMITH, Julie P. *Taxing popularity:* the story of taxation in Australia. Sydney: Australian Tax Research Foundation, 2004.

TAX INSTITUTE. *Institutional Framework of Taxation in Australia.* Disponível em: <https://www.taxinstitute.com.au/files/dmfile/Institutional_Framework_of_Taxation_in_Australia.pdf>. Acesso em: 15 mar. 2020.

THE COMMONWEALTH. *Australia*: History. Disponível em: <https://thecommonwealth.org/our-member-countries/australia/history>. Acesso em: 02 fev. 2020.

TIPKE, Klaus. *Moral tributária do Estado e dos contribuintes.* Trad. Luiz Dória Furquim. Porto Alegre: Sergio Antonio Fabris, 2012.

TRAN-NAM, Binh; WALPOLE, Michael. Independent Tax Dispute Resolution and Social Justice in Australia. *UNSW Law Journal*, Vol. 35 (2), 2012.

UNITED NATIONS DEVELOPMENT PROGRAMME. *Human Development Data (1990-2018).* Disponível em: <http://hdr.undp.org/en/data>. Acesso em: 15 mar. 2020.

4. O sistema tributário da Áustria

CLARA GOMES MOREIRA

Introdução
Este artigo pretende analisar algumas características do sistema tributário austríaco, visando a compará-lo ao final com o sistema tributário brasileiro.

Destaque-se, por assim dizer, em primeiro lugar, a maior liberdade conferida ao legislador infraconstitucional austríaco para disciplinar a temática tributária em comparação ao legislador infraconstitucional brasileiro. Dessa condição deriva, igualmente, em segundo lugar, a ausência de acento constitucional explícito da maioria dos princípios tributários austríacos – ainda que estes se fundem em alguns dos princípios positivados no texto constitucional –, em oposição ao fundamento positivo expresso da maioria dos princípios tributários brasileiros. Agregue-se a essa comparação, em terceiro lugar, que o federalismo fiscal austríaco compreende tributos federais, estaduais e municipais de maneira similar ao federalismo fiscal brasileiro, muito embora aquele primeiro modelo combine competências privativas e concorrentes, inclusive autorizando a instituição de mais de um imposto sobre uma mesma materialidade tributária. Nessa situação, entende-se o tributo do segundo ente como um adicional ao tributo do primeiro ente. Os impostos, no caso brasileiro, são repartidos, essencialmente, segundo competências privativas. A pluralidade de bases econômicas tributárias traduz-se, no entanto, em quarto lugar, na prevalência de determinados tributos em relação a outros. Considerando as receitas tributárias aferidas, verifica-se a prevalência das contribuições para a seguridade social, de forma distinta do caso brasileiro, em que a maior receita tributária resulta dos impostos sobre o consumo. Soma-se a esse estudo, em quinto lugar, a análise das recentes inovações legislativas introduzidas no sistema tributário austríaco, buscando se adaptar às inovações tecnológicas e aos planejamentos tributários executados especialmente com a transferência das receitas tributáveis para Estados em que reduzida ou inexistente a oneração fiscal – o Brasil não conta com medidas similares. Por fim, em sexto lugar, estudam-se elementos de cunho processual tributário. Ressalte-se que, no processo tributário austríaco, não há uma ação de execução fiscal similar à brasileira. Acrescente-se haver no processo austríaco meios alternativos para a resolução de litígios em matéria tributária, admitindo-se a conciliação realizada pela autoridade julgadora e, no que tange às convenções para evitar a dupla tributação da renda, seguindo o modelo da OCDE, emprega-se o *mutual agreement procedure* e a arbitragem – o Brasil, apesar de não ser parte do *Multilateral Convention to Implement Tax Treaty Related Measures to Prevent Base Erosion and Profit Shifting* (MLI), também utilizou idênticos mecanismos em seus acordos.

1. Características regionais econômicas, políticas e governamentais

A República da Áustria (*Republik Österreich*) possui uma população de cerca de 8,859 milhões de pessoas (2019) e dimensões territoriais de 83.872 km².

Adota-se, além disso, um Estado federal, organizado entre o poder central (*Bund*) e nove estados (*Bundesländer*)[1].[2] Estes últimos, por sua vez, são divididos em distritos (*Bezirke*) e cidades (*Statutarstädte*), e aqueles primeiros, em aproximadamente 2.300 municípios (*Gemeinden*). São características essenciais do federalismo austríaco: (1) a distribuição de competências legislativas, havendo a sua concentração com o poder central, em oposição às competências reduzidas e residuais dos estados; (2) a participação dos estados na legislação federal, alude-se nesse tocante ao Conselho Federal (*Bundesrat*) – uma das casas do parlamento austríaco, cujos integrantes são eleitos pelos parlamentares estaduais; a vocação dessa casa é a defesa dos interesses estaduais no processo legislativo federal –; (3) a autonomia constitucional dos estados, os quais podem

---

[1] Wien, Oberösterreich, Niederösterreich, Burgenland, Kärnten, Steiermark, Salzburg, Tirol, Vorarlberg.
[2] Cf. artigo 2 da Constituição Federal (*Bundes-Verfassungsgesetz* (B-VG)).

editar Constituições próprias, em que pese não possam contrariar a Constituição federal; e (4) a participação dos estados na administração federal, em vista da execução da legislação federal no âmbito estadual.[3] Verifique-se, ademais, que o caráter assimétrico da atribuição de competências entre o poder central e os estados atrai posições de que esse Estado federal mais se assemelharia a um Estado unitário.[4] Enfatize-se que, sob a perspectiva tributária, os estados, do mesmo modo, gozam de uma menor quantidade de bases tributárias exclusivas – assim como os municípios – em comparação ao poder central, o que prejudica a autonomia financeira daqueles primeiros.[5]

Em atenção ao sistema de governo, segue-se o parlamentarismo de acordo com um modelo bicameral composto pelo Conselho Nacional (*Nationalrat*) e pelo Conselho Federal. Veja-se que, nesse desenho institucional, o poder daquele primeiro conselho provoca a insuficiência do poder deste último, contrariando a função do Conselho Federal de representar os estados.[6] Evidencia-se essa condição na medida em que, na maioria dos casos, o poder de veto do Conselho Federal pode ser derrubado pelo Conselho Nacional, o que comprova a prevalência deste em relação àquele. No que tange mais especificamente aos estados, estes possuem parlamentos infranacionais (*Landtage*).

No que toca à relação entre a carga fiscal e o PIB, em conformidade com informações do *Heritage*[7], até o presente momento, na Áustria essa relação é de 41,8%.

---

[3] BUSSJÄGER, Peter; JOHLER, Mirella M.; SCHRAMEK, Christoph. Federalism and Recent Political Dynamics in Austria. *REAF-JSG*, n. 28, p. 74-100, dez./2018, p. 78-81.

[4] KARLHOFER, Ferdinand. Austrian Federalism: History-Properties-Change. In: BISCHOF, Günter; KARLHOFER, Ferdinand (eds.). *Austrian Federalism in Comparative Perspective*. New Orleans: University of New Orleans Press, 2015, p. XIX.

[5] SCHRATZENSTALLER, Margit. Reforming Austrian Fiscal Federalism: Options, Obstacles, and Pitfalls. In: BISCHOF, Günter; KARLHOFER, Ferdinand (eds.). *Austrian Federalism in Comparative Perspective*. New Orleans: University of New Orleans Press, 2015, p. 63-66.

[6] NEISSER, Heinrich. Federalism and Administrative Reform. In: BISCHOF, Günter; KARLHOFER, Ferdinand (eds.). *Austrian Federalism in Comparative Perspective*. New Orleans: University of New Orleans Press, 2015, p. 72.

[7] Cf. https://www.heritage.org/index/country/austria

2. Normas tributárias na Constituição e na legislação

A despeito de a Constituição austríaca[8] não contar com um elenco similar em extensão e em profundidade de normas tributárias à Constituição brasileira, aquela primeira Constituição possui inúmeros dispositivos de aplicação geral dos quais derivam importantes princípios tributários, como o princípio da legalidade (artigo 18 da Constituição Federal (*Bundes-Verfassungsgesetz* (B-VG)), o princípio da igualdade (artigos 7º da B-VG e 2º da Lei Fundamental do Estado (*Staatsgrundgesetz* (StGG)) e o direito de propriedade (artigo 5º da StGG) – sem prejuízo da aplicação da Convenção Europeia de Direitos Humanos, a qual também goza de status constitucional. Adicione-se que, em consonância com o artigo 13(1) da B-VG, a competência tributária foi objeto da Constituição Financeira (*Finanz-Verfassungsgesetz* (F-VG)). Esta determina, por sua vez, que cabe à legislação federal disciplinar a repartição do poder de tributar entre o poder central, os estados e os municípios, além de prescrever a distribuição das receitas tributárias entre estes. Ressalte-se também que as espécies tributárias foram classificadas por essas normas constitucionais em função apenas de sua destinação e de sua arrecadação, não havendo a predeterminação das materialidades tributárias, tal como as normas constitucionais brasileiras.

Observe-se, outrossim, que o sistema tributário austríaco é composto, dentre outros atos normativos, de um código tributário federal (*Bundesabgabenordnung* (BAO)) – este não se limita a introduzir regras gerais em matéria tributária, pois disciplina, e.g., o processo administrativo tributário – e de leis esparsas que regulam o tema, como a Lei de Organização da Administração Tributária (*Abgabenverwaltungsorganisationsgesetz* (AVOG)).

3. Princípios tributários

No sistema jurídico austríaco, os princípios tributários, usualmente, não derivam de uma ou mais disposições jurídicas expressas, decorrendo da atividade do intérprete; excepcionam-se disso, e.g., o princípio da legalidade (artigo 18 da B-VG), o princípio da igualdade (artigos 7º da B-VG

---

[8] Veja-se que a Constituição austríaca não é composta por um documento único, havendo em verdade diferentes atos normativos com status constitucional, como a Constituição Federal, a Lei Fundamental do Estado, a Constituição Financeira.

e 2º da StGG) e o direito de propriedade (artigo 5º da StGG). Destes, inclusive, derivam outros princípios tributários.

O princípio do Estado de direito não goza de fundamento positivo constitucional expresso, a despeito de que alguns de seus subprincípios o tenham. Este é o caso do princípio da legalidade, como uma expressão da dimensão formal do Estado de direito. Nesse sentido, o princípio da legalidade manifesta a 'supremacia do direito' e a submissão da Administração à lei, considerando a reserva legal como um limite à ação do Estado. Este somente pode agir quando devidamente autorizado a isso – considera-se para esses fins a possibilidade de recondução dos atos estatais aos atos normativos válidos que conferem a competência ao Estado[9]. Quanto a sua dimensão substancial, o princípio da legalidade prescreve que os dispositivos jurídicos devem ser 'suficientemente' claros e detalhados, de maneira a garantir a sua cognoscibilidade. Esta diz respeito a sua acessibilidade – fala-se aqui, também, no princípio da publicidade – e a sua possibilidade de compreensão do conteúdo em atenção, inclusive, ao princípio da segurança jurídica, ademais da previsibilidade do direito em consonância com as modificações que venham a ser realizadas.[10] Por consequência, vedam-se as 'delegações puras', na medida em que se tratam da concessão de poder despida da definição dos limites deste. Prossegue-se no estudo do conteúdo substancial do Estado de direito para derivar deste a separação de poderes, a proteção efetiva dos direitos humanos, a proteção da confiança e a proporcionalidade.[11]

Analisa-se o princípio da igualdade em matéria tributária em consonância com a sua evolução na jurisprudência do Tribunal Constitucional Austríaco (*Verfassungsgerichtshof* (VfGH)). Em um primeiro momento, este o aplicava para o controle de arbitrariedades do Poder Executivo; em um segundo momento, esse princípio passou a ser empregado como um meio para vedar medidas excessivas do Poder Legislativo; em um terceiro momento, esse princípio foi utilizado para justificar objetivamente as

---

[9] EHRKE-RABEL, Tina. Austria. In: GRIBNAU, Hans; PAUWELS, Melvin (eds.). *Retroactivity of Tax Legislation*. Amsterdam: IBFD, 2013, p. 171-174.

[10] HEINRICH, Johannes; PRINZ, Irina. Austria. In: DOURADO, Ana Paula. *Separation of powers in tax law*. Amsterdam: IBFD, 2010, p. 59-61.

[11] EBERHARD, Harald; LACHMAYER, Konrad. Rule of Law in Austria. In: KOETTER, Matthias; SCHUPPERT, Gunnar Folke (eds.). *Understandings of the Rule of Law in various legal orders of the World, Rule of Law*, Working Paper Series nr. 12, Berlin, p. 3-7.

regras jurídicas. Nesta última função, o princípio da igualdade traduz um argumento estruturado, em que, precipuamente, identifica-se uma discriminação, considerando a identidade ou a disparidade de tratamentos jurídicos impostos a situações diversas ou iguais, em atenção a determinado critério de comparação. Uma vez que identificada uma discriminação, questiona-se sobre a justificação desse tratamento jurídico à luz de elementos normativos e fáticos envolvidos no caso concreto. Ressalte-se que essa análise segue o exame de proporcionalidade da medida[12].[13]

Perceba-se que ainda decorre do princípio da igualdade o princípio da capacidade contributiva como um critério de repartição do encargo tributário em determinadas situações.[14] Deriva também do princípio da igualdade, assim como do princípio da proteção da confiança e do princípio da segurança jurídica, o princípio (regra) da irretroatividade. Este define a impossibilidade de instituição de obrigação tributária, posteriormente, à configuração concreta da hipótese de incidência tributária. Note-se que a vedação à retroatividade se limita às regras tributárias atinentes às obrigações tributárias (regras tributárias materiais), excluídas, desta feita, as regras tributárias formais. Considere-se que a retroatividade distingue-se do caráter retrospectivo das regras tributárias, quando diante de situações em que a aludida hipótese de incidência não foi perfectibilizada, muito embora o contribuinte já tenha exercido – integral ou parcialmente – a sua liberdade com base na regra tributária anteriormente vigente. Nessa última situação, não se aplica a referida vedação.[15]

Por fim, com base no direito de propriedade aludido o Tribunal Constitucional Austríaco funda a vedação aos tributos confiscatórios.[16]

---

[12] LANG, Michael; HERDIN, Judith. Die verfassungsrechtlichen Rahmenbedingungen für „Steueramnestien". *Journal für Rechtspolitik*, n. 13, p. 52-62, 2005, p. 57.
[13] HOLOUBEK, Michael; KORINEK, Karl. Austria. In: MEUSSEN, Gerard TK (ed.). *The Principle of Equality in European Taxation*. The Hague, London, Boston: Eucotax, 1999, p. 36-37; 43-47.
[14] HUISMAN, Eline; PFEIFFER, Sebastian; SCHAFFER, Erich; UBELHOER, Kurt. *Introduction to Austrian Tax Law*. 2. ed. Wien: Facultas, 2016, p. 8.
[15] EHRKE-RABEL, Tina. Austria. In: GRIBNAU, Hans; PAUWELS, Melvin (eds.). *Retroactivity of Tax Legislation*. Amsterdam: IBFD, 2013, p. 171-174.
[16] PÖSCHL, Magdalena. Gleichheitsrechte. In: MERTEN, Detlef; PAPIER, Hans-Jürgen (eds.). *Handbuch der Grundrechte in Deutschland und Europa*. Heidelberg: C.F. Müller Verlag; Wien: Manz Verlag, 2009, p. 284.

4. Espécies tributárias

Existem três espécies tributárias no sistema austríaco: o imposto (*Steuer*), a contribuição (*Beitrag*) e a taxa (*Gebühr*).

Aquele primeiro não visa a remunerar um serviço específico prestado pelo Estado nem um benefício especial a ser entregue por este, podendo versar, exemplificamente, (1) sobre a renda: imposto sobre a renda (*Einkommensteuer*), imposto sobre as sociedades (*Körperschaftssteuer*); (2) sobre a propriedade (*Grundsteuer*); (3) sobre a circulação de bens e a prestação de serviços: imposto sobre a circulação de mercadorias e a prestação de serviços (*value added tax* (VAT)) (*Umsatzsteuer*), imposto sobre a transmissão de bens imóveis (*Grunderwerbsteuer*), imposto sobre as doações feitas às fundações privadas (*Stiftungseingangssteuer*), imposto sobre os seguros (*Versicherungssteuer*), imposto sobre veículos automotores (*Kraftfahrzeugsteuer*), imposto sobre a transmissão de veículo automotor (*Normverbrauchsabgabe*); (4) os impostos especiais sobre o consumo: imposto sobre o tabaco (*Tabaksteuer*), imposto sobre combustíveis derivados do petróleo (*Mineralölsteuer*), imposto sobre a cerveja (*Biersteuer*), imposto sobre bebidas alcoólicas (*Alkoholsteuer*); (5) o imposto local (*Kommunalsteuer*) pago pelo empregador ou pelo trabalhador independente sobre a remuneração recebida; (6) o imposto para a proteção contra o incêndio (*Feuerschutzsteuer*); (7) o imposto sobre o turismo (*Fremdenverkehrsabgabe*); (8) o imposto sobre a caça e a pesca (*Jagd- und Fischereiabgaben*).

As contribuições procuram atender aos interesses de um grupo específico de indivíduos, como a contribuição do empregador para o fundo de compensação dos encargos da família (*Dienstgeberbeitrag zum Familienlastenausgleichfonds*), as contribuições de categorias econômicas (*Kammerbeiträge*) e as contribuições para a seguridade social (*Sozialversicherungsbeiträge*).

As taxas remuneram serviços específicos prestados pelo poder local, como a taxa para a conexão ao sistema público de água e de rede de esgoto (*Gebühren für den Anschluss an das öffentliche Wasser- und Abwassernetz*), a taxa de coleta de lixo (*Gebühren für die Müllabfuhr*), a taxa por carimbo e honorários legais (*Stempel- und Rechtsgebühren*) e a taxa por escritos e atos oficiais (*Gebühren für Schriften und Amtshandlungen*).

5. Modelo de incidência

Em conformidade com a OCDE[17], em 2019, o Estado Austríaco recebeu receitas de origem tributária, dentre as quais: 22% relativo ao imposto sobre a renda de pessoas físicas, 6% relativo ao imposto sobre sociedades, 35% relativo às contribuições para a seguridade social, 7% relativo aos tributos sobre a folha de salários, 1% relativo aos impostos sobre a propriedade, 18% relativo ao VAT, 10% relativo aos demais tributos sobre a circulação de bens e a prestação de serviços, 1% relativo aos outros tributos. Veja-se, em atenção a essas informações, que predominam as contribuições para a seguridade social em relação aos demais tributos.

6. Tributação de tecnologia

Desde de janeiro de 2020, encontra-se em vigor a lei do imposto digital (*Digitalsteuer*). Esta introduz o imposto sobre a propaganda online, cujos usuários tenham endereço IP austríaco e cujo conteúdo seja feito para usuários austríacos. Trata-se de imposto pago pelas sociedades provedoras do serviço de publicidade online (1) cuja receita global, no exercício anterior, exceda 750 milhões de euros – fala-se em sociedades com forte presença no mercado e que, por consequência disso, possam realizar planejamentos tributários agressivos –; e (2) cuja receita com serviços de publicidade online excedam, no mesmo período, 25 milhões de euros – busca-se, desse modo, afastar a incidência desse imposto no caso de *startups* e de outras empresas que não atuem (principalmente) no setor da economia digital. Verifique-se que a mencionada lei determina que sejam recolhidos mensalmente aos cofres austríacos, a título do imposto digital, 5% da remuneração paga pelos serviços de publicidade online, conforme declaração prestada pelo contribuinte ao Estado Austríaco.

Não se deve olvidar que a lei do imposto digital, de acordo com as autoridades austríacas, justifica-se em razão da realização do princípio da igualdade, na medida em que os provedores desse serviço que são contribuintes desse imposto, como *Google* e *Facebook*, desempenham a sua atividade econômica relativa à publicidade online do seguinte modo: as propagandas são veiculadas aos usuários conforme os comportamentos e as preferências destes, ademais, esses provedores criam as propagandas

---

[17] Cf. https://www.oecd.org/tax/revenue-statistics-austria.pdf

também em atenção a esses comportamentos e a essas preferências. Ao mesmo tempo, os contratos de publicidade online são registrados fora da Áustria, em países como a Irlanda, cujo tratamento tributário dado à realidade econômica em questão possui reduzido encargo tributário. Soma-se a isso o fato de que esses provedores, na medida em que realizam a sua atividade econômica no mercado austríaco, se valem das riquezas domésticas. Por assim dizer, a tributação sobre esses serviços pretende garantir a isonomia entre a tributação destes e daqueles prestados de outra forma ou por sociedades em condições outras que não aquelas referidas, além de levar em consideração os desenvolvimentos técnicos empreendidos.[18]

Houve, além disso, em razão da aludida lei um endurecimento das obrigações das plataformas online que façam a aproximação entre vendedores e compradores de bens e de serviços, ao terem que prestar informações à Administração tributária austríaca de todas as reservas e de todas as receitas envolvidas nas transações realizadas por meio dessas plataformas, sob pena de serem responsáveis tributários. Considerando o VAT, no caso de compras online de bens de Estados não-membros da União Europeia, a partir de 1º de janeiro de 2021, haverá o fim da isenção na aquisição de bens cujo valor não exceda a 22 euros. Uma idêntica medida foi adotada na hipótese de compras online que ocorram dentro da União Europeia e cujo destinatário não seja uma sociedade empresária – quando há atualmente uma isenção para as aquisições de até 35 euros.

7. Modelo de cobrança fiscal

Como regra, a cobrança do crédito tributário ocorre de maneira extrajudicial, sem que seja necessária a propositura de demanda judicial específica para esse fim.

8. Espécies de transação, arbitragem, conciliação

No processo administrativo tributário, o Tribunal Federal de Finanças (*Bundesfinanzgericht*)[19] atua como a segunda instância, apreciando os recursos interpostos pelas partes. Nessa hipótese, é possível que, na data

---

[18] MAYR, Gunter. Austria – New Digital Business Tax on Online Advertising in Austria. *European Taxation*, v. 59, n. 7, 2019.
[19] Trata-se do sucessor do Conselho Independente de Finanças (*Unabhängige Finanzsenat*).

da audiência, o juiz realize a conciliação das partes, pretendendo alcançar uma decisão amigável.[20]

No caso de litígios atinentes a tratados internacionais, seguindo o artigo 25 da Convenção Modelo da OCDE, em 87 dos 90 acordos para evitar a dupla tributação sobre a renda, a Áustria e o outro Estado contratante incluiriam a previsão de *mutual agreement procedure* (MAP) e de arbitragem para solucionar objeções formuladas pelos contribuintes sobre situações de dupla tributação contrárias ao acordo.[21]

9. Tratados internacionais

Considerando os tratados celebrados pela Áustria em matéria tributária dos quais o Brasil também faça parte, constate-se haver a convenção para evitar a dupla tributação em matéria de impostos sobre a renda e o capital Brasil-Áustria (1975).

10. Conclusões

Este estudo visou a apresentar algumas das características do sistema tributário austríaco, considerando um paralelo com o sistema tributário brasileiro. Essa análise atrai avaliações sobre como o sistema tributário brasileiro poderia eventualmente inspirar-se no sistema austríaco para fins de seu melhoramento, sem prejuízo das particularidades de cada qual. Nesse sentido, não se pode deixar de ressaltar, principalmente, a questão da tributação da economia digital. Sobre este tema o Brasil apresenta um tratamento tributário que ainda se restringe à questão da tributação dos serviços de *streaming* e downloads, sem que se discuta propriamente a aludida questão da publicidade online e a sua tributação interna. Considerando que os aludidos contratos de publicidade, como visto, não são celebrados internamente e acabam por não serem objeto de tributação nesse Estado, quando, no entanto, se valem da riqueza doméstica decorrente de seus usuários, esse imposto também poderia ser introduzido no sistema tributário brasileiro. Reconheça-se, todavia,

---

[20] JABLONER, Clemens; KORINEK, Karl; MOSER, Daniela; RZESZUT, Johann. Protection of Taxpayers' Rights in the Courts of Austria. *Bulletin of International Bureau of Fiscal Documentation*, p. 460-466, ago.-set./2004, p. 461.

[21] OECD. *Making Dispute Resolution More Effective – MAP Peer Review Report, Austria (Stage 2): Inclusive framework on BEPS: Action 14*. Paris: OECD, 2020, p. 55.

que o sucesso ou o insucesso do imposto austríaco, dada a sua recente criação, poderá revelar ser este uma boa ou uma má experiência a ser considerada pelo legislador brasileiro.

Referências

BUSSJÄGER, Peter; JOHLER, Mirella M.; SCHRAMEK, Christoph. Federalism and Recent Political Dynamics in Austria. *REAF-JSG*, n. 28, p. 74-100, dez. 2018.

EBERHARD, Harald; LACHMAYER, Konrad. Rule of Law in Austria. In: KOETTER, Matthias; SCHUPPERT, Gunnar Folke (eds.). *Understandings of the Rule of Law in various legal orders of the World, Rule of Law*, Working Paper Series nr. 12, Berlin.

EHRKE-RABEL, Tina. Austria. In: GRIBNAU, Hans; PAUWELS, Melvin (eds.). *Retroactivity of Tax Legislation*. Amsterdam: IBFD, 2013.

HEINRICH, Johannes; PRINZ, Irina. Austria. In: DOURADO, Ana Paula. *Separation of powers in tax law*. Amsterdam: IBFD, 2010.

HOLOUBEK, Michael; KORINEK, Karl. Austria. In: MEUSSEN, Gerard TK (ed.). *The Principle of Equality in European Taxation*. The Hague, London, Boston: Eucotax, 1999.

HUISMAN, Eline; PFEIFFER, Sebastian; SCHAFFER, Erich; UBELHOER, Kurt. *Introduction to Austrian Tax Law*. 2. ed. Wien: Facultas, 2016.

JABLONER, Clemens; KORINEK, Karl; MOSER, Daniela; RZESZUT, Johann. Protection of Taxpayers' Rights in the Courts of Austria. *Bulletin of International Bureau of Fiscal Documentation*, p. 460-466, ago.-set./2004.

KARLHOFER, Ferdinand. Austrian Federalism: History-Properties-Change. In: BISCHOF, Günter; KARLHOFER, Ferdinand (eds.). *Austrian Federalism in Comparative Perspective*. New Orleans: University of New Orleans Press, 2015.

LANG, Michael; HERDIN, Judith. Die verfassungsrechtlichen Rahmenbedingungen für „Steueramnestien". *Journal für Rechtspolitik*, n. 13, p. 52-62, 2005.

MAYR, Gunter. Austria – New Digital Business Tax on Online Advertising in Austria. *European Taxation*, v. 59, n. 7, 2019.

NEISSER, Heinrich. Federalism and Administrative Reform. In: BISCHOF, Günter; KARLHOFER, Ferdinand (eds.). *Austrian Federalism in Comparative Perspective*. New Orleans: University of New Orleans Press, 2015.

OECD. *Making Dispute Resolution More Effective – MAP Peer Review Report, Austria (Stage 2): Inclusive framework on BEPS: Action 14*. Paris: OECD, 2020.

PÖSCHL, Magdalena. Gleichheitsrechte. In: MERTEN, Detlef; PAPIER, Hans-Jürgen (eds.). *Handbuch der Grundrechte in Deutschland und Europa*. Heidelberg: C.F. Müller Verlag; Wien: Manz Verlag, 2009.

SCHRATZENSTALLER, Margit. Reforming Austrian Fiscal Federalism: Options, Obstacles, and Pitfalls. In: BISCHOF, Günter; KARLHOFER, Ferdinand (eds.). *Austrian Federalism in Comparative Perspective*. New Orleans: University of New Orleans Press, 2015.

5. O sistema tributário da Bélgica

Bruno de Paula Soares

Introdução
A pesquisa deste artigo pretende condensar em averiguação qualitativa as características centrais do sistema tributário da Bélgica, sob o prisma da legislação interna (Constituição, leis, decretos) e de tratados internacionais específicos, e seus aspectos positivos e negativos em relação ao sistema brasileiro em estudo de Direito Tributário Comparado.

1. Características regionais econômicas, políticas e governamentais
A Bélgica, oficialmente Reino da Bélgica, é um Estado localizado na Europa Ocidental, organizado na forma de federação, cuja forma de governo é a monarquia constitucional e o sistema de governo é o parlamentarismo, apesar de não sempre ter sido assim conforme as Constituições da Bélgica de 1831 e de 1994.

Trata-se de um Estado de dimensões territoriais reduzidas por contar com apenas 30.528 quilômetros quadrados de extensão, porém com mais de 11 milhões de habitantes, conforme o último recenseamento realizado em 2018.

A sua população é culturalmente marcada pelas diferenças linguísticas, dado de fato que reflete na organização política do Estado, sobretudo na divisão entre francófonos e praticantes de uma variação do holandês (língua flamenga) ou do alemão, esta última em menor expressão.

A sua independência ocorreu em 1830 dos Países Baixos, no esteio de revoluções de caráter nacionalistas que irromperam através da Europa, momento em que a sua fundação política emergiu da promulgação da

Constituição Federal de 1831, a qual desenhou o Estado na sua forma unitária, apesar de haver divisões internas meramente administrativas desde então.

Hodiernamente, a Bélgica se constitui como Estado federal, organizado segundo três *communautés* (comunidades) com base linguística: a francesa, a flamenga e a alemã (artigo 2º da Constituição Federal da Bélgica de 1994), cada qual com o seu parlamento e sua administração, sobretudo, nos limites da Constituição, com autonomia legislativa (possuem parlamentos próprios).

Às comunidades belgas a Constituição de 1994 outorgou competências administrativas e legislativas expressas (artigos 127 a 133 da Constituição Federal da Bélgica de 1994), sobretudo no que se refere a assuntos culturais[1], de educação[2], de cooperação entre as comunidades e com outros países no que toca a sua competência, do emprego da língua oficial e, curiosamente, qualquer assunto que toque estritamente à vida das pessoas (*matière personnalisable*[3]), que será tratado por decreto com força de lei na língua de cada comunidade.

A Constituição Federal da Bélgica de 1994 também faz referência a três regiões (artigo 133 da Constituição Federal da Bélgica) de caráter territorial: Valônia, de expressão francesa, Flandres, holandesa, e a Região de Bruxelas, bilíngue, cada qual com o seu parlamento e governo. A última possui representantes dos grupos francês e holandês.

Estas regiões possuem competências legislativas determinadas na legislação de cada uma destas regiões, respeitadas as disposições constitucionais (artigo 134 da Constituição Federal da Bélgica de 1994), as quais serão definidas com quórum da maioria do sufrágio em cada grupo linguístico de cada um dos parlamentos linguísticos, à condição de que a maioria dos membros de cada grupo se encontre reunida e que o total de votos positivos emitidos nos grupos francês e holandês atinja dois terços do sufrágio total (artigos 39 e 4º, última alínea, da Constituição Federal da Bélgica de 1994).

---

[1] Por exemplo: esporte, teatros, bibliotecas, entre outros.

[2] Com exceção da fixação do início e do fim das obrigações escolares, das condições mínimas para entrega de diplomas e do regime de pensões dos servidores da educação, matérias estas concentradas no parlamento a nível federal.

[3] Tais como políticas regionais e locais de saúde, proteção à juventude assistência social aos belgas e estrangeiros.

Estas competências, esmiuçadas pela lei especial de reformas institucionais de 8 de agosto de 1990, são residuais ao disposto na Carta Magna belga em relação às das comunidades: economia, emprego, agricultura, política de águas, moradia, serviço público, energia, transporte (com exceção da malha nacional de trens e transporte aéreo), meio ambiente, urbanismo, crédito, comércio exterior, entre outros. Estes assuntos não foram reservados pela Constituição em razão da identificação linguística dos cidadãos belgas como fator crucial para a sua autodeterminação como povo – assim, a determinação da competência para assuntos sensíveis dependerá da atuação do parlamento territorial, observado o quórum de presença e votação da maioria linguística da região respectiva.

De toda forma, as competências legislativas dos parlamentos regionais podem ser exercidas pelos parlamentos territoriais se aprovada lei com o quórum especial determinado no artigo 4º da Constituição relativo à presença e votação da maioria linguística qualificada em dois terços (artigo 137 da Constituição Federal da Bélgica de 1994), o que reforça a primazia das questões culturais sobre as territoriais.

As regiões não possuem expressão governamental como as comunidades, porquanto territorialmente são subdivididas em províncias, administradas por conselhos eleitos diretamente pelos belgas de 6 em 6 anos. A Valônia compreende as províncias de Brabante Valão, Hainaut, Liège, Luxemburgo e Namur; Flandres é subdividida na Antuérpia, Brabante Flamengo, Flandres Ocidental, Flandres Oriental e Limburgo – a Região de Bruxelas não é subdividida.

A nível federal, o parlamento é tal qual o brasileiro: bicameral, composto pela *Chambre de Répresentants*, análoga à Câmara dos Deputados, e pelo *Senat*, o Senado Federal, com uma distinção: o monarca participa do Poder Legislativo (artigo 36 da Constituição Federal da Bélgica de 1994), assim como do Executivo federal (artigo 37 da Constituição Federal da Bélgica de 1994).

As competências legislativas federais são aquelas determinadas pela Constituição (artigos 77 e 78 da Constituição Federal da Bélgica de 1994), seja a título exclusivo de cada casa ou, como se refere o texto magno, em pé de igualdade. Trata-se de assuntos conjuntos como a organização da Justiça, relações internacionais, organização fiscal do Estado (normas financeiras), a revisão da Constituição, leis que regem as instituições e o financiamento da comunidade alemã[4] e assuntos de competência privativa de cada casa – a Câmara tem a competência de formar a maioria governamental do Primeiro Ministro, chefe do governo belga.

A Bélgica herdou dos Países Baixos uma tradição monarquista na forma de governo, que se mantém até os dias atuais, com poderes delimitados na Constituição, sobretudo à função de sanção das leis e de chefia do Estado. A assembleia que culminou na Constituição da Bélgica de 1831 consagrou a linha de sucessão a partir do então monarca Leopoldo I (artigo 60 da Constituição da Bélgica de 1831). Nos dias atuais, com a transmissão hereditária da função monarquista para os primogênitos, exerce a função de monarca Filipe I (artigo 85 da Constituição da Bélgica de 1994).

A monarquia constitucional belga se caracteriza por constituir um braço do Poder Legislativo e ser a autoridade máxima em chefia do Estado no Poder Executivo federal. Diferentemente de outras monarquias constitucionais europeias, o monarca belga possui poderes regulamentares ativos, como os poderes de sanção e de veto de projetos de lei, assim como os *arrêtés royaux*, ato privativo do monarca com a assinatura de Ministros de Estado, os quais respondem pelo ato, com natureza regulamentar.

O governo federal é composto pelo rei e por seus ministros. A função de chefia do governo está confiada ao cargo de Primeiro Ministro, nomeado pelo monarca, assim como os outros ministros (artigo 96 e seguintes da Constituição Federal da Bélgica de 1994).

O governo federal poderá ser dissolvido por uma moção de desconfiança proposta e aprovada pela Câmara de Representantes ou por determinação real. Caso perca o balanço das forças políticas, o governo federal cederá com novas nomeações do monarca para ocupar os cargos de ministros.

---

[4] Em razão do pacto político especial da Bélgica, a comunidade alemã é a que mais resguarda suas competências atreladas ao exercício dos poderes a nível federal e é a mais segregada de igual tratamento em relação às outras comunidades. Em algumas partes da Constituição Federal da Bélgica, esta segregação é patente, como a composição linguística do Senado (que conta com um senador germanófono e o restante de francófonos e falantes de flamengo – artigo 43 da Constituição Federal da Bélgica de 1994), o quórum de fixação legal da composição e funcionamento do parlamento e do governo da comunidade germanófona menor que o das outras comunidades (artigos 115 e 121 da Constituição Federal da Bélgica de 1994), entre outros.

As competências administrativas do governo federal são plenamente residuais e derivam do próprio sistema constitucional com predominância de interesses: assuntos estrangeiros, defesa nacional, organização do Judiciário, finanças públicas, seguridade social, saúde pública nacional, transporte (sobretudo o sistema nacional de trens, excetuado o transporte de caráter local), trabalho, relações com a União Europeia, imigração, moeda, entre outros temas.

2. Normas tributárias na Constituição e na legislação, princípios e espécies tributárias

A Constituição Federal da Bélgica de 1994, apesar de mais sintética que a brasileira, possui normas destinadas à expressão financeira da atividade estatal. No título V, constam os artigos 170 a 181, os quais, resumidamente, contêm as espécies de normas vistas a seguir.

No artigo 170 da Constituição, enuncia-se o princípio da legalidade tributária, com peculiaridades: se em proveito do Estado como um todo (entende-se a nível federal), deve ser instituído por lei; se em proveito de uma comunidade ou região, deve ser estabelecido por um decreto ou por uma lei regional aprovada segundo os artigos 139 e 4º da Constituição Federal (quórum da maioria linguística de cada parlamento, presentes ao menos dois terços dos votantes).

No artigo 171 da Constituição, consta o sistema de anualidade tributária, similar àquele adotado pelo direito brasileiro anteriormente à Constituição de 1988. No artigo 172, reside o princípio da igualdade tributária, guardadas as ressalvas em relação ao estabelecimento de exceções em matéria de imposição por meio de lei.

O artigo 173 da Constituição cuida do financiamento dos entes subnacionais belgas: fora das províncias (similares aos Estados brasileiros), somente podem ser exigidas dos cidadãos contribuições financeiras ao Estado, à comunidade ou à região a título de imposto. A *contrario sensu*, no interior das províncias, é possível verificar a exigência de outras espécies tributárias.

A lei orçamentária, de caráter anual, é votada pela Câmara de Representantes, porém o Senado possui, junto à Câmara, autonomia para determinar a sua dotação. Assim como no caso brasileiro, vigora o princípio da universalidade orçamentária, sendo obrigatório se fazerem constar todas as receitas e despesas do Estado no orçamento (artigo 174 da Constituição Federal da Bélgica de 1994).

O financiamento das regiões se dará por meio de lei com quórum especial determinado no artigo 4º da Constituição (artigo 177 da Constituição Federal da Bélgica de 1994). Quanto à Região de Bruxelas, o parlamento desta região pode transferir meios financeiros às comissões das comunidades francesa e flamenga (artigo 178 da Constituição Federal da Bélgica de 1994).

Até então, a Constituição Financeira da Bélgica parece se referir ao financiamento da base político-territorial do país (as regiões e províncias). Os artigos 175 e 176 da Constituição deixam às comunidades linguísticas a competência para determinar o sistema de financiamento – por meio do quórum qualificado da maioria linguística com dois terços dos votantes presentes para as comunidades francesa e flamenga e por meio de uma lei do parlamento da comunidade alemã sem quórum qualificado para esta comunidade.

O artigo 179 da Constituição parece consagrar previsão análoga àquela do artigo 195, § 5º, da Constituição Federal do Brasil de 1988, ao consagrar que nenhuma pensão ou gratificação em prejuízo do tesouro público pode ser instituída senão por meio de lei – no caso brasileiro, em razão de se pautar pelo princípio da legalidade em sentido estrito, a Constituição demanda o apontamento da fonte de custeio total para o sustento financeiro do benefício da Seguridade Social.

O artigo 180 da Constituição consagra a instituição da Corte de Contas, cujos membros são nomeados pela Câmara de Representantes, com mandato fixado por lei. Suas atribuições precípuas são similares àquela da corte de contas federal brasileira, sobretudo no que se refere ao exame das contas da administração e de todas as contas que envolvem recursos públicos – as contas gerais (expressão constitucional que se refere às contas federais) são submetidas à Câmara de Representantes com as observações da Corte de Contas.

A Constituição belga também consagra remuneração pública e aposentadoria a ministros de cultos reconhecidos oficialmente pelo Estado, em razão das suas funções sociais, tais como os do catolicismo, protestantismo, judaísmo, anglicanismo, islamismo e cristianismo ortodoxo. Os *traitements publiques* (remuneração e pensões) também se estendem às organizações reconhecidas pela lei que oferecem assistência moral segundo concepção filosófica não confessional, isto é, de caráter laico (artigo 181 da Constituição Federal da Bélgica de 1994).

Na sua dissertação de Mestrado na Universidade Católica de Louvain, Thomas Linard de Guertechin (2015, p. 10) consolida três dos mais importantes princípios para o direito tributário belga, porém apenas dois de caráter geral: o princípio da legalidade do imposto, o princípio da interpretação e da aplicação estrita das leis fiscais e o princípio da predominância do direito privado sobre o direito fiscal.

O primeiro consolida o ideal clássico *no taxation without representation*, no qual a tributação encontra sua legitimidade jurídica e social por meio da tomada de decisão pela maioria, por meio do instrumento mais idôneo possível que a reflete: a lei.

O segundo contém o valor de que o direito tributário, como sistema destinado ao balanceamento entre os poderes do Estado e os direitos dos particulares em relação ao seu patrimônio, deve ser interpretado sempre a favor do contribuinte se houver dúvida ou sempre vedada a analogia a favor do Estado. Thomas Linard de Guertechin afirma que (2015, p. 13):

> Do princípio de legalidade deduz-se o princípio da interpretação e da aplicação estrita das leis fiscais. A lei é o que o legislador disse e não o que ele quis dizer. O que não significa uma aplicação mecânica da lei para o juiz se submeter ao poder da lei, mas uma possibilidade do recurso aos métodos de interpretação gramatical, sistemática e teleológica em caso de texto obscuro.

Por fim, outro princípio sobrelevado no ordenamento jurídico é o da capacidade contributiva, sobretudo com as suas implicações práticas, como a vedação à utilização do tributo como efeito de confisco e o respeito ao mínimo existencial (na discussão abaixo, traduzido como um *plafond* para que a tributação não alcance a demonstração de riqueza). Amélie Lachapelle, sobre estas conclusões, define a capacidade contributiva e sublinha questões belgas acerca da elucidação deste princípio em institutos jurídicos como o princípio da proporcionalidade e da igualdade (2014, p. 350, 353).

> Esta plataforma máxima de imposição pode estar inscrita na Constituição, fixada pela jurisprudência ou ainda imposta pelo legislador. As três ideias germinaram na Bélgica. A primeira foi traduzida durante os anos noventa por diversas declarações de revisão da Constituição, mas estas últimas não tiveram sucesso. A segunda apareceu no artigo 78, §2º, do Código do Imposto sobre as

Rendas, na sua versão de 1962. Este artigo estipulava que "em nenhum caso, o imposto total pode passar de 50% da renda imponível". A exposição de motivos do projeto de lei justificava esta plataforma pelo célebre princípio de "muitos impostos matam o imposto". Esta ideia não foi retomada, no entanto, no Código dos impostos sobre as rendas de 1992. Este último estabeleceu ao menos um certo limite via instauração de uma taxa marginal (e não média, como em 1962) de 50% para o imposto das pessoas físicas no artigo 130. A terceira ideia parece ter sido lançada, no que concerne às pessoas físicas, pela Corte constitucional no seu *arrêt* nº 107/2005. [...].

A corte constitucional federal alemã, cujo ativismo judicial é impressionante, alcançou, por duas decisões, a filosofia do *Halbteilungsgrundsatz*, significando que "um imposto ou um conjunto de impostos não pode arrecadar mais da metade da matéria imponível concernente. A metade (50%) para o Estado, a outra para o uso privado do cidadão". [...]. Esta jurisprudência é uma aplicação particular do princípio da proporcionalidade, que se funda sobre o princípio do Estado de Direito e sobre os direitos fundamentais [...].

Em conclusão, o controle do imposto confiscatório sob o olhar de uma plataforma máxima de imposição não encontra um franco sucesso [...]. Na Bélgica, a ideia parece ter caído no esquecimento depois do *arrêt* nº 107/2005. Na verdade, a técnica da plataforma máxima de imposição pelo contribuinte é muito relativa e depende da base imponível à qual se aplica. [...].

Este princípio de proporcionalidade foi posteriormente concretizado pelo princípio de capacidade contributiva (controle geral) e/ou a liberdade de comércio e de indústria (controle particular). Este princípio tornou-se então, frequentemente, associado ao princípio da igualdade fiscal.

A Bélgica não possui um *Code Général d'Impôts* a nível federal que sistematize conceitos, regras e princípios relativos à operacionalização do Direito Tributário como a vizinha francófona, porém a sua legislação infraconstitucional sobre espécies tributárias é vasta. Pertencem às mencionadas leis os seguintes exemplos mais importantes sobre tributos a nível federal: a) o *Code des Droits de Timbre* (Código dos Impostos sobre a/o Burocracia/Selo, de 14 de agosto de 1947), b) o *Code de la Taxe Sur la Valeur Ajoutée* (Código da Taxa sobre o Valor Adicionado – TVA, de 17 de julho de 1969), c) o *Code des Impôts sur les Revenus* (Código dos Impostos sobre as Rendas, de 30 de julho de 1992), d) o *Code des Taxes Assimilées aux Impôts sur les Revenus* (Código das Taxas Assimiladas aos Impostos sobre as Rendas, de 23 de novembro de 1965) e e) o *Code des Droits d'Enregistrement*, *d'Hypothèque et de Greffe* (Código de Direitos de Registro, de Hipoteca e de Uso do Sistema Judiciário, de 1º de dezembro de 1939), este último também com versões para as regiões e para as comunidades.

Cada região e cada comunidade tem aptidão legislativa para instituir tributos de caráter regional e local, como ocorre com a região flamenga, que possui codificação própria (*Code Flamand de la Fiscalité*, de 13 de dezembro de 2013), de forma a constar tributos sobre a propriedade de imóveis (*précompte immobilier*), sobre o uso de veículos a vapor ou a motor, sobre a propriedade de imóveis desabitados, sobre a sucessão *causa mortis*, sobre jogos e páreos, sobre a propriedade de aparelhos automáticos de diversão (como jogos automáticos ou que dependam da participação do usuário, gruas manuais para coletar prêmios como bichos de pelúcia, toca-discos automáticos como *juke boxes*, jogos eletrônicos de golfe, hóquei, tênis e futebol, tiro, entre outros).

A Constituição Federal da Bélgica de 1994 não desenhou um federalismo fiscal rígido no âmbito do exercício das competências tributárias, justamente porque os entes federais belgas exercem a competência legislativa para instituir tributos de acordo com aquela desenhada pela Constituição genericamente.

As bases tributáveis de maior importância econômica para a arrecadação pertencem ao ente central, como é o caso das espécies tributárias relacionadas à renda e ao consumo, este último de forma diferente do federalismo fiscal brasileiro, em que o imposto mais proeminente sobre o consumo é de competência regional/estadual.

As principais espécies tributárias enxertadas no ordenamento belga, conforme os exemplos da legislação tributária infraconstitucional trazidos acima, têm natureza direta ou indireta – nesta pesquisa, analisam-se os impostos sobre as rendas e a taxa sobre o valor adicionado.

São os tributos diretos os impostos sobre a renda, os quais, segundo a codificação de 1992, se subdividem em quatro espécies: a) sobre a renda global dos habitantes do Reino da Bélgica (imposto das pessoas físicas); b) sobre a renda global das sociedades residentes (imposto das sociedades – que possuem finalidade lucrativa); c) sobre as rendas de pessoas morais (pessoas jurídicas) belgas excetuadas as sociedades com finalidade lucrativa (imposto das pessoas morais) e d) sobre as rendas dos não-residentes (imposto dos não-residentes), conforme o artigo 1º do Código dos Impostos sobre as Rendas da Bélgica de 1992.

No que se refere ao imposto das pessoas físicas, os parâmetros de uma progressividade material encontram-se presentes nas faixas de imposição, sobretudo na comparação com o valor do salário mínimo brasileiro vigente (R$1.045,00 em fevereiro de 2020) em relação ao belga (€1.593,81 em julho de 2019). O imposto é calculado conforme o artigo 130 da codificação da imposição sobre a renda, segundo faixas corrigidas anualmente pelas autoridades fiscais belgas. Para o ano de 2020, são: a) 25% de €0,01 a €9.310, b) 30% de €9.310,01 a €13.250, c) 40% de €13.250,01 a €22.080, d) 45% de €22.080,01 a €40.480 e e) 50% acima de €40.480. Para o cálculo do imposto, se as rendas do contribuinte não somarem mais de €25.990, os primeiros €7.270 na base de cálculo serão isentos do imposto (artigo 131 do Código dos Impostos sobre as Rendas da Bélgica de 1992).

A partir do exercício de 2018, uma reforma modificou as *tranches* (faixas) de imposição para as sociedades. Anteriormente, havia uma imposição de 33% de imposto sobre as sociedades, que passou para 29% em 2018 e para 25% em 2019. As pequenas e médias empresas belgas passaram a ser tributadas em 20,4% e 20% respectivamente em 2018 e em 2019, derivada a queda de um patamar de 25% – a partir de 2018, estas empresas adquiriram uma faixa de isenção de €100.000. Apareceram medidas compensatórias, como o surgimento de um imposto mínimo para as sociedades que aufiram mais de €1.000.000 anuais, decorrente de uma limitação às deduções autorizadas pela legislação belga, como perdas/prejuízos fiscais, ao valor de €1.000.000 somado a 70% das deduções autorizadas.

A taxa sobre o valor adicionado é o tributo incidente sobre o consumo de maior expressão econômica na Bélgica – incide sobre a circulação de mercadorias e de serviços, tal quais os impostos estadual e municipal análogos no Brasil. A determinação da alíquota, segundo o artigo 37 do *Code de la Taxe sur la Valeur Ajoutée*, é realizada pelo monarca, por meio de um *arrêté royal* deliberado no Conselho de Ministros. Estas alíquotas devem considerar o que é editado na Comunidade Europeia.

Atualmente, a alíquota normal da *Taxe sur la Valeur Ajoutée* é de 21%, com espécies de produtos e serviços subtributados (*Arrêté Royal* 70 de 20 de julho de 1970), como é o caso de produtos alimentares, água, medicamentos, livros, transportes (6%), refeições com prestações de serviço (serviço à mesa, *final touch* nos pratos e ateliês culinários recreativos – 12%), além de isenções específicas como sobre periódicos. Existem regimes especiais para pequenas empresas e exploração agrícola.

3. Modelo de incidência: patrimônio, renda ou consumo

A Bélgica é um dos integrantes da Organização para a Cooperação e Desenvolvimento Econômico (OCDE), instituição de caráter multinacional cujo advento em 1961 representou um esforço multilateral, no contexto de disputas políticas acirradas entre potências mundiais (sobretudo os Estados Unidos e a União Soviética), para o fortalecimento das relações comerciais do bloco capitalista e a promoção do desenvolvimento econômico sob diversas bases, como o controle de políticas monetárias, políticas tarifárias-aduaneiras, tributação doméstica e tributação internacional.

A análise do perfil de incidência tributária interna é um dos elementos que permitem a tomada de considerações sobre um sistema tributário justo em relação tanto ao produto interno bruto (PIB) quanto a dados sensíveis à renda da população, como o emprego.

Inicialmente, em relação à carga tributária doméstica geral, os países da OCDE, em média, encontram-se em um patamar parelho ao do Brasil: em 2016, a carga tributária média referida ao PIB era de 34,2% para a OCDE, enquanto a do Brasil era de 32,3%. Na Bélgica, com uma das cargas tributárias mais elevadas da OCDE, os contribuintes arcaram em 2016 com 44,2% do PIB.

Dados de um estudo de 2017 da própria OCDE permitem analisar os estratos da matriz tributária da Bélgica, com 44,6% das receitas tributárias referidas ao PIB.

Em relação aos tributos sobre o consumo de bens e serviços, sobretudo a TVA, havia um ônus de 10,8% do PIB belga. Já em relação à renda e aos lucros, este ônus era de 16,3% do PIB. As contribuições sociais para o custeio das aposentadorias e pensões, além da assistência social belga, que não incidam sobre a folha de pagamento, representam 13,6% do PIB (as que incidem sobre a folha de pagamento, referidas como *payroll tax*, não participam na carga tributária total). O patrimônio é onerado com 3,5% do produto interno bruto belga. Se forem unidas as cargas sobre a renda, é possível deduzir que a matriz belga se apoia fortemente na demonstração da renda do cidadão.

Em 2017, a incursão dos tributos no cotidiano do brasileiro representava também 32,3% do PIB.

Diferentemente da Bélgica, a tributação sobre o consumo de bens e serviços participou com 13,1% do PIB, representante da maior parte da sua carga. A incidência sobre a renda e os lucros era de 7%. As contribuições sociais representavam a incidência de 8,4% do PIB – os *payroll taxes* participam com 0,8% do PIB. O patrimônio dos brasileiros é tributado em 2% do PIB. Outros tributos brasileiros representam 1% do PIB.

4. Tributação de alta tecnologia

A tributação da *économie numérique* (economia digital) é uma preocupação para todos os países cujo mercado interno se encontra intrincado com a atividade econômica de grandes corporações que auferem rendimentos colossais.

Com o objetivo de atingir as maiores companhias da economia digital e conferir ao sistema tributário doméstico mais isonomia em relação às pessoas jurídicas morais e as com intuitos lucrativos, a Bélgica tem concentrado esforços na criação de medidas provisórias, enquanto a OCDE não conclui os estudos previstos para o final de 2020, em continuidade ao *Interim Report* de 2018.

A parlamentar Vanessa Matz, da Câmara de Representantes belga, iniciou um projeto de lei em janeiro de 2019 que cria a *Taxe GAFA*, que se refere às quatro maiores companhias digitais do mundo (*Google, Amazon, Facebook* e *Apple*), de caráter provisório, para atingir a criação de valor produzida por estas sociedades em território belga (por meio de propagandas e uso de serviços) e também de lucros que elas aufiram em razão da participação na economia 4.0 com relação a usuários da Bélgica.

Esta *Taxe GAFA*, conforme a previsão do seu projeto de lei, incide a uma alíquota de 3% dos lucros retirados de três principais tipos de serviço, segundo o valor principal criado pela participação do usuário: a) colocação de anúncios publicitários *online* destinados aos usuários de uma plataforma; b) venda de dados dos usuários e c) uso de plataformas digitais que facilitam a interação com os usuários. Este novo tributo seria exigível na Bélgica logo no momento de utilização do serviço tributável pelo usuário belga.

Como a denominação do tributo denuncia, este *tax levy* somente seria aplicável às empresas cujo montante total de valor a nível mundial ultrapasse €750 milhões e cujo montante total de valor gerado na União Europeia ultrapasse €50 milhões.

Malgrado este projeto de lei estar em tramitação, a deputada Vanessa Matz já se pronunciou sobre a retaliação política do governo dos Estados Unidos em relação à criação de um tributo digital francês e a sua leitura para a realidade da Bélgica. A jornalista Catherine Tonero (2020) conduziu uma entrevista sobre o projeto com a deputada:

> A resposta americana não tardou, a administração Trump ameaçando Paris de novas taxas aduaneiras sobre seus produtos de exportação principais (queijos, vinhos, champanhes ou cosméticos) por US$2,4 bilhões no total. De maneira brusca, a França aceitou congelar seu tributo digital até dezembro de 2020. Daqui até lá, a OCDE promete alcançar um acordo homogeneizador da tributação dos gigantes da economia digital.
>
> Vanessa Matz não crê em um acordo produzido pela OCDE, porque os Estados Unidos são preponderantes nela: "deve-se tomar outras vias, porque não se pode continuar a esperar, e há a taxa nacional que é viável como de outros estados como a França que a tentou; no nível belga, deve-se tentar também", explica a deputada federal que depositou um projeto de lei similar ao projeto francês há um ano. "Não é preciso se deixar intimidar pelas ameaças americanas", ela acrescenta, "a postura de Donald Trump é talvez amplificada pela chegada das eleições".

A *Financité*, associação sem propósito lucrativo belga que compartilha estudos sobre a participação cidadã em matéria de finanças públicas, publicou um *rapport* sobre a possibilidade da tributação da economia digital em relação às peculiaridades da Bélgica de autoria de Daphné Burger-Bodin e de Annika Cayrol.

No curso do estudo, a *Financité* afirma que na Europa, os gigantes da economia digital somente arcam com 9% de impostos sobre seus lucros, enquanto esta cota é de 23% para empresas de outros domínios.

Este estudo reconhece que a *GAFA*, assim como outros gigantes da economia digital, tendem a reorganizar seus negócios e situar o seu estabelecimento permanente em países de tributação vantajosa[5]. Por este motivo, vários países da União Europeia se lançaram na discussão sobre

---

[5] No Brasil, esta consequência, para a legislação que trata sobre transferência de lucros e *transfer pricing*, é a retenção do imposto na fonte do pagamento, no caso, a controladora brasileira (IN 1.037/2010 da Receita Federal do Brasil e artigo 43, §2º, do CTN).

a tributação destes gigantes da economia digital, mesmo com a pressão política estadunidense.

Em razão destes problemas, a *Financité* entende que deve haver uma reforma dos sistemas tributários para abarcar estas realidades econômicas, porém que a criação de um tributo *GAFA*, no âmbito de uma economia desmaterializada, seria mais eficaz em "uma escala supranacional, a mais global possível, seja europeia ou transnacional" (2019, p.7).

Há, ainda, uma parte deste projeto de lei que visa o elastecimento do conceito de *établissement belge* (estabelecimento permanente na Bélgica) para abranger a noção de presença digital significativa, segundo os critérios de: a) se os produtos dispensados aos usuários excederem €7 milhões; b) se o número de usuários em um Estado ultrapassar 100 mil e c) se o número de contratos comerciais (como aqueles de propaganda) superarem 3 mil.

Estes critérios sobre o alargamento do conceito de estabelecimento permanente são objeto do *Interim Report* de 2018 da OCDE, assim como do produto dos estudos da OCDE visados para o final de 2020, sobretudo em relação à noção de criação de valor pelo usuário, por intangíveis e pela presença digital significativa. Portanto, é notável que a legislação da Bélgica sobre a tributação da economia digital está alinhada com as práticas estudadas pela OCDE, embora de caráter individualista por ser implementada por uma legislação doméstica e embora deva encontrar resistência política de estados nos quais residam estas grandes companhias digitais.

5. Modelo de cobrança fiscal, transação, arbitragem e conciliação

A Bélgica, assim como no caso brasileiro, mescla diferentes formas de lançamento de tributos.

Em relação aos *impôts sur les revenus*, a Bélgica adota um sistema similar ao brasileiro: declarações anuais formam a cota de participação do contribuinte no ato do lançamento. Se o rendimento for oriundo do salário, uma norma acessória à norma impositiva obriga o empregador a realizar o *précompte professionnel*, figura idêntica à retenção do imposto na fonte.

A declaração do imposto sobre a renda belga pode ser objeto de lançamento *ex officio* da diferença devida e subcalculada por 3 anos de 1º de janeiro do ano da declaração se sem fraude ou por 7 anos de 1º de janeiro do ano de declaração se com fraude. Erros materiais são corrigidos de ofício, porém a administração tributária poderá requisitar informações complementares para controlar a situação fiscal administrativamente de quatro formas: a) oralmente, se se tratar de contato telefônico; b) por escrito, quando a administração requer as informações sob pena de *taxation d'office* (lançamento de ofício a partir dos elementos existentes que provem os rendimentos); c) na repartição tributária ou d) na residência do contribuinte, sempre que o agente fiscal possa realizar este controle desta forma.

De forma geral, a administração tributária belga possui poderes similares àqueles experimentados pelas autoridades brasileiras, traduzido no poder de polícia em sentido estrito, como nas prerrogativas de acesso e de visita nos locais profissionais, de requerimento de informações e de averiguação das escrituras contábeis, porém o sigilo profissional e o sigilo bancário são resguardados em princípio.

O contencioso administrativo tributário na Bélgica é obrigatório para os impostos diretos, como se depreende dos artigos 366 e seguintes do *Code des Impôts sur les Revenus* de 1992. O contribuinte deverá, caso não concorde com a *taxation d'office*, endereçar ao Diretor de Contribuições uma reclamação motivada e por escrito até 6 meses do terceiro dia que se segue à data de envio da notificação da administração tributária.

A Bélgica instituiu, com base na Lei de 25 de abril de 2007, o Serviço de Conciliação Fiscal, cujo trâmite de requerimentos segue basicamente a mesma sistemática dos litígios administrativos. A demanda de conciliação declarada admissível suspende a tomada de decisões em litígios administrativos, salvo se direitos do tesouro estão em perigo (artigo 116, §1º, da Lei de 25 de abril de 2007). Este serviço é aplicável a todos os tributos administrados pelo ente federal, como é o caso dos tributos diretos, aqueles sobre a sucessão e de registro, assim como a *Taxe sur la Valeur Ajoutée*, de modo a possibilitar a transação de créditos tributários, cujo comitê de direção é nomeado pelo monarca, com regulamentação por *arrêté royal*.

O contencioso administrativo para a TVA, entretanto, não é obrigatório como para os tributos diretos na Bélgica, por ausência de previsão de jurisdição condicionada no *Code de la Taxe sur la Valeur Ajoutée*.

6. Tratados internacionais

A Bélgica e o Brasil possuem tratados tributários em vigor, como é o caso daquele internalizado na ordem brasileira pelo Decreto 72.542/1973, cujo tratado foi assinado em 1972, sobre bitributação da renda para pessoas físicas e jurídicas.

Conforme o artigo 7º da convenção, os lucros das empresas são tributáveis por cada Estado Contratante (Brasil ou Bélgica) conforme a caracterização de um estabelecimento permanente, o qual, por certo, não atingiu as modificações perquiridas pela OCDE sobre a tributação da economia digital. Deste modo, cada Estado poderá tributar os lucros de cada empresa segundo o princípio do *arm's lenght*, isto é (BRASIL, 1973):

> os lucros que o mesmo [estabelecimento permanente] obteria se constituísse uma empresa distinta e separada que exercesse atividades idênticas ou similares em condições idênticas ou similares e transacionasse com absoluta independência com a empresa da qual é um estabelecimento permanente.

Para as pessoas físicas, a norma mais proeminente é aquela do artigo 15, para estipular que os rendimentos de trabalho assalariado são tributados pelo Estado Contratante em que residir a pessoa, salvo se o emprego for exercido em outro Estado Contratante – professores visitantes que desenvolverem ensino e pesquisa de universidades brasileiras e belgas são isentos de tributação até um período de 2 anos (artigo 20); a mesma disposição vale para estudantes, sem limite expresso no artigo 21. Em relação ao trabalho autônomo, os rendimentos são tributados no Estado Contratante da residência, a não ser que o pagamento da remuneração caiba a uma sociedade residente do outro Estado, caso em que o outro Estado Contratante será competente para tributar (artigo 14).

O artigo 23 estabelece um sistema de créditos para os belgas residentes no Brasil que auferirem rendimentos – estes créditos serão equivalentes ao imposto pago na Bélgica, porém não excederá à fração do imposto brasileiro correspondente à participação do rendimento total nos rendimentos tributáveis no Brasil (artigo 23, I). Se se tratar de brasileiro residente na Bélgica, os rendimentos tributáveis serão isentos em relação à legislação brasileira, porém tributará o que exceder ao valor do imposto sobre a renda não coberto pela isenção (artigo 23, II).

Conclusões

Este artigo objetivou o delineamento das bases do sistema tributário belga, sobretudo no que se refere às características econômicas e políticas da Bélgica, ao perfil da sua matriz, às espécies tributárias, à condução da administração tributária e aos tratados que eventualmente a Bélgica tenha celebrado com o Brasil.

A Bélgica é uma monarquia cuja independência remonta praticamente ao mesmo período do Brasil, porém os rumos da história doméstica de cada país foram extremamente distintos. O desenvolvimento econômico, político, social e mesmo cultural de ambos os países denuncia as diferenças de ambos os estados, embora hoje ostentem tratado para evitar a bitributação.

As estruturas do sistema tributário belga servem de inspiração para o brasileiro principalmente no que concerne à composição de uma matriz mais justa, baseada na tributação sobre a renda que sobre o consumo, notavelmente regressivo e danoso à formação bruta de poupança da população mais necessitada no Brasil.

A história de responsabilidade fiscal e de pouco conflito entre entes da federação na Bélgica faz com que, curiosamente, nenhuma espécie tributária seja considerada na Constituição, ao contrário do caso brasileiro, em que os entes da federação se lançam em um verdadeiro fratricídio sobre a arrecadação com tributos, com a concessão de benefícios fiscais desarrazoados, em uma *race to the bottom*.

Referências

BDO BELGIUM. *Réforme de l'impôt des sociétés*: point sur les mesures em vigueur et aperçu des mesures à venir. BDO Belgium, 2019. Disponível em: <https://www.bdo.be/fr-be/actualites/2019/reforme-de-l-impot-des-societes-point-sur-les--mesures-en-vigueur-et-apercu-des-mesures-a-venir>. Acesso em: 21 de abril de 2020.

BÉLGICA. *Arrêté Royal 70 de 20 juillet 1970*. Disponível em: <https://www.ejustice.just.fgov.be/cgi_loi/loi.pl>. Acesso em: 21 de abril de 2020.

__. Câmara de Representantes (Vanessa Matz). *Proposition de loi relative aux règles d'imposition des bénéfices de sociétés ayant une présence numérique significative*. Disponível em: <http://www.vanessamatz.be/documents/20190115-Proposition-de-loi--relative-aux-regles-d-imposition-des-benefices-des-societes-ayant-une-presence--numerique-significative.pdf>. Acesso em: 21 de abril de 2020.

___. *Code des Droits d'Enregistrement, d'Hypothèque et de Greffe*. Disponível em: <https://www.ejustice.just.fgov.be/cgi_loi/loi.pl>. Acesso em: 21 de abril de 2020.

___. *Code des Droits de Timbre*. Disponível em: <https://www.ejustice.just.fgov.be/cgi_loi/loi.pl>. Acesso em: 21 de abril de 2020.

___. *Code des Impôts sur les Revenus*. Disponível em: <https://socialsciences.exeter.ac.uk/media/universityofexeter/collegeofsocialsciencesandinternationalstudies/politics/research/statorg/belgium/Tax_Law.pdf>. Acesso em: 21 de abril de 2020.

___. *Code des Taxes Assimilées aux Impôts sur les Revenus*. Disponível em: <https://www.ejustice.just.fgov.be/cgi_loi/loi.pl>. Acesso em: 21 de abril de 2020.

___. *Constitution Belge de 1831*. Disponível em: <https://www.ejustice.just.fgov.be/cgi_loi/loi.pl>. Acesso em: 21 de abril de 2020.

___. *Constitution Belge de 1994*. Disponível em: <https://www.ejustice.just.fgov.be/cgi_loi/loi.pl>. Acesso em: 21 de abril de 2020.

___. *Loi spéciale de reformes institutionnelles du 8 août 1980*. Disponível em: <http://www.ejustice.just.fgov.be/cgi_loi/change_lg.pl?language=fr&la=F&cn=1980080802&table_name=loi>. Acesso em: 21 de abril de 2020.

___. *Loi portant des dispositions diverses du 25 avril 2007*. Disponível em: <https://www.ejustice.just.fgov.be/cgi_loi/change_lg.pl?language=fr&la=F&table_name=loi&cn=2007042538>. Acesso em: 21 de abril de 2020.

___. *Loi renforçant le rôle du servisse de conciliation fiscale de 10 juillet 2017*. Disponível em: <https://www.ejustice.just.fgov.be/cgi_loi/change_lg.pl?language=fr&la=F&table_name=loi&cn=2017071006>. Acesso em: 21 de abril de 2020.

___. Serviço Público Federal Belga (Finanças). *Contrôle*. Disponível em: <https://finances.belgium.be/fr/particuliers/declaration_impot/controle#q3>. Acesso em: 21 de abril de 2020.

___. Serviço Público Federal Belga. *Connaître le pays*. Disponível em: <https://www.belgium.be/fr/la_belgique/connaitre_le_pays>. Acesso em: 21 de abril de 2020.

___. Serviço Público Federal Belga. *La Belgique, un État fédéral*. Disponível em: <https://www.belgium.be/fr/la_belgique/pouvoirs_publics/la_belgique_federale>. Acesso em: 21 de abril de 2020.

___. Serviço Público Federal Belga. *Les compétences des régions*. Disponível em: <https://www.belgium.be/fr/la_belgique/pouvoirs_publics/regions/competences>. Acesso em: 21 de abril de 2020.

___. Serviço Público Federal Belga. *Taux de base de la TVA*. Disponível em: <https://www.belgium.be/fr/impots/tva/taux>. Acesso em: 21 de abril de 2020.

BOIGELOT, Eric; BLAFFART, Aurélie. *Les pouvoirs d'investigation de l'administration fiscale*. Droit Belge. Disponível em: <http://www.droitbelge.be/fiches_detail.asp?idcat=11&id=565>. Acesso em: 21 de abril de 2020.

BRASIL. *Constituição Federal da República Federativa do Brasil de 1988*. Disponível em: <http://www.planalto.gov.br/ccivil_03/constituicao/constituicao.htm>. Acesso em: 21 de abril de 2020.

BRASIL. *Decreto 72.542/1973 (promulga a Convenção para evitar a dupla tributação e regular outras questões em matéria de impostos sobre a renda Brasil-Bélgica)*. Disponível em: <http://www.planalto.gov.br/ccivil_03/decreto/1970-1979/D72542.html>. Acesso em: 21 de abril de 2020.

BURGER-BODIN, Daphné; CAYROL, Annika. *Quand les GAFA paieront-ils leurs impôts*. Relatório da Rede *Financité*, 2019. Disponível em: <https://www.financite.be/sites/default/files/references/files/analyse_dbb_-_gafa.pdf>. Acesso em: 21 de abril de 2020.

DELMOTTE, Philippe et al. *Code de la Taxe sur la Valeur Ajoutée commenté*. Disponível em: <http://www.iec-iab.be/fr/membres/publication/Livres/Documents/Code_Tva_annote.pdf>. Acesso em: 21 de abril de 2020.

FÉDÉRATION DES ENTREPRISES DE BELGIQUE. *Réforme de l'Impôt des Sociétés (2018-2020)*, 2017. Disponível em: <https://www.vbo-feb.be/globalassets/actiedomeinen/fiscaliteit/vennootschapsbelasting/kamer-keurt-verlaging-vennootschapsbelasting-goed-investeringen-zullen-toenemen/2017.12.19_brochure_vennootschapbelasting_fr_v22017-12-19.pdf>. Acesso em: 21 de abril de 2020.

FLANDRES. *Code Flamand de la Fiscalité*. Disponível em: <https://www.ejustice.just.fgov.be/cgi_loi/loi.pl>. Acesso em: 21 de abril de 2020.

FRANÇA. Senado Federal. *Note de Synthèse*. Disponível em: <https://www.senat.fr/lc/lc93/lc930.html>. Acesso em: 21 de abril de 2020.

GUERTECHIN, Thomas Linard de. *Analyse du principe de réalité en droit fiscal belge, européen et international*. Universidade Católica de Louvain, 2015. Disponível em: <https://dial.uclouvain.be/memoire/ucl/fr/object/thesis:3458>. Acesso em: 21 de abril de 2020.

INSTITUIÇÃO FISCAL INDEPENDENTE. *Relatório de acompanhamento fiscal*. Tópico 4. Disponível em: <https://www2.senado.leg.br/bdsf/bitstream/handle/id/551026/RAF23_DEZ2018_TopicoEspecial_CargaTributaria.pdf>. Acesso em: 21 de abril de 2020.

LACHAPELLE, Amélie. La capacite contributive em matière fiscale: à la croisée du príncipe d'égalité et du droit de propriété. *Revista geral de contencioso fiscal*. Universidade de Namur, 2014. Disponível em: < http://www.crid.be/pdf/public/7466.pdf>. Acesso em: 21 de abril de 2020.

MICHIELS, Olivier. *La Belgique souhaite taxes les géants du numérique*. BDO Belgium, 2019. Disponível em: <https://www.bdo.be/fr-be/actualites/2019/la-belgique--souhaite-taxer-les-geants-du-numerique>. Acesso em: 21 de abril de 2020.

ORGANIZAÇÃO PARA A COOPERAÇÃO E DESENVOLVIMENTO ECONÔMICO (OCDE). *Base de données mondiale des statistiques des recettes publiques*. Disponível em:

<https://www.oecd.org/fr/fiscalite/politiques-fiscales/base-de-donnees-mondiale--des-statistiques-des-recettes-publiques.htm>. Acesso em: 21 de abril de 2020.

ORGANIZAÇÃO PARA A COOPERAÇÃO E DESENVOLVIMENTO ECONÔMICO (OCDE). *Tax Challenges Arising from Digitalisation – Interim Report 2018*. Disponível em: <https://www.oecd.org/ctp/tax-challenges-arising-from-digitalisation-interim-report-9789264293083-en.htm>. Acesso em: 21 de abril de 2020.

TAX WORLD. *Le fisc publie les montants indexés em matière d'impôts sur les revenus por l'El 2020*. Wolters Kluver, 2019. Disponível em: <https://taxworld.wolterskluwer.be/fr/nouvelles/l-edito/le-fisc-publie-les-montants-indexes-en-matiere-d-impots--sur-les-revenus-pour-l-ei-2020/>. Acesso em 21 de abril de 2020.

TONERO, Catherine. *La taxe GAFA? Des cacahuètes! Il nous faut in nouveau modele fiscal*. RTBR.BE, 2020. Disponível em: <https://www.rtbf.be/info/economie/detail_la-taxe-gafa-des-cacahuetes-il-nous-faut-un-nouveau-modele--fiscal?id=10419646>. Acesso em: 21 de abril de 2020.

VALÔNIA. *Code des Droits d'Enregistrement, d'Hypothèque et de Greffe de la Wallonne*. Disponível em: <https://www.tribunaux-rechtbanken.be/sites/default/files/Tarifs/griffierechtenfr.pdf>. Acesso em: 21 de abril de 2020.

6. O sistema tributário do Canadá

Daniel Giotti de Paula

Introdução

> *If you know the position a person takes on taxes, you can determine [his] whole philosophy. The tax code, once you get to know it, embodies all the essence of [human] life: greed, politics, power, goodness, charity* (David Foster Wallace, *The Pale King*)

O presente artigo faz parte de interessante coletânea organizada pelo professor Marcus Abraham sobre o Direito Tributário comparado, honrando as mais lídimas tradições da UERJ por alguns dos professores-titulares que por lá passaram como Amílcar de Araújo Falcão, José Marcos Domingues e Ricardo Lobo Torres, todos exímios pesquisadores na comparação dos sistemas tributários.

Trata-se, aqui, de analisar as características do sistema tributário no Canadá, um dos países que tem servido como parâmetro para o Brasil nas discussões que envolvem a criação de um Imposto sobre Valor Agregado (IVA), na PEC 45/2019, que cria o Imposto sobre Bens e Serviços (IBS) e, mais especificamente, na PEC 110/2019, que cria um IVA dual aos moldes da bem sucedida experiência canadense[1].

---

[1] Daniel Vieira Marins, que tem se notabilizado por excelentes estudos acerca do federalismo fiscal e quem se vale do método comparativo para análise de sistemas tributários, aponta que se deve "observar que as experiências da Suíça, dos Estados Unidos e do Canadá

Só isso já bastaria como justificativa para se pesquisar a tributação atualmente no Canadá, mas a isso se deve acrescer o fato de que a relação entre PIB e carga fiscal do país é parecida com a do Brasil, de se tratar de uma Federação e, em consequência, ser um país em que a entidade nacional e os entes subnacionais possuem competência tributária e, ainda, de ser uma jurisdição fiscal em que a tributação da renda predomina.

Há diferenças claras, sobretudo na prevalência do assento infralegal da matéria tributária e na maior autonomia das províncias, assim como na forma em que se constrói jurisprudencialmente um controle da validade jurídica da tributação, menos formalista que o do Brasil e mais eficaz em alguns pontos, mostrando-se como o sistema de *common law* pode colaborar na reflexão sobre as questões de tributação e de finanças públicas para sistemas de *civil law*, como o brasileiro, apesar da conhecida aproximação das duas tradições.

Existindo uma preocupação menor com a especificidade conceitual que boa parte da doutrina brasileira crê como uma salvaguarda para proteção dos contribuintes, sequer havendo uma distinção clara entre as espécies tributárias, ainda sim o Canadá consegue fixar *standards* de constitucionalidade para as exações criadas.

Como comparativista acidental, graças ao convite para esta relevante obra coletiva, opta-se por buscar utilidade na atividade de comparar os sistemas jurídico-tributários, sem se valer de mero diletantismo acadêmico.

Por isso, objetivam-se uma utilidade instrumental, de modo que este estudo possa servir para quem deseja propor mudanças de políticas fiscais no Brasil; outra normativa, para que atenda a quem busca o fomento de valores ou normas constitucionais como a igualdade e a privacidade[2]; e, ainda uma cultural, que se reflete na tentativa de melhorar a interpretação e aplicação do direito tributário nacional a partir de um olhar externo.

---

demonstram que não é necessária a criação de um IVA único – uniformizando alíquotas e impondo aos governos subnacionais uma tributação sobre o consumo que lhes inviabilize a adoção de políticas fiscais – para se instituir um modelo eficiente, pouco burocrático e sem complexidade" (MARINS, Daniel Vieira. *O IVA em três níveis versus o IBS da PEC nº 45/2019*. Disponível em: <https://www.jota.info/opiniao-e-analise/artigos/o-iva-em-tres-niveis--versus-o-ibs-da-pec-n-45-2019-11092019>. Acesso em: 02.05.2020.

[2] BROOKS, Kim. Tim Edgar: The Accidental Comparatist. *Canadian Tax Journal / Revue Fiscale Canadienne*, 68:1, p. 125-142, 2020. p. 126. Disponível em: <https://doi.org/10.32721/ctj.2020.68.1.sym.brooks>. Acesso em: 02.05.2020.

Como sugeriu David Foster Wallace, grande escritor e jornalista norte-americano, em texto que serve de epígrafe a este trabalho, saber como as pessoas veem a tributação – e eu acrescento as finanças públicas – indica toda sua filosofia. Isso serve para o indivíduo, mas também para a coletividade. Aprendamos um pouco com os canadenses!

1. Características regionais econômicas, políticas e governamentais
Historicamente, o Canadá foi por milênios habitado por povos aborígenes. Como todos os países do Novo Mundo, a partir do século XV, expedições britânicas, portuguesas e francesas o exploraram e se estabeleceram ao longo da Costa Atlântica do país.

Ao final da Guerra dos Sete anos, entre França e Inglaterra, que decorreu entre 1756 e 1763, a primeira cedeu quase todas suas colônias na América do Norte para a segunda.

Em 1867, com a união de três colônias britânicas à América do Norte – colônia constituída por províncias e territórios britânicos do Império Britânico na América do Norte continental, já existindo os Estados Unidos da América do Norte desde 1783 –, o Canadá se formou como um domínio federal de quatro províncias, aumentando-se a autonomia do Reino Unido.

Entretanto, apenas em 1931, com o Estatuto de Westminster, e finalmente, em 1982, com o Canada Act, deixou o país de ter dependência jurídica do Parlamento Britânico.

Ressalte-se, assim, que o Canadá teve peculiaridades em sua formação histórica, nunca se declarando independente como os Estados Unidos da América em relação ao Reino Unido, nem sendo um anexo econômico dessas duas nações há séculos.

Cabe lembrar que, durante a efervescência da doutrina Monroe nos Estados Unidos da América, atribuiu-se a Porfirio Diaz uma frase emblemática: "pobre México, tão longe de Deus e tão perto dos Estados Unidos".

De fato, os Estados Unidos da América, durante a gestão do presidente James Monroe, entre os anos de 1817 e 1825, reafirmavam sua soberania e se colocavam como veementemente contrários a qualquer tentativa de recolonização.

Assim restou enunciada a doutrina Monroe, enunciada por este presidente, em sua mensagem ao Congresso norte-americano em 1803:

julgarmos propícia esta ocasião para afirmar, como um princípio que afeta os direitos e interesses dos Estados Unidos, que os continentes americanos, em virtude da condição livre e independente que adquiriram e conservam, não podem mais ser considerados, no futuro, como suscetíveis de colonização por nenhuma potência europeia[3].

Isso de dava como discurso, mas também como uma prática e, não por acaso, os Estados Unidos compraram a Lousiana da França para ficar em um exemplo.

O Canadá conseguiu se firmar além da hegemonia norte-americana em todas as Américas, mesmo tão perto da nação como o México é, e também, ao contrário do legado britânico, formou-se como uma federação sobretudo para acomodar interesses regionais, em especial os da comunidade pioneira de franceses, conforme relata Stephen Brooks[4].

Atualmente, o Canada é uma federação composta por dez províncias e três territórios, adotando o parlamentarismo como sistema de governo e a monarquia constitucional como forma de governo, tendo a Rainha Isabel II como chefe de Estado, o que reforça os laços históricos entre o Canadá e o Reino Unido, além de sua participação na Comunidade das Nações (*Commonwealth*), e sendo o governo dirigido por um primeiro-ministro.

Em área total, incluindo as suas águas, o Canadá é o segundo maior país do mundo, perdendo apenas para a Rússia, e, levando-se em conta apenas a área terrestre, apresenta-se como o quarto país mais extenso. Tem uma densidade populacional baixíssima, com apenas 3,7 pessoas por quilometro quadrado, totalizando uma população de 35.151.728 habitantes.

Na economia, o Canadá se mostra forte, tendo um PIB algo aproximado a 1 trilhão, setecentos e quarenta bilhões de dólares, em 2019[5], o decimo-sétimo no ranking mundial.

A carga fiscal canadense atingiu 33% do PIB em 2018[6].

---

[3] Ver em <https://pt.wikipedia.org/wiki/Doutrina_Monroe >. Acesso em: 02.05.2020.
[4] BROOKS, Stephen. *Canadian Democracy*: An Introduction. 4th ed. Toronto: Oxford University, 2004. p. 124.
[5] Disponível em: <https://tradingeconomics.com/canada/gdp>. Acesso em: 02.05.2020.
[6] OCDE. *Revenue Statistics 2019 – Canada*. Disponível em: <https://www.oecd.org/tax/revenue-statistics-canada.pdf >. Acesso em: 30.04.2020.

2. Normas tributárias na constituição e na legislação

O Canadá é uma das democracias constitucionais mais antigas do mundo, mas não possui uma Constituição formal e organizada em um texto único, como é o caso do Brasil.

Na verdade, além do *Constitution Act, 1867* e do *Constitution Act, 1982*, na verdade intitulada "Charter of Rights and Freedoms" e no qual se consolidaram o sistema de governo do país, as liberdades civis e os direitos fundamentais, outros atos, costumes e tradições formam o bloco de constitucionalidade canadense.

Segundo Diogo Luiz Cordeiro Rodrigues, o Canadá não possui uma constituição monolítica para chamar de sua, antes tendo um complexo sistema de direito constitucional, de modo que se poder falar em "verdadeiro mosaico de documentos escritos e convenções informais forjadas ao longo da história do país, fortemente marcada por sua relação com a antiga metrópole, o Reino Unido"[7].

Objetivamente, seriam fontes do Direito Constitucional canadense, a partir do estabelecido na seção 52(2) do Ato Constitucional de 1982: "o Ato Constitucional de 1867 (até então chamado de Ato da América do Norte Britânica); (ii) o Ato do Canadá, inclusive sua segunda parte, que contém o próprio Ato Constitucional de 1982; (iii) um rol de diversos estatutos e normas de dignidade constitucional editados entre 1867 e 1982 e, por fim, (iv) todas as emendas aos diplomas mencionados nos itens anteriores"[8].

Trata-se de um rol meramente exemplificativo[9], podendo-se encontrar matérias constitucionais, na essência, fora de um documento formal.

O Canadá ainda inova por ser possível que o Legislativo, pelo uso da Seção 33 da "Carta de Direitos e Liberdades", inserta no *Constitution Act de 1982*, da *"notwithstanding clause"*, que possibilita ao Parlamento de uma Província afastar expressamente a interpretação da Suprema Corte acerca de um direito fundamental[10].

---

[7] RODRIGUES, Diogo Luiz Cordeiro. *Revista Publicum*, Rio de Janeiro, v.2, n. 2, p. 83-119, 2016. p. 85. Disponível em: <http://www.e-publicacoes.uerj.br/index.php/publicum>. Acesso em: 02.05.2020.
[8] *Idem*.
[9] *Ibidem*, p. 87.
[10] TUSHNET, Mark. *Weak Courts, Strong Rights*. New Jersey: Princeton University, 2008. p. 31-33.

Na visão de Mark Tushnet, trata-se de um exemplo de um modelo de revisão judicial – ou de controle jurisdicional, como é o termo prevalecente no Brasil – que forja inovador modelo de diálogo constitucional, reforçando os direitos fundamentais em vez de os enfraquecer, como poderia parecer à primeira vista, em uma análise tradicional e estática da separação de poderes e da doutrina dos freios e contrapesos.

O tema não se mostra indiferente ao escopo deste trabalho, porque, apesar de se louvar a federação criada pelo Canadá, tal poder dado ao legislativo como inovação institucional perdeu descrédito entre os canadenses, em virtude de questões históricas na formação do país.

Como a *notwithstanding clause* foi utilizada pelo Parlamento do Quebec para manter o uso da língua francesa em símbolos públicos, criou-se a sensação de que ela atendeu a impulsos separatistas, uma séria questão política no país, e os canadenses passaram a acreditar, em geral, que "os legislativos não podem expressamente violar direitos constitucionais"[11], considerando, de certa forma, ser constitucional o que inserido no mosaico já mencionado.

A partir dessas características gerais, esmiúçam-se as normas constitucionais e infraconstitucionais atinentes à tributação.

Na "Constituição" canadense original, no ato de 1867, há um capítulo intitulado "VIII. REVENUES; DEBTS; ASSETS; TAXATION" e, na seção 125, estabelece-se uma imunidade recíproca: "nenhuma terra ou propriedade pertencente ao Canadá ou a qualquer província está sujeita à tributação"[12].

Antes, na seção 53, estabelece-se a competência da Casa dos Comuns para propor leis que imponham tributos ou impostos[13].

Ao contrário do Brasil, que é uma das exceções mundiais, não existe um capítulo específico com limitações constitucionais ao poder de tributar, nem uma distribuição exaustiva de competências tributárias entre os entes.

---

[11] *Idem. Taking the Constitution away from the Courts.* New Jersey: Princeton University, 1999. p. 127.

[12] No original: "*No Lands or Property belonging to Canada or any Province shall be liable to Taxation*", disponível em: <https://laws.justice.gc.ca/eng/Const/page-6.html#h-26>. Acesso em: 02.05.2020.

[13] *Idem.*

Entretanto, as seções 54, 90 e 91 reafirmam que impostos e tributos devem ser veiculados por lei a cargo dos Parlamentos[14].

As seções 92 e 92-A do *Constituction Act, 1867* indicam competência das Províncias para expedirem leis que estabeleçam tributações diretas (sobre renda e consumo) e sobre a exploração de recursos naturais; cabendo à seção 36.(2) do *Constitution Act, 1982* ter previsto interessante comando de redução das disparidades regionais[15].

Em nível infralegal, ao se consultar o sítio oficial do Governo do Canadá, foi possível visualizar a existência de um imposto de renda de abrangência nacional, impostos sobre consumo nacional e provinciais, tributos sobre patrimônio, contribuições para assistência social e outros tributos, delineados em um dos próximos itens deste artigo[16].

Destaque existe para a consolidação da legislação sobre o imposto de renda, documento cuja última emenda se deu em 11 de abril de 2020 à época em que redigido este artigo[17], e que contém 3262 páginas, a comprovar como a legislação tributária desta exação é complexa no mundo todo[18].

Na verdade, as mesmas discussões que juristas, economistas e políticos colocam como o desafio para a tributação de renda no Brasil são apontadas no Canadá: lidar com os desafios sem precedentes da "(1) globalização, (2) [de] uma economia cada vez mais baseada em serviços e tecnologia; e (3) a crescente desigualdade entre renda, riqueza e oportunidades"[19].

De um ponto de vista de design institucional, no debate público atual canadense se sugere a reformulação do sistema atual para se criar algo moderno, de modo que a tributação do país se distancie de preocupações

---

[14] *Idem.*

[15] *"36. (2) Parliament and the government of Canada are committed to the principle of making equalization payments to ensure that provincial governments have sufficient revenues to provide reasonably comparable levels of public services at reasonably comparable levels of taxation"*. Disponível em: <https://laws.justice.gc.ca/eng/Const/page-6.html#h-26>. Acesso em: 02.05.2020.

[16] Disponível em: <https://www.canada.ca/en/services/taxes.html>. Acesso em: 02.05.2020.

[17] Artigo final entregue ao organizado desta coletânea em 24 de maio de 2020.

[18] Disponível em: <https://laws.justice.gc.ca/PDF/I-3.3.pdf>. Acesso em: 02.05.2020.

[19] BOADWAY, Robin. Rationalizing the Canadian Income Tax System. *Canadian Tax Journal / Revue Fiscale Canadienne*, 67:3, p. 643–666, 2019. p. 643. Disponível em: <https://doi.org/10.32721/ctj.2019.67.3.sym.boadway>. Acesso em: 19.05.2020.

meramente utilitaristas e se fie na abordagem de igualdade de oportunidades de John Roemer, Marc Fleubaey e François Maniquet.

Para esses autores, como não é possível controlar a heterogeneidade dos indivíduos, tais quais suas habilidades ou competências inatas e o *background* familiar, assim como as próprias preferências das pessoas, "um sistema tributário de transferência deve compensar indivíduos por diferenças em determinadas características, deixando que eles assumam a responsabilidade pela maneira como usam as habilidades e os recursos disponíveis para eles"[20].

A progressividade que lhes falta como norma constitucional não deixa de ter uma forte conotação de justiça fiscal a ser alcançada.

Isso já ocorre entre eles, com a criação de um engenhoso sistema de transferência de rendas, que se destina à população mais pobre, para compensar uma possível regressividade na tributação sobre o consumo.

Em um país de forte tradição capitalista, também se discute um sistema tributário possa atender a princípios fundamentais de justiça, mesmo não havendo no mosaico constitucional canadense previsões normativas, como a da capacidade contributiva, um vetor que deve orientar a tributação e as finanças públicas para além do utilitarismo.

3. Princípios tributários

Os princípios tributários no Canadá não estão diretamente previstos no mosaico constitucional do país, sendo fruto de construções doutrinárias e jurisprudenciais.

Entende-se, por exemplo, que a seção 53 do *Constitution Act, 1867* seria uma expressão da legalidade tributária no clássico sentido de "no taxation without representation" ou autoconsentimento da tributação, citando Martha O'Brien o julgado *Re Eurig Estate* [1998] 2 S.C.R. 565 (*Supreme Court of Canada*) como um paradigmático exemplo desse entendimento[21].

Com a consolidação de direitos fundamentais pela "Carta" (Carta dos Direitos e Liberdades de 1982), intensificou-se a proteção aos

---

[20] *Ibidem*, p. 655.
[21] O'BRIEN, Martha. *EATLP – National report for Canada on Separation of Powers in relation to taxation Prepared for conference to be held in Santiago de Compostela Spain, June 4-6 2009*. Disponível em: <http://www.eatlp.org/uploads/public/santiago/sop/Canada%202%20-%20MarthaOBrien.pdf>. Acesso em: 02.05.2020.

contribuintes, além de existir Atos de proteção aos contribuintes esparsos desde 1985 e que hoje se encontram consolidados em uma guia à disposição de todos pelo sítio do Governo Canadense intitulado *"Taxpayer Bill of Rights"*[22].

Tanto a legislação tributária quanto a jurisprudência inclinam-se para uma proteção maior em relação ao imposto de renda, o que talvez se justifique pelos contribuintes dos tributos sobre o consumo serem, de fato e de direito, os consumidores, além de os outros tributos terem participação residual nas fontes de receitas públicas.

Por exemplo, no caso atinente ao *Income Tax Act (Canada Trustco Mortgage Co. v. Canada*, [2005] 2 S.C.R. 601, 2005 SCC 54), fixou-se uma ordem na interpretação das leis tributárias, partindo-se da textual, passando para uma análise contextual e, finalmente, da finalidade da legislação, em caso de ambiguidade.

Determinou-se, ainda, que, se esse método de interpretação do direito não resolver a disputa semântica, dever-se-ia aplicar uma presunção residual em favor do contribuinte, "pois cabe ao Parlamento reformar a legislação com linguagem ambígua"[23].

Há um *standard* criterioso da inconstitucionalidade para uma indeterminação semântica: a falta de precisão deve ser tal que não seja suficiente para servir de guia em um debate jurídico (*R. v Nova Scotia Pharmaceutical Society* [1992] 2 S.C.R. 606; *Ontario v. Canadian Pacific Ltd.*, [1995] 2 S.C.R. 1031.)[24].

No Brasil, a discussão sequer chegaria ao Supremo Tribunal Federal, pois se entende, ainda hoje, que discutir a estrita legalidade – pressupondo que ela exista, como a corte brasileira afirma existir – configura uma inconstitucionalidade reflexa.

O que foi decidido no Canadá soa como o lógico para qualquer Estado de Direito, independentemente de uma previsão expressa em normas constitucionais ou inconstitucionais, compreendendo-se que a indeterminação jurídica ou vagueza conceitual em provisões legislativas infringem os direitos à vida, à liberdade e à segurança das pessoas e o

---

[22] Disponível em: <https://www.canada.ca/content/dam/cra-arc/formspubs/pub/rc17/rc17-19e.pdf>. Acesso em: 02.05.2020.
[23] O'BRIEN, Martha. *op. cit.* p. 10.
[24] *Idem.*

direito a não ser privado de bens, salvo se tal se der conforme princípios de justiça fundamental.

Deve se ressaltar que toda essa construção advém de uma cláusula genérica e não voltada especificamente ao Direito Tributário, na seção 7: "todo homem tem direito à vida, liberdade e segurança da pessoa e direito de não ser privado dela, exceto de acordo com os princípios da justiça fundamental"[25].

É curioso que, enquanto no Sistema Constitucional Tributário brasileiro haja uma extensa e não exaustiva lista de limitações constitucionais ao poder de tributar, formada por princípios e regras constitucionais que deveriam controlar a sanha arrecadatória estatal e por imunidades a proteger os contribuintes com zonas de não-incidência constitucionalmente qualificadas com base em normas constitucionais, uma previsão genérica da Carta de1982 permita que a Suprema Corte do Canadá chegue ao ponto de realçar algo inerente ao Estado de Direito: a ambiguidade semântica não pode favorecer quem tributa.

De igual modo, não há previsão expressa do princípio da capacidade contributiva entre os canadenses, como no Brasil, mas as deformidades da legalidade tributária[26] e o uso da juridicidade como emancipação persistem como problemas brasileiros[27], donde se concluir que uma Constituição detalhista, prolixa e organizada em único documento está longe de ser a garantia de proteção do contribuinte.

Pode-se ainda cogitar de como se aplica a igualdade para questões tributárias, forte na seção 15 da "Carta"[28]. Martha O'Brien aponta que

---

[25] No original: "**7.** *Everyone has the right to life, liberty and security of the person and the right not to be deprived thereof except in accordance with the principles of fundamental justice.*". Disponível em: <https://laws.justice.gc.ca/eng/Const/page-15.html#h-44>. Acesso em: 02.05.2020.

[26] SANTI, Eurico Diniz de. *Kafka, Alienação e Deformidades da Legalidade: exercício do controle social rumo à cidadania fiscal*. São Paulo: Revista dos Tribunais – Fiscosoft, 2014.

[27] GRECO, Marco Aurélio. Três perfis da legalidade tributária. In: RIBEIRO, Ricardo Lodi; ROCHA, Sérgio André (Orgs.). *Legalidade e Tipicidade no Direito Tributário*. São Paulo: Quartier Latin, 2008. p. 101-110.

[28] *Equality before and under law and equal protection and benefit of law*
15. (1) Every individual is equal before and under the law and has the right to the equal protection and equal benefit of the law without discrimination and, in particular, without discrimination based on race, national or ethnic origin, colour, religion, sex, age or mental or physical disability.
Marginal note: Affirmative action programs

a Suprema Corte do Canadá, a partir de casos concernentes ao sistema federal do Imposto de Renda (*Federal Income Tax system*), estabeleceu a vedação à restrição de deduções do tributo com base no gênero dos contribuintes, ainda que de forma autocontida, e estendeu o benefício da tributação por célula familiar a casais homossexuais no agora já distante ano de 1993[29].

Com base nas seções 7, 8[30] e 11(h)[31], por outro lado, construiu-se um núcleo de proteção procedimental e processual para os contribuintes, de modo que se passou a vedar qualquer ato estatal que leve à autoincriminação dos contribuintes, a buscas e apreensões irrazoáveis e à dupla penalização ou punição em dobro pela mesma ofensa (*prohibition of "double jeopardy" or punishment twice for the same offence*)[32].

Mais textos menos direitos? Parece que não. Tomando-se o *insight* de Mark Tushnet, pode-se dizer que, diante de "Constituições fracas" – quero dizer com isso não sistematizadas, baseadas em costumes e num mosaico de atos esparsos –, é possível garantir à sociedade "direitos fortes".

Por fim, deve-se registrar que, quanto à possibilidade de normas tributárias retroativas, a Supremo Corte do Canadá tem permitido, sob a constatação de que não existe um comando para vedá-las, como existe para as normas penais, o que implica estar na livre conformação do legislador decidir ou não pela irretroatividade.

O Tribunal teve a oportunidade de rever isso no famoso caso *Imperial Tobacco*, afastando-se, porém, de uma preocupação com segurança jurídica, e apontando que, à exceção da lei criminal, "não há nenhuma

---

(2) Subsection (1) does not preclude any law, program or activity that has as its object the amelioration of conditions of disadvantaged individuals or groups including those that are disadvantaged because of race, national or ethnic origin, colour, religion, sex, age or mental or physical disability.

[29] O'BRIEN, Martha. Substantive Impact of Canadian Charter of Rights and Freedoms on Income Taxation. In: KOFLER, Georg; MADURO, Miguel Poiares; PISTONE, Pasquale (Ed.). *Human Rights and Taxation in Europe and the World*. IDBF: Florença, 2011. p. 303-319.

[30] *Search or seizure*
8. Everyone has the right to be secure against unreasonable search or seizure.

[31] *Proceedings in criminal and penal matters*
11. Any person charged with an offence has the right
(h) if finally acquitted of the offence, not to be tried for it again and, if finally found guilty and punished for the offence, not to be tried or punished for it again; and

[32] O'BRIEN, M. *op. cit.*, 2011. p. 319-326.

exigência de prospectividade da legislação consubstanciada no Estado de Direito ou em qualquer provisão constitucional" [British Columbia v. Imperial Tobacco Canada Ltd. [2005] 2 S.C.R. 473, 2005 SCC 49; British Columbia (Attorney General) v. Christie [2007] 1 S.C.R. 873, 2007 SCC 21.][33].

Trata-se de uma visão limitada, associada a um entendimento de que retroatividade seria uma mera questão formal, quando, em verdade, ela lida com a própria possibilidade ou não de autodeterminação dos contribuintes.

A deferência exagerada a um modelo de diálogo constitucional e respeito às decisões de constituintes e parlamentares tirou o foco da questão fulcral no caso da retroatividade ou não das normas tributárias: o desrespeito à autodeterminação das pessoas, que está insculpido na seção 7 da Carta de 1982 e se mostra decorrência lógica do Estado de Direito.

4. Espécies tributárias

Ao longo da história do Direito, consolidou-se a existência de duas espécies tributárias: os impostos e as taxas.

Isso é tão marcante no Direito brasileiro que, com o surgimento de novas espécies, por algum tempo, tentou-se adequá-las ao padrão binário impostos-taxas.

A repercussão do tema envolve a validade das exações e, ainda, sua destinação orçamentária, em uma imbricada relação entre finanças públicas e tributação que, apesar de uma oportunidade inovação institucional brasileira, não surtiu todos os efeitos práticos esperados.

No mundo, não é corrente que os sistemas jurídicos definam o que seja tributo, seja em nível constitucional, seja em nível infraconstitucional. Existem traços comuns, que levam a que se considere, no direito comparado, tributo como "uma imposição obrigatória, que seja imposta por um órgão governamental por razões públicas sem levar em conta os benefícios particulares recebidos pelo contribuinte pagamento não

---

[33] LOOMER, Geoffrey. Canada. In: GRIBNAU, Hans; PAUWELS, Melvin (Ed.). *Retroactivity of Tax Legislation*. (EATLP International Tax Series; No. 9). EATLP / IBFD, 2013. p. 206.

correspondido"[34], sendo que esse último elemento aproxima tributo mais da figura do imposto, como assim é considera no Brasil.

Isso leva a que não se preocupe com uma definição de tributos e de quais as espécies tributárias. No Brasil, para muitos, a fixação em torno das espécies tributárias demonstra um grave problema da doutrina majoritária desde a década de setenta, que foi bem diagnosticado por Marco Aurélio Greco:

> Não há duvida que, identificada a natureza jurídica de certa figura, disto, em princípio, decorre um determinado regime jurídico, salvo exceções definidas pelo próprio ordenamento. Talvez seja porque da natureza jurídica resulta a aplicação de um certo regime que se origine a busca frenética pela identifica da 'natureza' jurídica de certas figuras, pois pertencendo a certa categoria daí decorrem certas consequências[35].

Embora se discorde da premissa do jurista, no sentido de que isso é devido a uma postura positivista da doutrina[36] – talvez seja melhor considerar isso como postura formalista, termo que trabalhos mais recentes o autor tem utilizado –, pode-se concluir com ele no sentido de que "afirmar que determinada figura tem certa natureza, porque submetida a certo regime, é quase afirmar que as coisas "são porque são", o que dá a esse tipo de abordagem uma postura apriorística e uma visão mecanicista (causalista) do mundo[37].

Se isso gera dificuldades na identificação e controle das exações tributárias no Brasil, essa visão mecanicista do Direito se complica ainda mais, quando se analisam e compararam ordenamentos jurídicos distintos.

De qualquer forma, como esse é o *mainstream* da dogmática tributária brasileira, mesmo entre muitos que se dizem não-positivistas, para se empreender à comparação entre os dois modelos jurídicos, serão

---

[34] HELMINEN, Marjaana. The notion of tax and elimination of international double taxation or double-non taxation. *Cahiers de Droit Fiscal International*, General Report IFA 2016 Madrid Congress. Rotterdam: IFA, 2016. p. 161.
[35] GRECO, Marco Aurélio. *Contribuições (uma figura 'sui generis')*. São Paulo: Dialética, 2000. p. 71.
[36] *Ibidem*. p. 69-70.
[37] *Ibidem*. p. 71.

verificados o que seriam *taxes, user fees, regulatory charges* e *proprietary charges*, sem desconsiderar ainda as espécies de *tarifs* e *duties*.

Resumindo o que foi dito, analisando sítios oficiais do Governo do Canadá e da Suprema Corte do Canadá, bem como uma série de artigos de juristas e economistas canadenses, foi possível identificar sete espécies tributárias, mas não se pode daí concluir que isso gere as mesmas consequências fáticas e normativas brasileiras.

Os canadenses não se preocupam em demarcar precisamente quais seriam as "exações tributárias", nem uma indicação clara das distinções, entretanto, fixam critérios que acabam por construir a realidade dessas figuras tributárias.

Pela página oficial do governo do Canadá constam quatro espécies tributárias:

> Imposto: contribuição financeira compulsória imposta por lei para aumentar a receita do governo;
> Tarifa: um encargo (ou lista de encargos) imposto por um governo sobre importações ou exportações;
> Imposto aduaneiro: um imposto específico imposto por lei sobre importações ou exportações;
> Taxa: um pagamento por serviços ou por um privilégio específico[38].

Indubitável, assim, que, ao menos duas espécies tributárias como o Brasil tenha o Canadá, pois a definição para imposto e taxa não difere muito das previstas nos artigos 16 e 77, do Código Tributário Nacional[39].

Ressalte-se, conforme se constará em item próximo deste artigo, que as taxas não precisam ser veiculadas por lei, neste ponto seguindo o Canadá uma tendência mundial, já que vários países não estabelecem a exigência

---

[38] Disponível em: <https://www.canada.ca/en/financial-consumer-agency/services/financial-toolkit/taxes/taxes-1/4.html>. Acesso em: 02.05.2020.

[39] Código Tributário Nacional
Artigo 16. Imposto é o tributo cuja obrigação tem por fato gerador uma situação independente de qualquer atividade estatal específica, relativa ao contribuinte.
Artigo 77. As taxas cobradas pela União, pelos Estados, pelo Distrito Federal ou pelos Municípios, no âmbito de suas respectivas atribuições, têm como fato gerador o exercício regular do poder de polícia, ou a utilização, efetiva ou potencial, de serviço público específico e divisível, prestado ao contribuinte ou posto à sua disposição.

de serem por lei, ao contrário do que está consolidado na jurisprudência, na legislação e na doutrina brasileiras.

Quanto às tarifas e deveres, elas se assemelham aos impostos de importação e exportação brasileiros e com algumas taxas aduaneiras, apenas notando-se que os tais deveres também precisam de lei.

"Tax" apresenta uma polissemia, mas é quase como se houvesse uma sutileza linguística para se referir ao imposto como *"tax"* no singular, deixando o plural *"taxes"* para abarcar as demais categorias (tarifas, impostos aduaneiros, taxas e, mesmo, as contribuições sociais de seguridade[40]).

Indo-se ao texto consolidado da "Constituição canadense" e pesquisando os termos *"tax, taxation, impost, fee e contribution"*, encontram-se apenas dezenove menções sendo a maioria para *"tax", "taxes"*, uma para *"impost"* e *"fee"* e nenhuma para contribuição.

Pode-se pressupor que o uso da palavra *impost* apenas uma única vez no *Constitution Act*, 1867 tenha alguma relação com a tradição francesa canadense, já que, ao se comparar os resumos de uma série de artigos de canadenses nas revistas especializadas disponíveis, enquanto em inglês sempre se menciona *Income Tax*; em francês se opta pela expressão *Impôt sur le revenu*.

Não se encontrou nas pesquisas qualquer *impost* criado no Canada, de modo que se reafirma a polissemia de *taxes* e o uso de *tax* como sinônimo para a figura do imposto.

Com poucas menções e sem um capítulo específico em qualquer dos textos constitucionais sobre tributos, pode-se recorrer ao verbete "taxation in Canada" no wikipedia, que dá uma visão ampla sobre o tema e inclusive cita vários precedentes[41].

Em 1930, a Suprema Corte do Canadá, julgando Lawson v. Interior Tree Fruit and Vegetables Committee of Direction[42], fixou que a tributação

---

[40] Disponível em: <https://www.canada.ca/en/financial-consumer-agency/services/financial-toolkit/taxes/taxes-1/4.html>. Acesso em: 02.05.2020.

[41] Disponível em: <https://en.wikipedia.org/wiki/Taxation_in_Canada>. Acesso em: 02.05.2020.

[42] CANADA. Supreme Court of Canada. *Lawson v. Interior Tree Fruit And Vegetables Committee Of Direction*, 1930 CanLII 91 (SCC), [1931] S.C.R. 357. Disponível em: <https://www.canlii.org/en/ca/scc/doc/1930/1930canlii2/1930canlii2.html>. Acesso em: 02.05.2020.

deve ser veiculada por lei, imposta sob a autoridade parlamentar, cobrada por um órgão público e destinada a fins públicos[43].

Na mesma fonte, descobriu-se que existe uma figura assemelhada às contribuições de intervenção no domínio econômico – as CIDEs –, que seriam as *regulatory charges*, cuja tradução pode variar entre taxas regulamentares, direitos reguladores ou imposições regulamentadoras.

Verifica-se que a jurisprudência definiu que para ser legítima deve uma *regulatory charge* ter:

um código de regulamentação completo, complexo e detalhado;
um objetivo regulatório que busca afetar algum comportamento;
a presença de custos reais ou adequadamente estimados do regulamento;
e um relacionamento entre a pessoa que está sendo regulamentada e o regulamento, onde a pessoa que está sendo regulamentada se beneficia ou causa a necessidade de regulamento.[44]

Os critérios de validação constitucionalmente fixados pela Suprema Corte canadense no julgado[45] aproximam a figura da *regulatory charge* à da contribuição de intervenção no domínio econômico (CIDE) que, como as demais contribuições previstas no artigo 149, da Constituição da República Federativa do Brasil, validam-se pela finalidade.

Com base no ensinamento de Marco Aurélio Greco, que chegou a apontar vinte critérios de controle para a validação jurídica de uma CIDE, vê-se, então, que critérios semelhantes aos que ele estabeleceu, tais como existência de um campo em que caiba intervenção, razoabilidade e proporcionalidade na disciplina da CIDE, a necessidade de existência de um motivo para a intervenção e a pertença do universo de contribuintes a um grupo[46].

---

[43] Disponível em: <https://en.wikipedia.org/wiki/Taxation_in_Canada>. Acesso em: 02.05.2020.
[44] *Idem*.
[45] CANADA. Supreme Court of Canada. *Westbank First Nation v. British Columbia Hydro and Power Authority*. 1999 CanLII 655 at par. 43, [1999] 3 S.C.R 134. Disponível em: <https://www.canlii.org/en/ca/scc/doc/1999/1999canlii655/1999canlii655.html>. Acesso em: 02.05.2020.
[46] GRECO, Marco Aurélio. Contribuição de intervenção no domínio econômico – parâmetros para sua criação. In: GRECO, Marco Aurélio. *Contribuições de intervenção no domínio econômico e figuras afins*. São Paulo: Dialética, 2001. p. 13.

Ainda se tentando compreender melhor as espécies tributárias, não se pode deixar de mencionar que a Suprema Corte do Canadá também se valeu da palavra imposição (*"levy"*) para abrigar impostos, taxas de usuários (*"user fees"*), imposições regulamentadoras (*"regulatory charges"*) e taxas de propriedade (*"proprietary charges"*) no caso Kingstreet Investment Ltd. vs. New Brunswick [2007] 1 S.C.R. 3 (*Kingstreet*).

Interessa compreender essa última categoria, que seria bem próxima a dos *royalties*, que não são tributos, embora também sejam receitas públicas na classificação financeira brasileira.

Isso porque nas imposições regulamentadoras estriam abrangidos os *royalties* ou as rendas pagos pelos particulares pela exploração de recursos naturais de propriedade das províncias[47].

Se não há propriamente uma preocupação com discriminação de competências impositivas como a doutrina do fato gerador constitucionalizado produziu no país[48], a Corte canadense estabelece que existiria uma ação de recuperação de tributos cobrados inconstitucionalmente como um remédio público compatível com as tentativas mais remotas de circunscrever o poder governamental ao Estado de Direito em matéria tributária[49].

Com isso, pode-se concluir que exações ou imposições criadas sem previsão legal e que não apresentem as características reais do que não seria um imposto são declaradas inconstitucionais, uma vez que são considerados impostos *ultra vires* (*ultra vires taxes*) exigidas sem autorização propriamente jurídica[50].

A "classificação" das espécies tributárias no Canadá, longe de se prender a uma curiosidade acadêmica ou a um esforço de um legislador racional que queira tudo prever, sob uma visão mecanicista do mundo,

---

[47] MCISAAC, Barbara; MILLS, Benjamin; PORTER, David. *Distinguishing between a tax and a regulatory charge and the return of Improperly Collected Money*. Disponível em: <https://www.mondaq.com/canada/tax-authorities/63566/distinguishing-between-a-tax-and-a--regulatory-charge-and-the-return-of-improperly-collected-money>. Acesso em: 02.05.2020.
[48] Ver FALCÃO, Amílcar Araújo de. *Fato Gerador da Obrigação Tributária*. Atualizado por Flávio Bauer Novelli. 7. ed. São Paulo: Noeses, 2013. p. 9.
[49] Disponível em: <https://www.canlii.org/en/ca/scc/doc/2007/2007scc1/2007scc1.html>. Acesso em: 02.05.2020.
[50] *Idem*.

é uma demarcação da realidade que se processa continuamente, pois conceito nada mais é que a ideia sobre um objeto[51].

Evidencia-se, assim, que a utilidade de uma classificação deve se verificar pelo resultado, e não há resultados verdadeiros ou falsos propriamente, mas úteis ou inúteis[52].

Trata-se de importante lição, mostrando-se que classificar é demarcar a realidade, e que essa realidade, sobretudo a institucional, como é a criada pelo Direito, é cambiante[53].

5. Modelo de incidência: patrimônio, renda ou consumo

As províncias gozam de ampla autonomia[54], o que redunda na possibilidade de instituírem tributos próprios sobre o consumo – o *HST*, o *GST* e o *RST* –, ao lado de um tributo nacional sobre o consumo: o *Goods and Services Tax* (GST)[55].

A representatividade da tributação sobre o consumo, levando-se em conta esses tributos provinciais e o nacional, chega a 23,6%, enquanto a tributação sobre renda está em 35,7% para pessoas físicas e 11,4% para pessoas jurídicas, com uma tributação sobre o patrimônio gravada em 12%[56].

Ainda há contribuições para a seguridade social de 14,1%, restando 3,2% de tributação realizada via outros tributos.

Tributa-se mais renda do que consumo e patrimônio.

O imposto de renda no Canadá pode ser fixado pelos governos federal, provincial e territorial.

---

[51] QUEIROZ, Luís Cesar Souza de. *Imposto sobre a renda*: requisitos para uma tributação constitucional. Rio de Janeiro: LMJ Mundo Jurídico, 2016. p. 18.

[52] COSTA, Valterlei Aparecido da; VALLE, Maurício Timm do. A utilidade como critério de classificação do direito e no direito. *Revista Brasileira de Direito*, Passo Fundo, vol. 14, n. 3, p. 186-213, Setembro-Dezembro 2018. p. 209.

[53] PAULA, Daniel Giotti de. *A Praticabilidade no Direito Tributário*. Rio de Janeiro: Multifoco, 2018. p. 92-93.

[54] BICKERTON, James. Competing for power. In: BICKERTON, James; GAGNON, Alain-G. *Canadian Politics*. 6th ed.Toronto: University of Toronto, 2014. p. 259.

[55] KRIEGER, Aline Frimm. *ICMS e Regressividade Tributária*: alternativas para uma tributação mais justa. Rio de Janeiro: Lumen Juris, 2019. p. 32.

[56] OCDE. *Revenue Statistics 2020 – Canada*. Disponível em: <https://www.oecd.org/tax/revenue-statistics-canada.pdf>. Acesso em: 30/04/2020.

Ressalte-se que as esferas governamentais nacional e provinciais não impõem tributação sobre os direitos de sucessão, impostos de propriedade ou de doações no momento da morte – os chamados *death taxes* –, estando os indivíduos "normalmente sujeitos à tributação federal e provincial sobre o lucro acumulado, mas não realizado e os ganhos de capital, e sobre os rendimentos recebidos no ano de tributação anterior à data do falecimento"[57].

A tributação sobre o consumo do Canadá se dá a partir de um imposto sobre valor agregado, denominado de *Goods and Services Tax* (GST) e outros três provinciais: o chamado Imposto sobre Vendas Harmonizado (*Harmonized Sales Tax* – HST), criado em 1997 para três pequenas províncias orientais; o IVA provincial único, introduzido em 1991 na província de Quebec (*Quebec State Tax* – QST); e o imposto de vendas provincial (*Retail Sales Tax* – RST), que passou a ser cobrado em abril de 2010 nas províncias que ainda não tinham impostos estaduais sobre o consumo[58].

Embora não haja uma necessidade de que a tributação sobre o consumo no Canadá seja seletiva, como se identificou que o GST onerava de maneira substancial a população mais carente, criou-se uma sistemática de compensação.

Trimestralmente, há o pagamento de créditos pelo governo "para as famílias que atendem certos requisitos, como: estado civil, idade, número de filhos menores de 19 anos e renda total da família"[59], conhecido como *GST credits*.

Aline Frimm Krieger observa que se faz um cálculo estimado de quanto representaria a regressividade do GST, de modo que "o valor devolvido não é feito com base nas notas fiscais e gastos específicos das famílias. Trata-se de um crédito estimado com base no poder de compra das famílias que atendem aos requisitos elencados supra e este crédito estimado não é fixo, ele reduz na medida em que a família tem maior renda"[60].

---

[57] RANGER, Alain. *Direito Comparado Brasil-Canadá – Direito Societário*. p. 16. Disponível em: <https://ccbc.org.br/wp-content/uploads/2019/12/Direito-Comparado-Brasil-Canada-Artigo-2-Direito-Societario.pdf>. Acesso em: 02.05.2020.
[58] KRIEGER, Aline Frimm. *op. cit*. p. 32.
[59] *Ibidem*. p. 155.
[60] *Idem*.

Na proposta original da PEC 45/2019, prevê-se que, por lei complementar, possam se estabelecer mecanismos de transferência de renda, do imposto recolhido pelos contribuintes de baixa renda a título de IBS, conforme o novo parágrafo novo do artigo 146 da Constituição, visando, nos termos da justificativa da PEC, "melhorar o impacto distributivo da tributação do consumo, através de um mecanismo muito mais eficiente que a desoneração da cesta básica"[61].

6. Tributação de alta tecnologia

A tributação de alta tecnologia é um dos grandes temas do Direito Tributário mundial. Ela lida com intangíveis em um grau nunca antes imaginado, exigindo uma compreensão além do tradicional apego ao que é físico na doutrina brasileira. Seria tributar a chamada "Internet das Coisas" (*IoT*) – *Internet of Things*")[62].

Não, por acaso, quando se fala em fatos geradores e bases de cálculos, a doutrina brasileira se vale do termo "materialidades econômicas", o que dificulta, em alguma medida, a compreensão da "*IoT*", que está no contexto de uma economia de "desmaterialização" de tais bases econômicas.

Superadas essas questões primordiais para a compreensão do assunto e focando-se na comparação com o Canadá, lá existe uma tributação sobre o consumo de bens e serviços digitais, espécie de tributação por IVA, que pode ser cobrado, assim, via GST, QST e HST, e uma discussão sobre tributar a receita ou faturamento auferidos por grandes empresas de plataformas digitais, como Google e Facebook[63].

Quanto à tributação sobre o consumo de bens e produtos digitais, algumas províncias a implementaram, como o Québec, por meio de sua

---

[61] Disponível em: <https://www.camara.leg.br/proposicoesWeb/prop_mostrarintegra?codteor=1752777&filename=Avulso+-PEC+45/2019 >. Acesso em: 02.05.2020.

[62] PEYTON, Antigone. A Litigator's Guide to the Internet of Things. *Richmond Journal of Law & Technology*, v. XXII, Issue 3, 2016. p. 1. Disponível em: <https://scholarship.richmond.edu/cgi/viewcontent.cgi?article=1429&context=jolt>. Acesso em: 02.05.2020

[63] Para Marcos André Vinhas Catão, seria a implementação da chamada DST uma guerra fria tributária entre a Europa e os Estados Unidos da América (CATÃO, Marcos André Vinha. *Uma Reforma Tributária Silenciosa*. Disponível em: <https://www.jota.info/opiniao-e-analise/colunas/coluna-da-abdf/uma-reforma-tributaria-silenciosa-11052020>. Acesso em: 02.05.2020).

Quebec State Tax; Saskatchewan com a determinação que as empresas não residentes que realizam vendas no varejo de bens e serviços para uso ou consumo relacionados à província devem se cadastrar para fins do *PST* e, recentemente, em 27 de março de 2020, a Columbia Britânica cancelou a cobrança do PST que se iniciaria. Fora anunciado que haveria a cobrança do GST, em 29 de janeiro do de 2020[64].

No que concerne à tributação sobre a renda das grandes empresas de plataformas digitais, sabe-se que, em 2018, o Conselho Europeu e o Reino Unido propuseram a criação de um "tributo sobre serviços digitais" (*DST – digital services tax*), "a ser cobrado sobre a receita que as grandes empresas de plataformas digitais obtêm com publicidade, intermediação *on line* ou transmissão de dados"[65].

Trata-se de um dos maiores exemplos da insatisfação de governos contra a tributação a menor da receita de grandes empresas, pois o regime internacional de tributação de renda não tem dado conta de alcançá-las devidamente[66].

Em um cenário de crise e erosão econômica, com a possibilidade de um dos setores menos afetados ou sequer afetados por elas ser o das grandes empresas de plataformas digitais, tributá-las mundial ou localmente ocupa ainda mais a ordem do dia. Além da questão propriamente de finanças públicas que isso envolve, sugere-se uma aproximação entre problemas éticos e tributários, pois essas empresas se constroem pela utilização de dados fornecidos pelos próprios usuários. Se é impossível compensá-los individualmente por isso, talvez seja ideal fazê-lo coletivamente pela via da tributação.

Wei Cui, porém, aponta que muitas das discussões sobre a implementação de tributo sobre serviços digitais mundo afora se dá motivada por protecionismo, populismo ou oportunismo fiscal e, daí, proponha que seja o tributo visto não como uma tributação sobre receita ou faturamento

---

[64] KPMG. *Taxation of the digitalized economy*. Disponível em: <https://tax.kpmg.us/content/dam/tax/en/pdfs/2020/digitalized-economy-taxation-developments-summary.pdf>. Acesso em: 02.05.2020.

[65] CUI, Wei. The Digital Services Tax on the Verge of Implementation. *Canadian tax journal / Revue fiscale canadienne*, 67:4, p. 1135-1152, 2019. p. 1136. Disponível em: <https://doi.org/10.32721/ctj.2019.67.4.sym.cui>. Acesso em: 02.05.2020.

[66] *Idem*.

e, sim, como um "um imposto sobre aluguel específico de local" (*a tax on location specific-rent*).

O que ele, propõe, então, afirmando que o modelo gera mínimas distorções nas decisões econômicas e reduz as chances de tributação excessiva, é aproximar o novo tributo ao das cobranças que muitos países já fazem, a título de *royalties*, alugueis e impostos de renda corporativos, sobre extração de recursos naturais. Daí que o tributo sobre serviços digitais possa ser visto como o imposto sobre "aluguéis econômicos" (*economic rents*) auferidos por empresas de plataformas digitais[67].

Independentemente de qual o melhor modelo[68], o Canadá ainda não implementou seu "tributo sobre serviços digitais", mas a proposta estabelecida segue algo parecido ao que foi feito em França: uma alíquota de 3% sobre a receita das grandes empresas de plataformas digitais, estrangeiras, geralmente com sede nos Estados Unidos da América, mas com uma base de consumidores global, com venda de anúncios e de uso de dados mundialmente.

Seriam contribuintes do DST empresas com uma receita anual mundial de mais 1 bilhão de dólares canadenses e uma receita anual no Canadá de mais de 40 milhões de dólares canadenses.

A implementação da DST foi promessa assumida pelo Primeiro Ministro Trudeau, do Partido Liberal, e que contaria com o apoio dos conservadores no Canadá, mas não foi implementada em abril de 2020, como era esperado[69].

Estimava-se que a arrecadação seria de cerca de 540 milhões de dólares canadenses já este ano, aparecendo como um tributo sem muita rejeição social por ser direcionado a empresas com faturamentos multibilionários.

Críticas sugerem, porém, que seria um tributo contrário ao princípio da neutralidade, pois trata de maneira diferentes negócios de setores e tamanhos diferentes, e regressivo[70], debate com ainda novas rodadas de discussão naquele país.

---

[67] *Ibidem*. p. 1136-1137.
[68] Para uma defesa ainda mais ampliada do modelo, ver CUI, Wei. *The Digital Services Tax*: A Conceptual Defense. Disponível em: <https://papers.ssrn.com/sol3/papers.cfm?abstract_id=3273641>. Acesso em: 02.05.2020.
[69] BUNN, David. *Another Digital Services Tax? Canada Adds Its Proposal to the Mix*. Disponível em: <https://taxfoundation.org/canada-digital-tax-proposal/>. Acesso em: 02.05.2020.
[70] *Idem*.

7. Modelo de cobrança fiscal

Seguindo uma tendência mundial, no Canadá prevalece a cobrança administrativa dos créditos tributários.

Daniel Vieira Marins, em um estudo comparando a cobrança fiscal no Brasil e no Canadá, mostra a prevalência da esfera administrativa na cobrança, além de um dado interessante, próprio do federalismo de cooperação: cabe à *Canada Revenue Agency* a cobrança dos tributos da entidade nacional – imposto de renda sobre pessoa física (*"individual income tax"*), deduções da folha de pagamento (*"payroll deductions"*), imposto de renda sobre pessoas jurídicas (*"corporation income tax"*), impostos alfandegários e impostos especiais sobre o consumo (*"excise taxes"*) – e, se houver acordo (*"tax collection agreement"*) entre as províncias e o governo federal, também a dos tributos de competência daquelas[71].

São duas fases administrativas até se chegar à judicialização.

Caso o contribuinte não pague o tributo devido ou não colabore com o Fisco, pode a *Canada Revenue Agency* se valer de (i) uma compensação tributária forçada (*"tax set-off"*) ou de (ii) um arresto dos valores e ativos financeiros (*"garnishment"*)[72].

Daniel Vieira Marins defende a compatibilidade deste modelo com o ordenamento jurídico brasileiro[73], embora se deva realçar que a compensação não sobreviveria ao controle de constitucionalidade brasileiro, com base no que foi decidido nas ADIs 4357 e 4425, além de se discutir continuamente a real validade de métodos de constrição pela própria Fazenda Pública, havendo de se vencer, no Brasil, argumentos como o de se isso caracterizaria ou não sanção tributária oblíqua ou sanção política.

Após as duas etapas administrativas, chega-se a judicial, que se instaura com o registro da dívida na *Federal Court of Canada*, por meio da qual se pede judicialmente "uma ordem judicial para confiscar todos os bens e ativos do devedor, tornando o seu patrimônio indisponível"[74].

Tal ordem judicial é um *"writ of execution"*, uma espécie de título executivo extrajudicial, como é a certidão de dívida ativa (CDA), no direito

---

[71] MARINS, Daniel Vieira. A Cobrança do Crédito Tributário no Canadá e no Brasil: Uma análise Comparativa. *Revista Justiça Fiscal*, n. 29, abril 2017. p. 9.
[72] *Ibidem*. p. 14-15.
[73] *Ibidem*. p. 15.
[74] *Ibidem*. p. 13.

brasileiro, servindo para satisfazer a dívida com medidas de apreensão e alienação dos bens (*"seizure and sale of property"*).

8. Espécies de transação, arbitragem, conciliação

Como a cobrança administrativa é preferencial no Canadá e, ainda, mostra-se absolutamente excepcional, porque 90% dos contribuintes pagam em dia suas obrigações tributárias, é de se perguntar se existem espécies de transação, arbitragem e conciliação no Canadá.

Consultando o sítio do Governo do Canadá e da *Canada Revenue Agency* (CRA), não foi possível encontrar informações associadas à arbitragem, fora a dos casos de tratados para evitar dupla tributação, como se verá no item seguir.

Também não se encontrou referência a uma espécie de transação, não sendo possível constatar um grande passivo tributário do Canadá, embora haja referência à possibilidade de parcelamento ou dispensa de juros e multas, caso o contribuinte comprove que o adimplemento das obrigações tributárias esteja dificultando o pagamento de despesas com aluguel, taxas condominiais, comidas, ou outros serviços ou necessidades básicas para a sua vida"[75].

Uma figura próxima à conciliação existe, intitulada *"the settlement process"*, processo de assentamento ou liquidação, procedimento pelo qual a CRA pode resolver as disputas brevemente, pacificando interesses de ambas as partes, mantendo relacionamentos e estabelecendo acordos duradouros. Custos mais baixos, tempo economizado e maior satisfação são ainda outros benefícios[76].

Não há dúvida de que se trata de procedimento que significa "a resolução final de um assunto ou de assuntos em disputa" e que se presta a questões de fato, como a natureza de uma despesa ou o quantum de um item, e de direito, envolvendo interpretações diferentes da legislação tributária, não sendo possível, em regra, buscar-se um entendimento contrário ao que a CRA entende como aplicável e já aplicado a outros casos[77].

---

[75] *Ibidem.* p. 11.
[76] CANADA, *The Settlement Process*. Disponível em: <https://www.canada.ca/en/revenue-agency/services/about-canada-revenue-agency-cra/complaints-disputes/settlement-process.html>. Acesso em: 02.05.2020.
[77] *Idem.*

É curioso como o nome de assentamento ou liquidação não deixa de envolver uma atividade colaborativa entre fisco e contribuinte na busca da verdade fática e da compreensão da legislação tributária, o que se afasta da ideia de concessões recíprocas de uma transação, assim como de um julgador neutro como se espera na arbitragem, mas que a coloca como uma forma de conciliação administrativa.

Parece ser esse um dos métodos de negociação cooperativa, de *ganha-ganha*, tão bem descrito por Lyvia de Moura Amaral Serpa como a negociação que é "realizada sem concessões, sem barganha por posições, mas sim com o intuito de proporcionar ganhos mútuos, atendendo o interesse de ambas as partes envolvidas, através de uma postura cooperativa[78]".

De qualquer sorte, entende-se que a Administração possui menos restrições para decidir do que um juiz, ainda que esteja vinculado à aplicação do direito, mas ao contrário de procedimento similar ao do direito norte-americano, a intitulada *offer-in-compromise*, que é vista como um contrato, o procedimento de assentamento e liquidação canadense é visto como subsunção de fatos ao que está estipulado na *Income Tax Act*[79], mais uma vez o tributo por excelência sobre o qual a jurisprudência e a doutrina canadense se debruçam a estabelecer parâmetros de controle.

9. Tratados internacionais

Sujeito a certas concessões de tratados tributários, os não residentes do Canadá estão geralmente sujeitos à tributação canadense sobre o rendimento de fonte canadense, como renda de um negócio realizado no país, renda de escritório ou emprego no Canadá e ganhos de capital sobre a disposição de bens conhecidos como "propriedade canadense tributável", que geralmente inclui[80]:

---

[78] SERPA, Lyvia de Moura Amaral. *A Cooperação no Direito Tributário*: um modelo de prevenção de litígios entre fisco e contribuintes. Rio de Janeiro: Lumen Juris, 2017. p. 147.

[79] JACKSON, Colin. *Settlement, Compromise, and Forgiviness in Canadian Income Tax Law*. 2013. 166f. Dissertação de Mestrado (Direito). Dalhousie University, Halifax, Nova Scotia, 2013. p. 68. Disponível em: <https://dalspace.library.dal.ca/bitstream/handle/10222/36298/Jackson-Colin-LLM-LAW-August-2013.pdf?sequence=1>. Acesso em: 02.05.2020.

[80] Disponível em: <https://ccbc.org.br/wp-content/uploads/2019/12/Direito-Comparado-Brasil-Canada-Artigo-2-Direito-Societario.pdf>. Acesso em: 02.05.2020.

O Canadá tem uma série de tratados fiscais internacionais, para evitar dupla tributação, inclusive com o Brasil, conforme os Decreto Legislativo nº 28, de Novembro de 1985[81] e Decreto nº 92.318, de 23 de Janeiro de 1986[82].

Deve-se recordar que não existe um conceito universal de dupla tributação[83], mas que, em geral, os tratados servem para evitar que uma mesma base econômica envolvendo capital e renda – e, de certa forma, faturamento e receita como conceitos analógicos – seja tributado por duas jurisdições fiscais.

Segue o país o modelo de Convenção da OCDE para evitar a dupla tributação, reduzindo as alíquotas de retenção na fonte aplicáveis a vários tipos de renda e afetando o tratamento tributário dos rendimentos de fonte dos canadenses não residentes.

Assim como o Brasil, o Canadá participou das discussões envolvidas dos relatórios finais das quinze ações no projeto BEPS – *Base Erosion and Profit Shifting*[84].

Sujeito a certas concessões de tratados tributários, os não residentes do Canadá estão geralmente sujeitos à tributação canadense sobre o rendimento de fonte canadense, como renda de um negócio realizado no país, renda de escritório ou emprego no Canadá e ganhos de capital sobre a disposição de bens conhecidos como "propriedade canadense tributável", que geralmente inclui[85]:

No caso do tratado Brasil-Canadá para evitar dupla tributação, deve-se recordar que a Contribuição Social sobre o Lucro Líquido também está afastada na tributação em operações transnacionais entre os dois países, conforme o artigo 11, da Lei Federal n. 13.202/2015.

---

[81] Disponível em: <http://receita.economia.gov.br/acesso-rapido/legislacao/acordos-internacionais/acordos-para-evitar-a-dupla-tributacao/canada/decreto-legislativo-no-28--de-novembro-de-1985>. Acesso em: 02.05.2020.

[82] Disponível em: <http://receita.economia.gov.br/acesso-rapido/legislacao/acordos-internacionais/acordos-para-evitar-a-dupla-tributacao/canada/decreto-no-92-318-de-23-de-janeiro-de-1986>. Acesso em: 02.05.2020.

[83] HELMINEN, M. *op. cit.* p. 213.

[84] Relatórios por ações disponíveis em OCDE: <http://www.oecd.org/tax/beps/> Acesso em: 02.05.2020.

[85] Disponível em: <https://ccbc.org.br/wp-content/uploads/2019/12/Direito-Comparado-Brasil-Canada-Artigo-2-Direito-Societario.pdf>. Acesso em: 02.05.2020.

Merece destaque também o Canadá já firmou protocolo com os Estados Unidos da América admitindo a arbitragem para solucionar controvérsias entre os dois países em conflitos de bitributação.

Conclusões

Cuidou-se, ao longo do texto, de se evitar o "transplante acrítico de conceitos que não representem ideias de caráter geral"[86] no exame de direito comparado feito entre Brasil e Canadá.

A partir de uma série de características comuns, percebeu-se que é um sistema que tenta congregar aspectos de justiça fiscal, federalismo e praticabilidade, como no modelo estabelecido de tributação sobre o consumo, o que tem sido modelo para os debates sobre as reformas tributárias brasileiras.

Em termos de espécies tributárias, embora se pudesse pressupor que a ausência de definição legal de tributo e as exações no Canadá pudesse gerar um controle mais fraco da tributação, verifica-se uma preocupação constante na jurisprudência quanto ao tema, mesmo com a também sentida ausência de um capítulo constitucional específico de limitações constitucionais ao poder de tributar.

Entretanto, o formalismo exagerado pode surgir, ante a ausência de fontes sociais, e o que se verifica na possibilidade de cobrança retroativa de tributos no Canadá, apesar de que isso não seja uma regra.

Por último, acompanhar o debate público sobre a instituição de um tributo sobre serviços digitais no Canadá ajuda a pensar o tema no Brasil, mesmo que já se possa apontar que ele possa ser ou já seja cobrado via PIS e COFINS.

Referências

BICKERTON, James. Competing for power. In: BICKERTON, James; GAGNON, Alain-G. *Canadian Politics*. 6th ed. Toronto: University of Toronto, 2014.

BOADWAY, Robin. Rationalizing the Canadian Income Tax System. *Canadian Tax Journal / Revue Fiscale Canadienne*, 67:3, p. 643–666, 2019. Disponível em: <https://doi.org/10.32721/ctj.2019.67.3.sym.boadway>. Acesso em: 19.05.2020.

BROOKS, Stephen. *Canadian Democracy*: An Introduction. 4th ed. Toronto: Oxford University, 2004.

---

[86] GRECO, M. *op. cit.*, 2000. p. 62.

BROOKS, Kim. Tim Edgar: The Accidental Comparatist. *Canadian Tax Journal / Revue Fiscale Canadienne*, 68:1, p. 125-142, 2020. Disponível em: <https://doi.org/10.32721/ctj.2020.68.1.sym.brooks>. Acesso em: 02.05.2020.

BUNN, David. *Another Digital Services Tax? Canada Adds Its Proposal to the Mix.* Disponível em: <https://taxfoundation.org/canada-digital-tax-proposal/>. Acesso em: 02.05.2020.

BRASIL. Câmara dos Deputados. PEC 45/2019. Disponível em: <https://www.camara.leg.br/proposicoesWeb/prop_mostrarintegra?codteor=1752777&filename=Avulso+-PEC+45/2019>. Acesso em: 02.05.2020.

___. Presidência da República. Lei n.º 5171 – Código Tributário Nacional. Disponível em: <http://www.planalto.gov.br/ccivil_03/Leis/L5172.htm>. Acesso em: 02.05.2020.

___. Receita Federal do Brasil. Disponível em: <http://receita.economia.gov.br/acesso-rapido/legislacao/acordos-internacionais/acordos-para-evitar-a-dupla-tributacao/canada/decreto-legislativo-no-28-de-novembro-de-1985>. Acesso em: 02.05.2020.

___. Receita Federal do Brasil. Disponível em: <http://receita.economia.gov.br/acesso-rapido/legislacao/acordos-internacionais/acordos-para-evitar-a-dupla-tributacao/canada/decreto-no-92-318-de-23-de-janeiro-de-1986>. Acesso em: 02.05.2020.

CANADA. Constitution Act, 1876. Disponível em: <https://laws.justice.gc.ca/eng/Const/page-6.html#h-26 >. Acesso em: 02.05.2020.

___. Government of Canada. *Taxes*. Disponível em: <https://www.canada.ca/en/services/taxes.html>. Acesso em: 02.05.2020.

___. Canada Agency of Revenue. Disponível em: <https://www.canada.ca/en/financial-consumer-agency/services/financial-toolkit/taxes/taxes-1/4.html>. Acesso em: 02.05.2020.

___. *The Settlement Process*. Disponível em: <https://www.canada.ca/en/revenue-agency/services/about-canada-revenue-agency-cra/complaints-disputes/settlement-process.html>. Acesso em: 02.05.2020.

___. Supreme Court of Canada. *Lawson v. Interior Tree Fruit And Vegetables Committee Of Direction*, 1930 CanLII 91 (SCC), [1931] S.C.R. 357. Disponível em: <https://www.canlii.org/en/ca/scc/doc/1930/1930canlii2/1930canlii2.html>. Acesso em: 02.05.2020.

___. Supreme Court of Canada. *Westbank First Nation v. British Columbia Hydro and Power Authority*. 1999 CanLII 655 at par. 43, [1999] 3 S.C.R 134. Disponível em: <https://www.canlii.org/en/ca/scc/doc/1999/1999canlii655/1999canlii655.html>. Acesso em: 02.05.2020.

CATÃO, Marcos André Vinha. *Uma Reforma Tributária Silenciosa*. Disponível em: <https://www.jota.info/opiniao-e-analise/colunas/coluna-da-abdf/uma-reforma-tributaria-silenciosa-11052020>. Acesso em: 02.05.2020.

COSTA, Valterlei Aparecido da; VALLE, Maurício Timm do. A utilidade como critério de classificação do direito e no direito. *Revista Brasileira de Direito*, Passo Fundo, vol. 14, n. 3, p. 186-213, Setembro-Dezembro 2018.

CUI, Wei. The Digital Services Tax on the Verge of Implementation. *Canadian tax journal / Revue fiscale canadienne*, 67:4, p. 1135-1152, 2019. Disponível em: <https://doi.org/10.32721/ctj.2019.67.4.sym.cui>. Acesso em: 02.05.2020.

___. *The Digital Services Tax*: A Conceptual Defense. Disponível em: <https://papers.ssrn.com/sol3/papers.cfm?abstract_id=3273641>. Acesso em: 02.05.2020.

FALCÃO, Amílcar Araújo de. *Fato Gerador da Obrigação Tributária*. Atualizado por Flávio Bauer Novelli. 7. ed. São Paulo: Noeses, 2013.

GRECO, Marco Aurélio. *Contribuições (uma figura 'sui generis')*. São Paulo: Dialética, 2000.

___. Contribuição de intervenção no domínio econômico – parâmetros para sua criação. In: GRECO, Marco Aurélio. *Contribuições de intervenção no domínio econômico e figuras afins*. São Paulo: Dialética, 2001. p. 11-31.

___. Três perfis da legalidade tributária. In: RIBEIRO, Ricardo Lodi; ROCHA, Sérgio André (Org.). *Legalidade e Tipicidade no Direito Tributário*. São Paulo: Quartier Latin, 2008. pp. 101-110.

HELMINEN, Marjaana. The notion of tax and elimination of international double taxation or double-non taxation. *Cahiers de Droit Fiscal International*, General Report IFA 2016. Madrid Congress. Rotterdam: IFA, 2016. pp. 153-223.

KPMG. *Taxation of the digitalized economy*. Disponível em: <https://tax.kpmg.us/content/dam/tax/en/pdfs/2020/digitalized-economy-taxation-developments--summary.pdf>. Acesso em: 02.05.2020.

KRIEGER, Aline Frimm. *ICMS e Regressividade Tributária: alternativas para uma tributação mais justa*. Rio de Janeiro: Lumen Juris, 2019.

JACKSON, Colin. *Settlement, Compromise, and Forgiviness in Canadian Income Tax Law*. 2013. 166f. Dissertação de Mestrado (Direito). Dalhousie University, Halifax, Nova Scotia, 2013. Disponível em: <https://dalspace.library.dal.ca/bitstream/handle/10222/36298/Jackson-Colin-LLM-LAW-August-2013.pdf?sequence=1>. Acesso em: 02.05.2020.

LOOMER, Geoffrey. Canada. In: GRIBNAU, Hans; PAUWELS, Melvin (Orgs.). *Retroactivity of Tax Legislation*. (EATLP International Tax Series; No. 9). EATLP / IBFD, 2013.

MARINS, Daniel Vieira. *A Cobrança do Crédito Tributário no Canadá e no Brasil*: uma análise Comparativa. *Revista Justiça Fiscal*, n. 29, p. 9-19, abril 2017.

___. O IVA em três níveis versus o IBS da PEC nº 45/2019. *Jota*, 11 de setembro de 2019. Disponível em: <https://www.jota.info/opiniao-e-analise/artigos/o-iva--em-tres-niveis-versus-o-ibs-da-pec-n-45-2019-11092019>. Acesso em: 02.05.2020.

MCISAAC, Barbara; MILLS, Benjamin; PORTER, David. *Distinguishing between a tax and a regulatory charge and the return of Improperly Collected Money*. Disponível em: <https://www.mondaq.com/canada/tax-authorities/63566/distinguishing-between-a--tax-and-a-regulatory-charge-and-the-return-of-improperly-collected-money>. Acesso em: 02.05.2020.

O'BRIEN, Martha. *EATLP – National report for Canada on Separation of Powers in relation to taxation prepared for conference to be held in Santiago de Compostela Spain, June 4-6 2009*. Disponível em: <http://www.eatlp.org/uploads/public/santiago/sop/Canada%202%20-%20MarthaOBrien.pdf>. Acesso em: 02.05.2020.

__. Substantive Impact of Canadian Charter of Rights and Freedoms on Income Taxation. In: KOFLER, Georg; MADURO, Miguel Poiares; PISTONE, Pasquale. *Human Rights and Taxation in Europe and the World*. IDBF: Florença, 2011. p. 303-319.

OCDE. *Base Erosion and Profit Shifting – BEPS*. Disponível em: <http://www.oecd.org/tax/beps>. Acesso em: 02.05.2020.

__. *Revenue Statistics 2019 – Canada*. Disponível em: <https://www.oecd.org/tax/revenue-statistics-canada.pdf>. Acesso em: 30.04.2020.

__. *Revenue Statistics 2020 – Canada*. Disponível em: <https://www.oecd.org/tax/revenue-statistics-canada.pdf>. Acesso em: 30/04/2020.

PAULA, Daniel Giotti de. *A Praticabilidade no Direito Tributário*. Rio de Janeiro: Multifoco, 2018.

PEYTON, Antigone. A Litigator's Guide to the Internet of Things. *Richmond Journal of Law & Technology*, v. XXII, Issue 3, 2016. Disponível em: <https://scholarship.richmond.edu/cgi/viewcontent.cgi?article=1429&context=jolt>. Acesso em: 02.05.2020.

QUEIROZ, Luís Cesar Souza de. *Imposto sobre a renda*: requisitos para uma tributação constitucional. Rio de Janeiro: LMJ Mundo Jurídico, 2016.

RANGER, Alain. *Direito Comparado Brasil-Canadá – Direito Societário*. Disponível em: <https://ccbc.org.br/wp-content/uploads/2019/12/Direito-Comparado-Brasil-Canada-Artigo-2-Direito-Societario.pdf>. Acesso em: 02.05.2020.

RODRIGUES, Diogo Luiz Cordeiro. *Revista Publicum*, Rio de Janeiro, v. 2, n. 2, p. 83-119, 2016. Disponível em: <http://www.e-publicacoes.uerj.br/index.php/publicum>. DOI: 10.12957/publicum.2016.22758. Acesso em: 30.04.2020.

SANTI, Eurico Diniz de. *Kafka, Alienação e Deformidades da Legalidade*: exercício do controle social rumo à cidadania fiscal. São Paulo: Revista dos Tribunais – Fiscosoft, 2014.

SERPA, Lyvia de Moura Amaral. *A Cooperação no Direito Tributário*: um modelo de prevenção de litígios entre fisco e contribuintes. Rio de Janeiro: Lumen Juris, 2017.

TUSHNET, Mark. *Weak Courts, Strong Rights*. New Jersey: Princeton University, 2008.

___. *Taking the Constitution away from the Courts.* New Jersey: Princeton University, 1999.

WIKIPEDIA, Doutrina Monroe. Disponível em: <https://pt.wikipedia.org/wiki/Doutrina_Monroe>. Acesso em: 02.05.2020.

___. Taxation in Canada. Disponível em: <https://en.wikipedia.org/wiki/Taxation_in_Canada>. Acesso em: 02.05.2020.

7. O sistema tributário do Chile

Mariana Wendriner

Introdução
Este artigo pretende analisar as características do sistema tributário adotado no Chile, traçando paralelos com aspectos da tributação no Brasil, especialmente no que se refere às novas tendências para desburocratização e desjudicialização do modelo de cobrança fiscal e à possível unificação dos impostos sobre a produção e consumo de bens e serviços, com a respectiva centralização de competência tributária no ente nacional.

O estudo do sistema tributário chileno é interessante por algumas razões. Dentre elas, podem-se elencar as características administrativas do sistema de cobrança fiscal, bem como as inúmeras reformas promovidas pelo legislador chileno no modelo de tributação ao longo dos últimos anos, merecendo especial destaque a recente reforma aprovada em fevereiro de 2020, que reduziu os impostos para idosos, instituiu um imposto sobre serviços digitais e simplificou a cobrança de impostos corporativos, estabelecendo uma taxa única de 27% para as grandes empresas.

O presente artigo inicia-se com a apresentação das características regionais, políticas, econômicas e governamentais chilenas (seção 2). Em seguida, são apresentados, respectivamente: a estrutura das normas tributárias na constituição e na legislação do Chile (seção 3), os princípios tributários que norteiam o sistema tributário (seção 4) e as espécies tributárias previstas e instituídas pelo legislador chileno (seção 5).

Na seção 6, são traçadas considerações sobre o modelo de incidência (patrimônio, renda ou consumo) no Chile e no Brasil. Na seção 7, abordam-se perspectivas acerca da tributação de alta tecnologia. Na seção seguinte, é apresentado o modelo de cobrança fiscal chileno. Terminada essa exposição, comenta-se na seção 9 sobre a possibilidade de uso das espécies de transação, arbitragem e conciliação em ambos os sistemas (brasileiro e chileno). A seção 10 é dedicada aos tratados internacionais firmados entre Chile e Brasil. Ao final do artigo, são feitas conclusões sobre os aspectos positivos e negativos dos institutos apresentados, ressaltando-se aqueles que melhor atendem ao sistema tributário nacional.

1. **Características regionais, econômicas, políticas e governamentais**
A Constituição Chilena de 1980 dispõe que o Chile é um Estado democrático, republicano[1], unitário e presidencialista[2]. O poder político é concentrado em um ente central, que subordina todas as regiões, províncias e municípios do país, diferentemente do modelo federalista brasileiro[3]. Segundo dados do Instituto Nacional de Estatísticas, sua população atual ultrapassa 19 milhões de habitantes[4] e sua extensão territorial alcança 756.700 km².

Em termos econômicos, o Chile é a 42ª maior economia de exportação do mundo e ocupa a 61ª posição no ranking das economias mais complexas do mundo, de acordo com o Índice de Complexidade Econômico (ICE). Em 2017, o Chile exportou US$ 70,1 bilhões e importou US$ 62,7 bilhões, resultando em um saldo comercial positivo de US$ 7,48 bilhões.

---

[1] Artículo 4º. Chile es una república democrática.
[2] Artículo 3º. El Estado de Chile es unitario, su territorio se divide en regiones. Su administración será funcional y territorialmente descentralizada, o desconcentrada en su caso, en conformidad con la ley.
[3] NETTO, Leonardo Silveira Antoun. Orçamento Público no Chile. In: ABRAHAM, Marcus; PEREIRA, Vítor Pimentel (Coord.). *Orçamento Público no Direito Comparado*. São Paulo: Quartier Latin, 2015. p. 146.
[4] Segundo a última projeção feita pelo INE, o país alcançou 19.107.216 habitantes em 2019, devendo chegar a 21.137.769 de pessoas em 2035. In: INE. Instituto Nacional de Estatísticas Chile. Proyecciones del INE apuntan a que Chile sería habitado por más de 21 millones de personas en 2035. Instituto Nacional de Estatísticas, Santiago do Chile, 28 de jun. 2019. Disponível em: <https://www.ine.cl/prensa/detalle-prensa/2019/06/28/proyecciones-del-ine-apuntan-a-que-chile-ser%C3%ADa-habitado-por-m%C3%A1s-de-21--millones-de-personas-en-2035>. Acesso em: 20/11/2019.

Em 2017, o PIB do Chile foi de US$ 277 bilhões e seu PIB per capita foi de US$ 24,6 mil[5].

Segundo Andrea Repetto[6], os avanços econômicos no país são fruto de diversas reformas promovidas desde a década de 1970. A ditadura Pinochet, que se estendeu até 1990, abriu a economia e promoveu uma série de mudanças pró-mercado com base na cartilha neoliberal da Escola de Chicago. Desde a redemocratização, os diferentes governos que se revezaram no poder sempre estiveram preocupados com a estabilização econômica. Há cerca de mais de uma década foi aprovada a Lei de Responsabilidade Fiscal chilena[7], que condicionou o avanço das despesas à expectativa de arrecadação, diferenciando-se do modelo de controle de gastos instituído no Brasil em 2016, que leva em conta os gastos do ano anterior corrigidos pela inflação.

Observa-se que, muito embora o Chile tenha adotado diversas medidas para tornar a economia mais robusta, inclusive por meio de reformas tributárias recentes[8], há pelo menos trinta anos a carga tributária chilena não sofre grandes variações: em 1990, a carga tributária representava 16,9% do PIB[9]; em 2017, alcança patamar não muito superior, de 20,2%[10].

---

[5] SIMÕES, A. J. G.; HIDALGO, C. A. Chile. The Economic Complexity Observatory: An Analytical Tool for Understanding the Dynamics of Economic Development. *Workshops at the Twenty-Fifth AAAI Conference on Artificial Intelligence*. (2011). Disponível em: <https://oec.world/pt/profile/country/chl/>. Acesso em: 21/11/2019.

[6] BBC News. Economia 'modelo' para América do Sul, Chile tem Previdência em xeque. *G1*, 22 mar. 2019. Disponível em: <https://g1.globo.com/economia/noticia/2019/03/22/economia-modelo-para-america-do-sul-chile-tem-previdencia-em-xeque.ghtml>. Acesso em: 19.11.2019.

[7] CHILE. Lei nº 20.128, de 20 de setembro de 2006. Disponível em: <https://www.hacienda.cl/fondos-soberanos/normativa/ley-n-20-128-ley-sobre.html>. Acesso em 15.11.2019.

[8] A reforma tributária realizada entre 2014 e 2016, por exemplo, reduziu em 1.6 pontos percentuais a taxa de evasão fiscal do IVA, principal imposto da base do consumo do Chile, fechando a arrecadação em 102 milhões de dólares em 2017. (BARROS, Camila. Modelo de gestão de risco é a chave da reforma tributária chilena. FISCOSUL, Mato Grosso/MT, em 13 de jun. 2017. Fonte: <http://www.fiscosul.org.br/noticias/modelo-de-gestao-de-risco-e--a-chave-da-reforma-tributaria-chilena/2 70>. Acesso em: 18.11.2019)

[9] OCDE. Revenue Statistics OECD countries: Comparative tables. *OECD Stat*, 24 de nov. 2019. Disponível em: <https://stats.oecd.org/Index.aspx?DataSetCode=REV>. Acesso em: 24.11.2019.

[10] OCDE et al. Estadísticas tributarias en América Latina y el Caribe. 2019. Disponível em: <https://www.oecd.org/tax/tax-policy/brochure-estadisticas-tributarias-en-america--latina-y-el-caribe-2019.pdf>. Acesso em 10.11.2019. p. 3.

Diante das recentes movimentações populares, que chamaram a atenção da imprensa internacional em outubro de 2019, relevante observar que, embora o país tenha alcançado alto nível de prosperidade econômica, não obteve resultados igualmente satisfatórios no que se refere à redução das desigualdades sociais e à garantia de direitos fundamentais.

Segundo o relatório Panorama Social da América Latina, elaborado pela Comissão Econômica para a América Latina e o Caribe (CEPAL), a parcela de 1% mais rica da população chilena detinha 26,5% da riqueza do país em 2017, enquanto 50% das famílias de baixa renda representavam apenas 2,1% da riqueza líquida. Segundo o Instituto Nacional de Estatística do Chile, metade dos trabalhadores do país recebe um salário igual ou inferior a 400 mil pesos (R$ 2.280) ao mês, o que se torna um valor baixo comparado ao alto custo de vida no país. Já no Brasil, como comparação, 60% dos trabalhadores (54 milhões de pessoas) tiveram um rendimento médio mensal de apenas R$ 928 no ano passado, de acordo com a Pesquisa Nacional por Amostra de Domicílios Contínua, do IBGE[11].

2. Normas tributárias na Constituição e na legislação

A Constituição do Chile (*"Constitución Política de la República de Chile de 1980"*) dispõe sobre os princípios que ordenam o sistema tributário nacional e conferem garantias de propriedade e liberdade ao contribuinte, tais como legalidade, igualdade tributária, proporcionalidade tributária, justiça tributária e não afetação. A localização desses princípios no artigo 19 Nº 20 do Capítulo III, destinado aos direitos e deveres constitucionais, reforça a correlação entre as normas tributárias e os direitos fundamentais.

Diferentemente do ordenamento tributário brasileiro, que apresenta no próprio texto constitucional as diretrizes de toda a estrutura do sistema de tributação – desde as espécies tributárias até o modo de incidência e a repartição de competências[12] –, a Constituição do Chile não adentra em tais especificidades.

---

[11] ROURA, Ana María. Protestos no Chile: as rachaduras no modelo econômico do país expostas pelas manifestações. *BBC News Mundo*. 31 de out. 2019. Disponível em: <https://www.bbc.com/portuguese/internacional-50214126> Acesso em: 22.11.2019.

[12] "O sistema tributário nacional, a partir de sua configuração constitucional, pode ser dividido em quatro partes principais: a) Princípios Gerais do Sistema Tributário Nacional (art. 145 a 149-A), instituindo a estrutura de tributação, as espécies tributárias, o modo de incidência, as competências etc.; b) Limitações Constitucionais ao Poder de Tributar

O Código Tributário[13], por sua vez, tende a ser mais procedimental do que substantivo, não contendo uma definição de tributo e tampouco uma classificação para espécies tributárias[14]. O sistema tributário chileno vem a ser estruturado, portanto, em leis esparsas, responsáveis por regulamentar individualmente cada um dos impostos exigidos pelo Serviço de Impostos Internos (SII).

Dentre as principais leis que regem o sistema tributário chileno, destacam-se: as Leis nº 20.899 e 20.780 sobre o Imposto de Renda; o Decreto-lei nº 3.475/1980 sobre o Imposto sobre Selos (*Timbres y Estampillas*); a Lei nº 17.235/1998 sobre Imposto Territorial; o Decreto-lei nº 825/1974 (atualizado pelo Decreto-lei nº 1.606/1976) e o Regulamento do Imposto sobre Vendas e Serviços ("*Decreto supremo nº 55, de Hacienda, de 1977*"), responsáveis pela regulamentação do IVA; a Lei Orgânica do Serviço de Impostos Internos ("*Decreto con Fuerza de Ley Nº 7*", de 15 de outubro de 1980); as Leis nº 20.322 e 20.752, que tratam da jurisdição tributária e aduaneira; a Lei nº 16.271 sobre Imposto sobre Herança e Doações; o Decreto-Lei nº 828/1974, que versa sobre Imposto sobre Tabacos Manufaturados; a Lei nº 20.544, que regula o tratamento tributário dos instrumentos derivados; e a Lei nº 18.320/1984, que estabelece normas que incentivam o cumprimento tributário[15].

3. Princípios tributários

A Constituição é o sistema de normas jurídicas, escritas ou costumeiras, que regula a forma de um Estado, a forma de governo e aquisição do

---

(arts. 150 a 152), que estabelece os princípios tributários garantidores dos direitos do contribuinte e cria as principais imunidades tributárias; c) Distribuição de Competências Tributárias (arts. 153 a 156 e 195, CF88), que atribui à União, aos Estados, aos Municípios e ao Distrito Federal a instituição de impostos e contribuições e; d) Repartição das Receitas Tributárias (arts. 157 a 162), que dispõe sobre a participação que cada ente federativo terá no produto da arrecadação". In: ABRAHAM, Marcus. *Curso de Direito Tributário Brasileiro*. Rio de Janeiro: Forense, 2018. p. 60.

[13] Decreto-Lei nº 830, de 1974.

[14] SUAZO, Marcelo Díaz. Contribuciones especiales: el ejemplo de la pavimentación participativa. *Revista Chilena de Derecho*, vol. 30, nº 3, pp. 433-438, Set./Dez. 2003. p. 434. Disponível em: <www.jstor.org/stable/41615457>. Acesso em: 05.04.2020.

[15] SII. Legislación Tributaria Básica. *Servicio de Impuestos Internos* Disponível em: <http://www.sii.cl/pagina/jurisprudencia/legislacion/basica/basica.htm>. Acesso em: 09.11.2019.

poder de governar, distribuição de competências, direitos, garantias e deveres do cidadão[16]. Os valores expressos na Constituição de um país traçam as feições comportamentais do Estado e de suas relações com a sociedade[17].

A Constituição Chilena de 1980, em seu Capítulo III, destinado aos direitos e deveres constitucionais, traz em seu artigo 19 Nº 20 a principal fonte constitucional dos princípios tributários que ordenam o sistema chileno. O dispositivo enuncia que a Constituição assegura a todas as pessoas: (i) "La igual repartición de los tributos en proporción a las rentas o en la progresión o forma que fije la ley, y la igual repartición de las demás cargas públicas"; (ii) "En ningún caso la ley podrá establecer tributos manifiestamente desproporcionados o injustos"; (iii) "Los tributos que se recauden, cualquiera que sea su naturaleza, ingresarán al patrimonio de la Nación y no podrán estar afectos a un destino determinado", a exceção dos tributos destinados à defesa nacional ou dos tributos cuja lei que os regulamente reconheça que recaiam sobre atividade ou bens com clara identificação regional ou local e determine que a receita deles proveniente seja aplicada pelas autoridades da respectiva região ou comunidade para o financiamento de obras de desenvolvimento.[18]

Os doutrinadores chilenos extraem do artigo 19 Nº 20 da Carta o princípio da reserva de lei, cuja redação determina que, em nenhum caso, *a lei* poderá estabelecer tributos manifestamente desproporcionais ou injustos[19].

---

[16] MORAES, Alexandre de. *Direito constitucional*. 9. ed. São Paulo: Malheiros, 2001. p. 63; MORAES, Guilherme P. *Curso de Direito Constitucional*. 2. ed. Niterói, RJ: Impetus, 2008. p. 55.

[17] ABRAHAM, Marcus. op. cit. p. 88.

[18] CABRERA, Nelson Abraham Cerpa. *Los principios constitucionales del derecho tributário*. 2012. 128 f. (Mestrado em Direito). Facultad de Derecho – Departamento de Derecho Publico, Universidad de Chile, Santiago, 2012. p. 61. Disponível em: <http://repositorio.uchile.cl/bitstream/handle/2250/112808/de-cerpa_n.pdf?sequence=1&isAllowed=y>. Acesso em 07.10.2019.

[19] Art. 19. La Constitución asegura a todas las personas: (...) 20º La igual repartición de los tributos (...) En ningún caso la ley podrá establecer tributos manifiestamente desproporcionados o injustos.

Segundo Patricio Masbernat Muñoz, o princípio da legalidade também encontra respaldo nos artigos 32 Nº 8, 60 Nº 14, 62 inciso 4 Nº 1, da Constituição Política da República do Chile[20]:

> En lo pertinente, el artículo 60 dispone que sólo son materias de ley, "las que la Constitución exija que sean reguladas por una ley", y en su numeral 14, "las demás que la Constitución señale como leyes de iniciativa exclusiva del Presidente de la República". Concordante con ello, el artículo 32 (que en su numeral 1 señala que son atribuciones especiales del Presidente de la República "concurrir a la formación de las leyes con arreglo a la Constitución, sancionarlas y promulgarlas"), establece en el numeral 1 del artículo 62 que "corresponderá, asimismo, al Presidente de la República la iniciativa exclusiva para (1) imponer, suprimir, reducir o condonar tributos de cualquier clase o naturaleza, establecer exenciones o modificar las existentes, y determinar su forma, proporcionalidad o progresión". Al respecto, "el Congreso Nacional sólo podrá aceptar, disminuir o rechazar los servicios, empleos, emolumentos, préstamos, beneficios, gastos y demás iniciativas sobre la materia que proponga el Presidente de la República" (inciso final del artículo 62). Las leyes sobre tributos de cualquiera naturaleza que sean sólo pueden tener origen en la Cámara de Diputados (articulo 62 inciso 2 Constitución Política).

O artigo 19 Nº 20 é a base para a consagração do princípio da justiça ou da equidade tributária. Nesse sentido, leciona J.E. Figueroa Valdés que a justiça tributária se alcança na medida em que o legislador, por meio do sistema impositivo, iguala "el sacrificio que experimentan los contribuyentes al pagar los tributos"[21]. Nesse sentido, Muñoz afirma que, para a doutrina nacional a tributação deve estar fundada no princípio do benefício (por um lado, igual tratamento tributário entre aqueles que recebem os mesmos benefícios, e por outro, para os que recebem distintos benefícios deve ser fixada uma proporção em relação ao benefício recebido) ou no princípio da capacidade econômica ou contributiva (relacionada

---

[20] MUÑOZ, Patricio Masbernat. Garantías constitucionales del contribuyente: crítica al enfoque de la doctrina nacional. *Ius et Praxis*, Talca, v. 8, n. 2, p. 299-357, 2002. Disponível em: <https://scielo.conicyt.cl/scielo.php?script=sci_arttext&pid=S0718--0012200200010&lng=es&nrm=iso>. Acesso em: 17.11.2019.
[21] FIGUEROA VALDÉS, Juan Eduardo. *Las garantías constitucionales del contribuyente en la constitución política de 1980*. Editorial Jurídica de Chile, 1985, p. 152-153. apud CABRERA, Nelson Abraham Cerpa. op. cit. p. 68.

à capacidade que cada contribuinte tem de pagar ao Estado). Assim, o sistema tributário será justo quando houver igualdade de tratamento para contribuintes em igualdade de situações e circunstâncias, e tratamento distinto aos contribuintes quando em situações desiguais.

No âmbito dos princípios da igualdade, o artigo 19 N⁰ˢ 2 e 20 consagram os princípios da generalidade tributária, da capacidade contributiva e da progressividade[22]. Os artigos 19 Nº 22 e 62 permitem que leis de iniciativa exclusiva do Presidente da República prevejam isenções, excepcionando o princípio da generalidade[23].

O fundamento constitucional do princípio do não confisco está no artigo 1º, inciso quarto, artigo 19 Nº 20, inciso segundo ("en ningún caso la ley podrá establecer tributos manifiestamente desproporcionados o injustos"), e art. 19 Nº 24 e Nº 26, da Constituição Política do Chile. Trata-se de uma das garantias do contribuinte em face do poder do Estado de impor gravames à propriedade.

O sistema jurídico chileno igualmente protege a economia do particular por meio do princípio da irretroatividade da lei tributária, que não possui previsão expressa na Constituição, encontrando base legal no Código Civil, na Lei de Efeitos Retroativos das Leis e no Código Tributário. Nesse sentido, dispõe a primeira parte do artigo 3º do Código Tributário Chileno que: "En general, la ley que modifique una norma impositiva, establezca nuevos impuestos o suprima uno existente, regirá desde el día primero del mes siguiente al de su publicación. En consecuencia, sólo los hechos ocurridos a contar de dicha fecha estarán sujetos a la nueva disposición".

A segunda parte do artigo 3º do Código Tributário Chileno prevê o princípio da anterioridade do exercício, nos seguintes termos: "La ley que modifique la tasa de los impuestos anuales o los elementos que sirven

---

[22] "Art. 19. La Constitución asegura a todas las personas: (...) 2º La igualdad ante la ley. En Chile no hay persona ni grupo privilegiados. En Chile no hay esclavos y el que pise su territorio queda libre. Hombres y mujeres son iguales ante la ley. **Ni la ley ni autoridad alguna podrán establecer diferencias arbitrarias;**" (grifo nosso)

[23] "22º La no discriminación arbitraria en el trato que deben dar el Estado y sus organismos en materia económica. Sólo en virtud de una ley, y siempre que no signifique tal discriminación, se podrán autorizar determinados beneficios directos o indirectos en favor de algún sector, actividad o zona geográfica, o establecer gravámenes especiales que afecten a uno u otras. En el caso de las franquicias o beneficios indirectos, la estimación del costo de éstos deberá incluirse anualmente en la Ley de Presupuestos"

para determinar la base de ellos, entrará en vigencia el día primero de Enero del año siguiente al de su publicación, y los impuestos que deban pagarse a contar de esa fecha quedarán afectos a la nueva ley".

4. Espécies tributárias

A doutrina chilena usualmente classifica as espécies tributárias em impostos, contribuições especiais e taxas[24]. As três espécies estariam compreendidas dentro da expressão "tributo", incorporada pelo constituinte no artigo 19 Nº 20 da atual Carta chilena, que além de substituir os termos "impuestos" e "contribuciones" anteriormente empregados pela Constituição de 1925, teria ampliado as espécies para abranger o termo "tasas" ou "derechos"[25].

A classificação tripartida é reconhecida pela Corte Suprema[26], mas não pelo Tribunal Constitucional do Chile[27]. Com efeito, o Tribunal

---

[24] CALDERÓN, Cristian Manuel A. Mora. Derechos, precios, tasas y tributos en la jurisprudencia del tribunal constitucional, 2018. 62 f. (Mestrado em Direito Tributário). Facultad de Derecho – Escuela de Postgrado, Universidad de Chile, Santiago, 2018. p. 18. Disponível em: <http://repositorio.uchile.cl/bitstream/handle/2250/167988/Derechos-precios-tasas-y-tributos-en-la-jurisprudencia-del-tribunal-constitucional.pdf?sequence=1&isAllowed=y>. Acesso em: 02.03.2020.

[25] Ambos os termos são utilizados no Chile como sinônimo para o conceito de taxa.

[26] A Corte Suprema do Chile vem reiterando em suas decisões: "Que tal como lo ha señalado esta Corte en casos similares, los tributos pueden clasificarse en impuestos, contribuciones especiales y tasas, tratándose en la especie de una contribución que se define como el gravamen que tiene por objeto distribuir entre ciertos contribuyentes los gastos de realización de obras o de mantenimiento de servicios, que les benefician colectivamente de alguna manera más especial que el resto de las personas que integran la sociedad;
6º Que no obstante lo expuesto, es lo cierto que el vocablo tributo fue incorporado en nuestra Constitución, en reemplazo de las palabras contribuciones o impuestos que empleaba la anterior, de modo que ha de entenderse que incluye, además, las tasas y los demás derechos o cargas semejantes, como lo hace notar don Juan Eduardo Figueroa en su obra "Las garantías Constitucionales del Contribuyente en la Constitución política de 1980" (Editorial Jurídica 1985), y así se dejó constancia en la discusión respectiva, en la comisión constituyente, sesión 398, en el sentido que dicho vocablo significa "Obligaciones Tributarias que la ley impone a las personas para el cumplimiento de los fines de bien común propios del Estado", que comprende precisamente los impuestos, contribuciones, las tasa y los derechos". In: CALDERÓN, Cristian Manuel. op. cit. p. 22.

[27] Para melhor compreensão, faz-se essencial compreender a diferença entre as atribuições da Corte Suprema e o Tribunal Constitucional. Em linhas gerias, o artigo 80 da Constituição do Chile previa originalmente (antes da reforma constitucional de 2005) que caberia à Corte

Constitucional, desde o julgamento do processo nº 1034, vem consolidando a tese de que as taxas não ostentam natureza tributária, enquadrando-se em uma categoria diferenciada de ingresso público (como será visto mais à frente).

Como se adiantou, o Código Tributário do Chile tende a ser mais procedimental do que substantivo, não contendo uma definição de tributo e tampouco uma classificação para espécies tributárias[28]. Sendo assim, a regra matriz de incidência de cada tributo precisa ser verificada na respectiva lei instituidora da cada exação.

O sistema tributário chileno é centralizado, cabendo ao ente nacional a competência para instituir, fiscalizar e arredar tributos, conforme preceitua o artigo 19 Nº 20, da Constituição do Chile. Nada obstante, o mesmo inciso 20 foi modificado pela lei de Reforma Constitucional nº 18.825, a qual excepcionou a regra geral para permitir que regiões e municípios instituam tributos sobre atividades e bens de clara identificação regional ou local.

4.1. Contribuições especiais

Segundo Marcelo Díaz Suazo, embora a nomenclatura "contribuciones especiales" não seja comumente empregada pelo legislador chileno, a

---

Suprema o controle de constitucionalidade repressivo e incidental, nos seguintes termos: "La Corte Suprema, de oficio o a petición de parte, e las matérias de que conozca, o que le fueren sometidas em recurso interpuesto em cualquier gestión que siga ante outro tribunal, podrá declarar inaplicable para esos casos particulares todo precepto legal contrario a la Constitución. Este recurso podrá deducirse em cualquier estado de la gestión, pudiendo ordenar la Corte la suspensión del procedimiento". A Corte Constitucional, por sua vez, realiza o controle constitucional abstrato (repressivo ou preventivo) de normas, possuindo suas decisões efeito erga omnes, consoante dispõe o artigo 93 da Constituição do Chile: "Son atribuciones del Tribunal Constitucional: 1º.- Ejercer el control de constitucionalidad de las leyes que interpreten algún precepto de la Constitución, de las leyes orgánicas constitucionales y de las normas de un tratado que versen sobre materias propias de estas últimas, antes de su promulgación; 2º.- Resolver sobre las cuestiones de constitucionalidad de los autos acordados dictados por la Corte Suprema, las Cortes de Apelaciones y el Tribunal Calificador de Elecciones; 3º.- Resolver las cuestiones sobre constitucionalidad que se susciten durante la tramitación de los proyectos de ley o de reforma constitucional y de los tratados sometidos a la aprobación del Congreso; 4º.- Resolver las cuestiones que se susciten sobre la constitucionalidad de un decreto con fuerza de ley; (...)".

[28] SUAZO, Marcelo Díaz. op. cit. p. 434.

espécie não é estranha ao sistema tributário do país[29]; e como visto, a categoria é reconhecida pela Suprema Corte do Chile[30].

O autor defende que a cobrança de contribuições de melhoria ("*contribuciones de mejora*"), subespécie das contribuições especiais[31], é autorizada pela parte final do artigo 19, inciso 20, da Carta Fundamental do Chile[32], onde se consagra que a lei poderá autorizar que os tributos incidentes sobre atividades ou bens com clara identificação regional ou local sejam aplicados pelas autoridades regionais ou municipais no financiamento de obras de desenvolvimento. Por conseguinte, observa que o artigo 5º da Ley Orgánica de Municipalidades fixa dentre as competências municipais a função de aplicar tributos sobre atividades ou bens com clara identificação local e que estejam destinados a obras de desenvolvimento municipais.

---

[29] SUAZO, Marcelo Díaz. op. cit. p. 435.

[30] Como visto, a Corte Suprema do Chile tem reiterado "Que tal como lo ha señalado esta Corte en casos similares, los tributos pueden clasificarse en impuestos, contribuciones especiales y tasas, tratándose en la especie de una contribución que se define como el gravamen que tiene por objeto distribuir entre ciertos contribuyentes los gastos de realización de obras o de mantenimiento de servicios, que les benefician colectivamente de alguna manera más especial que el resto de las personas que integran la sociedad". In: CALDERÓN, Cristian Manuel. op. cit. p. 22.

[31] Segundo Raquel Águila Kiwi, as contribuições de melhoria são prestações impostas aos particulares que obtêm um benefício ou vantagem especial em razão da instituição, construção ou conservação de uma obra pública ou da prestação de um serviço, devendo o produto da arrecadação ser destinado ao financiamento das obras ou das atividades que constituem a fonte da obrigação. Assinala que parte da doutrina entende que a fixação do valor da contribuição deve se pautar sempre no menor valor (seja o da despesa com a obra, seja o da valorização estimada), enquanto outra parcela dos doutrinadores defende que a prestação tem como limite total o gasto realizado e como limite individual o valor do imóvel beneficiado. (KIWI, Raquel Águila. Análise económico de los instrumentos de recuperación de plusvalia urbana: hacia la implementación de una política pública en Chile. 2018. 77 f. (Memoria para optar el grado de Licenciado em Ciências Jurídicas y Sociales). Facultad de Derecho – Departamento de Derecho Público, Universidad de Chile, Santiago, 2018. Disponível em: <http://repositorio.uchile.cl/bitstream/handle/2250/153148/An%C3%A1lisis-econ%C3%B3mico-de-los-instrumentos-de-recuperaci%C3%B3n-de-plusval%C3%ADa-urbana.pdf?sequence=1&isAllowed=y>. Acesso em: 04.04.2020. p. 38-39).

[32] Artigo 19 Nº 20 da Constituição do Chile: "Sin embargo, la ley podrá autorizar que determinados tributos puedan estar afectados a fines propios de la defensa nacional. Asimismo, podrá autorizar que los que gravan actividades o bienes que tengan una clara identificación regional o local puedan ser aplicados, dentro de los marcos que la misma ley señale, por las autoridades regionales o comunales para el financiamiento de obras de desarrollo".

A doutrina chilena admite dois fundamentos para as contribuições especiais (*"contribuciones especiales"*): o primeiro é a vantagem percebida por um particular em decorrência da atividade estatal; e o segundo é o maior gasto público em que incorre o ente público em relação a uma pessoa individualizada[33]. A professora Ángela Radovic, por exemplo, define contribuições especiais como todas aquelas prestações que possuem como causa o cumprimento de um serviço público de caráter geral, mas que proporcionam um benefício econômico particular[34].

Comparando as definições fornecidas pela doutrina nacional e aquela consolidada pelo artigo 17 do Modelo de Código Tributário para América Latina OEA/BID, Kristofer Lentoja sugere como um terceiro elemento de identificação das contribuições especiais a afetação dos recursos provenientes das contribuições especiais a um fim específico:

> Creemos que faltaría agregar además una tercera: el recaudo debe destinarse (afectarse) a un fin específico, que sería típicamentesolventar el gasto fiscal incurrido, lo que importa además que una forma especial de contabilización dentro de las finanzas del Estado (debe incorporarse en un fondo especialmente afectado a este fin).

El artículo 17 del Modelo de Código Tributario para América Latina OEA/BID establece lo siguiente:

"[---] Contribución especial es el tributo cuya obligación tiene como hecho generador beneficios derivados de la realización de obras públicas o de actividades estatales y cuyo producto no debe tener un destino ajeno a la financiación de las obras o las actividades que constituyen el presupuesto de la obligación."[35]

A partir do estudo do Modelo de Código Tributário sugerido pela OEA/BID e da doutrina de Giuliani Fonrouge, o autor igualmente sugere que as contribuições especiais sejam categorizadas em "contribuciones de peaje", "contribuciones de seguridad social", "contribuciones

---

[33] LENTOJA CEPEDA, Kristofer Constantino. Patente municipal: ¿impuesto, contribución especial o tasa?, 2003. 201 f. (Memoria para optar el grado de Licenciado em Ciências Jurídicas y Sociales). Facultad de Derecho – Departamento de Derecho Público, Universidad de Chile, Santiago, 2003. p. 26. Disponível em: <http://repositorio.uchile.cl/handle/2250/116252>. Acesso em: 04.04.2020.

[34] SUAZO, Marcelo Díaz. op. cit., p. 435.

[35] LENTOJA CEPEDA, Kristofer Constantino. op. cit. p. 42-43.

con fines de regulación económica y profesional" e "contribuciones de mejora"[36].

4.2. Taxas

No Chile, tanto a lei quanto a doutrina se utilizam de duas nomenclaturas para tratar do mesmo instituto: "tasas" ou "derechos", sendo a segunda palavra empregada com maior frequência.

Como visto anteriormente neste artigo, a jurisprudência da Corte Constitucional Chilena consolidou a tese de que as taxas não ostentam natureza tributária, enquadrando-se em uma categoria diferenciada de ingresso público[37]:

> (...) en tanto los tributos son de exigencia general a toda la colectividad, en la medida en que se incurra en lo hechos gravados, los derechos lo son sólo para quienes demanden de la autoridade administrativa una prestación directa y específica em su benefício o, dicho em otros términos, a quienes son usuários de un servicio público divisibe o fragmentable en unidades de prestación, lo que no sucede con los tributos, que están destinados a financiar la prestación de servicios públicos indivisibles por naturaleza, como lo son la defensa nacional, la justicia o la seguridade pública, entre otros.
>
> La anotada diferencia también encuentra su correlato en la circunstancia de que, en general, el produto de los tributos no está afectado a un fin determinado (critério consagrado como principio de nuestro ordenamiento en el inciso terceiro del Nº 20º del artículo 19 de la Constitución), en tanto que los derechos o tasas sí pueden estarlo y normalmente lo están en benefício de la entidad que presta el servicio respectivo u otorga la concesión o permiso correspondiente, pues, como ha quedado dicho, su razón de ser es contribuir al costeo de ese preciso servicio o acto de la Administración.

Note-se que a Corte Constitucional do Chile conceitua a taxa como sendo uma prestação pecuniária exigida do administrado para solver, ainda que parcialmente, o custo da Administração Pública com a prestação de

---

[36] Ibid. p. 38.
[37] Tribunal Constitucional. Rol nº 1.034-2008, Requerimiento de inaplicabilidad por inconstitucionalidad del artículo 42 del decreto ley nº 3.063, sobre rentas municipales, deducido por empresa de obras sanitarias de Valparaíso, Esval. Julgado em: 7 Out. 2008. Disponível em: <https://www.tribunalconstitucional.cl/ver2.php?id=1024>. Acesso em: 07.04.2020.

um serviço ao requerente, de sorte que sua cobrança é imposta apenas sobre aqueles que demandam da autoridade uma prestação direta e específica em seu benefício[38]:

> Que, en tanto los tributos, impuestos o contribuciones, son prestaciones pecuniárias exigidas coactivamente por la ley a quienes incurran em los hechos o situaciones que éste grava, com miras a subvenir al funcionamiento del Estado em su conjunto, sin que vayan acompanhadas de uma contraprestación directa y específica en benefício del contribuyente, *los derechos, en cambio, son prestaciones pecuniárias exigidas del administrado para contribuir a solventar, siquiera parcialmente, el costo que para la Administración Pública representa la prestación de un servicio que le proporciona al erogante o, bien, los gastos en que incurrirá para franquear el uso público de un bien de esa naturaleza cuando el mismo se vea obstaculizado o entorpecido por el disfrute particular de ese bien entregado a um particular por vía de concesión o permiso.*

É possível extrair da definição supramencionada características distintivas para o conceito de taxa, tal como a subordinação ao princípio da afetação e o caráter específico e divisível do serviço prestado pela Administração.

Destarte, verifica-se em linhas gerais que a Corte Constitucional rechaça a natureza de tributo das taxas porque pressupõe que a regra geral prevista no artigo 19 Nº 20, que determina a não afetação do produto dos tributos a um fim determinado, é uma barreira constitucional à ampliação do conceito de tributo para além da definição de imposto.

A natureza jurídica das taxas no Brasil é oposta à do Chile por dois motivos. O primeiro motivo é que a definição do artigo 3º do CTN abarca o conceito de taxa – ou de "derecho", assumindo os moldes descritos pela jurisprudência da Corte Constitucional Chilena – ao conceituar tributo como sendo "toda prestação pecuniária compulsória, em moeda ou cujo valor nela se possa exprimir, que não constitua sanção de ato ilícito, instituída em lei e cobrada mediante atividade administrativa plenamente vinculada". O segundo motivo está na previsão do artigo 4º, do CTN, o qual dispõe que a natureza jurídica do tributo é determinada pelo fato gerador da respectiva obrigação, sendo irrelevante para qualificá-la a destinação legal do produto da arrecadação.

---

[38] Id. Ibid.

O fundamento legal, no sistema tributário chileno, que autoriza os municípios a cobrarem taxas por serviços específicos e divisíveis por eles prestados é o artigo 40 do Decreto-lei nº 3.063 (Ley de Rentas Municipales)[39], segundo o qual as taxas municipais serão exigidas tanto para a obtenção de uma concessão ou permissão quanto para a utilização individualizada de um serviço prestado pela Administração local.

A mesma lei regulamenta nos artigos 6º a 10 a cobrança anual sobre o serviço de limpeza urbana e coleta de lixo domiciliar ("Derechos de aseo municipal"), a qual representa em média 5% da receita dos municípios[40]. Os "derechos de aseo municipal" foram igualmente considerados pela Corte Constitucional do Chile, no julgamento do processo nº 1063, como fontes de receita não-tributárias[41].

4.3. Impostos
4.3.1. Impostos do sistema tributário nacional

A nível nacional, o sistema nacional de tributação está estruturado ao redor de quatro eixos de arrecadação de alto rendimento, os quais são classificados como Impostos sobre a Renda, Impostos sobre Vendas e Serviços (cujo modalidade de maior destaque é o Imposto sobre Valor Agregado – IVA), Impostos Específicos e Outros Impostos. Destaca-se que, em termos de arrecadação, os impostos sobre consumo, com especial destaque para o Imposto sobre Valor Agregado (IVA), que representam em torno da metade de toda a arrecadação tributária.

---

[39] Artigo 40, do Decreto-lei 3.063: "Llámense derechos municipales las prestaciones que están obligadas a pagar a las municipalidades, las personas naturales o jurídicas de derecho público o de derecho privado, que obtengan de la administración local una concesión o permiso o que reciban un servicio de las mismas, salvo exención contemplada en un texto legal expresso".

[40] BCN. Biblioteca del Congreso Nacional de Chile. Derechos de aseo Antecedentes de la legislación chilena y referencias internacionales. BCN, novembro 2019. Disponível em: <https://www.bcn.cl/obtienearchivo?id=repositorio/10221/27772/1/Derechos_aseo.pdf>. Acesso em: 04.04.2020.

[41] FUENTES, Marcelo Matus. Tensiones normativas en torno a la incorporación de impuestos en la regulación ambiental. *Revista Ius et Praxis*, Año 20, Nº 1, 2014, pp. 163 – 198. Disponível em: <http://revistaiepraxis.cl/index.php/iepraxis/article/download/9/7>. Acesso em: 05.04.2020.

Impuestos sobre la renta. Os *Impuestos sobre la Renta*[42] se dividem nas seguintes modalidades: (i) Imposto de Primeira Categoria, incidente sobre rendas de capital de pessoas jurídicas e sociedades de fato, (ii) Imposto sobre Pessoas Naturais, que se subdivide em Imposto de Segunda Categoria, incidente sobre rendas do trabalho, e Imposto Global Complementar, que recai sobre a totalidade dos ingressos das pessoas naturais e (iii) Imposto às Pessoas não residentes, que engloba o Imposto Adicional, incidente sobre a renda de fonte chilena de pessoas naturais ou jurídicas que residem fora do país.

Ainda dentro dos Impostos sobre a Renda, o Chile possui o Imposto Especial sobre "pequenos contribuintes" (art. 22 da Lei do Imposto sobre a Renda), que estabelece um sistema simplificado para contribuintes sem grandes ingressos, como comerciantes ambulantes, proprietários de oficinas artesanais, pequenos mineradores e pescadores artesanais. O art. 17, n. 8, da mesma lei, prevê o imposto sobre ganho de capital, que incide sobre rendas não habituais, obtidas pela venda de bens específicos e determinados. O art. 20, n. 6, estabelece o Imposto sobre os prêmios de loteria, cuja alíquota única atualmente é fixada em 15% (quinze por cento).

Impuesto sobre Ventas y Servicios. Como já se adiantou, os *Impuestos sobre Ventas e Servicios* têm como principal expoente o Imposto sobre Valor Agregado – IVA, regido pelo Decreto n. 825, de 1974. Segundo Relatório do Programa das Nações Unidas para o Desenvolvimento[43], o IVA incide sobre transações de bens e serviços de consumo final com alíquota de 19%, dos quais ficam isentos alguns poucos serviços como locação, educação, transporte de passageiros e serviços médicos e hospitalares. De acordo com dados de 2015, do Serviço Interno, o IVA representou 48,53% da arrecadação, enquanto os Impostos sobre a Renda corresponderam

---

[42] A lei tributária chilena adota um conceito amplo de renda, segundo a qual "los ingresos que constituyan utilidades o beneficios que rinda una cosa o actividad y todos los beneficios, utilidades e incrementos de patrimonio que se perciban, devenguen o atribuyan, cualquiera que sea su naturaleza, origen o denominación" (art. 2º, nº 1, da Lei do Imposto de Renda – DL 824). O artigo 17 da mesma lei aponta os incrementos patrimoniais que não são tributados pelo imposto de renda, como as indenizações, à semelhança do Brasil.

[43] PNUD. *Desiguales.* Orígenes, cambios y desafíos de la brecha social en Chile. Santiago de Chile, Programa de las Naciones Unidas para el Desarrollo, 2017. Disponível em: <https://www.undp.org/content/dam/chile/docs/pobreza/undp_cl_pobreza-Libro-DESIGUALES-final.pdf>. Acesso em: 03.11.2019. p. 321-322

a 39,5% do total, sendo o restante distribuído em outros impostos e ingressos tributários menores[44].

O IVA é um imposto único, de caráter nacional e não-cumulativo, cobrado em todas as etapas do processo de produção e comercialização de bens e serviços, garantindo-se, em cada etapa, o crédito correspondente ao imposto pago na etapa anterior. Esse desenho faz com que o IVA seja considerado um tributo neutro – cuja incidência independe da forma como está organizada a produção e circulação, de modo que o imposto pago pelo consumidor na etapa final de venda corresponde exatamente ao que foi recolhido ao longo de toda a cadeia de produção e comercialização.

Atualmente, os modelos de tributação de consumo com base no IVA têm despertado interesse na doutrina brasileira, em razão da proposta de implementação do Imposto sobre Bens e Serviço (IBS), que unificaria os tributos atualmente existentes no Brasil: PIS, Cofins, IPI, ICMS e ISS. O objetivo da reforma é tornar mais simples e eficiente a cobrança de tributos no território brasileiro. Não obstante, tomando-se como base o modelo chileno, observa-se que a efetividade do IVA se deve em grande medida à centralização das competências administrativas e tributárias no ente nacional, o que parece ir de encontro à estrutura federativa e descentralizada brasileira[45].

Observa-se que o IVA, embora extremamente amplo, não abrange a totalidade das atividades e serviços tributados sob o eixo dos Impostos sobre Vendas e Serviços. Dentro dos impostos sobre consumo, a legislação chilena também prevê o imposto especial sobre venda de produtos

---

[44] BARREDA, Pablo Ignacio Eterovic. *Beneficios tributarios al gasto de bolsillo en salud*, 2018. 175 f. (Mestrado em Direito). Facultad de Derecho – Escuela de Postgrado, Universidad de Chile, Santiago, 2018. Disponível em: <http://repositorio.uchile.cl/bitstream/handle/2250/151548/Beneficios-tributarios-al-gasto-de-bolsillo-en-salud.pdf?sequence=1&isAllowed=y>. Acesso em: 04.11.2019. p. 22-23

[45] Felipe Fleury, em artigo publicado no Diário de Comércio Indústria e Serviços – DCI, entende que o ponto mais polêmico da proposta de reforma tributária (Proposta de Emenda à Constituição 45) reside justamente na possibilidade de afronta ao pacto federativo e à autonomia municipal, eis que retira a competência dos estados e municípios para instituir e arrecadar tributos que lhes foram conferidos pela Constituição (ICMS e ISS). (FLEURY, Felipe. IBS e a autonomia estadual e municipal. *DCI Diário Comércio Indústria & Serviços*, São Paulo, 6 ago. 2019. Disponível em: <https://www.dci.com.br/colunistas/tributos/ibs-e-a--autonomia-estadual-e-municipal-1.821536>. Acesso em: 17.10.2019).

determinados, o imposto sobre bebidas alcoólicas e produtos similares (o qual representou 1,3% da arrecadação em 2015), o imposto específico sobre venda de veículos (representou 0,1% do total no mesmo ano) e o imposto específico a produtos suntuários.

Impostos específicos. Dentro do eixo de *Impostos Específicos*, está o imposto sobre a venda de cigarro e o imposto sobre combustíveis, cuja arrecadação de 2015 representou 8,6% do total apurado pelo fisco naquele ano.

Outros impostos. Nos *Outros Impostos*, são considerados o imposto ao comércio exterior (1,2% da arrecadação em 2015), o imposto sobre atos jurídicos (1,0%), o imposto sobre jogos de azar (0,4%) e o imposto a heranças e doações (0,1%)[46].

4.3.2. Impostos do sistema tributário subnacional

Ao lado dos tributos nacionais, a Constituição Política da República do Chile prevê, em seu artigo 19, na parte final do inciso de número 20, a possibilidade de regiões e municípios instituírem tributos para bens e atividades com clara identificação regional ou local, nos seguintes termos:

> Los tributos que se recauden, cualquiera que sea su naturaleza, ingresarán al patrimonio de la Nación y no podrán estar afectos a un destino determinado.
> Sin embargo, la ley podrá autorizar que determinados tributos puedan estar afectados a fines propios de la defensa nacional. Asimismo, podrá autorizar que los que gravan actividades o bienes que tengan una clara identificación regional o local puedan ser aplicados, dentro de los marcos que la misma ley señale, por las autoridades regionales o comunales para el financiamiento de obras de desarrollo.

Nota-se que a competência tributária conferida aos governos regionais é excepcional, o que se justifica pelo fato de a estrutura institucional chilena não conferir autonomia aos governos regionais, que funcionam como agências desconcentradas territorialmente[47]. Devido a esta lógica,

---

[46] SII. Ingresos Tributarios Anuales. *Servicio de Impuestos Internos*. Disponível em: <http://www.sii.cl/sobre_el_sii/serie_de_ingresos_tributarios.html>. Acesso em: 13.11.2019.

[47] BUGUEÑO, Stefano Ferreccio. *Ley de rentas regionales: elemento esencial en la descentralización del país*, 2018. 49 f. (Postítulo en Economía y Finanzas para Abogados). Economía y Negocios, Universidad de Chile, Santiago, 2018. p. 20. Disponível em <http://repositorio.

menos de cinco por cento das receitas regionais advém de recursos próprios das regiões ou de impostos autorizados por lei, o que torna os governos regionais dependentes de transferências autorizadas anualmente pela Lei Orçamentária Anual chilena[48].

Atualmente, as leis que tratam de impostos regionais são: a Lei 18.392 (Lei Navarino), complementada pela Lei Austral, que estabeleceu benefícios tributários nas regiões de Aysén, Magallanes e Região de los Lagos; a Lei 19.669, que institui benefícios à região de Arica e Parinacota; e a Lei 19.709, que estabelece a zona franca industrial de insumos, partes e peças para mineração em Tocopilla, na Região de Antofagasta.

---

uchile.cl/bitstream/handle/2250/149328/Ferreccio%20Bugue%C3%B1o%20Stefano.pdf?sequence=1&isAllowed=y>. Acesso em: 27.10.2019.

[48] Artículo 112. (...) Corresponderá al consejo regional aprobar el proyecto de presupuesto de la respectiva región considerando, para tal efecto, los recursos asignados a ésta en la Ley de Presupuestos, sus recursos propios y los que provengan de los convenios de programación. Artículo 115. Para el gobierno y administración interior del Estado a que se refiere el presente capítulo se observará como principio básico la búsqueda de un desarrollo territorial armónico y equitativo. Las leyes que se dicten al efecto deberán velar por el cumplimiento y aplicación de dicho principio, incorporando asimismo criterios de solidaridad entre las regiones, como al interior de ellas, en lo referente a la distribución de los recursos públicos. Sin perjuicio de los recursos que para su funcionamiento se asignen a los gobiernos regionales en la Ley de Presupuestos de la Nación y de aquellos que provengan de lo dispuesto en el No. 20 del artículo 19, dicha ley contemplará uma proporción del total de los gastos de inversión pública que determine, con la denominación de fondo nacional de desarrollo regional.
La Ley de Presupuestos de la Nación contemplará, asimismo, gastos correspondientes a inversiones sectoriales de asignación regional cuya distribución entre regiones responderá a criterios de equidad y eficiencia, tomando en consideración los programas nacionales de inversión correspondientes. La asignación de tales gastos al interior de cada región corresponderá al gobierno regional.
A iniciativa de los gobiernos regionales o de uno o más ministerios podrán celebrarse convenios anuales o plurianuales de programación de inversión pública entre gobiernos regionales, entre éstos y uno o más ministerios o entre gobiernos regionales y municipalidades, cuyo cumplimiento será obligatorio. La ley orgánica constitucional respectiva establecerá las normas generales que regularán la suscripción, ejecución y exigibilidad de los referidos convenios.
La ley podrá autorizar a los gobiernos regionales y a las empresas públicas para asociarse con personas naturales o jurídicas a fin de propiciar actividades e iniciativas sin fines de lucro que contribuyan al desarrollo regional. Las entidades que al efecto se constituyan se regularán por las normas comunes aplicables a los particulares. Lo dispuesto en el inciso anterior se entenderá sin perjuicio de lo establecido em el número 21º del artículo 19.

Segundo Ferreccio Bugueño Stefano, "estas normativas, más a que crear impuestos que incremente el presupuesto de los gobiernos regionales, son reducciones impositivas para los miembros de dichas localidades, que por sus características geográficas se encuentran en zonas alejadas del territorio nacional"[49].

Ocorre que a forma como o sistema tributário chileno está estruturado não permite que as regiões instituam outros tributos diferentes dos nacionais ou municipais, pois as atividades e bens que em tese poderiam ser tributados pelos governos regionais, em virtude de clara identificação regional, normalmente já são tributados por meio de impostos nacionais (a exemplo do IVA) ou municipais, sendo estes últimos responsáveis por estruturar o sistema tributário subnacional.

Diferentemente dos governos regionais, os municípios possuem uma importante fonte de financiamento por meio da arrecadação de impostos locais. Segundo Juan Pablo Valenzuela Barros, a receita tributária arrecadada pelos municípios é a principal fonte para o financiamento dos gastos municipais, alcançando entre 60% e 64% da receita total dos municípios[50].

A competência tributária dos municípios abarca as seguintes modalidades[51]: "contribución por permiso de circulación", "contribución de patentes municipales" e "impuesto territorial/contribución de bienes raíces".

Impuesto anual por permiso de circulación. O *imposto anual sobre licença de circulação de veículos* ("impuesto anual por permiso de circulación" ou "contribución de permiso de circulación") é o imposto previsto nos artigos 12 a 22 da Ley de Rentas Municipales.

A competência para instituição é dos municípios, à luz do artigo 12 da mesma Lei: "Los vehículos que transitan por las calles, caminos y vías

---

[49] BUGUEÑO, Stefano Ferreccio. op. cit. p. 26-27.
[50] BARROS, Juan Pablo Valenzuela. *Descentralización fiscal: los ingresos municipales y regionales en Chile*. Proyecto Regional de Descentralización Fiscal CEPAL/GTZ. Serie Política Fiscal 101. p. 26. Disponível em: <https://repositorio.cepal.org/bitstream/handle/11362/7397/1/S9700672_es.pdf>. Acesso em: 08.11.2019.
[51] HERRERA, Debora Guerrero. *Sistema tributario subnacional en Chile*, 2016, 119 f. (Seminario para optar al título de Ingeniero Comercial, Mención Economía). Facultad de Economía y Negocios, Escuela de Economía y Administración, Universidad de Chile, Santiago, 2016. p. 28. Disponível em: <http://repositorio.uchile.cl/bitstream/handle/2250/141700/dguerrero_tesis.pdf?sequence=1&isAllowed=y>. Acesso em: 16.11.2019.

públicas en general, estarán gravados con un impuesto anual por permiso de circulación, *a beneficio exclusivo de la municipalidad respectiva*, conforme a las siguientes tasas: (...)".

A hipótese de incidência é o licenciamento de veículo automotivo, que deve ocorrer anualmente. Juan Pablo Valenzuela Barros afirma que este imposto tem recebido fortes críticas por estar atrelado somente à capacidade contributiva e não guardar nenhuma relação com o princípio do benefício. A alíquota é progressiva, de acordo com o valor do veículo.

Contribución de patente municipal. A "contribución de patente municipal"[52] está igualmente regulamentada pelos artigos 23 a 34 da Ley de Rentas Municipales.

O artigo 23 da referida Lei prevê que o exercício de toda profissão, ofício, indústria, comércio, arte ou qualquer outra atividade lucrativa secundária ou terciária, seja qual for sua natureza ou denominação, está sujeito a "contribución de patente municipal".

Em complemento, o artigo 24 dispõe que a licença é conferida às atividades comerciais que requerem um lugar fixo para o seu exercício, tais como oficinas, estabelecimentos ou quiosques, razão pela qual o município onde estiver situado o negócio será o responsável pela outorga da licença:

> Artículo 24. – La patente grava la actividad que se ejerce por un mismo contribuyente, en su local, oficina, establecimiento, kiosco o lugar determinado con prescindencia de la clase o número de giros o rubros distintos que comprenda. Tratándose de sociedades de inversiones o sociedades de profesionales, cuando éstas no registren domicilio comercial, la patente se deberá pagar en la comuna correspondiente al domicilio registrado por el contribuyente ante

---

[52] Segundo o doutrinador chileno José Fernandez Richard, a "contribución de patente municipal" é uma modalidade de imposto: "Sabido es que en nuestro ordenamiento jurídico 'contribuciones' o 'impuestos' son términos sinónimos, de modo que cabe concluir que la patente municipal no es outra cosa que no un impuesto, y tal es así que las normas relativas a ellas se encuentran compreendidas en el Título IV de la Ley de Rentas Municipales (DL 3.306), que trata de los 'Impuestos Municipales', al igual que em la anterior Ley de Rentas Municipales, Ley 11.704 y sus modificaciones, dichas normas estaban en el Título IV, que tratada de las 'Contribuciones o Impuestos Municipales'". (FERNÁNDEZ RICHARD, J. Naturaleza jurídica de la patente municipal. *Revista de Derecho Público*, Nº 28, 2016, p. 189-192. Disponível em: <https://revistas.uchile.cl/index.php/RDPU/article/view /43870/45899>. p. 190).

el Servicio de Impuestos Internos. Para estos efectos, dicho Servicio aportará esta información a las municipalidades, por medios electrónicos, durante el mes de mayo de cada año.

As patentes municipais representam a segunda maior fonte da receita tributária dos municípios e recaem sobre toda atividade lucrativa, como indústria, comércio e exercício profissional. São quatro os tipos de autorização tributadas pelos municípios chilenos: "Patentes comerciales: para tendas y negócios de compraventa em general", "Patentes profesionales: para, por ejemplo, consultas médicas, estúdios de abogados o estúdios de arquitectura", "Patentes industriales: para negócios cuyo giro es la producción o manufacturas, como panaderías, fábricas de productos, alimentos" e "Patentes de alcoholes: para botillerías, bares, restaurantes y afines"[53].

O pagamento do imposto em regra é anual, mas os municípios permitem que os contribuintes paguem em parcelas semestrais. A alíquota é estabelecida entre 0,25% e 0,5%, a depender do município, e recai sobre o capital do negócio a ser indicado na declaração feita pelo contribuinte ao órgão de arrecadação (Servicio de Impuestos Internos).

Impuesto territorial. O "impuesto territorial" ou "contribuición de bienes raíces" é o imposto que recai sobre a propriedade e está regido pela Lei n. 17.235. Conforme esclarece a doutrina chilena, a legislação equiparou as contribuições a impostos:

> (...) en Chile lo que los contribuyentes pagan por concepto de contribuciones mayoritariamente no es de beneficio del municipio en el cual se ubica la propiedad gravada, sino que viene a financiar el sistema municipal en su conjunto. Lo anterior implica que en gran medida por medio de las contribuciones de bienes raíces no se está financiando los bienes y servicios públicos locales que provee el municipio en el cual se ubica la propiedad, sino que se está solventando en buena parte el funcionamiento de los demás municipios del país. Ello relativiza la relación directa entre el pago de contribuciones y lo que se recibe a partir de ello desde el municipio, relación esencial tratándose de financiamiento de gobiernos locales. (...)

---

[53] BCN. Biblioteca del Congreso Nacional de Chile. Patentes municipales. *BCN*, 9 mar. 2011. Disponível em: <https://www.bcn.cl/leyfacil/recurso/patentes-municipales>. Acesso em: 04.11.2019.

Tal y como explicábamos en el acápite anterior, en nuestro país, las contribuciones de bienes raíces difícilmente podrían definirse como contribuciones que se pagan a cambio de una contraprestación local determinada. En realidad, ellas constituyen derechamente un impuesto, cuya constitucionalidad se encuentra, desde larga data, en entredicho por las siguientes razones (...)[54]

Embora seja a modalidade tributária mais expressiva em termos de arrecadação municipal, os municípios não possuem autonomia para definir o aspecto quantitativo do tributo e tampouco para realizar as atividades de fiscalização e cobrança, os quais recaem sobre o ente nacional. De acordo com Juan Pablo Valenzuela Barros, "tanto la base, como la tasa general, así como la estimación de los avalúos, su cobro y procesos judiciales por no pago es de total responsabilidad central. De esta forma es bastante baja la posibilidad que el contribuyente pueda asociar una correspondencia fiscal local"[55].

Os critérios para o cálculo do imposto variam de acordo com a natureza da propriedade, o que nos remete ao critério da destinação reconhecido pelo legislador brasileiro na tributação do IPTU e do ITR[56]. A tributação sobre as propriedades agrícolas inclui o valor fiscal do terreno e da sede, enquanto a tributação das propriedades não agrícolas considera o valor fiscal do terreno e de todas as construções nele existentes. Sobre a metodologia de cálculo do tributo, tem-se que o total a ser pago se obtém da conjugação do valor fiscal do imóvel, estabelecido pelo SII, pela alíquota vigente do imposto, podendo comportar isenções.

Segundo José Yáñes Henriquez, por meio de estudos, se verificou que o "Impuesto Territorial resulta ser progresivo, es decir, las personas a medida que van cayendo en los deciles más altos de ingreso, pagan una fracción creciente de sus ingresos por concepto de este impuesto.

---

[54] LIBERTAD Y DESARROLLO. Impuesto territorial, una discusión recurrente. Temas públicos. Nº 1348 – 2. *LYD*, Santiago, 27 de abril de 2018. Disponível em: <https://lyd.org/wp-content/uploads/2018/05/TP-1348-CONTRIBUCIONES.pdf>. Acesso em: 14.10.2019.
[55] BARROS, Juan Pablo Valenzuela. op. cit. p. 26.
[56] Para fins de incidência do ITR, o STJ entendeu, no REsp 1.112.646 (recurso repetitivo), que se deve estar atento não apenas ao critério da localização, mas também ao critério da destinação: caso o imóvel esteja destinado à exploração agrícola, pecuária, extrativa vegetal ou agroindustrial, ainda que localizado em área urbana, sobre ele incidirá o ITR. In: ABRAHAM, Marcus. op. cit. p. 350.

Esto contradice lo planteado teóricamente por la visión tradicional del impuesto a la propiedad"[57].

5. Modelo de incidência: patrimônio, renda ou consumo?

Como visto, a arrecadação por meio de impostos sobre o consumo no Chile representa 48,53% do total das receitas tributárias, enquanto os Impostos sobre a Renda corresponderam a 39,5%, sendo o restante distribuído em outros impostos e ingressos tributários menores. Considerando este panorama, pode-se afirmar que há certa predominância do modelo de incidência sobre o consumo em comparação à tributação sobre a renda.

Segundo o Relatório das Nações Unidas, a prevalência da tributação sobre consumo no Chile não vem sendo acompanhada de políticas de redistribuição, de modo que o total de gastos com transferências monetárias no Chile atualmente representa apenas 1% do PIB. Nesse sentido, se constata que o impacto redistributivo de transferências está abaixo dos países da OCDE e do Brasil.

Os países que adotam um modelo de política fiscal redistributiva normalmente utilizam mecanismos de tributação progressiva sobre a renda, assim como sistemas de transferência que beneficiam a maior parte da população. Essa combinação de políticas gera não apenas maior redistribuição de renda, como também uma maior integração, pois amplia o acesso da população aos mesmos benefícios. Já no Chile, o imposto sobre a renda possui um lugar secundário frente ao IVA (que é um imposto regressivo) e as transferências tendem a ser de baixa monta, sendo direcionada aos segmentos mais desfavorecidos.[58]

6. Tributação de tecnologia

A reforma tributária aprovada no Chile em 24 de fevereiro de 2020 (Ley nº 21.210), estabelece que a partir de 1º de junho do mesmo ano incidirá 19% de IVA sobre as plataformas digitais como Netflix, Amazon e Spotify.

A redação original do artigo 8º do Decreto-Ley nº 825, que trata das hipóteses de incidência do IVA, era omisso em relação aos serviços digitais

---

[57] HENRÍQUEZ, José Yáñez. Impuesto Territorial. *Revista de Estudios Tributarios*, nº 11, 2014. p. 253-281. Disponível em: <https://revistaestudiostributarios.uchile.cl/index.php/RET/article/view/40727>. p. 278.
[58] PNUD. op. cit. p. 38.

e o artigo 5º do mesmo Decreto-Ley estabelecia que o IVA deveria incidir sobre "los servicios prestados o utilizados en el territorio nacional, sea que la remuneración correspondiente se pague o perciba en Chile o en el extranjero" e que "se entenderá que el servicio es prestado en elterritorio nacional cuando la actividad que genera el servicio es desarrollada en Chile, independientemente del lugar donde éste se utilice".

Logo, não era possível tributar as companhias de serviço OTT (over-the-top) por não possuírem um estabelecimento permanente no país. A Ley nº 21.210 dispõe que será acrescentado ao artigo 8º do Decreto-Ley a alínea "n", que considera como prestação de serviço para fins de incidência do IVA:

> Los siguientes servicios remunerados realizados por prestadores domiciliados o residentes en el extranjero:
> 1. La intermediación de servicios prestados en Chile, cualquiera sea su naturaleza, o de ventas realizadas en Chile o en el extranjero siempre que estas últimas den origen a una importación;
> 2. El suministro o la entrega de contenido de entretenimiento digital, tal como videos, música, juegos u otros análogos, a través de descarga, streaming u otra tecnología, incluyendo para estos efectos, textos, revistas, diarios y libros;
> 3. La puesta a disposición de software, almacenamiento, plataformas o infraestructura informática; y
> 4. La publicidad, con independencia del soporte o medio a través del cual sea entregada, materializada o ejecutada.

O artigo 5º do Decreto-Ley nº 825 também sofreu alteração, ganhando a seguinte redação:

> Tratándose de los servicios del artículo 8 letra n) que sean prestados en forma digital, se presumirá que el servicio es utilizado en el territorio nacional si, al tiempo de contratar dichos servicios o realizar los pagos correspondientes a ellos, concurriesen al menos dos de las siguientes situaciones:
> i. Que la dirección IP del dispositivo utilizado por el usuario u otro mecanismo de geolocalización indiquen que este se encuentra en Chile;
> ii. Que la tarjeta, cuenta corriente bancaria u otro medio de pago utilizado para el pago se encuentre emitido o registrado en Chile;
> iii. Que el domicilio indicado por el usuario para la facturación o la emisión de comprobantes de pago se encuentre ubicado en el territorio nacional; o,

iv. Que la tarjeta de módulo de identidad del suscriptor (SIM) del teléfono móvil mediante el cual se recibe el servicio tenga como código de país a Chile.

Com efeito, a nova previsão não apenas incorpora nova hipótese de incidência à lei como também confere novos contornos ao aspecto espacial do tributo. Sendo assim, as plataformas digitais que possuem clientes no país passam a ser obrigadas a recolher o imposto sobre a prestação do serviço digital. Para identificar as assinaturas a serem gravadas com o novo imposto, poderão ser utilizados mecanismos desde a localização do IP até o registro do cartão de crédito ou de débito utilizado pelo usuário para o pagamento do serviço.

Outras plataformas digitais utilizadas para o transporte, como Uber e Cabify, estão isentas do IVA, pois o Congresso chileno está debatendo uma iniciativa para que estas companhias se estabeleçam no país e passem a recolher tributos como as demais empresas nacionais.

A projeção do governo de Sebastián Piñera é que a reforma tributária gere uma arrecadação adicional de 2,2 milhões de dólares, o equivalente a 0,6% do PIB.

O Chile não é o primeiro país da América Latina a regular as obrigações fiscais para plataformas digitais: na Colômbia, as plataformas over-the-top pagam 19% de IVA; na Argentina, 21%; no Uruguai, 22%. No México, foi aprovado um pacote econômico que inclui gravar as empresas digitais em 16%; reter entre 2 a 8 por cento de Imposto de Renda dos aplicativos de transporte como Uber; tributar entre 0,4 a 5,4 por cento empresas como Amazon e Mercado Livre; e entre 2 a 10 por cento as plataformas de hospedagem como Airbnb[59].

7. Modelo de cobrança fiscal

O Código Tributário do Chile, na primeira seção (Título Preliminar), trata de regras gerais tributárias e define procedimentos de autuação e

---

[59] GARCÍA, Violeta Contreras. Plataformas digitales pagarán IVA de 19% en Chile a partir de junio: las aplicaciones de transportes estarán exentas de esta obligación tributaria, pues en el Congreso se discute una iniciativa para gravarlas. Digitalpolicylaw.com, 2 mar. 2020. Disponível em: <https://digitalpolicylaw.com/plataformas-digitales-pagaran-iva-de-19-en-chile-a-partir-de-junio/>. Acesso em: 08.04.2020.

fiscalização da Fazenda, atribuindo alto grau de discricionariedade aos órgãos responsáveis pela tributação.

O Título II trata dos tipos penais tributários e dos procedimentos gerais de reclamação, por meio dos quais o contribuinte pode rever elementos da liquidação e da base da exação (artigo 124). Os procedimentos gerais de reclamação cumprem finalidade similar aos processos judiciais brasileiros para desconstituição de lançamento tributário que se entende irregular, a exemplo da Ação Anulatória Fiscal (art. 38, da Lei 6.830/1980).

No Título III, destinado aos procedimentos especiais, os artigos 155 e 157 dispõem sobre o procedimento especial de reclamação por meio do qual o contribuinte busca a revisão de atos ou omissões da Administração Tributária que tenham violado direitos constitucionais previstos nos parágrafos 21, 22 e 24, do artigo 19 constitucional, cujo conhecimento e mérito são analisados pelo Tribunal Tributário e Aduaneiro.

De acordo com estudo técnico realizado pela Consultoria Legislativa da Câmara dos Deputados, que trata da execução fiscal no direito comparado, o Título V, do Código Tributário do Chile, prevê um sistema de cobrança semijudicial[60]:

> A cobrança é iniciada por notificação de um agente fiscal da Tesouraria-Geral da República, o qual dispõe de competência até para efetivar penhora em dinheiro ou bens.
>
> A judicialização ocorre quando o contribuinte oferece impugnação à cobrança. Feita essa impugnação, caso não acatada pelo agente fiscal, é remetida para apreciação de um órgão de advocacia pública denominado Abogado Provincial. Após realizar um exame de admissibilidade formal, cabe ao Abogado Provincial remeter a impugnação para decisão pelo órgão judicial denominado Tribunal Ordinário.

Em contrapartida, o modelo tradicional de cobrança do crédito fiscal no Brasil é totalmente judicializado, regulado de acordo com as disposições da Lei 6.830/80.

---

[60] SILVA, Jules Michelet Pereira Queiroz e. *Consultoria Legislativa da Câmara dos Deputados. Execução fiscal: eficiência e experiência comparada.* Estudo Técnico, 2016. Disponível em: <https://www2.camara.leg.br/atividade-legislativa/estudos-e-notas-tecnicas/publicacoes-da-consultoria-legislativa/areas-da-conle/tema20/2016_12023_execucao--fiscal-eficiencia-e-experiencia-comparada_jules-michelet>. Acesso em: 24.10.2019. p. 16.

Segundo os estudos feitos pela Assessoria Legislativa, a adoção pelo Brasil do procedimento semijudicial poderia gerar a redução da taxa de congestionamento das execuções fiscais[61] que tramitam no judiciário brasileiro, que atualmente é de 90%[62]. Sustenta-se que, dentre as desvantagens do modelo judicial, está o número de autoridades públicas envolvidas na execução fiscal (o auditor fiscal, que constitui o crédito tributário, um advogado público, que o executa, e um magistrado, que rege a execução), o que naturalmente atrasa o processo eleva o custo administrativo para três órgãos públicos diversos.

Interessante observar que, embora a Assessoria Legislativa considere, dentre os modelos de referência na recuperação do crédito fiscal, o modelo de execução fiscal administrativa previsto no art. 134 do Código Tributário do Centro Interamericano de Administrações Tributárias (CIAT), entende que o modelo que melhor se enquadra ao ordenamento brasileiro é o chileno:

> Sugere-se, portanto, um modelo semelhante ao chileno: uma execução fiscal movida no âmbito da própria Administração Tributária, a quem caberiam todos os atos de busca de bens, penhora e expropriação, sendo judicializada apenas quando houver impugnação do contribuinte à conduta do órgão exequente. Assim, mantém-se no Poder Judiciário sua função primordial: compor conflitos de interesse, inclusive entre o Estado e o cidadão.

> Se não se mostra possível a desjudicialização da execução fiscal, pelo menos sugere-se a autorização legislativa para que os órgãos de advocacia pública deixem de ajuizar execuções fiscais que, conforme os critérios legais, se mostrem infrutíferas ou com reduzidas chances de êxito em razão da inexistência de patrimônio a excutir. Essa prática de "ajuizamento inteligente", como visto anteriormente, é adotada pela quase totalidade dos países cuja legislação foi analisada. Fazendo-o, permite-se ao órgão executor concentrar seus esforços em cobranças potencialmente lucrativas ao Estado.

> Cabe salientar que o incremento de arrecadação entre 2014 (0,824% do estoque) e 2015 (0,928% do estoque) é atribuído pela própria PGFN à estratégia

---

[61] Entende-se por taxa de congestionamento o indicador que mede o percentual de casos que permaneceram pendentes de solução ao final do ano-base, em relação ao que tramitou (soma dos pendentes e dos baixados).

[62] BRASIL. Conselho Nacional de Justiça. *Justiça em Números 2019*: ano-base 2018. 15. ed. Brasília: CNJ, 2019. p. 131. Disponível em: <https://www.cnj.jus.br/pesquisa-judiciarias/justica-em-numeros/>. Acesso em: 05/10/2019.

administrativa de maior foco na cobrança de devedores com maior perspectiva de recuperação. Se apoiada por medidas legislativas, esse desempenho tente a se aprimorar.

Também se deve repensar – embora não seja o escopo deste trabalho – o processo administrativo tributário e sua relação com o processo executivo. A estrita separação entre lançamento e execução é refletida no longo tempo que dura o processo administrativo, seguido por uma penosa e infrutífera execução. É preciso reduzir esse tempo, para evitar a simples falência ou insolvência do devedor durante o trâmite da causa na Administração e no Judiciário.

Na verdade, o que se conclui acerca da experiência comparada é que o modelo de execução fiscal brasileiro precisa de um giro de perspectiva em prol do pragmatismo. Atualmente, o órgão executor dispõe de apenas dois caminhos: ou executa judicialmente o débito ou não o faz e mantém o devedor em cadastros negativos.

A experiência internacional mostrou que é recomendável disponibilizar ao órgão executor um leque de medidas diversas, entre cobranças diretas, leilão de bens, mas também parcelamentos e acordos para pagamento. O Chile, por exemplo, dispensa formas diversas de cobrança, a depender do montante do crédito devido. No caso chileno, como visto, o maior índice de eficiência está na cobrança dos pequenos devedores, a qual se dá mediante call centers.

8. Espécies de transação, arbitragem, conciliação

A despeito da adoção de modelos de cobrança distintos, tanto o Brasil quanto o Chile parecem adotar mecanismos semelhantes para ampliação do grau de eficiência das execuções fiscais, como por exemplo, por meio da seletividade no ajuizamento de execuções fiscais.

Observa-se que a redação dada pela Ley n. 21.039, de 20.10.2017, ao artigo 169 do Código Tributário do Chile autorizou as autoridades fiscais a deixar de efetuar cobranças consideradas ineficientes, ou seja, cujo montante a arrecadar não justifique o montante dispendido na cobrança, nos seguintes termos:

> El Tesorero General de la República determinará por medio de instrucciones internas la forma como deben prepararse las nóminas o listas de deudores morosos, como asimismo todas las actuaciones o diligencias administrativas que deban llevarse a efecto por el Servicio de Tesorerías, en cumplimiento de las disposiciones del presente Título.
>
> El Tesorero General podrá, por resolución fundada, excluir del procedimiento ejecutivo de este Título, aquellas obligaciones tributarias en que por su escaso

monto o por otras circunstancias calificadas, no resulte conveniente efectuar la cobranza judicial, resolución que podrá modificar en cualquier momento. Decretada la exclusión y durante el tiempo que ésta dure, no se devengarán intereses moratorios ni multas, cuando estas últimas procedan.

Sin perjuicio de lo dispuesto en el inciso anterior, el Tesorero General de la República, por resolución interna, podrá ordenar la exclusión del procedimiento ejecutivo a que se refiere este Título de los contribuyentes que, se encuentren o no demandados, tengan deudas morosas fiscales cuyo valor por cada formulario, giro u orden, no exceda de 2 UTM vigente a la fecha de la mencionada resolución.

Segundo a Consultoria Legislativa da Câmara dos Deputados, para fins de cobrança, a Tesouraria-Geral da República chilena divide os créditos em três carteiras: dívidas de créditos não ajuizados, abaixo de 10 milhões de pesos, cobrados por call centers (pequenos devedores); dívidas de créditos ajuizados acima de 90 milhões de pesos (grandes devedores); dívidas de créditos ajuizados abaixo de 90 milhões de pesos (médios devedores). Para cada carteira é estabelecida, inclusive, uma meta de arrecadação anual.

No Brasil, a Lei 10.522/2002, com redação da Lei 13.606/2018, dispõe em seu artigo 20-C que a Procuradoria-Geral da Fazenda Nacional poderá condicionar o ajuizamento de execuções fiscais à verificação de indícios de bens, direitos ou atividade econômica dos devedores ou corresponsáveis, desde que úteis à satisfação integral ou parcial dos débitos a serem executados. O parágrafo único prevê que compete ao Procurador-Geral da Fazenda Nacional definir os limites, critérios e parâmetros para o ajuizamento da execução fiscal nesses casos, observados os critérios de racionalidade, economicidade e eficiência.

Ainda no cenário brasileiro, destaca-se a incorporação de medidas extrajudiciais de cobrança do crédito tributário. Recentemente, o parágrafo único do art. 1º da Lei nº 9.492/1997, inserido pela Lei nº 12.767/2012, que inclui as Certidões de Dívida Ativa – CDA no rol dos títulos sujeitos a protesto, foi considerado compatível com a Constituição Federal pelo STF, tanto do ponto de vista formal quanto material[63].

---

[63] STF. ADI 5135. Relator Min. Roberto Barroso. Tribunal Pleno. Julgado em 09/11/2016. Processo Eletrônico Dje-022. Divulgação: 06.02.2018. Publicação: 07.02.2018.

Outro ponto de convergência entre os sistemas chileno e brasileiro é a ampliação do diálogo com o contribuinte na cobrança do crédito tributário, através da adoção de mecanismos alternativos de solução de conflitos. O exemplo mais recente no sistema jurídico brasileiro de possibilidade de acordo entre fisco e contribuinte foi Medida Provisória 899, apelidada como "MP do Contribuinte Legal"[64], editada em 16/10/2019.

Em linhas gerais, a MP 899 estabelece três modalidades de transação: proposta individual ou por adesão na cobrança de dívida ativa, adesão nos casos de contencioso judicial ou administrativo tributário e adesão no contencioso administrativo tributário de baixo valor[65]. A transação pode abranger descontos em créditos inscritos em dívida ativa da União que, a exclusivo critério da autoridade fazendária, sejam classificados como irrecuperáveis ou de difícil recuperação, desde que inexistam indícios de esvaziamento patrimonial fraudulento, – sendo vedada a redução do montante principal do crédito inscrito em dívida ativa da União[66]. Às partes é autorizado, ainda, definir prazos e formas de pagamento, bem como acordar acerca do oferecimento, substituição ou alienação de garantias e constrições[67].

No Chile, se adotou, através da Ley n. 21.039, de 2017, a possibilidade de que sejam firmados acordos entre os contribuintes e o SII em uma fase

---

[64] Segundo a Exposição de Motivos da Medida Provisória 899, sua criação objetiva suprir "a ausência de regulamentação, no âmbito federal, do disposto no art. 171 do Código Tributário Nacional e de disposições que viabilizem a autocomposição em causas de natureza fiscal, contexto esse que tem, respectivamente, impedido maior efetividade da recuperação dos créditos inscritos em dívida ativa da União, por um lado, e resultado em excessiva litigiosidade relacionada a controvérsias tributárias, noutra senda, com consequente aumento de custos, perda de eficiência e prejuízos à Administração Tributária Federal". Ainda segundo a exposição de motivos, "estimativas conservadoras apontam como resultado da medida a arrecadação de R$ 1,425 bilhão em 2019, R$ 6,384 bilhões em 2020 e R$ 5,914 bilhões em 2021, sem prejuízo da economia de recursos decorrentes da solução dos litígios encerrados pela transação". (EMI nº 00268/2019 ME AGU, Brasília, 6 de Setembro de 2019. Disponível em: <http://www.planalto.gov.br/ccivil_03/_ato2019-2022/2019/Exm/Exm-MP-899-19.pdf>. Acesso em: 02/11/2019)

[65] Art. 2º, da MP 899.

[66] Art. 5º, inciso I, e § 2º, inciso I, da MP 899.

[67] Art. 5º, inciso II e III, da MP 899.

de audiência de conciliação[68]. Explica Javier Ignacio Pérez Marchant que a conciliação pode ser total ou parcial, podendo versar sobre as seguintes matérias[69]:

> la existencia de los *elementos que determinan la ocurrencia del hecho gravado establecido en la ley*; la *cuantía o monto del o los impuestos* determinados y de los reajustes, intereses o multas; la *calificación jurídica* de los hechos conforme a los antecedentes aportados en el procedimiento, la *ponderación o valoración de las pruebas* respectivas y la *existencia de vicios o errores manifiestos de legalidad*, ya sea de forma o fondo, siempre que todo lo anterior haya sido alegado expresamente por el contribuyente en el reclamo o se trate de casos en que el tribunal pueda pronunciarse de oficio.

A Lei nº 21.039 estabelece que, em nenhum caso, a conciliação poderá ocasionar a diminuição de crédito tributário, o que mais uma vez dialoga com o sistema brasileiro, que resguarda o princípio da indisponibilidade do crédito tributário. Não obstante, como visto, o Brasil tem adotado certa postura de relativização da indisponibilidade do tributo, a exemplo da MP 899, anteriormente mencionada.

---

[68] Segundo estabelecido pela Lei 21.039, esse acordo deve ser submetido à aprovação do Director Nacional del Servicio de Impuestos Internos, que se manifestará nos 30 dias seguintes á realização da audiência. Segundo Marco Veja, essa disposição é constitucionalmente duvidosa, pois gera intervenção na atividade jurisdicional, afetando o princípio de independência do Poder Judicial, e prejudica a celeridade do processo. Ainda segundo o jurista, conforme dados do ente Administrador de los Tribunales Tributarios y Aduaneros (por meio da Ley de Transparencia) desde novembro de 2017, quando entrou em vigência a norma, somente 0,8% de processos iniciados e concluídos nesse período se utilizaram desta via (8 de 1065 causas). Para Marco Veja, o número inexpressivo de conciliações se deve a tendência do SII de rechaçar as tratativas ou pela impossibilidade de implementação pelo simples transcurso do tempo até o pronunciamento do Director Nacional del Servicio de Impuestos Internos. Disponível em: <http://derecho-udla.cl/2019/09/30/conflictos-en-la--solucion-alternativa-de-conflictos-tributarios-2/>. Acesso em: 21.10.2019.

[69] MARCHANT, Javier Ignacio Pérez. *El principio de legalidad tributaria en la nueva etapa de conciliación del procedimiento de reclamación tributaria y aduanera*, 2018. 91 f. (Mestrado em Direito). Facultad de Derecho – Escuela de Postgrado, Universidad de Chile, Santiago, 2018. p. 30. Disponível em: <http://repositorio.uchile.cl/bitstream/handle/2250/168009/El-principio-de-legalidad-tributaria-en-la-nueva-etapa-de-conciliaci%c3%b3n-del-procedimiento-de-reclamaci%c3%b3n-tributaria-y-aduanera.pdf?sequence=1&isAllowed=y>. Acesso em: 04.11.2019.

9. Tratados internacionais

A proximidade entre a economia chilena e a brasileira sempre gerou reflexos na tributação, de sorte que em 2003 foram aprovadas: a Convenção entre a República Federativa do Brasil e a República do Chile destinada a evitar a dupla tributação e prevenir a evasão fiscal em relação ao Imposto sobre a Renda, celebrada em Santiago, em 3 de abril de 2001 (Decreto Legislativo nº 331/2003), a Convenção entre o Governo da República Federativa do Brasil e o Governo da República do Chile Destinada a Evitar a Dupla Tributação e Prevenir a Evasão Fiscal em Relação ao Imposto sobre a Renda, de 3 de abril de 2001 (Decreto nº 4.852/2003) e os Métodos de aplicação da Convenção destinada a evitar a dupla tributação e a prevenir a evasão fiscal em relação ao imposto sobre a renda, assinada pela República Federativa do Brasil com a República do Chile (Portaria MF nº 285/2003)[70].

O comércio entre os países encontra-se liberalizado quase em sua totalidade pelo Acordo de Complementação Econômica MERCOSUL-Chile (ACE-35), firmado entre o Mercosul e o Chile, em 1996, na esfera da Associação Latino-Americana de Integração (Aladi). O ACE-35 removeu totalmente as tarifas de importação no comércio de bens entre os dois países desde 2014.

Em 2018, o Ministério das Relações Exteriores anunciou novos acordos entre o Brasil e o Chile:

> Em 2018, o Brasil foi o principal parceiro comercial chileno na América Latina, e o Chile, o segundo sócio do Brasil na América do Sul. O intercâmbio comercial bilateral, de acordo com dados do Ministério da Economia, foi de cerca de US$ 9,77 bilhões em 2018 – crescimento de 15% em relação a 2017. (...) Em 2018, Brasil e Chile assinaram importantes novos acordos comerciais bilaterais: o Protocolo de Compras Públicas, o Protocolo de Investimentos em Instituições Financeiras, que complementou o Acordo de Cooperação e Facilitação de Investimentos (ACFI), e o Acordo de Livre Comércio (ALC). O ALC, que, uma vez em vigor, incorporará os demais instrumentos referidos, estabelece arcabouço normativo moderno e de amplo alcance, abrangendo

---

[70] Disponível em: <http://receita.economia.gov.br/acesso-rapido/legislacao/acordos-internacionais/acordos-para-evitar-a-dupla-tributacao/acordos-para-evitar-a-dupla-tributacao#chile>. Acesso em: 20/11/2019.

temas de natureza não tarifária, como política de concorrência; facilitação de comércio; comércio eletrônico; questões sanitárias e fitossanitárias; gênero; meio ambiente; e assuntos trabalhistas.[71]

O Ministério da Indústria, Comércio Exterior e Serviços enfatiza os compromissos de não cobrança de direitos aduaneiros sobre transmissões eletrônicas entre pessoas de ambos os países. O acordo está sob análise desde dezembro de 2019 na Representação brasileira no Parlamento do MERCOSUL.

10. Conclusões

Pelo exposto, observa-se que o modelo de tributação chileno possui relativa semelhança com o brasileiro, principalmente no que se refere à predominância da incidência tributária sobre o consumo em comparação à tributação sobre a renda.

Ademais, é interessante verificar, diante das propostas de unificação dos tributos sobre bens e serviços no Brasil, a exemplo do IBS, que a efetividade do IVA no Chile se deve em grande medida à centralização das competências administrativas e tributárias no ente nacional, o que de certa forma, poderia não se enquadrar à estrutura federativa e descentralizada brasileira.

Por fim, no que se refere à execução fiscal, nota-se que o modelo semijudicial chileno possui pontos positivos que poderiam ser adaptados para o sistema tributário brasileiro, como a cobrança de pequenos devedores exclusivamente pela via administrativa. Por outro lado, se vê que medidas de maior diálogo entre o contribuinte e fisco têm sido implementadas recentemente em ambos os sistemas. Também decorre da própria semelhança entre os sistemas tributários implementados em ambos os países a resistência à realização de acordos por parte da Fazenda Pública em razão do paradigma da indisponibilidade do crédito tributário.

---

[71] Disponível em: <http://www.itamaraty.gov.br/pt-BR/ficha-pais/4923-republica-do-chile>. Acesso em: 10.11.2019.

Referências

ABRAHAM, Marcus. *Curso de Direito Tributário Brasileiro*. Rio de Janeiro: Forense, 2018.

BARREDA, Pablo Ignacio Eterovic. Beneficios tributarios al gasto de bolsillo en salud. 2018. 175 f. (Mestrado em Direito). Facultad de Derecho – Escuela de Postgrado, Universidad de Chile, Santiago, 2018. Disponível em: <http://repositorio.uchile.cl/bitstream/handle/2250/151548/Beneficios-tributarios-al-gasto-de-bolsillo-en-salud.pdf?sequence=1&isAllowed=y>. Acesso em: 04.11.2019.

BARROS, Camila. Modelo de gestão de risco é a chave da reforma tributária chilena. *FISCOSUL*, Mato Grosso/MT, em 13 de jun. 2017. Disponível em: <http://www.fiscosul.org.br/noticias/modelo-de-gestao-de-risco-e-a-chave-da-reforma-tributaria-chilena/270> . Acesso em: 18.11.2019.

BARROS, Juan Pablo Valenzuela. Descentralización fiscal: los ingresos municipales y regionales en Chile. *Proyecto Regional de Descentralización Fiscal CEPAL/GTZ*. Serie Política Fiscal 101. Disponível em: <https://repositorio.cepal.org/bitstream/handle/11362/7397/1/S9700672_es.pdf>. Acesso em: 08.11.2019.

BBC News. Economia 'modelo' para América do Sul, Chile tem Previdência em xeque. *G1*, 22 mar. 2019. Disponível em: <https://g1.globo.com/economia/noticia/2019/03/22/economia-modelo-para-america-do-sul-chile-tem-previdencia-em-xeque.ghtml>. Acesso em: 19.11.2019.

BCN. Biblioteca del Congreso Nacional de Chile. Patentes municipales. *BCN*, 9 mar. 2011. Disponível em: <https://www.bcn.cl/leyfacil/recurso/patentes-municipales>. Acesso em: 04.11.2019.

BCN. Biblioteca del Congreso Nacional de Chile. Derechos de aseo. Antecedentes de la legislación chilena y referencias internacionales. *BCN*, novembro 2019. Disponível em: <https://www.bcn.cl/obtienearchivo?id=repositorio/10221/27772/1/Derechos_aseo.pdf>. Acesso em: 04.04.2020.

BUGUEÑO, Stefano Ferreccio. *Ley de rentas regionales*: elemento esencial en la descentralización del país. 2018. 49 f. (Postítulo en Economía y Finanzas para Abogados). Economía y Negocios, Universidad de Chile, Santiago, 2018. Disponível em: <http://repositorio.uchile.cl/bitstream/handle/2250/149328/Ferreccio%20Bugue%C3%B1o%20Stefano.pdf?sequence=1&isAllowed=y>. Acesso em: 27.10.2019.

CABRERA, Nelson Abraham Cerpa. *Los principios constitucionales del derecho tributário*. 2012. 128 f. (Mestrado em Direito). Facultad de Derecho – Departamento de Derecho Publico, Universidad de Chile, Santiago, 2012. Disponível em: <http://repositorio.uchile.cl/bitstream/handle/2250/112808/de-cerpa_n.pdf?sequence=1&is Allowed=y>. Acesso em: 07.10.2019.

CALDERÓN, Cristian Manuel A. Mora. *Derechos, precios, tasas y tributos en la jurisprudencia del tribunal constitucional*. 2018. 62 f. (Mestrado em Direito Tributário). Facultad de

Derecho – Escuela de Postgrado, Universidad de Chile, Santiago, 2018. Disponível em: <http://repositorio.uchile.cl/bitstream/handle/2250/167988/Derechos-precios-tasas-y-tributos-en-la-jurisprudencia-del-tribunal-constitucional.pdf?sequence=1&isAllowed=y>. Acesso em: 02.03.2020.

CHILE. Lei nº 20.128, de 20 de setembro de 2006. Disponível em: <https://www.hacienda.cl/fondos-soberanos/normativa/ley-n-20-128-ley-sobre.html>. Acesso em: 15.11.2019.

FERNÁNDEZ RICHARD, J. Naturaleza jurídica de la patente municipal. *Revista de Derecho Público*, nº 28, 2016. Disponível em: <https://revistas.uchile.cl/index.php/RDPU/article/view/43870/45899>. Acesso em: 02.03.2020.

FIGUEROA VALDÉS, Juan Eduardo. *Las garantías constitucionales del contribuyente en la constitución política de 1980*. Editorial Jurídica de Chile, 1985, p. 152-153 apud CABRERA, Nelson Abraham Cerpa. *Los principios constitucionales del derecho tributário*. 2012. 128 f. (Mestrado em Direito). Facultad de Derecho – Departamento de Derecho Publico, Universidad de Chile, Santiago, 2012. Disponível em: <http://repositorio.uchile.cl/bitstream/handle/2250/112808/de-cerpa_n.pdf?sequence=1&is Allowed=y>. Acesso em: 07.10.2019.

FLEURY, Felipe. IBS e a autonomia estadual e municipal. *DCI Diário Comércio Indústria & Serviços*, São Paulo, 6 ago. 2019. Disponível em: <https://www.dci.com.br/colunistas/tributos/ibs-e-a-autonomia-estadual-e-municipal-1.821536>. Acesso em: 17.10.2019.

FUENTES, Marcelo Matus. Tensiones normativas en torno a la incorporación de impuestos en la regulación ambiental. *Revista Ius et Praxis*, Año 20, nº 1, 2014, pp. 163 – 198. Disponível em: <http://revistaiepraxis.cl/index.php/iepraxis/article/download/9/7>. Acesso em: 05.04.2020.

HENRÍQUEZ, José Yáñez. Impuesto Territorial. *Revista de Estudios Tributarios*, nº 11, 2014, p. 253-281. Disponível em: <https://revistaestudiostributarios.uchile.cl/index.php/RET /article/view/40727>. Acesso em: 05.04.2020.

HERRERA, Debora Guerrero. *Sistema tributario subnacional en Chile*. 2016, 119 f. (Seminario para optar al título de Ingeniero Comercial, Mención Economía). Facultad de Economía y Negocios, Escuela de Economía y Administración, Universidad de Chile, Santiago, 2016. Disponível em: <http://repositorio.uchile.cl/bitstream/handle/2250/141700/dguerrero_tesis.pdf?sequence=1&isAllowed=y>. Acesso em: 16.11.2019. p. 28

INE. Instituto Nacional de Estatísticas Chile. Proyecciones del INE apuntan a que Chile sería habitado por más de 21 millones de personas en 2035. *Instituto Nacional de Estatísticas*, Santiago do Chile, 28 de jun. 2019. Disponível em: <https://www.ine.cl/prensa/detalle-prensa/2019/06/28/proyecciones-del-ine-apuntan-a-que-chile--ser%C3%ADa-habitado-por-m%C3%A1s-de-21-millones-de-personas-en-2035>. Acesso em: 20/11/2019.

LIBERTAD Y DESARROLLO. Impuesto territorial, una discusión recurrente. *Temas públicos*. nº 1348 – 2. LYD, Santiago, 27 de abril de 2018. Disponível em: <https://lyd.org/wp-content/uploads/2018/05/TP-1348-CONTRIBUCIONES.pdf>. Acesso em: 14.10.2019.

MARCHANT, Javier Ignacio Pérez. *El principio de legalidad tributaria en la nueva etapa de conciliación del procedimiento de reclamación tributaria y aduaneira*. 2018. 91 f. (Mestrado em Direito). Facultad de Derecho – Escuela de Postgrado, Universidad de Chile, Santiago, 2018. Disponível em: <http://repositorio.uchile.cl/bitstream/handle/2250/168009/El-principio-de-legalidad-tributaria-en-la-nueva-etapa-de-conciliaci%c3%b3n-del-procedimiento-de-reclamaci%c3%b3n-tributaria-y-aduanera.pdf?sequence=1&isAllowed=y>. Acesso em: 04.11.2019.

MORAES, Alexandre de. *Direito constitucional*. 9. ed. São Paulo: Malheiros, 2001.

MORAES, Guilherme P. *Curso de Direito Constitucional*. 2. ed. Niterói, RJ: Impetus, 2008.

MUÑOZ, Patricio Masbernat. Garantías constitucionales del contribuyente: crítica al enfoque de la doctrina nacional. *Ius et Praxis*, Talca, v. 8, n. 2, p. 299-357, 2002. Disponível em: <https://scielo.conicyt.cl/scielo.php?script=sci_arttext&pid=S0718-00122002000200010&lng=es&nrm=iso>. Acesso em: 17.11.2019.

NETTO, Leonardo Silveira Antoun. Orçamento Público no Chile. In: ABRAHAM, Marcus; PEREIRA, Vítor Pimentel (Coord.). *Orçamento Público no Direito Comparado*. São Paulo: Quartier Latin, 2015.

OCDE. Revenue Statistics OECD countries: Comparative tables. *OECD Stat*, 24 de nov. 2019. Disponível em: <https://stats.oecd.org/Index.aspx?DataSetCode=REV>. Acesso em: 24.11.2019.

OCDE et al. *Estadísticas tributarias en América Latina y el Caribe 2019*. Disponível em: <https://www.oecd.org/tax/tax-policy/brochure-estadisticas-tributarias-en-america-latina-y-el-caribe-2019.pdf>. Acesso em: 10.11.2019.

PNUD. *Desiguales*. Orígenes, cambios y desafíos de la brecha social en Chile. Santiago de Chile, Programa de las Naciones Unidas para el Desarrollo, 2017. Disponível em: <https://www.undp.org/content/dam/chile/docs/pobreza/undp_cl_pobreza-Libro-DESIGUALES-final.pdf>. Acesso em: 03.11.2019.

ROURA, Ana María. Protestos no Chile: as rachaduras no modelo econômico do país expostas pelas manifestações. *BBC News Mundo*, 31 de out. 2019. Disponível em: <https://www.bbc.com/portuguese/internacional-50214126> Acesso em: 22.11.2019.

SII. Ingresos Tributarios Anuales. *Servicio de Impuestos Internos*. Disponível em: <http://www.sii.cl/sobre_el_sii/serie_de_ingresos_tributarios.html>. Acesso em: 13.11.2019.

___. Legislación Tributaria Básica. *Servicio de Impuestos Internos*. Disponível em: <http://www.sii.cl/pagina/jurisprudencia/legislacion/basica/basica.htm>. Acesso em: 9.11.2019.

SILVA, Jules Michelet Pereira Queiroz e. *Execução fiscal*: eficiência e experiência comparada. Estudo Técnico, 2016. Brasília: Câmara dos Deputados / Consultoria legislativa, 2016. Disponível em: <https://www2.camara.leg.br/atividade-legislativa/estudos-e-notas-tecnicas/publicacoes-da-consultoria-legislativa/areas-da-conle/tema20/2016_12023_execucao-fiscal-eficiencia-e-experiencia-comparada_jules-michelet>. Acesso em: 24.10.2019.

SIMOES, Alexander J.G.; HIDALGO, César A. The Economic Complexity Observatory: An Analytical Tool for Understanding the Dynamics of Economic Development. In: *Workshops at the Twenty-Fifth AAAI Conference on Artificial Intelligence*. (2011). Disponível em: <https://oec.world/pt/profile/country/chl/>. Acesso em: 21/11/2019.

8. O sistema tributário da China

Leonardo Farias Florentino

Introdução
Este artigo pretende descrever as características do sistema tributário vigente na República Popular da China, retratando as suas diferenças e semelhanças com o sistema tributário vigente na República Federativa do Brasil, a partir de uma metodologia de direito comparado, com o objetivo de analisar criticamente os institutos jurídicos chineses e verificar se no ordenamento jurídico brasileiro há institutos que cumprem finalidades idênticas ou semelhantes; e avaliar necessidade e a viabilidade da adaptação dos institutos jurídicos chineses ao ordenamento brasileiro, contribuindo para o aperfeiçoamento do sistema tributário brasileiro.

A exposição inicia com a descrição das características políticas e econômicas do país, para em seguida passar a discorrer sobre os principais aspectos do sistema tributário chinês, os princípios tributários que regem o sistema, as espécies tributárias, o modelo de incidência prevalente, a cobrança de tributos, a possibilidade de transação e resolução não contenciosa de controvérsias, os tratados internacionais em matéria tributária firmados entre China e Brasil e, ao final, são expostas as conclusões do trabalho quanto às similaridades e diferenças percebidas no cotejo entre os dois sistemas tributários e às possibilidades de desenvolvimento da tributação brasileira a partir da adaptação de institutos tributários chineses, que a tornariam muito mais eficaz e afeita à justiça fiscal.

1. Características políticas e econômicas

Em 1º de outubro de 1949, foi fundada a República Popular da China (China), com capital em Pequim, após o triunfo militar dos comunistas sobre os nacionalistas na guerra civil de 1945, que havia se iniciado logo após o fim da Segunda Guerra Mundial. A nova república foi fundada por um partido camponês, de ideologia marxista e que professava a necessidade da China desenvolver rapidamente a sua indústria[1]. Esse ideário marcou profundamente os rumos tomados pelo país nas décadas seguintes, tanto que até hoje ele se organiza politicamente como uma república socialista de partido único, o Partido Comunista Chinês (PCC)[2].

O país congrega, aproximadamente, 1,4 bilhão de habitantes num território de 9.388.211 Km²; se divide, de acordo com a Constituição, em vinte e três províncias, (incluindo Taiwan[3]), quatro municipalidades, cinco regiões autônomas e duas regiões administrativas especiais; e configura um Estado unitário, em que o poder estatal é exercido por meio do PCC e do Governo Popular Central (Conselho de Estado), desde a capital Pequim – sede do governo chinês – e tem como regra a concentração de competências.

---

[1] McKNIGHT, Brian E. et al. China. In: *Encyclopædia Britannica*. Disponível em: <https://www.britannica.com/place/China>. Acesso em: 06/05/2020.

[2] A China oficialmente tem nove partidos, contudo, o Partido Comunista tem preeminência sobre todos os outros, o que implica um regime de partido único na prática (DEWOSKIN, Kenneth J et al. China. In: *Encyclopædia Britannica*. Disponível em <https://www.britannica.com/place/China>. Acesso em 06/05/2020)

[3] Em 1950, chegou ao fim a guerra civil chinesa e as forças nacionalistas, lideradas pelo General Chiang Kai-Shek, são derrotadas pelas forças comunistas, lideradas por Mao Tsé-Tung. Os nacionalistas se refugiaram na ilha de Taiwan e estabeleceram a sede administrativa do governo da República da China. Embora os nacionalistas tenham perdido o controle territorial da China continental e, mais tarde, perdido a representação no assento no Conselho Permanente da ONU em 1971, eles se consideravam como legítimos representantes da nação chinesa sob a bandeira da República da China até o começo dos anos 1990, quando abandonaram essa reivindicação em favor do governo instalado na China continental (a República Democrática da China, formada pelas forças comunistas). O governo chinês, sediado em Pequim, contudo, não reconhece a independência de Taiwan e continua a sustentar a sua jurisdição sobre a ilha, propondo uma política de reunificação, que até a presente data não se concretizou. (COOPER, John C. Taiwan. In: *Encyclopædia Britannica*. Disponível em: <https://www.britannica.com/place/Taiwan>. Acesso em: 03/05/2020)

Os governos locais, por sua vez, são ligados ao governo central, em Pequim, e a várias organizações coletivas como sindicatos de trabalhadores, ligas juvenis, associações de mulheres, representações de classes profissionais, etc. Essas organizações congregam um grande número de membros e servem como condutores na execução das políticas públicas emanadas do governo central, de modo que nenhuma associação desvinculada do PCC ou das lideranças governamentais é possível.

O PCC e as burocracias governamentais se organizam por parâmetros territoriais e funcionais. A organização territorial é baseada nas divisões administrativas, com um comitê do PCC e uma representação do governo popular (Congresso Nacional Popular) no comando de cada uma, desde o nível nacional até o nível das cidades e vilas, passando pelas províncias, cidades administradas, regiões autônomas e regiões de administração especial como Hong Kong e Macau. Por outro lado, a organização funcional é configurada pelos ministérios e comissões do Conselho de Estado ao nível governamental e pelos departamentos do Comitê Central ao nível do PCC. Abaixo desses organismos há uma hierarquia de várias unidades subordinadas, responsáveis por vários setores divididos de acordo por matérias/temas, o que permite a coordenação de políticas públicas nacionais por todo o território chinês e garante ao PCC o controle do governo em todos os níveis hierárquicos.

O Estado tem grande protagonismo na economia chinesa, dada a sua natureza socialista (de mercado) e, até hoje é seu principal e mais importante agente econômico, havendo, inclusive, previsão constitucional específica quanto ao modelo planejado de economia, com previsão de empresas estatais, coletivas e estrangeiras. Desde o advento da revolução socialista, o Estado tomou para si a propriedade da maior parte da indústria pesada; passou a controlar os preços das principais commodities; a determinar o nível e a distribuição geral dos fundos de investimento; a fixar as metas de produção para as principais empresas; a alocar os recursos energéticos; a determinar níveis salariais, metas de emprego, política financeira; a monopolizar o sistema bancário e o comércio exterior; a prescrever padrões de cultivo agrícola, estabelecer os preços e as metas de produção para todas as principais culturas.

No início do século XXI, grande parte desse sistema havia se modificado, na medida em que desde o final da década de 1970, do século XX, o papel do governo central na administração da economia começou a ser reduzido gradativamente para dar lugar à iniciativa privada em diversas áreas – o chamado socialismo de mercado –, de maneira que, tomando por critério o grau de planejamento estatal e de liberdade para a livre iniciativa, a atividade econômica na China pode ser classificada em três categorias: planejamento obrigatório; planejamento indicativo (ou indireto); e livre mercado. A segunda e a terceira categorias ganharam protagonismo no decorrer dos anos em detrimento da primeira, mas os bens de importância nacional e quase toda a construção em larga escala permaneceram sob o sistema de planejamento obrigatório; ao passo que as atividades regidas pelas regras de mercado, em regra, são restritas a itens de pequena escala ou altamente perecíveis, cuja circulação se dá nos mercados locais.[4]

Nesse modelo econômico, segundo o Banco Mundial[5], a China vem apresentando crescimento expressivo ano após ano, e, em 2018, atingiu um Produto Interno Bruto (PIB) de pouco mais de 13 trilhões de dólares – per capita de pouco mais de 9 mil dólares –, com uma carga fiscal de aproximadamente 9% desse valor – esse percentual, no mesmo ano, segundo o Governo Chinês, foi de 18,9%[6], diferença que se deve, provavelmente, a diferenças na metodologia de cálculo cuja investigação não interessa para os fins deste trabalho. Essa carga fiscal advém de uma pletora de tributos, que incidem sobre a renda, o patrimônio, e a circulação de mercadorias, disciplinados em sua grande maioria por legislação esparsa, ao invés de um código tributário ou mandamentos constitucionais.

O ordenamento jurídico chinês tem por arcabouço os sistemas romano-germânico e socialista, com forte influência do Confucionismo, filosofia que não é reconhecida oficialmente pelo PCC, mas exerce grande influência na sociedade chinesa[7] e incentivada pelo Estado. O sistema tributário chinês está integralmente positivado na lei, e, devido a essa

---

[4] SILBERGELD, Jerome et al. China. In: *Encyclopædia Britannica*. Disponível em: <https://www.britannica.com/place/China>. Acesso em: 06/05/2020.

[5] BANCO MUNDIAL. *China*. Disponível em: <https://datos.bancomundial.org/pais/china>. Acesso em: 06/05/2020.

[6] Segundo dados da Administração Tributária Estatal da República Popular da China. Disponível em: <http://www.chinatax.gov.cn/eng/home.html>. Acesso em: 06/05/2020.

[7] XU, Yan. Land Tax Without Land and Land Without Land Tax: A History of Land Tax in China. In: TILEY, John (Ed.). *Studies in the History of Tax Law*. Vol 6. Portland: Hart Publishing, 2013. Disponível em: <https://ssrn.com/abstract=2646377>. Acesso em: 06/05/2020. p. 563

raiz romano-germânica/socialista aliada à crescente inserção da China no capitalismo internacional, há muitos pontos de encontro com os sistemas tributários ocidentais, inclusive com o sistema tributário brasileiro, como será demonstrado a seguir.

2. Normas tributárias na Constituição e na legislação

A cobrança de tributos tem seu fundamento no art. 56 da Constituição Chinesa[8], que prevê expressamente para todos os cidadãos chineses o dever de pagar tributos, de acordo com a Lei. Diferentemente da Constituição brasileira[9], a Carta Chinesa não dispõe acerca de quaisquer espécies de tributos, da competência para instituí-los ou cobrá-los. A única disposição constitucional atinente aos tributos é no sentido de estipular um dever para todos os cidadãos – pagar os tributos; e uma limitação à prerrogativa estatal – a previsão dos tributos em lei.

Esse dever de pagar tributos disposto na Constituição Chinesa também é reconhecido pela doutrina tributária europeia[10] e brasileira[11], que o descreve como um dever fundamental do cidadão/contribuinte em favor de si mesmo, enquanto elemento integrante de uma coletividade, que lhe proporciona as condições de conduzir sua vida com harmonia, liberdade e satisfação.

A China também não codificou seus tributos, que foram todos instituídos por leis esparsas, de modo semelhante ao sistema tributário brasileiro. No entanto, diferentemente do Brasil, não há uma Lei semelhante ao Código Tributário Nacional (CTN)[12], que dispõe acerca de normas gerais

---

[8] Artigo 56: é dever dos cidadãos da República Popular da China pagar tributos, de acordo com a lei. (REPÚBLICA POPULAR DA CHINA. *Constituição da República Popular da China*. Disponível em: <http://www.npc.gov.cn/englishnpc/constitution2019/201911/1f65146fb6104dd3a2793875d19b5b29.shtml>. Acesso em: 06/05/2020.)
[9] REPÚBLICA FEDERATIVA DO BRASIL. *Constituição da República Federativa do Brasil de 1988*. Disponível em: <http://www.planalto.gov.br/ccivil_03/constituicao/constituicaocompilado.htm>. Acesso em: 03/03/2020.
[10] NABAIS, José Casalta. *O dever fundamental de pagar impostos*. Coimbra: Almedina, 2004. p. 15-16.
[11] ABRAHAM, Marcus. *Curso de direito tributário brasileiro*. Rio de Janeiro: Forense. 2018. Edição eletrônica.
[12] REPÚBLICA FEDERATIVA DO BRASIL. *Lei nº 5.172, de 25 de outubro de 1966*. Código Tributário Nacional. Dispõe sobre o Sistema Tributário Nacional e institui normas gerais

aplicáveis a todos os tributos e cuja posição hierárquica só é suplantada pela própria Constituição Federal.

O mais parecido com o CTN, na China, é a *"Lei da República Popular da China sobre a Administração da Cobrança de Tributos"*, (Lei de Cobrança de Tributos) promulgada na 27ª reunião do Comitê Permanente do Sétimo Congresso Nacional do Povo, em 4 de setembro de 1992; cuja execução é regulada pelas *"Regras para a Implementação da Lei da Republica Democrática da China sobre a Administração da Cobrança de Tributos"*, promulgado pelo Decreto nº 362, do Conselho de Estado da República Popular da China, em 7 de setembro de 2002, com efeitos a partir de 15 de Outubro de 2002. Esses diplomas legais buscam padronizar a arrecadação e o pagamento de tributos, assegurar as receitas tributárias do Estado e proteger os direitos e interesses dos contribuintes, disciplinando obrigações acessórias dos contribuintes e responsáveis tributários, recolhimento de tributos, fiscalização e cobrança de tributos em geral[13].

As normas do sistema tributário chinês estão estruturadas em sua quase totalidade por leis esparsas, promulgadas por um órgão legislativo central, o Congresso Popular Nacional, pautado pelo princípio constitucional do centralismo democrático, cujas repercussões na competência tributária serão analisadas no capítulo seguinte. O sistema tributário chinês, portanto, é muito mais dinâmico se comparado ao brasileiro, cujos tributos estão todos previstos de forma rígida[14] na Constituição e só podem sofrer alterações substanciais a partir de emendas constitucionais, o que efetivamente é uma vantagem tendo em vista a agilidade na

---

de direito tributário aplicáveis à União, Estados e Municípios. Disponível em: <http://www.planalto.gov.br/ccivil_03/leis/l5172.htm>. Acesso em: 06/05/2020.

[13] REPÚBLICA POPULAR DA CHINA. *Lei da República Popular da China sobre a Administração da Cobrança de Tributos*, promulgada na 27ª reunião do Comitê Permanente do Sétimo Congresso Nacional do Povo, em 4 de setembro de 1992. Disponível em <http://www.china.org.cn/business/laws_regulations/2007-06/22/content_1214782.htm>. Acesso em 06/05/2020. Cf. também *Regras para a Implementação da Lei da Republica Democrática da China sobre a Administração da Cobrança de Tributos*, promulgado pelo Decreto nº 362, do Conselho de Estado da República Popular da China, em 7 de setembro de 2002, com efeitos a partir de 15 de Outubro de 2002. Disponível em: <http://www.china.org.cn/business/laws_regulations/2007-06/22/content_1214799.htm>. Acesso em: 06/05/2020.

[14] TÔRRES, Heleno Taveira et al. Sistema Tributário e Direitos Fundamentais no Constitucionalismo Comparado. In: TÔRRES, Heleno Taveira (Coord.). *Sistema Tributário, legalidade e Direito Comparado*: entre forma e substância. Belo Horizonte: Fórum, 2010. p. 21.

confecção de políticas fiscais capazes de responder aos desafios propostos pelas alterações do contexto social em que as normas tributárias estão inseridas, v.g., a tributação dos serviços de alta tecnologia.

3. Princípios tributários

A Constituição Chinesa não traz um rol de princípios tributários ou limitações ao poder de tributar como a Constituição Brasileira, que, é amplamente reconhecida por ter positivado inúmeros princípios tributários e estabelecido de maneira expressa tantas limitações ao poder de tributar[15]. Como afirmado no capítulo anterior, a Constituição Chinesa só trata da tributação para disciplinar o dever de todos os cidadãos pagarem tributos, de acordo com a Lei, o que autoriza concluir que a China reconhece expressamente apenas dois princípios tributários em sua Constituição: o dever de todos os cidadãos pagarem tributos; e a legalidade tributária, conceito amplamente reconhecido pela doutrina brasileira, que implica em limitação ao poder estatal de instituir tributos[16]. A legislação infraconstitucional chinesa, por outro lado, é marcadamente permeada por vários dos princípios dispostos na Constituição Brasileira.

Os princípios que norteiam a tributação na China estão muitas vezes implícitos no texto constitucional e nas normas infraconstitucionais, como, por exemplo, a não cumulatividade do imposto sobre o valor adicionado (IVA) chinês[17], que, muito embora não esteja expressamente

---

[15] BALEEIRO, Aliomar. *Limitações constitucionais ao poder de tributar*. 8. ed. Atualizada por Misabel Derzi. Rio de Janeiro: Forense, 2010.

[16] "No direito brasileiro o cidadão somente pode ser compelido a recolher certo valor em dinheiro aos cofres públicos a título de tributo se houver lei instituidora de tal exigência. Toda e qualquer pretensão desse tipo está sujeita ao princípio da estrita legalidade. Isto é, não pode existir tributo sem lei que o tenha criado. Nesse sentir, instituir tributo significa criar lei veiculando a norma do tributo. Norma esta que contemplará em seu antecedente a descrição de uma situação que, se e quando ocorrida, dará ensejo o surgimento de vínculo jurídico que podemos qualificá-lo de tributário, tendo em consideração a definição de tributo." (CHIESA, Clélio. Instituição de tributo. In: *Enciclopédia jurídica da PUC-SP*. Tomo: Direito Tributário. São Paulo: Pontifícia Universidade Católica de São Paulo, 2017. Disponível em: <https://enciclopediajuridica.pucsp.br/verbete/303/edicao-1/instituicao--de-tributo>. Acesso em: 06/05/2020)

[17] RICCARDI, Lorenzo. *Introduction to Chinese Fiscal System*. Singapura: Springer Singapore, 2018. p. 85.

prevista na Constituição Chinesa, possui natureza jurídica de princípio, pois é essencial à configuração dessa espécie tributária, não sendo possível imaginar um IVA dissociado da compensação entre o valor pago na transação anterior e o valor devido ao Estado na transação posterior, de forma análoga ao ICMS brasileiro.

Considerando que os princípios de direito tributário estão mais bem estruturados na legislação brasileira, é possível analisar o sistema tributário chinês partindo da classificação dos princípios tributários pensada por Abraham[18], que toma por critério os valores jurídicos que estes representam e materializam: a) princípios estruturais; b) princípios de segurança jurídica; c) princípios de igualdade e; d) princípios de liberdade. Essa análise dos princípios do sistema chinês a partir de uma classificação baseada no direito positivo brasileiro é adequada à metodologia deste trabalho, que intenta justamente cotejar as características dos sistemas chinês e brasileiro.

No Brasil, os princípios estruturais conferem as balizas para o funcionamento do sistema tributário em sintonia com a estrutura federativa do país, respeitando as atribuições de cada ente federativo, conferindo-lhes a autonomia e o poder imprescindíveis à obtenção das suas próprias receitas e prevenindo que o poder central extrapole da sua competência ou que surjam conflitos com os demais entes federados. Por outro lado, a China difere em grande medida do Brasil no que toca aos princípios estruturais do seu sistema tributário, uma vez que a sua estrutura estatal é unitária e, a despeito das suas divisões administrativas, não é possível afirmar que se trata de uma federação.

Assim, ao invés de um pacto federativo republicano, com competências dos entes federados bem delimitadas e indelegáveis; demarcadas territorialmente; a estrutura tributária chinesa se pauta pelo princípio do centralismo democrático[19], e o reflexo mais patente da adoção desse

---

[18] ABRAHAM, Marcus. op. cit.

[19] O "princípio do centralismo democrático" está previsto no art. 3º da Constituição Chinesa e pode ser concebido como a supremacia do Congresso Popular Nacional, que representa os cidadãos da China e em seu nome exerce o poder estatal, que legitima todos os demais órgãos e poderes estatais, que devem funcionar sob a sua supervisão e a ele prestar contas. "De fato, é o centralismo democrático que serve como o mecanismo central do sistema político da China e as instituições que se baseiam nesse sistema." (CHUANZHI, Wang. Centralismo democrático: o mecanismo central do sistema político na China. *Revista Ópera*,

princípio é que a competência para instituir tributos se concentra no Congresso Popular Nacional e no seu Comitê Permanente, que são os dois entes estatais de maior hierarquia, constitucionalmente autorizados a legislar – inclusive sobre matéria tributária.

As normas advindas do Congresso Popular Nacional e do Comitê Permanente são, por sua vez, reguladas pelos decretos do Conselho de Estado. E, abaixo dele, se localizam a Administração Tributária Estatal (ATE), o Ministério das Finanças e a Administração Geral Alfandegária que emitem regulamentos para interpretar e esclarecer as leis promulgadas pelo Congresso Popular Nacional e os decretos do Conselho de Estado. No nível mais baixo da estrutura do sistema tributário estão os governos locais e o Congresso Popular Local, que implementam regras de aplicação estritamente local, a partir da legislação promulgada pelo Congresso Popular Nacional e o Conselho de Estado, sem autonomia para inovar ou estabelecer regras que contrariem aquelas estabelecidas pelos órgãos de hierarquia superior. Ou seja, ainda que haja alguma autonomia para melhor adequar as regras tributárias à realidade local, a estrutura do sistema tributário não se assemelha nem um pouco com a brasileira, com suas competências federativas bem delimitadas. A estrutura chinesa verdadeiramente reflete o modelo unitário de estado, o que resulta na centralização da competência tributária[20].

A despeito da disparidade estrutural, é importante ressaltar que o sistema chinês, tal qual o brasileiro, alberga o "princípio da uniformidade geográfica" – vez que os tributos são uniformes em todo o território nacional –; o "princípio da supremacia do interesse público", com a preeminência das questões coletivas sobre as dos particulares, expresso em diversos dispositivos da Constituição Chinesa; e o "princípio da indisponibilidade do interesse público", que, de acordo com o art. 3º, da Lei de Cobrança de Tributos retira do agente público qualquer discricionariedade quanto à realização dos atos administrativo de natureza tributária.

O sistema tributário chinês reconhece o valor segurança jurídica e a necessidade de garantir previsibilidade aos contribuintes no que toca aos

---

11 jan. 2020. Disponível em: <https://revistaopera.com.br/2020/01/11/centralismo-democratico-o-mecanismo-central-do-sistema-politico-na-china/>. Acesso em: 06/05/2020.)
[20] RICCARDI, Lorenzo. op. cit. p. 10-15.

seus direitos e obrigações enquanto parte da coletividade. Os princípios advindos deste valor servem para garantir a certeza, a previsibilidade e a estabilidade dos efeitos das normas jurídicas e, de modo análogo ao sistema tributário brasileiro, também se apresentam no sistema tributário chinês, especialmente o princípio da legalidade, constitucionalmente previsto, e o princípio da irretroatividade das leis, que impede a retrospecção dos efeitos das normas jurídicas tributárias para atingir fatos anteriores à sua promulgação. Diferentemente do sistema brasileiro, a legislação chinesa não prevê regra equivalente ao princípio da anterioridade, disposto no art. 150, III, b e c, da Constituição Brasileira, que proíbe a cobrança do tributo no mesmo exercício em que haja sido publicada a lei que o instituiu ou aumentou, bem como a observância de um lapso temporal de 90 dias. Além disso, o sistema tributário chinês também alberga, além da segurança, a conveniência, a rapidez e a facilidade/comodidade como valores a serem observados pelas autoridades fiscais na cobrança de tributos, na forma dos art. 40 a 44, do Decreto que regula a Lei de Cobrança de Tributos.

Outro valor essencial à Democracia e ao Estado de Direito, de acordo com Abraham[21], é a igualdade, imprescindível à promoção da justiça fiscal e dos direitos humanos, porquanto obsta a concessão de privilégios indevidos e discriminações infundadas na seara tributária, bem como serve de limite ao poder estatal de instituir e aumentar tributos. Esse valor encontra proteção no sistema tributário chinês, uma vez que a isonomia é princípio expressamente previsto na Constituição Chinesa, que veda o tratamento desigual perante a lei, ao passo que a capacidade contributiva; a progressividade; a seletividade (em função da essencialidade); a não cumulatividade; e a solidariedade são princípios que, muito embora não estejam expressos na Constituição, ainda assim informam o sistema tributário – tal qual no Brasil –, porque se fazem presentes na legislação esparsa que institui os vários tributos chineses.

Por fim, o valor liberdade também é prestigiado pelo sistema tributário chinês, de modo que, à semelhança do sistema tributário brasileiro, é possível identificar na Constituição Chinesa e nas leis do país os princípios da liberdade: ampla defesa; universalidade de jurisdição; direito

---

[21] ABRAHAM, Marcus. op. cit.

de petição[22]; propriedade privada; e "imunidade" das entidades que prestam serviços públicos – sem objetivar lucro –, incluindo instituições religiosas, organizações de caridade, instituições governamentais, dentre outras entidades ou pessoas que pelas particularidades da sua situação são poupadas da tributação.

Sem dúvida, os princípios do sistema tributário chinês guardam muitas semelhanças com o sistema tributário brasileiro, na medida em que se pautam por muitos dos mesmos valores.

4. Espécies tributárias

O sistema tributário chinês[23] contempla vários tributos que possuem equivalentes no sistema tributário brasileiro, com hipóteses de incidência e bases de cálculo semelhantes. Há, contudo, tributos que não encontram semelhante no sistema tributário brasileiro e tributos brasileiros que não tem similar no sistema chinês, como, por exemplo, o imposto sobre transferência de bens *causa mortis*, que não encontra previsão no ordenamento jurídico chinês.

Dentre os principais tributos, o governo central se apropria de todas as receitas advindas dos impostos sobre consumo, tributos alfandegários e relacionados às atividades de comércio internacional. Os impostos compartilhados incluem o IVA doméstico, 75% para o governo central e 25% para o governo local; os impostos sobre a renda das empresas e das pessoas naturais, 60% para o governo central e 40% para o governo local. A receita dos tributos restantes é direcionada aos governos locais, inclusive, o imposto sobre as receitas de serviços, as contribuições para a previdência social e o imposto do selo em transações imobiliárias.[24]

---

[22] A China faculta a qualquer cidadão a possibilidade de reclamar diretamente ao poder central, sem a intermediação das autoridades locais, pela via administrativa, independente de qualquer medida judicial. O sistema, no entanto, é alvo de críticas quanto à sua eficácia. (WONG, Stan Hok-wui; PENG, Minggang. Petition and Repression in China's Authoritarian Regime. *Journal of East Asian Studies*, v. 15, p. 27-67, 2015)

[23] Sítio eletrônico da Administração Tributária Estatal da República Popular da China. Disponível em: <http://www.chinatax.gov.cn/eng/home.html>. Acesso em: 06/05/2020.

[24] BRONDOLO, John; ZHANG, Zhiyong. Tax Administration Reform in China: Achievements, Challenges, and Reform Priorities. *IMF Working Paper*. Disponível em: <https://www.imf.org/external/pubs/ft/wp/2016/wp1668.pdf>. Acesso em: 06/05/2020. p. 10.

O IVA[25] chinês é semelhante ao imposto sobre a circulação de mercadorias e serviços (ICMS) brasileiro, com alíquotas de 16%, 10% e 6% sobre o valor de bens e serviços, pautado pelo princípio da não cumulatividade, em que o contribuinte pode compensar o valor do imposto pago na aquisição de bens ou serviços com o valor por ele devido na venda dos seus próprios bens ou serviços. As exportações são livres do IVA e as "pequenas empresas", até certo nível de faturamento anual, gozam de um sistema simplificado, com alíquotas menores, sem observar a regra da não cumulatividade[26].

O imposto especial de consumo chinês[27] é semelhante ao imposto sobre produtos industrializados (IPI) brasileiro, incidente sobre a manufatura, comércio e importação de diversos produtos como bebidas, tabaco, perfumes, dentre outros bens de luxo ou não essenciais. De vocação seletiva, o imposto não incide sobre bens essenciais e sua apuração é feita por alíquotas *ad valorem*, por unidade vendida ou uma combinação de ambos.

O imposto sobre a receita empresarial, por sua vez, incide sobre as receitas de empresas e indivíduos que prestam serviços de comunicação, transporte, construção, transferência de intangíveis e venda de imóveis. O imposto incide sobre a receita e sua alíquota varia de 3% a 20%.

O imposto sobre a renda das empresas[28] foi instituído na China, em 1950, chamado de Imposto sobre Indústria e Comércio, incidindo sobre a renda de empresas privadas, coletivas e de proprietário único, deixando de fora as empresas de propriedade estatal – que dominavam a economia chinesa à época – uma vez que seus lucros eram transferidos ao Estado. A base de cálculo do imposto é o lucro advindo da venda de mercadorias, prestação de serviços, transferência de propriedades, dividendos,

---

[25] REPÚBLICA POPULAR DA CHINA. *Regulamento Provisório da República Popular da China sobre Imposto sobre Valor Agregado*. Disponível em <http://english.mofcom.gov.cn/article/lawsdata/chineselaw/200411/20041100311038.shtml>. Acesso em 06/05/2020.

[26] RICCARDI, Lorenzo. op. cit. p. 83-91.

[27] REPÚBLICA POPULAR DA CHINA. *Regulamento Interino da República Popular da China acerca do Imposto sobre o Consumo*, promulgado pelo Decreto nº 135, do Conselho de Estado da República Popular da China. Disponível em: <http://www.fdi.gov.cn/1800000121_39_3179_0_7.html>. Acesso em: 06/05/2020.

[28] _____. *Lei do Imposto sobre a renda das empresas da República Popular da China*, promulgado pelo Congresso Popular Nacional da República Popular da China. Disponível em: <http://www.fdi.gov.cn/1800000121_39_3339_0_7.html>. Acesso em: 06/05/2020.

distribuições de lucros e outros retornos sobre investimentos em ações juros, aluguéis, royalties, doações, rendimentos de incorporação imobiliária e outras receitas. A alíquota básica é de 25% para as empresas residentes (empresas estabelecidas de acordo com as leis da China ou de acordo com as leis de países estrangeiros ou regiões, mas administradas a partir do território chinês) e de 20% para as empresas não residentes, pequenas empresas ou empresas com baixa margem de lucro, na forma da lei. Empresas de alta tecnologia que investem em pesquisa e desenvolvimento, na forma da lei, são tributadas à alíquota de 15%. A renda tributável é calculada a partir da renda bruta menos a receita não tributável, os rendimentos isentos, as deduções e o prejuízo do ano anterior; muito semelhante ao imposto sobre a renda das pessoas jurídicas (IRPJ) brasileiro.

A renda das pessoas naturais também é objeto de tributação, assim como no Brasil[29]. Esse imposto é calculado a partir de alíquotas variáveis, iniciando em 3% até 45% da renda tributável – claramente pautado no princípio da progressividade e da capacidade contributiva –, incluindo dividendos (que não são tributados no Brasil), juros, direitos autorais, royalties e transferências de propriedades. Residentes tem sua renda universalmente tributada, a despeito dela ter sido gerada no território chinês ou em outros países, ao passo que os não residentes têm tributadas apenas as rendas auferidas em território chinês. O sistema, contudo, ainda é fortemente criticado por favorecer indiretamente os ricos estrangeiros na China, oferecendo isenções de impostos e tributando fontes de renda de maneira diferente e assimétrica, o que proporciona aos contribuintes mais ricos, com múltiplas fontes de renda, uma tributação no geral mais baixa[30].

Inúmeros outros tributos[31] compõem o sistema tributário chinês, com fatos geradores os mais diversos, como: a aquisição de veículos; a

---

[29] REPÚBLICA POPULAR DA CHINA. *Lei do Imposto de renda individual da República Popular da China*, adotado pela Terceira Sessão do Quinto Congresso Nacional do Povo, em setembro 10 de 1980 e promulgada no mesmo dia no pedido nº 11 do Presidente do Comitê Permanente do Congresso Nacional do Povo. Disponível em: <http://english.mofcom.gov.cn/aarticle/policyrelease/internationalpolicy/200703/20070304470171.html>. Acesso em 06/05/2020.
[30] RICCARDI, Lorenzo. op. cit. p. 37-38.
[31] Cf. classificação dos tributos no sítio eletrônico da Administração Tributária Estatal da República Popular da China (<http://www.chinatax.gov.cn/eng/home.html>) para

transferência do direito de uso de imóvel, cujo terreno é de propriedade do Estado, com benfeitorias ou edificações realizadas pelo contribuinte; a propriedade de imóveis; o uso da terra urbana; a ocupação de terras aráveis; a transferência de direito de uso da terra ou direito de construção; a exploração de recursos naturais como gás, petróleo e minérios; a aquisição de folhas de tabaco; a entrada de navios em portos chineses; a emissão de poluentes; e tarifas aduaneiras de importação e exportação. Há, ainda, taxas de manutenção urbana cobradas de empresas e indivíduos que praticam atividades empresariais e um imposto do selo sobre contratos celebrados no território chinês.

No que toca à seguridade social, ela é financiada por contribuições de empregadores e empregados, de acordo com a Lei de Seguro Social da República Popular da China, de abrangência nacional, aprovada pelo Congresso Popular Nacional em 2010[32], com entrada em vigor no ano seguinte. O sistema oferece os seguintes benefícios: seguro saúde, que cobre os custos de tratamento médico por doença ou acidente; licença maternidade de quinze dias para os homens e três meses para as mulheres; aposentadoria; seguro contra acidente de trabalho; fundo imobiliário, para a quitação de financiamento imobiliário de moradia adquirida pelo empregado; e seguro contra desemprego. O sistema cobre todos os trabalhadores, urbanos e rurais, nacionais e estrangeiros.

O sistema chinês contrasta fortemente com o brasileiro pela progressividade e amplitude da tributação sobre a renda; bem como a flexibilidade da tributação indireta/consumo e a maior dinâmica na instituição de tributos. No Brasil a tributação da renda é manifestamente regressiva, o que se deve em grande medida às poucas faixas de alíquotas e à isenção dos dividendos[33], ao passo que a tributação indireta padece de uma rigidez conceitual e um formalismo exacerbado na interpretação dos seus con-

---

informações resumidas acerca de alíquotas, bases de cálculos e contribuintes dos principais tributos chineses.

[32] REPÚBLICA POPULAR DA CHINA. *Lei de Seguro Social da República Popular da China*, aprovada na 17ª reunião do Comitê Permanente do Décimo Primeiro Congresso Nacional da República Popular da China em 28 de outubro de 2010. Disponível em: <http://www.gov.cn/flfg/2010-10/28/content_1732767.htm>. Acesso em: 06/05/2020.

[33] GOMES, Marcel. As distorções de uma carga tributária regressiva. *Desafios do Desenvolvimento*, Ano 12, Edição 86, 2015. Disponível em: <https://www.ipea.gov.br/desafios/index.php?option=com_content&id=3233>. Acesso em: 06/05/2020.

ceitos principais, como mercadoria e serviço, que cria inúmeros conflitos de competência e abre margem a discussões judiciais infindáveis, sob o pretexto de garantir segurança jurídica aos contribuintes[34].

Quando se considera que um dos grandes problemas brasileiros é a enorme desigualdade na distribuição de renda, o sistema chinês parece ter realizado opções um tanto mais acertadas, uma vez que o combate a esse problema se dá necessariamente a partir de uma tributação da renda realmente progressiva e de uma tributação indireta dinâmica, capaz de captar com maior facilidade e abrangência os signos de riqueza que a cada dia se multiplicam e se modificam, no contexto da revolução tecnológica[35]

5. Modelo de incidência: patrimônio, renda ou consumo

A China tributa o consumo, a renda e o patrimônio, sendo que no ano de 2018, de acordo com a Administração Tributária Chinesa[36], tais grandezas responderam, respectivamente, por 54,6%, 29,1% e 16,3%[37] da arrecadação tributária. O IVA correspondeu a 45,7% da arrecadação total, enquanto o imposto sobre a renda das empresas e o imposto sobre a renda das pessoas corresponderam, respectivamente, a 20,9% e 8,2% desse mesmo total. De modo bastante similar ao sistema tributário brasileiro, as receitas tributárias chinesas advêm em sua maioria da tributação sobre o consumo.

---

[34] Abraham critica com pertinência essa corrente doutrinaria quando afirma que "os tipos jurídicos, inclusive no direito tributário (por exemplo: empresa, empresário, indústria, trabalhador, poluidor) são necessariamente elásticos e abertos, ao contrário do que defende a doutrina positivista, mas o que caracteriza o tipo é que nele se contém todas as possibilidades de descrição de suas características, ao representar a média ou a normalidade de determinada situação concreta, obtida por indução a partir da realidade social" ABRAHAM, Marcus. op. cit.

[35] CORREIA NETO, Celso de Barros; AFONSO, José Roberto Rodrigues; FUCK, Luciano Felício. A Tributação na Era Digital e os Desafios do Sistema Tributário no Brasil. *Revista Brasileira de Direito*, Passo Fundo, v. 15, n. 1, p. 145-167, set. 2019. Disponível em: <https://seer.imed.edu.br/index.php/revistadedireito/article/view/3356/2344>. Acesso em: 06/05/2020.

[36] Disponível em: <http://www.chinatax.gov.cn/eng/home.html>. Acesso em: 06/05/2020.

[37] Nesse percentual também estão incluídas as receitas com os *"tributos comportamentais"*, que têm por objetivo desestimular certas condutas e comportamentos considerados nocivos pelo Estado, como, por exemplo, o tabagismo, cujo combate passa pela instituição de um imposto sobre a aquisição de folhas de tabaco no território chinês.

6. Tributação de alta tecnologia

A China ainda não instituiu um regime próprio para tributar as empresas de alta tecnologia capaz de combater a transferência de lucros para jurisdições de menor carga tributária, comumente praticada por essas empresas, cuja presença global lhes permite organizar suas operações, de modo a evitar a maior parte da tributação onde auferem suas receitas.

7. Modelo de cobrança fiscal

A regra geral para a cobrança de tributos na China é o lançamento por homologação, cabendo ao contribuinte apurar e recolher o montante devido aos cofres públicos. A cobrança dos tributos está disciplinada em dois diplomas legais: na Lei de Cobrança de Tributos e no Decreto que regula a sua aplicação, ambos referidos no terceiro capítulo deste trabalho, e que servem como regras gerais a serem aplicadas no recolhimento de tributos por todo o território chinês, dispondo acerca da fiscalização pelos agentes fiscais; dos deveres e obrigações acessórias dos contribuintes e responsáveis tributários; da declaração, recolhimento e cobrança dos tributos propriamente dita.

Antes da promulgação da Lei de Cobrança, havia vários diplomas legais e infralegais, cujo escopo e hierarquia legal não eram claros e dificultavam o trabalho da administração tributária chinesa, diante das reformas de mercado que tomavam corpo nas décadas de 1980 e 1990. Nessa época, aos agentes faltavam poderes para fazer cumprir a lei, o que redundava em grande evasão fiscal; as normas eram pouco claras, o que permitia que agentes aplicassem a lei de forma arbitrária e, inclusive, oferecessem isenções ilícitas às empresas locais, prejudicando a arrecadação central; os contribuintes não compreendiam as normas tributárias e seu dever de pagar tributos, o que os levava a resistir às cobranças e repelir até mesmo com violência física os agentes da administração tributária; e também não havia um processo administrativo para resolver as disputas entre os contribuintes e o Estado.

A Lei de Cobrança de Tributos concentra as normas relativas ao tema e dispõe sobre várias funções da administração tributária, como registro de contribuintes, pagamento de tributos, fiscalização, mecanismos de prevenção à fraude, aplicação de multas, competências das autoridades fiscais, direitos e obrigações acessórias dos contribuintes e fornece mecanismos de solução de controvérsias tributárias.[38]

Caso o contribuinte exerça suas atividades sem registro perante as autoridades fiscais, elas poderão proceder ao cálculo dos tributos devidos por conta própria e apreender tantos bens do contribuinte quantos bastem para a satisfação do débito, dando-lhe a oportunidade de adimplir a dívida a fim de evitar que os bens sejam levados a leilão ou vendidos, conforme o art. 37 da Lei de Cobrança de Tributos.

Caso haja fundada suspeita de que o contribuinte cometeu atos de evasão e tenta transferir para terceiros ou esconder mercadorias, bens e rendas passíveis de tributação, o art. 38 do mesmo diploma autoriza a autoridade fiscal a notificar instituições bancárias onde o contribuinte possui conta, para que seja bloqueado o montante devido a título de tributo; ou apreender bens de propriedade do contribuinte suficientes à satisfação do débito.

Na hipótese de inadimplemento concreto, quando o contribuinte ou o responsável tributário deixa de recolher o tributo devido mesmo depois de ter sido notificado pela Autoridade Fiscal, o art. 40 da Lei de Cobrança de Tributos autoriza o agente fiscal a notificar por escrito as instituições financeiras em que o contribuinte possui conta, para que o valor do tributo devido seja quitado pelos depósitos do contribuinte. Além dessa medida, o dispositivo também autoriza o agente fiscal a apreender e leiloar/vender mercadorias e quaisquer outros bens de propriedade do contribuinte até o limite da satisfação do débito.

Além desses mecanismos de garantia e cobrança do crédito tributário, a Administração Tributária chinesa tem várias outras competências disciplinadas na Lei de Cobrança Tributária – v.g. a proibição de o devedor deixar o território chinês sem pagar ou ao menos garantir seus débitos tributários –, o que enseja a conclusão de que, diferentemente do sistema tributário brasileiro, a legislação chinesa dá poderes para que a Administração Tributária efetivamente resguarde seu crédito, garantindo que os agentes fiscais tenham meios para agir antes mesmo de consumada a inadimplência e, caso esta seja inevitável e o contribuinte não honre com o pagamento do tributo devido, a cobrança se dá de modo

---

[38] BRONDOLO, John; ZHANG, Zhiyong. op. cit. p. 12-13.

autônomo, sem a necessidade de acionar o Poder Judiciário para intermediar a satisfação do crédito.

A Administração Tributária chinesa seria qualificada como verdadeira perpetradora de *"sanções políticas"*[39] aos olhos do Poder Judiciário brasileiro, que tradicionalmente enxerga o fenômeno da cobrança de tributos como uma ação estatal que deve ser confinada aos estritos limites da execução fiscal, cerceando qualquer tentativa de cobrança indireta ou extrajudicial, a despeito da ineficácia e ineficiência da via judicial já ter sido sobejamente demonstrada quando se trata da recuperação do crédito tributário[40]. Nesse ponto, não há dúvida de que a legislação chinesa pode servir de inspiração para mudanças extremamente salutares na sistemática de cobrança dos tributos no Brasil.

Por outro lado, de acordo com o art. 88, da Lei de Cobrança de Tributos, o contribuinte que entenda indevida a cobrança de um tributo pode questiona-la administrativamente. A administração chinesa, contudo, demanda que o valor do tributo discutido seja previamente recolhido aos cofres públicos ou garantido por bens para que o contribuinte possa, finalmente, exercer o seu direito de petição. No Brasil essa prática foi abolida totalmente desde a prolação da Súmula Vinculante nº 21, do STF[41], prestigiando o direito do contribuinte ao contraditório e à ampla defesa em detrimento do interesse estatal. Insatisfeito com eventual decisão administrativa desfavorável, o contribuinte ainda pode acionar o Poder Judiciário (conhecido por Corte Popular), na forma da Lei, e, caso assim não proceda, quedando-se inerte, a Administração Tributária poderá implementar as medidas previstas no art. 40 da Lei

---

[39] De acordo com o Supremo Tribunal Federal, no julgamento da ADIn 173/DF: as sanções políticas "são normas enviesadas a constranger o contribuinte, por vias oblíquas, ao recolhimento do crédito tributário".

[40] Cf. Relatório Justiça em Números 2018 (ano-base 2017), publicado anualmente sob a coordenação do Conselho Nacional de Justiça (CNJ) e da Nota Técnica publicada em 2011, pelo IPEA, conforme referenciados no artigo "O gasto com as execuções fiscais inúteis", da lavra de Marcus Abraham, Disponível em: <www.jota.info%2Fopiniao-e-analise%2Fcolunas%2Fcoluna--fiscal%2Fo-gasto-com-as-execucoes-fiscais-inuteis-17012019>. Acesso em: 29/07/2019.

[41] Súmula Vinculante 21: É inconstitucional a exigência de depósito ou arrolamento prévios de dinheiro ou bens para admissibilidade de recurso administrativo. Disponível em: <http://www.stf.jus.br/portal/jurisprudencia/menuSumario.asp?sumula=1255>. Acesso em: 06/05/2020.

de Cobrança ou ajuizar a competente ação de execução perante a Corte Popular.

Por fim, importa salientar que a responsabilidade criminal dos agentes fiscais por quaisquer práticas indevidas que acarretem a diminuição da receita tributária e dos contribuintes por evasão tributária ou falsificação de notas fiscais (*invoices*) referentes ao IVA chinês estão todas dispostas na Lei Criminal Chinesa e, assim como no Brasil, extrapolam a seara estritamente tributária.

8. Espécies de transação, arbitragem e conciliação

Após a efetivação da cobrança, isto é, após a declaração e o inadimplemento configurados, não há previsão legal para outras formas de resolução além das expostas no capítulo anterior. Contudo, antes do inadimplemento, a Lei de Cobrança de Tributos e o Decreto que regula a sua aplicação facultam aos contribuintes que não puderem pagar os tributos devidos no prazo legal a possibilidade de solicitar um diferimento do prazo de pagamento, mediante pedido escrito e instruído com documentos comprobatórios da sua hipossuficiência. O pleito deve ser decidido em até 20 dias e, caso as autoridades fiscais entendam por negar-lhe provimento, o contribuinte é penalizado com a cobrança de um acréscimo no valor originalmente devido, se não pagar o tributo no prazo designado em lei.

Essa espécie de transação tem natureza de moratória, e não encontra instituto análogo no sistema tributário brasileiro, que, por força do art. 152, do Código Tributário Nacional (CTN), só reconhece a postergação de pagamento de tributos mediante ato concessão da administração, autorizado por Lei em sentido estrito, não havendo previsão de moratória por mero pedido administrativo do contribuinte.

O instituto chinês claramente privilegia o princípio da boa-fé nas relações entre os contribuintes e a Administração Tributária, e se viesse a ser adaptado ao ordenamento brasileiro, mediante alteração do CTN, poderia certamente contribuir para a evolução do sistema tributário brasileiro, dando aos contribuintes a oportunidade de negociar um prazo maior para pagamento e à Administração Tributária a possibilidade de recuperar seu crédito sem acionar o Poder Judiciário.

9. Tratados internacionais

A China e o Brasil, muito por conta de serem ambos integrantes dos BRICS[42] possuem vários acordos e tratados firmados nas mais variadas searas, como agricultura, energia, transportes, saúde e tributação.

Sobre esse último tema, o Brasil e a China assinaram, em Pequim, em 5 de agosto de 1991, o *"Acordo Destinado a Evitar a Dupla Tributação e Prevenir a Evasão Fiscal em Matéria de Impostos sobre a Renda"*. O acordo foi aprovado pelo Congresso Brasileiro via Decreto Legislativo nº 85, de 24 de novembro de 1992, passando a vigorar em 6 de janeiro de 1993, nos termos do art. 28, § 1º, do Decreto nº 762[43], de 19 de fevereiro de 1993, por meio do qual foi promulgado pelo Presidente do Brasil.

O acordo se aplica sobre o imposto de renda brasileiro e sobre os seguintes tributos chineses: o imposto de pessoas físicas; o imposto de renda concernente a associações de negócios com chineses e o relativo a investimentos externos; o imposto de renda relativo a empresas estrangeiras; e o imposto de renda local.

China e Brasil também são signatários da Convenção Multilateral sobre Assistência Mútua Administrativa em Matéria Tributária[44], desenvolvida pela Organização para a Cooperação e o Desenvolvimento Econômico – OCDE.

Conclusões

O estudo do sistema tributário da China permite constatar sua grande semelhança com os sistemas tributários ocidentais, tanto nos métodos de tributação sobre patrimônio, rendas e consumo quanto nas dificuldades,

---

[42] O acrônimo BRICS designa o mecanismo de cooperação internacional firmado entre o Brasil, a Rússia, a Índia, a China e, desde 2011, a África do Sul. Os Chefes de Estado e de governo desses países se encontram anualmente, tendo sido a última reunião, de 2019, realizada em Brasília (cf. http://www.itamaraty.gov.br/pt-BR/politica-externa/mecanismos-inter-regionais/3672-brics).

[43] REPÚBLICA FEDERATIVA DO BRASIL. *Decreto nº 762, de 19 de fevereiro de 1993*. Promulga o Acordo Destinado a Evitar a Dupla Tributação e Prevenir a Evasão Fiscal em Matéria de Impostos sobre a Renda, entre o Governo da República Federativa do Brasil e o Governo da República Popular da China, celebrado em Pequim, em 5.8.1991. Disponível em: <http://www.planalto.gov.br/ccivil_03/decreto/1990-1994/D0762.htm>. Acesso em: 06/05/2020.

[44] A Convenção sobre Assistência Mútua Administrativa em Matéria Tributária foi promulgada no Brasil pelo Decreto nº 8.842, de 29 de agosto de 2016.

como, por exemplo, a necessidade de criar métodos eficazes de tributação das empresas globais de alta tecnologia. Essa similaridade com os sistemas tributários ocidentais causa alguma surpresa, dado que o senso comum brasileiro acerca da sociedade chinesa, sua forma de governo e sua cultura é marcado em grande medida por uma perspectiva orientalista, na forma diagnosticada por Said[45], desde o século passado.

De modo semelhante, o sistema tributário brasileiro também tem muito em comum com o sistema tributário chinês, pois a despeito da diferença fundamental quanto à natureza dos respectivos Estados Nacionais e modelos econômicos, ambos os sistemas se orientam por vários princípios em comum; têm um conjunto de tributos muito parecido, amparado nos impostos sobre o consumo (prevalência da tributação indireta) e tentam cada um a sua maneira oferecer aos seus cidadãos um sistema previdenciário financiado a partir de contribuições de patrões e trabalhadores.

Por outro lado, há diferenças insofismáveis entre esses sistemas tributários, que se manifestam no modo como cada um deles parece atender a uma finalidade diferente. O sistema brasileiro, com sua tributação regressiva, pouco eficaz na redução das desigualdades econômicas, pautado por interpretações formalistas, tipos fechados, conceitos constitucionais imutáveis, composto por normas constitucionais de marcada rigidez e seu modelo de cobrança dependente da chancela judicial parece se satisfazer em garantir a segurança jurídica do contribuinte acima de tudo, a qualquer preço, sacrificando até mesmo a justa distribuição da carga tributária. No sentido oposto está o sistema tributário chinês, que também preza a segurança jurídica, mas, parece mais voltado ao objetivo de garantir a eficácia da arrecadação, com uma sistemática de cobrança incomparavelmente mais dinâmica e uma carga tributária mais bem distribuída. De modo geral, a China parece menos avessa ao tributo do que o Brasil, como se aceitasse com mais facilidade que a receita tributária

---

[45] Edward Said formulou o conceito de *"orientalismo"* para explicar o modo como o Ocidente, notadamente a Europa, enxerga as civilizações asiáticas como primitivas, irracionais, violentas, despóticas, fanáticas e essencialmente inferiores, carentes das luzes advindas das ideias contemporâneas e progressistas ocidentais. Desse modo, o orientalismo consiste no exagero das diferenças civilizacionais e na presunção de superioridade de todas as manifestações culturais europeias em detrimento das orientais – o que também se aplica ao direito e às formas de organização social. (SAID, Edward. *Orientalismo*. O Oriente como invenção do Ocidente. Trad. Rosaura Eichenberg. São Paulo: Companhia das Letras, 2007. p. 13-39)

é imprescindível à vida em sociedade e que todos tem o dever de arcar com a justa parcela em proporção à sua capacidade econômica.

Em verdade, essa diferença se verifica porque o sistema tributário brasileiro ainda está preso em grande medida ao *"libertarismo vulgar"*[46], concepção ideológica que compreende a tributação enquanto antagonista do direito de propriedade, como se essa não fosse precisamente um pressuposto da existência deste, afinal, o direito à propriedade da "renda pré-tributária", obtida em geral no mercado, não é natural e inalienável ao cidadão, mas é fruto da existência do Estado, mantido pela arrecadação dos tributos.

Por outro lado, o sistema tributário chinês, muito embora reconheça o direito constitucional de propriedade, está constituído de modo mais dinâmico e prescinde do formalismo exagerado e da rigidez dos ritos necessários às sempre necessárias alterações legislativas tributárias, o que dá à China uma maior rapidez na criação de normas capazes de abarcar os mais variados fatos indicativos de riqueza e evita, em grande medida, a subtributação de parcelas das atividades econômicas, contribuindo para a manutenção de uma divisão equilibrada do ônus tributário, exigência inarredável de qualquer sistema que tenha por objetivo atingir a justiça fiscal.

Ao fim e ao cabo, é possível concluir que o sistema brasileiro poderia certamente absorver e adaptar algumas práticas e metodologias do sistema chinês, para se tornar mais eficaz e maleável quando surgirem necessidades de alteração normativa para captar novas manifestações de riqueza e submetê-las à tributação devida.

Referências

ABRAHAM, Marcus. *Curso de direito tributário brasileiro*. Rio de Janeiro: Forense, 2018. Edição eletrônica.

__. O gasto com as execuções fiscais inúteis. Disponível em: <www.jota.info%2Fopiniao-e-analise%2Fcolunas%2Fcoluna-fiscal%2Fo-gasto-com-as-execucoes-fiscais-inuteis-17012019>. Acesso em: 29/07/2019.

BALEEIRO, Aliomar. *Limitações constitucionais ao poder de tributar*. 8. ed. Atualizada por Misabel Derzi. Rio de Janeiro: Forense, 2010.

---

[46] MURPHY, Liam; NAGEL, Thomas. *O Mito da Propriedade*: os impostos e a justiça. São Paulo: Martins Fontes, 2005. p. 51.

BANCO MUNDIAL. *China*. Disponível em: <https://datos.bancomundial.org/pais/china>. Acesso em: 06/05/2020.

BRONDOLO, John; ZHANG, Zhiyong. Tax Administration Reform in China: Achievements, Challenges, and Reform Priorities. *IMF Working Paper*. Disponível em: <https://www.imf.org/external/pubs/ft/wp/2016/wp1668.pdf>. Acesso em: 06/05/2020.

CHIESA, Clélio. Instituição de tributo. In: *Enciclopédia jurídica da PUC-SP*. Tomo: Direito Tributário. São Paulo: Pontifícia Universidade Católica de São Paulo, 2017. Disponível em <https://enciclopediajuridica.pucsp.br/verbete/303/edicao-1/instituicao-de-tributo>. Acesso em: 06/05/2020.

CHUANZHI, Wang. Centralismo democrático: o mecanismo central do sistema político na China. *Revista Ópera*, 11 jan. 2020. Disponível em: <https://revistaopera.com.br/2020/01/11/centralismo-democratico-o-mecanismo-central-do-sistema-politico-na-china/>. Acesso em: 06/05/2020.

CORREIA NETO, Celso de Barros; AFONSO, José Roberto Rodrigues; FUCK, Luciano Felício. A Tributação na Era Digital e os Desafios do Sistema Tributário no Brasil. *Revista Brasileira de Direito*, Passo Fundo, v. 15, n. 1, p. 145-167, set. 2019. Disponível em: <https://seer.imed.edu.br/index.php/revistadedireito/article/view/3356/2344>. Acesso em: 06/05/2020.

DEWOSKIN, Kenneth J. et al. China. In: *Encyclopædia Britannica*. Disponível em: <https://www.britannica.com/place/China>. Acesso em: 06/05/2020.

GOMES, Marcel. As distorções de uma carga tributária regressiva. *Desafios do Desenvolvimento*, Ano 12, Edição 86, 2015. Disponível em: <https://www.ipea.gov.br/desafios/index.php?option=com_content&id=3233>. Acesso em: 06/05/2020.

MURPHY, Liam; NAGEL, Thomas. *O Mito da Propriedade*: os impostos e a justiça. São Paulo: Martins Fontes, 2005.

NABAIS, José Casalta. *O dever fundamental de pagar impostos*. Coimbra: Almedina, 2004.

REPÚBLICA FEDERATIVA DO BRASIL. *Constituição da República Federativa do Brasil de 1988*. Disponível em:
<http://www.planalto.gov.br/ccivil_03/constituicao/constituicaocompilado.htm>. Acesso em: 03/03/2020.

___. *Decreto nº 762, de 19 de fevereiro de 1993*. Promulga o Acordo Destinado a Evitar a Dupla Tributação e Prevenir a Evasão Fiscal em Matéria de Impostos sobre a Renda, entre o Governo da República Federativa do Brasil e o Governo da República Popular da China, celebrado em Pequim, em 5.8.1991. Disponível em: <http://www.planalto.gov.br/ccivil_03/decreto/1990-1994/D0762.htm>. Acesso em: 06/05/2020.

___. *Lei nº 9.249, de 26 de dezembro de 1995*. Altera a legislação do imposto de renda das pessoas jurídicas, bem como da contribuição social sobre o lucro líquido, e dá outras providências. Disponível em: <http://www.planalto.gov.br/ccivil_03/LEIS/L9249.htm>. Acesso em: 03/03/2020.

___. *Lei nº 5.172, de 25 de outubro de 1966*. Código Tributário Nacional. Dispõe sobre o Sistema Tributário Nacional e institui normas gerais de direito tributário aplicáveis à União, Estados e Municípios. Disponível em: <http://www.planalto.gov.br/ccivil_03/leis/l5172.htm>. Acesso em: 06/05/2020.

REPÚBLICA POPULAR DA CHINA. *Constituição da República Popular da China*. Disponível em:<http://www.npc.gov.cn/englishnpc/constitution2019/201911/1f65146fb6104dd3a2793875d19b5b29.shtml>. Acesso em: 06/05/2020.

___. *Lei da República Popular da China sobre a Administração da Cobrança de Tributos*, promulgada na 27ª reunião do Comitê Permanente do Sétimo Congresso Nacional do Povo, em 4 de setembro de 1992. Disponível em: <http://www.china.org.cn/business/laws_regulations/2007-06/22/content_1214782.htm>. Acesso em: 06/05/2020.

___. *Lei de Seguro Social da República Popular da China*, aprovada na 17ª reunião do Comitê Permanente do Décimo Primeiro Congresso Nacional da República Popular da China em 28 de outubro de 2010. Disponível em: <http://www.gov.cn/flfg/2010-10/28/content_1732767.htm>. Acesso em: 06/05/2020.

___. *Lei do Imposto de renda individual da República Popular da China*, adotado pela Terceira Sessão do Quinto Congresso Nacional do Povo, em setembro 10 de 1980 e promulgada no mesmo dia no pedido nº 11 do Presidente do Comitê Permanente do Congresso Nacional do Povo. Disponível em: <http://english.mofcom.gov.cn/aarticle/policyrelease/internationalpolicy/200703/20070304470171.html>. Acesso em: 06/05/2020.

___. *Lei do Imposto sobre a renda das empresas da República Popular da China*, promulgado pelo Congresso Popular Nacional da República Popular da China. Disponível em: <http://www.fdi.gov.cn/1800000121_39_3339_0_7.html>. Acesso em: 06/05/2020.

___. *Regras para a Implementação da Lei da República Democrática da China sobre a Administração da Cobrança de Tributos*, promulgado pelo Decreto nº 362, do Conselho de Estado da República Popular da China, em 7 de setembro de 2002, com efeitos a partir de 15 de Outubro de 2002. Disponível em: <http://www.china.org.cn/business/laws_regulations/2007-06/22/content_1214799.htm >. Acesso em: 06/05/2020.

___. *Regulamento Interino da República Popular da China acerca do Imposto sobre o Consumo*, promulgado pelo Decreto nº 135, do Conselho de Estado da República Popular da China. Disponível em: <http://www.fdi.gov.cn/1800000121_39_3179_0_7.html>. Acesso em: 06/05/2020.

___. *Regulamento Provisório da República Popular da China sobre Imposto sobre Valor Agregado*. Disponível em: <http://english.mofcom.gov.cn/article/lawsdata/chineselaw/200411/20041100311038.shtml>. Acesso em: 06/05/2020.

RICCARDI, Lorenzo. *Introduction to Chinese Fiscal System*. Singapura: Springer Singapore, 2018.

SAID, Edward. *Orientalismo*. O Oriente como invenção do Ocidente. Trad. Rosaura Eichenberg. São Paulo: Companhia das Letras, 2007.

SILBERGELD, Jerome et al. China. In: *Encyclopædia Britannica*. Disponível em: <https://www.britannica.com/place/China>. Acesso em: 06/05/2020.

TÔRRES, Heleno Taveira et al. Sistema Tributário e Direitos Fundamentais no Constitucionalismo Comparado. In: TÔRRES, Heleno Taveira (Coord.). *Sistema Tributário, legalidade e Direito Comparado*: entre forma e substância. Belo Horizonte: Fórum, 2010.

WONG, Stan Hok-wui; PENG, Minggang. Petition and Repression in China's Authoritarian Regime. *Journal of East Asian Studies*, v. 15, p. 27-67, 2015.

WORLDOMETER. *China Demographics*. Disponível em: <https://www.worldometers.info/demographics/china-demographics/>. Acesso em: 06/05/2020.

XU, Yan. Land Tax Without Land and Land Without Land Tax: A History of Land Tax in China. In: TILEY, John (Ed.). *Studies in the History of Tax Law*. Vol 6. Portland: Hart Publishing, 2013. Disponível em: <https://ssrn.com/abstract=2646377>. Acesso em: 06/05/2020.

9. O sistema tributário da Espanha

Guilherme de Lara Picinini

Introdução
Descrever, objetivamente, todos os aspectos de um determinado sistema tributário em um artigo de duas dezenas de páginas é, sem sombra de dúvidas, tarefa quase impossível, na mais otimista das visões.

Ao pesquisador, nesse caso, resta uma escolha: abordar superficialmente a maioria dos aspectos do sistema e, por conseguinte, obter um produto bastante abrangente ou focar sua pesquisa em um limitado tema relevante e, por outro lado, obter um resultado mais profundo e cientificamente apurado.

Tem-se em vista que a maioria dos leitores do presente excerto nunca tenha tido contato com o sistema tributário espanhol, de maneira que se focar em um ou outro assunto fugiria à proposta da coletânea de fornecer ao leitor a possibilidade de comparação entre os diversos sistemas jurídicos pelo mundo. Por outro lado, fornecer simplesmente uma constatação superficial do sistema, sem maiores reflexões sobre os assuntos, também trairia a proposição acadêmica da presente obra.

Nesse contexto, o texto se utilizará de uma abordagem intermediária, implementada pela divisão do artigo em duas partes. A primeira etapa terá por objeto introduzir o pesquisador às principais características do sistema tributário espanhol, descrevendo seu sistema político, seus principais princípios e, a representatividade de cada tributo em sua arrecadação.

A segunda parte da pesquisa será direcionada ao estudo de dois pontos que representam diferenças consideradas importantes em relação ao sistema tributário brasileiro, que foram selecionados, pois podem auxiliar o jurista brasileiro a entender e aperfeiçoar determinados institutos do direito tributário brasileiro.

Assim, passar-se-á a uma análise comparativa entre o sistema tributário da Espanha, estado cujo animal símbolo é o touro, e o sistema tributário brasileiro, no qual o principal agente é a Secretaria da Receita Federal do Brasil, que é referida costumeiramente como "leão" pelos cidadãos brasileiros.

1. Aspectos gerais
1.1. Sistema político, forma de Estado, estatísticas e organização financeira

O Estado Nacional espanhol encontra sua origem nas Guerras de Reconquista[1], datadas entre os séculos XII e XV, que simbolizaram marco da retomada da península ibérica, que estava sob os controles dos muçulmanos[2], pela população católica. A partir dessas guerras, a península ibérica foi conquistada pelos cristãos e foi transformada nos Reinos de Portugal e de Castilla, que posteriormente dariam origem aos estados nacionais de Portugal e Espanha.

Por terem sido formados a partir de eventos militares, a fundação dos reinos ibéricos pressupunha uma liderança forte, diferente dos demais territórios europeus, nos quais havia o sistema do feudalismo. Assim, os territórios foram terreno fértil para o desenvolvimento de organização

---

[1] Expõe-se o termo como é comumente utilizado, embora se observe que o próprio conceito de "reconquista" para os eventos é questionável, como tratado em ALVARO, Bruno Gonçalves; PRATA, Rafael Costa. Guerras rendilhadas da erudição: um breve panorama dos combates e debates em torno do conceito de reconquista. *Revista Signum*, vol. 15, n. 2., 2014. p. 104-126. Nesse mesmo sentido: "La reconquista duró varios siglos y ocupa un lugar fundamental en la historia de España, aunque no es fácilmente definible. Parece que los cristianos pensaron que la reconquista fue una lucha justa para recuperar unas tierras que eran suyas. Esta visión se puede relativizar, ya que los árabes habían permanecido en la península durante casi siete siglos" KAMEN, Henry. *Breve historia de España*. Trad. por Marta Hernández Salván. Amanuense, 2009. p. 26.

[2] "Los primeros trescientos años de conquista militar imprimió en Hispania un carácter único en Europa occidental. La península entera, con la excepción del territorio situado al norte del río Duero (que en realidad era el reino de Asturias), fue conquistada por los musulmanes cuya civilización dejó su huella cultural en Hispania. Tres siglos de indiscutible poder musulmán le confirió a España sus indelebles características árabes." Ibidem. p. 17.

do estado fortemente vinculada à figura do Rei e com pouca limitação a sua atuação[3].

Após cinco séculos de existência, a figura do Rei, atualmente ocupada por Filipe VI de Espanha, persiste, mas com uma função institucional muito mais simbólica dentro do sistema espanhol. Segundo a Constituição da Espanha, são atribuições do Rei[4]:

(i) Representação maior do Estado Espanhol nas relações internacionais (chefe de estado);
(ii) Moderar e arbitrar o funcionamento regular das instituições;
(iii) Sancionar e promulgar as leis;
(iv) Propor o candidato ao Presidente do Governo e o nomeá-lo, quando aprovado pelo congresso;
(v) Comandar as forças armadas;
(vi) Conceder honras e expedir decretos acordados com o Conselho de Ministros; e
(vii) Dissolver o parlamento, em situações excepcionais.

O sistema de governo espanhol é parlamentarista e a organização do Congresso se dá de forma bicameral, bastante semelhante à do Brasil, de forma que à Câmara dos Deputados é conferida a atribuição de representação popular e ao Senado cabe a representação das entidades públicas regionais.

A Câmara dos Deputados é constituída por 350 membros eleitos por voto popular e com mandato de 4 anos. O Senado se constitui por 259 membros, sendo 208 eleitos diretamente por voto popular e 51 indicados pelos legisladores regionais[5].

Ao Poder Legislativo é dada a função de aprovar o Chefe de Governo (similar ao Primeiro-Ministro), que comanda ordinariamente o Poder

---

[3] "La maquinaria política de España durante el mandato de los Habsburgo ha sido frecuentemente, aunque equivocadamente, calificado de absolutista. Se hicieron grandes esfuerzos para centralizar la administración, y fueron pocas las restricciones constitucionales que se le hicieron a la corona." Ibidem. p. 59

[4] Artigos 56 e 62 da Constituição da Espanha. ESPANHA. **Constitución Española de 1978**. Disponível em: <https://www.boe.es/legislacion/documentos/ConstitucionCASTELLANO.pdf>. Acesso em: 01 fev. 2020.

[5] Artigos 66 e 69 da Constituição. Ibidem.

Executivo do Estado Espanhol, através da indicação de pessoas para o comando dos ministérios especializados[6].

A forma de Estado é unitária, embora existam governos locais, chamadas de Comunidades Autônomas, que representam uma forma de descentralização administrativa. Existem 17 Comunidades Autônomas na Espanha, quais sejam: Andaluzia, Aragão, Ilhas Baleares, Canárias, Cantábria, Castilla-La Mancha, Castela e Leão, Catalunha, Comunidade de Madrid, Comunidade Foral de Navarra, Comunidade Valenciana, Extremadura, Galiza, País Basco, Principado das Astúrias, Região de Múrcia e La Rioja.

As referidas comunidades possuem razoável autonomia e, conforme será visto adiante, têm a capacidade de regulamentar e cobrar determinados tributos, que foram delegados pelo governo central, como é o caso, por exemplo, de 50% do *Impuesto a la Renta de Personas Naturales* – corrrespondente ao Imposto de Renda de Pessoas Físicas brasileiro.

Quanto aos dados estatísticos, temos que a Espanha tem pouco menos de ¼ da população brasileira. Seu Produto Interno Bruto (PIB) representa cerca de 76% do PIB brasileiro, de maneira que o PIB *per capta* espanhol é pouco superior a três vezes do indicador calculado com base nos índices do Brasil[7]. Finalmente, quanto à geografia, temos que a extensão de superfície do Brasil é quase dezessete vezes aquela do país ibérico.

Apresentados os aspectos gerais do Estado Espanhol, passamos ao seu sistema normativo-tributário.

1.2. Sistema jurídico-normativo tributário espanhol

Assim como no Brasil, o diploma normativo de maior hierarquia do sistema tributário espanhol é a Constituição, que foi promulgada em 1978. A Carta Magna espanhola, todavia, traz poucas disposições sobre a tributação, de maneira que da redação de seus dispositivos[8] se extrai apenas

---

[6] Artigo 97 da Constituição. Ibidem.
[7] Comparação feita em: <https://pt.countryeconomy.com/>. Acesso em: 03 fev. 2020.
[8] "Artículo 31.
1. Todos contribuirán al sostenimiento de los gastos públicos de acuerdo con su capacidad económica mediante un sistema tributario justo inspirado en los principios de igualdad y progresividad que, en ningún caso, tendrá alcance confiscatorio.
2. El gasto público realizará una asignación equitativa de los recursos públicos, y su programación y ejecución responderán a los criterios de eficiencia y economía.

princípios gerais da matéria, como da capacidade econômica, igualdade, progressividade, vedação ao confisco, legalidade, eficiência e economia.

Todos os princípios citados possuem correspondência direta à realidade jurídica brasileira e as interpretações dos referidos são, abstratamente, bastante similares à brasileira[9], de maneira que é redundante descrevê--las neste texto.

Também de maneira semelhante ao Brasil, a Espanha possui um diploma que unifica as normas gerais tributárias, nomeada de Ley General Tributária (Ley 58/03)[10], que é, inclusive, mais ampla que o nosso Código Tributário Nacional (Lei 5.172/66).

Dentre as matérias tratadas tanto na LGT quanto no CTN, temos principalmente:

(i) Conceitos básicos (tributo, espécies tributárias, etc.);
(ii) Fontes do Direito Tributário;
(iii) Interpretação das normas tributárias, incluindo a vedação à analogia;
(iv) Responsabilidade tributária;
(v) Sucessão e substituição;
(vi) Modalidades de extinção do tributo, inclusive prescrição;
(vii) Garantias dos créditos tributários;
(viii) Fiscalização;
(ix) Modalidades de lançamento.

---

3. Sólo podrán establecerse prestaciones personales o patrimoniales de carácter público con arreglo a la ley."
"Artículo 133.
1. La potestad originaria para establecer los tributos corresponde exclusivamente al Estado, mediante ley.
2. Las Comunidades Autónomas y las Corporaciones locales podrán establecer y exigir tributos, de acuerdo con la Constitución y las leyes.
3. Todo beneficio fiscal que afecte a los tributos del Estado deberá establecerse en virtud de ley.
4. Las administraciones públicas sólo podrán contraer obligaciones financieras y realizar gastos de acuerdo con las leyes.". ESPANHA. **Constitución Española de 1978**. Op. cit.
[9] QUERALT, Juan Martín et al. **Curso de derecho financiero y tributário**. 29 ed. Madrid: Tecnos, 2018. p. 100-134.
[10] ESPANHA. *Ley General Tributaria*. Publicada em 18/12/2003. Disponível em: <https://www.boe.es/eli/es/l/2003/12/17/58/con>. Acesso em: 03 fev. 2020.

Além disso, a LGT regula matérias que, no direito brasileiro, são tratadas em diplomas normativos diversos, como:

(i) Normas de processo administrativo tributário: consulta, contencioso, restituição etc.;
(ii) Normas específicas sobre as sanções tributárias: princípios, infrações, cominação de multas;
(iii) Procedimentos de revisão de atos nulos/anuláveis e de retificação de erros;
(iv) Órgãos administrativos tributários;
(v) Crimes contra a ordem tributária.

Veja-se que, em regra, as diferenças de sistematização da LGT em relação ao CTN advêm, da forma de Estado adotada, na medida em que boa parte dos temas adicionais tratados (processo fiscal, sanções, procedimento de revisão, órgãos) não poderiam ser regulamentados nacionalmente, devido à independência dada aos entes federativos pela constituição brasileira.

Finalmente, como adiante será tratado, todos os principais tributos possuem uma lei específica que regula os principais aspectos da regra matriz de incidência – contribuintes, hipótese de incidência, alíquota, base de cálculo, isenções etc. Vejamos.

1.3. Principais tributos

Conforme artigo 2º da Ley General Tributária, as espécies tributárias na Espanha são os *impuestos* (impostos), *tasas* (taxas) e as *contribuiciones especiales*. Veja-se que, embora a tradução literal desta última possa induzir o leitor brasileiro desavisado a fazer a correspondência com contribuições especiais, sua definição corresponde às contribuições de melhoria previstas no CTN, pois seu fato gerador consiste na *"obtención por el obligado tributario de un beneficio o de un aumento de valor de sus bienes como consecuencia de la realización de obras públicas o del establecimiento o ampliación de servicios públicos"*. Assim, a LGT adota o sistema tripartido, à semelhança do CTN.

Feito esse esclarecimento, passar-se-á a expor os principais impostos vigentes na Espanha, a partir de uma divisão *meramente didática* entre diretos e indiretos, na medida em que se sabe que essa segregação é cientificamente bastante questionável[11].

---

[11] BECKER, Alfredo Augusto. **Teoria Geral do Direito Tributário**. 7. ed. São Paulo: Noeses, 2018. p. 536-539.

1.3.1. Impostos diretos

Quanto aos impostos diretos, temos aqueles que incidem sobre a renda (*Impuesto sobre las Sociedades, Impuesto sobre la renta de personas naturales* e *Impuesto sobre la renta de no residentes*) e os que incidem sobre o patrimônio (*Impuesto sobre el patrimonio* e *Impuesto de sucesiones y donaciones*).

O *Impuesto sobre las Sociedades* ("IS"), regulamentado pela Ley 4/2004, tem a dinâmica muito parecida com o imposto de renda de pessoas jurídicas brasileiro. Esse tributo é pago por sociedades que (i) que tenha sido constituída conforme as leis espanholas, (ii) que tenha seu domicílio social na Espanha ou (iii) que tenha sua sede de endereço efetivo na Espanha.[12]

Sua base tributável é obtida, em regra, por estimativa direta, na qual são utilizados os resultados contábeis, com adequações fiscais. A alíquota geral é de 35%[13], mas existem alíquotas específicas para determinadas atividades, como por exemplo:

(i) Companhias de pesquisa e exploração de hidrocarburetos (40%)
(ii) Seguradoras, sociedades de refinanciamento, cooperativas de crédito, associações empresariais e sindicatos (25%)
(iii) Cooperativas fiscalmente protegidas (20%)
(iv) Fundos de investimento imobiliário (1%).

O *Impuesto sobre renta de las personas naturales* (IRPN) é regulamentado pela Ley 35/2006, corresponde ao Imposto de Renda de Pessoas Físicas e incide sobre a renda dos seguintes sujeitos[14]:

(i) Pessoa física com residência habitual em território espanhol, assim entendido como pessoas que permanece mais de 183 dias em território espanhol ou possui a base de suas atividades na Espanha;
(ii) Pessoa física espanhola com residência habitual em estado estrangeiro, mas que se inclua em alguma circunstância prevista na Lei (tais como por serviços diplomáticos, consulares e outros); e

---

[12] Artigo 7º. ESPANHA. *Real Decreto Legislativo 4, de 5 de março de 2004*. Publicada em 11/03/2004. Disponível em: <https://www.boe.es/eli/es/rdlg/2004/03/05/4/con>. Acesso em: 05 fev. 2020.

[13] Artigo 28. Ibidem.

[14] ESPANHA. *Ley 35, de 28 de novembro de 2006*. Publicada em 29/11/2006. Disponível em: <https://www.boe.es/eli/es/l/2006/11/28/35/con>. Acesso em: 05 fev. 2020.

(iii) Pessoa física espanhola que passe a residir num paraíso fiscal (regra aplicada durante o ano em que se realize a mudança de residência e nos quatro seguintes).

A base de cálculo é obtida a partir da renda mundial, regida pela universalidade. A capacidade tributária é delegada até a metade de base de cálculo genérica às comunidades autônomas, que podem inclusive majorar as alíquotas e alterar as faixas de incidência. Existe, portanto, uma espécie de "bitributação autorizada" pelo estado unitário e pelas comunidades autônomas quanto ao IRPN.

As alíquotas do estado unitário espanhol, bem como a alíquotas das comunidades autônomas, caso não se disponha em sentido contrário, são as seguintes[15]:

Base de cálculo (anual)	Alíquota Estatal	Alíquota Autonômica	Alíquota total
0 a 12.450,00 €	9,5%	9,5%	19%
12.450,00 a 20.200,00 €	12%	12%	24%
20.200,00 a 35.200,00 €	15%	15%	30%
35.200,00 a 60.000,00 €	18,5%	18,5%	37%
Mais de 60.000,00 €	22,5%	22,5%	45%

Todavia, como exposto, as comunidades autônomas podem alterar tanto as alíquotas quanto as faixas de incidência, de maneira que os contribuintes devem, nesses casos, calcular as parcelas de IRPN em separado para cada administração fiscal. A título de exemplo, vejamos a tabela de incidência da *Comunidad Autónoma da Cataluña* para o ano de 2018:

Base de cálculo (anual)	Alíquota Autonômica
0 a 17.707,20 €	12%
17.707,20 a 33.007,20 €	14%
33.007,20 a 53.407,20 €	18,5%
53.407,20 a 120.000,20 €	21,5%
120.000,20 a 175.000,20 €	23,5%
Mais de 175.000,20 €	25,5%

Veja-se que não existe, nas tabelas oficiais, a faixa de isenção, pois a isenção de IRPN para rendimentos até determinada quantia é regulamentada,

[15] Artigo 63. Ibidem.

interessantemente, de forma segregada, pelo instituto do *"Mínimo personal y familiar"* (Artículos 56-61, Ley 35/2006[16]). Em síntese, esse mínimo familiar significa a parcela de rendimentos necessária à satisfação das necessidades básicas dos contribuintes, sobre a qual não incide IRPN.

No referido capítulo, existem disposições específicas que permitem aos contribuintes espanhóis calcularem qual é o mínimo existencial de sua família. O valor genérico de isenção é de 5.500 euros anuais por contribuinte, mas pode aumentar por diversos fatores, como:

(i) idade do contribuinte: mais de 65 anos (+ 1.150 euros) ou 75 anos (+1.400 euros);

(ii) número de filhos menores de 25 anos, graduado de acordo com a quantidade;

(iii) número de ascendentes com mais de 65 anos que não possuem rendimentos próprios (+1.150 euros);

(iv) o caso de o contribuinte ser portador de alguma deficiência, graduado de acordo com a deficiência.

Assim, a base de cálculo considerada nas planilhas das faixas de IRPN já é deduzida do mínimo pessoal e familiar, cujo cálculo, conforme visto, possui maior pessoalidade, por variar de acordo com as condições da família dos contribuintes.

O *Impuesto sobre la renta de no residentes (IRNR)*, regulamentado pela Ley 5/2004, possui dinâmica muito similar aos demais IRs, mas, como se pode deduzir, incide sobre remessas ao exterior a pessoas não residentes[17]. A alíquota depende de a que título foi auferida a renda e se há ou não estabelecimento permanente da companhia no território espanhol.

Passando aos impostos incidentes sobre patrimônio, o principal deles é o *Impuesto sobre el Patrimonio* (IP), tratado na Ley 19/91 e correspondente aos Impostos sobre Propriedade de Veículos Automotores (IPVA) e de Imóveis urbanos (IPTU) e rurais (ITR) brasileiros, mas com uma base de cálculo muito mais ampla.

---

[16] Ibidem.

[17] Artigo 1. ESPANHA. **Real Decreto Legislativo 5, de 5 de março de 2004**. Publicada em 12/03/2004. Disponível em: < https://www.boe.es/eli/es/rdlg/2004/03/05/5/con>. Acesso em: 05 fev. 2020.

As pessoas físicas da Espanha estão sujeitas ao referido tributo sobre seu patrimônio líquido, incluindo os bens e direitos de conteúdo econômico que não estão situados no país. Já os estrangeiros são cobrados apenas quanto aos direitos e bens que situados na Espanha. Através do IP, o governo espanhol tributa, dentre outros direitos[18]:

(i) Propriedade de imóveis;
(ii) Propriedade de bens afetos à atividade empresarial;
(iii) Propriedade de automóveis;
(iv) Propriedade de depósitos em contas bancárias;
(v) Propriedade de derivativos (ações, opções etc.);
(vi) Propriedade de joias;
(vii) Propriedade de objetos de arte;
(viii) Direitos de propriedade industrial ou intelectual;
(ix) Concessões administrativas.

Esse tributo é integralmente delegado às Comunidades Autônomas, que podem ajustar as faixas de incidência e as alíquotas. Entretanto, a lei geral dispõe que, salvo disposição contrária regional, as alíquotas do tributo são as seguintes[19]:

Base de cálculo	Alíquota pré-definida
0 a 167.129,45 €	0,2%
167.129,45 a 334.252,88 €	0,3%
334.252,88 a 668.499,75 €	0,5%
668.499,75 a 1.336.999,51 €	0,9%
1.336.999,51 a 2.673.999,01 €	1,3%
2.673.999,01 a 5.347.998,03 €	1,7%
5.347.998,03 a 10.695.996,06 €	2,1%
Mais de 10.695.996,06 €	2,5%

A dinâmica do IP é bastante semelhante à concepção de parte da doutrina em relação ao Imposto de Grandes Fortunas[20] – embora seja

---

[18] ESPANHA. *Ley 19, de 6 de junho de 1991*. Publicada em 07/06/1991. Disponível em: <https://www.boe.es/eli/es/l/1991/06/06/19/con>. Acesso em: 05 fev. 2020.

[19] Artigo 20. Ibidem.

[20] "Até o momento não foi instituído o imposto sobre grandes fortunas, apesar de vários projetos de lei complementar terem sido elaborados sobre a temática80. O imposto sobre grandes fortunas é uma 'moderna versão de imposto global sobre o patrimônio líquido

difícil fazer correspondência ao sistema brasileiro em razão de sua não regulamentação – com a diferença de incidir, mesmo que em menores alíquotas, sobre todos os direitos patrimoniais.

O último imposto direto a ser abordado é o *Impuesto de sucesiones y donaciones*, correspondente ao Imposto sobre Doações e Transmissões Causa Mortis (ITCMD) no Brasil, o qual encontra suas principais características na Ley 29/87 e também é cedido às comunidades autônomas.

O referido gravame tem como contribuintes pessoas naturais e incide sobre (i) aquisição de bens e direitos por herança; (ii) aquisição de bens e direitos por doação ou qualquer negócio gratuito; ou (iii) recebimento de montantes por beneficiários de seguro, quando o beneficiário for pessoa diferente da contratante[21]. Os mesmos fatos geradores, se realizados por pessoa jurídica, sujeitam-se unicamente ao *Impuesto sobre las Sociedades*.

Em caso de omissão das comunidades autônomas quanto às alíquotas a serem aplicadas, as faixas de incidência a serem utilizadas são as seguintes:

Base de cálculo	Alíquota pré-definida
0 a 7.993,46 €	7,65%
7.993,46 a 15.980,91 €	8,5%
15.980,91 a 23.968,36 €	9,35%
23.968,36 a 31.955,81 €	10,2%
31.955,81 a 39.943,26 €	11,05%
39.943,26 a 47.930,72 €	11,9%
47.930,72 a 55.918,17 €	12,75%
55.918,17 a 63.905,62 €	13,6%
63.905,62 a 71.893,07 €	14,45%
71.893,07 a 79.880,52 €	15,3%
79.880,52 a 119.757,67 €	16,15%
119.757,67 a 159.634,83 €	18,7%
159.634,83 a 239.389,13 €	21,25%
239.389,13 a 398.777,54 €	25,5%
398.777,54 a 797.555,08 €	29,75%
Mais de 797.555,08 €	34%

pessoal ou familiar', diz Giffon" QUINTELA, Guilherme Camargos; SERGIO, Samille Rodrigues. O imposto sobre grandes fortunas como instrumento de redução das desigualdades sociais e regionais: uma análise com base no princípio da solidariedade federativa. **Revista de Finanças Públicas, Tributação e Desenvolvimento**. v. 6, n. 7, 2018. p. 56.

[21] Artigo 3º. ESPANHA. *Ley 29, de 18 de dezembro de 1987*. Publicada em 19/12/1987. Disponível em: <https://www.boe.es/eli/es/l/1987/12/18/29/con>. Acesso em: 05 fev. 2020.

Considerando que, no Brasil, em atenção ao art. 155, inciso I, da Constituição Federal, o Senado editou a Resolução 9, de 06 de maio de 1992[22], a qual estabeleceu que a alíquota máxima de ITCMD é de 8%, salta aos olhos a diferença nas alíquotas aplicáveis entre o país ibérico analisado (até 34%) e o Brasil, no qual, inclusive, os Estados não se utilizam sequer da alíquota de 8%, como é o caso de São Paulo[23].

1.3.2. Impostos indiretos

Os principais impostos indiretos da Espanha são os seguintes: *Impuesto sobre valor añadido* (IVA), *Impuesto sobre transmisiones patrimoniales y actos jurídicos documentados* (ITP/AJD), *Impuesto sobre primas de seguros* (IPS) e Impostos Especiais diversos.

O *Impuesto sobre valor añadido (IVA)*, regulamentado pela Ley 37/92, corresponde a basicamente todos os tributos indiretos sobre bens e serviços do Brasil, quais sejam: Imposto sobre Circulação de Mercadorias e Serviços (ICMS), Impostos sobre Serviços (ISS), contribuições sociais incidentes sobre receita (PIS e COFINS) e Imposto sobre Produtos Industrializados (IPI).

O IVA espanhol incide sobre: (i) circulação de bens promovida por empresários; (ii) importações de bens; (iii) prestações de serviços. A alíquota genérica é de 21% sobre o valor da operação[24], mas existem faixas especiais de alíquotas reduzidas (10%) e muito reduzidas (4%), a depender a essencialidade do bem/serviço.

Citam-se operações submetidas às alíquotas reduzidas, de 10%:

> (i) Circulação de: água, produtos destinados à alimentação humana ou animal (exceto bebidas alcoólicas), equipamentos médicos e moradias.

---

[22] BRASIL. Resolução do Senado nº 9, de 5 de maio de 1992. Publicada em 06/05/1992. Disponível em: < https://www2.camara.leg.br/legin/fed/ressen/1992/resolucao-9-
-5-maio-1992-451294-publicacaooriginal-1-pl.html>. Acesso em: 05 fev. 2020.

[23] "Artigo 16 – O imposto é calculado aplicando-se a alíquota de 4% (quatro por cento) sobre o valor fixado para a base de cálculo." SÃO PAULO. **Lei 10.705, de 28 de dezembro de 2000**. Publicada em 28/12/2000. Disponível em: < https://www.al.sp.gov.br/repositorio/legislacao/lei/2000/lei-10705-28.12.2000.html>. Acesso em: 05 fev. 2020.

[24] Alíquotas presentes nos artigos 90 e 91. ESPANHA. **Ley 37, de 28 de dezembro de 1992**. Publicada em 29/12/1992. Disponível em: < https://www.boe.es/eli/es/l/1992/12/28/37/con>. Acesso em: 05 fev. 2020.

(ii) Prestação de serviços de: transporte de passageiros e suas bagagens, hotelaria, restaurantes, teatros e salas cinematográficas.

Citam-se operações submetidas às alíquotas muito reduzidas, de 4%:

(i) Circulação de: pão, farinha, leite, queijo, ovos, frutas e verduras; livros, jornais e revistas que não contenham fundamentalmente publicidade; especialidades farmacêuticas; carros de incapacitados; próteses de pessoas com deficiências; e moradias de interesse público;
(ii) Prestação de serviços de: adaptação de veículos para pessoas com deficiência e serviços de teleassistência de pessoas em situação de dependência.

Vale ressaltar, ademais, que não há delegação do IVA às comunidades autônomas, de maneira que a regulamentação e a definição de suas alíquotas são feitas exclusivamente pelo Estado Unitário Espanhol, o que impede ou, ao menos, mitiga os efeitos da guerra fiscal.

Quanto à transferência de bens e direitos vinculados ao patrimônio, a Espanha possui o *Impuesto sobre transmisiones patrimoniales y actos jurídicos documentados (ITP/AJD)*, que corresponde, em parte, ao Imposto sobre Transmissão de Bens Imóveis (ITBI) brasileiro, mas possui diversas outras hipóteses de incidência. Esse tributo é delegado às comunidades autônomas e regulamentado pela Ley 1/93.

São gravadas pelo referido tributo (i) as transmissões patrimoniais onerosas, quando não realizada em exercício da atividade empresarial (tratadas adiante); (ii) as operações societárias; e (iii) os atos jurídicos documentados[25].

Por transmissões patrimoniais onerosas, entende-se por toda classe de atos *inter vivos* que transferem a outra pessoa bens e direitos que integrem o patrimônio das pessoas físicas ou jurídicas, inclusive: (i) transmissão de móveis (quando não sujeita ao IVA); (ii) a constituição de direitos reais; (iii) oferecimento de fiança; (iv) arrendamento; (v) pensões; e (vi) concessões administrativas[26].

---

[25] Artigo 1º. ESPANHA. *Real Decreto Legislativo 1, de 24 de setembro de 1993*. Publicada em 20/10/1993. Disponível em: < https://www.boe.es/eli/es/rdlg/1993/09/24/1/con>. Acesso em: 05 fev. 2020.
[26] Artigo 6º. Ibidem.

Além disso, a lei equipara às transmissões patrimoniais, para fins de incidência do imposto, a adjudicação de bens em pagamento e em hasta para liquidação de dívidas e o reconhecimento de domínio em relação a outra pessoa.

As alíquotas variam de acordo com a hipótese de incidência do tributo e podem ser manejadas pelas comunidades autônomas. Caso isso não ocorra, os percentuais são os seguintes[27]:

Fato gerador	Alíquota
Operações societárias tais como a constituição e ampliação/redução de capital em sociedades etc.	1%
Transferência de bens imóveis	6%
Transferência de bens móveis e concessões adminsitrativas	4%
Certos direitos reais	1%
Certas escrituras públicas	0,5%

Em relação aos arrendamentos, a incidência é progressiva de acordo com o valor mensal a ser pago, graduado por faixas de incidência, nas quais o gravame na menor faixa é de 0,09 euros[28].

O *Impuesto sobre primas de seguros (IPS)* possui suas disposições gerais regulamentadas pela Ley 13/96 e incidem sobre os valores pagos pelos segurados para as companhias seguradoras a fim de que sejam eles cobertos por determinado plano[29]. Os sujeitos passivos, portanto, são as companhias seguradoras e a alíquota genérica é de 4%[30].

Finalmente, existem os impostos especiais, que podem ser também delegados à regulamentação das comunidades autônomas e gravam operações muito específicas, que geralmente se referem a comportamentos que se quer reprimir[31].

---

[27] Artigo 11. Ibidem.
[28] Artigo 12. Ibidem.
[29] Artigo 12. ESPANHA. *Ley 13, de 30 de dezembro de 1996*. Publicada em 31/12/1996. Disponível em: <https://www.boe.es/eli/es/l/1996/12/30/13>. Acesso em: 05 fev. 2020.
[30] Idem.
[31] QUERALT, Juan Martín et al. **Curso de derecho financiero y tributário**. Op. cit. p. 829-831.

1.3.3. Representação na arrecadação

Segundo dados oficiais[32], a representatividade da receita dos impostos diretos na Espanha é próxima de 58%, enquanto os tributos indiretos são responsáveis por cerca de 40% dos ingressos tributários e o restante é atribuído às taxas e outras receitas tributárias.

Nesse contexto, embora comparativamente o Brasil possua uma carga fiscal em relação ao PIB menor que da Espanha[33], a representação dos tributos indiretos no sistema brasileiro é muito maior, correspondendo a cerca de 50% de toda a arrecadação, se considerarmos a tributação sobre bens e serviços (48,44%, para 2017) acrescida dos valores advindos das transações financeiras (1,63%, para 2017)[34]. Podemos dizer, portanto, que temos uma carga tributária similar, mas mais regressiva, em comparação com a Espanha[35].

Quanto à representação dos impostos em espécie dentro da categoria dos impostos diretos, há uma prevalência do *Impuesto sobre la renta de las personas físicas* (próximo a 68%), correspondente ao nosso Imposto de Renda de Pessoas Físicas, e do *Impuesto sobre Sociedades* (próximo a 22%), correspondente ao nosso Imposto de Renda de Pessoas Jurídicas, e o restante dos impostos são responsáveis por apenas 10% da arrecadação de impostos diretos.

Comparativamente à Espanha, no Brasil os valores atribuíveis à tributação de renda de pessoas físicas (8,55% do total de arrecadação) são muito mais próximos daqueles arrecadados das pessoas jurídicas (6,14%

---

[32] MINISTERIO DE HACIENDA. **Recaudación estadisticas del sistema tributário español 2007-2017**. Disponível em: <https://www.hacienda.gob.es/Documentacion/Publico/Tributos/Estadisticas/Recaudacion/2017/Analisis_estadistico_recaudacion_2017.pdf>. Acesso em: 05 fev. 2020.

[33] Segundo dados oficiais da Receita Federal do Brasil, o Brasil tem uma carga fiscal de 32,29% do PIB, enquanto a Espanha tem 33,5% do PIB. MINISTERIO DA ECONOMIA. **Carga tributária no Brasil**. Disponível em: <http://receita.economia.gov.br/dados/receitadata/estudos-e-tributarios-e-aduaneiros/estudos-e-estatisticas/carga-tributaria-no-brasil/carga-tributaria-2017.pdf >. p. 11.

[34] Idem, p. 5.

[35] Como exposto por Ricardo Lodi Ribeiro, "o imposto de renda é o tributo que historicamente melhor se adequa à justiça fiscal de modo a capturar a capacidade contributiva efetiva do cidadão, a partir da manifestação de riqueza em movimento". RIBEIRO, Ricardo Lodi. **Desigualdade e tributação na era da austeridade seletiva**. Rio de Janeiro, Lumen Juris, 2019. p. 211.

do total), embora exista relevante parte que foi classificada pela Receita Federal como "retenções não alocáveis" (4,53% do total)[36].

Quanto aos tributos indiretos, o *Impuesto sobre el Valor Añadido* (IVA), correspondente a praticamente todos os tributos indiretos brasileiros, representa cerca de 75% da arrecadação total, seguido pelos *impuestos especiales* (17%), que são geralmente gravames sobre hipóteses muito específicas e com justificação extrafiscal (ex: álcool, hidrocarburetos, tabaco etc.), e outros tributos (8%).

1.4. Processo administrativo fiscal e execução de tributos

Os últimos pontos a serem abordados nesta parte, que se destina ao pesquisador uma visão ampla dos principais pontos do sistema tributário espanhol, são o processo administrativo fiscal e a forma de execução de débitos tributários, que encontram suas principais disposições na Ley General Tributaria.

O procedimento sancionador, que pode culminar no lançamento fiscal, começa com a abertura de uma fiscalização em relação ao contribuinte. Depois de reunir uma quantia suficiente de provas, a autoridade formula uma proposta de resolução e encaminha ao sujeito passivo. Em relação a essa proposta, o contribuinte pode apresentar sua manifestação no prazo de 15 dias[37].

Após a manifestação do contribuinte, o procedimento de sanção chega ao fim e o contribuinte é intimado do "auto de infração", o qual pode ser impugnado via recursos administrativos.

Os recursos administrativos são de suma importância no sistema espanhol, pois toda execução dos créditos tributários (*"procedimiento de apremio"*) é feita administrativamente. Nesse ponto, vale menção ao art. 163 da LGT, que assinala que a competência para resolver todos os seus incidentes é unicamente da administração tributária[38].

O procedimento administrativo executivo, em regra, suspende-se apenas pela apresentação de recursos e reclamações administrativos acompanhados de garantia idônea[39], embora exista a possibilidade de

---

[36] MINISTERIO DA ECONOMIA. **Carga tributária no Brasil**. Op. Cit. p. 28.
[37] Artigos 207-211. ESPANHA. *Ley General Tributaria*. Op. Cit.
[38] Artigo 163. ESPANHA. *Ley General Tributaria*. Op. Cit.
[39] Artigo 165. Ibidem.

as autoridades fiscais suspenderem caso o contribuinte comprove que houve erro material, aritmético ou de direito na determinação da dívida (artículo 165, LGT) ou quando a mesma estiver já extinta (compensada, paga, prescrita etc.).

Caso não seja suspenso o *procedimiento de apremio*, pode a administração tributária, administrativamente, apreender bens dos contribuintes que sejam suficientes para cobrir o valor do tributo, dos juros, das multas e, inclusive, das custas dispendidas para a realização da execução administrativa[40].

A atuação dos contribuintes no contencioso tributário administrativo é principalmente feita através das *"reclamaciones económico-administrativas"*, que são peças de defesa utilizadas pelos contribuintes para questionar imposição de sanções ou a cobrança de tributos.

São competentes para julgarem os recursos de ordem fiscal os seguintes tribunais administrativos:

(i) *Tribunales económico-administrativos regionales y locales* – única instância para recursos contra imposições de pequena monta; primeira instância para imposições de grande monta feitas pelas autoridades tributárias regionais.

(ii) *El Tribunal Económico-Administrativo Central* – única instância para defesas contra atos de órgãos tributários centrais; segunda instância para imposições de grande monta; órgão de unificação de entendimento em caso de divergência jurisprudencial entre os tribunais regionais.

Esses tribunais são provocados, conforme o caso pelos seguintes recursos previstos na legislação:

(i) *Recurso de alzada ordinario*: utilizado para impugnar decisões dos tribunais locais quando o caso for de grande monta.

(ii) *Recurso de anulación*: utilizado em caso de vícios procedimentais cometidos pelos tribunais regionais.

(iii) *Recurso contra la ejecución de resoluciones*: utilizado para impugnar resoluções dos tribunais regionais.

(iv) *Recurso extraordinario de alzada para la unificación de criterio*: utilizado para unificar jurisprudência de tribunais locais, quando o processo não for susceptível a recurso de alçada.

---

[40] Artigo169. Ibidem.

(v) *Recurso extraordinario para la unificación de doctrina*: utilizado para impugnar decisões do tribunal central que contrariem resoluções do *Director General de Tributos del Ministerio de Economía y Hacienda* (quem julga).

(vi) *Recurso extraordinario de revisión*: similar a uma ação rescisória administrativa; cabível quando as provas utilizadas no ato a ser revisto foram declaradas falsas e ou quando há novos fatos.

Deve-se salientar, finalmente, que, assim como no direito brasileiro, existem procedimentos administrativos especiais, que possuem fins diversos da execução ou defesa dos bens dos contribuintes, como:

(i) Revisão de atos nulos;
(ii) Declaração de prejuízo de atos anuláveis;
(iii) Revogação – exclusivamente de ofício;
(iv) Retificação de erros materiais;
(v) Devolução de ingressos indevidos (repetição de indébitos).

2. Pontos de atenção
2.1. O instituto das *"actas con acuerdo"* e a transação prévia ao lançamento
2.1.1. Aspectos introdutórios

O artigo 155 da Ley General Tributária dispõe sobre o instituto das *"actas con acuerdo"*, que podem ser utilizado quando, para a elaboração da autuação (i) for necessária a aplicação de conceitos jurídicos indeterminados (ii) for necessário avaliar os fatos determinantes para a correta aplicação da regra ao caso específico (iii) for necessário fazer estimativas, avaliações ou medições de dados, elementos ou características relevantes para a obrigação tributária[41].

---

[41] Tradução livre do parágrafo 1 do art. 155 da LGT: "1. Cuando para la elaboración de la propuesta de regularización deba concretarse la aplicación de conceptos jurídicos indeterminados, cuando resulte necesaria la apreciación de los hechos determinantes para la correcta aplicación de la norma al caso concreto, o cuando sea preciso realizar estimaciones, valoraciones o mediciones de datos, elementos o características relevantes para la obligación tributaria que no puedan cuantificarse de forma cierta, la Administración tributaria, con carácter previo a la liquidación de la deuda tributaria, podrá concretar dicha aplicación, la apreciación de aquellos hechos o la estimación, valoración o medición mediante un acuerdo con el obligado tributario en los términos previstos en este artículo" Ibidem

Nesses casos, a autoridade tributária poderá, anteriormente à liquidação do tributo (lançamento), negociar acordo com o contribuinte sobre a aplicação da norma tributária, em relação ao qual o sujeito passivo não poderá se insurgir, salvo se for para comprovar nulidade ou por algum vício de vontade[42].

Veja-se que, os casos em que é possível a negociação em matéria tributária são hipóteses nas quais não haveria uma situação de mensuração inequívoca dos efeitos da incidência tributária e da incidência do tributo, razão pela qual se atribuiria ao Fisco certa margem de apreciação.

Também por esses motivos, essas situações seriam ainda mais propensas para se desenvolverem litígios em matéria tributária, o que retardaria o recolhimento aos cofres públicos e submeteria os contribuintes a severas sanções, caso o crédito tributário fosse mantido.

Nesse sentido, a própria exposição de motivos da Ley General Tributaria descreveu o instituto como uma das principais modificações trazidas pela nova lei e como instrumento a serviço do objetivo de reduzir conflitos na área do direito tributário[43].

2.1.2. Natureza e pressupostos

A primeira divergência doutrinária a respeito do instituto se refere à sua natureza jurídica. Existem autores que defendem que as *actas con acuerdo* são: (i) transações; (ii) negócios jurídicos de fixação; (iii) ato administrativo unilateral; ou (iv) acordo procedimental preparatório[44].

---

[42] Tradução livre do parágrafo 6 do art. 155 da LGT: "6. El contenido del acta con acuerdo se entenderá íntegramente aceptado por el obligado y por la Administración tributaria. La liquidación y la sanción derivadas del acuerdo sólo podrán ser objeto de impugnación o revisión en vía administrativa por el procedimiento de declaración de nulidad de pleno derecho previsto en el artículo 217 de esta ley, y sin perjuicio del recurso que pueda proceder en vía contencioso-administrativa por la existencia de vicios en el consentimiento." Ibidem.

[43] Exposição de motivos da LGT: "Dentro de la sección 2.ª, destaca la detallada regulación del plazo de duración del procedimiento inspector y los efectos de su incumplimiento y, especialmente, la nueva modalidad de actas con acuerdo que constituye una de las principales modificaciones que introduce la nueva ley, como instrumento al servicio del objetivo ya señalado de reducir la conflictividad en el ámbito tributário" ESPANHA. *Ley General Tributaria*. op. cit.

[44] FLOR, Luis María Romero. *Las actas con acuerdo en la ley general tributaria y en el derecho comparado*. Tese de doutorado apresentada na Univerrsidad de Castilla-la Macha. Toledo, 2010. p. 44-65.

Com efeito, a natureza transacional do instituto é bastante questionável, na medida em que não existiria, até o momento da negociação, qualquer litígio instaurado, mas mera expectativa de desentendimento face a uma situação duvidosa, o que o retiraria da definição de transação como instrumento que põe fim a determinado litígio. Ademais, a liberdade da autoridade administrativa é bastante limitada no caso, visto que não pode reduzir as penalidades a menos do que previsto legalmente.

De toda forma, expõe-se o instituto como ato de transação no sentido de que há uma negociação entre fisco e contribuinte anteriormente ao lançamento, de maneira a restringir a possibilidade de posterior questionamento pelo sujeito passivo.

Quanto aos pressupostos para a celebração do acordo, o mais polêmico é a existência de um conceito jurídico indeterminado na questão. Isso porque todas as normas, como palavras que são, possuem certo grau de indeterminação.

Como leciona Luís Cesar Queiroz, existem três classes de representações dos objetos no mundo: os ícones, que de alguma forma retratam os objetos a que se referem (como uma fotografia, por exemplo), os índices, que apresentam uma ligação física com o objeto que designa (como a febre é índice para algum problema de saúde), e os símbolos, que não possuem qualquer relação com o objeto representado, de maneira que sua atribuição é discricionária e costumeira[45].

O Direito é um sistema enunciado pela linguagem que, por sua vez, é uma das categorias de representação simbólica. Nesse contexto, inexiste, no sentido lógico, a palavra exata para descrever (ou qualificar) determinado ato ou objeto mundano, de maneira que seus sentidos derivam do consenso humano, que é inexato por definição.

Embora essa classificação seja, na prática, uma questão de grau, deve-se salientar o conceito de Luis María Flor, para quem os conceitos indeterminados são valorações imprecisas que exigem uma adaptação do evento tributável à norma legal que o regula. Nessa situação, entende o autor que é o caso no qual se concede aos órgãos de inspeção certas margens de ação, nas quais é necessário convidar o contribuinte a especificar a aplicação da lei, de modo que os fatos que constituem o imposto devido

---

[45] QUEIROZ, Luís Cesar. *Imposto sobre a renda*: requisitos para uma tributação constitucional. 2ª ed. rev. ampl. Rio de Janeiro: GZ editora, 2017. p. 12.

sejam determinados por consenso, de maneira a evitar um conflito legal e eliminar a incerteza regulatória[46].

Em síntese, pode-se compreender que as *actas con acuerdo* podem ser celebradas quando não se puder saber, com razoável grau de certeza, quantificar ou qualificar o fato imponível ou o montante a ser adimplido, de maneira que à Administração caberia escolher fundamentadamente entre diversas interpretações legalmente possíveis.

Essa aparente liberdade, muitas vezes denominada "discricionaridade técnica", não concede ao agente público a possibilidade de decidir em qualquer sentido, a depender de conveniência e oportunidade (discricionaridade), mas sim de utilizar a melhor interpretação da norma ao caso concreto[47]. Feita a *actas con acuerdo*, essa margem se torna produto de consenso entre as partes, o que reduz a possibilidade de litígio.

Ademais, existe possibilidade de celebração das *actas com acuerdo* em casos nos quais existem dúvidas quanto à avaliação dos fatos imponíveis tributários, como na situação em que existe dúvida quanto à qualificação do fato imponível por parte do contribuinte, ou quando não se pode dizer com certeza se ao sujeito passivo seria obrigatório prestar determinada informação que possibilitasse ao Fisco calcular devidamente o tributo[48].

Finalmente, há a possibilidade de celebração de acordo na situação em que for necessário fazer estimativas, avaliações ou medições de dados, os quais serão importantes para o cálculo do tributo devido. Nesse ponto, esse instrumento se faz necessário para trazer segurança jurídica a situações nas quais a autoridade fiscal tem que lançar mão de cálculos

---

[46] FLOR, Luis María Romero. op. cit. p. 118.

[47] "una cosa es que el legislador conceda expresamente a la Administración una discrecionalidad para actuar (...) y otra, completamente distinta, que le conceda un margen para llenar de contenido a los conceptos jurídicos indeterminados" MORENO, Fernando Sainz. *Conceptos jurídicos, interpretación y discricionalidad administrativa.* Madrid: Civitas, 1976. p. 243.

[48] "el acuerdo sobre los hechos tiene como base una cierta incertidumbre respecto a la cuantía exigible. Es decir, son casos en los que la Administración no ha podido determinar por sus propios medios el supuesto de hecho o la valoración. Por ello a través del convenio la Administración se vincula respecto de un supuesto de hecho o una valoración que es la fjación de lo estabelecido en la Ley". ANTÓN, Fernando Serrano. *La terminación convencional de procedimientos tributarios y otras técnicas transaccionales.* Madrid: AEDF, 1996. p. 39.

econômicos para estimar a base de cálculo, geralmente por se considerar que as informações prestadas não correspondem à realidade[49].

Nessa situação, bem como nas demais, o contribuinte tem a oportunidade de influenciar na forma de mensuração do tributo devido, além de receber o benefício de redução de penalidades. Por outro lado, a Administração Fiscal é beneficiada por lançar crédito com maior higidez e receber do contribuinte de forma mais ágil.

2.1.3. Efeitos

Celebrado o *acta con acuerdo*, o contribuinte não poderá impugnar o lançamento, exceto se aguir algum tipo de vício de consentimento, como: erro, violência, intimidação[50]. Além disso, em casos excepcionais, há a possibilidade de se iniciar procedimento administrativo de declaração de nulidade do ato que[51]:

(i) danifiquem os direitos e liberdades suscetíveis à proteção constitucional;
(ii) tenham sido emitidos por uma autoridade manifestamente incompetente;
(iii) possuem conteúdo impossível.
(iv) constituam crime ou sejam emitidos em consequência de um;
(v) tenham sido editados desconsiderando o procedimento estabelecido ou as normas que contenham as regras essenciais para a formação da vontade nos órgãos colegiados;
(vi) sejam contrários ao sistema jurídico ou se faltar os requisitos essenciais para sua constituição.

---

[49] "De esta manera, la importancia de la utilización de las actas con acuerdo em aquellos supuestos reside en el hecho de que, mediante el proceso dialéctico mantenido entre las partes que forman la relación jurídicotributaria, se va resolver el conflicto originado por la incertidumbre que ha provocado la utilización de conceptos vagos, por lo que a través de este medio consensuado es posible aproximarse, de una manera más acertada, a lo que es la determinación del valor al que hace referencia el artículo 57 LGT, esto es, al cálculo del bien." FLOR, Luis María Romero. Perspectiva general sobre los presupuestos «¿habilitantes?» de las actas con acuerdo. *Revista Técnica Tributaria*, v. 97, 2012. p. 69.

[50] Artículo 141, Código Civil Espanhol. ESPANHA. *Real Decreto de 24 de julio de 1889*. Publicado em 25/07/1889. Disponível em: < https://www.boe.es/eli/es/rd/1889/07/24/(1)/con>. Acesso em: 05 fev. 2020.

[51] Artículo 217. ESPANHA. *Ley General Tributaria*. op. cit.

Feito o acordo, o contribuinte, além de poder contribuir argumentativamente com o cálculo do tributo devido, também recebe uma redução de 50% sobre o valor da multa que seria aplicada[52]. A Administração poderá cobrar o valor autuado, inclusive por meio da execução da garantia prestada anteriormente à negociação.

2.2. Discussão sobre o "Impuesto de Servicios Digitales"
Finalmente, deve se salientar que as discussões derivadas da tributação da economia digital também chegaram à Espanha, o que levou à elaboração de um projeto de lei instituirá o *"Impuesto sobre Determinados Servicios Digitales"*, que visa a gravar os valores recebidos pelas grandes companhias que atuam no ambiente virtual, razão pela qual foi apelidada de *"Tasa Google"*.

Esse projeto foi proposto em 25 de janeiro de 2019. Na exposição de motivos, a norma dispõe que a evolução tecnológica teria tornado o sistema tradicional de tributação insuficiente para alcançar manifestações de riqueza de companhias digitais, na medida em que seus elementos de conexão estão muito vinculados à presença física em determinado mercado.

Assim, segundo a justificativa da norma, os estados não teriam conseguido impedir que os ativos intangíveis das companhias sejam migrados para estados de tributação favorecida, o que reduz bastante a capacidade de sua tributação. A norma cita, ainda, o movimento internacional, no contexto do projeto contra a erosão das bases imponíveis e transferência de lucros (*base erosion and profit shifting* – "BEPS"), especialmente as conclusões do Plano de Ação 1 do referido projeto.

No referido projeto, a Organização para a Cooperação e Desenvolvimento Econômico ("OCDE") se debruçou sobre diversas inovações tecnológicas e sobre os problemas que cada alteração na forma como são praticadas as atividades econômicas pode causar para os entes tributantes. Em síntese, foram apresentadas as seguintes inovações a serem enfrentadas pela tributação internacional[53]:

> (i) Considerando que a economia digital está, cada vez mais, sendo protagonista da economia geral/comum, é (quase) impossível separá-la das manifestações físicas de riqueza, para fins de tributação;

---

[52] Artículo 188.1. Ibidem.
[53] OECD. *Addressing the Tax Challenges of the Digital Economy*. Paris: OECD, 2015. p. 142-146.

(ii) As formas de realização dos negócios estão em evolução e seu impacto sobre a tributação deve ser constantemente avaliado;

(iii) A economia digital não gera apenas efeitos quanto a planejamentos tributários agressivos, como também para a tributação ordinária/interna;

(iv) A produção das companhias da economia digital se foca no desenvolvimento ativos intangíveis e bancos de dados a fim de proporcionar criação de valor e produção de renda.

Entretanto, embora o projeto tenha servido para descrever e sistematizar os principais desafios que deverão ser superados para que os estados tributantes alcancem as novas manifestações de riqueza e frustrem os planejamentos tributários agressivos das companhias digitais, não foram propostas soluções para os problemas elencados[54]. Nesse contexto, a criação do ISD na Espanha se apresenta como uma resposta interna e paliativa para um problema de ordem global/internacional.

O fato gerador do tributo[55] são prestações de serviços digitais realizadas em território espanhol. A questão é que se considera realizada em território espanhol quando algum usuário do serviço esteja situado em território espanhol. Assim, a lei considera como fato imponível ao tributo:

(i) Para venda de publicidade on-line, quando o anúncio aparecer no dispositivo do usuário que estiver em território nacional – caso da publicidade em redes sociais;

(ii) Para serviço de intermediação on-line de negócios, quando a conclusão da transação se dê pelo usuário via dispositivo situado em território nacional – caso de aplicativos de intermediação de serviços de transportes, alugueis etc.;

(iii) Para serviços de transmissão de dados, quando o banco de dados foi gerado por usuários que se situavam em território nacional no momento da captação das informações – caso de captação e venda de dados/perfis de consumidores de usuários de redes sociais e aplicativos.

---

[54] "Ainda que o relatório tenha identificado algumas opções para a abordagem de preocupações de 'BEPS' na economia digital – tais como mudanças nas regras de reconhecimento estabelecimento permanente e a cobrança do IVA sobre as transações transfronteiriças – é interessante notar que a OCDE decidiu não recomendar nenhuma das opções nesta fase." ROCHA, Sérgio André. *Política Fiscal Internacional Brasileira*. Rio de Janeiro: Lumen Juris, 2017. p. 224.

[55] Artículos 5 e 7 do projeto de lei. Disponível em: <http://www.congreso.es/public_oficiales/L12/CONG/BOCG/A/BOCG-12-A-40-1.PDF>

Nesse contexto, a proposta de *Impuesto sobre determinados Servicios Digitales* trata como elemento de conexão o fato de os indivíduos espanhóis contribuírem para gerar valor quanto ao serviço digital comercializado pela plataforma, de forma a alcançar rendimentos obtidos, por exemplo, pela publicidade on-line que utiliza de dados dos cidadãos espanhóis para traçar perfis de consumidores.

De toda forma, considerando que o projeto ainda não foi aprovado, a menção ao ISD fica como sinal de uma tendência a ser acompanhada, especialmente para países nos quais sequer há essa discussão ampla no campo legislativo, como o Brasil.

Conclusões
Conforme se depreendeu no decorrer do texto, o sistema tributário espanhol possui muitas semelhanças ao sistema brasileiro, como seus princípios, seus principais tributos e sua codificação.

Há, todavia, interessantes diferenças, que podem ser utilizadas como exemplo e/ou contribuir para o aprimoramento das instituições brasileiras, como:

(i) A regulamentação de todos os aspectos da relação tributária em uma única norma, incluindo processo fiscal, sanções, procedimento de revisão e órgãos;
(ii) A existência de faixa de isenção de imposto de renda de pessoas físicas adequada conforme a situação pessoal do contribuinte e de sua família;
(iii) A tributação patrimonial com base de cálculo ampla, incluindo direitos reais, concessões administrativas, derivativos e outros inúmeros direitos;
(iv) A execução administrativa de débitos fiscais;
(v) A possibilidade de negociação de acordo no momento da autuação fiscal, para definir critério administrativo em situações de aplicação duvidosa da norma; e
(vi) As discussões sobre a implementação de tributo específico para a economia digital.

Referências

ALVARO, Bruno Gonçalves; PRATA, Rafael Costa. Guerras rendilhadas da erudição: um breve panorama dos combates e debates em torno do conceito de reconquista. *Revista Signum*, Niterói, vol. 15, n. 2, 2014.

ANTÓN, Fernando Serrano. *La terminación convencional de procedimientos tributarios y otras técnicas transaccionales*. Madrid: AEDF, 1996.

BECKER, Alfredo Augusto. *Teoria Geral do Direito Tributário*. 7. ed. São Paulo: Noeses, 2018.

BRASIL. Resolução do Senado nº 9, de 5 de maio de 1992. Publicada em 06/05/1992. Disponível em: <https://www2.camara.leg.br/legin/fed/ressen/1992/resolucao-9-5-maio-1992-451294-publicacaooriginal-1-pl.html>. Acesso em: 05 fev. 2020.

ESPANHA. *Constitución Española de 1978*. Disponível em: <https://www.boe.es/legislacion/documentos/ConstitucionCASTELLANO.pdf>. Acesso em: 01 fev. 2020.

__. *Ley 13, de 30 de dezembro de 1996*. Publicada em 31/12/1996. Disponível em: <https://www.boe.es/eli/es/l/1996/12/30/13>. Acesso em: 05 fev. 2020.

__. *Ley 19, de 6 de junho de 1991*. Publicada em 07/06/1991. Disponível em: <https://www.boe.es/eli/es/l/1991/06/06/19/con>. Acesso em: 05 fev. 2020.

__. *Ley 29, de 18 de dezembro de 1987*. Publicada em 19/12/1987. Disponível em: <https://www.boe.es/eli/es/l/1987/12/18/29/con>. Acesso em: 05 fev. 2020.

__. *Ley 35, de 28 de novembro de 2006*. Publicada em 29/11/2006. Disponível em: <https://www.boe.es/eli/es/l/2006/11/28/35/con>. Acesso em: 05 fev. 2020.

__. *Ley 37, de 28 de dezembro de 1992*. Publicada em 29/12/1992. Disponível em: <https://www.boe.es/eli/es/l/1992/12/28/37/con>. Acesso em: 05 fev. 2020.

__. *Ley General Tributaria*. Publicada em 18/12/2003. Disponível em: <https://www.boe.es/eli/es/l/2003/12/17/58/con>. Acesso em: 03 fev. 2020.

__. *Real Decreto de 24 de julio de 1889*. Publicado em 25/07/1889. Disponível em: <https://www.boe.es/eli/es/rd/1889/07/24/(1)/con>. Acesso em: 05 fev. 2020.

__. *Real Decreto Legislativo 1, de 24 de setembro de 1993*. Publicada em 20/10/1993. Disponível em: < https://www.boe.es/eli/es/rdlg/1993/09/24/1/con>. Acesso em: 05 fev. 2020.

__. *Real Decreto Legislativo 4, de 5 de março de 2004*. Publicada em 11/03/2004. Disponível em: <https://www.boe.es/eli/es/rdlg/2004/03/05/4/con>. Acesso em: 05 fev. 2020.

__. *Real Decreto Legislativo 5, de 5 de março de 2004*. Publicada em 12/03/2004. Disponível em: < https://www.boe.es/eli/es/rdlg/2004/03/05/5/con>. Acesso em: 05 fev. 2020.

FLOR, Luis María Romero. *Las actas con acuerdo en la ley general tributaria y en el derecho comparado*. Tese (Doutorado em Direito) – Universidad de Castilla-la Mancha, Toledo, 2010.

___. Perspectiva general sobre los presupuestos «¿habilitantes?» de las actas con acuerdo. *Revista Técnica Tributaria*, v. 97, 2012.

KAMEN, Henry. *Breve historia de España*. Trad. por Marta Hernández Salván. [S.l.]: Amanuense, 2009.

MINISTERIO DA ECONOMIA. *Carga tributária no Brasil*. Disponível em: <http://receita.economia.gov.br/dados/receitadata/estudos-e-tributarios-e-aduaneiros/estudos-e-estatisticas/carga-tributaria-no-brasil/carga-tributaria-2017.pdf >. Acesso em: 05 fev. 2020.

MINISTERIO DE HACIENDA. *Recaudación estadisticas del sistema tributário español 2007-2017*. Disponível em: <https://www.hacienda.gob.es/Documentacion/Publico/Tributos/Estadisticas/Recaudacion/2017/Analisis_estadistico_recaudacion_2017.pdf>. Acesso em: 05 fev. 2020.

MORENO, Fernando Sainz. *Conceptos jurídicos, interpretación y discricionalidad administrativa*. Madrid: Civitas, 1976.

OECD. *Addressing the Tax Challenges of the Digital Economy*. Paris: OECD, 2015.

QUEIROZ, Luís Cesar. *Imposto sobre a renda*: requisitos para uma tributação constitucional. 2. ed. rev. ampl. Rio de Janeiro: GZ, 2017.

QUERALT, Juan Martín et al. *Curso de derecho financiero y tributário*. 29. ed. Madrid: Tecnos, 2018.

QUINTELA, Guilherme Camargos; SERGIO, Samille Rodrigues. O imposto sobre grandes fortunas como instrumento de redução das desigualdades sociais e regionais: uma análise com base no princípio da solidariedade federativa. *Revista de Finanças Públicas, Tributação e Desenvolvimento*, v. 6, n. 7, 2018.

RIBEIRO, Ricardo Lodi. *Desigualdade e tributação na era da austeridade seletiva*. Rio de Janeiro: Lumen Juris, 2019.

ROCHA, Sérgio André. *Política Fiscal Internacional Brasileira*. Rio de Janeiro: Lumen Juris, 2017.

SÃO PAULO. *Lei 10.705, de 28 de dezembro de 2000*. Publicada em 28/12/2000. Disponível em: < https://www.al.sp.gov.br/repositorio/legislacao/lei/2000/lei-10705-28.12.2000.html>. Acesso em: 05 fev. 2020.

10. O sistema tributário dos Estados Unidos da América

Magno de Aguiar Maranhão Junior

Introdução
Este trabalho é fruto dos estudos realizados na disciplina Direito Tributário Comparado ministrada pelo estimado professor e orientador Marcus Abraham.

Para fins de estruturação do curso e organização das tarefas, foi realizada uma divisão entre os alunos de mestrado ou doutorado para que cada um ficasse responsável pela pesquisa acerca de um país específico, permitindo assim que cada mestrando ou doutorando pudesse oferecer a sua contribuição para o aprimoramento da disciplina.

Dessa maneira, foram realizados diversos estudos em livros e periódicos acerca de dados, tais como dimensões territoriais e populacionais do país; carga fiscal e PIB; modelo de Estado/governo; modelo de estrutura governamental (Estado unitário ou federação); normas tributárias previstas na constituição; mais relevantes princípios tributários; acerca da existência de um código tributário ou sua positivação em leis esparsas; quais os tipos tributários daquele país; quais os principais tratados internacionais tributários os quais o Brasil é parte; o modelo de incidência tributária predominante, remda ou consumo; modelo de cobrança fiscal (judicial ou extrajudicial); existência de transação ou arbitragem; e, por fim, acerca da existência de algum regime de tributação para a área de tecnologia, especialmente a alta tecnologia.

Dito isso, para fins didáticos e de fluência textual, este artigo acadêmico traz uma pequena inversão da ordem dos grandes temas que foram sugeridos para fins de estudo e pesquisa do sistema tributário de cada um dos países listados. Assim, ao invés de iniciar o texto pelos dados territoriais, populacionais, carga fiscal e PIB, opta-se aqui por tratar inicialmente do processo de descolonização dos Estados Unidos da América e seus aspectos históricos fundamentais, perpassando pelas formas de Estado e de governo, para que posteriormente sejam apresentados os respectivos dados geográficos e fiscais até alçar a parte final que é a questão do regime de tributação específico para a área de tecnologia e seguida de breves comentários acerca dos impactos da reforma tributária norte-americana.

1. O processo de descolonização norte-americano

Ao redor do mundo, grandes revoluções da história da humanidade eclodiram em razão de questões tributárias. A *Magna Carta Libertatum*[1] de 1215, por exemplo, surge para conter uma revolta do clero e da nobreza perpetrados contra os abusos do rei João sem-terra *(John Lackland)* e dá origem à cláusula 12ª que é substrato do princípio *"no taxation without representation"*[2].

Na sequência, a Revolução Francesa também tem como antecedentes importantes as questões tributárias para além de uma história das ideias que compuseram seu substrato teórico fundamental e que tiveram imprescindível papel nos eventos que culminaram com a queda do *Ancien Régime e* do absolutismo monárquico francês.

Deve-se salientar que a França, desde o século XVII, envolveu-se em guerras com custos elevados para o erário público francês, despesas estas que tiveram de ser arcadas por meio da tributação ou da ampliação da dívida pública por meio de empréstimos. Além disso, os gastos com a manutenção da casa real também eram bastante elevados, sendo o mais emblemático deles aquele referente à ampliação do majestoso Palácio de Versalhes, sob o comando do rei Luís XIV, o "Rei-Sol"[3].

---

[1] O vocábulo oriundo da língua grega era grafado no latim clássico com "ch", mas foi usado durante toda a idade média sem a letra "h". Grafava-se *Magna Charta Libertatum*.

[2] *"Nenhum tributo de 'scutage' ou 'aid' será instituído em nosso reino senão pelo conselho comum de nosso reino, exceto para o resgate de nossa pessoa, para investir nosso filho mais velho como cavaleiro e para casar uma única vez nossa filha mais velha, e mesmo assim por meio de auxílios [tributo] que seja razoável. Da mesma forma que precederá quanto aos auxílios [tributos] da cidade de Londres".*

[3] ABRAHAM, Marcus. *Receitas insuficientes, novos impostos e as revoluções tributárias.* Disponível em: <https://www.jota.info/opiniao-e-analise/colunas/coluna-fiscal/receitas-insuficientes-novos-impostos-e-as-revolucoes-tributarias-01082019>. Acesso em: 03 de fevereiro de 2020.

Diante disso, por meio da tributação, a carga fiscal mais pesada recaía principalmente sobre os ombros do Terceiro Estado – *Tiers État*, que compunha a sociedade francesa estamental. Porquanto, no *Ancien Régime* estava vigente um sistema de privilégios – *privilèges* e isenções tributárias em favor do clero (Primeiro Estado) e da nobreza (Segundo Estado) que estabelecia uma desigualdade significativa entre os súditos do reino[4].

No Brasil, a Inconfidência Mineira no ano de 1789 também foi um movimento de revolta contra os altos tributos[5] implementados por Portugal em função da enorme quantidade de ouro descoberta na capitania de Minas Gerais[6]. Portugal havia estabelecido alguns métodos de fiscalização para inibir o contrabando e a sonegação fiscal. Entretanto, muitos tropeiros se arriscavam por meios clandestinos com o fito de burlar as regras da Coroa. Nesse sentido, uns usavam o famigerado "Caminho do Sertão" para se evadir, e outros adotavam a técnica do "santo do pau oco", que consistia na introdução de ouro no corpo oco das estátuas de santos. O apogeu para o movimento foi o anseio de fazer cessar a exploração da riqueza existente na capitania e pôr termo às injustiças existentes diante da cobrança exacerbada de tributos, que por certo impedia o desenvolvimento da capitania e do Brasil.

Mesmo com o desfecho de "derrota", a Inconfidência Mineira foi considerada um movimento vitorioso para o Brasil por seu espírito de enfrentamento à opressão tributária que matinha práticas autoritárias e abusivas.

---

[4] *Loc. cit.*

[5] Quanto às espécies de tributos, o mais conhecido e antigo foi o denominado "quinto". Consistia na arrecadação para a Coroa Portuguesa de 20% sobre todo ouro extraído da Colônia. E a "derrama" consistia na cobrança suplementar sobre o ouro extraído, nos casos em que não se atingisse as 100 arrobas anuais fixadas em Portugal.
BALTHAZAR, Ubaldo Cesar; STOBE, Luciane Aparecida Filipini; LEICHTWEIS, Ane Jaciara. A Inconfidência Mineira e o direito tributário: uma análise do Estado Democrático de Direito como instituição capaz de evitar conflitos e promover a paz. *Rev. Fac. Direito UFMG*, Belo Horizonte, n. 65, p. 671-701, jul./dez. 2014. p. 677. Disponível em: <https://www.direito.ufmg.br/revista/index.php/revista/article/view/1667/1584>. Acesso em: 31 de janeiro de 2020.

[6] Com a descoberta do ouro, a região passa a merecer especial atenção de Portugal, a ponto de Minas deixar de pertencer à capitania de São Paulo passando a ter autonomia, denominando-se capitania de Minas Gerais. *Ibidem.* p. 676.

Outro caso interessante brasileiro, ocorrido mais tarde, entre os anos de 1835 e 1845, foi a Guerra dos Farrapos ou Revolução Farroupilha que teve como um dos mais importantes antecedentes a política fiscal implementada sobre o charque, porquanto o produto estrangeiro entrava mais barato no Brasil que o nacional, eivado de uma alta carga tributária. O conflito termina com a assinatura do Tratado de Ponche Verde o qual, dentre outros aspectos, concedeu anistia aos revoltosos, a libertação dos escravos que combateram no Exército e a alíquota de 25%[7] sobre o charque estrangeiro.

E nos Estados Unidos da América, não foi diferente.

Na década de 1760, após derrotar a França na Guerra dos Sete Anos, o Reino Unido da Grá Bretanha emergiu triunfante, porém muito endividado. Tendo em vista que os impostos na Inglaterra já eram muito altos, ficou decidido que as treze colônias britânicas cuja população ocupava a costa atlântica e o leste das montanhas Apalaches, deveriam contribuir mais.

O governo britânico vigente impôs assim uma série de novos tributos para implementar essa nova colaboração das colônias americanas com o fito de recompor o erário da metrópole.

Inicialmente, foi instituída a Lei do Açúcar em 1764 – *Sugar Act*, que tributava o açúcar que entrava nos Estados Unidos da América e que não fosse comprado das Antilhas inglesas. Obrigava, assim, os americanos a adquirir açúcar da Inglaterra com exclusividade e cobrava os respectivos tributos.

No ano seguinte, foi criada a Lei do Selo de 1765 – *Stamp Act*, obrigando que uma série de publicações e documentos jurídicos deveriam ser redigidos sobre a base de papéis produzidos na Inglaterra, contendo selos fiscais a eles aderidos.

Frise-se que o *Stamp Act* de 1765 e o *Sugar act*, foram aprovados pelo Parlamento exclusivamente britânico, ou seja, sem passar pelas legislaturas coloniais. O que deu ensejo à seguinte indagação: o Parlamento inglês tinha o direito de tributar americanos que não estavam devidamente representados?

Assim, invocando o brocardo *"no taxation without representation"*, inspirado na indigitada Cláusula 12ª da *Magna Carta Libertatum*, os colonos

---

[7] PICCOLO, Helga Iracema Langraf. O discurso político na Revolução Farroupilha. *Revista de História*, Porto Alegre, Vol. 01, 1986/1987. p. 51.

se recusaram veementemente a pagar os impostos, à medida que as tensões aumentavam no final da década de 1760 e no início da década de 1770.

Nesse interregno, o Ato Declaratório de 1766 – *Declaratory Act* – foi uma declaração do Parlamento Britânico que acompanhou a revogação da Lei do Selo. O referido ato tinha o condão de afirmar que a autoridade tributária do Parlamento britânico era a mesma na América e na Grã-Bretanha, validando assim a tributação que havia sido anteriormente imposta diretamente às colônias pela receita na Lei do Açúcar (1764) e na Lei do Selo (1765).

Assim, com a estratégia de anunciar a revogação da odiosa Lei do Selo, o Parlamento aplacou os colonos recalcitrantes, mas na verdade firmou sua competência na Lei Declaratória, afirmando sua total autoridade para tornar as leis vinculativas para as colônias americanas "em todos os casos".

Entre os anos de 1767 e 1768, constituíram-se de uma série de atos propostos por Charles Townshend – *Townshend Acts*, criando tributos que determinavam a tributação de artigos de consumo como o chá, o vidro, o papel e outros, além da criação de tribunais alfandegários nas colônias.

Mais adiante, a Lei do Chá – *Tea Act*, de 1773, foi uma lei promulgada pelo parlamento britânico que tinha o objetivo de reduzir a enorme quantidade de chá mantida pela Companhia das Índias Orientais Britânicas, determinando a sua venda para a colônia.

Apesar do *Tea Act* matematicamente reduzir a tributação sobre o preço do chá importado legalmente, o argumento familiar de *"no taxation without representation"*, juntamente com a questão da extensão da autoridade do Parlamento nas colônias, que seria o poder de tributar, permaneceu proeminente e definitivo.

Dessa maneira, a resistência tributária findou em dezembro daquele mesmo ano de 1773, com o *Boston Tea Party*, que foi um movimento de protesto realizado pelos colonos que acabaram lançando ao mar todo o carregamento de chá de três embarcações da Companhia das Índias Orientais Britânicas.

No que tange à Revolução Americana que culminou com o movimento de independência dos Estados Unidos da América, estima-se que o conflito armado começou no ano de 1775. E em 04 de julho de 1776, na Filadélfia, o Segundo Congresso Continental declarou a independência das colônias como Estados Unidos da América[8]. Liderada pelo general George Washington, que venceu a Guerra Revolucionária com grande apoio da França.

2. A forma federativa dos Estados Unidos da América e seus desdobramentos jurídicos

Após a declaração da independência em 1776, narrada no capítulo anterior, todas as colônias norte-americanas se autoproclamaram soberanas, e formaram assim uma Confederação na qual apenas havia um órgão de poder central, o Congresso Continental, que funcionava como uma espécie de Senado.

A seguir, a Convenção da Filadélfia foi responsável por promulgar a Constituição em 1787, que foi adotada em 1789, quando então o general George Washington foi alçado à presidência dos Estados Unidos da América, tendo sido o seu primeiro presidente.

No caso do Brasil, a primeira forma de Estado não foi a federativa, mas sim unitária, a qual foi outorgada juntamente com a Constituição Imperial de 1824, com todo o poder centralizado na pessoa do imperador, personificando assim o famigerado Poder Moderador. Com o Ato Adicional de 1834, as forças descentralizadoras obtiveram avanço, a exemplo da criação de Assembleias Legislativas Provinciais, que retrocedeu com a Lei de Interpretação de 1841[9].

Com a Constituição de 1891 advém a proclamação da República e, junto com ela, a Federação, transformando as províncias em Estados-membros, unidos indissoluvelmente, com repartição de bens e competências. A Constituição outorgada de 1937 desferiu um duro golpe contra o

---

[8] Apesar do reconhecimento oficial e formal do fim da guerra da independência norte-americana e a independência dos EUA ter ocorrido com o Tratado de Paris de 1783 pelo extinto reino da Grã-Bretanha, os Estados Unidos comemoram a sua independência desde o dia 04 de julho de 1776. O que, de fato, faz mais sentido; pois, afinal de contas, nada mais libertário que o próprio colono se declarar livre sem depender da anuência do seu ex-colonizador.

[9] RIOS, Thiago Meneses. *A Petrealidade da Harmonia e do Equilíbrio entre os Poderes e do Federalismo Centrífugo*. Disponível em: <https://jus.com.br/artigos/27031/a-petrealidade-da-harmonia-e-do-equilibrio-entre-os-poderes-e-do-federalismo-centrifugo/2>. Acesso em: 05 de fevereiro de 2020.

federalismo[10]. Apesar de manter em vigor as Constituições e leis estaduais, dissolveu o Congresso Nacional, as Assembleias Legislativas estaduais e as Câmaras Municipais, ampliando as hipóteses de intervenção. A Constituição de 1946, promulgada, devolveu a autonomia aos Estados--Membros, novamente retirada pela outorga da Constituição de 1964, vigorando um federalismo meramente nominal. Finalmente, a Constituição de 1988 resgatou o pacto federativo, estruturando um sistema de repartição de bens e competências, visando o equilíbrio entre os entes federativos, apesar de entregar à União maior parte das atribuições, bens e recursos[11].

Nesse diapasão, é possível visualizar a partir destes breves apanhados históricos a existência do federalismo centrípeto ou por agregação, bem como do federalismo o centrífugo ou por desagregação.

Com efeito, a federação por desagregação ou centrífuga se configura quando essa se origina de um Estado unitário que se divide. Há, assim, a desagregação do poder central, nas novas unidades que se formam. Contudo, uma fatia maior deste poder permanece com o Estado central que restringe a autonomia dos estados-membros. Este é exatamente o caso do Brasil, que começa com a sua independência seguida pela outorga de uma Constituição Imperial de 1824, que institui um estado unitário controlado pelo Poder Moderador, na figura de seu imperador.

Em contrapartida, no tocante à federação por agregação ou centrípeta, o Estado se origina da união de entes antes soberanos, que renunciam à parcela da soberania, para a formação da federação. O exemplo clássico é o caso dos Estados Unidos, cuja independência ocorre com base na luta das 13 colônias e a promulgação da Constituição de 1787.

É por este motivo que o grande selo dos Estados Unidos da América – *Great Seal of U.S.*, que é um de seus símbolos oficiais possui a seguinte composição simbólica: na perspectiva da águia, ela contém um feixe que contém 13 flechas em sua garra esquerda (referindo-se aos 13 estados originais, as 13 colônias) e um ramo de oliveira em sua garra direita, simbolizando juntos que os Estados Unidos têm *"um forte desejo de paz, muito embora sempre esteja pronto para a guerra"*[12]. O ramo de oliveira é geralmente representado com 13 folhas e 13 azeitonas, representando novamente os

---

[10] *Ibidem.*
[11] *Ibidem.*
[12] Para saber mais, vide: *Olive Branch Petition.*

13 estados originais. A águia está virada para o ramo de oliveira, do lado direito, para simbolizar a preferência pela paz.

Na sequência, como a própria denominação revela, o federalismo centrípeto converge-se para o centro, ou seja, parte-se de um cenário em que o poder é totalmente descentralizado para desaguar na centralização, conforme é possível verificar no modelo norte-americano, no qual Estados, que antes formavam uma Confederação, após a Constituição de 1787, construíram, efetivamente, uma Federação. Exsurgindo assim a República Federativa Democrática Presidencialista dos Estados Unidos da América.

Daí a importância desse apanhado histórico para entender como se dá a autonomia dos estados norte-americanos em relação aos Estados brasileiros. Um exemplo dessa autonomia e que causa perplexidade é a legalidade da pena de morte em 29 dos 50 estados americanos[13].

Há que se notar a peculiaridade do federalismo estadunidense que, diferentemente do modo implementado no Brasil, rege-se segundo o chamado federalismo dual, o qual se constitui de um governo central e do governo dos Estados-membros, que é eivado de maior autonomia. Sendo certo que o primeiro está submetido aos limites impostos pela Constituição Federal de modo que não se torne uma ameaça aos poderes dos Estados-membros, os quais também gozam de certa autonomia, tendo seus próprios tripartidos, quais sejam: os Poderes Executivo, Legislativo e Judiciário[14].

Dessa maneira, resta claro que a tributação americana possui uma íntima relação com os conflitos bélicos, pois além da Revolução Americana que ensejou a independência dos Estados Unidos no século XVIII, o surgimento do Imposto sobre a Renda nos EUA advém no século XIX sob a gestão do presidente Abraham Lincoln em virtude da guerra civil entre o norte industrial e liberal e o sul agrícola e escravocrata, outro conflito. Sem olvidar que esse imposto também contribuiu para os dispêndios

---

[13] NATIONAL CONFERENCE OF STATE LEGISLATURES. *States and Capital Punishment*. Disponível em: <https://www.ncsl.org/research/civil-and-criminal-justice/death-penalty.aspx>. Acesso em: 05 de fevereiro de 2020.

[14] PAES, José Eduardo Sabo; OLIVEIRA, Marcos Roberto de. Características do sistema tributário nos Estados Unidos da América: alguns tópicos relevantes. *RDIET*, Brasília, v. 10, n. 2, p. 52-78, Jul-Dez. 2015. p. 175.

da Primeira e da Segunda Grande Guerra Mundial, chegando à elevada alíquota de 77%[15].

3. Pressupostos hermenêuticos e principiológicos do sistema tributário norte-americano

Considerado o sistema adotado pelos Estados Unidos da América calcado na *common law*, o ordenamento jurídico tributário dos EUA apresenta, em seu alicerce diversos princípios, dentre os quais se encontram os princípios da neutralidade, flexibilidade, efetividade, justiça, certeza, simplicidade e eficiência. Visando sempre a tributação justa, igualitária e eficaz.

Para além desses princípios mencionados que são em certo grau bastante similares aos princípios adotados no Brasil, há no sistema americano alguns postulados diretivos, condicionadores e hermenêuticos dentre os quais destaca-se o *voluntary compliance*[16].

Com base nesse postulado[17], espera-se do contribuinte um comprometimento geral e básico no sentido de informar ao fisco todos os ganhos auferidos durante o exercício fiscal e os fatos econômicos realizados dentre os quais resulte a tributação em prol da coletividade. Seria equivalente a uma espécie de princípio da boa-fé alijado ao princípio da solidariedade. Trata-se de um comportamento cujo arcabouço teórico é

---

[15] GODOY, Arnaldo Sampaio de Moraes. *Direito Tributário nos Estados Unidos*. São Paulo: Lex, 2004. p. 17 e 22.

[16] *Ibidem*. p. 25.

[17] De acordo com a classificação de Humberto Ávila, os postulados são vistos como metanormas de aplicação de outras normas ou elementos, no caso de experiências conflituosas ou recalcitrantes ocorridas no plano concreto ou no plano da eficácia. Os princípios como "normas imediatamente finalísticas, primariamente prospectivas e com pretensão de complementariedade e de parcialidade, para cuja aplicação se demanda uma avaliação da correlação entre o estado das coisas a ser promovido e os efeitos decorrentes da conduta havida como necessária à sua promoção". E as regras como "normas imediatamente descritivas, primariamente retrospectivas e com pretensão de decidibilidade e abrangência, para cuja aplicação se exige a avaliação da correspondência, sempre centrada na finalidade que lhes dá suporte ou nos princípios que lhes são axiologicamente sobrejacentes, entre a construção conceitual da descrição normativa e a construção conceitual dos fatos. Sabendo-se que "um ou vários dispositivos, ou mesmo a implicação lógica dele decorrente, pode experimentar uma dimensão imediatamente comportamental (regra), finalística (princípio) e/ou metódica (postulado)". (ÁVILA, Humberto. *Teoria dos Princípios*: da definição à aplicação dos princípios jurídicos. 9. ed. São Paulo: Malheiros. 2009. p. 69 e 78-79).

similar à obrigação do contribuinte no lançamento por homologação[18], no qual o sujeito passivo, ao verificar a ocorrência do fato gerador, presta à administração tributária todas as informações e declarações necessárias, além de apurar o valor devido e providenciar o recolhimento do tributo.

Somando-se a o *voluntary compliance*, o direito tributário norte-americano também é orientado por doutrinas que influenciam toda a lógica acerca da tributação dentre as quais destacam-se: *i) the substance over form doctrine; ii) the business purpose doctrine e iii) the step transaction doctrine*.

Primeiramente, a teoria da substância sobre a forma – *the substance over form doctrine*, atribui à substância do negócio jurídico valor preponderante para a determinação da realidade. Em outras palavras, esta doutrina permite às autoridades tributárias ignorar os elementos meramente formais do negócio jurídico e examinar sua substância real para impedir que estruturas artificiais sejam usadas para fins de elusão fiscal.

Embora a legislação reconheça relevo à forma dos negócios jurídicos e permita uma diversidade delas na concretização das operações, para os fins tributários, os tribunais julgadores precisam olhar para além da forma eleita e alcançar a substância, que é o verdadeiro conteúdo de cada negócio[19].

Em segundo lugar, a doutrina do propósito negocial- *the business purpose doctrine*, encara com desconfiança os negócios jurídicos que não evidenciam o seu propósito negocial, ou seja, que possuam objetivos eminentemente de planejamento tributário, ou de mera economia de tributos. Desconsidera-se, portanto, aqueles negócios jurídicos que visam exclusivamente diminuir os encargos tributários.

Frise-se que, com base nesse entendimento, as operações realizadas pelos contribuintes devem assumir o seu objetivo negocial ou econômico ligado a razões intrínsecas ao negócio e não meramente a finalidade de economia de tributos.

---

[18] Para saber mais sobre o lançamento por homologação e as demais espécies de lançamento, veja-se: ABRAHAM, Marcus. *Curso de Direito Tributário Brasileiro*. Rio de Janeiro: Forense, 2018. p. 234-241.

[19] RIBEIRO, Pedro Melo Pouchain. *As doutrinas judiciais no Direito Tributário norte-americano*: fundamentos para sua compreensão. Publicações da Escola da AGU: 1º Curso de introdução ao direito americano: Fundamental of US Law Course – Escola da Advocacia-Geral da União Ministro Victor Nunes Leal – Ano III, n. 12, (set./out. 2011). Brasília: EAGU, 2011. p. 316-317.

Por derradeiro, a doutrina da transação-etapa – *the step transaction doctrine*, atenta para o fato de que os tribunais julgadores devem observar o efetivo resultado final de operações em cadeia. Analisam-se assim todas as etapas negociais inseridas nos negócios jurídicos intermediários em que o contribuinte busca caracterizar a ausência de valor econômico ou de fato gerador tributário.

Entende-se assim que, se os negócios jurídicos, ou suas etapas, são interdependentes e buscam um fim específico, estes deverão ser compreendidos em seu conjunto, desconsiderando a ausência de efeitos tributários em determinadas etapas.

Portanto, as teorias supracitadas formam um conjunto doutrinário que busca evitar a evasão ou elusão fiscal por intermédio da utilização das formas ou pelo mero planejamento tributário que disfarce o real conteúdo dos negócios jurídicos. Tais parâmetros foram definidos a partir do caso *Gregory vs. Helvering*, julgado pela Suprema Corte, em 1935. Sendo certo que este é efetivamente um *leading case* da interpretação econômica do direito tributário[20]. Mas, além disso, o sistema tributário norte-americano possui disposições constitucionais e legais que serão tratadas no capítulo a seguir.

4. Disposições constitucionais e legislação tributária norte-americana

A Constituição dos Estados Unidos da América possui disposições específicas acerca do sistema tributário e, de acordo com os seus dispositivos, podem ser elencados os respectivos princípios e a lógica estruturante devidamente explanada nos capítulos anteriores deste artigo. Uma questão que salta aos olhos pela leitura dos dispositivos constitucionais norte-americanos é a autonomia dos estados norte-americanos, conforme explanado Capítulo I, que trata do processo de descolonização. Confira-se os dispositivos constitucionais dos EUA:

> *Article I, Section 2, Clause 3:*
> *Representatives and direct taxes shall be* **apportioned** *among the several States which may be included within this Union, according to their respective numbers.*

---

[20] PAES, José Eduardo Sabo; OLIVEIRA, Marcos Roberto de. *op. cit.* p. 60.

Article I, Section 8, Clause 1:
The Congress shall have Power to lay and collect Taxes, Duties, Imposts and Excises, to pay the Debts and provide for the common Defence and general Welfare of the United States; but all Duties, Imposts and Excises **shall be uniform** *throughout the United States.*

Article I, Section 9, Clause 4:
No Capitation, or other direct, Tax shall be laid, unless in **proportion** *to the Census or Enumeration herein before directed to be taken. This clause basically refers to a tax on property, such as a tax based on the value of land, as well as a capitation.*

Article I, Section 9, Clause 5:
No Tax or Duty shall be laid on Articles exported from any State. (grifos nossos)

Inicialmente deve se ter em mente que o conceito *tax* é muito mais próximo do conceito que temos de tributo (gênero) do que de taxa (espécie), propriamente dita, por esse motivo não se deve confundir o termo "*tax*" com a espécie de tributo denominada no Brasil de Taxa. Assim, o conceito norte-americano de *tax* se refere a uma prestação pecuniária compulsória, cobrada mediante atividade vinculada e que não se confunde com a multa[21].

Dito isso, o primeiro dispositivo elencado é o artigo I, seção 2, cláusula 3, trata da repartição de receita tributária entre a União e os Estados da federação.

No que concerne esse dispositivo, após muito debate, os constituintes decidiram utilizar o número da população como a base de cálculo para repartição dos assentos na Câmara dos Deputados – *House of Representatives* e a responsabilidade tributária entre os estados. Dessa maneira, o termo "repartição" – *apportionment*, remete aos princípios da neutralidade, isonomia (em sua acepção material) e justiça – *fairness*.

Na sequência, o artigo I, seção 8, cláusula 1 também trata de isonomia ao mencionar que os tributos devem ser uniformes em todo o terrirório norte-americano. Sendo certo que os artigos seguintes também tratam da proporcionalidade e reforçam ainda que indiretamente a autonomia das unidades federativas.

---

[21] SPILKER, Brian et al. *Taxation of Individuals and Business Entities*. 10th ed. New York: McGraw-Hill Education, 2019. p. 1-4.

Registre-se que o Artigo I também estabelece, por mais de uma vez, que um tributo "direto" – *direct tax*, deve ser distribuído entre os estados de acordo com a sua população. Isso significa que, se um tributo é "direto", um estado com um décimo da população nacional deve arcar com um décimo do montante total recolhido.

Para outros tributos – os chamados tributos "indiretos" – não há regra de rateio. A Constituição exige apenas que *"todos os deveres, impostos e impostos especiais de consumo sejam uniformes nos Estados Unidos"*.

No que tange às demais fontes normativas, vale destacar que, embora os Estados Unidos da América adotarem o sistema *common law*, prestigiando a força dos precedentes jurisprudenciais, nos EUA, há uma extensa legislação infraconstitucional acerca da tributação, especialmente acerca do imposto de renda, com o *Internal Revenue Code – IRC*, previsto no título 26 do Código dos Estados Unidos, contando, em 2011, com mais de duas mil páginas[22].

Outrossim, há regulamentações emanadas do Tesouro Nacional – *Treasury Regulations*, que são responsáveis por interpretar e esmiuçar o *Internal Revenue Code*. As *Revenues Rules*, que são orientações mais específicas emanadas da administração fazendária e orientações diretas aos contribuintes na forma de respostas às consultas – *Private Letter Rulling*s, e que se assemelham às consultas feitas à nossa Receita Federal no Brasil.

No tocante aos modelos de cobrança fiscal, além da cobrança administrativa da *IRS – Internal Revenue Service*, os EUA possuem o *Civil Tax Litigation*, que está previsto nos títulos 26 e 28 do *U.S. Code*, além do título 28, incluindo os crimes tributários que estão alocados também no título 18 e no capítulo 75 do *Internal Revenue Code*.

O processo administrativo fiscal norte-americano, em suma e explicado de um modo mais rudimentar, inicia a partir do momento em que se verifica um crédito tributário. Assim, o *IRS* realiza a cobrança em face do contribuinte – *Compliance Action*.

Após isso, o sujeito passivo pode apelar para a segunda instância administrativa ou peticionar diretamente para a corte *(U.S. Tax Court*

---

[22] LOPES, Carlos Côrtes Vieira. *Breves considerações acerca do Sistema Tributário nos Estados Unidos da América*. Publicações da Escola da AGU: 1º Curso de introdução ao direito americano: Fundamental of US Law Course – Escola da Advocacia-Geral da União Ministro Victor Nunes Leal – Ano III, n. 12, (set./out. 2011). Brasília: EAGU, 2011. p. 67.

ou U.S. Tax Court for Small Claim Division). Caso o contribuinte recorra administrativamente, mesmo após o revés administrativo é possível que ingresse judicialmente junto à *U.S. Disctrict Court* ou à *U.S. Court of Federal Claims*. Assim como no Brasil, o processo administrativo não é requisito obrigatório em todos os casos para alçar a demanda à corte judicial.

Acerca dos Tratados Internacionais que versam sobre Direito Tributário no qual o Brasil figura como parte, há um Acordo de Previdência Social entre os dois países que visa evitar a dupla tributação na Previdência Social de indivíduos que trabalham ou que já trabalharam em ambos os países. O documento também trata do tempo mínimo de contribuição necessário para obtenção de aposentadoria.

Assim, apesar de ter sido assinado em 30 de junho de 2015, em 22 de maio de 2018 o acordo foi aprovado pelo parlamento de ambos os países. Sendo certo que, no Brasil, por meio do Decreto nº 9.422/2018, o texto foi promulgado pelo Presidente da República no dia 25 de junho de 2018.

5. Principais espécies de tributos (*Taxes*)

No que concerne as principais espécies de tributo no sistema tributário dos Estados Unidos da América, o governo federal norte-americano impõe uma variedade de tributos para financiar programas federais em prol da população, tais como: defesa, previdência social, sistema rodoviário interestadual, programas educacionais e assistência social.

Os principais tributos federais incluem o imposto de renda individual e corporativo *(Income Tax)*, os impostos relativos à assistência e seguridade social *(Social Security Tax and Medicare Tax)*, impostos sobre propriedades e doações *(estate and gift taxes)* e os impostos especiais de consumo *(excise tax)*.

Notavelmente restam ausentes desta lista o tributo sobre vendas *(sales tax)* um imposto comum cobrado por governos estaduais e locais e imposto sobre valor agregado *(Vaule Added Tax – VAT)*, que é um tipo de imposto sobre as vendas, uma espécie de IVA.

Assim, de acordo com o *US Federal Government Tax Revenue*, a receita tributária do Governo Federal estimada para o ano de 2020 é de $ 3.643 trilhões de dólares, conforme se verifica na tabela abaixo extraída do *site* oficial[23].

---

[23] ESTADOS UNIDOS DA AMÉRICA. Disponível em: <https://www.thebalance.com/current-u-s-federal-government-tax-revenue-3305762>. Acesso em: 11 de fevereiro de 2020.

10. O SISTEMA TRIBUTÁRIO DOS ESTADOS UNIDOS DA AMÉRICA

The U.S. government's total revenue is estimated to be $3.643 trillion for Fiscal Year 2020.

Federal Tax Revenue FY2020 Estimate In USD Billions

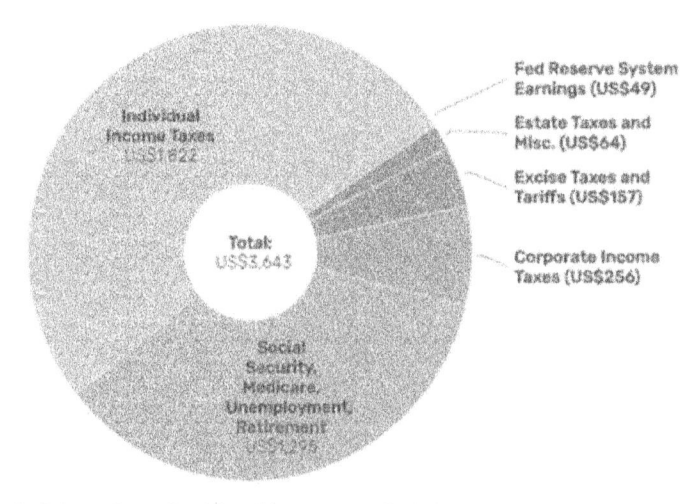

- Individual Income Taxes US$1.622
- Fed Reserve System Earnings (US$49)
- Estate Taxes and Misc. (US$64)
- Excise Taxes and Tariffs (US$157)
- Corporate Income Taxes (US$256)
- Social Security, Medicare, Unemployment, Retirement US$1.295
- Total: US$3.643

Chart: The Balance - Source: The Office of Management and Budget

6. Relação entre a carga fiscal e o PIB dos Estados Unidos da América

Os Estados Unidos são considerados a maior potência econômica mundial, com uma extensão territorial[24] de 9.834.000 km², com população de aproximadamente 330 milhões de habitantes[25] e um PIB[26] de aproximadamente US$ 21,429 trilhões de dólares no ano de 2019.

O relatório anual de estatísticas de receita da OCDE, ao analisar a relação entre a carga tributária e o PIB do ano de 2018, constatou que a taxa de tributação sobre o PIB nos Estados Unidos diminuiu 2,5 percentual de 26,8% em 2017 para 24,3% em 2018. Assim, o valor correspondente para a média da OCDE foi um pequeno aumento de 0,1 ponto percentual de 34,2% para 34,3% no mesmo período.

---

[24] WIKIPEDIA. Disponível em: < https://pt.wikipedia.org/wiki/Estados_Unidos/>. Acesso em: 11 de fevereiro de 2020.
[25] WORLDOMETERS. Disponível em: <https://www.worldometers.info/world-population/us-population/>. Acesso em: 11 de fevereiro de 2020.
[26] ESTADOS UNIDOS DA AMÉRICA. Disponível em: <https://countryeconomy.com/gdp/usa>. Acesso em: 11 de fevereiro de 2020.

Nesse sentido, a relação tributação / PIB nos Estados Unidos diminuiu de 28,3% em 2000 para 24,3% em 2018. No mesmo período, a média da OCDE em 2018 ficou ligeiramente acima em 2000 (34,3% em comparação com 33,8%). Durante esse período, a maior taxa de imposto sobre o PIB nos Estados Unidos foi de 28,3% em 2000, com o menor sendo de 23,0% em 2009. Confira-se o gráfico disponibilizado pela OCDE[27].

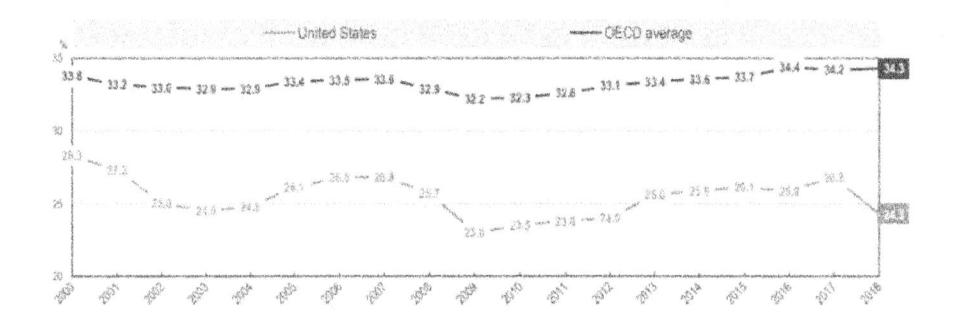

Portanto, a partir do gráfico fica demonstrado que os Estados Unidos apresentaram uma relação imposto / PIB de 24,3% em comparação com a média da OCDE de 34,3%. Por outro lado, há de se considerar o enorme PIB dos EUA que no ano de 2018 era de aproximadamente de 20 trilhões de dólares.

Em termos comparativos, apesar de a carga tributária brasileira ser em torno de 35% no ano de 2018[28], o que denota o fato de bem maior em termos de percentuais em relação aos EUA e um pouco maior que a média da OCDE, o PIB do Brasil no ano de 2018 foi equivalente a 6,9 trilhões de reais[29], ou seja, muito menor.

Ademais, cabe realçar que aproximadamente a metade de toda a receita do governo federal norte-americano (51%) é proveniente de imposto de renda individual – *Income Tax*. Outros 35% da receita são provenientes

---

[27] OCDE. Disponível em: <https://www.oecd.org/tax/revenue-statistics-united-states.pdf>. Acesso em: 11 de fevereiro de 2020.
[28] ESTADÃO. Disponível em: <https://economia.estadao.com.br/noticias/geral,carga-tributaria-bate-recorde-de-35-07-do-pib-mesmo-com-a-economia-fraca,70002944416>. Acesso em: 11 de fevereiro de 2020.
[29] IBGE. Disponível em: <https://www.ibge.gov.br/explica/pib.php>. Acesso em: 11 de fevereiro de 2020.

de impostos sobre os salários – *Payroll Taxes*, que são avaliados com base no salário de quase todos os trabalhadores e são usados para financiar Seguro Social – *social security*, Seguro Hospitalar – *medicare*, e seguro-desemprego – *unemployment insurance*[30].

7. Tributação de novas tecnologias nos EUA

A dicotomia entre estado da fonte e estado de residência alinhava-se outrora com a clássica distinção entre países desenvolvidos e países em desenvolvimento. Contudo, com o avanço tecnológico com as inovações e novos modelos de negócios, ficou evidenciada a necessidade de se tributar os lucros provenientes dos negócios executados por um não residente em seus territórios, de modo que a tentativa de alargamento dos poderes tributários do país da fonte não é mais particularidade dos países em desenvolvimento, mas de todos os países em geral[31].

Dessa maneira, os governos ao redor mundo acreditam que estão deixando de recolher bilhões de dólares em receita tributária para os cofres públicos a cada ano. E isso ocorre devido desconformidades, evasão fiscal, fraude e ausência de cobrança de tributos.

Por outro lado, os governos devem observar os princípios do não confisco, da vedação à bitributação e dos excessos de exação. Assim, diante do aumento do escrutínio público e político, as autoridades tributárias estão sob pressão para tomar providências para aumentar a transparência e diminuir o fosso tributário com equilíbrio. À medida que o ambiente tributário global se torna cada vez mais complexo, novas soluções são cada vez mais necessárias.

Fica claro, portanto, que as transações internacionais que envolvem ativos intangíveis de empresas multinacionais perfazem o grande desafio da nova era da tributação das novas tecnologias devido aos novos arranjos negociais. E as empresas multinacionais, em contrapartida, procuram

---

[30] ESTADOS UNIDOS DA AMÉRICA. Disponível em: <https://www.cbpp.org/research/federal-tax/policy-basics-where-do-federal-tax-revenues-come-from>. Acesso em: 11 de fevereiro de 2020.

[31] BEZ-BATTI, Gabriel. "É hora de arrumar a casa antes de discutir a tributação de novos modelos digitais". Disponível em: <https://www.conjur.com.br/2018-set-06/bez-batti-tributacao-renda-decorrente-novos-modelos-digitais>. Acesso em: 11 de fevereiro de 2020.

evitar ao máximo a incidência de tributos por intermédio do planejamento tributário e organização estrutural.

O Projeto BEPS da OCDE, que é um acrônimo derivado do inglês que remete ao termo *Base Erosion and Profit Shifting*, tem buscado evitar esquemas de planejamento tributário agressivo praticados por empresas multinacionais ou grupos econômicos, que se aproveitam de lacunas normativas e assimetrias dos sistemas tributários nacionais para transferir, artificialmente ou não, lucros a países com tributação baixa ou inexistente. Porém, sua atuação se restringe a recomendações de ações a serem consideradas pelos países membros, que demanda um esforço por parte do país soberano para implementá-las ou não de acordo com seus interesses econômicos. De modo que cada país vem implementando sua forma específica de tributar as novas tecnologias, considerando que ainda não se chegou a um consenso em âmbito internacional.

Dessa maneira, o *streaming*, que é um intangível fruto de uma nova tecnologia, não possui uma modalidade inovadora de tributar este intangível no âmbito dos EUA.

Assim, cada estado norte-americano impinge uma modelagem diversa de tributação. De modo que a autonomia dos estados acaba ditando os rumos da espécie de tributação da *Sales Tax*, cuja competência remete aos seus entes, conforme apontado.

No Estado da Flórida, por exemplo, uma consulta fiscal remetida ao Departamento de Receita Tributária local – *Florida Technical Assistant Advisement* nº 14A19-005, realizada em 18/12/2014[32], obteve a resposta no sentido de que o Tributo sobre Vendas e Uso – *Sales and Use Tax*, não incide sobre venda e assinatura de *streaming* de vídeo digital (programas de televisão, filmes, eventos esportivos e eventos de notícias), haja vista que não há transferência de domínio de bem material, mas apenas imaterial – intangível.

Por outro lado, a referida consulta concluiu pela incidência do imposto sobre serviços de telecomunicação da Flórida no acesso temporário a

---

[32] ESTADOS UNIDOS. Florida. Florida Departament of Revenue – Florida Technical Assistance Advisement No. 14A19-005. Disponível em: <https://revenuelaw.floridarevenue.com/LawLibraryDocuments/2014/03/TAA-118235_14A19-001%20REDACTED%20_%20SUMMARY.pdf>. Acesso em: 11 de fevereiro de 2020.

conteúdo digital mediante assinatura, enquanto a aquisição definitiva de conteúdo – *download*[33] configuraria venda de serviços de informações transferidos por via eletrônica e, portanto, não sujeito seja ao imposto sobre serviços de telecomunicações, seja ao imposto sobre vendas e uso no Estado da Flórida.

Já no que tange ao Departamento de Finanças da cidade de Chicago foi publicada a Instrução Fiscal nº 5 – *Tax Rule*, em 01/09/2015[34], a qual alterou o *Chicago Amusement Tax*, que seria uma espécie de Tributo sobre o Entretenimento, com o escopo de tributar as diversões consumidas por meio eletrônico. Tal exação se aplica, pois, ao contribuinte que assistir ou participar de qualquer entretenimento mediante o acesso digital.

A alíquota estipulada é de 9% sobre o preço da assinatura ou valor equivalente e incide *"somente sobre o conteúdo objeto de acesso temporário, transmitido on-line"*, mas não sobre a aquisição de shows, filmes, vídeos, músicas ou jogos baixados permanentemente para o dispositivo do usuário, mediante *download*[35]. O que denota claramente as variações de tratamento jurídico em cada estado da federação.

No Brasil, a situação é ainda mais complicada. Há uma discussão jurídica importante sobre a constitucionalidade e enquadramento jurídico para que haja a incidência ou não de ISS / ICMS. Sem olvidar o imbróglio da CONDECINE, modalidade de CIDE, que fora instituída por mera Instrução Normativa[36].

---

[33] Remete ao conteúdo baixado ou permanentemente armazenado na biblioteca *on line* ou no HD do usuário.

[34] ESTADOS UNIDOS. Chicago. Departament of Finance. *Amusement Tax Ruling – Tax Rule nº 5*. Disponível em: <https://www.cityofchicago.org/content/dam/city/depts/rev/supp_info/TaxRulingsandRegulations/AmusementTaxRuling_5_06_09_2015.pdf>. Acesso em: 11 de fevereiro de 2020.

[35] REVOREDO, Tatiana Trícia de Paiva. *A Tributação do Streaming nos Estados Unidos*. <https://ambitojuridico.com.br/cadernos/direito-tributario/a-tributacao-do-streaming-nos-estados-unidos/>. Acesso em: 11 de fevereiro de 2020.

[36] MARANHÃO JUNIOR, Magno. *A Cobrança de CONDECINE-TÍTULO no VoD pode quebrar o mercado de vídeo por demanda no Brasil*. Disponível em: <https://magnomaranhao.jusbrasil.com.br/artigos/699342237/a-cobranca-de-condecine-titulo-no-vod-pode-quebrar-o-mercado-de-video-por-demanda-no-brasil>. Acesso em: 13 de fevereiro de 2020.

Conclusões

Muito longe de exaurir as questões jurídicas aqui propostas, o objetivo desta pesquisa é de abordar as questões medulares do sistema tributário dos Estados Unidos da América para permitir um aprofundamento nos estudos acadêmicos em torno da matéria, principalmente no tocante ao Direito Comparado.

Frise-se que a importância do conhecimento esposado ao longo do texto acerca da configuração federativa norte-americana, inspirada em seu processo de descolonização, é ponto nevrálgico para a compreensão da forma de autonomia dos estados membros e suas nuances tributárias confrontadas ao Estado brasileiro.

Espera-se assim, portanto, que as questões fundamentais expostas nesse trabalho acerca do sistema tributário e dos dados estatísticos trazidos à baila, sirvam como ponto de partida para o aprofundamento dos estudos leitor. Introduzindo assim o debate sobre os temas macros e permitindo o avançar dos estudos sobre as microestruturas.

Dessa maneira, pretende-se aqui estimular a discussão sobre o tema e contribuir para o fomento do debate acadêmico, assentindo assim com a investigação de temas mais específicos e pontuais na academia.

Referências

ABRAHAM, Marcus. *Curso de Direito Tributário Brasileiro*. Rio de Janeiro: Forense, 2018.

__. *Receitas insuficientes, novos impostos e as revoluções tributárias*. Disponível em: <https://www.jota.info/opiniao-e-analise/colunas/coluna-fiscal/receitas-insuficientes-novos-impostos-e-as-revolucoes-tributarias-01082019>. Acesso em: 03 de fevereiro de 2020.

ÁVILA, Humberto. *Teoria dos Princípios*: da definição à aplicação dos princípios jurídicos. 9. ed. São Paulo: Malheiros, 2009.

ATALIBA, Geraldo. *Hipótese de Incidência Tributária*. 6. ed. São Paulo: Saraiva, 2016.

BALTHAZAR, Ubaldo Cesar; STOBE, Luciane Aparecida Filipini; LEICHTWEIS, Ane Jaciara. A Inconfidência Mineira e o direito tributário: uma análise do Estado Democrático de Direito como instituição capaz de evitar conflitos e promover a paz. *Rev. Fac. Direito UFMG*, Belo Horizonte, n. 65, pp. 671-701, jul./dez. 2014. p. 677. Disponível em: <https://www.direito.ufmg.br/revista/index.php/revista/article/view/1667/1584>. Acesso em: 31 de janeiro de 2020.

BEZ-BATTI, Gabriel. *É hora de arrumar a casa antes de discutir a tributação de novos modelos digitais*. Disponível em: <https://www.conjur.com.br/2018-set-06/

bez-batti-tributacao-renda-decorrente-novos-modelos-digitais>. Acesso em: 11 de fevereiro de 2020.

ESTADÃO. Disponível em: <https://economia.estadao.com.br/noticias/geral,carga-tributaria-bate-recorde-de-35-07-do-pib-mesmo-com-a-economia-fraca,70002944416>. Acesso em: 11 de fevereiro de 2020.

ESTADOS UNIDOS DA AMÉRICA. *US Federal Government Tax Revenue*. Disponível em: <https://www.thebalance.com/current-u-s-federal-government-tax-revenue-3305762>. Acesso em: 11 de fevereiro de 2020.

___. *Policy Basics*: Where Do Federal Tax Revenues Come From? Disponível em: <https://www.cbpp.org/research/federal-tax/policy-basics-where-do-federal-tax-revenues-come-from>. Acesso em: 11 de fevereiro de 2020.

___. *United States (USA) GDP – Gross Domestic Product*. Disponível em: <https://countryeconomy.com/gdp/usa>. Acesso em: 11 de fevereiro de 2020.

___. Florida Departament of Revenue. *Florida Technical Assistance Advisement No. 14A19-005*. Disponível em: <https://revenuelaw.floridarevenue.com/LawLibraryDocuments/2014/03/TAA-118235_14A19-001%20REDACTED%20_%20SUMMARY.pdf>. Acesso em: 11 de fevereiro de 2020.

___. Chicago. Departament of Finance. *Amusement Tax Ruling – Tax Rule nº 5*. Disponível em: <https://www.cityofchicago.org/content/dam/city/depts/rev/supp_info/TaxRulingsandRegulations/AmusementTaxRuling_5_06_09_2015.pdf>. Acesso em: 11 de fevereiro de 2020.

GODOY, Arnaldo Sampaio de Moraes. *Direito Tributário nos Estados Unidos*. São Paulo: Lex, 2004.

IBGE. *PIB brasileiro*. Disponível em: <https://www.ibge.gov.br/explica/pib.php>. Acesso em: 11 de fevereiro de 2020.

LOPES, Carlos Côrtes Vieira. *Breves considerações acerca do Sistema Tributário nos Estados Unidos da América*. Publicações da Escola da AGU: 1º Curso de introdução ao direito americano: Fundamental of US Law Course – Escola da Advocacia-Geral da União Ministro Victor Nunes Leal – Ano III, n. 12, (set./out. 2011). Brasília: EAGU, 2011.

LOPES, Mauro Luís Rocha. *Direito Tributário Brasileiro*. 2. ed. Niterói. Rio de Janeiro. Impetus, 2010.

MACHADO, Hugo de Brito. *Curso de Direito Tributário*. 34. ed. São Paulo: Malheiros, 2013.

MARANHÃO JUNIOR, Magno de Aguiar. *Ancine Extrapola Poder Regulamentar ao Tributar Publicidade na Internet*. Disponível em: <https://www.conjur.com.br/2017-ago-24/magno-junior-tributacao-publicidade-internet-ancine>.

___. *Tributação de publicidade na internet se choca com plano de desburocratização*. Disponível em: <https://www.conjur.com.br/2017-out-21/magno-junior-tributacao-publicidade-rede-aumenta-burocratizacao>.

___. *A cobrança de Condecine-Título no VoD pode quebrar o mercado de vídeo por demanda no Brasil*. Disponível em: <https://magnomaranhao.jusbrasil.com.br/artigos/699342237/a-cobranca-de-condecine-titulo-no-vod-pode-quebrar-o--mercado-de-video-por-demanda-no-brasil>.

SPILKER, Brian et al. *Taxation of Individuals and Business Entities*. 10th ed. New York: McGraw-Hill Education, 2019.

OCDE. *Revenue Statistics 2019 – the United States*. Disponível em: <https://www.oecd.org/tax/revenue-statistics-united-states.pdf>. Acesso em: 11 de fevereiro de 2020.

PAES, José Eduardo Sabo; OLIVEIRA, Marcos Roberto de. Características do sistema tributário nos Estados Unidos da América: alguns tópicos relevantes. *RDIET*, Brasília, v. 10, nº 2, p. 52-78, jul-dez. 2015.

PICCOLO, Helga Iracema Langraf. O discurso político na Revolução Farroupilha. *Revista de História*, Porto Alegre, vol. 01, 1986/1987.

REVOREDO, Tatiana Trícia de Paiva. *A Tributação do Streaming nos Estados Unidos*. Disponível em: <https://ambitojuridico.com.br/cadernos/direito-tributario/a-tributacao-do-streaming-nos-estados-unidos/>. Acesso em: 11 de fevereiro de 2020.

RIBEIRO, Pedro Melo Pouchain. *As doutrinas judiciais no Direito Tributário norte-americano*: fundamentos para sua compreensão. Publicações da Escola da AGU: 1º Curso de introdução ao direito americano: Fundamental of US Law Course – Escola da Advocacia-Geral da União Ministro Victor Nunes Leal – Ano III, n. 12, (set./out. 2011). Brasília: EAGU, 2011.

RIOS, Thiago Meneses. *A Petrealidade da Harmonia e do Equilíbrio entre os Poderes e do Federalismo Centrífugo*. Disponível em: <https://jus.com.br/artigos/27031/a-petrealidade-da-harmonia-e-do-equilibrio-entre-os-poderes-e--do-federalismo-centrifugo/2>. Acesso em: 05 de fevereiro de 2020.

NATIONAL CONFERENCE OF STATE LEGISLATURES. *States and Capital Punishment*. Disponível em: <https://www.ncsl.org/research/civil-and-criminal--justice/death-penalty.aspx>. Acesso em: 05 de fevereiro de 2020.

TORRES, Ricardo Lobo. *Curso de Direito Financeiro e Tributário*. 19. ed. Rio de Janeiro: Renovar, 2013.

WIKIPEDIA. Verbete *Estados Unidos da América*. Disponível em: <https://pt.wikipedia.org/wiki/Estados_Unidos/>. Acesso em: 11 de fevereiro de 2020.

WORLDOMETERS. US Population. Disponível em: <https://www.worldometers.info/world-population/us-population/>. Acesso em: 11 de fevereiro de 2020.

11. O sistema tributário da Finlândia

RENATA DA SILVEIRA BILHIM

Introdução
Este artigo pretende analisar as características do sistema tributário na Finlândia, país nórdico, que, entre os anos 2017 e 2019, ocupou o primeiro lugar no Relatório Mundial de Felicidade[1], sendo que boa parte dos motivos que levaram o país ao pódio foram os tributos pagos pelos finlandeses.

Em meio a pandemia do Coronavírus, foi publicada, em 20 de março de 2020, a última edição do Relatório Mundial de Felicidade (World Happiness Report 2020), uma pesquisa histórica sobre o estado da felicidade global que classifica 156 países em quão felizes os cidadãos se sentem pagando tributos. A Finlândia ocupou o primeiro lugar.

Em outra pesquisa,[2] encomendada pela Administração Tributária Finlandesa[3] em 2019, ficou comprovado que 80% dos finlandeses estão felizes em pagar seus impostos, 96% acreditam que pagar impostos é um importante dever cívico[4] e 98% acreditam que os impostos são

---

[1] Disponível em: <https://worldhappiness.report/>. Acesso em: 08 março 2020.
[2] Disponível em: <https://www.vero.fi/contentassets/744f4f6f036f43678b4ade18d5cd2ce1/finnish-tax-administrations-attitude-survey-2019-individual-taxpayers.pdf>. Acesso em: 08 março 2020.
[3] Disponível em: <https://www.vero.fi/en/About-us/newsroom/lehdist%C3%B6tiedotteet/2019/people-in-Finland-feel-that-paying-taxes-is-an-important-civic-duty/>. Acesso em: 08 março 2020.
[4] Sobre o tema, consultar: <https://finland.fi/life-society/happiness-report-elevates-finland-and-other-nordics-shows-that-people-should-look-after-each-other/>. Acesso em: 08 março 2020.

importantes para manter o estado de bem-estar da Finlândia. Apenas 31% dos entrevistados disseram estar frustrados com a quantidade de impostos que tinham que pagar.

Frank Martela é um dos autores do Relatório Mundial de Felicidade, ele é especialista em pesquisa de bem-estar na Universidade Aalto, na Finlândia, e no estudo diz que *"Eu diria que os finlandeses são contribuintes bastante felizes"*. E continua, *"os finlandeses apreciam o que recebem da sociedade e reconhecem que os impostos são a maneira de financiar essa sociedade*. E completa, *"consequentemente, a maioria das pessoas fica surpreendentemente feliz em pagar impostos. Os impostos, em vez de serem uma fonte de frustração, podem ser motivo de orgulho para muitos"*[5].

Em outra enquete semelhante, agora com contribuintes pessoas jurídicas, 86% disseram que suas empresas tinham uma atitude positiva em relação à tributação e 95% acreditavam que fazer a coisa certa vale a pena[6].

De fato, boa parte da arrecadação é destinada a custear serviços públicos de qualidade. No ano de 2019, a Finlândia arrecadou de 70 bilhões de euros em tributos, sendo 40% dedicados ao desenvolvimento de serviços públicos[7]. A assistência médica[8], por exemplo, abrange a todos e é classificada entre as melhores e mais igualitárias do mundo pelo estudo Global Burden of Disease[9]. Os impostos também visam a custear todos os níveis de educação, benefícios para as pessoas que ficam desempregadas ou que sofrem de alguma deficiência, além de uma ampla variedade de instituições culturais, que vão desde a ópera e do balé ao sistema de bibliotecas[10].

---

[5] Disponível em: <https://finland.fi/life-society/facts-and-feelings-do-taxes-make-finnish-people-happy/>. Acesso em: 08 março 2020.

[6] Disponível em: <https://www.vero.fi/contentassets/744f4f6f036f43678b4ade18d5cd2ce1/finnish-tax-administrations-attitude-survey-2019-corporate-taxpayers.pdf>. Acesso em: 08 março 2020.

[7] Disponível em: <https://www.vero.fi/en/About-us/finnish-tax-administration/year-2019/figures/. Acesso em: 08 março 2020.

[8] Disponível em: <https://stats.oecd.org/Index.aspx?DataSetCode=SHA>. Acesso em: 08 março 2020.

[9] Disponível em: <http://www.healthdata.org/gbd/gbd-2017-resources>. Acesso em: 10 março 2020.

[10] Disponível em: <https://tilastot.kirjastot.fi/?lang=en>. Acesso em: 10 março 2020.

Desta forma, neste artigo busca-se entender um pouco do sistema tributário finlandês para, ao final, tecer alguns comentários sobre pontos negativos e positivos que possam ser aproveitados pelo Brasil num processo de reforma tributária.

1. Características regionais, econômicas, políticas e governamentais

A Finlândia tornou-se independente apenas em 6 de maio de 1917. Anteriormente, fazia parte da Suécia desde o século XI até 1809 e a partir dessa dada passou a ser um Grão-Ducado russo até 1917, quando conquistou sua independência. Provavelmente por essa razão, o idioma falado, além do finlandês, também é o sueco. Em 1995, tornou-se membro da União Europeia e pertence à União Econômica e Monetária Europeia desde 1999, adotando o euro como sua moeda.

A Finlândia, localizada no extremo norte europeu, faz fronteira com a Suécia, a Noruega e a Rússia. É banhada pelo mar báltico e possui pouco mais de 188 mil lagos, além de 180 mil ilhas. Sua capital, Helsinque, ocupa uma península e ilhas vizinhas do Mar Báltico, nela concentrando a maior parte da população finlandesa. É um dos maiores países da Europa, sua costa possui 4.600 km de extensão, e todo seu território conta com 338.450 km2[11], dos quais apenas cerca de 151 mil km2 são habitáveis[12].

Aproximadamente, dois terços da Finlândia são cobertos por florestas densas, o que a torna o país mais densamente florestado da Europa. Além disso, o clima extremamente rigoroso resultou na concentração da população no sul do país, com cerca de 3,5 milhões de pessoas vivendo em Helsinque e arredores.

Desta forma, por ser um país boa parte ocupado por florestas, além do clima severo, principalmente no inverno, atingindo temperaturas que podem chegar a mais de trinta graus negativos (-30ºC), não tem uma alta densidade demográfica, possuindo, no total, 5.5 milhões[13] de habitantes em todo o seu território ocupado.

---

[11] Disponível em: <https://pt.countryeconomy.com/paises/finlandia>. Acesso em: 10 março 2020.
[12] Disponível em: <https://www.britannica.com/place/Finland>. Acesso em: 10 março 2020.
[13] Disponível em: <https://pt.countryeconomy.com/paises/finlandia>. Acesso em: 10 março 2020.

A Finlândia, após sua independência em 1917, adotou como forma de governo a república e, como sistema, o parlamentarismo, na sua Constituição de 1919, alterada várias vezes, especialmente na década de 90.

De acordo com a Constituição de 1919, o presidente é eleito pelo voto popular para um mandato de 6 anos, com possibilidade de reeleição. As eleições para Presidente são feitas por voto secreto por meio de sufrágio universal. Se nenhum dos candidatos obtiver maioria absoluta no primeiro turno da votação, um segundo turno entre os dois candidatos mais votos no primeiro.

O mandato presidencial de seis anos e a possibilidade de reeleição aumentam os poderes do presidente e fornecem ao país uma considerável estabilidade, tendo em vista as frequentes mudanças de governo causadas pelo sistema multipartidário.

O Chefe de Estado é o Presidente da República. Contudo, o Poder Executivo é exercido no governo, chefiado por um primeiro-ministro, escolhido pelo parlamento e nomeado, formalmente, pelo presidente. O Poder Legislativo repousa no parlamento unicameral, cujos membros são eleitos para mandatos de quatro anos. O Presidente nomeia os outros ministros de acordo com uma proposta feita pelo Primeiro Ministro. Atualmente são 12 ministérios[14]

Desta forma, a liderança do país é partilhada entre o Presidente e o Primeiro Ministro. O atual Presidente da República é Sauli Niinistö, eleito em fevereiro de 2012, e reeleito em 2018. A primeira ministra, escolhida em dezembro de 2019, Sanna Marin, é a mais jovem líder de uma nação do mundo. A sede do governo situa-se na capital, Helsinque.

A Finlândia é um Estado unitário, caracterizado pela centralização política. O poder político é atribuído apenas ao governo central da estrutura orgânica estatal, sem admitir descentralização política, mas apenas a territorial. Neste tipo de divisão territorial, a descentralização é mínima e tem caráter administrativo, o que afasta a representatividade dos dirigentes.

O país está dividido em 5 (cinco) províncias continentais (aluehallintovirasto) e 1 (uma) província autônoma (itsehallinnollinen maakunta). Por sua vez, as províncias estão subdivididas em 19 regiões (maakunta)

---

[14] Disponível em: <https://valtioneuvosto.fi/en/government>. Acesso em: 08 março 2020.

e estas, por sua vez, estão subdivididas em 71 sub-regiões (seutukunta) as quais estão divididas em 313 municípios (kunta)[15].

Cada província tem uma espécie de filial do Poder Executivo do governo nacional que mantém a autoridade no local. É um sistema que mudou pouco desde sua criação em 1634, para a nova divisão em 1997, quando o número de províncias foi reduzido de 12 para 6.

Na economia, o setor que se destaca é o industrial, como, por exemplo, a madeireira, a metalurgia, a engenharia, as telecomunicações e produtos eletrônicos. O comércio externo é importante, representando cerca de 1/3 do PIB. Por causa do clima rigoroso, o desenvolvimento da agricultura é limitado a produtos básicos de subsistência. Portanto, com exceção da madeira e de vários minérios, a Finlândia depende de importações de matérias primas, energia, e alguns componentes de bens manufaturados.

2. Normas tributárias na Constituição e na legislação

A primeira Constituição da Finlândia foi a de 1919, confeccionada após a conquista da independência da Rússia, em 1917. Atualmente, está em vigor a Constituição de 1 de março de 2000[16].

O Capítulo 7 (sete) da Constituição vigente trata das finanças do Estado (Governo Central). Na seção nº 81 aborda a questão dos impostos e de sua cobrança. Os impostos são instituídos por lei, que deverá definir os contribuinte e responsáveis pelo recolhimento dos impostos; os valores a pagar, os recursos legais disponíveis para as pessoas ou entidades sujeitas a tributação[17]. Da mesma forma, cabe à lei estipular a forma de cobranças, assim como designar as autoridades responsáveis por ela.

No Capítulo 11, a seção 121 trata das atribuições dos governos locais. Como já explicitado, a Finlândia é dividida em municípios autônomos, e a norma constitucional atribui à lei a determinação dos princípios gerais aplicáveis, assim como os deveres dos municípios. Estabelece que os Municípios têm direito a cobrar um imposto municipal, devendo a lei estabelecer os princípios gerais que a responsabilidade fiscal, os motivos

---

[15] Disponível em: <https://www.britannica.com/place/Finland>. Acesso em: 08 março 2020.
[16] Disponível em: <https://oikeusministerio.fi/en/constitution-of-finland>. Acesso em: 10 março 2020.
[17] Constituição da Finlândia – Capítulo 7, seção 81; Capítulo 11, seção 121. Disponível em: <https://finlex.fi/en/laki/kaannokset/1999/en19990731.pdf>. Acesso em: 10 março 2020.

da tributação e os recursos legais disponíveis para as pessoas ou entidades sujeitas a tributação.

Desta forma, vê-se que a Constituição finlandesa pouco fala sobre o sistema tributário, deixando à cargo do Parlamento[18] a criação das normas visando a instituir os tributos, assim como a sua forma de cobrança. São várias as legislações que abordam os temas fiscais, não existindo um código de leis específico[19]. A tributação, portanto, é regulada pela legislação tributária, preparada pelo Ministério das Finanças[20].

3. Princípios tributários

A Finlândia faz parte da União Europeia (UE) e, portanto, deve obediência às diretrizes estabelecidas por aquela. Quanto à tributação, a UE não impõe nenhum modelo específico, seja quanto à cobrança, seja quanto às alíquotas fixadas ou base de cálculo, assim como a forma de destinação dos recursos arrecadados com os tributos. Todavia, a UE supervisiona as regras fiscais dos países membros, notadamente no que diz respeito às políticas comerciais e as relações de consumo, a fim de garantir: o livre fluxo de bens, serviços e capitais em toda a UE (mercado único); que as empresas em um país não tenha mais vantagens que em outros; que os impostos não discriminam consumidores, trabalhadores ou empresas de outros países da UE.[21]

A política tributária na União Europeia (UE) possui dois componentes: a tributação direta, que permanece de responsabilidade exclusiva dos Estados-Membros, e a tributação indireta, que afeta a livre circulação de mercadorias e a liberdade de prestação de serviços no mercado único.

No que tange à tributação direta, a UE estabeleceu, no entanto, algumas normas de harmonização para a tributação das empresas e das pessoas físicas, de modo que os países membros passaram a adotar medidas conjuntas para evitar a evasão fiscal e a dupla tributação da renda.

---

[18] Disponível em: <https://www.eduskunta.fi/EN/Pages/default.aspx>. Acesso em: 15 março 2020.
[19] Disponível em: <https://www.global-regulation.com/translation/finland/646881/the-law-on-the-tax-account.html>. Acesso em: 15 março 2020.
[20] Disponível em: <https://vm.fi/en/taxation>. Acesso em: 15 março 2020.
[21] Disponível em: <https://europa.eu/european-union/topics/taxation_en>. Acesso em: 15 março 2020.

A unidade de mercado permite que os bens e serviços sejam comercializados livremente através das fronteiras na UE. Para tornar essa tarefa mais viável para as empresas e evitar distorções competitivas entre elas, os países membros da UE concordaram em alinhar suas regras de tributação de bens e serviços. Assim, no tocante à tributação indireta, a UE coordena e harmoniza a legislação sobre a criação sobre imposto sobre valor agregado (IVA) e dos impostos especiais de consumo, garantindo que a concorrência no mercado interno não seja distorcida por variações nas alíquotas e sistemas de tributação indireta, dando às empresas de um país uma vantagem injusta sobre outros.

A UE também trabalha com os países membros na coordenação de políticas econômicas e na instituição dos impostos de renda incidente sobre as corporações. O objetivo é torná-los justos, eficientes e favoráveis ao crescimento. Isso é importante para garantir clareza sobre os impostos pagos pelas pessoas que se mudam para outro país da UE ou pelas empresas que investem além-fronteiras. Essa coordenação igualmente ajuda a evitar a sonegação e a evasão fiscal.

Desta forma, como já assinalado no item precedente, a Constituição Finlandesa não especifica o Sistema Tributário Nacional, nem estabelece limitações ao poder de tributar. Assim, as leis tributárias finlandesas emanam do Ministério das Finanças e encontram balizas nos acordos firmados junto à UE, ficando sujeitos às regras de cooperação e harmonização, além de dever respeito aos princípios fundamentais estabelecidos, entre eles a neutralidade, a eficiência, a simplicidade, a efetividade (justa), a flexibilidade e a equidade.[22]

4. Espécies tributárias

Como cediço, os tributos existem para custear as despesas básicas do Estado. Na Finlândia, cabe ao Ministério das Finanças a elaboração de leis tributárias, instituindo impostos e contribuições compulsórias para a seguridade social.

A tributação está assim dividida: (a) tributação pessoal; (b) tributação das empresas; (c) tributação imobiliária; (d) Imposto sobre valor o

---

[22] OECD. Fundamental principles of taxation. In: *Addressing the Tax Challenges of the Digital Economy*. Paris: OECD, 2014. Disponível em: <https://doi.org/10.1787/9789264218789-5-en>. Acesso em: 08 março 2020.

agregado (IVA); (e) imposto especial sobre o consumo; (f) tributação do tráfego rodoviário; além da (g) tributação internacional e aduaneira.

A tributação pessoal envolve todos os impostos e contribuições pagos pelas pessoas físicas: imposto de renda; imposto para as igrejas; contribuições sociais (seguro saúde, seguro desemprego, pensão); imposto sobre heranças; imposto sobre doações e imposto sobre a transferência de propriedade.

A tributação dos rendimentos das pessoas físicas, na Finlândia, a partir de 1993, passou a ser segregada em imposto sobre a renda auferida e imposto sobre o capital.

O imposto sobre a renda auferida incide, por exemplo, sobre os ganhos derivados de salários, de prestação de serviços; pensões e de outros benefícios tributários de bem-estar (licença maternidade e paternidade, auxílio doença, seguro desemprego, bolsas de estudo etc.). Sobre os rendimentos auferidos[23] incidem o imposto de renda estadual; o imposto de renda municipal (local) e o imposto para as igrejas.[24]

As alíquotas do imposto de renda estadual são progressivas[25], variando, em 2020, entre 6% e 31,25%[26]. Já o imposto de renda local (ou municipal) está sujeita à uma alíquota fixa a ser definida, anualmente, por cada Município. Em 2020, as alíquotas municipais variam entre 16,50% e 23,50%. A alíquota média do imposto municipal é de 19,86%.[27]

O imposto para as igrejas é devido pelos membros da Igreja Evangélica Luterana e da Igreja Ortodoxa mediante aplicação de alíquotas fixas. Cada paróquia é responsável por determinar anualmente suas respectivas alíquotas. Em 2020, as alíquotas variam entre 1,00% e 2,00% da renda tributável.

---

[23] A legislação permite que desses rendimentos auferidos sejam feitas algumas deduções, seja no imposto estadual, seja no municipal, assim como no imposto das igrejas. Disponível em: <https://www.vero.fi/en/individuals/tax-cards-and-tax-returns/income-and-deductions/tax-deductions/>. Acesso em: 08 março 2020.

[24] Disponível em: <https://www.vero.fi/en/individuals/tax-cards-and-tax-returns/income/earned-income/>. Acesso em: 08 março 2020.

[25] Disponível em: <https://www.vero.fi/en/individuals/tax-cards-and-tax-returns/tax_card/tax-percentage-calculator/>. Acesso em: 08 março 2020.

[26] Disponível em: <https://taxsummaries.pwc.com/finland/individual/taxes-on-personal-income>. Acesso em: 20 março 2020.

[27] Disponível em: <https://vm.fi/en/taxation-of-earned-income>. Acesso em: 20 março 2020.

Além desses impostos, ainda incidem sobre os rendimentos auferidos as seguintes contribuições: contribuição para o seguro saúde; contribuição para o seguro desemprego e a contribuição previdenciária.

A contribuição para o seguro saúde[28] compreende o pagamento do seguro de assistência médica e o pagamento do seguro que se denomina 'subsídios diários'. Em 2020, a contribuição para o seguro saúde é de 0,68% e a contribuição diária do subsídio de saúde é de 1,18%. A arrecadação é destinada à Instituição de Seguro Social da Finlândia (Kela).

A alíquota da contribuição para o seguro-desemprego, em 2020, é de 1,25% e a da contribuição previdenciária, é de 7,15%. A contribuição para a pensão é fixada em 8,65% para pessoas entre 53 e 62 anos de idade[29].

Além da tributação da renda auferida, a legislação finlandesa prevê que as pessoas físicas devem contribuir, separadamente, com um imposto incidente sobre a renda proveniente do capital[30] (renda de investimentos), como, por exemplo, os rendimentos derivados dos alugueres, dividendos, participação nos lucros, juros, fundos de investimento e ganhos de capital, etc. A alíquota básica é de 30% e de 34% para a parcela da renda tributável que exceder a 30.000 euros.[31]

O imposto sobre heranças[32] incide sobre o patrimônio do *de cujus* que exceder a € 20.000, avaliados na data da morte, devendo ser realizada uma declaração de imposto separada. Despesas de funeral, custos de inventário e dívidas incorridas pelo patrimônio podem ser deduzidos do valor total do patrimônio deixado pelo falecido. São isentos do pagamento do

---

[28] Disponível em: <https://www.vero.fi/en/businesses-and-corporations/about-corporate-taxes/being_an_employer/social-insurance-contributions/#healthinsurance>. Acesso em: 20 março 2020.

[29] Disponível em: <https://www.vero.fi/en/businesses-and-corporations/about-corporate-taxes/being_an_employer/social-insurance-contributions/#earnings>. Acesso em: 20 março 2020.

[30] Disponível em: <https://www.vero.fi/en/individuals/tax-cards-and-tax-returns/income/capital-income/>. Acesso em: 20 março 2020.

[31] Disponível em: <https://www.vero.fi/en/individuals/tax-cards-and-tax-returns/income/capital-income/>. Acesso em: 20 março 2020.

[32] Disponível em: <https://www.vero.fi/en/individuals/property/inheritance/estate_inventory_meeting_and_estate_inv/>. Acesso em: 20 março 2020.

imposto o estado, os municípios, as paróquias, as instituições de ensino e as associações sem fins lucrativos.

As doações superiores a € 5.000 estão sujeitas ao imposto sobre doações. Também incidirá sobre as doações com valor total de € 5.000 ou mais, recebidos do mesmo doador dentro do período de três anos. O donatário deve apresentar uma declaração de imposto dentro de três meses após o recebimento da doação. A base de cálculo é determinada pelo valor do bem na data da doação.

Ambos os impostos, herança e doação, são cobrados pelo Estado.

Por fim, as transferências de bens imóveis e valores mobiliários estão sujeitas ao imposto de transferência de ativos coletado pelo Estado. O comprador é o contribuinte do imposto. Os bens imobiliários e valores mobiliários transferidos como doação, legados ou herança, ou como resultado da dissolução de uma propriedade conjunta não estão sujeitos ao imposto. A aquisição de uma primeira residência permanente está isenta do imposto de transferência de ativos. Em uma transferência de imóveis, a alíquota é de 4% do preço de compra e, em uma transferência de valores mobiliários, a alíquota é de 1,6% do preço de compra[33].

Além das pessoas físicas e do espólio, no caso das heranças, os empresários, corporações, parcerias e seus coproprietários, bem como as pessoas envolvidas na agricultura e silvicultura estão sujeitas à tributação das empresas.

Os rendimentos de empresários e trabalhadores independentes é tributado como renda do empreendedor. O lucro de uma parceria comercial é tributado como renda dos coproprietários, de acordo com a legislação própria. Empresas, como sociedades limitadas, pagam o imposto sobre as sociedades por seus lucros. O dividendo pago por uma corporação é tributado como renda dos acionistas.

O imposto sobre as sociedades incide sobre a renda auferida pelas sociedades limitadas e outras sociedades. A alíquota do imposto é de 20% da renda tributável da sociedade. Além de empresas limitadas, também pagam o imposto as cooperativas, associações, instituições, fundações e empresas de habitação. Contudo, se houver a prova de que de que alguma dessas associações ou instituições sem fins lucrativos se

---

[33] Disponível em: <https://www.vero.fi/en/individuals/housing/buying_a_home/>. Acesso em: 20 março 2020.

dedicam a promover o bem comum, elas serão dispensadas do pagamento do imposto.

O estado e os municípios são beneficiários do imposto sobre as sociedades. No ano fiscal de 2019, coube ao Estado 68,7% e aos Municípios, 31,3%, do imposto sobre sociedades[34].

As empresas e corporações também são contribuintes das contribuições sociais, incluídas naquelas, as contribuições para o sistema de pensões, o sistema de saúde e o sistema de seguro-desemprego, bem como seguro contra acidentes referentes ao trabalho[35].

Também existe na Finlândia um imposto incidente sobre a propriedade. Introduzido em 1993, o imposto imobiliário substituiu o imposto sobre a terra, a taxa de rua, o imposto sobre a renda da habitação e o imposto de renda presumido. O imposto imobiliário[36] tem como materialidade a propriedade de um bem imóvel, edificado ou não, devido, anualmente, pelo proprietário (pessoa física, jurídica ou universalidades) do bem e tem como base de cálculo o valor tributável do imóvel, determinado de acordo com os cálculos aplicados no ano anterior na Lei de Avaliação de Ativos Tributários.

Os Conselhos Municipais são responsáveis por determinar as respectivas alíquotas do imposto, dentro dos limites máximos e mínimos previstos na lei. Assim, os municípios podem definir suas próprias alíquotas dentro dos limites: 0,93% – 2,00% para o imposto geral sobre imóveis; 0,41% – 1,00% para residências permanentes; 0,93% – 2,00% para outras residências e 2,00% – 6,00% para terremos não construídos[37].

Para imóveis de propriedade de uma associação sem fins lucrativos, a alíquota do imposto pode ser definida abaixo dos limites acima descritos, chegando a zero, desde que o edifício seja usado pelo público ou como bem público. São isentos do pagamento do imposto, além das áreas ocupadas por águas, as terras utilizadas para agricultura ou silvicultura, todavia os edifícios localizados na propriedade estão sujeitos ao imposto.

---

[34] Disponível em: <https://vm.fi/en/business-taxation>. Acesso em: 20 março 2020.
[35] Disponível em: <https://www.vero.fi/en/businesses-and-corporations/about-corporate->. Acesso em: 20 março 2020.
[36] Disponível em: <https://vm.fi/en/real-estate-taxation>. Acesso em: 20 março 2020.
[37] Disponível em: <https://www.vero.fi/en/individuals/housing/real_estate_tax/how-tax-is-determined/real_estate_tax_rate/>. Acesso em: 20 março 2020.

Os municípios não são contribuintes do imposto sobre imóveis. O imposto é dedutível do imposto de renda municipal, desde que o imóvel tenha sido usado para obter renda, por exemplo, se estiver alugado. Os valores arrecadados são destinados aos Municípios.

O consumo é tributado com dois impostos: o imposto de valor adicionado e o imposto especial sobre o consumo.

O Imposto sobre Valor Agregado (IVA) é um imposto geral incidente sobre o consumo de bens e serviços. É um imposto indireto, incluído no preço da mercadoria ou serviço, sendo suportado pelos consumidores finais, porém são recolhidos pelas empresas comerciais e prestadoras de serviços. É cobrado sobre o valor agregado em cada etapa da cadeia de produção e fornecimento e, para evitar a tributação em cascata, os sujeitos passivos do IVA têm o direito de deduzir o IVA pago na entrada com o IVA cobrado na saída. A receita arrecadada é destinada ao governo central

A alíquota padrão do IVA na Finlândia é de 24% desde o início de 2013. Existem ainda duas alíquotas reduzidas: 14% para mercearias, alimentação e serviços de restauração; e 10% para, por exemplo, livros, jornais e periódicos (físicos ou eletrônicos), medicamentos, serviços de esportes e exercício físico, transporte de passageiros; exibições de filmes; eventos culturais e de entretenimento; serviços de acomodação e royalties para atividades de rádio e televisão pública[38].

Também existe a alíquota zero aplicável a determinadas mercadorias, como remessas para exportação. Nesse caso, o imposto não é pago na venda, mas os vendedores recebem reembolso do IVA nas compras de insumos de produção. Pequenas empresas também podem ser beneficiadas com a isenção do imposto[39].

O imposto sobre os prêmios de seguro é considerado como um imposto sobre o consumo complementar ao imposto sobre valor agregado (IVA). Ao longo dos anos, a alíquota do imposto sobre os prêmios de seguros seguiu a alíquota genérica do IVA e atualmente é de 24%.

Interessante notar que a adoção do IVA é um pré-requisito para a adesão à União Europeia (UE), razão pela qual quase todos os países

---

[38] Disponível em: <https://www.vero.fi/en/businesses-and-corporations/about-corporate-taxes/vat/rates-of-vat/>. Acesso em: 20 março 2020.

[39] Disponível em: <https://www.vero.fi/en/businesses-and-corporations/about-corporate-taxes/vat/vat-for-small-business/>. Acesso em: 20 março 2020.

europeus integrantes da OCDE empregam esta sistemática na tributação do consumo. No momento, a Finlândia tem a quinta[40] alíquota genérica mais alta entre os Estados-Membros da UE.

Ademais, existem dois tipos de impostos especiais de consumo na União Europeia (UE): impostos especiais de consumo estipulados em diretivas, que são internalizadas pela legislação nacional dos Estados-Membros (obrigatórios) e impostos especiais de consumo que podem ser estabelecidos, livremente, por cada Estado-Membro (facultativos).

Os impostos especiais de consumo comuns aos países que compõe a UE aplicam-se ao álcool e às bebidas alcoólicas, e à maioria dos produtos derivados do tabaco, a combustíveis líquidos, à eletricidade, além de recair sobre outros tipos combustíveis.

Na Finlândia, os impostos especiais de consumo são impostos indiretos incidentes sobre o consumo ou a venda de determinados produtos, fiscais, porque visam a arrecadação e extrafiscais, já que se destinam a promover objetivos de políticas sociais e de saúde, bem como ambientais e energéticas. São cobrados sobre produtos fabricados no país e produtos importados. A arrecadação do imposto é destinada ao governo central.

De acordo com o programa do governo da primeira-ministra Sanna Marin[41], a tributação deve reforçar o desenvolvimento sustentável e trabalhar para mitigar as mudanças climáticas, nacional e internacionalmente, de maneira socialmente justa e segura à tributação. Nesse sentido, além dos impostos especiais obrigatórios, existem os impostos especiais de consumo cobrados sobre refrigerantes, embalagens de bebidas, resíduos entregues em aterros municipais e resíduos derivados do petróleo, dentre outros.

Além da tributação especial dos combustíveis utilizados no transporte, a tributação do tráfego rodoviário consiste na cobrança de dois impostos: o imposto sobre a primeiro registro de automóveis de passageiros, vans e motocicletas (*car tax*) cujas alíquotas variam de acordo com a emissão de CO^2 são aplicadas sobre o valor de compra, e o imposto anual sobre o uso de veículos (*vehicle tax*) calculado com base em tabelas estipuladas em lei.[42]

---

[40] Disponível em: <https://vm.fi/en/value-added-tax>. Acesso em: 20 março 2020.
[41] Disponível em: <https://vm.fi/en/excise-duty>. Acesso em: 20 março 2020.
[42] Disponível em: <http://www.aut.fi/en/road_transport/motoring_taxation>. Acesso em: 20 março 2020.

A tributação e os procedimentos aduaneiros seguem os procedimentos da União Europeia. O Direito Aduaneiro baseia-se em legislação aduaneira comum que substituiu as legislações aduaneiras nacionais dos Estados-Membros da UE. A Alfândega Finlandesa é responsável pela implementação e monitoramento do direito aduaneiro no país.

Quanto às obrigações acessórias, interessante notar que, na Finlândia, na primavera, a pessoa física ou jurídica recebe uma declaração de imposto pré-preenchida[43], caso haja concordância com os dados especificados, já está tudo pronto. O cidadão não precisa fazer mais nada e, se for necessária qualquer modificação, poderá fazê-lo *online*. Existe um aplicativo que todo cidadão e empresas podem utilizar para realização de todas as declarações, pagamentos e retificações. O *My Tax*[44] é o serviço eletrônico da Administração Tributária para a maioria dos seus assuntos fiscais.

Dados obtidos no site da Administração tributária finlandesa indicam que a receita tributária líquida totalizou € 70.360 bilhões de euros, sendo que nesse valor não estão incluídos o IVA cobrado pela alfândega finlandesa e os impostos cobrados pela Traficom (*Finnish Transport and Communications Agency*). O percentual de 63,3% dessa arrecadação é destinado ao governo central; 32,8%, aos Municípios; e 2,6%, ao Instituto de Seguro Social da Finlândia (Kela). Metade dessa receita é investida na seguridade social e pensões; 12% é dedicada à saúde; 11% à educação; 11% à administração geral. Veja o quadro abaixo[45]:

---

[43] Disponível em: <https://www.vero.fi/en/individuals/tax-cards-and-tax-returns/your_tax_return_and_tax_assessment_deci/>. Acesso em: 20 março 2020.

[44] Os finlandeses efetivamente adotaram o imposto digital em 2019, de modo que 81% daqueles que adicionaram informações a suas declarações de impostos o fizeram através do MyTax. Disponível em: <https://www.vero.fi/en/e-file/mytax/>. Acesso em: 20 março 2020.

[45] Disponível em: <https://www.vero.fi/en/About-us/finnish-tax-administration/year-2019/figures/>. Acesso em: 20 março 2020.

11. O SISTEMA TRIBUTÁRIO DA FINLÂNDIA

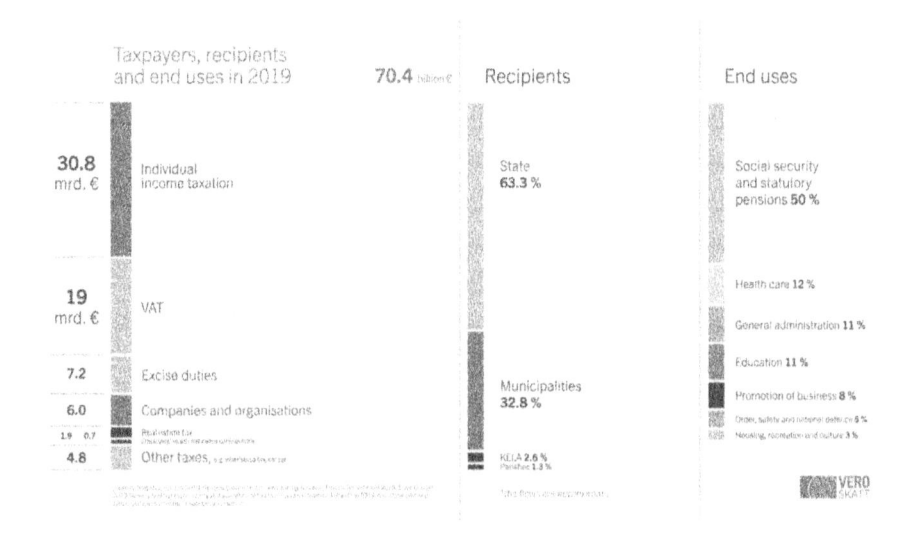

Taxpayers, recipients and end uses in 2019	70.4 billion €	Recipients	End uses
30.8 mrd. € — Individual income taxation		State 63.3 %	Social security and statutory pensions 50 %
19 mrd. € — VAT			Health care 12 %
			General administration 11 %
7.2 — Excise duties			Education 11 %
6.0 — Companies and organisations		Municipalities 32.8 %	Promotion of business 8 %
1.9 0.7			Order, safety and internal defence 5 %
4.8 — Other taxes		KELA 2.6 % Parishes 1.3 %	Housing, recreation and culture 3 %

VERO SKATT

Em linhas gerais, portanto, o sistema tributário finlandês é pautado na praticidade de arrecadação e conta com a instituição de impostos (renda, consumo e propriedade) e contribuições compulsórias para a seguridade social.

5. Modelo de incidência: patrimônio, renda ou consumo

Como visto acima, são apenas duas as espécies tributárias adotadas na Finlândia: os impostos e as contribuições para a seguridade social. Dentro dessas espécies são tributadas as três grandes materialidades envolvendo a tributação: renda, consumo, propriedade, além da seguridade social e outros impostos residuais.

O PIB finlandês, em 2019, foi de 240,078 bilhões de euros[46] e o PIB per capita, de 43.630 mil euros[47], sendo que 42.1%[48], cerca de 101,120 bilhões de euros, representam as receitas obtidas com a arrecadação

---

[46] Disponível em: <https://stats.oecd.org/index.aspx?queryid=60702>. Acesso em: 20 março 2020.

[47] Disponível em: <https://datosmacro.expansion.com/pib/finlandia e https://stats.oecd.org/index.aspx?queryid=60702>. Acesso em: 20 março 2020.

[48] Disponível em: <https://www.stat.fi/til/vermak/2019/vermak_2019_2020-03-16_tie_001_en.html>. Acesso em: 20 março 2020.

tributária, tornando a Finlândia um dos países com maior carga fiscal do mundo[49].

No tocante às materialidades tributadas, segue abaixo um demonstrativo do que corresponde a carga tributária finlandesa em 2019[50-51]:

TRIBUTO	2019	% PIB	
Imposto de Renda	35.471	14.77%	1º
Impostos sobre bens e serviços (IVA)	33.915	14.12%	2º
Impostos sobre a propriedade	3.476	1,44%	4º
Contribuições para a seguridade social	28.024	11.67%	3º
Outros Impostos	234	0,1%	5º
TOTAIS	101.120	42.1%	

Fonte: *tabela organizada pela autora*

Como se pode observar, no *ranking* da carga tributária finlandesa, há uma diminuta preponderância da tributação sobre a renda comparada à tributação sobe o consumo. Na sequência aparece a tributação vinculada à seguridade social, que também se mostra bastante significativa e próximas das duas primeiras, e, por fim, tem-se a tributação da propriedade, representando um percentual discrepante se confrontado com as demais materialidades.

Percebe-se, desta forma, um certo equilíbrio entre a tributação da renda, do consumo e da seguridade social, embora, em números, a tributação da renda seja pouca coisa significativa na formação do PIB da Finlândia.

---

[49] A Finlândia tem uma das maiores cargas tributárias do mundo, perdendo apenas para a França (46.1%), Dinamarca (44.9%), Bélgica (44.8%) e Suécia (43.9%). Disponível em: <https://www1.compareyourcountry.org/tax-revenues>. Acesso em: 20 março 2020.

[50] Disponível em: <https://www.stat.fi/til/vermak/2019/vermak_2019_2020-03-16_tie_001_en.html>. Acesso em: 20 março 2020.

[51] Estatísticas oficiais da Finlândia (OSF): Impostos e pagamentos similares [publicação eletrônica]. ISSN = 2341-6998. 2019, tabela do apêndice 1. Impostos por setor e categoria fiscal, 2018-2019 1). Helsínquia: Statistics Finland [referido: 17.4.2020]. Disponível em: <http://www.stat.fi/til/vermak/2019/vermak_2019_2020-03-16_tau_001_en.html>. Acesso em: 20 março 2020.

6. Modelo de cobrança fiscal

O Poder Judiciário é composto por tribunais independentes, e as mais altas instâncias são a Suprema Corte e a Suprema Corte Administrativa[52]. A Constituição finlandesa garante a todos o direito[53] de ter seu caso julgado adequadamente e sem demora injustificada[54] por um tribunal ou outra autoridade pública.

Na Finlândia o sistema jurídico[55] é dividido em[56]: (a) tribunais gerais, que possuem três instâncias: os tribunais distritais (27), os tribunais de apelação (6) e o Supremo Tribunal. Esses tribunais julgam os casos de natureza civil, comercial e criminal; e (b) tribunais administrativos, que possuem duas instâncias: os tribunais administrativos regionais (8) e o Supremo Tribunal Administrativo. Nestes são analisados os atos administrativos, dentre os quais os de natureza tributária[57]. Ainda existem os tribunais especiais, como o tribunal do trabalho, o tribunal do Comércio, o tribunal de seguros, e o tribunal superior de *impeachment*.

Não existe um tribunal constitucional na Finlândia, são os tribunais e as demais autoridades que possuem o dever de interpretar a legislação de acordo com a Constituição, respeitando os direitos fundamentais. Segundo o texto constitucional, os tribunais devem dar preferência à Constituição, quando um ato normativo estiver em manifesto conflito com ela.

O Supremo Tribunal e o Supremo Tribunal Administrativo são compostos pelo Presidente da Corte e por juízes e estão aptos a funcionarem com um *quorum* mínimo de cinco membros presentes, salvo se outro *quorum* for estabelecido em lei[58].

---

[52] Capítulo 1, sessão 3 da Constituição da Finlândia.
[53] Capítulo 2, sessão 21, da Constituição da Finlândia.
[54] Caso semelhante ao princípio da duração razoável do processo em nossa Constituição de 1988, art. 5º, inciso LXXVIII.
[55] Disponível em: <https://oikeus.fi/tuomioistuimet/en/index.html>. Acesso em: 28 março 2020.
[56] Capítulo 9, sessão 98 e 99, da Constituição da Finlândia.
[57] Disponível em: <https://rm.coe.int/ministry-of-justice-department-of-judicial-administration-the-finnish-/168078f3d2>. Acesso em: 28 março 2020.
[58] Capítulo 9, sessão 100, da Constituição da Finlândia.

Os juízes devem possuir graduação em Direito e são nomeados pelo Presidente da República[59], sob proposta de um comitê de seleção de juízes, de acordo com procedimento estabelecido em lei. Da mesma forma, cabe a lei determinar os direitos e deveres dos magistrados e demais disposições pertinentes. Os cargos são vitalícios, salvo perda por decisão judicial ou pela condenação pela prática de crime, quando, então, o magistrado será destituído.

Os Tribunais Distritais, os Tribunais de Apelação e os Tribunais Administrativos regionais também são compostos por juízes nomeados pelo Presidente da República e por juízes leigos eleitos pelo Conselho Municipal, para mandados temporários, na forma da lei.

A independência do Poder Judiciário é garantida pela Constituição e os tribunais têm a obrigação de aplicar a lei em vigor, sem quaisquer restrições, de modo que os juízes têm liberdade para decidir de forma independente cada caso concreto. Nem o Poder Executivo, nem nenhuma outra autoridade podem instruir os tribunais sobre como devem decidir casos específicos, e as decisões do Supremo Tribunal e do Supremo Tribunal Administrativo não podem ser revisadas por nenhuma outra autoridade.

O sistema de cobrança do crédito tributário na Finlândia está baseado em um contencioso conduzido por discussões, argumentações e negociações com a Administração Tributária (*Verohallinto*). Os procedimentos relacionados ao contencioso tributário são regidos pela Lei de Procedimentos Administrativos e Judiciais da Finlândia (ACT 586/1996, e posteriores alterações).

Assim, os tribunais finlandeses são divididos em tribunais gerais, que tratam de casos criminais, civis, e tribunais administrativos, que julgam atos administrativos, como os derivados dos autos de infração lavrados pela Administração Tributária da Finlândia. Além disso, característica específica do contencioso administrativo tributário, em comparação com outros procedimentos administrativos, é a necessidade de avaliação prévia obrigatória, pelo Conselho de Ajustamento (*Board of Adjustment – the Board*), antes de iniciar o procedimento no Tribunal Administrativo.

Uma vez lavrado o auto de infração, o sujeito passivo, após notificado, poderá apresentar recurso, no prazo de 60 (sessenta) dias, para o

---

[59] Capítulo 9, sessão 102 e 103, da Constituição da Finlândia.

Conselho de Ajustamento, uma unidade independente da Administração Tributária, onde boa parte dos litígios tributários são resolvidos. Caso o sujeito passivo não concorde com a decisão do Conselho, poderá recorrer, por qualquer motivo, para um Tribunal Administrativo Regional. Após, ainda é possível recorrer, em última instância, também no prazo de 60 (sessenta) dias, ao mais alto Tribunal Administrativo em matéria tributária, o Supremo Tribunal Administrativo[60].

Para recorrer ao Supremo Tribunal Administrativo, o contribuinte deverá obter uma licença, que poderá ser concedida caso haja comprovação de que os recursos versem sobre questões econômicas relevantes ou cujos valores discutidos sejam substanciais ou por erro inequívoco na decisão administrativa.

Em muitos casos, o contribuinte ainda pode obter a resposta sobre alguma questão tributária específica, sujeita a interpretação, solicitando uma decisão antecipada do Conselho Fiscal Central (*Central Tax Board*), órgão autônomo da Administração Tributária, criado com o objetivo específico de emitir decisões antecipadas em questões tributárias. Questões mais simples podem ser decididas pela própria Administração Tributária. Contra a decisão antecipada do Conselho, o contribuinte pode apresentar recurso diretamente ao Supremo Tribunal Administrativo, enquanto o recurso contra uma decisão antecipada da Administração é apresentado ao tribunal administrativo regional. O prazo para interpor recurso nos dois casos é de 30 dias. O pedido de decisão antecipada também pode ser rejeitado, caso em que nenhuma decisão será proferida, motivo pelo qual não pode ser apelada.

Importante destacar que o procedimento administrativo nos Tribunais pode demorar vários anos, assim, o contribuinte, pessoa jurídica, pode optar por discutir uma variedade de questões tributárias diretamente com a autoridade administrativa, mediante pedido de negociação preliminar com o 'Escritório de Grandes Contribuintes' (*Large Taxpayers' Office*), que faz parte da Unidade de Tributação Corporativa da Administração Tributária. As orientações e instruções fornecidas pelo 'Escritório dos Grandes Contribuintes' durante essas negociações são vinculativas/obrigatórias, desde que cumpridos os requisitos específicos estabelecidos na Lei

---

[60] Disponível em: <https://uk.practicallaw.thomsonreuters.com/1-623-0688?transitionType=Default&contextData=(sc.Default)&firstPage=true&bhcp=1>. Acesso em: 28 março 2020.

de Avaliação Tributária. Como a maioria dos casos versam sobre questões complexas, as disputas acabam se alongando por anos de contencioso.

O contribuinte ou qualquer pessoa cuja tributação seja diretamente afetada pela lavratura de um auto de infração têm o direito de apresentar recursos aos tribunais administrativos, inclusive os destinatários da arrecadação tributária, o Estado, os Municípios, as igrejas etc., também podem recorrer dos autos de infração lavrados contra o contribuinte.

Em resumo, o crédito tributário pode ser discutido, após a análise do Conselho de Ajustamento de Impostos, em duas instâncias judiciais: os tribunais administrativos regionais (1ª instância) e o Supremo Tribunal administrativo (2ª instância).

7. Tratados internacionais

Na Finlândia, a tributação internacional sobre a renda é regulamentada pela Lei Finlandesa do Imposto de Renda, Lei do Imposto sobre Empresas, Lei sobre Tributação de Acionistas em Empresas Estrangeiras Controladas (CFCs), Lei sobre Tributação da Renda e Capital de Não Residentes, Lei sobre Eliminação da Dupla Tributação Internacional e a Lei nº 1551/1995, que regula o imposto de renda dos funcionários estrangeiros.

Pessoas físicas e empresas com responsabilidade tributária ilimitada pagam impostos sobre todos os seus rendimentos auferidos no país ou fora dele; já as empresas com responsabilidade tributária limitada pagam impostos apenas sobre os rendimentos recebidos no país. Os tratados tributários internacionais podem limitar a tributação da renda, de acordo com a legislação nacional. A responsabilidade tributária ilimitada e limitada das empresas são peças chave que irão determinar a tributação da renda em situações que atravessam as fronteiras nacionais[61].

No Brasil, o Decreto Legislativo nº 35, de 19 de agosto de 1997, aprova o texto do Acordo para Evitar a Dupla Tributação e Prevenir a Evasão Fiscal em matéria de Impostos sobre a Renda, celebrado entre o Governo da República Federativa do Brasil e o Governo da República da Finlândia, em Brasília, em 2 de abril de 1996. O Decreto nº 2.465, de 19 de janeiro de 1998, promulga referido acordo e o Ato Declaratório nº 12, de 26 de janeiro de 1998, regulamenta a sua aplicação.

---

[61] Disponível em: <https://vm.fi/en/international-income-taxation>. Acesso em: 28 março 2020.

Conclusões

Muito difícil comparar realidades incomparáveis. O Brasil[62] é um país enorme, quase um continente, com cerca de 8,515,770 Km2, e uma população em torno de 209 milhões de pessoas, um PIB de um trilhão e meio de dólares[63], e com uma carga tributária que representa 34% desse PIB. Além disso, nem a população, nem as empresas, são felizes em pagar os tributos e reputam que vivem num país com pesada carga tributária. Além disso, o baixo retorno à população, tendo em vista os precários serviços públicos que são a ela oferecidos, faz com que o Brasil ocupe a 79ª posição no IDH (Índice de Desenvolvimento Humano)[64].

Em nosso país temos um complexo sistema tributário, com muitas obrigações acessórias, e extremamente dinâmico, além dos 94 tributos em vigor[65], o que faz com que viver e empreender no país seja uma tarefa bastante desafiadora. As materialidades tributadas são desproporcionais, de modo que mais de 50% da arrecadação advêm da tributação indireta, 18% da renda, 6% da propriedade, 24% da contribuição à seguridade social, o que demonstra ser um país com carga fiscal desigual, regressiva e injusta.

Em comparação, a Finlândia é um país de dimensão territorial muito pequena (151 mil Km2), com população de 3,5 milhões de habitantes, 270 bilhões de dólares de PIB, e 42,1% desse PIB de carga tributária. O retorno tributário à população é de altíssimo nível e seu sistema tributário é estável, claro, efetivo, eficaz e justo, havendo certo equilíbrio entre as materialidades tributadas, como foi explicitado detalhadamente ao longo desse artigo.

Portanto, difícil encontrar pontos negativos e positivos do Sistema Tributário Finlandês que possam ser aproveitados por nós. Além disso, não se pode esquecer da questão cultural e do comportamento do povo. São realidades distintas e muito divergentes.

Contudo, se existe algo que se entende ser aproveitável ao nosso sistema, como exemplo, seria a simplificação tributária, a redução de obrigações

---

[62] Disponível em: <https://www.britannica.com/place/Brazil>. Acesso em: 28 março 2020.
[63] Disponível em: <https://pt.countryeconomy.com/paises/brasil>. Acesso em: 28 março 2020.
[64] Disponível em: <https://agenciabrasil.ebc.com.br/en/direitos-humanos/noticia/2019-12/brazil-retains-position-2019-human-development-index>. Acesso em: 28 março 2020.
[65] Disponível em: <www.portaltributario.com.br>. Acesso em: 04 abril 2020.

acessórias e a clareza da legislação. Ainda que utópico poder-se-ia pensar num sistema tributário mais equilibrado e justo no que diz respeito à tributação indireta, com a criação de um IVA que tribute percentuais específicos sobre produtos de forma equânime e neutra.

Outra contribuição que seria interessante adotar do Brasil, à semelhança da Finlândia, seria a segregação da tributação da renda das pessoas físicas, num imposto duplo, um incidente sobre a renda auferida e outro sobre o capital, de modo a se fixar bases de cálculo e alíquotas diversas, a fim de gerar maior justiça fiscal, em obediência ao princípio da capacidade contributiva. Aliás, poderia ser uma boa solução para a tributação dos dividendos, por exemplo.

O Brasil não é a União Europeia, mas poderia se espelhar ou tentar se reorganizar como se fosse. É um país soberano que conta com 26 estados e um Distrito Federal, além de uma infinidade de Municípios. A tributação sobre o consumo gera guerra fiscal e a tributação da direta é ineficiente, então, tem-se muito o que aprender com os princípios que embasam a tributação finlandesa e de todos os países membros que compõe a UE. Não é fácil, mas não existe evolução sem mudança.

Referências

<https://worldhappiness.report/>. Acesso em: 08 março 2020.
<https://www.vero.fi>. Acesso em: 08 março 2020.
<https://finland.fi/life-society/happiness-report-elevates-finland-and-other-nordics-
-shows-that-people-should-look-after-each-other/>. Acesso em: 08 março 2020.
<https://finland.fi/life-society/facts-and-feelings-do-taxes-make-finnish-people-
-happy/>. Acesso em: 08 março 2020.
<https://stats.oecd.org/Index.aspx?DataSetCode=SHA>. Acesso em: 08 março 2020.
<http://www.healthdata.org/gbd/gbd-2017-resources>. Acesso em: 10 março 2020.
<https://tilastot.kirjastot.fi/?lang=en>. Acesso em: 10 março 2020.
<https://pt.countryeconomy.com/paises/finlandia>. Acesso em: 10 março 2020.
<https://www.britannica.com/place/Finland>. Acesso em: 10 março 2020.
<https://pt.countryeconomy.com/paises/finlandia>. Acesso em: 10 março 2020.
<https://valtioneuvosto.fi/>. Acesso em: 08 março 2020.
<https://oikeusministerio.fi/en/constitution-of-finland>. Acesso em: 10 março 2020.
<https://finlex.fi/en/laki/kaannokset/1999/en19990731.pdf>. Acesso em: 10 março 2020.
<https://www.eduskunta.fi/EN/Pages/default.aspx>. Acesso em: 15 março 2020.

<https://www.global-regulation.com/translation/finland/646881/the-law-on-the--tax-account.html>. Acesso em: 15 março 2020.
<https://europa.eu/european-union/topics/taxation_en>. Acesso em: 15 março 2020.
<https://taxsummaries.pwc.com/finland/individual/taxes-on-personal-income>. Acesso em: 20 março 2020.
<https://vm.fi/en/business-taxation>. Acesso em: 20 março 2020.
<http://www.aut.fi/en/road_transport/motoring_taxation>. Acesso em: 20 março 2020.
<https://datosmacro.expansion.com/pib/finlandia>. Acesso em: 20 março 2020.
<https://www.stat.fi/til/vermak/2019/vermak_2019_2020-03-16_tie_001_en.html>. Acesso em: 20 março 2020.
<https://oikeus.fi/tuomioistuimet/en/index.html>. Acesso em: 28 março 2020.
<https://rm.coe.int/ministry-of-justice-department-of-judicial-administration-the--finnish-/168078f3d2>. Acesso em: 28 março 2020.
<https://uk.practicallaw.thomsonreuters.com/1-623-0688?transitionType=Default&contextData=(sc.Default)&firstPage=true&bhcp=1>. Acesso em: 28 março 2020.
<https://agenciabrasil.ebc.com.br/en/direitos-humanos/noticia/2019-12/brazil--retains-position-2019-human-development-index>. Acesso em: 28 março 2020.
<www.portaltributario.com.br>. Acesso em: 04 abril 2020.
OECD. Fundamental principles of taxation. In: *Addressing the Tax Challenges of the Digital Economy*, Paris: OECD, 2014. Disponível em: <https://doi.org/10.1787/9789264218789-5-en>. Acesso em: 20 março 2020.

12. O sistema tributário da França

Eduarda Cardoso Motta

Introdução

Em tempos de reformas institucionais, pesquisas voltadas ao direito comparado mostram-se fundamentais para uma visão global das apostas e dos resultados obtidos por outras nações no que tange à análise de políticas públicas.

Nesse bojo, o estudo sobre sistemas jurídicos tributários não poderia ser mais conveniente. Na posição de ambos os braços de qualquer tipo de governo, a estrutura fiscal de um país revela não apenas suas estratégias políticas e econômicas, como também a realidade sobre a relação Estado--Contribuinte construída histórica e culturalmente ao longo dos anos.

O crescimento na atuação do poder público na vida econômica e social de seus subordinados foi um fenômeno acompanhado por todos os países ricos no período pós primeira guerra mundial, de maneira que, em apenas meio século, a participação dos tributos na renda nacional[1] foi multiplicada por um fator de pelo menos três ou quatro[2].

A estabilização dessa participação estatal se desenvolveu de maneira muito distinta entre as nações do hemisfério norte até o início do

---

[1] Segundo PIKETTY, por definição, a renda nacional mede o conjunto das rendas de que dispõem os residentes de um país ao longo de um ano, qualquer que seja a classificação jurídica dessa renda. Noção que se aproxima da ideia de PIB, com a diferença de que para se calcular a renda nacional é necessário subtrair do PIB a depreciação do capital usado na produção; cerca de 10% do PIB da maioria dos países.
[2] PIKETTY, Thomas. *O capital no século XXI*. Trad. Monica Baumgartem de Bolle. Rio de Janeiro: Intrínseca, 2014. p. 463.

século XXI, sobretudo quando se compara a experiência europeia à norte-americana.

A prática francesa, objeto desse estudo, demonstra a opção de um verdadeiro estado social, cujas despesas públicas destacam-se no plano de desenvolvimento desse país ao custo tributário sob a proporção de 50% da renda nacional desde os anos 1980 até os anos 2010[3].

Em que pese ter havido alguma redução dessa relação na última década, é certo que a França permanece na primeira colocação perante os países integrantes da OCDE no que tange ao seu peso tributário frente ao PIB, representando essa dimensão em 2019 os expressivos 46,1% registrados em relatório da citada organização internacional[4].

Referimo-nos, portanto, a Estado provedor de um rol extenso de serviços sociais com os quais seus cidadãos depositam legitimidade e expectativa, tal como evidenciamos na realidade brasileira, pelo menos sob o ponto de vista formal-constitucional das obrigações sociais assumidas pelo poder público.

Não obstante tratar-se de análise majoritariamente teórica, nosso estudo fora complementado com a pesquisa de relatórios financeiros oficiais do governo francês e internacionais, reportagens e resenhas econômicas francesas, bem como estudos estatísticos promovidos pelo Instituto Nacional de Estatística e de estudos econômicos – *"L'Insee"*, instituição francesa independente a serviço do Ministério de Economia e de Finanças da França.

Essa investigação conjunta nos permitiu a aproximação dos reflexos reais advindos do sistema tributário francês na vida econômica de seus contribuintes, apontando alguns aspectos convergentes à experiência tributária brasileira, reservadas as devidas particularidades nacionais.

Em meio a semelhanças e a diferenças entre esses dois países institucionalmente comprometidos com a efetivação de direitos sociais, bem como com a progressiva redução de desigualdades econômicas, há muita valia no exame sobre as dificuldades e sobre as conquistas que a prática tributária francesa revela, não havendo espaço neste ensaio para conclusões precipitadas de acertos ou de erros sobre determinada política tributária.

---

[3] Loc. cit.
[4] OCDE. *Revenue statistics 2019 – France.* Disponível em: https://www.oecd.org/france/revenue-statistics-france.pdf. Acesso em: 12.03.2020.

Políticas públicas são avaliadas segundo seus recortes espaciais, temporais e dimensionais, não havendo necessária equivalência prática de um país para o outro. Nos preocupamos aqui com difusão de conhecimento e de resultados, de modo que qualquer inspiração positiva é bem-vinda na busca de um sistema tributário nacional justo.

1. Panorama geral do sistema tributário francês

Preliminarmente à análise do nosso objeto de pesquisa de direito comparado, se faz pertinente a apresentação geral do país que utilizamos como paradigma. Compreende o *hexágono*[5] a dimensão geográfica de aproximadamente 633,186 km² para a proporção demográfica de 67,06 milhões de habitantes, conforme dados[6] referentes ao ano de 2019.

Ou seja, falamos aqui de uma nação apenas 4 vezes menos populosa do que o Brasil, que abrange área proporcionalmente 13 vezes maior[7]. Trata-se de um dos mais populosos estados nacionais da Europa e campeão na taxa de fecundidade[8].

Com o PIB estimado em 2.3 trilhões de euros[9] em 2017, a França segue como recordista na União Europeia em matéria de carga tributária, revelando a proporção de quase metade desse indicador econômico, conforme salientado anteriormente.

Ao que parece, essa realidade pretende ser mudada até o final de 2021, já que no último processo eleitoral francês assistimos a vitória nas urnas do atual presidente, Emmanuel Macron, elegendo-se com o principal objetivo de traçar novo programa político-econômico de redução de despesas orçamentárias e de dívida pública, que já ultrapassa mais de 100% do PIB ao final do ano de 2019[10]. Seu plano de governo tem sido

---

[5] Denominação que a França recebe em razão da sua geografia continental.
[6] INSEE, 2020. Disponível em https://www.insee.fr/fr/accueil. Acesso em 18.03.2020.
[7] IBGE, 2020. Disponível em https://www.ibge.gov.br/apps/populacao/projecao/. Acesso em 19.03.2020.
[8] EUROSTAT, 2019. Disponível em https://www.insee.fr/fr/statistiques/2381480. Acesso em 18.03.2020.
[9] INSEE, 2018. Disponível em https://www.insee.fr/fr/statistiques/3550563. Acesso em 18.03.2020.
[10] LE MONDE FRANCE, 20.12.2019. La dette publique de la France a dépassé 100 % du PIB à la fin de septembre, selon l'Insee. Disponível em https://www.lemonde.fr/economie/article/2019/12/20/la-dette-publique-a-depasse-les-100-du-pib-fin-septembre-selon-l--insee_6023559_3234.html. Acesso em 19.03.2020.

marcado por reformas tributárias e previdenciárias, que, como sempre, acabam dividindo opiniões entre os eleitores.

Dentre as reformas efetuadas em seu primeiro ano de mandato podemos destacar a redução da progressividade tributária operada sobre o polêmico imposto de solidariedade sobre a fortuna (ISF), tributo este que sempre fora considerado por parte da população como símbolo de justiça fiscal. O impacto orçamentário dessa medida fora a renúncia de receita em torno de 4 bilhões[11] de euros para o ano seguinte a sua implementação, 2018.

Macron e o primeiro ministro Edouard Philippe compõem atualmente o poder executivo francês, sendo uma das poucas ilustrações de modelo de governo identificado como uma *república democrática semipresidencialista*. Democrática porque o povo elege seu presidente por um mandato de cinco anos; Semipresidencialista porque, de fato, há divisão do poder entre presidente e primeiro ministro, este último indicado pelo presidente, com posterior aprovação de ministros de estado. As competências de ambos estão genericamente determinadas na Constituição da República, de modo que podemos compreender como atribuição principal do primeiro ministro o diálogo com o parlamento, sendo concedido, ainda, o poder regulamentar na organização administrativa interna.[12]

Presidente, primeiro ministro e parlamento, composto da Assembleia Nacional (eleições diretas) e do Senado (eleições indiretas) são os responsáveis pela gerência do estado unitário francês, cuja administração é centralizada, mas a organização é dividida em *coletividades territoriais*[13], organismos políticos dotados de planejamento próprio e flexibilizado, mas adstrito à legislação do parlamento. Quanto ao tema, importante o destaque de ser possível a atividade legiferante tributária por esses pode-

---

[11] CARTA CAPITAL, 2017. 19.10.2017. Fim do imposto sobre fortuna reforça Macron como presidente dos ricos. Disponível em https://www.cartacapital.com.br/mundo/fim-de-imposto-sobre-fortuna-reforca-Macron-como-presidente-dos-ricos/. Acesso em 19.03.2020.

[12] CÂMARA DOS DEPUTADOS, fevereiro, 2015. Consultoria Legislativa. "Sistemas de Governo Brasil, na França e nos Estados Unidos da América". Disponível em https://www2.camara.leg.br/atividade-legislativa/estudos-e-notas-tecnicas/publicacoes-da-consultoria-legislativa/areas-da-conle/tema6/estudo-sistemas-de-governo-br-fr-e-eua. Acesso em 19.03.2020.

[13] Constituição da República Francesa: "ARTIGO 72º Coletividades territoriais da República são os municípios, departamentos, regiões, comunidades de estatuto especial e comunidades ultramarinas regidas pelo artigo".

res locais, desde que sua participação se atenha à fixação de alíquotas e base de cálculo[14].

O Poder Judiciário, por sua vez, não é tratado formalmente com tanta relevância pela Constituição da República como os demais poderes. Sua atuação como intérprete constitucional fora inicialmente limitada à atuação preventiva, agindo mais como órgão consultivo legislativo do que como propriamente guardião da constituição, como no caso brasileiro.

O *Conselho Constitucional*, órgão judicial concebido em um passado relativamente recente, dado o gradual amadurecimento na cultura de controle de constitucionalidade na França, atua hoje em prol do *funcionamento institucional*[15], sendo um mediador do conflito de competências entre órgãos constitucionais e do controle preventivo e repressivo dos atos do poder público[16], agindo como instância responsável pela garantia dos direitos fundamentais por meio das *questões prioritárias de constitucionalidade*.

As reformas constitucionais à estrutura do controle de constitucionalidade foram responsáveis pelo progressivo prestígio na interpretação constitucional por esse órgão independente, com consequentes reflexos em princípios norteadores da atividade tributária, como se demonstrará no próximo tópico.

1.1. Ordem Constitucional Tributária

Não obstante possamos classificar a Constituição da República Francesa como escrita e prolixa, contemplando diversas regras programáticas, tal como a Brasileira, não há páreo para a ordem constitucional francesa frente aos minuciosos 250 artigos constitucionais tupiniquins, acrescidos dos 114 constantes no texto do ato das disposições constitucionais transitórias – ADCT.

Limitado à sistematização organizacional do Estado francês, o corpo constitucional é munido de 89 artigos que disciplinarão a relação institucional entre os três poderes e suas competências, não havendo espaço

---

[14] CR Francesa, Art. 72-2.
[15] CR Francesa, Arts. 58, 59, 60.
[16] CARVALHO FILHO, José dos Santos. 15.06.2013. "OBSERVATÓRIO CONSTITUCIONAL- A evolução da jurisdição constitucional na França". Disponível em https://www.conjur.com.br/2013-jun-15/observatorio-constitucional-historico-perspectivas-jurisdicao-constitucional-franca. Acesso em 19.03.2020.

reservado à ordem constitucional tributária, nem à descrição explícita de matéria axiológica, como podemos observar na experiência brasileira.

É possível a extração de alguns princípios mediante uma interpretação conforme, técnica conhecida do nosso tribunal constitucional e aplicada igualmente pelo Conselho constitucional.

No entanto, a prática francesa reforça a noção contemporânea de *bloco de constitucionalidade* quando contempla de igual força vinculante os anexos da Declaração dos Direitos do Homem e do Cidadão, o preâmbulo da Constituição de 1946 e a Carta ambiental de 2004. A partir da interpretação desses documentos os três poderes absorvem a inspiração democrática republicana que deverá nortear as políticas públicas, notadamente a supremacia da lei e os ideais revolucionários iluministas de igualdade, liberdade e fraternidade.

Dentre essas políticas públicas, naturalmente serão influenciadas aquelas relacionadas à atividade financeira e tributária estatal. Conforme adiantado, diferentemente da ordem constitucional brasileira, a França não descreve em sua Carta magna a operação do sistema tributário nacional, tampouco explicita limitações ao poder de tributar.

Aliás, no que tange à análise da rigidez constitucional, é possível afirmar que são poucas as referências que podemos conceber às limitações de emenda, sendo priorizadas as limitações formais desse procedimento em detrimento das limitações materiais, de maneira em apenas ser categórica a *proibição do poder constituinte derivado de reforma em relação à integridade do território e à forma republicana de governo*[17].

Percebe-se, portanto, diferenças relevantes entre as ordens constitucionais que nos propusemos a comparar. Ao passo que a Constituição Brasileira exaustivamente determina a super rigidez de diversos preceitos concebidos na seara tributária como as cláusulas pétreas referentes às imunidades tributárias do artigo 150, inciso VI, e à delimitação de competências tributárias, que acabam por refletir no pacto federativo estatal, temas objetos de intensos debates jurisprudenciais e doutrinários, principalmente nessa época de reforma tributária.

Contudo, há de se ressaltar que a maior flexibilidade constitucional observada na vivência francesa não prejudica a preservação das garantias dos contribuintes, que são amparadas pela tutela do Conselho

---

[17] CR francesa, art. 89.

Constitucional de maneira preventiva e repressiva aos axiomas determinados nos anexos integradores do bloco de constitucionalidade francês.

Os princípios tributários de *legalidade*[18], de *isonomia tributária*[19] e de *capacidade contributiva*[20] são amostras dessa carga axiológica presente na Declaração dos Direitos do Homem e do Cidadão, bem como a interpretação de princípios mais voltados à organização das finanças públicas, como o princípio da *anualidade*[21], da *transparência orçamentária*[22] e da *necessidade do tributo*[23], este último também podendo ser relacionado à legitimidade do poder tributário decorrente do princípio da legalidade.

A ausência de balizas literais no texto constitucional em matéria tributária pode ser compreendida como uma das influências criativas nos julgados do Conselho Constitucional, cuja abrangência de interpretação ao princípio da legalidade tributária, por exemplo, já possibilitou tanto a conformidade constitucional da retroatividade da promulgação de lei tributária, quanto a inconstitucionalidade de produção legislativa *extremamente complexa*, valendo-se como caso paradigma a matéria de deduções do imposto de renda consideradas naquela ocasião como *ininteligíveis* aos contribuintes e, portanto, *contrárias à essência desse princípio, decisão essa que fora compreendida como aglutinadora dos princípios da isonomia e da legalidade na edição de lei demasiadamente complexa para os contribuintes estarem em par de igualdade no seu planejamento tributário*[24].

Certamente é possível conceber vantagens e desvantagens de um sistema constitucional baseado em premissas genéricas, devendo os efeitos dessa cultura francesa serem avaliados casuisticamente. Sem embargo dessa convicção, é de se reconhecer que uma maior flexibilidade constitucional nos permite considerar soluções jurisprudenciais e legislativas mais criativas do que em um contexto constitucional extremamente rígido, análise essa que abre margem ao pensamento crítico sobre a realidade jurídico-constitucional brasileira.

---

[18] CR Francesa, art. 34.
[19] Declaração dos Direitos do Homem e do Cidadão, art. 14.
[20] Declaração dos Direitos do Homem e do Cidadão, art. 13.
[21] CR Francesa, art. 39.
[22] Declaração dos Direitos do Homem e do Cidadão, art. 15.
[23] Declaração dos Direitos do Homem e do Cidadão, art. 14
[24] BOUVIER, Michel. *Introduction au droit fiscal general et à la théorie de l'impôt*. 10. ed. Paris: LGDJ, 2010. p. 56.

1.2. Legislação ordinária

Se consideramos genérica a ordem constitucional tributária francesa, definitivamente não podemos dizer o mesmo sobre sua legislação ordinária, erigida e com todas as suas atualizações concentradas sob a forma do Código Tributário Francês (*Code Général des Impots – CGI*) e do Código de Procedimentos Fiscais (*Livre des Procédures Fiscales – LPF*), nem sobre sua produção regulamentar autorizada tanto ao Primeiro Ministro, quanto às coletividades territoriais, conforme destacado anteriormente.

O consequente inchaço da compilação normativa francesa, que praticamente a cada semana se renova, gera idênticos prejuízos de ordem prática que observamos no Brasil a despeito de sua extrema complexidade, insegurança jurídica, prolixidade e individualização dos casos tributários.

Sequer fiel à nomenclatura das espécies de tributo, o legislador ordinário por vezes nomeia imposto como *taxa*, como *direito*; por vezes, taxa como *direito*, como *contribuição*; e por aí segue a confusa legislação que o intérprete deve compreender segundo a incidência tributária fixada. Ou seja, nem a literalidade da legislação tributária ajuda o contribuinte a denominar o que está pagando.

Superadas essas dificuldades semânticas, é possível afirmar que o sistema tributário francês se vale principalmente do caráter compulsório para identificação dos tributos, referindo-nos como *recolhimentos obrigatórios*[25] em detrimento de outras formas de ingresso público, como os preços públicos.

Sendo assim, são considerados recolhimentos obrigatórios as taxas, os impostos e as contribuições sociais, espécies tributárias em parte equivalentes às brasileiras de mesma nomenclatura, *mas conceituadas a partir de sua destinação financeira e não de seu fato gerador, a saber:*[26] impostos como recolhimento determinado pelo Estado e pelas coletividades territoriais às pessoas físicas e jurídicas, sem contrapartida imediata, para cumprimento das despesas públicas e para intervenção no domínio econômico e social; *taxas* como pagamentos exigidos para financiamento de organismos profissionais de interesse público, ou de serviço público prestado ao contribuinte (câmara do comércio, câmara de agricultura,

---

[25] *Prélèvements obligatoires*.
[26] GRANDGUILLOT, Béatrice et Francis. *La fiscalité française 2015* – Fiscalité des entreprises, Fiscalité des particuliers. 20. ed. Issy-les-Moulineaux: Gualino, 2015. p. 21.

etc.); e *contribuições sociais* como exigidas ao financiamento da proteção social fornecida pelo Estado.

Considerando o princípio constitucional financeiro de *necessidade do tributo* destacado em seção passada, é razoável a compreensão pelos franceses de que os tributos não se distinguem pela sua condição fática em que se inserem, mas sim pela necessidade social, pela despesa comum da nação que o legítimo poder tributário precisou determinar o recolhimento de tributo. Ao transcrevermos o artigo XIV da Declaração dos Direitos dos Homens e dos Cidadãos podemos visualizar essa diferença de entendimento:

> Art. 14. – Todos os cidadãos têm o direito de constatar, por eles mesmos ou pelos seus representantes, a necessidade da contribuição pública, consenti-la livremente, acompanhar o seu emprego, e de lhe determinar a quota, a base, a cobrança e a duração.[27]

A legitimidade do poder tributário para os franceses, portanto, advém da constatação de uma necessária despesa pública, um objetivo em prol da coletividade, não de um contexto fático, como circulação de mercadoria ou ostentação de riqueza. Se em uma *perspectiva teórica filosófica* esse entendimento pode traduzir o mais puro sentimento republicano democrático, nascendo a obrigação tributária apenas quando for necessário, sob a *perspectiva prática tributária* isso já pode significar uma produção ilimitada de tributos, que não são restritos a um acontecimento fixado em lei, mas a diversas imprescindibilidades públicas, principalmente quando estamos diante de um Estado social como é o caso francês.

Aparentemente a realidade tributária na França tende a pendular para a segunda reflexão, sendo fonte fértil para instituição dos mais variados tributos em cumprimento às despesas públicas, não só as ordinárias ao funcionamento da máquina estatal e aos serviços públicos, como também as exclusivas a determinado objetivo anuído pelo Estado, como a preservação do meio ambiente, o estímulo a sustentabilidade, a valorização do comércio local, dentre outros delimitados pela Administração central e das coletividades territoriais.

---

[27] "Art. 14. Tous les Citoyens ont le droit de constater, par eux-mêmes ou par leurs représentants, la nécessité de la contribution publique, de la consentir librement, d'en suivre l'emploi, et d'en déterminer la quotité, l'assiette, le recouvrement et la durée.".

Assim, a diversidade na natureza dos tributos na França permite sua classificação de várias maneiras, valendo-se a doutrina da classificação econômica segundo seu modelo de incidência, ou seja, sobre patrimônio, sobre consumo, sobre capital e sobre renda, de maneira a serem avaliados os tributos sobre consumo e sobre a renda como os de maior emprego pela legislação tributária.

Entretanto, importante a ressalva de que mesmo diante da preponderância no emprego dos tributos sobre a renda e sobre o consumo, as estatísticas oficiais demonstram que dentre as maiores arrecadações não está presente a receita do imposto sobre a renda da pessoa física, revelando-se com maiores resultados os recolhimentos das contribuições sociais, que recaem de maneira mais uniforme a quase todos os tipos de receita, e dos impostos sobre consumo, que assumem tanto o papel fiscal quanto o extrafiscal na tributação francesa.

Essa repercussão pode ser explicada, em parte, a partir da demasiada excepcionalidade de tratamentos tributários autorizada por lei, como bem salienta a doutrina que utilizamos. Apesar de tanto o imposto sobre a renda da pessoa física quanto o imposto sobre as sociedades (IS) – equivalente ao IRPJ – terem sua cobrança norteada segundo o princípio da progressividade[28], consubstanciada na fixação de valores de alíquota notáveis em comparação ao resto do mundo para os de maior poder contributivo, sua legislação extremamente detalhada e específica às particularidades de cada contribuinte acaba sendo determinante para a ocorrência do fenômeno de *evasão fiscal*.

A personalização como instrumento aferidor de capacidade contributiva é levada a tal proporção na realidade fiscal francesa, que seu propósito como veículo de justiça social acaba sendo inócuo. São tantas as possibilidades de individualização, que a avaliação do contribuinte acaba não refletindo da melhor maneira possível seu poder econômico, gerando a redução das arrecadações por um ambiente propício a planejamentos tributários de sucesso, ou a manobras ilegais de quem busca se eximir de seu dever de contribuição.

---

[28] Segundo as alíquotas vigentes em 2020, o limite de isenção era a faixa anual de 10.964 euros auferidos, seguido das alíquotas de 11%, 30%, 41% e 45% para rendimentos superiores 157.807 euros anuais. Dados disponíveis em: https://www.service-public.fr/particuliers/vosdroits/F1419. Acesso em 20.03.2020.

A título ilustrativo desse desmedido detalhamento que o fisco francês exige da vida do contribuinte, podemos citar a diferenciação tributária quanto ao estado civil da pessoa física. A depender da existência de cônjuge, de filhos, a alíquota do imposto de renda terá cálculo distinto, mecanismo este chamado de *quociente conjugal*. Essa interferência estatal fora, inclusive, recente alvo de críticas políticas por parte da bancada feminista do parlamento, que considera o planejamento tributário efetuado pelos casais, somado à herança histórica de uma sociedade patriarcal frente ao trabalho feminino um desestímulo às mulheres ingressarem no mercado de trabalho em prol da redução de alíquotas do casal, ou da família[29].

Nessa linha, importante refletir sobre o equilíbrio necessário entre a personalização como vetor de capacidade contributiva e a praticidade tributária, tema que ainda não encontramos uma solução fácil e aplicável indistintamente, mas que reconhecemos como um desafio a ser enfrentado para o cumprimento da justiça fiscal, sobretudo quando visualizamos o esforço francês nesse propósito.

1.3. Contencioso administrativo-fiscal

A França como representante do sistema dual de jurisdição demonstra como dois ordenamentos jurídicos originários do *civil law*, francês e brasileiro, conseguem apresentar características tão distintas.

Em razão da sua concepção histórica de rígida separação de poderes, o sistema judiciário francês se particulariza pela afetação de litígios estatais à análise de uma jurisdição administrativa, ao passo que as demais demandas judiciais são adstritas à justiça comum. Dada essa divisão, as decisões administrativas ganham eficácia definitiva na justiça administrativa, não podendo ser rediscutidas por juízes de direito.

O contencioso tributário na França, portanto, segue procedimentos e diretrizes específicos da jurisdição administrativa, sendo avaliado do início da fiscalização tributária ao fim, a partir da construção de uma decisão administrativa, por profissionais especializados na matéria administrativo-tributária.

---

[29] LE POINT ECONOMIE, 13.02.22013. "*Les femmes, ces autres grandes perdantes de l'mpot sur le revenu.*" Disponível em https://www.lepoint.fr/economie/les-femmes-ces-autres-grandes--perdantes-de-l-impot-sur-le-revenu-12-12-2013-1768644_28.php. Acesso em 20.03.2020.

De uma maneira sistemática, podemos explicar esse sistema a partir dos órgãos do Contencioso Administrativo (*Contentieux Administratifs*), responsáveis pelas decisões sobre as primeiras tensões entre fisco e contribuintes, logo após a *liquidação*[30] do tributo, dando-se continuidade à fase fiscalizatória tributária.

Caso o conflito não seja resolvido na base do contencioso administrativo, há possibilidade de recurso aos tribunais administrativos, seguido às Cortes Administrativas de Apelação caso seja necessário. Como órgão máximo de rediscussão da matéria tributária vai figurar o Conselho de Estado.

Relevante mencionar que o órgão equivalente à Receita Federal dos franceses é dividido em três departamentos de competência distinta entre si, sendo um deles relacionado à organização geral dos tributos e os outros dois diferidos na responsabilidade de recolhimento e organização de tributos diretos de um lado, e indiretos e relativos a comércio exterior do outro, reforçando o caráter de especialização dos profissionais integrantes da administração tributária francesa.

Tamanho deve ser o comprometimento na escolha desse cargo que seus servidores são compelidos à prestação de caução para posse e exercício das funções de fiscalização e gerência tributárias.

Na hipótese de o contribuinte após a fiscalização se manter inerte ao pagamento do tributo, a administração tributária é obrigada a notificá-lo de seu débito mediante o aviso de cobrança (*avis de mise en recouvrement*) com objetivo de preparação da futura execução fiscal, que deve seguir as disposições previstas em lei.

Seguindo a lógica da prolixa legislação francesa, cada tributo terá seu procedimento de cobrança orientado por particularidades próprias, mas no geral seguirá diversas etapas de notificação até que o fiscal possa tomar medidas constritivas.

Se mesmo após as investidas amigáveis do fisco não for possível o pagamento ou parcelamento, a lei de procedimentos fiscais autoriza a penhora de bens do devedor, que poderão ser investigados pela administração tributária até o prazo de quatro anos após a autorização executiva.

Importante a observação de que a postura conciliadora da administração tributária francesa permite a autocomposição entre Fisco e

---

[30] Momento de fixação da matéria imponível e da determinação do montante devido.

Contribuintes, sendo um exemplo dessa prática a transação de multas tributárias. Nesse acordo as partes assinam espécie de contrato em que nasce uma nova obrigação acessória para reduzir ou extinguir a multa.

Não há qualquer comparação estrutural possível dessa dinâmica jurisdicional com o que vivenciamos no Brasil, adepto da jurisdição una, nem se mostra viável estabelecer considerações precipitadas sobre o efetivo funcionamento desse sistema, que por mais que aparente ser benéfico por ser estudado e decidido por profissionais especializados no assunto, naturalmente terá seus defeitos que merecem análise mais profunda do que essa em que nos ativemos ao traçar apenas os aspectos gerais da cobrança fiscal, em especial pela especificidade dos procedimentos para cada tipo de tributo.

Não parece tão distante a ideia de prestigiarmos no Brasil a resolução de conflitos tributários por meio de profissionais mais especializados e que sejam instruídos a conduzir autocomposições vantajosas para ambas as partes, mas a mudança institucional deve vir acompanhada de mesma mudança em nosso comportamento – Estado e particulares – como assíduos litigantes que valorizam debates intermináveis, mas que pouco contribuem para os resultados que esperamos da Justiça.

1.4. Relação tributária internacional e o avanço da tendência europeia à tributação de altas tecnologias

O assunto mais relevante da tributação após a era digital não poderia ser excluído desse exame sob os aspectos gerais do sistema tributário francês.

Um dos grandes desafios nesse campo se caracteriza pela fuga de contribuintes prestadores de serviço de tecnologia em diversos países que não mantêm *estabelecimento permanente* neles, tal como operam as empresas gigantes do mercado digital.

A tributação internacional francesa já contava com a construção fictícia do conceito de estabelecimento permanente, requisito apto a autorizar a tributação de empresa estrangeira prestadora de serviços em solo francês mesmo quando apenas fixada no exterior, a depender de circunstâncias fáticas e da maneira como a prestação de serviços era realizada[31]. Essa

---

[31] BRASIL. RECEITA FEDERAL (1972). Decreto nº 70.056. Brasília, 16 mai. 1972. Brasília: Subsecretaria de Aduana e Relações Internacionais, 2015. Disponível em http://receita.economia.gov.br/acesso-rapido/legislacao/acordos-internacionais/

regulação está contida na Convenção para Evitar a Dupla Tributação e Prevenir a Evasão Fiscal em Matéria de Impostos sobre o Rendimento, firmada entre o Brasil e França em 1971[32], única relação internacional entre os dois países que podemos citar aqui como relevante sob a ótica tributária.

Ocorre que essa nova fase da economia propõe a celebração de novos tipos de negócios jurídicos, inovação que a tributação internacional até então não conseguiu acompanhar, principalmente quando apoiada na antiga designação de estabelecimento permanente para efeito tributário.

Buscando contornar esse cenário, em julho de 2019 a França se tornou a pioneira na instituição de imposto sobre grandes empresas de tecnologia, ideia já formulada pelos países membros da OCDE, mas até então não posta em prática. O imposto teve seu efeito retroativo autorizado pelo Senado[33], com fixação da alíquota proporcional de 3% sujeita às receitas de serviços digitais obtidas na França por empresas com mais de 25 milhões de euros em capital investido na França e 750 milhões de euros em todo o mundo.

A medida teve repercussão negativa na relação econômico-tributária com os Estados Unidos[34], sede de diversas dessas grandes empresas de tecnologia que seriam afetadas pela tributação, o que obrigou os dois países a realização de diversos encontros diplomáticos para buscar um acordo até que a OCDE chegue a um consenso sobre a tributação de alta tecnologia.

O debate segue até hoje sem uma resolução definitiva, considerando os demais acontecimentos mundiais que temos testemunhado. Os demais países da OCDE esperam poder chegar em um acordo sobre a instituição

---

acordos-para-evitar-a-dupla-tributacao/franca/decreto-no-70-506-de-12-de-maio-de-1972 Acesso em 20.03.2020.

[32] Decreto Legislativo nº 87, de 27 de novembro de 1971.

[33] O GLOBO, agências internacionais, 23.07.2019. "França aprova imposto sobre empresas de tecnologia. EUA abrem investigação". Disponível em https://oglobo.globo.com/economia/tecnologia/franca-aprova-imposto-sobre-empresas-de-tecnologia-eua-abrem-investigacao-23801879. Acesso em 20.03.2020.

[34] O GLOBO, 03.12.2019. "EUA ameaçam sobretaxar produtos da França por conta de imposto digital". https://g1.globo.com/economia/noticia/2019/12/03/eua-ameaca-sobretaxar-produtos-da-franca-por-conta-de-imposto-digital.ghtml. Acesso em 20.03.2020.

desse imposto ainda em 2020[35], mas o tema ainda paira sobre muita incerteza por parte de seus países membros.

2. Reflexões para a realidade jurídico-financeira brasileira

Uma vez apresentada a estrutura por trás do sistema jurídico tributário francês, é fácil perceber algumas similitudes desse ordenamento com o brasileiro, notadamente a complexidade e a prolixidade da legislação ordinária que rege o tema.

O objetivo principal deste artigo, no entanto, não reside na coleta de paridades entre os dois sistemas, principalmente se forem objetos de idênticas críticas, mas sim na ênfase em medidas de direito comparado que tragam resultados interessantes e que sejam passíveis de reflexão para estudo dentro do contexto brasileiro, razão pela qual introduzimos algumas questões ao debate no bojo de uma reforma tributária.

2.1. Transparência administrativa

O berço das democracias liberais ocidentais não poderia frustrar um dos pilares da soberania popular: a publicidade.

Sem embargo da trivialidade que pareça ter a afirmativa de que um Estado democrático de direito precise levar a efeito a publicidade de seus atos de gestão, na seara do direito tributário essa exigência assume status de extrema relevância; quiçá, pedagógico, frente a sua adesão por parte dos contribuintes.

Klaus Tipke, professor alemão da Universidade de Colônia e teórico da *racionalidade da justiça tributária*, relativiza a imoralidade tributária de contribuintes que não obedecem a lei tributária em decorrência de suas considerações pessoais sobre o papel do Estado na sociedade ou da não compreensão da legislação tributária, dentre outros possíveis questionamentos ético-filosóficos levantados na obra *"Moral Tributária do Estado e dos Contribuintes"*[36].

---

[35] EXAME, economia, 23.01.2020. "*OCDE espera lançar imposto digital global ainda em 2020*". Acesso em 20.03.2020. Disponível em https://exame.abril.com.br/economia/ocde-espera-lancar-imposto-digital-global-ainda-em-2020/

[36] TIPKE, Klaus. *Moral tributária do Estado e dos contribuintes*. Tradução Luiz Doria Furquim. Porto Alegre: Sergio Antonio Fabris, 2012. p. 8.

De fato, a ética que se espera dos subordinados tributários merece guardar coerência com um legislativo e um executivo ético nas suas atribuições, sendo de grande relevância o questionamento levantado pelo teórico alemão no estudo supracitado. No entanto, parece-nos que para além da reflexão moral, essa ilegitimidade do poder tributário pode ser igualmente posta em xeque pelos contribuintes na ausência de uma política fiscal transparente, tal como evidenciamos no Brasil.

Beira o escárnio a maneira como o legislador brasileiro lida com a publicidade orçamentária, quando muito consegue cumprir os prazos legais. O desrespeito à publicidade exigida pela Lei de Responsabilidade Fiscal (Lei complementar nº 101 de 2000) é tratado de maneira costumeira, assim como diversas ilegalidades a que nós, brasileiros, infelizmente nos adaptamos, sobretudo no âmbito das renúncias de receita desordenadas.

Não é normal instituir benefícios fiscais sem previsão de impacto orçamentário ou medidas de compensação financeira; não é normal a ausência de justificativa formal jurídico-financeira para instituição de isenções ou reduções de alíquotas; não é normal a ausência de dados legislativos sobre benefícios fiscais vigentes há décadas. Acostumamo-nos com o absurdo em um Estado de direito democrático e aqui nem citamos a realidade devastadora de violação à publicidade nos estados e municípios brasileiros.

Para que não haja injustiças, é preciso reconhecer, no entanto, o engajamento da Receita Federal Brasileira na transparência de dados de sua competência, apesar de ainda caminhar a passos largos ao encontro da publicidade eficiente. Não basta divulgar os dados, é preciso que a população compreenda aquilo que foi divulgado.

Conforme exposto anteriormente, a legislação tributária francesa é minuciosa em excesso, de forma a comprometer de igual maneira a publicidade ideal que se espera na esteira de uma participação popular ampla.

Ocorre que, se por um lado o legislador não se faz entender perante os cidadãos, por outro os órgãos administrativos buscam tentar simplificar e explicar aquele conteúdo das mais variadas formas em suas plataformas digitais.[37] Em poucos cliques o cidadão comum pode compreender

---

[37] A transparência de dados francesa constante nos diversos portais de informação disponibilizados aos administrados corroborou com a análise dos demais dados encontrados na doutrina e estudos estatísticos para desenvolvimento dessa pesquisa. Dentre esses sites

a origem das receitas públicas, o destino das despesas públicas, o custo dos serviços públicos oferecidos e como é feita a redistribuição de riqueza na sociedade.

Todas essas informações são sintetizadas e elucidadas por meio de estratégias lúdicas como figuras e exemplos cotidianos[38]. Embora esse tópico se atenha à publicidade na realidade tributária, é importante salientar que a transparência administrativa e legislativa francesa é reconhecida em todas as esferas estatais, inclusive em relação ao tema de segurança nacional[39].

Influenciadora de diversos ordenamentos jurídicos administrativos, inclusive o brasileiro, a cultura constitucional francesa preserva os ideais revolucionários ao garantir o direito cidadão de transparência de seus atos de gestão estampados no princípio de transparência tributária já mencionado. O poder de tributar francês possui íntima relação com a publicidade, sendo ingrediente essencial à análise de legitimidade do contribuinte, já que a obrigação tributária nesse sistema nasce com a justificativa de necessidade pública.

Em uma sociedade que há quase um século admite o peso tributário de praticamente 50% do PIB não poderia se esperar comportamento institucional diferente do que a transparência de gestão estatal, razão pela qual optamos por iniciar nossas conclusões sobre aspectos relevantes do sistema tributário francês por essa relação transparente entre poder público e sociedade que consideramos como possivelmente influente na aquiescência dos contribuintes franceses ao sistema tributário que lhes é submetido.

---

citamos: https://www.economie.gouv.fr/; https://www.impots.gouv.fr/portail/; https://www.gouvernement.fr/decouvrir-le-gouvernement-et-les-institutions.

[38] A título de ilustração, o site <https://www.aquoiserventmesimpots.gouv.fr> *("para que servem meus impostos?")* apresenta esquemas comparativos da vida de um cidadão solteiro e da vida de um cidadão casado e sua respectiva progressão ou regressão do custo de vida a variar do nível de dependência dos serviços públicos oferecidos, acompanhados dos cálculos e gráficos que justifiquem aquela análise de redistribuição de riqueza apresentada.

[39] RFI, 15/02/2019. "Ao contrário do Brasil, França acabou com o princípio de documento secreto na gestão pública." Disponível em http://www.rfi.fr/br/franca/20190214-ao-contrario-do-brasil-franca-acabou-com-principio-de-documento-secreto-na-gestao-pu. Acesso em 16.03.2020.

2.2. Desigualdade de rendas e políticas públicas promotoras de igualdade de oportunidades

Como vimos, o governo francês se dedica com afinco à busca pela justiça fiscal por meio de sua intervenção estatal. A par de um orçamento público inchado, dedica boa parte de suas rubricas à prestação de serviços públicos e às transferências financeiras ao peso custoso de uma tributação parcialmente progressiva segundo a capacidade econômica do contribuinte.

A partir da contribuição analítica dos economistas e cientistas sociais T. Piketty, A. Bozio, M. Guillot, B. Garbinti, J. Goupille-Lebret[40], foi possível avaliar a dinâmica da desigualdade e de redistribuição na França ao longo de três décadas, estudo esse que nos fornece conclusões bastante relevantes à nossa interpretação sobre o papel dos *investimentos públicos* nessa seara.

A referida pesquisa levou em consideração a apreciação conjunta do orçamento público, de dados fiscais administrativos e de demais dados de pesquisa relacionados no intervalo dos anos de 1990 a 2018. Para que fosse possível a realização de uma análise com realidades mais concretas e aprofundadas, valeram-se da comparação dos resultados obtidos na experiência francesa com outros encontrados no exame sobre a redistribuição de riqueza nos Estados Unidos.

Importante a introdução de que o sistema social e fiscal francês opera uma redistribuição de receitas segundo dois grandes tipos de política: de um lado, mediante a cobrança dos *recolhimentos obrigatórios*, ou seja, os tributos, singularizados pelo sistema tributário francês prioritariamente em razão do seu caráter compulsório; e do outro, os programas de *transferências de renda* materializados a partir das prestações sociais, que irão garantir os recursos ao mínimo existencial constitucionalmente previsto; das prestações familiares, reservadas às famílias com crianças; e das habitações populares.

No intuito de interpretar a política de combate à desigualdade de rendas utilizada pelo governo francês, o ensaio buscou compreender a dinâmica de receita média disponível antes e após esse mecanismo de

---

[40] PIKETTY, Thomas et al. Trois decennies d'inegalites et de redistribution en France (1990--2018). *World Inequalitiy Lab* – World Issue Brief – Note thematique 2018/2. Disponível em: <https://wid.world/document/trois-decennies-inegalites-et-redistribution-en-france-1990--2018-wid-world-issue-brief-2018-2/>. Acesso em: 17.03.2020.

redistribuição de riquezas, sendo necessário avaliar a efetividade de cada um desses pilares mencionados.

Como visto, as maiores arrecadações tributárias em solo francês são referentes à cobrança de contribuições sociais e de impostos indiretos. Segundo os dados examinados, em que pese ter havido alguma conquista dos contribuintes ao longo dessas décadas a uma certa progressividade fiscal no que tange às contribuições sociais, essa potência redistributiva ainda é muito baixa ou negativa quando nos deparamos com os impostos indiretos, que, assim como no Brasil, oneram mais pesadamente a camada consumidora mais pobre do que aquela presente no topo da pirâmide econômica.

Os tributos cuja exigência operam como maior vetor de progressividade na França são o imposto de renda e aqueles afeitos à *tributação sobre o capital*, não obstante a dificuldade prática do primeiro relatada anteriormente. Ressaltam os autores, no entanto, que mesmo na vivência de um imposto de renda com faixa de alíquotas volumosas e extrema personalização do contribuinte, a regressividade acaba sendo encontrada a partir de certo nível de receita em decorrência do efeito contrário gerado pela proporcionalidade das alíquotas de contribuições sociais, já que essas receitas tributárias são recolhidas em conjunto.

As transferências de renda, por sua vez, representam uma parte muito fraca da receita nacional, influenciando menos distribuição de renda do que se verifica nos impactos das despesas públicas em serviços sociais. Para a camada dos 50% mais pobres na França, maiores interessados no auxílio estatal em suas contas, os recursos de prestações sociais acabam por repercutir em apenas 7% da sua receita média, sendo percebida como maior equalizadora de receitas, no bojo desse programa de transferência de renda, a política de habitação popular.

Nesse sentido se pôde conceber pouca eficácia do sistema de redistribuição de riquezas formalmente adotado pela França. Ao comparar o resultado dessas medidas com o montante de receitas primárias, percebe-se sua neutralidade frente ao objetivo de redução das desigualdades de receita, especialmente mediante o cotejo com o sistema fiscal e social norte-americano.

Em verdade, os programas de transferência de renda cumprem o papel de absorção do nível de desigualdades de receita observadas antes do sistema de redistribuição, conduzindo a uma estabilidade de receitas disponíveis. Ao se contrastar os sistemas de ambos os países referenciados, França e Estados Unidos, infere-se a conclusão inesperada de que *o sistema fiscal e social norte-americano é mais redistributivo do que o francês, mesmo que esse segundo aparente se esforçar mais para atingir esse objetivo.*

Apesar do país americano se empenhar menos no desenvolvimento de políticas de transferência de renda do que o europeu, verificou-se que a influência redistributiva do seu sistema fiscal aparenta ser mais relevante para atingir esse objetivo, segundo os critérios tomados como referência.

Em que pese a desigualdade de receitas disponíveis na França, de um modo geral, seja menor do que a verificada nos Estados Unidos, demonstrou-se que a justificativa para essa redistribuição não reside na avaliação das receitas resultantes após a tributação, mas sim pela menor desigualdade de receitas primárias. Em outras palavras, a menor desigualdade social na França em relação aos Estados Unidos não se justifica pela política fiscal social, *mas sim pela adoção de políticas administrativas que tornem menos desiguais as rendas antes da redistribuição.*

Esse interessante estudo realça a potencialidade de outros meios de ação estatal como eficientes na busca por uma menor concentração de rendas e consequente maior igualdade social-econômica. Políticas públicas relacionadas à educação, à saúde, à organização do trabalho e à fixação de salários podem ser mais influentes na distribuição de riquezas pretendida com a tributação, ou com a transferência direta de renda.

Há de se destacar, por fim, que essa conclusão não é categórica, pois a mensuração do alcance de investimentos sociais desse porte demanda uma análise mais complexa, dado seu efeito indireto nas receitas. No entanto, reforça a necessária reflexão sobre *o modo como as políticas públicas agregam valor econômico às rendas.*

O debate que se propõe não é novidade. É cediço o entendimento[41] de que a promoção da distribuição de renda pode ser feita por dois modelos diferentes: seja por meio da renda disponível, com a intervenção estatal a posteriori, ou seja, após a obtenção dos rendimentos pelo seu titular, por meio dos impostos e transferências; ou a priori, por meio de iniciativas que elevem a igualdade de oportunidades, equalizando os fatores

---

[41] RIBEIRO, Ricardo Lodi. *Desigualdade e tributação na era da austeridade seletiva.* Rio de Janeiro: Lumen Juris, 2019. p. 171.

de produção que determinam sua renda de mercado, daí a importante distinção entre *rendimento disponível* e *rendimento de mercado*.

Ademais, um dos ensinamentos que PIKETTY pode nos fornecer é de que o estudo da desigualdade social é, antes de uma questão contábil, um diagnóstico multidimensional das ciências sociais; um fenômeno essencialmente político e ideológico. A história da distribuição de riqueza jamais deixou de ser profundamente política[42], o que impede sua restrição aos mecanismos puramente econômicos.

Em sua concepção, a *aceitabilidade social* às fixações extremamente discrepantes entre rendas parece estar principalmente relacionada às normas sociais que legitimam esse cenário. O arcabouço institucional que irá refletir no sistema de crenças em relação à contribuição de cada um na produção e no crescimento do país.

A lógica racional de produtividade como remuneração perde cada vez mais força em parte da doutrina atual para justificar os supersalários dos executivos, que determinam ilimitadamente seus próprios retornos financeiros sem qualquer interferência estatal. Conclui[43] dizendo que, *"na prática, a mão invisível não existe, assim como não existe a 'concorrência pura e perfeita', e o mercado sempre é representado por instituições específicas, como as hierarquias coorporativas e os comitês de remuneração".*

Em suma, não há receita de bolo que se aplique de forma contundente ao ataque às desigualdades de renda, já que suas dificuldades não são resolvidas por pura matemática. Há que se avaliar o contexto político-econômico em que cada sociedade está inserida para determinação de quais políticas públicas serão efetivas e, principalmente, garantir o seu contínuo *monitoramento*[44]. O caso recente francês ilustra que uma maior participação estatal nas políticas de fixação de renda e nos demais investimentos públicos, como em saúde e em educação pode ser aliada da igualdade, mesmo em épocas de recessão econômica.

---

[42] PIKETTY, Thomas. op. cit. p. 27.
[43] Ibidem. p. 323.
[44] Ver BARCELLOS, Ana Paula de. Políticas públicas e o dever de monitoramento: "levando os direitos a sério", 2018. Disponível em https://www.publicacoesacademicas.uniceub.br/RBPP/article/view/5294/3967. Acesso em 29.09.2019.

3. Conclusões gerais sobre o sistema tributário francês e inspirações à realidade brasileira

Apesar de familiares da mesma raiz romano-germânica, Brasil e França desempenham suas políticas tributárias de maneiras muito distintas, sobretudo em relação à compreensão do nascimento da obrigação tributária.

O princípio da transparência administrativa, percebido com status constitucional perante a Constituição de 1958, norteia todos os atos da Administração Pública, em especial aqueles relacionados à política fiscal, atuando como justificador do poder de tributar. Dita cultura pode ser apta a explicar a maior aceitabilidade do povo francês à alta tributação francesa, que representa hoje uma das maiores cargas tributárias dos países da OCDE em relação ao PIB.

A progressividade tributária é explorada de maneira notável nesse sistema em relação à tributação do capital e da renda, apesar dos resultados frustrados sob a ótica orçamentária. Assim como no Brasil, o legislativo francês produz excessivas particularidades nos tratamentos tributários, tornando a legislação complexa e de efeitos desiguais, nadando contra a maré do princípio da capacidade contributiva inspirador dessa criação legiferante.

Sendo assim, as maiores arrecadações obtidas não derivam dos recolhimentos desses tributos voltados à progressividade, mas sim da cobrança de impostos indiretos e de contribuições sociais, ambas as espécies que acabam por influenciar no caráter moderadamente regressivo do sistema tributário francês, conforme avaliado pela comunidade estatística.

O estudo que nos pautamos demonstrou com esses impactos tributários que a aparente distribuição de rendas mais igualitária na França em relação a outros países, em especial aos Estados Unidos, não decorre da efetividade do sistema tributário no cumprimento da justiça fiscal ou dos programas de transferências diretas de renda, mas sim da estabilização dos rendimentos antes da redistribuição operada pela fiscalidade.

Essa consideração se mostra interessante à avaliação das medidas político-econômicas que vem sido adotadas no Brasil nas últimas décadas, evidentemente traçadas no sentido contrário do que o estudo relatado sustenta, mormente quando se observa a opção da constituinte reformadora brasileira pelo congelamento de despesas públicas por 20 anos a partir da emenda constitucional 95/2016. Os investimentos públicos, quando empregados de forma responsável, podem ser importantes instrumentos de promoção da igualdade social, já havendo muita produção científica que aponte essa consequência.

A reflexão sobre as imensas desigualdades de oportunidades encontradas no Brasil e no mundo se mostra de extrema relevância nesse cenário de colapso econômico-financeiro que vivemos. Políticas administrativas mais incisivas no modo como o mercado influencia no poder econômico-social de cada um na sociedade podem ser, em determinadas circunstâncias, mais satisfativas do que a redistribuição de riqueza inerente às políticas fiscais, referindo-nos, nesse liame, tanto as opções político-orçamentárias que igualem os cidadãos em acesso à saúde e à educação, direitos fundamentais do ser humano, quanto as opções político-normativas que aparem os excessos da influência do capital na evolução das rendas.

Estado e mercado devem buscar a coexistência pacífica. A participação do Estado na sociedade merece ser concebida de forma mais expansiva do que aquela limitada pelo modelo *neoliberal*[45] às funções soberanas, mas, ao mesmo tempo, atenta a indesejável ampliação indefinida do estado social, hoje não tão realista às necessidades sociais quanto no século passado[46].

O caótico contexto fático de pandemia que contorna a produção deste artigo apenas reforça o urgente equilíbrio institucional que se sustenta, fato reconhecido pelo presidente francês Macron em um dos seus recentes posicionamentos durante a crise mundial de saúde. Em uma conjuntura política tão polarizada ideológica e economicamente quanto à guerra fria, o questionamento[47] de um agente político assumidamente neoliberal acerca do custo exigido ao desenvolvimento desse sistema de atuação ilimitada do mercado ganha nossas atenções.

É preciso que repensemos o modelo de desenvolvimento político-econômico que se adapte a nossa realidade contemporânea a partir dessa

---

[45] Neoliberalismo aqui entendido segundo o conceito de David Harvey (RIBEIRO, op. cit, p. 2019) como "teoria das práticas políticas-econômicas que propõe que o bem estar humano pode ser mais bem promovido liberando-se as liberdades e capacidades empreendedoras individuais no âmbito de uma estrutura institucional caracterizada por sólidos direitos a propriedade privada, livres mercados e livre comércio."

[46] PIKETTY, Thomas. op. cit. p. 468.

[47] JORNAL DO BRASIL. BOFF, Leonardo, 18/03/2020. "O coronavírus: O perfeito desastre para o capitalismo do desastre". https://www.jb.com.br/pais/artigo/2020/03/1022858-o--coronavirus--o-perfeito-desastre-para-o-capitalismo-do-desastre.html

noção de *economia mista*[48] equalizadora dos efeitos antagônicos de Estado e Mercado e, principalmente, a partir da consciência de que a adoção de investimentos públicos que promovam a igualdade de oportunidades em acesso a direitos sociais tidos como fundamentais em uma sociedade mercantil *"não são custos, mas bens preciosos"*, nas palavras do presidente francês.

Referências

BRASIL. Constituição (1988). Constituição da República Federativa do Brasil. Brasília, 5 out. 1988. Disponível em: <http://www.planalto.gov.br/ccivil_03/constituicao/constituicao.htm>. Acesso em: 20.03.2020.

BOUVIER, Michel. *Introduction au droit fiscal general et à la théorie de l'impôt.* 10. ed. Paris: LGDI, 2010.

BANDEIRA, Regina Maria Groba. *Sistemas de Governo Brasil, na França e nos Estados Unidos da América.* Consultoria Legislativa da Câmara dos Deputados, fevereiro, 2015. Disponível em: <https://www2.camara.leg.br/atividade-legislativa/estudos-e-notas-tecnicas/publicacoes-da-consultoria-legislativa/areas-da-conle/tema6/estudo-sistemas-de-governo-br-fr-e-eua>. Acesso em: 19.03.2020.

CARVALHO FILHO, José dos Santos. Observatório Constitucional – A evolução da jurisdição constitucional na França. *Conjur*, 15.06.2013. Disponível em: <https://www.conjur.com.br/2013-jun-15/observatorio-constitucional-historico-perspectivas-jurisdicao-constitucional-franca>. Acesso em: 19.03.2020.

GODOY, Arnaldo Sampaio de Moraes. Penhora fiscal na França não inibe defesa de devedor. *Conjur*, 19.05.2010. Disponível em: <https://www.conjur.com.br/2010-mai-19/penhora-fisco-frances-nao-impede-defesa-contribuintes>. Acesso em: 20.03.2020.

FRANÇA. *Code général des impôts.* Disponível em: <https://www.legifrance.gouv.fr/affichCode.do?cidTexte=LEGITEXT000006069577>. Acesso em: 20.03.2020.

__. *Constitution de la République Française.* 4 out 1958. Disponível em: <http://www.assemblee-nationale.fr/connaissance/constitution.asp>. Acesso em: 20.03.2020.

__. *Déclaration des droits de l'homme et du citoyen* (1789). Disponível em: <https://www.legifrance.gouv.fr/Droit-francais/Constitution/Declaration-des-Droits-de-l-Homme-et-du-Citoyen-de-1789>. Acesso em: 20.03.2020.

---

[48] PIKETTY, Thomas. op. cit. p. 470: *"A ideia de que existiria uma única forma possível de propriedade do capital e de organização da produção não corresponde de modo algum à realidade presente no mundo desenvolvido: vivemos num sistema de economia mista, sem dúvida diferente do que foi imaginado no pós guerra, mas ainda assim bastante real. Será assim também no futuro, e, com certeza cada vez mais: as novas formas de organização e propriedade estão para ser inventadas."*

___. *Livre de Procédures Fiscales*. Disponível em: <http://codes.droit.org/CodV3/impots_procedures_fiscales.pdf>. Acesso em: 20.03.2020.

___. Ministère de l'action et des comptes publics. Quels sont les principaux impôts existant en France? Disponível em: <https://www.impots.gouv.fr/portail/international-professionnel/questions/quels-sont-les-principaux-impots-existant-en-france>. Acesso em: 20.03.2020.

GRANDGUILLOT, Béatrice et Francis. *La fiscalité française 2015* – Fiscalité des entreprises, Fiscalité des particuliers. 20. ed. Issy-les-Moulineaux: Gualino, 2015.

FREITAS, Vladimir Passos de. A Justiça na França. *IBRAJUS*, 13.06.2010. Disponível em: <http://www.ibrajus.org.br/revista/artigo.asp?idArtigo=170>. Acesso em: 20.03.2020.

INSEE. *Tableaux de l'economie française*, édition 2020. Disponível em: <https://www.insee.fr/fr/statistiques/4277804?sommaire=4318291#tableau-figure1>. Acesso em: 20.03.2020.

OCDE. *Revenue statistics 2019 – France*. Disponível em: <https://www.oecd.org/france/revenue-statistics-france.pdf>. Acesso em: 12.03.2020.

PIKETTY, Thomas. *O capital no século XXI*. Trad. Monica Baumgartem de Bolle. Rio de Janeiro: Intrínseca, 2014.

PIKETTY, Thomas et al. Trois decennies d'inegalites et de redistribution en France (1990-2018). *World Inequalitiy Lab* – World Issue Brief – Note thematique 2018/2. Disponível em: <https://wid.world/document/trois-decennies-inegalites-et-redistribution-en-france-1990-2018-wid-world-issue-brief-2018-2/>. Acesso em: 17.03.2020.

RIBEIRO, Ricardo Lodi. *Desigualdade e tributação na era da austeridade seletiva*. Rio de Janeiro: Lumen Juris, 2019.

13. O sistema tributário da Índia

Diego Fernandes Ximenes

Introdução
O intuito central deste artigo é demonstrar as características próprias relacionadas à cultura, economia, sociedade e estrutura tributária de um dos maiores caldeirões culturais do mundo, seja em razão de sua religiosidade, questões étnicas ou população. Embora este exercício tenha sido o mais exploratório e abrangente possível, cumpre – desde logo – deixar clara a inexistência da pretensão deste trabalho ser um tratado sobre a estrutura cultural, econômica e tributária de um país como a Índia.

Na realidade, mesmo tratando a Índia como uma figura unitária, o primeiro ponto que temos de ter em mente é que falar em Índia é falar em muitas Índias. Afinal, tratar sobre um território tão vasto e de cultura étnico-religiosa tão diferente em um artigo de algumas páginas é um trabalho apenas possível caso adotemos o reducionismo próprio dos escritos científicos, ou seja, em decorrência do corte adotado, realizaremos aprofundamentos e apresentaremos superficialidades de acordo com as necessidades surgidas.

Para exemplificar os cortes metodológicos realizados, não realizaremos uma análise mais minudente sobre as taxas e contribuições de todos os Entes federados da Índia. Ao fazermos isso, busca-se assegurar que as informações contidas neste trabalho sejam o mais duradouras e abrangentes possíveis, uma vez que a estrutura adotada pela Constituição indiana, ao dividir as competências tributárias, foi a de focar no âmbito Estadual e da União.

Apresentados esses pressupostos e critérios metodológicos, espero que a leitura seja agradável e cumpra o designo de servir como trabalho introdutório ao sistema tributário indiano.
Namastê!

1. Características regionais, econômicas, políticas e governamentais

Integrante dos Brics – agrupamento econômico representado por Brasil, Rússia, Índia, China e África do Sul –, a primeira característica que podemos apontar da Índia é o fato de ela ser uma potência regional que, cada vez mais, é candidata a superpotência[1], até em razão de sua condição armamentista, populacional, econômica e tecnológica.

1.1. Características regionais e econômicas

A Índia fica localizada no subcontinente indiano[2] e teve sua construção populacional se desenvolvendo ao longo dos rios Indo e o Ganges.

O vale do rio Indo foi o local de origem da Civilização Védica, povo indo-ariano que instalou assentamentos na região por volta de 1.500 a.C.[3] e serviu de base para a atual Índia, seja no sentido religioso, cultural ou social. Foi no seio da referida civilização que os Vedas foram desenvolvidos.

Tradicionalmente escritos em sânscrito védico, os Vedas são compostos por 4 livros (*Rigveda*, *Yajurveda*, *Samaveda* e *Atarveda*) e são transmissões históricas que foram transformadas em texto no decorrer dos milênios, sendo tais obras a base do sistema de escrituras sagradas do hinduísmo.

O corpo das escrituras sagradas do hinduísmo se divide em *shruti* (*aquilo que é ouvido*, em tradução) e *smriti* (*aquele que é lembrado*, em tradução),

---

[1] THIRLWELL, Mark. India: the next economic giant. **Lowy Institute Paper 01**, Lowy Institute for International Policy, Australia, 2004. Disponível em: <https://www.lowyinstitute.org/sites/default/files/pubfiles/India_webFINALsml_1.pdf>.

[2] Bloco tectônico asiático que é composto pela República da Índia, Paquistão, Bangladesh, Sri Lanka, Nepal e Butão.

[3] Apenas como base de comparação, em 1.200 a.C., tivemos o surgimento do Judaísmo; êxodo judaico; desenvolvimento do alfabeto pelos Fenícios; início da Idade do Ferro, no Oriente-Próximo (compreende a região da Ásia próxima ao Mar Mediterrâneo – incluindo Síria, Líbano, Israel, Palestina e Iraque); 1500 a.C., na Europa, temos o surgimento da civilização Micênica, na Grécia (primeira civilização avançada da Grécia continental). Na África, em 1.500 a.C. estamos falando no apogeu da civilização egípcia e em 1.200 a.C. estamos falando nom período da vida de Ramessés III, o último grande Faraó.

estando os quatro Vedas enquadrados no primeiro grupo, enquanto o segundo é formado por outras obras (sendo elas as seguintes: *Dharmasastra, Itihasa, Purana, Sutras, Agama e Darsana*).

Outro ponto ligado à religião que merece destaque é a divisão social em castas. Seccionadas em quatro grupos – casta dos Brâmanes, Xántrias, Vaixás e Sudras e um sem casta, que são os Dalits –, a sociedade indiana, ainda hoje[4], é influenciada pela separação, mesmo havendo, juridicamente, disposição constitucional que proíbe esse tipo de distinção no artigo 15[5] (princípio da não discriminação) ou 16[6] (liberdade para exercício profissional) ou quando, no artigo 17[7], bane o *status* de intocável e permite punição criminal pelo descumprimento, localizado dentro dos direitos fundamentais.

Do ponto de vista territorial e populacional[8], a Índia é dividida em 29 Estados, além de contar com territórios da União (6 territórios e 1 Capital Nacional – Nova Délhi) e está entre os dez maiores territórios do mundo, com um total de 3.287.000 km², tendo a segunda maior população

---

[4] Maiores informações em: <https://www.bloomberg.com/quicktake/india-s-caste-system>; <https://www.dw.com/en/indias-caste-system-weakened-but-still-influential/a-39718124> e <https://archive.nytimes.com/www.nytimes.com/books/first/b/butalia-silence.html>.

[5] O texto constitucional é o seguinte: "15. (1) The State shall not discriminate against any citizen on grounds only of religion, race, caste, sex, place of birth or any of them. (2) No citizen shall, on grounds only of religion, race, caste, sex, place of birth or any of them, be subject to any disability, liability, restriction or condition with regard to— (a) access to shops, public restaurants, hotels and places of public entertainment; or (b) the use of wells, tanks, bathing ghats, roads and places of public resort maintained wholly or partly out of State funds or dedicated to the use of the general public". (Disponível em: <https://www.india.gov.in/sites/upload_files/npi/files/coi_part_full.pdf >).

[6] "16. (1) There shall be equality of opportunity for all citizens in matters relating to employment or appointment to any office under the State. (2) No citizen shall, on grounds only of religion, race, caste, sex, descent, place of birth, residence or any of them, be ineligible for, or discriminated against in respect of, any employment or office under the State" (Disponível em: <https://www.india.gov.in/sites/upload_files/npi/files/coi_part_full.pdf>).

[7] "17. 'Untouchability' is abolished and its practice in any form is forbidden. The enforcement of any disability arising out of 'Untouchability' shall be an offence punishable in accordance with law." (Disponível em: <https://www.india.gov.in/ sites/upload_files/npi/files/coi_part_full.pdf>).

[8] Dados populacionais extraídos do Banco Mundial (Disponível em: <https://datos.bancomundial.org/?locations=IN-BR-CN>).

da terra, cerca de 1.353 bilhões, em 2018, ou aproximadamente 18% da população mundial.

Em comparação, o Brasil, embora territorialmente maior, com cerca de 8.500.000 km², possui uma população bem menor com, aproximadamente, 209.469.333 milhões, enquanto a China é territorialmente mais abrangente, cerca de 9.596.961 km², além de ter uma população maior, estimada em 1.396.000 bilhão, em 2018.

Ainda em comparação entre os três países, o PIB[9] do Brasil, da Índia e da China, em 2018, eram, respectivamente 1.869 bilhões, 2.719 bilhões e 13.608 bilhões.

1.2. Características políticas e governamentais

Com a declaração de independência do Reino Unido, em 15 de agosto de 1947, uma nova República foi estabelecida pela Constituição indiana, devidamente aprovada pela Assembleia Constituinte Indiana em 1949, mas com vigência a partir de 26 de janeiro de 1950.

Assim, desde essa segunda data, a Índia está organizada em uma estrutura Federativa, Republicana, Socialista e Democrática, tendo a Constituição como norte supremo e fonte de toda a legislação[10].

Conforme dita o preâmbulo da Constituição, o povo da Índia se proclama como uma sociedade soberana, socialista, secular, democrática, republicana e com o intuito de assegurar a todos os cidadãos justiça, liberdade, igualdade e fraternidade.[11]

---

[9] *Ibidem.*

[10] Nesse sentido: "The constitution is supreme in India and it is the source for all laws. Union and states derive the power to levy and collect tax from the constitution. If any rule or law of the government is not according to constitution, it becomes illegal and void." (ALAGAPPAN, S.M. Indian Tax Structure – An Analytical Perspective. *International Journal of Management (IJM)*, Vol. 10, Issue 3, pp. 36-43, May/June 2019. p. 36. Disponível em: <https://poseidon01. ssrn.com/delivery.php?ID= 8930021270970261140681160711160010861170780190600660551100210951030250850690230960680131210040030171160600241030050670670981131160820710480610200250970940871181170930380600131130890000870241200061031221010640911200111210671151011141011231211100800260938&EXT=pdf>).

[11] "WE, THE PEOPLE OF INDIA, having solemnly resolved to constitute India into a SOVEREIGN SOCIALIST SECULAR DEMOCRATIC REPUBLIC and to secure to all its citizens: JUSTICE, social, economic and political; LIBERTY of thought, expression, belief, faith and worship; EQUALITY of status and of opportunity; and to promote among

A cidadania, pela redação do artigo 5º, é reconhecida para: (a) aqueles que são nascidos em território indiano; ou (b) para filhos de pais nascidos no território indiano; ou (c) para aqueles que já residiam ordinariamente no território indiano, por pelo menos 5 anos contados da data da promulgação da Constituição.

O artigo 6º traz regras especiais para aqueles que migraram do território paquistanês para a Índia quando da formação do atual estado indiano e do Paquistão, tendo sido ambos em 1947 – valendo lembrar que a Índia fora pensada para ser um estado de maioria hinduísta, enquanto o Paquistão seria um estado de maioria muçulmana.

Tal divisão fora consequência do movimento de independência de ambas as nações que – anteriormente – faziam parte do território da Índia Britânica, sendo importante ressaltar que, na época de suas independências, milhões de muçulmanos migraram da Índia para o Paquistão e hindus e *sikhs* fizeram o caminho oposto, tudo isso motivado por distúrbios étnico-religiosos causados pela partição e saída do Império Britânico.

Embora não se tenha um número exato, entre 10 e 14 milhões de pessoas foram forçadas a abandonar suas casas e vilas e tiveram que fugir para o outro país (a depender de sua religião), sendo que, desses, um número total desconhecido, porém entre 500 mil e 2 milhões, foi morto em decorrência dessa transição.

2. Normas tributárias na Constituição e na legislação

Como a Constituição brasileira, a indiana também optou por constitucionalizar determinados aspectos do seu sistema tributário, sendo possível identificar princípios e regras tributárias constitucionalmente previstos de forma a demandar que toda e qualquer legislação infraconstitucional esteja em conformidade com a Constituição[12].

---

them all FRATERNITY assuring the dignity of the individual and the unity and integrity of the Nation" (Disponível em: <https://www.india.gov.in/sites/upload_files/npi/files/coi_part_full.pdf>).

[12] Conforme dita o artigo 13: "(1) All laws in force in the territory of India immediately before the commencement of this Constitution, in so far as they are inconsistent with the provisions of this Part, shall, to the extent of such inconsistency, be void. (2) The State shall not make any law which takes away or abridges the rights conferred by this Part and any law made in contravention of this clause shall, to the extent of the contravention, be void."

Assim, a estrutura federativa tributária trazida pela Constituição indiana foi pensada em três níveis, compostos pela União, Estados e Municipalidade (ou *Panchayat*).[13]

Com a reforma trazida pela 74ª Emenda à Constituição, publicada em 1992, mas com efeitos a partir de 1º de junho de 1993, hoje temos três corpos urbanos, além de Estados e da União, que são *Manhanagar Nigam* (corporações municipais)[14], *Nagar Palika* (municipalidades)[15] e *Nagar Panchayat* (Conselhos municipais)[16].

Embora haja tal estruturação federativa, do ponto de vista tributário, apenas os Estados e a União possuem competência tributária plena. Para as Municipalidades e para *Panchayats*, há a autorização constitucional de determinadas incidências tributárias com base em certas competências[17] que dependem de previsão legal estadual, conforme pode-se concluir da leitura do artigo 243X[18] e 243H[19] da Constituição indiana.

---

[13] Nesse sentido: "The power to levy taxes and duties is distributed among the three tiers of Government, in accordance with the provisions of the Indian Constitution" (GHUGE, Nishant Ravindra; KATDARE, Vivek Vasantrao. Indian Tax Structure – an Analytical Perspective. *International Journal in Management and Social Science*, v. 03, Issue 09, Sept. 2015. Disponível em: <https://www.researchgate.net/publication/301477012_Indian_Tax_Structure_-_An_analytical_perspective>).

[14] Uma estrutura governamental voltada para administrar áreas urbanas com população de mais de um milhão de habitantes.

[15] Corpo governamental voltado para a administração de cidades com mais de 100 mil habitantes.

[16] Estrutura governamental destinada a cidades (*settlements*) com população menor do que 25.000 e maior do que 11.000 habitantes.

[17] Pela 12ª *Schedule*, são dezoito itens, dentre eles tributos cobrados em decorrência da exploração das reservas hídricas, sobre locais de peregrinação e templos, mercados, além de doações e dos repasses estaduais em decorrência da tributação sobre a utilização da terra.

[18] "243X. *The Legislature of a State may, by law,— (a) authorise* a Municipality to levy, collect and appropriate such taxes, duties, tolls and fees in accordance with such procedure and subject to such limits; *(b) assign* to a Municipality such taxes, duties, tolls and fees levied and collected by the State Government for such purposes and subject to such conditions and limits; *(c)* provide for making such grants-in-aid to the Municipalities from the Consolidated Fund of the State; and *(d) provide* for constitution of such Funds for crediting all moneys received, respectively, by or on behalf of the Municipalities and also for the withdrawal of such moneys therefrom, as may be specified in the law." [grifos no original]

[19] "243H. *The Legislature of a State may, by law,— (a) authorise* a Panchayat to levy, collect and appropriate such taxes, duties, tolls and fees in accordance with such procedure and subject

Ademais, vale mencionar que os artigos 245 a 263 (parte XI) são destinados a tratar sobre a relação entre Estados e União, lá estando o artigo 246 que é o responsável por, em conjunto com o *Schedule VII*, estabelecer a Lista de competências concorrentes e as exclusivas da União e dos Estados, o que envolve a descrição das incidências tributárias hipotéticas[20], uma vez que a competência será melhor desenvolvida em artigos específicos da Constituição, conforme será relatado mais adiante.

Em conclusão, a estrutura do sistema tributário indiano, assim como a brasileira, tem seus princípios fincados em suas respectivas Cartas Magnas, local em que estão dispostos os princípios, as competências federativas e a autorização para a instituição de determinados tributos, seja para União, Estados ou para as estruturas locais (sejam as chamadas Municipalidades ou *Panchayats*).

3. Princípios gerais e tributários

Como é de praxe na elaboração de Constituições ao redor do globo, a Constituição indiana também elenca diversos princípios centrais na organização do sistema legal do país, dentre esses estão incluídos os princípios tributários.

Tendo em vista que o texto constitucional indiano possui diversos dispositivos voltados à previsão de princípios constitucionais, realizamos

---

to such limits; *(b) assign* to a Panchayat such taxes, duties, tolls and fees levied and collected by the State Government for such purposes and subject to such conditions and limits; *(c) provide* for making such grants-in-aid to the Panchayats from the Consolidated Fund of the State; and *(d)* provide for constitution of such Funds for crediting all moneys received, respectively, by or on behalf of the Panchayats and also for the withdrawal of such moneys therefrom, as may be specified in the law." [g.n]

[20] Para exemplificar, o *Schedule VII* dita que serão dos Estados: "49. Taxes on lands and buildings. 50. Taxes on mineral rights subject to any limitations imposed by Parliament by law relating to mineral development. [...] 52. Taxes on the entry of goods into a local area for consumption, use or sale therein. 53. Taxes on the consumption or sale of electricity. 54. Taxes on the sale or purchase of goods other than newspapers, subject to the provisions of entry 92A of List I. 55. Taxes on advertisements other than advertisements published in the newspapers and advertisements broadcast by radio or television. 56. Taxes on goods and passengers carried by road or on inland waterways. 57. Taxes on vehicles, whether mechanically propelled or not, suitable for use on roads, including tramcars subject to the provisions of entry 35 of List III. 58. Taxes on animals and boats. 59. Tolls" (Disponível em: <https://www.india.gov.in/sites/upload_files/npi/files/coi-eng-schedules_1-12.pdf>).

uma seleção com base no corte metodológico escolhido. Desse modo, seguindo a ordem disposta pela própria Constituição indiana, os princípios elencados como mais centrais para o nosso estudo são os seguintes:

3.1. Princípio da igualdade e da não discriminação

Como praticado na maior parte do mundo[21], o artigo 14[22] identifica o dever do Estado em garantir igualdade diante da lei ou igual proteção legal para todos aqueles dentro do território indiano, dispondo, portanto, sobre o princípio da igualdade.

O artigo 15[23] traz o princípio da não discriminação, impondo a regra que impossibilita qualquer distinção, seja em razão de religião, raça, casta, sexo ou local de nascimento.

Importante anotar que também temos os artigos 16[24], que trata da liberdade para o exercício profissional, e o 17[25], que bane o *status* de intocável – tradicionalmente dispensados aos *Dalits* – e permite punição criminal pelo descumprimento de tal norma.

Embora a referência à igualdade e não discriminação exista desde a publicação do texto constitucional e tenha sido reforçada pela publicação da Carta de Proteção dos Direitos Civis, de 1955, quanto aos

---

[21] Para melhor descrição sobre o assunto, *vide* Ricardo Lobo Torres (*Tratado de Direito Constitucional Financeiro e Tributário*: Valores e Princípios Constitucionais Tributários. 2. ed. Vol. 2. Rio de Janeiro: Renovar, 2014. p. 244-245).

[22] 14. The State shall not deny to any person equality before the law or the equal protection of the laws within the territory of India.

[23] 15. (1) The State shall not discriminate against any citizen on grounds only of religion, race, caste, sex, place of birth or any of them.

[24] "16. (1) There shall be equality of opportunity for all citizens in matters relating to employment or appointment to any office under the State. (2) No citizen shall, on grounds only of religion, race, caste, sex, descent, place of birth, residence or any of them, be ineligible for, or discriminated against in respect of, any employment or office under the State" (Disponível em: <https://www.india.gov.in/sites/upload_files/npi/files/coi_part_full.pdf>).

[25] "17. 'Untouchability' is abolished and its practice in any form is forbidden. The enforcement of any disability arising out of 'Untouchability' shall be an offence punishable in accordance with law." (Disponível em: <https://www.india.gov.in/ sites/upload_files/npi/files/coi_part_full.pdf>).

Dalits, não é difícil constatar a regularidade no descumprimento dessas normas.[26]

3.2. Princípio da liberdade de expressão, de reunião, de associação, de ir e vir, de residência, do exercício profissional e de religião
Dita o artigo 19 o seguinte:

> **19.** (1) All citizens shall have the right—
> (a) to freedom of speech and expression;
> (b) to assemble peaceably and without arms;
> (c) to form associations or unions;
> (d) to move freely throughout the territory of India;
> (e) to reside and settle in any part of the territory of India; (g) to practise any profession, or to carry on any occupation, trade or business.

Já a liberdade religiosa está prevista no artigo 25 e 26, sendo que o primeiro é destinado ao cidadão enquanto o segundo é destinado às instituições religiosas. O texto é o seguinte:

> **25.** (1) Subject to public order, morality and health and to the other provisions of this Part, **all persons are equally entitled to freedom of conscience and the right freely to profess, practise and propagate religion.**
> (2) Nothing in this article shall affect the operation of any existing law or prevent the State from making any law—
> (a) regulating or restricting any economic, financial, political or other secular activity which may be associated with religious practice;
> (b) providing for social welfare and reform or the throwing open of Hindu religious institutions of a public character to all classes and sections of Hindus.
> *Explanation I.*—The wearing and carrying of *kirpans* shall be deemed to be included in the profession of the Sikh religion.
> *Explanation II.*— In sub-clause *(b)* of clause (2), the reference to Hindus shall be construed as including a reference to persons professing the Sikh, Jaina or Buddhist religion, and the reference to Hindu religious institutions shall be construed accordingly.

---

[26] Diversos são os textos que explicam a situação atual dos *Dalits*. Por todos, citamos o seguinte: <https://www.nytimes.com/ 2018/11/17/world/asia/tell-everyone-we-scalped--you-how-caste-still-rules-in-india.html>.

26. Subject to public order, morality and health, **every religious denomination or any section thereof shall have the right—**
(a) to establish and maintain institutions for religious and charitable purposes;
(b) to manage its own affairs in matters of religion;
(c) to own and acquire movable and immovable property; and
(d) to administer such property in accordance with law.
[g.n]

3.3. Imunidade ao pagamento de tributos em decorrência do exercício de qualquer religião

O artigo 27 dispõe o seguinte:

27. No person shall be compelled to pay any taxes, the proceeds of which are specifically appropriated in payment of expenses for the promotion or maintenance of any particular religion or religious denomination.

Importa frisar que, ao compararmos com o artigo 150, VI, "b", da CRFB/1988, a abrangência do artigo indiano é diferente. Na nossa legislação, a imunidade incide sobre a instituição de imposto sobre os templos de qualquer culto (ou seja, a pessoa diretamente beneficiada é a entidade religiosa), enquanto que, no artigo 27 da Constituição indiana, o sujeito beneficiado é a pessoa que professa a crença.

Provavelmente, tal distinção se deve ao fato de, tendo em vista que professar um credo não é passível de ser visto como um signo presuntivo de riqueza, sendo que há conformidade no raciocínio doutrinário brasileiro de que os tributos apenas poderiam incidir sobre materializações de riqueza, não se faria necessária uma disposição nos moldes do artigo 27 da Constituição indiana, uma vez que a hipótese de tributar o exercício do direito ao credo estaria fora da regra matriz hipotética de incidência tributária, isso sem falar na possível violação ao artigo 5º, VI, da CRFB/1988[27].

De toda forma, o raciocínio demonstrado no parágrafo anterior não deve ter sido o adotado historicamente no sistema jurídico indiano ou,

---

[27] Art. 5º. Todos são iguais perante a lei, sem distinção de qualquer natureza, garantindo-se aos brasileiros e aos estrangeiros residentes no País a inviolabilidade do direito à vida, à liberdade, à igualdade, à segurança e à propriedade, nos termos seguintes: VI – é inviolável a liberdade de consciência e de crença, sendo assegurado o livre exercício dos cultos religiosos e garantida, na forma da lei, a proteção aos locais de culto e a suas liturgias;

anteriormente, pelo Raj Britânico, condição que autorizaria a necessidade de um dispositivo específico.

3.4. Proibição ao ensino religioso em escolas mantidas com verbas públicas

Embora o texto do artigo 28 seja claro, ele comporta exceções, que estão contidas no parágrafo 2º do dispositivo. *In litteris*:

> 28. (1) No religious instruction shall be provided in any educational institution wholly maintained out of State funds.
>
> (2) Nothing in clause (1) shall apply to an educational institution which is administered by the State but has been established under any endowment or trust which requires that religious instruction shall be imparted in such institution.
>
> (3) No person attending any educational institution recognised by the State or receiving aid out of State funds shall be required to take part in any religious instruction that may be imparted in such institution or to attend any religious worship that may be conducted in such institution or in any premises attached thereto unless such person or, if such person is a minor, his guardian has given his consent thereto.

Em comparação com o sistema jurídico brasileiro, não adotamos a vedação total, nos moldes do artigo 28. Afinal, a Constituição brasileira, possibilita, em seu artigo 210, §1º, o ensino religioso nas escolas públicas de ensino fundamental, desde que sua matrícula seja facultativa.[28]

3.5. Princípio da legalidade

O princípio da legalidade é previsto no artigo 21 da Constituição indiana e dispõe que "[...] ninguém será privado de sua vida ou liberdade pessoal exceto em decorrência de procedimento estabelecidos pela lei"[29].

---

[28] Art. 210. Serão fixados conteúdos mínimos para o ensino fundamental, de maneira a assegurar formação básica comum e respeito aos valores culturais e artísticos, nacionais e regionais.
§ 1º O ensino religioso, de matrícula facultativa, constituirá disciplina dos horários normais das escolas públicas de ensino fundamental.

[29] No original: "21. No person shall be deprived of his life or personal liberty except according to procedure established by law".

Cumpre frisar que, para tratar especificamente e unicamente sobre alguns temas, como, por exemplo, imposição, revogação, remissão, alteração ou regulamentação de qualquer tributo, um produto legislativo diferenciado deverá ser apresentado, cujo nome é, em inglês, *Money Bill*.

Tradicionalmente, para ser transformado em Lei, um projeto de lei (*Bill*) deverá ser aprovado em ambas as Casas Parlamentares indiana, que são a Câmara Baixa ou Casa do Povo (*Lok Sabha*) e a Câmara Alta ou Conselho dos Estados (*Rajya Sabha*).

Exceção a esta regra é o caso de um projeto com o *status* de *Money Bill*. Ao tal qualificação ser garantida ao projeto, o referido poderá ser aprovado diretamente na Casa do Povo (*Lok Sabha*), sem a necessidade de votação ou emendas pela outra Câmara Parlamentar (havendo, porém, a possibilidade de recomendações de emendas). No momento em que a qualificação como *Money Bill* permite o encurtamento do caminho legislativo, a falta de discussão gera críticas dos próprios congressistas. Para exemplificar, a oposição[30] pleiteou que os projetos de lei decorrentes da Emenda Constitucional que introduzira o regime GST (*Goods and Services Tax*) não fossem apresentados como *Money Bill*, mas sim como *Finance Bill*. O pleito, porém, não obteve sucesso e os quatro projetos[31] foram encaminhados com o carimbo de *Money Bill*.

O artigo 110[32] da Constituição indiana é o responsável por discorrer sobre o instrumento legislativo chamado de *Money Bill*, sendo importante

---

[30] https://www.business-standard.com/article/news-ians/government-opposition-spar-over-gst-as-a-finance-or-money-bill-116080301819_1.html

[31] São os seguintes: "[...] in March 2017, all the four bills – the Central Goods and Services Tax Bill, 2017; the Integrated Goods and Services Tax Bill, 2017; the Goods and Services Tax (Compensation to States) Bill, 2017; and the Union Territory Goods and Services Tax Bill, 2017 – were passed by the Lok Sabha as money bills" (DATTA, Pratik; MALHOTRA, Shefali; TYAGI, Shivangi. Judicial Review and Money Bills. *NUJS Law Review*, Vol. 10, Issue 2, jan./mar. 2017 p. 75-115. Disponível em: <http://nujslawreview.org/wp-content/uploads/2017/06/10-2-Pratik-Datta-Shefali-Malhotra-Shivangi-Tyagi-%E2%80%93-Judicial-Review-and-Money-Bills.pdf>).

[32] "110. (1) For the purposes of this Chapter, a Bill shall be deemed to be a Money Bill if it contains only provisions dealing with all or any of the following matters, namely:— (a) the imposition, abolition, remission, alteration or regulation of any tax; (b) the regulation of the borrowing of money or the giving of any guarantee by the Government of India, or the amendment of the law with respect to any financial obligations undertaken or to be undertaken by the Government of India; (c) the custody of the Consolidated Fund or the

frisar que o referido não pode ser utilizado para dispor sobre multas ou outras penalidades pecuniárias, conforme dita o artigo 110(2)[33].

3.6. Direito aos remédios constitucionais

Por fim, o artigo 32 da Constituição indiana[34] prevê o direito do cidadão aos remédios constitucionais, sendo que a constitucionalidade das leis não pode ser questionada por intermédio de tais remédios, nos moldes do texto do dispositivo 32A[35] da Constituição indiana.

4. Espécies tributárias

A estrutura tributária indiana é dividida em tributação direta e indireta, sendo que suas espécies foram drasticamente modificadas, com a entrada em vigor da lei responsável por introduzir o sistema GST (*Goods and Service Tax*) de tributação, em 01.06.2017.

Anteriormente a 2017, as fontes tributárias existentes eram as seguintes:

Contingency Fund of India, the payment of moneys into or the withdrawal of moneys from any such Fund; (d) the appropriation of moneys out of the Consolidated Fund of India; (e) the declaring of any expenditure to be expenditure charged on the Consolidated Fund of India or the increasing of the amount of any such expenditure; (f) the receipt of money on account of the Consolidated Fund of India or the public account of India or the custody or issue of such money or the audit of the accounts of the Union or of a State; or (g) any matter incidental to any of the matters specified in sub-clauses (a) to (f)."

[33] "(2) A Bill shall not be deemed to be a Money Bill by reason only that it provides for the imposition of fines or other pecuniary penalties, or for the demand or payment of fees for licences or fees for services rendered, or by reason that it provides for the imposition, abolition, remission, alteration or regulation of any tax by any local authority or body for local purposes."

[34] "32. (1) The right to move the Supreme Court by appropriate proceedings for the enforcement of the rights conferred by this Part is guaranteed. (2) The Supreme Court shall have power to issue directions or orders or writs, including writs in the nature of *habeas corpus*, *mandamus*, *prohibition*, *quo warranto* and *certiorari*, whichever may be appropriate, for the enforcement of any of the rights conferred by this Part. (3) Without prejudice to the powers conferred on the Supreme Court by clauses (1) and (2), Parliament may by law empower any other court to exercise within the local limits of its jurisdiction all or any of the powers exercisable by the Supreme Court under clause (2). (4) The right guaranteed by this article shall not be suspended except as otherwise provided for by this Constitution".

[35] "32A. Constitutional validity of State laws not to be considered in proceedings under article 32. [Rep. by the Constitution (Forty-third Amendment) Act, 1977, s. 3 (w.e.f. 13-4-1978)]".

SISTEMAS TRIBUTÁRIOS NO MUNDO

	DISTRIBUIÇÃO DE COMPETÊNCIAS (PERÍODO ANTERIOR A 2017)		
	UNIÃO	ESTADOS	MUNICIPALIDADES
TRIBUTOS DIRETOS	Imposto sobre a Renda (*Income Tax*)		
	Imposto sobre Fortunas (*Wealth Tax*)[1]		
	Imposto sobre Doações[2]		
	Imposto sobre Herança[3]		
TRIBUTOS INDIRETOS	Imposto sobre vendas (VAT)	Imposto sobre vendas (VAT)	Imposto sobre propriedade
	Imposto Sobre produção (*Excise duty*)	Imposto Sobre produção (*Excise duty*)	Imposto sobre água potável
	Imposto sobre serviço (*Service Tax*)	Imposto sobre entretenimentos (*Entertainment tax*)	Imposto sobre Iluminação Pública
	Impostos Alfandegários de Importação e Exportação (*Custom Tax*)	Imposto sobre bens de luxo (*Luxury tax*)	Imposto sobre gás
	Imposto sobre medicamentos e sobre a preparação de artigos de higiene pessoal (*Excise Duty levied under the Medicinal and Toiletries Preparation Act*)	Impostos de estradas	*Outros*
	Cesses (Tributos com finalidade específica)	Impostos de selos	
	Adicionais de alíquota (*Surcharges*)	Impostos sobre Loterias, apostas e jogos	
	Outros	Impostos sobre concessões (*Octoroi*)	
		Outros	

[36] Abolido em 1º de abril de 2016.
[37] Abolido em 1º de outubro de 1998.
[38] Abolido em 1985.

Porém, em março de 2017, foi aprovada a reforma que incluiu o modelo GST *(Goods and Services)*, cuja vigência se dera em 01/06/2017. Com tal modificação, diversos tributos indiretos foram subsumidos por uma incidência apenas.

Semelhante ao nosso ICMS, a adoção do modelo GST *(Goods and Services)* colocou sob um mesmo guarda-chuva a tributação da venda de produtos e da prestação de serviços. Essa alteração destoou sensivelmente do modelo do IVA, adotado anteriormente.

Ademais, outra modificação sensível é que o GST adota o formato não cumulativo de crédito/débito para ambas as incidências citadas (serviços e circulação de bens).

Diferentemente do ICMS, o GST indiano não é um tributo de competência apenas dos Estados. Lá existem 3 tipos de GST:

(i) o CGST (Central GST), de competência da União;
(ii) o SGST (State GST), de competência dos Estados, cobrado nas relações jurídicas intraestaduais;
(iii) o IGST (Integrated GST), de competência da União, cobrado nas relações interestaduais.

A dinâmica é a seguinte:

(a) operações intra-estaduais: 50% SGST (Estado) e 50% CGST (União)
(b) Operações interestaduais: 100% IGST (União)

Com o GST, a lista fica da seguinte forma:

DISTRIBUIÇÃO DE COMPETÊNCIAS (PERÍODO POSTERIOR A 2017)			
	UNIÃO	ESTADOS	MUNICIPALIDADES
TRIBUTOS DIRETOS	Imposto sobre a Renda (*Income Tax*)		
TRIBUTOS INDIRETOS	GST (CGST e IGST)	GST (SGST)	Imposto sobre propriedade
	Impostos Alfandegários de Importação e Exportação (*Custom Tax*)	Imposto Sobre produção (*Excise duty*)	Imposto sobre água potável
	Outros	Impostos de estradas	Imposto sobre Iluminação Pública
		Impostos de selos	Imposto sobre gás
		Outros	Outros

Vale frisar que o formato tributário pensado também inclui contribuições e taxas diversas.

Para melhor organizar as informações, elaboramos um quadro que demonstra as fontes de riqueza autorizadas pela Constituição para servirem como ponto de partida da imposição tributária. São as seguintes:

UNIÃO	ESTADOS
Renda	Renda da agricultura
Alfândega	Produção de bens ligados a (a) bebida alcoólica (b) ópio, canabis indiana e outros narcóticos
Tabaco e outros produtos manufaturados (exceto (a) bebida alcoólica (b) ópio, canabis indiana e outros narcóticos	Tributação referente a entrada de mercadorias para consumo, uso ou venda (*Octroi ou Entry tax*)
Ganhos corporativos	Comércio de bens (exceto jornais)
Comércio de bens (exceto jornais) (ocorridos entre estados)	Veiculação de propaganda (exceto em jornais)
Consignação de bens (ocorridos entre estados)	Transporte de bens e passageiros por estradas e rios
Serviços	Impostos sobre profissões e empregos

5. Modelo de incidência: patrimônio, renda ou consumo

Conforme os dados trazidos pelo relatório mais recente emitido pelo Governo indiano[39], o período de 2017-2018, aponta que 17,62% do PIB (Produto Interno Bruto) é advindo da tributação, sendo 11,79% desse total referente à tributação indireta e 5,83% tributação direta.

Portanto, tendo em vista que a relação de tributos indiretos é mais do que o dobro da tributação direta, não é demasiado afirmar que a tributação indiana encontra-se enormemente focada nos impostos indiretos, sendo importante frisar que tal característica já fora apontada também pela doutrina, inclusive se referindo a períodos anteriores. Nesse sentido, cita-se GHUGE e KATDARE[40] e ALAGAPPAN[41].

Para ilustrar um pouco mais, colacionamos alguns dados trazidos por ALAGAPPAN[42], que descreve o seguinte:

- quanto à tributação direta, impostos corporativos são a maior fatia, cerca de 57,3% da arrecadação de diretos, enquanto a tributação sobre a renda corresponde a 40,11%
- Quanto à tributação indireta, a tributação sobre a venda é a maior parcela, correspondendo a 36,81% do arrecadado, enquanto a tributação sobre serviço corresponde a 12,68%, o imposto sobre produção industrial (*excise duty*) a 17,44% e os impostos alfandegários a 12,62%

---

[39] Disponível em: <https://dea.gov.in/sites/default/files/INDIAN%20PUBLIC%20FINANCE%20STATISTICS%202017-18.pdf>.

[40] Nesse mesmo sentido: GHUGE, Nishant Ravindra; KATDARE, Vivek Vasantrao. Indian Tax Structure – an Analytical Perspective. *International Journal in Management and Social Science*, v. 03, Issue 09, Sept. 2015. Disponível em: <https://www.researchgate.net/publication/301477012_Indian_Tax_Structure_-_An_analytical_perspective>.

[41] ALAGAPPAN, S.M. Indian Tax Structure – An Analytical Perspective. *International Journal of Management (IJM)*, Vol. 10, Issue 3, pp. 36-43, May/June 2019, p. 36. Disponível em: <https://poseidon01.ssrn.com/delivery.php?ID=89300212 70970261140681160711160010861170780190600660551100210951030250850690230960680131210040030171160600241030050670670981131160820710480610200250970940871181170930380600131130890000870241200061031221010640911200111210671151011141011231211110080026093&EXT=pdf>).

[42] *Ibidem.*

6. Tributação de alta tecnologia

O *imposto de equalização* foi inaugurado em 2016 na Índia e, com uma alíquota de 6%, incidia sobre as propagandas digitais e serviços correlatos. Porém, em 1º de abril de 2020, o referido imposto teve sua base tributária alterada.

No referido ano de 2020, o *imposto de equalização* passou a incidir sobre as cadeias de e-commerce ou serviços digitais, tendo, porém, sido alterada a alíquota para 2%, embora a ampliação da base tributável tenha sido sensível.

7. Modelo de cobrança fiscal

O procedimento de cobrança se inicia com a lavratura de um auto de infração (*deficiency notice*) e, segundo os estudos de Mukesh Butani e Shreyash Shah (2018)[43] e a doutrina[44], o primeiro recurso fiscal é apresentado perante a Autoridade de Apelação Fiscal, que, como no Brasil, atua de modo a investigar e julgar a demanda tributária.

Como segundo grau de apelação, temos, ainda no âmbito não judicial, o *Income Tax Appellate Tribunal* (ITAT), descrito pelo seu próprio site[45] da seguinte forma:

> ITAT is a quasi judicial institution set up in January, 1941 and specializes in dealing with appeals under the Direct Taxes Acts. The orders passed by the ITAT are final, an appeal lies to the High Court only If substantial question of law arises for determination.[46]

Após o resultado do *Income Tax Appellate Tribunal* (ITAT), caberá recurso, em até 180 dias, para as *High Courts* e, posteriormente, para a Suprema Corte.

Vale frisar que, no caso de Tributos Indiretos, a primeira instância é o *Customs Excise and Service Tax Appellate Tribunal* (CESTAT)[47], local onde poderão ser discutidas tanto questões de fato quanto de direito.

---

[43] BUTANI, Mukesh; SHAH, Sreyash. *Tax litigation in India*: Overview. Thomson Reuters Practical Law. 2018. Disponível em: <https://uk.practicallaw.thomsonreuters.com/5-624-5046?transitionType=Default&contextData=(sc.Default)&firstPage=true&bhcp=1>

[44] https://www.lexology.com/library/detail.aspx?g=5f207f76-2be5-4aa6-ac63-7427fd2e2deb

[45] https://itat.gov.in/

[46] Disponível em: <https://www.itat.gov.in/page/content/about-tribunal>.

[47] http://www.cestatnew.gov.in/

Caso as partes não estejam satisfeitas, caberá recurso, em até 180 dias, para uma das *High Courts*[48], porém, tal segunda instância apenas tratará de questões de direito. Após, apenas caberá recuso para a Suprema Corte.

Embora não haja limitação quanto ao valor da causa para ser processado o pedido de revisão ou apelação por parte do contribuinte, para discussões acerca de tributos diretos, aplicável será a lógica autorizativa do *solve et repete* para que o acesso seja possibilitado ao contribuinte.

Já para os tributos indiretos, a plena quitação não será uma regra, afinal, dependendo das circunstâncias, basta o depósito de 20% do montante discutido.

No caso de recursos para o CESTAT, as autoridades fiscais apenas poderão recorrer caso o valor em disputa ultrapasse os limites compreendido pelo *Central Board of Indirect Taxes & Customs* (CBIC) como piso recursal.

Para melhor ilustrar a tramitação e – principalmente – o tempo, colamos fluxograma desenvolvido por Govind e Rao[49]:

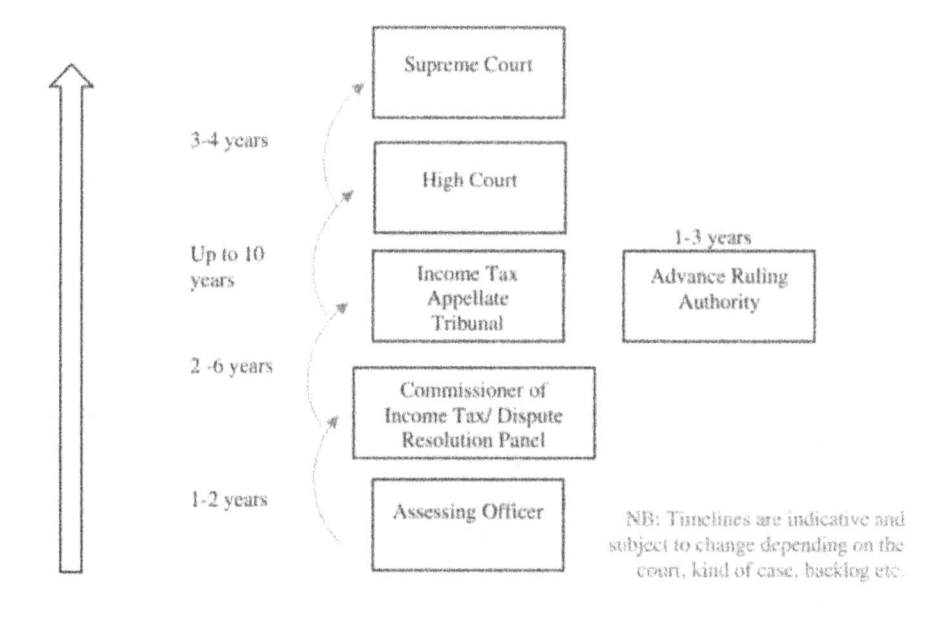

---

[48] http://indiancourts.nic.in/
[49] GOVIND, Sriram; RAO, Shreya. Designing an Inclusive and Equitable Framework for Tax Treaty Dispute Resolution: An Indian Perspective. *INTERTAX*, v. 46, issue 4, 2018. p. 313. Disponível em: <https://papers.ssrn.com/sol3/ papers.cfm?abstract_id=3136294>.

8. Espécies de transação, arbitragem, conciliação

O formato central de resolução de disputas tributárias na Índia é por intermédio do Judiciário e de Juntas Administrativas, conforme suprademonstrado.

Porém, desde a publicação do *Income Tax Act*, de 1961, existe na Índia o Painel de Resolução de Disputas (ou *Dispute Resolution Panel* – DRP), cuja função é ser opção ao formato judicial tradicional. Sua competência envolve matéria de tributação da renda.[50]

9. Tratados internacionais

O principal tratado assinado com o Brasil é o que busca evitar a dupla tributação e prevenir a evasão fiscal de renda, internalizado no Brasil por intermédio do Decreto nº 510/1992 e pelo Decreto Legislativo 214/1991.

Embora esse seja o principal tratado tributário, é importante frisar que a relação de tratados comerciais entre Brasil e Índia é extensa, principalmente como decorrência das relações advindas do BRICS.

Conclusões

Nosso objetivo com esse trabalho foi estabelecer as principais características acerca da tributação na Índia, assim como demonstrar aspectos de ordem social, territorial e econômica e, deste modo, conseguir projetar a certeza que temos no fato de ser a Índia um dos países que, sob diversos aspectos, mais se aproxima do Brasil.

Toda essa semelhança é interessante não apenas por critérios econômicos, mas também para descrever o quanto precisamos deixar de olhar para países com estruturas governamentais que em muito distanciam-se da nossa realidade.

Como um exemplo a ser seguido, podemos citar a forma como a Índia modificou seu sistema de tributação incidente sobre o comércio de mercadorias (de IVA para GST) e, mesmo com todas as divergências populacionais e socioeconômicas, ainda assim garantiu uma solução democrática e republicana.

O Conselho GST, que em muitos pontos se assemelha ao nosso CONFAZ, é uma aula de entendimento e de como podemos pensar

---

[50] https://www.mondaq.com/india/income-tax/284712/dispute-resolution-panel-under-the-income-tax-act-1961

instituições que, apenas pelo experimentalismo, nos darão a certeza de seu bom funcionamento.

Assim, por qual motivo não vemos ou pensamos em conhecer soluções de outros países mais parecidos com o nosso?

O fato de a Índia possuir um sistema federativo parecido com o nosso, cuja divisão se dá em Poder Central, Estados e poderes locais; ou o detalhe sobre o número de Estados e/ou possuir um imposto sobre o comércio de mercadorias bem semelhante ao nosso; ou então pelo fato de os Estados indianos e de o Poder Central precisarem conversar e convergirem na direção de um entendimento da maioria para realizar modificações sobre o imposto GST, que muito se assemelha ao nosso ICMS CONFAZ, tudo isso é simplesmente ignorado pela quase totalidade daqueles que estudam a tributação sob um aspecto do direito comparado.

O grande problema de nossa realidade está no fato de termos sido ensinados a sempre desenvolvermos um olhar eurocêntrico para procurar nossas soluções, importando-as sem – muitas das vezes – sequer termos certeza se elas caberiam em nosso sistema.

Para citar um exemplo, a forma como as deliberações do CONFAZ acerca dos benefícios fiscais foi pensada materializou um formato pouco eficiente e que dá um poder de veto absoluto para um único Estado.

A busca pela unanimidade trata-se de um instituto que nos leva a questionar sobre como podemos superar essa problemática. Porém, nossa tradição é olhar para países "desenvolvidos" e tentar extrair da sua experiência uma solução para nossas pelejas. Não precisamos dizer que, caso encontremos algo semelhante, a possibilidade de tal solução ser aplicável à nossa questão é quase nula. Por quê? Por causa da estrutura federativa e tributária desses países. Em quais países deveríamos nos espelhar? A Índia pode ser um bom começo, pois teve esse problema e aparenta o ter superado adotando um caminho plenamente percorrível pela nossa sociedade.

Porém, nossos antolhos costumam nos impedir de olhar ao redor e refletir sobre as reais possibilidades que detemos e quais os caminhos que, em realidade, podemos percorrer.

No caso do CONFAZ, por exemplo, a solução apresentada pela Índia foi trilhar um caminho democrático que distribuiu poder de voto entre Estados e o Poder Central, de modo a possibilitar a unidade não pela unanimidade, mas pela via da maioria. E reflitamos sobre o que é mais democrático: a maioria ou a unanimidade?

Costuma-se dizer que Nelson Rodrigues afirmou que a "unanimidade é burra!". Embora nosso sentimento não seja o de concordância plena com ele, podemos afirmar que, mesmo não sendo burra, a unanimidade é – com certeza – pouco democrática. Afinal, o alto poderio expressado pelo poder de veto é algo a ser combatido em esferas democráticas de decisão. Ninguém pode ter um voto capaz de reverter uma deliberação.

Precisamos repensar nossas instituições sim, porém, não adianta buscarmos o topo do Monte Everest se nem sabemos escalar. Não podemos esquecer que grandes jornadas são percorridas com pequenos passos.

Namastê!

Referências

ALAGAPPAN, S.M. Indian Tax Structure – An Analytical Perspective. *International Journal of Management (IJM)*, Vol. 10, Issue 3, pp. 36-43, May/June 2019. Disponível em: <https://poseidon01.ssrn.com/ delivery.php?ID=8930021270970 2611406811 60711160010861170780190600660551100210951030250850690230960680131210040030171160600241030050670670981131160820710480610200250970940871181170930380600131130890000870241200061031221010640911200111210671151011141011231211100800260938&EXT=pdf>. Acesso em: 05/04/2020.

BUTANI, Mukesh; SHAH, Sreyash. *Tax litigation in India:* Overview. Thomson Reuters Practical Law. 2018. Disponível em: <https://uk.practicallaw.thomsonreuters.com/5-624-5046?transitionType=Default&contextData=(sc.Default)&firstPage=true&bhcp=1>. Acesso em: 05/04/2020.

BUSINESS STANDARD. *Government, opposition spar over GST as a finance or money bill*. 2016. Disponível em: <https://www.business-standard.com/article/news-ians/government-opposition-spar-over-gst-as-a-finance-or-money-bill-116080301819_1.html>. Acesso em: 05/04/2020.

DATTA, Pratik; MALHOTRA, Shefali; TYAGI, Shivangi. Judicial Review and Money Bills. *NUJS Law Review*, Vol. 10, Issue 2, p. 75-115, jan./mar. 2017. Disponível em: <http://nujslawreview.org/wp-content/uploads/2017/06/10-2-Pratik-Datta-Shefali-Malhotra-Shivangi-Tyagi-%E2%80%93-Judicial-Review-and-Money-Bills.pdf>. Acesso em: 05/04/2020.

GOVIND, Sriram; RAO, Shreya. Designing an Inclusive and Equitable Framework for Tax Treaty Dispute Resolution: An Indian Perspective. *INTERTAX*, v. 46, issue 4, 2018. Disponível em: <https://papers.ssrn.com/sol3/papers.cfm?abstract_id=3136294>. Acesso em: 05/04/2020.

GETTLEMAN, Jeffrey; RAJ, Suhasini. " 'Tell Everyone We Scalped You!' How Caste Still Rules in India". *The New York Times*. 2018. Disponível em: <https://www.nytimes.com/2018/11/17/world/asia/tell-everyone-we-scalped-you-how-caste--still-rules-in-india.html>. Acesso em: 05/04/2020.

GHUGE, Nishant Ravindra; KATDARE, Vivek Vasantrao. Indian Tax Structure – an Analytical Perspective. *International Journal in Management and Social Science*, v. 03, Issue 09, Sept. 2015. Disponível em: <https://www.researchgate.net/publication/301477012_Indian_Tax_Structure_-_An_analytical_perspective>. Acesso em: 05/04/2020.

GOVERNMENT OF INDIA. *Indian Public Finance Statistics*: 2017-2018. Department of Economic Affairs. Julho, 2019. Disponível em: <https://dea.gov.in/sites/default/files/INDIAN%20PUBLIC%20FINANCE%20STATISTICS%202017-18.pdf>. Acesso em: 05/04/2020.

ÍNDIA. Constituição (1949). Constituição da Índia. Disponível em: <https://www.india.gov.in/sites/upload_files/npi/files/coi_part_full.pdf>. Acesso em: 05/04/2020.

___. *Customs Excise And Service Tax Appellate Tribunal*. Disponível em: <http://www.cestatnew.gov.in/>. Acesso em: 05/04/2020.

___. *Income Tax Appellate Tribunal*. Site institucional. Disponível em: <https://itat.gov.in/>. Acesso em: 05/04/2020.

___. *Indian Courts*. Disponível em: <http://indiancourts.nic.in/>. Acesso em: 05/04/2020.

LEXOLOGY. *Tax Litigation in India*. Disponível em: <https://www.lexology.com/library/detail.aspx?g=5f207f76-2be5-4aa6-ac63-7427fd2e2deb>. Acesso em: 05/04/2020.

THIRLWELL, Mark. India: the next economic giant. *Lowy Institute Paper 01*, Lowy Institute for International Policy, Australia, 2004. Disponível em: <https://www.lowyinstitute.org/sites/default/files/pubfiles/India_webFINALsml_1.pdf>. Acesso em: 05/04/2020.

TORRES, Ricardo Lobo. *Tratado de Direito Constitucional Financeiro e Tributário:* Valores e Princípio s Constitucionais Tributários. 2. ed. Vol. 2. Rio de Janeiro: Renovar, 2014.

14. O sistema tributário da Inglaterra

Érico de Carvalho Pimentel

Introdução
Esse artigo aborda o sistema tributário inglês, destacando os seus aspectos mais relevantes. Conforme será exposto, o sistema tributário inglês, embora não codificado, é composto por poucas normas esparsas, o que torna o sistema relativamente simples quando compararmos à complexidade do sistema tributário brasileiro.

Também se verá que não há grandes debates tributários conceituais. As normas tributárias levam a sério os princípios tributários de Adam Smith, principalmente no que toca à clareza das suas prescrições. A clareza se apresenta tanto em favor do contribuinte – que tem o direito de ser tributado na medida em que é expressamente prevista na legislação –, quanto em favor da Coroa Britânica, que tem o direito e dever de tributar na medida autorizada pelo Parlamento. Nessa perspectiva, são (quase) inexistentes discussões sobre inconstitucionalidade de norma tributária ou sobre interpretação analógica ou extensiva de isenções, alíquotas zero ou qualquer outra forma de redução do tributo. Também são limitados os poderes de autocomposição na área tributária.

Ainda, deve ser levado em consideração o modelo de satisfação do crédito fiscal que, diferentemente do Brasil, é levado a efeito por atos da própria administração tributária na maior parte das vezes. A intervenção do Poder Judiciário está normalmente relacionada à falência do contribuinte.

O presente artigo está dividido da seguinte forma. Na primeira parte, trazemos informações gerais sobre a organização territorial, política e administrativa. Na segunda parte, abordamos o sistema tributário e apresentamos suas normas mais relevantes. Em seguida, trataremos dos impostos responsáveis pela maior parte da arrecadação tributária (*income tax, corporation tax, value-add tax* e *national insurance contribution*). Abordaremos, ainda, o novo *Digital Services Tax*, cuja imposição teve início no mês de abril de 2020. Em seguida, abordaremos os meios de satisfação do crédito tributário, destacando o papel da administração tributária e do poder judiciário. Por fim, discorremos brevemente sobre os tratados tributários firmados entre o Brasil e o Reino Unido. Em sede de conclusão, fazemos um sumário dos pontos mais relevantes e que podem contribuir para o desenvolvimento de novos *insights* sobre o sistema tributário brasileiro.

1. Características regionais econômicas, políticas e governamentais

A Grã-Bretanha é constituída por três países: Escócia, País de Gales e a Inglaterra. Chama-se Reino Unido a reunião da Grã-Bretanha com a Irlanda do Norte. Além desses países, estão sob domínio britânico as Ilhas de Man, Jersey e Guernsey, estas duas conhecidas *Chanell Islands* (Ilhas do Canal), por estarem situadas no Canal da Mancha, no litoral da região da Normandia, na França.[1]

O Reino Unido possui território de 242.495 km² e população total de 66.453.500 habitantes. A Inglaterra é o maior país, possuindo área territorial de 133.817 km². A sua população é 55.877.000 de habitantes, acolhendo 84% de toda a população do Reino Unido. Escócia possui a segunda maior população, com 5.438.100 de habitantes, seguido do País de Gales (3.138.600) e Irlanda do Norte (1.881.600).[2]

O Reino Unido é uma monarquia constitucional[3], regido atualmente pela soberana Rainha Elizabeth II. A monarca é a Chefe de Estado,

---

[1] BRADLEY, A.; EWING, K.; KNIGHT, C. *Constitutional and Administrative Law*. London: Pearson Education UK, 2014. Edição eletrônica. p. 30.

[2] OFFICE FOR NATIONAL STATISTICS. Population estimates for the UK, England and Wales, Scotland and Northern Ireland: mid-2018, disponível em https://www.ons.gov.uk/peoplepopulationandcommunity/populationandmigration/populationestimates#timeseries, acesso em 6.3.2020.

[3] O Reino Unido não possui uma constituição codificada. As normas constitucionais são compostas por uma reunião de leis – em especial a Magna Carta de 1215 e o *Bill of Rights* e o *Scottish Claim of Right Act*, de 1689 –, prerrogativas reais, decisões judiciais e convenções.

representando o estado britânico nas relações internacionais. Ela também representa o estado britânico nas relações com o governo parlamentar. O governo parlamentar também limita os poderes da Coroa desde a Revolução Gloriosa. Conforme lecionam BRADLEY et al., "o Bill of Rights e o Act of Settlement estabeleceram a autoridade legislativa do Parlamento Inglês em relação à Coroa, sem afetar as prerrogativas da Coroa que não haviam sido questionadas".[4]

Desse modo, o Parlamento Inglês é soberano, não estando subordinado a qualquer outra instituição. Em 1885, o publicista inglês Veen Dicey proferiu clássica lição sobre o princípio:

> O princípio da soberania parlamentar significa, nem mais nem menos que isso: que o Parlamento assim definido tem, sob a constituição inglesa, o direito de fazer ou desfazer qualquer lei; e, além disso, que nenhuma pessoa ou órgão é reconhecido pela lei da Inglaterra como tendo o direito de anular ou revogar lei do Parlamento.[5]

Embora alvo de críticas doutrinária e judicial, bem como mitigado parcialmente pela adesão do Reino Unido à União Europeia[6], o princípio da soberania parlamentar é até hoje reconhecido tal como formulado por Dicey. O Parlamento não possui qualquer limitação ao poder de legislar, desde que observado o procedimento para aprovação da lei, que passa pelo recebimento da aprovação real. Consequência da soberania do Parlamento é ser vedado ao Poder Judiciário, mesmo após a instituição da Suprema Corte Britânica em 2005, anular leis editadas pelo Parlamento ainda que inconstitucionais ou contrárias a normas ou tratados internacionais.[7] Em certo sentido, a única limitação reconhecida na doutrina clássica é a de o Parlamento não poder restringir a soberania dos futuros parlamentos.[8]

O governo inglês adota o chamado sistema de Westminster de democracia parlamentarista. Por esse sistema, os membros do Parlamento são

---

[4] BRADLEY, A.; EWING, K.; KNIGHT, C. op. cit. p. 48.
[5] DICEY, A. V. *Introduction to the Study of the Law of the Constitution*. 8th. ed. London: Macmillan, 1915. p. 3-4.
[6] BRADLEY, A.; EWING, K.; KNIGHT, C. op. cit. p. 48.
[7] Ibidem. p. 49-53.
[8] DICEY, A. V. op. cit. p. 68.

eleitos pelos cidadãos em eleições que acontecem pelo menos a cada cinco anos.

A bancada que detém a confiança da Câmara dos Comuns tem o direito de formar o governo[9] e isso implica ter a maioria das cadeiras da Casa.[10] Se não houver a maioria, o partido com mais assentos é chamado para realizar acordos com outros partidos de modo a formar um governo de coalizão. Caso não consiga formar o governo de coalizão, o Parlamento pode ser dissolvido e chamadas novas eleições.

Formado o governo da maioria ou alcançado o governo da maioria, espera-se que o líder do partido político com a maior bancada se torne o Primeiro Ministro.[11] Por convenção, ele deve ser membro da Câmara dos Comuns.[12]

O Primeiro Ministro tem a responsabilidade de formar o Gabinete, órgão de decisão colegiada que forma o Poder Executivo. Os ministros podem ser membros da Câmara dos Comuns ou da Câmara dos Lordes.

O Gabinete é regido pelo princípio da responsabilidade coletiva. De acordo com o *Ministerial Code*:

> O princípio da responsabilidade coletiva exige que os Ministros sejam capazes de expressar suas opiniões com franqueza na expectativa de que eles possam discutir livremente em privado, mantendo uma frente unida quando as decisões forem tomadas. Por sua vez, isso requer que a privacidade das opiniões expressas perante o Gabinete e em comitês ministeriais, incluindo por correspondência, seja mantida.[13]

O Primeiro Ministro também assume o cargo de *First Lord of the Treasury*, cargo formalmente equivalente ao de Ministro da Economia no Brasil. O segundo mais importante membro do Gabinete em matéria econômica é o *Chancellor of the Exchequer*, encarregado do *HM Treasury*. O *HM Treasury*

---

[9] GOVERNO DO REINO UNIDO, *The Cabinet Manual*, 1ª ed. 2011, p. 21. disponível em https://assets.publishing. service.gov.uk/ government/uploads/system/uploads/attachment_data/file/60641/cabinet-manual.pdf

[10] BRADLEY, A.; EWING, K.; KNIGHT, C. op. cit. p. 48.

[11] GOVERNO DO REINO UNIDO. *The Cabinet Manual*. op. cit. p. 21.

[12] Idem, ibidem.

[13] GOVERNO DO REINO UNIDO. *Ministerial Code*, 2019, disponível em https://www.gov.uk/government/publications/ ministerial-code, acesso em 04.04.2020.

é o ministério encarregado de estabelecer a política econômica e fiscal, bem como as normas gerais que irão informar as atividades arrecadatórias e de execução de despesa do Estado.

Por convenção, espera-se que o líder do segundo maior partido no Parlamento lidere a Oposição, chamada *Her Majesty's Most Loyal Opposition* (em tradução literal: *A mais leal Oposição de Sua Majestade*). A principal função do Líder da Oposição é questionar os atos do Primeiro Ministro, nas chamadas Prime Minister's Questions (PMQs), sessões que ocorrem toda quarta-feira na Câmara dos Comuns. Ao Líder da Oposição também incumbe formar o *Shadow Cabinet*, com membros da oposição encarregados de fiscalizar e questionar os atos da sua contraparte do governo, atuando como "sombra". No caso, ao lado da atividade do Líder da Oposição, há o *Shadow Chancellor of the Exchequer*, encarregado do escrutínio das atividades da *Chancellor of the Exchequer*. Esse sistema de *accountability* direta assegura que o governo esteja sob permanente escrutínio do Parlamento.

2. Normas tributárias na constituição e na legislação
2.1. A Constituição Tributária

Embora a Carta Magna de 1215 seja citada como o primeiro de diploma constitucional de limitação do poder real para tributar, é reconhecido que o *Bill of Rights* de 1689, resultado da Revolução Gloriosa, constitui uma das principais regras constitucionais de limitação do poder real, vigente até os dias de hoje.[14]

Dentre outras disposições, o *Bill of Rights* de 1689 estabelece a prerrogativa do Parlamento de estabelecer tributos, sendo defeso ao Monarca ou ao Poder Judiciário interferir nessa prerrogativa.[15] Deriva daí a soberania do Parlamento em matéria tributária, bem com a exclusividade do estabelecimento de tributos por ato do parlamento, não sendo possível criar tributo por ato do Monarca ou pela *common law*.

Em função dessa regra constitucional e pela ausência de outras normas constitucionais que venham a definir os poderes do Poder Legislativo de criar e gerir tributos, tem-se também que, uma vez editada uma lei pelo Parlamento, o imposto não pode sofrer limitação por ato do Poder

---

[14] BRADLEY, A.; EWING, K.; KNIGHT, C. op. cit. p. 47
[15] Idem, ibidem, p. 47

Judiciário,[16] não havendo espaço para argumento de injustiça ou arbitrariedade da deliberação parlamentar. Normalmente, somente a aplicação da lei pelo *HM Revenue & Customs*, contraparte inglesa da Receita Federal do Brasil, pode ser questionada.

As propostas de lei para criar tributos ou despesas devem ser apresentadas ou autorizadas pela Coroa, tendo o governo, na prática, controle sobre o processo legislativo. A oposição e os demais parlamentares possuem limitados poderes para propor leis que criam despesas e tributos.[17]

2.2. As normas tributárias infraconstitucionais

Ao examinar o sistema tributário inglês, é preciso ter em consideração que, quando o Parlamento legisla, ele o faz uniformemente para todo o Reino Unido.[18] Portanto, o sistema tributário inglês praticamente se confunde com o britânico, com alterações pontuais no governo devolvido da Escócia[19].

O sistema tributário inglês não é codificado, possuindo uma série de legislações esparsas regendo cada um dos tributos.

O imposto sobre a renda de pessoa física (*income tax*) é regulado primariamente por três diplomas: *Income Tax (Earnings and Pensions) Act 2003*, também chamado de ITEPA; *Income Tax (Trading and Other Income) Act 2005*, conhecido como ITTOIA; e o *Income Tax Act 2009*, conhecido como ITA.

O imposto sobre ganho de capital é considerado um imposto distinto, sendo regulado pelo *Taxation of Chargeable Gains Act 1992*.

O imposto de renda das empresas (*corporation tax*) é regido pelo *Corporation Tax Act 2009* (CTA 2009) e *Corporation Tax Act 2010* (CTA 2010).

Outro diploma relativo ao imposto sobre a renda é o *Capital Allowances Act 2001*, que dispõe sobre as parcelas dedutíveis nos cálculos do imposto de renda de pessoa física e jurídica.

---

[16] DAVIES, F. R.; MORSE, G.; WILLIAMS, D. **Davies**: Principles of Tax Law. 8th. ed. London: Sweet & Maxwell, 2016.

[17] BRADLEY, A.; EWING, K.; KNIGHT, C. op. cit. p. 188.

[18] Idem, ibid, p. 30.

[19] Um exemplo é a alteração da alíquota mínima do income tax, equivalente ao imposto de renda sobre pessoa física (BRADLEY, A.; EWING, K.; KNIGHT, C. op. cit. p. 38). Diferentemente da Escócia, o País de Gales não tem poder de impor alíquotas diferenciadas aos cidadãos.

A contribuição social para o financiamento do sistema de seguro social é regida pelo *Social Security Contributions and Benefits Act* de 1992, regulamentado pelo *Social Security Contributions Regulations* de 2001.

Por fim, um importante diploma é o *Taxation (International and Other Provisions) Act 2010*, conhecida como TIOPA. Ela trata da dupla tributação internacional e do preço de transferência, além de outras disposições.

O VAT é regulado pelo *Value Added Tax Act 1994*. Durante a permanência do Reino Unido na União Europeia (UE) incidiram diversas disposições editadas pela por essa última, tais como os tratados, os regulamentos e as diretivas. Os mais relevantes são o *Community Customs Code (reg.2913/92)* e as provisões sobre o VAT.

3. Princípios tributários

Diferentemente do nosso sistema, com definições expressas de princípios jurídicos de tributação na Constituição ou em lei ordinária, a construção do sistema tributário inglês repousa em um único princípio jurídico: a soberania do Parlamento. Sendo aprovado como *Act of Parliament*, a tributação pode ocorrer em qualquer forma, não havendo limites.

Entretanto, cabe uma anotação. Conforme advertem BRADLEY et al., mesmo o princípio da soberania do parlamento deve ser visto com a devida cautela, uma vez que, embora seja verdadeiro para os tributos diretos, ela não abrange todos os tipos de tributos indiretos. Eis a lição:

> Para que a imposição tributária seja legal, ela deve ser autorizada por lei. Mas esse princípio básico foi objeto de uma longa disputa entre o Parlamento e os reis Stuart, que alegaram que a Coroa tinha o direito prerrogativa de cobrar certos tributos sem o consentimento do Parlamento. Foi admitido na época de Eduardo I que o consentimento do Parlamento era necessário para a tributação direta. A história da tributação indireta é mais complicada, uma vez que a regulamentação do comércio exterior fazia parte da prerrogativa real relacionada a assuntos externos. Não havia distinção clara entre a imposição de impostos na forma de direitos alfandegários e o exercício de poderes prerrogativas sobre o comércio exterior e defesa.[20]

Entretanto, isso não significa que a legislação tributária seja editada de forma irrefletida. Uma característica dos princípios tributários britânicos

---

[20] BRADLEY, A.; EWING, K.; KNIGHT, C. op. cit. p. 47.

é que eles não se limitam a informar apenas a interpretação das normas tributárias pelos tribunais, mas orientam a avaliação e interpretação político-econômica do tributo, servindo como indutor da política tributária. Nesse aspecto, não há compartimentalização de princípios políticos de tributação de um lado e princípios jurídicos do outro, tudo se referindo à política tributária.

Os princípios gerais de tributação, também chamados de critérios ou cânones, decorrem da evolução de ideias costumeiras, que foram sintetizadas por Adam Smith (*The Wealth of Nations*, 1776). São eles: os princípios da equidade, certeza, conveniência e eficiência. O princípio da equidade estabelece que a tributação deve ser compatível com a capacidade contributiva do cidadão, devendo ser levada em devida consideração as necessidades pessoais e familiares. O princípio da certeza exige que os contribuintes devem ser informados sobre as razões da tributação e como os impostos são ou serão cobrados. O princípio da conveniência refere-se à facilidade de cumprimento por parte dos contribuintes. Por fim, o princípio da eficiência na arrecadação de impostos estabelece que a exação tributária não deve afetar negativamente a alocação e o uso de recursos na economia, e, certamente, o custo da cobrança não deve ser maior do que a própria arrecadação do imposto.

Em 1978, o *Meade Committee Report* (1978) estabeleceu que a adequada concepção de um tributo deve ter em consideração alguns fatores: (a) os seus efeitos sobre os incentivos econômicos; (b) a sua justiça com relação ao tratamento de pessoas com capacidade contributiva semelhantes; (c) o efeito distributivo da riqueza; (d) a compatibilidade com as relações econômicas internacionais; (e) o dever de ser simples e compreensível; (f) o dever de não incorrer em excessivos custos administrativos. Como facilmente se percebe, trata-se de uma evolução dos cânones de Adam Smith, aprimorando-os para dar ênfase à eficiência e, sobretudo, ressaltar a importância das implicações dos tributos nas relações internacionais.[21]

Com relação a este último aspecto, DAVIES, MORSE e WILLIAMS observaram que decorre desse princípio a necessidade de a norma tributária atentar para (a) os compromissos internacionais assumidos pelo país – em particular com a União Europeia –, bem como (b) à preservação

---

[21] LOUTZENHISER, G.; TILEY, J. *Revenue Law*: Introduction to UK Tax Law; Income Tax; Capital Gains Tax; Inheritance Tax. Oxford: Bloomsbury, 2012.

da competitividade do Reino Unido como uma nação com vocação para o comércio e negócios internacionais.[22]

Esse princípio levou o Reino Unido a adotar, em 1973, o VAT (*value--add tax*), imposto europeu até então desconhecido pelos ingleses e a suprimir impostos alfandegários. O VAT veio a substituir o *Purchase Tax*, que era um imposto cobrado sobre bens considerados de luxo. Por outro lado, o Reino Unido, com relação aos bens provenientes de países da União Europeia, renunciou aos impostos de importação, adotando regime aduaneiro comum. Esse princípio impunha ao Parlamento certas obrigações do Tratado da União Europeia no que toca aos limites da legislação, impedindo-o, por exemplo, de estabelecer normas tributárias que venham a discriminar cidadãos europeus, bem como o obrigava a trabalhar pela harmonização da legislação britânica com a legislação da UE.[23] Com a saída do Reino Unido da UE prevista para dezembro de 2021, a harmonização da legislação não mais será obrigatória.

4. Espécies tributárias
4.1. O *income tax*
Equivalente inglês do imposto sobre rendimentos de pessoa física, o *income tax* é a principal fonte de arrecadação tributária. Em 2019, foram arrecadados £195 bilhões (27% do total da arrecadação). Desse montante, £163 bilhões de libras foram arrecadados pela modalidade de retenção da fonte (*Pay as Your Earn*) e £31,5 bilhões de libras por meio de declaração (*Self Assessed*).

O imposto é regido pelo *Income Tax (Earnings and Pensions) Act 2003* (ITEPA), *Income Tax* (Trading and Other Income) *Act* 2005 (ITTOIA) e o *Income Tax Act 2007* (ITA). Entretanto, é importante observar que, embora essas disposições regulem o *income tax*, o imposto pode ser cobrado apenas com a publicação do *Finance Act* (lei orçamentária anual).

O fato gerador do tributo é a renda descrita na legislação como passível de ser tributada. No direito tributário inglês não há muita dúvida sobre esse conceito. Conforme explica LOUTZENHISER, a lei estabelece um procedimento pragmático para a definição de renda passível de tributação. Ela adota um modelo de descrição das receitas passíveis de tributação.

---

[22] DAVIES, F. R.; MORSE, G.; WILLIAMS, D. op. cit.
[23] Idem, ibid.

Se ela estiver na listagem exaustiva das receitas tributáveis, incidirá o imposto. Se não tiver, não incide, sendo desnecessário investigar um conceito geral de renda.[24]

Esse sistema, conhecido como *schedular* ou *categoric system* importa baixa discussão acerca do conceito de renda para fins tributários nos tribunais, sendo as cortes reticentes em reconhecer qualquer novo tipo de renda para fins tributação utilizando, por exemplo, argumentos de justiça.[25] Considerado isso, o *income tax* incide prioritariamente sobre os salários, proventos, benefícios sociais, rendas decorrentes de atividades comerciais e profissionais e rendas de investimentos (incluindo dividendos e juros).

O *income tax* incide principalmente sobre a renda de indivíduos (pessoas físicas). Entretanto, há previsão expressa para algumas pessoas jurídicas formalizadas ou não, tais como os *trusts* e as *charities*. Com o *Financial Act* 2019, as empresas sem domicílio, antes tributadas pelo *income tax*, passaram a ser tributadas por meio do *corporation tax*.

A alíquota é definida em faixas de renda, tendo a primeira faixa (conhecida como *personal allowance*[26]), em princípio, alíquota zero. As alíquotas ordinárias são duas, de 20% e 40%, acrescidas de uma terceira, de 45%, para rendas superiores a £150 mil/ano. Os dividendos são tributados por alíquotas específicas baseadas na faixa em que se encontra o contribuinte, sendo a alíquota mínima de 7,5% e a máxima de 42,5% (vide Tabela 2).

Tabela 2 – **Tabela de imposto de renda pessoa física**

Banda	Faixa de Renda	Alíquota Tax Income	Alíquota Dividendo
Personal allowance	Até £12.500	0%	0%
Alíquota básica	De £12.501 até £50.000	20%	7,5%
Alíquota superior	De £50.001 até £150.000	40%	32,5%
Alíquota adicional	> £150.000	45%	38,1%

Fonte: HMRC
Elaboração do autor

---

[24] Idem, ibid
[25] Idem, ibid.
[26] Diferentemente do Brasil, o *personal allowance* vem sendo corrigido anualmente: 2016/2017, £11.000,00; 2017/2018, £11.500,00; 2018/2019, £11.850,00; 2019/2020, de £12.500,00. Trata-se de um reajuste de 4,5%, 3% e 5,4%.

4.2. O *National Insurance Contribution*

O *National Insurance Contribution* (NIC) corresponde a aproximadamente 18% da arrecadação de impostos do governo britânico, totalizando a importância aproximada de £137 bilhões. Como já destacado, as contribuições sociais são regidas pelo *Social Security Contributions and Benefits Act de* 1992, regulamentado pelo *Social Security Contributions Regulations* de 2001.

Como regra geral, deve pagar a contribuição o empregado que recebe mais de £166,00 por semana (£719,00 mensais) e o trabalhador autônomo que tenha auferindo lucro (*profit*) acima de £6.365,00.

Para fins tributários, os contribuintes são enquadrados em classes, de acordo com a situação sua profissional. São quatro tipos de Classes (1 a 4), sendo a Classe 1 dividida em Classe 1A e 1B. A alíquota máxima para empregado é de 12% (vide Tabela 2). Para o empregador, na classe 1, a alíquota é de 13%, limitada a base de cálculo ao valor de £962,00 por semana (£4.167,00 mensais). Existem alíquotas especificas para a Classe 2, de profissionais autônomos.

Tabela 3 – **Contribuições sociais**

Classe	Contribuinte	Alíquotas
1	Contribuição sobre rendas superiores £166 por semana (£719,00 mensais)	12% sobre os rendimentos entre £166,00 e £962,00 semanais; 2% acima de £962,00
1A ou 1B	Contribuição sobre salário in natura	
2	Profissionais autônomos com renda líquida superior £6.365,00	£3,00 por semana
3	Contribuição voluntária	–
4	Profissionais autônomos com renda líquida superior £8.632,00	9% sobre rendimentos entre £8.632,00 e £50.000,00 2% acima de£50,000

Fonte: HMRC
Elaboração do autor

A base de cálculo das contribuições dos empregados é a remuneração total, observando os limites mínimos e máximos. A contribuição dos profissionais é calculada sobre o lucro (*profit*), isto é, renda deduzida das despesas incorridas. Assim, podem ser deduzidas dos cálculos despesas com a manutenção de escritório (energia, aquecimento, telefone etc.), despesas de viagens, uniformes, salários de subordinados ou custos de subcontratados, propaganda, cursos e treinamentos etc. Também podem ser deduzidas despesas de investimento em equipamentos, máquinas e veículo para o negócio. Também podem ser deduzidas despesas com *home office*, sendo, no entanto, proporcionais ao custo de manutenção da residência.

4.3. O Value-add Tax (VAT)

O VAT é a segunda fonte de arrecadação do governo britânico, respondendo por quase 21% da arrecadação tributária. Em 2019, o total arrecadado foi de £151 bilhões.

Trata-se de um imposto relativamente novo no Reino Unido, sendo introduzido por força do ingresso do país na União Europeia. Foi introduzido pelo *Finance Act 1972* e é atualmente regulado pelo *Value Added Tax Act 1994* (VATA 94), tendo sofrido emendas pelos *Finance Acts*. O VAT é detalhado em diversas normas editadas através de *Orders* do *HM Treasury* e *VAT Regulations* editada pelo HMRC. Esses instrumentos são conhecidos como *Statutory Instruments* (SIs). O principal SI é o *Value Added Tax Regulations 1995* (SI 1995/2518). Até a saída do Reino Unido da União Europeia, ocorrida no início de 2020, as Diretivas da União Europeia tinham primazia sobre as normas do Reino Unido.[27]

Muito embora um dos impostos mais recentes, desde a sua adoção a forma de cobrança do imposto se manteve relativamente a mesma, observando desde então a regra do art. 2 da Primeira Diretiva Europeia do IVA, que afirmava que "o princípio do sistema comum do imposto sobre o valor agregado envolve a aplicação a bens e serviços de um imposto geral sobre o consumo".[28]

Diferentemente do Brasil, que possui três impostos distintos sobre o consumo (IPI, ICMS e ISS), cobrados principalmente na origem, o Reino Unido segue o modelo da União Europeia de imposto único sobre o valor

---

[27] CHESHAM, M. *VAT and Financial Services*. 2nd. ed. London: Spiramus, 2015.
[28] UNIÃO EUROPEIA, *First Council Directive 67/227/EEC of 11 April 1967 on the harmonisation of legislation of Member States concerning turnover taxes*, OJ 71, 14/04/1967. p. 1.301.

agregado (VAT) adotando-se o princípio do destino.[29] Isso se deve, em parte, pela obrigação imposta no Tratado de Roma de 1957 que estabelece o dever dos países membros harmonizarem a sua legislação dos impostos sobre consumo às diretivas da União Europeia (então Comunidade Europeia).[30]

As alíquotas podem ser zero, 5% e 20%. Alíquota de 20% é a padrão, sendo aplicada para maioria dos bens e serviços que não se enquadrem nas alíquotas diferenciadas. A alíquota zero é aplicada para bens e serviços como (a) livros e jornais; (b) água e esgoto; (c) a maioria dos bens exportados para países fora da União Europeia; (d) fretes (e) roupas e sapatos infantis; e (f) bens fornecidos a empresas europeias que pagam VAT.[31-32]

A alíquota de 5% (*reduced rate*) é aplicada para alguns produtos e serviços, tais com (a) energia elétrica, gás ou outros combustíveis para fins domésticos; (b) equipamentos de aquecimento e materiais de isolamento térmico; (c) painéis solares e turbinas eólicas e hidráulicas; (d) assentos de carros para crianças; e (e) equipamentos de mobilidade instalados nas residências para idosos.

Há ainda uma lista de bens e serviços que são isentos, tais com (a) tratamento médico prestado em hospitais ou instituições de saúde equivalentes; (b) serviços médicos e odontológicos; (c) serviços educacionais; (d) serviços financeiros e de seguros[33]; (e) jogos de azar e bingos[34]; (f) alienação de obras de artes vendidas para instituições públicas ou para quitar dívidas com o HMRC; e (g) levantamento de recursos financeiros para caridade.

---

[29] SCHENK, A.; THURONYI, V.; CUI, W. Varieties of VAT in Use. In: *Value Added Tax*: A Comparative Approach (Cambridge Tax Law Series, pp. 47-58). 2nd. ed. Cambridge: Cambridge University Press, 2015.

[30] Artigo 99 da redação original do Tratado de Roma, de 1957.

[31] Com a saída da União Europeia, a alíquota zero tende a ser aplicada também para a União Europeia.

[32] GOVERNO DO REINO UNIDO. *Businesses and charging VAT*, 2020, in https://www.gov.uk/vat-businesses/vat-rates, acesso em 04/03/2020.

[33] Os serviços de seguro são isentos de VAT, porém, é cobrado o Insurance Premiun Tax (IPT), que pode variar de 12% a 20%.

[34] Do mesmo modo que os seguros, os jogos de azar são tributados através de imposto próprio (*Gambling duties*).

Em regra, o VAT deve ser recolhido trimestralmente, por meio de declaração para o HMRC. Para as empresas com rendimento tributável de até £1.35 milhões há outras opções, como a de fazer recolhimento antecipado uma vez por ano. Nessa hipótese, somente é necessário fazer uma declaração anual, hipótese em que, a depender do resultado, deve o contribuinte fazer o pagamento do valor devido ou requerer a devolução do valor pago em excesso.

4.4. O *Corporation Tax* (CT)

O *Corporation Tax* (CT) é o equivalente ao imposto sobre a renda de pessoa jurídica. Em 2019, foi responsável por 8% da arrecadação tributária britânica, levando £59 bilhões aos cofres do HM Treasury.

As principais normas são o *Corporation Tax Act 2009* (CTA 2009), que estabelece as regras gerais aplicáveis à tributação dos lucros e outros rendimentos das empresas em geral, e o *Corporation Tax Act 2010* (CTA 2010), que trata das alíquotas do imposto sobre o rendimento das sociedades e da dedução de prejuízos, além de outras disposições.

Outras duas importantes normas são a *Taxation (International and Other Provisions) Act 2010* (TIOPA), que rege o tratamento no Reino Unido de lucros tributáveis que também podem ser tributados em outra jurisdição, e o *Capital Allowances Act 2001* (CAA), que trata das despesas passíveis de dedução para fins tributários.

O imposto incide apenas sobre o lucro das empresas. Por *empresas* podem ser entendidas aquelas formalmente constituídas e as chamadas *unincorporated associations*, em que há o concurso de pessoas unidas por um propósito específico e regidas por normas de organização que definem o seu controle e as obrigam mutuamente.

LOUTZENHISER observa que *lucros*, de acordo com a definição legal[35], é a soma da renda e dos ganhos de capital tributável (*profits*). Portanto, a renda e os ganhos de capital são somados para cômputo da base tributária, os quais são apurados tendo em consideração o período contábil (*accounting periods*). O período contábil deve ser de, no máximo, doze meses e pode ou não coincidir com o ano fiscal (que vai de 1º abril de um ano até 31 de março do seguinte). A definição do período contábil

---

[35] CTA 2009, Section 2(1)

é importante para definir quais são os lucros e os prejuízos que serão considerados na apuração do imposto, e qual alíquota incidirá. Cabe exclusivamente ao contribuinte a definição do período contábil. O HMRC somente interferir na escolha caso não reste claramente evidenciada a escolha do contribuinte.[36]

No que se refere à alíquota, até os anos de 2015 e 2016, era de 20%, tendo sido reduzida para o ano fiscal de 2017 para 19%, alíquota vigente até 2019. Para 2020, a alíquota é de 17%. Existem alíquotas diferenciadas de 30% para as empresas que exploram petróleo no território britânico (*ring-fenced companies*).

O imposto é apurado pela própria empresa (*self-assessment*) e deve ser recolhido em até nove meses e um dia contados do término do período contábil. Grandes empresas devem fazer recolhimentos trimestrais antecipados.

A legislação do CT é abrangente quanto à apuração da renda e do ganho de capital que formam o lucro tributário. Mas cabe trazer algumas considerações, ainda que não na profundidade ideal, sobre o tratamento do prejuízo.

No Reino Unido, a empresa pode fazer retroagir o prejuízo para fazer uma nova apuração do lucro no ano anterior. Por outro lado, o prejuízo pode ser compensado com os futuros lucros indefinitivamente. Entretanto, o prejuízo apurado até abril de 2017 somente pode ser deduzido do lucro futuro relativo ao mesmo negócio do qual se originou o prejuízo. O prejuízo apurado após 01/04/2017 pode ser deduzido do lucro tributário da companhia, independentemente do negócio que deu origem ao prejuízo. A alteração de abril de 2017 veio com a limitação do total das deduções, que se limitam a 50% dos lucros acima de £5 milhões.

Outro ponto que merece destaque é que as empresas não estão sujeitas ao *Capital Gain Tax* (CGT), sendo os ganhos de capital computados para apuração do lucro. Conquanto o ganho de capital corporativo seja somado à renda para como o lucro para fins tributários, o prejuízo dos exercícios anteriores somente pode ser deduzido da renda, não influenciando no resultado do ganho de capital. Por outro lado, as perdas de capital não repercutem na apuração da renda.

---

[36] LOUTZENHISER, G.; TILEY, J. op. cit.

5. Modelo de incidência: patrimônio, renda ou consumo

De acordo com *Office for National Statistics* (ONS), órgão encarregado das estatísticas oficiais britânicas, O PIB britânico em 2019 foi de £ 2.21 trilhões[37]. Dados do *Office of Budget Responsibility* (OBR) apontam que, no mesmo ano, as receitas tributárias corresponderam a £735 bilhões, 90% do valor total das receitas orçamentárias, estimadas em £813 bilhões. A relação PIB/tributação é de 36%.

A arrecadação britânica é baseada primariamente sobre tributos diretos. Embora a distinção entre impostos diretos e indiretos não seja muito usada no Reino Unido, a Tabela 1 traz uma classificação dos tributos. De acordo com essa classificação, os tributos diretos correspondem a aproximadamente £442 bilhões, ou a 60% do total das receitas tributárias. Os tributos indiretos correspondem a aproximadamente £293 bilhões (40%.).

Tabela 1 – **Classificação, valor e participação na arrecadação de cada tributo**

Tributos	Bilhões de Libras (£)	% de receitas tributárias
Tributos diretos		
Income tax – Pay as your earn (PAYE)	163.5	22.22%
Income tax – Self assessed (SA)	31.5	4.29%
Other income tax	-2.5	-0.33%
Capital gains tax	9.2	1.25%
Onshore corporation tax (inclui Bank Surcharge)	56.5	7.68%
Offshore corporation tax	1.9	0.25%
Diverted profits tax	0.01	0.00%
Petroleum revenue tax	-0.7	-0.10%
Bank levy	2.5	0.34%
Licence fee receipts	3.2	0.44%
Inheritance tax	5.4	0.73%
National insurance contributions (NICs)	137.3	18.66%
Council tax	34.8	4.74%
TOTAL (1)	**442.5**	**60%**

[37] OFFICE OF NATIONAL STATISTICS, Gross Domestic Product at market prices: Current price: Seasonally adjusted £m. in https://www.ons.gov.uk/economy/grossdomesticproductgdp/timeseries/ybha/pn2?referrer=search&searchTerm=ybha, acesso em 07.03.2020.

Tributos indiretos		
VAT (net of VAT refunds)	151.4	20.58%
Fuel duties	28.0	3.81%
Stamp duty land tax (incluindo Scottish LBTT e ATED)	12.9	1.75%
Stamp taxes on shares	3.6	0.49%
Tobacco duties	9.2	1.24%
Alcohol duties	12.1	1.64%
Vehicle excise duties[1]	6.8	0.92%
Air passenger duty	3.6	0.49%
Insurance premium tax	6.3	0.86%
Climate change levy and carbon price floor	1.9	0.26%
Environmental levies	7.5	1.02%
EU ETS	0.3	0.04%
Outros tributos e receitas	50.1	7%
TOTAL (2)	**293.7**	**40%**
TOTAL ARRECADAÇÃO TRIBUTÁRIA (1+2)	**736.2**	**100%**

Fonte: Office of Budget Responsibility (OBR)
Elaboração: Autor

6. Tributação de alta tecnologia

No Orçamento de 2018, o Governo Britânico havia anunciado a intenção de criar um novo imposto chamado de *Digital Services Tax* (DST). Em 11/07/2018, o governo publicou o projeto de legislação a ser encaminhado ao Parlamento após consulta pública. A legislação, inédita, tem como foco a tributação de empresas de alta tecnologia.

Trata-se de ação unilateral do governo britânico e que foi editada à revelia das propostas de ação coordenada em âmbito internacional do projeto BEPS/OCDE. Em suas razões, o Governo Britânico ponderou que a revolução digital tem gerado novas oportunidades e desafios para os negócios. As empresas de todo o mundo vêm se adaptando à digitalização da economia. Em virtude dessa revolução, seria necessário adequar também a legislação tributária para esse novo cenário, sendo necessária alterações profundas na forma da tributação internacional das empresas de alta tecnologia.

O governo britânico argumenta que, pelas regras de tributação internacional, a tributação das empresas deve ocorrer no país em que há geração de valor, tendo esses países o direito de tributar os lucros das atividades e do valor gerado em seu território (princípio da territorialidade). Entretanto, essa premissa da tributação internacional tornou-se problemática quando se tem por objeto o desempenho de atividades desenvolvidas por setores de alta tecnologia, cuja criação de valor deriva da atuação dos seus próprios usuários. A atual estrutura tributária internacional não é capaz de capturar o valor criado pela participação do usuário, que passa a ser desconsiderado na hora de alocar os lucros de uma empresa entre diferentes países.

Fica claro, nas exposições do Governo Britânico, que o imposto proposto é uma solução *second best*. Para o Governo, melhor seriam as reformas no sistema tributário internacional que propiciassem a contribuição mais efetiva das empresas de alta tecnologia no financiamento das despesas públicas, alcançando a desejada justiça e sustentabilidade do sistema tributário internacional. Entretanto, reconhece-se as dificuldades inerentes a esse processo atuando de forma declaradamente provisória; até que seja alcançada uma solução definitiva com outros países.

Devido ao seu caráter inovador, é pertinente tecer algumas considerações sobre as características essenciais do tributo. Os sujeitos passivos do tributo são empresas de alta tecnologia com faturamento mundial acima de 500 milhões de libras *e* (cumulativamente) que geram faturamento acima de 25 milhões de libras nas atividades especificadas vinculadas a participação de usuários britânicos. Isso significa dizer que a lei foi moldada para ter como sujeitos passivos as *grandes* empresas de tecnologia.

O fato gerador não é venda online de produtos, que continuam a ser taxados pelo VAT, mas a geração de receitas (faturamento) proveniente de atividades vinculadas a usuários britânicos.

Somente incide nas receitas decorrentes de atividades específicas empresariais digitais, quais sejam, receitas decorrentes de fornecimento (a) de plataforma de mídia social; (b) de serviços de busca e (c) *marketplace* virtual. A alíquota é de 2% sobre as receitas locais geradas com a participação do usuário britânico.

O tributo começou a viger a partir de abril de 2020, sendo incerto ainda se os resultados de política tributária foram alcançados.

7. Modelo de cobrança fiscal
7.1. A cobrança fiscal administrativa
No caso de inadimplemento do crédito tributário, o HMRC pode atuar administrativa e judicialmente. As medidas administrativas consistem em: (a) retenção administrativa de salários e pensões; (b) terceirização de cobrança de crédito por meio de empresas privadas; e (c) execução administrativa de bens.

A *retenção administrativa de salários e pensões* consiste da dedução de parte do valor dos rendimentos e posterior entrega a HMRC. No caso, o devedor, após ser notificado pelo HRMC, tem seu código de retenção na fonte modificado, para recolher o valor equivalente ao tributo devido. Esse procedimento somente pode ser utilizado no caso do imposto declarado pelo contribuinte (*Self assessment*) e na contribuição ao seguro social de classe 2 (de profissional autônomo). Os limites de retenção anual são definidos pelo total de ganhos anuais: até £ 30 mil, a retenção máxima é de £ 3 mil; a partir de £ 30 mil, o percentual sobe gradativamente em relação à renda, até alcançar o valor máximo de £ 17 mil, quando a renda do contribuinte é de £ 90 mi.

Outra opção é a terceirização da cobrança de débitos (pelas *Debt collection agencies*). Nesse caso, o HMRC delega a atividade de cobrança para empresas privadas de cobranças. Os procedimentos de cobrança são os utilizados para as dívidas em geral. Deve a empresa autorizada notificar a existência do débito e o pagamento deve ser realizado diretamente à empresa encarregada da cobrança.

O terceiro modo é a execução administrativa de bens (*taking control of goods*). Nessa hipótese, o HMRC envia um agente para cobrar o débito (*notice of enforcement*) e, caso não haja o pagamento, é feito um arrolamento dos bens que podem ser vendidos para cobrar os débitos e os custos da venda (leilão e ou através de anúncios públicos). Tal como acontece no Brasil no caso de penhora judicial, o bem pode ser imediatamente removido pelo HMRC ou deixado sob os cuidados do próprio devedor (*Controlled Goods Agreement*). Novo prazo de sete dias, contados da visita do agente, é concedido para pagamento. Caso não ocorra, o bem é colocado à venda para pagar o valor do tributo e os custos da alienação. Se o bem for vendido por valor superior, a diferença é devolvida ao contribuinte. Do contrário, o procedimento prossegue com outros bens, se não houver o pagamento da diferença.

Todas essas possibilidades são exercidas sem intervenção do Poder Judiciário, o qual somente participa da relação tributária ou executiva em hipóteses restritas. Vamos vê-las agora.

7.2. A cobrança judicial

As hipóteses de discussão tributária no Poder Judiciário são estritas e, normalmente, a depender da complexidade do caso, custosas para quem perde (o contribuinte ou HMRC).

O caminho no Poder Judiciário depende da questão trazida à análise. Se se tratar de questão sobre a existência do crédito tributário, os casos são levados à análise do *First-tier Tribunal*, em primeira instância, e do *Upper Tribunal*, em grau de apelação. Ambos os órgãos judiciais possuem câmaras especializadas em questões tributárias. Entretanto, se a questão se refere à solvência do devedor, a questão é levada a um dos tribunais ordinários.

7.2.1. A discussão tributária

A decisão administrativa do HMRC é passível de revisão administrativa. Nesse caso, o contribuinte precisa especificar as razões de fato e de direito que fundamentam o recurso, devendo informar, ainda, o valor que entende ser devido, apresentado os cálculos respectivos. O prazo é de trinta dias.

Uma vez proferida decisão de revisão pelo HMRC, o contribuinte pode recorrer (*appeal*) ao Poder Judiciário através de um dos chamados *tax tribunals*. O HMRC não pode apelar das decisões proferidas pelos seus órgãos. Na hipótese de discordância, o HMRC deve ofertar uma revisão. O prazo para recurso é de trinta dias.

O acesso aos tribunais não é irrestrito. Para os impostos diretos (e.g., *income tax* e *corporate tax*) é necessário que o contribuinte requeira primeiramente a revisão administrativa e aguarde o resultado. Caso o contribuinte apresente recurso sem requerer a revisão ou no curso dela, o seu apelo não será admitido.

Nos impostos indiretos (VAT, por exemplo), o contribuinte pode acessar diretamente o Poder Judiciário. Entretanto, é necessário que o contribuinte faça o pagamento prévio do imposto devido. Caso o contribuinte não tenha condições de fazer o pagamento, poderá requerer ao HMRC a suspensão do pagamento até decisão do tribunal (*hardship application*). Caso o HMRC não concorde, o contribuinte poderá recorrer ao Tribunal dessa decisão.

A estrutura judicial é composta por dois tribunais especializados, chamados *First-tier Tribunal* e *Upper Tribunal*. O *First-tier tribunal* possui duas câmaras. Uma delas, a *Tax Chamber* é responsável por processar e julgar os casos tributários. No *Upper Tribunal*, o órgão responsável é a *Finance and Tax Chamber*. Além disso, nas instâncias excepcionais há a *Court of Appeal* e a Corte Constitucional (*UK Supreme Court*). Todos os tribunais são independentes do governo.

Na maioria dos casos, o *First-tier Tribunal* será o primeiro grau de jurisdição das demandas tributárias na Inglaterra. O *First-tier Tribunal* tem ampla cognição, decidindo questões de fato e de direito. Em regra, a decisão é tomada apenas por um juiz. Nos casos mais complexos, a decisão pode ser tomada por um colegiado. Nos casos mais simples, a questão pode ser decidida por um juiz que não é de carreira. Nesse caso, também não é necessário que o mesmo seja formado em direito, bastando que tenha conhecimento na área tributária (um contador, exemplo).[38]

O procedimento a ser seguido depende da classificação do caso no tribunal. Se for considerado um *default case paper*, o procedimento será todo por escrito, salvo se as partes requererem de forma diversa. Nesses casos, não há, em regra, condenação em custas ou honorários sucumbenciais. Nos casos ordinários (*Standards cases*) e complexos (*Complex cases*) há prazo maior para defesa do HMRC e haverá audiência. Em comparação com o Brasil, o procedimento é flexível, cabendo ao Tribunal o prudente critério na condução dos casos.

Contra as decisões do *First-tier Tribunal*, há a possibilidade de recurso para o *Upper Tribunal*, no prazo de 56 dias. Entretanto, o recurso limita-se a exclusivamente questão de direito (*error of law*). Excepcionalmente, pode ser admitido recurso sobre questão de fato, quando o *First-tier Tribunal* alcançou conclusão diversa da única razoavelmente possível. Em casos considerados mais complexos pela administração do tribunal, poderá

---

[38] PODER JUDICIÁRIO DO REINO UNIDO, Composition of Tribunals in relation to matters that fall to be decided by the Tax Chamber of the First-Tier Tribunal and the Finance and Tax Chamber of the Upper Tribunal on or after 1 April 2009, 2009, disponível em https://www.judiciary.uk/wp-content/uploads/2014/08/PracticeStatementontaxcomposition.pdf, acesso em 04/03/2020

o processo ser analisado em primeira instância pela *Upper Tribunal*. Tal hipótese demanda a concordância das partes e dos presidentes das câmaras encarregados de matéria tributária. Em qualquer hipótese, as decisões da *Upper Tribunal* são precedentes vinculantes.

Poderá haver recurso das decisões do *Upper Tribunal* caso o recurso apresente "questão relevante de princípio ou prática" ou "exista outra razão convincente para o Corte de Apelação pertinente ouvir a apelação"[39].

7.2.2. A cobrança judicial fiscal

Diferentemente do que ocorre quando está se discutindo as questões de tributárias no Poder Judiciário, em que as questões suscitadas pelo contribuinte são processadas e julgadas pelos juízos especializados (Varas de execução fiscal), a cobrança do crédito pelo HMRC, quando levada ao Poder Judiciário, é analisada pelas instâncias ordinárias.

Como visto, a HMRC tem ampla margem de atuação para cobrança administrativa do crédito tributário, podendo adotar diversos procedimentos, a depender das circunstâncias. A cobrança nos tribunais é o último recurso. Pressupõe valor superior a £5.000,00 e o insucesso das medidas administrativas, seja porque o devedor não pode ou não quer pagar voluntariamente, ou quando não foram encontrados bens.

A cobrança judicial do crédito tributário possui algumas repercussões importantes. Para o credor, a principal é a possibilidade de decreto falência, seja ele pessoa física ou jurídica. Tal situação afeta o *credit score*, que constitui os assentamentos da vida de crédito do cidadão. A falência leva a um *credit score* mais baixo, o que limita o acesso a serviços financeiros, tal como financiamentos e cartão de créditos.

Entretanto, há duas vantagens. A primeira é a maior possibilidade de o credor conseguir uma moratória temporária ou um parcelamento mais flexível do que o eventualmente concedido pelo HMRC. Havendo descumprimento do acordo judicial, pode ser pedida falência.

A segunda é que, no pior cenário, sendo decretada a falência e verificada a impossibilidade de pagamento das dívidas do contribuinte, elas podem ser canceladas após um ano do decreto de falência.

---

[39] PODER JUDICIÁRIO DO REINO UNIDO, *The Appeals from the Upper Tribunal to the Court of Appeal Order 2008*, disponível em https://www.judiciary.uk/publications/tax-and--chancery-upper-tribunal-rules-and-legislation/, acesso em 12/12/2019

Não é recomendável contestar o valor em juízo, sendo normalmente orientado que o devedor busque retificar a cobrança do imposto, podendo ser apresentada declaração retificadora e, sendo o caso, pedir *special relief*.

Todo o procedimento é acompanhado pelo HMRC Enforcement & Insolvency Service (HMRC/EIO). Em procedimento prévio, HMRC/EIO oportuniza novamente o pagamento em um prazo curto (normalmente, catorze dias). Não havendo sucesso, o HMRC/EIO pode apresentar o pedido de insolvência ou falência. Trata-se de uma faculdade, podendo o órgão não apresentar o pedido nos casos em que verifica a inexistência de bens, o devedor está desempregado e esta situação é provável não se alterar, tal como acontece com o contribuinte acometido de doença incapacitante.

8. Espécies de transação, arbitragem, conciliação

Foi ressaltado anteriormente que, em razão da soberania do Parlamento, somente este pode instituir tributos. O reverso do princípio é que somente ato do Parlamento pode autorizar a não cobrança de impostos. Com base nesse princípio, há uma extensa jurisprudência em que foi recusada discricionariedade à administração tributária para dispensar a cobrança tributos.[40] Esses precedentes inspiram a política de solução alternativa de conflito.

Com base nesses precedentes, não há possibilidade de arbitragem em matéria tributária, a qual deve ser confiada aos tribunais.

Entretanto, isso não significa que não sejam adotadas estratégias de acordos para evitar litígios tributários. De acordo com NIAS e POPPLEWELL, as normas que regulamentam os métodos alternativos de resolução disputas (ADR) são derivadas de um projeto piloto realizado em 2011, em que HMRC passou aplicar consistentemente métodos consensuais, em particular a mediação. De acordo com os autores, os resultados do projeto piloto foram positivos. Em função desse estudo, o HMRC passou a adotar uma posição mais colaborativa com o contribuinte, esperando que o contribuinte adotasse o mesmo posicionamento.[41]

---

[40] Por exemplo, *Absolom v Talbot* ([1943] 1 All ER 589), *Vestey v Inland Revenue Commissioners* (No 2) ChD ([1979] Ch 198) e *Vestey v Inland Revenue Commissioners* ChD ([1979] Ch 177.
[41] NIAS, P.; POPPLEWELL, N. The Use of Mediation in Tax Disputes – UK Position. *Nederlands-Vlaams tijdschrift voor*. Mediation en conflict management. Fiscale mediation, v. 18, n. 3, pp. 47-58, 2014.

A estratégia de solução de conflitos é estabelecida pelo HRMC *Code of Governance for Resolving Tax Disputes*, cuja última atualização é de 2017. De acordo com o referido documento, o HMRC estabelece a premissa de que:

> [a] maioria das disputas pode ser resolvida em colaboração e por acordo, uma vez que os fatos tenham sido estabelecidos e os pontos em discussão debatidos, incluindo casos em que exista um apelo formal contra o posicionamento que adotamos. Apenas uma minoria de disputas precisa ser resolvida por medida judicial, seja em juízo ou em um tribunal superior.

Com base nessa premissa, a HMRC estabeleceu as regras gerais para resolução de disputas tributárias, distribuídas no HRMC *Litigation and Settlement Strategy* (LSS) e em documentos esparsos para adoção de métodos de mediação.

O LSS faz uma divisão importante em relação ao grau de segurança jurídica de vitória/derrota em eventual litígio judicial.

De acordo com o LSS, nos casos classificados como "tudo ou nada", isto é, em que a HMRC não possui qualquer dúvida sobre os conceitos, operações e procedimentos adotados pelo contribuinte, há duas possibilidades. Caso o HMRC entenda devido o imposto, não poderá aceitar nada menos que 100% do tributo e acréscimos legais devidos, buscando resolver a disputa judicialmente se necessário. Entretanto, se o HMRC entender que há probabilidade de derrota, poderá reconhecer a pretensão do contribuinte, salvo se houver outra razão que justifique comportamento diverso (alto valor envolvido ou alta quantidade de casos similares).[42]

Dos demais casos, o LSS determina que o HMRC busque solucionar a questão tributária com base na questão específica, porém, com tratamento uniforme. Não é aceita a técnica de acordo por "divisão da diferença", em que é alcançado um acordo dividindo o valor controvertido entre as partes.

Além disso, há a possibilidade de mediação. Principalmente nos casos em que há dúvida sobre os fatos e as evidências, ou tenha havido algum problema de comunicação entre o contribuinte e o HMRC, é possível

---

[42] HMRC. *Resolving tax disputes*: Commentary on the litigation and settlement strategy, 2017, disponível em https://www.gov.uk/government/publications/litigation-and-settlement-strategy-lss, acesso em 24.04.2020.

buscar a mediação. O pedido não prejudica eventual recurso administrativo interposto.

O procedimento pode adotar a forma de mediação informal ou formal. No primeiro caso, um agente do próprio HMRC, treinado em técnicas de mediação e sem prévio envolvimento com o caso[43], busca facilitar a solução da controvérsia. No segundo caso, é empregado um mediador acreditado pelo HMRC. Em ambos os casos os mediadores adotam posição de neutralidade, entre as partes (contribuinte e representante do HMRC), buscando alcançar a solução consensual sobre o objeto da disputa sem emitir juízo sobre o caso.[44] De acordo com o HMRC, em 2019, o índice de sucesso dos métodos consensuais foi de 88% dos casos encerrados no período.[45]

No caso de impossibilidade de pagamento dos tributos, o contribuinte tem a possibilidade de negociar com o HMRC solução administrativa para a questão. Embora o HMRC não possa dispensar o pagamento do tributo, o pagamento do principal pode ser adiado ou parcelado, suspendendo-se eventuais atos de constrição administrativa. Em regra, o benefício se limita a poucas semanas ou meses, sendo raro os casos em que há parcelamentos superiores a doze meses autorizados. Nos casos de cobranças realizadas por meio de empresas de cobranças de crédito, estas podem negociar parcelamento de até doze meses em certas condições.

No processo de negociação, o HMRC analisará dois elementos. Primeiro, o objetivo, que se refere à capacidade ou não de pagamento do tributo em tempo e modo oportuno. Para tanto, solicitará informações sobre os rendimentos e despesas do contribuinte, bem como sobre o patrimônio. O segundo elemento é subjetivo. Tem relação com a conduta do contribuinte, que é classificado em duas categorias (quem não pode pagar e quem não quer pagar). Essa classificação orienta a conduta do HMRC.

---

[43] NIAS, P.; POPPLEWELL, N. op. cit. p. 48.

[44] HRMC. Alternative Dispute Resolution, Compliance Check Series, CC/FS21, 2020, disponível em https://www.gov.uk/government/publications/compliance-checks-alternative--dispute-resolution-ccfs21, acesso em 24.4.2020.

[45] HMRC. HMRC Annual Report and Accounts 2018-19, 2019, disponível em https://assets.publishing.service.gov.uk/government/uploads/system/uploads/attachment_data/file/824652/HMRC_Annual_Report_and_Accounts_2018-19__web_.pdf, acesso em 24.4.2020.

Caso o contribuinte procure imediatamente o HMRC, é *provável* que o contribuinte seja classificado no primeiro grupo, abrindo-se oportunidade para a renegociação da dívida. Coloca-se como *provável* porque há situações que mesmo tendo o contribuinte procurado voluntariamente o HMRC, a possibilidade de ser enquadrado na segunda categoria é grande. As condutas normalmente se referem ao atraso de parcelamentos de tributos renegociados e daqueles que venham a ser devidos no curso do parcelamento (*default*), ou caso o contribuinte recorra à renegociação constantemente (devedor contumaz). A tolerância ao descumprimento dos acordos de parcelamento e à contumácia no descumprimento das obrigações tributárias é significativamente mais baixa do que aquela que se vê no Brasil.

Sendo classificado no segundo grupo, o HMRC dará início aos atos administrativos de constrição patrimonial para satisfação do débito.

9. Tratados internacionais

O Brasil possui apenas três tratados em vigor com o Reino Unido, relativos à não bitributação de renda decorrente de transporte internacional, e das tripulações de aeronaves e embarcações marítimas.

Também foi firmado acordo internacional para troca de informações tributárias. Porém, sem vigência.

10. Conclusões

Ao longo do presente artigo buscamos apresentar as características mais proeminentes do sistema tributário inglês. Algumas características chamam a atenção.

Primeiro, o modelo tributário é equilibrado entre tributos diretos e indiretos. No que toca às bases tributárias, elas não possuem significativa diferença do Brasil, incidindo prioritariamente sobre a renda e o consumo, havendo cobranças de impostos extrafiscais. Entretanto, diferentemente do Brasil, a maior parte da arrecadação tributária proveniente é de impostos diretos (60% contra 40%). Parte dessa diferença decorre da progressividade do *income tax*, principal fonte de recurso da Coroa britânica, cuja alíquota pode chegar a 45% do rendimento superior a £150.000,00.

Segundo, o HMRC é um incentivador do uso de métodos alternativos de solução de conflitos, inspirado pela premissa de comportamento colaborativo entre a administração tributária e o contribuinte. A colaboração, esperada das duas partes, é uma das razões do sucesso das mediações.

Terceiro, nos casos em que a busca de soluções alternativas falha, o modelo de cobrança fiscal é simplificado. Significativa parte dos atos de satisfação do tributário é levada a efeito por atos da própria administração tributária. Somente quando há exaustão dessas medidas, é que o Poder Judiciário é acionado. Tal fato normalmente está relacionado à ausência de bens encontrados, o que pode levar ao pedido de falência do contribuinte. Naturalmente, é intuitivo que esse modelo somente é exitoso em virtude de uma característica do exercício de poder pelas autoridades britânicas: extrema prudência diante do escrutínio constante do governo pelo modelo de *accountability*.

Bem analisado, o modelo inglês pode trazer boas referências de estudos comparados, tanto no exercício de técnicas legislativa e administrativa, quanto na colaboração entre a administração tributária com os contribuintes.

Referências

BRADLEY, A.; EWING, K.; KNIGHT, C. *Constitutional and Administrative Law*. London: Pearson Education UK, 2014.

CHESHAM, M. *VAT and Financial Services*. 2nd. ed. London: Spiramus, 2015.

DAVIES, F. R.; MORSE, G.; WILLIAMS, D. *Davies: Principles of Tax Law*. 8th. ed. London: Sweet & Maxwell, 2016.

DICEY, A. V. *Introduction to the Study of the Law of the Constitution*. 8th. ed. London: Macmillan, 1915.

FORDHAM, Michael. *Judicial Review Handbook*. 6th. ed. Oxford: Bloomsbury, 2012.

GOVERNO DO REINO UNIDO. *Ministerial Code*, 2019. Disponível em: <https://www.gov.uk/government/publications/ministerial-code>. Acesso em: 04.04.2020.

___. *Businesses and charging VAT*, 2020. Disponível em: <https://www.gov.uk/vat-businesses/vat-rates>. Acesso em: 04.03.2020.

___. *The Cabinet Manual*, 2011. Disponível em: <https://assets.publishing.service.gov.uk/government/uploads/system/uploads/attachment_data/file/60641/cabinet-manual.pdf>.

HADZHIEVA, E. *Impact of Digitalisation on International Tax Matters*: Challenges and Remedies. Luxembourg: European Parliament, 2019.

HRMC. *Alternative Dispute Resolution, Compliace Check Series, CC/FS21*, 2020. Disponível em: <https://www.gov.uk/government/publications/compliance-checks-alternative-dispute-resolution-ccfs21>. Acesso em: 24.04.2020.

___. *HMRC Annual Report and Accounts 2018-19*, 2019. Disponível em: <https://assets.publishing.service.gov.uk/government/uploads/system/uploads/attachment_data/file/824652/HMRC_Annual_Report_and_Accounts_2018-19__web_.pdf>. Acesso em: 24.04.2020.

___. *Resolving tax disputes*: Commentary on the litigation and settlement strategy, 2017. Disponível em: <https://www.gov.uk/government/publications/litigation-and-settlement-strategy-lss>. Acesso em: 24.04.2020.

LOUTZENHISER, G.; TILEY, J. *Revenue Law*: Introduction to UK Tax Law; Income Tax; Capital Gains Tax; Inheritance Tax. Oxford: Bloomsbury, 2012.

NIAS, P.; POPPLEWELL, N. The Use of Mediation in Tax Disputes – UK Position. *Nederlands-Vlaams tijdschrift voor*. Mediation en conflict management. Fiscale mediation, v. 18, n. 3, pp. 47-58, 2014. Disponível em: <https://www.pumptax.com/wp-content/uploads/old/documents/The%20Use%20of%20Mediation%20in%20Tax%20Disputes%20-%20UK%20Position%20Peter%20Nias%20%20Nigel%20P%20%20%20.pdf>. Acesso em: 15.04.2020.

OFFICE OF NATIONAL STATISTICS. *Gross Domestic Product at market prices*: Current price: Seasonally adjusted £m., 2020. Disponível em: <https://www.ons.gov.uk/economy/grossdomesticproductgdp/timeseries/ybha/pn2?referrer=search&searchTerm=ybha>. Acesso em: 07.03.2020.

___. *Population estimates for the UK, England and Wales, Scotland and Northern Ireland: mid-2018*. Disponível em: <https://www.ons.gov.uk/peoplepopulationandcommunity/populationandmigration/populationestimates#timeseries>. Acesso em: 06.03.2020.

PODER JUDICIÁRIO DO REINO UNIDO. *Composition of Tribunals in relation to matters that fall to be decided by the Tax Chamber of the First-Tier Tribunal and the Finance and Tax Chamber of the Upper Tribunal on or after 1 April 2009*. Disponível em: <https://www.judiciary.uk/wp-content/uploads/2014/08/PracticeStatementontaxcomposition.pdf >. Acesso em: 04/03/2020.

___. *The Appeals from the Upper Tribunal to the Court of Appeal Order 2008*. Disponível em: <https://www.judiciary.uk/publications/tax-and-chancery-upper-tribunal-rules-and-legislation/>. Acesso em: 12/12/2019

SCHENK, A.; THURONYI, V.; CUI, W. Varieties of VAT in Use. In: *Value Added Tax*: A Comparative Approach (Cambridge Tax Law Series, pp. 47-58). 2nd. ed. Cambridge: Cambridge University Press, 2015.

UNIÃO EUROPEIA. *First Council Directive 67/227/EEC of 11 April 1967 on the harmonisation of legislation of Member States concerning turnover taxes*, OJ 71, 14/04/1967.

VELLA, J. *Taxing Digital Business*: A Plea for Holistic Thinking. Oxford Said Business School, 2018. Disponível em: <http://business-taxation.sbsblogs.co.uk/2018/02/21/taxing-digital-business-a-plea-for-holistic-thinking/#>. Acesso em: 06.03.2020.

15. O sistema tributário de Israel

Samuel Azulay

Introdução

Pretende-se, com este artigo, analisar as principais características do sistema tributário de Israel. Como será possível constatar, as características históricas, geográficas e econômicas influenciaram bastante na estruturação do sistema vigente, especialmente considerando que Israel é um dos menores países do mundo e um dos poucos que não possui uma Constituição.

O Estado de Israel está localizado no oriente médio, na junção entre os continentes asiático, europeu e africano. Seu território possui apenas cerca de vinte e dois mil quilômetros quadrados, sendo, portanto, apenas um pouco maior do que o Estado do Sergipe, que possui área de vinte e um mil quilômetros quadrados.[1]

Para que se tenha uma noção dessas pequenas dimensões territórios, o ponto mais a leste está a apenas 135km de distância do ponto mais a oeste, uma distância que leva cerca de noventa minutos para ser percorrida de carro. E o ponto mais a norte do país está a 470km de distância do ponto mais a sul, que é aproximadamente a distância entre as cidades do Rio de Janeiro e São Paulo.

Apesar da pequenez territorial, Israel possui um clima diversificado. Enquanto que em algumas regiões mais ao norte do país, em algumas

---

[1] Tudo de acordo com informações disponibilizadas no portal na internet do Ministério das Relações Exteriores de Israel: <https://mfa.gov.il/MFA/AboutIsrael/Pages/default.aspx>. Acesso em: 15.04.2020.

épocas do ano, neva, outras regiões, especialmente ao sul, possuem clima semidesértico. A presença de tanta variação climática em uma região tão pequena territorialmente permite que a flora e fauna israelenses sejam extremamente diversificadas.

Sua população é igualmente pequena. Israel possui cerca de oito milhões de habitantes, sendo que destes, apenas 77,6%, o que equivale a cerca de 6,61 milhões de pessoas nasceram no país. O restante da população é constituído de imigrantes advindos especialmente da Europa (14%), Oriente Médio e norte africano (4,4%) e Américas (2,1%).

Com uma sociedade baseada principalmente na liberdade e igualdade, além da diversidade de origem, Israel abriga uma população diversificada em termos religiosos. Os judeus representam 75% da população, enquanto que os árabes, 20,7%. Há, ainda, 1,5% de drusos e 2,8% de outras religiões.

Suas pequenas dimensões territoriais, diversidade populacional, e pouco tempo de existência, não impediram (aliás, provavelmente contribuíram) para que Israel se tornasse uma das potências econômicas mundiais, especialmente no ramo de alta tecnologia. Diz-se que o que falta de recursos naturais, Israel compensa com capital humano[2].

O Setor de alta tecnologia representa 11% do PIB, índice maior do que qualquer outro país da OCDE, e está amparado em maciços investimentos e incentivos governamentais.

O PIB israelense de 2018 atingiu U$ 370,588M, e cresce, desde 1990, de forma estável, em média, cerca de 4,4% ao ano.

Em 2018, a arrecadação fiscal foi de, aproximadamente, 300 milhões de shekels, sendo, um pouco mais da metade decorrente de impostos diretos. Historicamente, desde 2004, os impostos diretos sempre tiveram maior participação na arrecadação fiscal. No gráfico a seguir é possível perceber, apesar de representar a maioria da arrecadação ser decorrente de impostos diretos (em roxo), os impostos indiretos (em amarelo) também são fundamentais para a receita estatal:

[2] Exemplo disso é que, em termos *per capita*, Israel ocupa: 2º lugar do mundo em telefones celulares, 1º do mundo em empresários, 1º do mundo em leitores, 1º do mundo em doutores, 1º do mundo em mestres, 2º do mundo em viajantes internacionais, 1º do mundo em edição de livros e publicações de teses.

15. O SISTEMA TRIBUTÁRIO DE ISRAEL

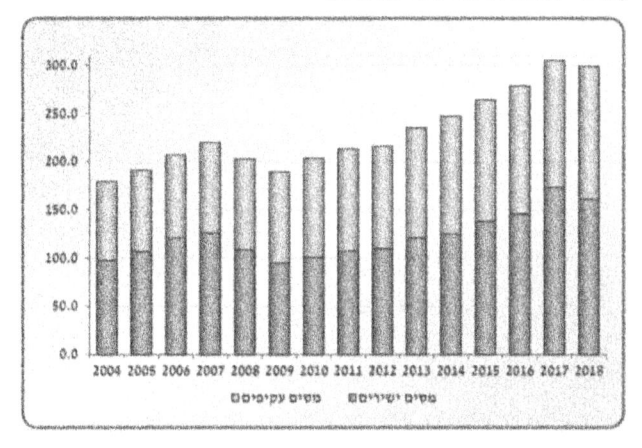

הכנסות ממסים ישירים ועקיפים בשנים 2004-2018
(מיליארדי ש, במחירים אחידים של שנת 2018)

Gráfico 1 – **Estatística de Arrecadação em 2018**

No Brasil, a título de comparação, os impostos indiretos, ao contrário, representam a maior fatia da arrecadação[3]:

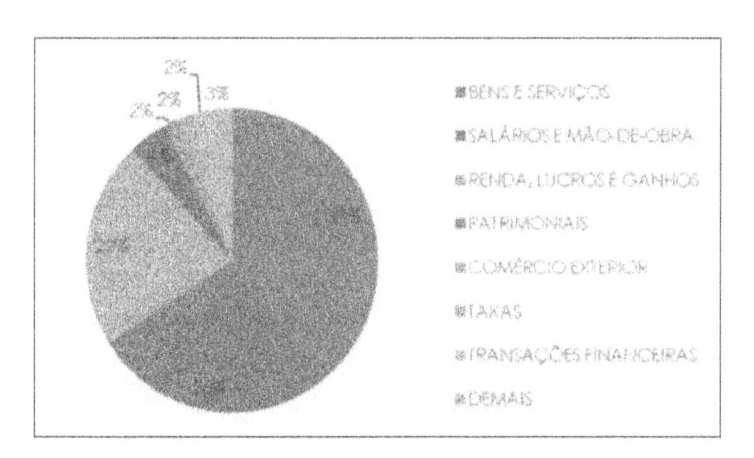

Gráfico 2 – **Estatística de Arrecadação**

[3] BRASIL. Senado Federal. Comissão de Assuntos Econômicos. *Relatório do Grupo de Trabalho destinado a avaliar a funcionalidade do Sistema Tributário Nacional* (Relator Senador Ricardo Ferraço). Brasília, 2017. p. 8. Disponível em: <https://legis.senado.leg.br/sdleg-getter/documento?dm=7229607&disposition=inline>. Acesso em: 15.04.2020.

Vale destacar, por fim, que Israel é uma democracia parlamentarista. O Estado é dividido em seis distritos (*mehozot*, em hebraico): Central, Haifa, Jerusalem, Northern, Southern, Tel Aviv[4]. Os distritos são divididos em quinze subdistritos (*nafót*, em hebraico), que, por sua vez, são divididos em cidades.

Não há, em Israel, o documento conhecido como Constituição, fruto de uma Assembleia Constituinte. É comum associar o sistema jurídico israelense ao sistema britânico, em razão do Mandato Britânico que precedeu a criação do Estado de Israel, em 1947, e com o direito turco, remanescente do império turco-otomano (1516 a 1917).

Em que pese na Resolução 181/1947 da Assembleia Geral das Nações Unidas, conhecida como Plano de Partilha da Palestina, constar a obrigação de o Conselho Provisório Judaico[5], a quem o Poder Mandatário foi transferido, eleger uma assembleia constituinte com obrigação de redigir uma constituição democrática, por conta da deflagração da Guerra de Independência, logo após a sua declaração, a redação da Constituição teve que ser adiada.

Após o término da guerra da Independência diversos setores da sociedade se opuseram à elaboração de uma Constituição. Assim, em 1949, por determinação da Lei de transição, o Conselho Provisório Judaico é transformado no Knesset, o parlamento judaico que, desde então, absorveu todos os poderes transferidos pelo Mandato Britânico, dentre os quais, o Poder Constituinte.

Junto ao Knesset, a Suprema Corte Israelense tem desempenhado papel fundamental para suprir a falta de uma constituição formal, participando, cada vez mais, em diversos temas sensíveis à sociedade, por meio do ativismo judicial.

Justamente por não contar com uma Constituição formal, que reúna as principais normas fundamentais do Estado, Israel, desde a sua criação,

---

[4] Disponível em: <https://www.cia.gov/library/publications/the-world-factbook/geos/is.html>. Acesso em: 15.04.2020.

[5] UNITED NATIONS. United Nations General Assembly Resolution 181. November 29, 1947. Para o texto integral da Declaração de Partilha, cf. Projeto Avalon da Universidade Yale: <https://avalon.law.yale.edu/20th_century/res181.asp>. Acesso em: 15.04.2020.

em 1948, aprovou quatorze Leis Básicas que seriam, na opinião do presidente da Suprema Corte, Aharon Barak, substitutivos desta[6].

Essas Leis Básicas versam sobre os principais assuntos, sendo a mais antiga publicada em 1958, que trata das funções legislativas do parlamento, e, a mais recente, em 2018, conhecida com *Nation State Bill*, que define Israel como uma nação do povo judeu.

As quatorze leis versam sobre o Knesset (1958), território (1960), presidência (1964), governo (1968), economia (1975), exército (1976), Jerusalém (1980), Judiciário (1984), controle estatal (1988), Direitos humanos (1992), liberdade de ocupação (1994), reforma de Governo (2001), referendo (2014) e definição do Estado (2018).

A Lei Básica conhecida como *The State Economy* (a economia do Estado)[7], promulgada em 1975, versa sobre os pagamentos feitos pelo e para o Estado. Extremamente sucinta, a referida norma conta com, apenas, cinco itens.

1. O Princípio da Legalidade

O único princípio tributário consagrado na Lei Básica da Economia é o da legalidade, que vem disposto logo em seu item 1, "a", com a seguinte redação: *"Impostos, empréstimos compulsórios e outros pagamentos compulsórios não serão criados e seus valores alterados, exceto por lei; o mesmo se aplica às taxas"* (em tradução livre).

No item 1, "b", a referida Lei Básica estabelece que, na hipótese de não previsão do valor do tributo na lei que o instituiu, a fixação dos valores e alíquotas deverá ser aprovada pelo parlamento (ou conselho por ele delegado), dentro do prazo prescrito pela legislação[8].

---

[6] BARAK, Aharon. A Constitutional Revolution: Israel's Basic Laws. *Constitutional Forum*, n. 4, 1992-1993. p. 83-84. Disponível em: <https://digitalcommons.law.yale.edu/fss_papers/3697/>. Acesso em: 15.04.2020.

[7] ISRAEL. Knesset. *Basic Law*: the State Economy. 21st July, 1975. Disponível em inglês no endereço eletrônico: <https://www.knesset.gov.il/laws/special/eng/basic6_eng.htm>. Acesso em: 15.04.2020.

[8] Quando os valores de quaisquer impostos, empréstimos compulsórios ou outros pagamentos obrigatórios ou taxas devidos ao Tesouro não estiverem prescritos na própria Lei, os valores prescritos por estes regulamentos exigirão aprovação – antecipadamente ou dentro do prazo prescrito por ela – por uma decisão do Knesset ou de um comitê do Knesset por ele habilitado para esse fim. (tradução livre)

Os demais itens da referida Lei Básica tratam das transações de propriedades do Estado (item 2 – State property), orçamento do Estado (item 3 – The State Budget), papel moeda (item 4 – Currency notes and coins) e fiscalização (item 5 – Inspection).

2. Os tributos

Não há, em Israel, um código tributário, que consolide os principais tributos e princípios. O que se tem é um conjunto das principais regras, conhecido, em hebraico, como *Dinei Missim*, que, em tradução literal, significa leis dos tributos. As principais leis que tratam dos tributos são a Portaria de Imposto de Renda, Lei do Imposto sobre Valor Agregado (IVA), Lei de Tributação Imobiliária, Portaria Aduaneira e a Lei Estadual de Seguro de Saúde.

Israel, assim como a esmagadora maioria dos países tributa, basicamente, três expressões de riqueza: renda, consumo e patrimônio.

2.1. Tributação da renda

O sistema de tributação da renda, embora seja significativamente influenciado pelo modelo britânico, apresenta diferenças importantes. Em primeiro de janeiro de 2003, o sistema israelense passou por uma profunda reforma (Reforma nº. 132), especialmente quanto à tributação da renda dos residentes israelenses.

Isso porque, a partir deste ano, o sistema passou de territorial, isto é, que gravava apenas a renda produzida em território israelense, para um sistema pessoal, que tributa a renda dos residentes israelenses independentemente de sua origem.

Considera-se, para fins de tributação, residente israelense aquele cujo centro de vida seja Israel, levando-se em consideração, para isso, os laços familiares e sociais, além das fontes de renda. Assim, é considerado residente israelense aquele que possui lar permanente em Israel, ainda que terceiros o ocupem temporariamente, mantenha escritório de negócios em Israel, tenha emprego, possui ativos e investimentos no país, seja filiado a organizações, associações e instituições israelenses, etc.

Há, ainda, uma presunção não absoluta – porque pode ser afastada – de que é residente israelense aquele que (i) permanece em território israelense por mais de 183 dias em um mesmo ano fiscal[9], que termina em 31 de dezembro ou (ii) que permaneça em Israel por, ao menos, 30 dias do ano fiscal corrente, mas tenha permanecido por mais de 425 dias somados em território israelense, durante o ano fiscal corrente e nos dois anos fiscais anteriores.

Permaneceram, não obstante, regidos pelo sistema territorial, a renda dos estrangeiros que tenham sido produzidas em território israelense, a partir das seguintes fontes: empresa ou profissão, trabalho, dividendo, juros e indexação, pensão, aluguel, royalties, aluguel, prêmios e outros lucros de imóveis, agricultura, patente ou direito autoral.

Esta reforma importou em aumento relevante da arrecadação, especialmente se levarmos em consideração que, como dito em capítulos anteriores, parcela relevante da população é de imigrantes que, em muitos casos, mantém suas fontes de renda ao redor do mundo.

2.1.1. Imposto de Renda de Pessoa Física

Estão sujeitos à tributação da renda, em Israel, como dito acima, os residentes israelenses e aqueles residentes no exterior que tenham auferido renda produzida em Israel.

As alíquotas do imposto de renda (em hebraico, *más hachnasá*) de pessoa física variam, de forma progressiva, entre 10% e 47%, a depender da faixa. Relevante destacar que a tabela de imposto de renda de Israel é atualizada anualmente, diferentemente da tabela brasileira, que não é atualizada desde 2015, e acumula defasagem inflacionária, desde 1996, de quase 100%[10].

A tabela vigente para o ano de 2019 é a seguinte[11]:

---

[9] Embora Israel também utilize o calendário hebraico oficialmente, baseado no sistema lunar, o ano fiscal inicia em 1º de janeiro e se encerra em 31 de dezembro. É possível, não obstante, solicitar, mediante requerimento formal, a alteração para um calendário fiscal diferenciado.

[10] SINDIFISCO NACIONAL. *A Defasagem na Correção da Tabela do Imposto de Renda Pessoa Física*, janeiro de 2019, Disponível em: <https://www.sindifisconacional.org.br/ mod_download.php?id=aW1hZ2VzL2VzdHVkb3 Mvb3V0cm9zLzIwMTgv RGVmYXNhZ2VtX0lSXzE5OTZfMj AxOF9WRi5wZGZ8MA==>. Acesso em: 15.04.2020.

[11] Indivíduos com mais de 60 anos gozam de alíquotas menores.

Faixa de renda anual	Alíquota
Até 75.720	10%
Entre 75.721 e 108.600,00	14%
Entre 108.601 e 174.360	20%
Entre 174.361 e 242.400	31%
Entre 242.401 e 504.360	35%
Acima de 504.360	47%
Acima de 641.880	Adicional de 3%

Quadro 1 – **Tabela Progressiva de Alíquota**

Vale lembrar que o salário mínimo de Israel é de 5.300 shekels, que equivale à renda anual de 63.000 shekels.

Rendas consideradas passivas, isto é, que não sejam diretamente fruto de nenhuma atividade produtiva, como é o caso, por exemplo, de aluguéis, são tributadas em tabela apartada, bem mais gravosa, cuja faixa inicial (até 242.000) é taxada à alíquota de 31%, conforme tabela abaixo:

Faixa de renda anual	Alíquota
Até 242.400 NIS	31%
Entre 242.401 NIS e 504.360 NIS	35%
Acima de 504.361 NIS	47%

Ganhos de capital (denominado, em hebraico, *más shevach*), juros e dividendos também possuem tabela de faixas diferenciadas, cujas alíquotas variam entre 25% e 32%.

Não há tributação sobre heranças.

Para apuração do imposto devido são permitidas deduções de determinadas despesas, além de haver uma sistemática de concessão de "créditos" para pais solteiros, soldados dispensados, imigrantes, mulheres, pais de filhos paralisados, cegos, com deficiência mental ou de desenvolvimento, etc.

Convém destacar, por fim, que a legislação prevê, em linha com as orientações da OCDE (Organização para a Cooperação e Desenvolvimento Econômico), regras de preço de transferência para transações realizadas entre israelenses residentes e seus parentes não residentes.

2.1.2. Imposto de Renda de Pessoa Jurídica

Assim como no imposto de renda de pessoa física, atualmente, as empresas israelenses, independentemente da origem e local de produção da renda, estão sujeitas ao pagamento do "corporate tax" em Israel. De igual forma, empresas estrangeiras com atuação em Israel devem submeter à tributação as rendas auferidas em decorrência da sua atividade no país.

Considera-se "empresa israelense" aquela que tem suas atividades gerenciadas e controladas em Israel, ou que tenha sido incorporada sob suas as leis.

Os prejuízos podem ser compensados com receita de qualquer fonte, inclusive ganho de capital, do ano fiscal corrente e transportados, indefinidamente, para os exercícios seguintes.

A alíquota vigente para o ano de 2019 é de 23%, a mesma de 2018. Em 2017 era de 24% e, em 2016, 25%. Não havendo previsão de qualquer adicional à essa alíquota.

A alíquota do imposto de renda de dividendos pagos a pessoa jurídica residente em Israel é zero. Por outro lado, a pessoa jurídica israelense que receber dividendos de empresa não israelense deverá submetê-los à tributação, aplicando a alíquota geral do imposto de renda da pessoa jurídica (23%).

Dividendos pagos a empresas estrangeiras, assim como outros pagamentos, como royalties, por exemplo, que importem em transferência de divisas para o exterior, estão sujeitas à retenção na fonte. O aproveitamento do tributo recolhido vai depender da existência de acordos e tratados entre os países.

O ganho de capital auferido por pessoa jurídica, em geral, também está sujeito à alíquota geral do imposto. Algumas variáveis podem ser aplicadas, a depender da data de aquisição e da natureza do ativo.

Vale destacar que na apuração do ganho de capital, a parcela referente à atualização monetária do ativo (apurada a partir de 1º de janeiro de 1994) é deduzida da base de cálculo do ganho de capital.

O ganho de capital decorrente da venda de empresa israelense de tecnologia à empresa não israelense é tributado à alíquota de 12%, ao passo que, caso o comprador também seja uma empresa israelense, a alíquota é reduzida para 6%. Há, ainda, previsão de regimes especiais, com alíquotas diferenciadas, que podem chegar a 5%, para empresas israelenses que invistam em empresas estrangeiras.

Cabe, ainda, destacar que a legislação prevê uma série de mecanismos para evitar a elisão fiscal. Assim, por exemplo, uma empresa estrangeira que tenha acionistas israelenses, em alguns casos, está sujeita à regramento específico, especialmente se a sede da empresa estrangeira for uma país com tributação favorecida (menor de 15%).

Como regra geral, as autoridades tributárias Israelenses podem desconsiderar transações artificiais, sem substrato econômico, caso se constate que o intuito foi de evitar o pagamento de tributos. Assim, por exemplo, empréstimos concedidos à acionistas, caso não tenham sido quitados em até um ano, deverão ser incluídos na base de cálculo do imposto de renda de pessoa física.

2.1.3. Folha de Pagamento

Apenas instituições financeiras estão sujeitas ao pagamento de imposto sobre a folha de pagamento, à alíquota de 17%, e organizações sem fins lucrativos, sujeitas à alíquota de 7,5%.

Sobre a folha de pagamentos, em verdade, incide uma contribuição para a Saúde e Seguridade Social, denominada, em hebraico, de *Bital Leumi*. Assim como no Brasil, parte do valor é pago pelo empregador e parte, pelo empregado.

As alíquotas variam de acordo com a faixa salarial, da seguinte maneira[12]:

Contribuinte	Faixa salarial	Seguridade Social		Seguro Saúde	Total
		Empregador	Empregado	Empregado	
Residentes israelenses	Até 6.164	3,55%	0,40%	3,10%	7,05%
	De 6.164 até 43.240 (máximo)	7,60%	7,00%	5,00%	19,6%
Não israelenses residentes	Até 6.164	0,59%	0,04%	Não tem direito	0,63%
	De 6.164 até 43.240 (máximo)	2,65%	0,87%	Não tem direito	3,52%

Quadro 2 – **Alíquotas Incidentes nas Folhas Salariais**

---

[12] Vigente para o ano de 2019.

Israel, atualmente, possui acordo bilateral de aproveitamento da contribuição para a seguridade social com cerca de dezoito países, dentro os quais o Brasil não se encontra. O único país da América do Sul com quem Israel mantém esse tipo de acordo é o Uruguai.

2.2. Tributação do consumo

O imposto incidente no consumo em Israel é o IVA (imposto sobre valor agregado) ou VAT (*value added tax*), em inglês. Sua incidência se dá sobre a comercialização da maioria de bens, prestação serviços e importação[13].

A alíquota básica atualmente vigente é de 17%, já tendo sido de 18%, em 2014, e de 16%, em 2011. Estão, todavia, sujeitos à alíquota zero os bens exportados, serviços de turismo prestados a não residentes, transporte de carga destinados e originários de Israel, comercialização de frutas e vegetais frescos, assim como a venda de produtos e prestação de serviços na zona livre de Eilat.

Organizações sem fins lucrativos que prestem serviços ou comercializem bens, em razão da isenção do VAT, estão sujeitas, como visto acima, à tributação da folha de pagamento, da mesma forma como as instituições financeiras, que também não são contribuintes do VAT[14].

Como se sabe, no VAT, o tributo recolhido na etapa anterior pode ser deduzido do tributo incidente na venda ou prestação de serviço. Assim como no Brasil em relação ao PIS/COFINS e ao ICMS, embora em muito menor escala, há discussão acerca da possibilidade de dedução do VAT incidente na compra de materiais, insumos e serviços prestados atividades administrativas e produtivas das empresas[15].

Vale destacar que, em Israel, as empresas que acumularem créditos de VAT, desde que essa situação reste devidamente comprovada, podem postular a restituição deste crédito, que deverá ser pago, em geral, em até trinta dias da submissão do formulário de devolução de VAT[16].

Destaque-se, ainda, que a base de cálculo do VAT é o preço da transação, incluindo-se, portanto, qualquer outra taxa obrigatória por lei[17], salvo se o pagamento for obrigação exclusiva do vendedor. Trata-se de um dado

---

[13] Capítulo 2 da Lei do VAT de 1975.
[14] Capítulo 2, item 4 da Lei do VAT de 1975.
[15] Capítulo 8 da Lei do VAT de 1975.
[16] Capítulo 11 da Lei do VAT de 1975.
[17] Capítulo 3, item 7 da Lei do VAT de 1975.

curioso, especialmente para o Brasil, que apenas recentemente enfrentou a questão da inclusão do ICMS na base de cálculo do PIS e da COFINS.

Há, por fim, outros tributos especiais incidentes sobre algumas operações específicas, tais como tabaco, álcool, combustíveis para transporte, cujas alíquotas e regramentos variam de acordo com os produtos.

2.3. Tributação do Patrimônio

Sobre a propriedade de imóvel, em Israel, incide o imposto municipal denominado, em hebraico, de *arnona*, cujo valor exigido varia de acordo com a localização do imóvel nos limites municipais e com base no tamanho em metros quadrados.

O valor do metro quadrado varia, não só de acordo com a localização do imóvel, mas também em razão das suas dimensões. Em geral, imóveis com menos de 120 (cento e vinte) metros quadrados têm alíquotas menos gravosas, enquanto que os imóveis maiores são mais taxados.

Também influenciam no valor do metro quadrado: a área ocupada, o tipo de imóvel, a destinação do imóvel (comercial, residencial ou agrícola), idade, materiais utilizados na construção, as características físicas do imóvel, existência ou não de estacionamento, escadarias, elevadores, varandas e abrigos antibombas.

Novos imigrantes têm direito à isenção de até 90% (noventa por cento) do *arnona*, a depender do local, de até cem metros quadrados, durante doze dos seus primeiros vinte e quatro meses no país.

O *arnona* é exigido anualmente, por volta de janeiro, podendo ser parcelado ao longo do ano.

A aquisição de imóveis está sujeita ao pagamento de imposto à alíquota de 6%, a ser pago pelo adquirente. A aquisição do primeiro imóvel, por israelense, todavia, está sujeita a tabela progressiva de alíquotas, que podem variar de zero a 10%, conforme quadro abaixo:

Tabela vigente em 2014	
Até 1.517.210 NIS	0%
De 1.517.210 NIS até 1.799.605 NIS	3,50%
De 1.799.605 NIS até 4.642.750 NIS	5%
De 4.642.750 até 15.475.835 NIS	8%
Acime de 15.475.835 NIS	10%

Novos imigrantes também gozam de isenção parcial, com alíquotas reduzidas, que variam de acordo com o valor do imóvel.

3. Tratados Brasil-Israel
3.1. Convenção entre o governo da República Federativa do Brasil e o governo do Estado de Israel para evitar a dupla tributação e a prevenção de evasão fiscal relativa a impostos de renda

Por meio do Decreto nº 5.576 de 8/11/2005, o Brasil internalizou a "Convenção entre o governo da República Federativa do Brasil e o governo do Estado de Israel para evitar a dupla tributação e a prevenção de evasão fiscal relativa a impostos de renda"[18].

Como o próprio nome diz, o foco do tratado é a tributação incidente sobre a renda, inclusive de pessoas jurídicas. Neste aspecto, vale destacar que o acordo, em seu artigo 2º, item 2, esclarece que, embora o objeto, do lado do Brasil, seja o "*imposto de renda federal*" e, do lado de Israel, os impostos decorrentes da lei do imposto de renda e legislação complementar e os impostos sobre os ganhos decorrentes de vendas de imóveis, ele "*também se aplica a quaisquer impostos idênticos ou substancialmente similares que sejam impostos após a data de assinatura da Convenção, além ou em substituição dos impostos listados no parágrafo 1.*"

Para evitar a dupla tributação, Israel concede crédito no valor do tributo eventualmente pago em decorrência da legislação brasileira, a ser abatido do imposto sobre a renda israelense, desde que o montante pago não exceda o tributo exigido, nos termos do artigo 23, item 2. O Brasil, por sua vez, autoriza a dedução do montante recolhido em Israel, do imposto a pagar no Brasil.

O tratado, que possui 30 artigos, aborda, detalhadamente, os mecanismos e condições necessárias para evitar a dupla tributação de diversos rendimentos. O artigo 7º, 9º e 10º, por exemplo, dispõem acerca das regras de tributação dos lucros das empresas, inclusive de dividendos (artigo 10º).

No artigo 6º são estabelecidos os parâmetros para tributação de rendimentos imobiliários. O artigo 8º, por sua vez, lida com lucros decorrentes da atividade de transporte marítimo e aéreo. O artigo 11 trata dos juros, o 12, de *royalties*, o 13, de ganho de capital decorrente de alienação de bens imóveis, o 18, de pensões e benefícios.

---

[18] Em tradução livre.

A exceção do artigo 18, do artigo 14 ao 20, são traçadas as regras para evitar a dupla tributação de renda auferida com a prestação de serviços profissionais ou de caráter independente. São abordadas regras sobre a remuneração de Direção (art. 16), remuneração de desportistas e artistas (art. 17), servidores públicos (art. 19), pesquisadores e professores (art. 20).

O artigo 25 prevê a possibilidade de instauração de procedimento administrativo na hipótese dos residentes de ambos os países caso entenda que as medidas tomadas pelos Estados Contratantes tenham importado ou venham a importar em tributação de forma não prevista na Convenção.

O tratado, por fim, em seu artigo 27, dispõe sobre a troca de informações entre os países contratantes. O compartilhamento de informações, que é uma tendência global, não está restrito aos tributos objeto do tratado, devendo, não obstante, ser a informação tratada como sigilosa e utilizada, tão somente, para providências tendentes a evitar elisão fiscal e combater a prática de crimes.

3.2. Acordo de livre comércio entre o Mercosul e o Estado de Israel

Além do acordo para evitar a dupla tributação do imposto de renda mantido, Israel foi o primeiro país fora do Mercosul a firmar um acordo de livre comércio com o bloco, vigente desde 28.4.2010, quando foi promulgado pelo Decreto nº 7.159/2010.

Os objetivos do acordo estão delimitados no artigo 3º e são os seguintes:

> 1. eliminar as barreiras ao comércio de bens e facilitar sua circulação entre os territórios das Partes;
> 2. promover as condições de livre concorrência na área de livre comércio;
> 3. aumentar substancialmente as oportunidades de investimento nos territórios das Partes e aumentar a cooperação em áreas que sejam de interesse mútuo das Partes;
> 4. criar procedimentos eficazes para a implementação, aplicação e cumprimento deste Acordo e sua administração conjunta; e
> 5. estabelecer um marco para aprofundar a cooperação bilateral e multilateral para expandir e ampliar os benefícios do Acordo.

Em razão do acordo, nota-se que as exportações do bloco comercial para Israel, a partir de 2010, aumentarem e, desde então, têm se mantido estáveis. Confira-se o gráfico a seguir:

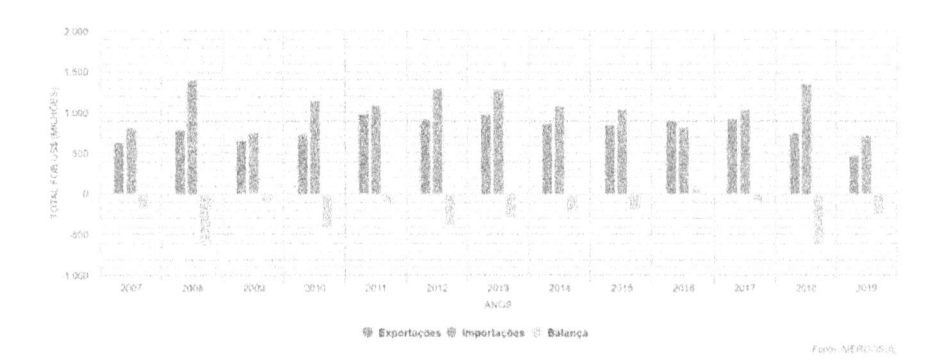

Gráfico 3 – **Exportações em 2010**

De um modo geral, a parceria tem se mostrado bastante produtiva, especialmente considerando que o contexto produtivo dos membros do Mercosul e de Israel são complementares. Enquanto que os sul americanos são, primordialmente, exportadores de *commodities*, cuja produção interna israelense é ínfima, Israel tem como principal motor da economia as empresas de tecnologia de ponta.

4. Cobrança de crédito fiscal

O sistema de constituição de crédito de Israel funciona de forma similar ao brasileiro, dividindo-se, basicamente, em duas etapas: uma administrativa e outra judicial. Em ambas é possível exercer o direito de defesa e contraditório.

A esfera administrativa tem como pilar o estabelecimento da verdade material. Desse modo, embora cada tributo tenha um procedimento específico, em todos há previsão autorizando que os julgadores, a qualquer momento, solicitem a produção de novas provas e apresentação de documentos.

Vale destacar que, especificamente no caso do Imposto de Renda (*más achnassá*), há expressa autorização legal para produção e aproveitamento de provas, "*ainda que tais evidências sejam inadmissíveis em uma audiência cível*"[19].

Com relação aos prazos, assim como no Brasil, estes, em geral, são de 30 (trinta) dias, tanto para apresentar impugnação à notificação de

---

[19] Tradução livre da parte final do Artigo 10, item b do Regulamento do Tribunal (Recursos em Matéria de Imposto de Renda), 1978

lançamento[20], bem como para que a autoridade fiscal apresente suas razões para afastar os argumentos apresentados pelo contribuinte[21]. Apreciadas as razões do contribuinte e da autoridade fiscal, compete ao tribunal julgar a matéria[22], em data previamente acertada e comunicada em prazo não menor a trinta dias[23].

Julgada a matéria e constituído o crédito definitivamente em face do contribuinte, a execução fiscal ocorre da forma das demais execuções judiciais.

Vale destacar, por fim, que o procedimento de revisão fiscal de qualquer contribuinte pode ser iniciado por provocação de qualquer pessoa, por meio de denúncias anônimas, por escrito ou oral. A autoridade fiscal de Israel mantém uma central de atendimento, por meio do qual qualquer cidadão pode comunicar qualquer operação em que haja suspeita da prática de sonegação fiscal[24].

5. Tributação para o setor de alta tecnologia

Como é notório e dito anteriormente, parte fundamental da economia israelense advém as start up, que, inclusive, renderam ao país o título de "start up nation". Em primeiro lugar no ranking mundial, Israel concentra a maior média de empresas de tecnologia, possuindo uma *start up* a cada 1.400 habitantes.

Além das condições geográficas e climáticas, atribui-se o sucesso tecnológico de Israel ao fato de o Governo conceder uma série de incentivos fiscais para investimentos nesse setor de alta tecnologia. Os incentivos, a seguir abordados superficialmente, atingem tanto os investidores individuais, sejam eles residentes ou não residentes, os investimentos por parte de empresas e, como não poderia deixar de ser, a própria tributação das empresas de alta tecnologia.

---

[20] Artigo 2º, do Regulamento do Tribunal (Recursos em Matéria de Imposto de Renda), 1978.
[21] Artigo 5º, do Regulamento do Tribunal (Recursos em Matéria de Imposto de Renda), 1978.
[22] Artigo 11, do Regulamento do Tribunal (Recursos em Matéria de Imposto de Renda), 1978.
[23] Artigo 8º, do Regulamento do Tribunal (Recursos em Matéria de Imposto de Renda), 1978.
[24] Em inglês, o canal de atendimento e os formulários, estão disponíveis no link: <https://taxes.gov.il/English/EnforcementAndDeterrence/Pages/Enforcement.aspx>. Acesso em: 15.04.2020.

A legislação, visando incentivar investimentos estrangeiros em empresas israelenses garante, como regra geral, isenção da tributação do ganho de capital para estrangeiros residentes, decorrente da venda de títulos de empresas de alta tecnologia na bolsa de valores de Tel aviv – TASE (*Tel Aviv Stock Exchange*)[25].

Nessa mesma linha, o artigo 97, B3 do Israeli Income Tax Ordinance concede isenção do ganho de capital para estrangeiros residentes que sejam decorrentes da venda de ações de empresas que, embora não sejam israelenses, possuam a maior parte de seus ativos (exceto imóveis) em território israelense.

Para se beneficiar dessa isenção, é necessário que os direitos tenham sido adquiridos após 1.1.2009, não sejam comercializados por parentes, tampouco decorrentes de fusão e aquisição, além de não terem sido negociados na bolsa de valores de Tel Aviv.

O artigo 20 da Lei de economia política para 2011 e 2012 criou um terceiro incentivo para investimentos nesse setor. Além dos benefícios relacionados à tributação do ganho de capital, essa norma determina que os investimentos em *start ups* podem ser deduzidos na apuração do lucro das empresas.

O governo israelense pretende, com esta medida, encorajar as empresas e indivíduos a investir no setor de alta tecnologia, garantido a eles que a integralidade do valor investido pode ser considerado despesa dedutível do seu imposto de renda e, consequentemente, reduzir o montante a ser pago.

Na prática, as pessoas e empresa podem zerar o imposto de renda a pagar, desde que invistam os valores em empresas de alta tecnologia. É, todavia, necessário, que a empresa investida:

    a. Seja registrada em Israel;
    b. Seja controlada e gerida em Israel durante o período de incentivo;
    c. Não possua ações negociadas na bolsa de valores de Tel Aviv;
    d. Dedique, ao menos, 75% (setenta e cinco por cento) dos valores para pesquisa e desenvolvimento;
    e. Dedique, ao menos, 75% (setenta e cinco por cento) dos investimentos em pesquisa e desenvolvimento sejam realizados em Israel;

---

[25] Artigo 97, B2 do *Israeli Income Tax Ordinance*.

Além disso, os investimentos não podem superar cinco milhões de shekels e não podem ser resgatados pelo prazo de três anos.

Há, ainda, a possibilidade de dedução de 10% (dez por cento), a cada dez anos, do ágio apurado nas operações, desde que a aquisição tenha ocorrido após primeiro de janeiro de 2003. A legislação não autoriza, entretanto, que o ágio seja decorrente de operação entre familiares ou envolvendo empresas de residentes estrangeiros, salvo na hipótese em que restar demonstrado que o ágio era estritamente necessário para o desenvolvimento da atividade.

Semelhante a isso, a legislação autoriza a dedução integral, ao longo dos cinco anos subsequentes à aquisição, do valor da operação de compra de empresa de pesquisa e desenvolvimento. Para que se possa usufruir deste benefício, a compra tem que ter sido realizada entre 1.1.2011 e 31.12.2015 e, ao menos, 80% (oitenta por cento) das ações tem que ser sido adquiridas. Além disso, o controle e gerenciamento da empresa devem permanecer em Israel e há sistemática para comprovação de que, de fato, se trata de uma empresa voltada para pesquisa e desenvolvimento.

Por fim, embora não seja específico de empresas de alta tecnologia, convém destacar, que o sistema tributário israelense prevê benefício fiscal, na forma de redução do imposto de renda de pessoa jurídica, para "empresas preferenciais"[26].

Trata-se de um benefício concedido pelo Governo israelense para o setor industrial visando a criação de novos empresas. Uma "empresa preferencial" é aquela que desenvolve atividade industrial e, ao menos, 25% (vinte e cinco por cento) de sua receita advém de exportações. Vale destacar que o desenvolvimento de *softwares*, para fins deste benefício, é considerado como atividade industrial.

Além disso, estas empresas podem, ainda, se beneficiar de redução ainda maior do imposto de renda a pagar se estiverem localizadas nas periferias, denominadas de Zona A, que englobam as áreas de Dimona, próxima à Beer Sheva, Maale Adumim, próximo à Jerusalém, e a região de Carmiel, em Galil.

Uma recente norma passou a permitir que empresas de alta tecnologia localizadas em Jerusalém também podem se aproveitar do incentivo da Zona A.

---

[26] *Preferred enterprises*, em inglês.

Em geral, a tributação da renda das pessoas jurídicas em Israel se dá à alíquota de 23%. Para as empresas preferenciais, todavia, a alíquota cai para 12,5% e, para aquelas localizadas na Zona A, para 6%[27].

Essas empresas podem, ainda, aproveitar de depreciação acelerada para seus ativos e os dividendos distribuídos aos acionistas são tributados à alíquota de 15%, em vez da alíquota de 25% ou 30% normais, desde que o acionista seja um israelense residente ou um estrangeiro residente.

Conclusões

Vimos de ver que Israel, apesar de pequenez territorial, logrou êxito em desenvolver uma economia pujante, principalmente baseada em empresas de alta tecnologia, mas também com grande participação do turismo e da agricultura. Boa parte dessa conquista se deve às reformas econômicas promovidas no início dos anos 2000, que equilibraram as contas públicas e controlaram a inflação e, principalmente, dos incentivos governamentais, na forma de isenção e benefícios fiscais, para desenvolvimentos de empresas de alta tecnologia.

As características históricas, notadamente a guerra da independência, iniciada pelos países vizinhos logo após a declaração de independência, em 1948, impediram que o Estado efetivasse o compromisso de elaborar uma Constituição. Em substituição a esta, o Israel editou quatorze leis fundamentais, sendo que o único princípio tributário positivada nestas normas é o da legalidade.

Isso fez com que tanto o Parlamento como a Suprema Corte assumissem papel de extrema relevância. A bem da verdade, a ausência de uma Constituição rígida, como a brasileira, facilita a alteração das normas do país que, além de jovem, possui um alto índice de absorção de imigrantes, especialmente judeus, por conta da lei do retorno[28].

Para se adequar a essa realidade de que quase 25% (vinte e cinco) por cento da população não nasceu do país e, consequentemente, muitos possuem negócios em seus países de origem, em primeiro de janeiro de 2003, o sistema israelense passou por uma profunda reforma (Reforma nº. 132), que, em suma, alterou o sistema, passando de territorial (tributa-se

---

[27] Alíquota vigente a partir de 2015.
[28] O que também é estimulado pelo Governo, que concede uma séria de benefícios fiscais para os recém-chegados ao país.

a renda produzida no território) para pessoal, isto é, que grava a renda dos residentes israelenses independentemente de sua origem, além daquela produzida em território israelense por não residentes.

As alíquotas dos tributos também se adequam à realidade social e economia do país com grande rapidez. Embora os percentuais de renda tributadas sejam maiores que as do Brasil, percebe-se uma tendência de redução de alíquotas do IVA, além de preocupação de atualização das tabelas das faixas de incidência do Imposto de Renda anualmente, o que certamente seria uma boa medida a ser adotada pelo Brasil.

De um modo geral, o sistema se assemelha ao adotado pelo Brasil e pela maioria dos países do mundo. A não cumulatividade é perseguida nos tributos incidentes sobre o consumo, os tributos sobre o patrimônio levam em consideração aspectos destes que indicariam maior ou menor capacidade contributiva e o imposto sobre a renda é progressivo.

A principal diferença talvez resida no fato de a folha de salários ser extremamente menos taxada do que a brasileira, o que, sem dúvida alguma, diminui a taxa de desemprego. Isso evidencia, a nosso ver, a capacidade do Governo Israelense de, por meio da tributação, guiar a economia do país, seja, a todo custo, estimulando a geração de empregos, pouco gravando a folha de salários, seja concedendo benefícios fiscais para desenvolvimento do setor de alta tecnologia, que, hoje, é o principal foco do país.

Referências

BARAK, Aharon. A Constitutional Revolution: Israel's Basic Laws. *Constitutional Forum*, n. 4, 1992-1993. Disponível em: <https://digitalcommons.law.yale.edu/fss_papers/3697/>. Acesso em: 15.04.2020.

BRASIL. Senado Federal. Comissão de Assuntos Econômicos. *Relatório do Grupo de Trabalho destinado a avaliar a funcionalidade do Sistema Tributário Nacional* (Relator Senador Ricardo Ferraço). Brasília, 2017. Disponível em: <https://legis.senado.leg.br/sdleg-getter/documento?dm= 7229607&disposition=inline>. Acesso em: 15.04.2020.

ISRAEL. Knesset. *Basic Law*: the State Economy. 21st July, 1975. Disponível em inglês no endereço eletrônico: <https://www.knesset.gov.il/ laws/special/eng/basic6_eng.htm>. Acesso em: 15.04.2020.

SINDIFISCO NACIONAL. *A Defasagem na Correção da Tabela do Imposto de Renda Pessoa Física*, janeiro de 2019, Disponível em: <https://www.sindifiscona-cional.org.br/ mod_download.php?id=aW1hZ2VzL2VzdHVkb3Mvb3V0

cm9zLzIwMTgvRGVmYXNhZ2VtX0lSXzE5OTZfMjAx OF9WRi5wZGZ8MA==>.
Acesso em: 15.04.2020.

UNITED NATIONS. United Nations General Assembly Resolution 181. November 29, 1947. Disponível em: <https://avalon.law.yale.edu/20th_century/res181.asp>. Acesso em: 15.04.2020.

16. O sistema tributário da Itália

Lucas Henrici Marques de Lima

Introdução
Este artigo pretende analisar as características do Sistema Tributário Italiano. Isso porque, a busca de exemplos, bem-sucedidos ou não, é uma boa fonte de referência para os momentos em que são propostas mudanças e reformas nos modelos vigentes de um Estado de Direito. Desse modo, sendo certo que o Brasil experimenta um desses momentos de grandes reformas, com propostas de alterações sensíveis em todos os escalões normativos, inclusive na Constituição Federal, vale a pena a busca de parâmetros externos que ajudem a encontrar soluções aos problemas vivenciados e evitar erros desnecessários.

Especificamente no campo tributário, nossas propostas de reforma são amplas e estão se intensificando, usualmente acompanhadas de uma intenção de unificar tributos sobre o consumo, inclusive com a supressão de competências dos entes federados, também buscando uma redução sensível na complexidade do sistema tributário.

Nessa linha de simplificação por alteração de competências e unificação de tributos, destacam-se as Propostas de Emenda Constitucional n.º 45/2019[1] e n.º 110/2019[2], as quais buscam extinguir diversos tributos e criar o Imposto sobre Operações com Bens e Serviços (IBS).

---

[1] Sobre a proposta de tramitação da PEC n.º 45/2019, v. <https://www.camara.leg.br/proposicoesWeb/fichadetramitacao?idProposicao=2196833>. Acesso em: 13 mar. 2020.
[2] Sobre a proposta de tramitação da PEC n.º 110/2019, v. <https://www25.senado.leg.br/web/atividade/materias/-/materia/137699>. Acesso em: 13 mar. 2020.

Paralelamente à questão da simplificação do sistema tributário, a situação dos litígios fiscais no Brasil atinge níveis alarmantes por diversos indicadores dentre os quais se destaca o valor constituído e não pago (aproximadamente R$ 3,4 milhões de reais apenas no âmbito da União em 2018, alcançando 50% do PIB no mesmo ano), e a baixa capacidade de recuperação dos créditos por conta do sufocamento das instâncias decisórias (a média de tempo para decisão administrativa e judicial somadas alcança por volta de 18 anos e 11 meses).[3]

Portanto, as perguntas centrais que movem a presente pesquisa podem ser formuladas da seguinte maneira: (i) em que medida o Brasil se aproxima ou se distancia da Itália em suas características gerais e em seu modelo tributário?; e (ii) quais características e institutos do direito tributário italiano podem servir de inspiração ao Estado brasileiro nesse cenário de grandes propostas de reforma e de delicada posição do litígio tributário?

Nesse contexto, o presente artigo busca traçar um paralelo entre o modelo tributário vigente na Itália e aquele que vivenciamos no Brasil, sem deixar de lado uma apresentação das grandes semelhanças ou diferenças entre países, feita na primeira parte do texto (capítulo 1 *infra*), no que se refere: (i) às dimensões territoriais e populacionais; (ii) à relação entre a carga fiscal e o PIB de cada país; (iii) aos modelos de Estado e Governo; (iv) à estrutura Estatal unitária ou federativa.

Também não se deixou de estudar as peculiaridades do Sistema Tributário italiano que serão apresentadas na segunda parte do presente texto (capítulo 2 *infra*), tais como: (i) a existência de uma menor quantidade de normas tributárias na Constituição; (ii) os mais relevantes princípios tributários; (iii) a inexistência de um código como o nosso CTN, com uma tendência pelo uso de leis esparsas; (iv) os tributos existentes e os modelos de incidência (patrimônio, renda ou consumo) predominantes; (v) os modelos de contencioso e cobrança fiscais; (vi) a existência de procedimentos de mediação e conciliação; e (vii) a existência de recente regime específico de tributação para a área de alta tecnologia.

---

[3] Sobre os dados apresentados, veja-se o trabalho realizado pelo Instituto Brasileiro de Ética Concorrencial – ETCO e pela Ernst & Young. INSTITUTO BRASILEIRO DE ÉTICA CONCORRENCIAL; ERNST & YOUNG. *Desafios Do Contencioso Tributário Brasileiro*. 2019. Disponível em: < https://www.etco.org.br/2020/wp-content/uploads/Estudo-Desafios-do-Contencioso-Tributario-ETCO-EY.pdf >. Acesso em: 15 mar. 2020.

Com isso, o texto passa, em seu capítulo 3 *infra*, a uma síntese conclusiva das principais inspirações que podem ser tiradas da Itália no atual momento vivenciado pelo Brasil.

1. Características gerais do Estado italiano
1.1. As dimensões territoriais e populacionais, e a relação entre a carga fiscal e o PIB

Segundo dados do Instituto Nacional de Estatística Italiano (*Istituto Nazionale di statistica* – ISTAT), a população residente na Itália em 2019 era de 60,4 milhões de pessoas, com uma pequena redução observada nos últimos 10 anos[4]. Já o Brasil, segundo dados do Instituto Brasileiro de Geografia e Estatística (IBGE) extraídos da resolução n.º 3 de 26/8/2019[5], possui uma população de cerca de 210 milhões de pessoas, sendo que a soma da população dos 4 Estados da Região Sudeste é de aproximadamente 88 milhões de habitantes (Espirito Santo 4.018.650 de habitantes, Minas Gerais com 21.168.791 de habitantes, Rio de Janeiro com 17.264.943 de habitantes e São Paulo com 45.919.049 de habitantes). Com essas informações, é possível perceber uma relação de aproximadamente 3,5 residentes no Brasil para cada residente italiano.

Outros dois dados gerais relevantes para um primeiro contato com a experiência italiana são a extensão territorial e a relação carga tributária/PIB. Na Itália, o território é de cerca de 301.300 km², com uma carga fiscal de aproximadamente 41,8% de um Produto Interno Bruto (PIB) de 1,765 trilhão de euros no ano de 2018[6]. Por sua vez, no Brasil, o território é de aproximadamente 8.515.000 km²[7] e a carga fiscal foi de 32,43% de um

---

[4] ISTAT. *Statistiche Report*. Disponível em: <https://www.istat.it/it/files//2019/02/Report-Stime-indicatori-demografici.pdf>. Acesso em: 11 mar. 2020.

[5] IBGE. *Resolução nº 3, de 26 de agosto de 2019*. Diário Oficial da União, Seção 1, p. 374, de 28 de agosto de 2019.

[6] ISTAT. *Conti Economici Nazionali*. Disponível em: <https://www.istat.it/it/files// 2019/09/ContiNazionali_SETTEMBRE2019.pdf>. Acesso em: 11 mar. 2020.

[7] Dados apurados e noticiados pelo IBGE. Disponível em: <https://agenciadenoticias.ibge.gov.br/agencia-sala-de-imprensa/2013-agencia-de-noticias/releases/14318-asi-ibge-apresenta-nova-area- territorial-brasileira-8515767049-km>. Acesso em: 13 mar. 2020.

Produto Interno Bruto (PIB) de 6,56 trilhões de reais no ano de 2017, segundo dados da Receita Federal[8].

Diante de tudo isso, outras duas relações podem ser feitas. Primeiro, é possível identificar que o Brasil tem um território aproximadamente 28 vezes maior, o que somado à população 3,5 vezes maior, implica em um mais elevado custo de implementação de serviços públicos, com maior dificuldade na prestação descentralizada de vários deles para a parcela da população que não vive nos grandes centros urbanos.

Essa relação pode parecer estranha ao direito tributário, mas não se faz possível buscar a influência de países estrangeiros ao nosso sistema sem que se possa compreender alguns aspectos básicos da realidade socioeconômica desses dois Estados Nacionais. Tampouco se pode esquecer que a tributação é a maior fonte de receitas estatais tanto na Itália quanto no Brasil, motivo pelo qual o tamanho dos gastos previstos gera pressão para aumento da carga fiscal.

Com base em tudo isso, é possível inferir que, salvo no caso de uma alocação de recursos muito mais eficaz, o brasileiro não poderá esperar uma mesma qualidade nos serviços públicos de que dispõe o italiano, ao menos não sem uma carga tributária que seja ainda maior do que os quase 42% da realidade italiana.

A reflexão acima não pretende propor um aumento da carga tributária brasileira em uma proporção que a iguale à situação italiana, nem mesmo indicar que ela seria necessária ou mesmo suficiente para a melhoria dos serviços públicos. Isso seria uma outra pesquisa, completamente diferente da que se realiza neste texto. A intenção dessa reflexão inicial é apenas a de indicar a natureza falaciosa da afirmação de que o problema da carga fiscal brasileira é a de que o brasileiro paga o tributo alto, mas não enxerga resultados semelhantes aos europeus. Ora, os resultados são diferentes por uma série de características sociais, históricas, populacionais, políticas, geográficas etc., não sendo cabível comparação entre situações tão distintas sem que se tenha em mente todas as variáveis envolvidas.

---

[8] RECEITA FEDERAL DO BRASIL. *Carga Tributária no Brasil – 2017 (Análise por Tributo e Bases de Incidência)*. Brasília, 2018. Disponível em: <http://receita.economia.gov.br/dados/receitadata/estudos-e-tributarios-e-aduaneiros/estudos-e-estatisticas/carga-tributaria-no--brasil/carga-tributaria-2017.pdf>. Acesso em: 13 mar. 2020.

1.2. Modelo de Estado e estrutura de Governo na Itália

A Itália é uma República Democrática[9], Parlamentarista[10] e Unitária, ainda que sejam constitucionalmente previstas a descentralização administrativa e a valorização das autonomias locais[11]. No primeiro nível, o Estado é dividido em algumas Regiões[12], mas a República é composta ainda por outros níveis como Municípios, Províncias e Cidades Metropolitanas[13].

Percebe-se, com isso, que apesar dessas regiões de demais entes deterem algum grau de autonomia tributária e financeira[14], sua situação não é tão protegida como a de Estados e Municípios no Brasil, entes federados que são protegidos pela cláusula pétrea da forma federativa de Estado (art. 60, §4º, da CRFB/88[15]) e com competências tributárias muito bem demarcadas na Constituição, o que já levou o Supremo Tribunal Federal a declarar a inconstitucionalidade do art. 2º, §2º da Emenda Constitucional n.º 3/93 por meio da Ação Direta de Inconstitucionalidade n.º 939 também em razão da exceção à imunidade recíproca que era feita na instituição

---

[9] "Art. 1. A Itália é uma república Democrática, baseada no trabalho.
A soberania pertence ao povo, que a exerce nas formas e nos limites da Constituição".
ITÁLIA. Constituição (1947). *Costituzione Italiana. Edizione in lingua portoghese*. Roma: Senatto dela Repubblica, 2018.

[10] "Art. 92. O Governo da República é composto pelo Presidente do Conselho e pelos Ministros que, juntos, constituem o Conselho de Ministros.
O Presidente da República elege o Presidente do Conselho de Ministros e, por proposta do mesmo, os Ministros". Ibidem.

[11] "Art. 5. A República, una e indivisível, reconhece e promove as autonomias locais; atua a mais, ampla descentralização administrativa nos serviços que dependem do Estado; adequa os princípios e os métodos de sua legislação às exigências da autonomia e da descentralização". Ibidem.

[12] "Art. 131. São constituídas as seguintes Regiões:
Piemonte; Valle d'Aosta; Lombardia; Trentino-Alto Adige; Veneto; Friuli-Venezia Giulia; Liguria; Emilia-Romagna; Toscana; Umbria; Marche; Lazio; Abruzzi; Molise; Campania; Puglia; Basilicata; Calabria; Sicilia; Sardegna". Ibidem.

[13] Previsão contida no art. 114 da Constituição Italiana.

[14] Nesse sentido, destacam-se os artigos 117 e 119 da Constituição Italiana.

[15] "Art. 60. A Constituição poderá ser emendada mediante proposta: (...)
§ 4º Não será objeto de deliberação a proposta de emenda tendente a abolir:
I – a forma federativa de Estado;
(...)".
BRASIL. Constituição (1988). *Constituição da República Federativa do Brasil*. Brasília, DF: Senado, 1988.

do IPMF. Ou seja, ainda que se esteja falando de uma decisão que não é isenta de críticas, notadamente em razão de atribuir aos meros instrumentos de proteção das cláusulas pétreas a mesma natureza destas[16], é fato que ela representa um alto grau de proteção da autonomia dos entes federados.

No que se refere à forma Parlamentarista, a chefia de Governo é do presidente do Conselho de Ministros, que deve ter a confiança do parlamento bicameral[17], o qual é formado por legislaturas de 5 anos[18]. O art. 55 da Constituição estabelece que o Parlamento é composto pelo Senado e pela Câmara dos Deputados[19]. São 630 deputados eleitos por sufrágio universal e direito, com mais de 25 anos de idade no dia da eleição e a divisão de vagas entre as circunscrições é feita pela quantidade de habitantes.

Já os Senadores são eleitos com base na proporção da população de cada região, sendo a representação mínima de 7 Senadores (exceto para os casos de circunscrições exteriores)[20]. Interessante notar que a divisão da representação na Câmara do Brasil é assemelhada à do Senado Italiano e que não existe na Itália um paralelo para o nosso Senado, como a casa

---

[16] NOVELLI, Flávio Bauer. Norma Constitucional e Inconstitucional? A propósito do art. 2º, § 2º, da Emenda Constitucional nº 3/93. *Revista de Direito Administrativo*, Rio de Janeiro, v. 199, p. 21-57, jan. 1995.

[17] Nesse sentido, destaca-se o art. 94 da Constituição Italiana.

[18] "Art. 60. A Câmara dos deputados e o Senado da República são eleitos por cinco anos. A duração de cada uma das Câmaras pode ser prorrogada só por lei e somente em caso de guerra.".
ITÁLIA. Constituição (1947). *Costituzione Italiana*. Edizione in lingua portoghese. Roma: Senatto dela Repubblica, 2018.

[19] "Art. 55. O Parlamento compõe-se pela Câmara dos Deputados e pelo Senado da República. O Parlamento reúne-se em sessão comum dos membros das duas Câmaras somente nos casos estabelecidos pela Constituição."

[20] "Art. 57. O Senado da República é eleito na base regional, exceto os lugares atribuídos à circunscrição do Exterior. O número dos senadores elegíveis é de trezentos e quinze, seis dos quais eleitos na circunscrição do Exterior. Nenhuma Região pode ter um número de senadores inferior a sete; o Molise tem dois, a Valle d'Aosta tem um. A repartição dos lugares por entre as Regiões, exceto o número de lugares atribuídos à circunscrição do Exterior, prévia aplicação das disposições da alínea anterior, efetua-se em proporção à população das Regiões, resultante do último recenseamento geral, na base dos quocientes inteiros e dos restos mais altos."

de representação dos Estados e não do povo[21], exatamente por se tratar de um Estado Unitário.

Dentro do Conselho de Ministros, o Ministério mais relevante do ponto de vista do direito tributário é o Ministério de Economia e Finanças (MEF – *Ministero dell'Economia e delle Finanze*), ao qual é subordinado o Departamento de Finanças (*Dipartimento delle Finanze*), que, por sua vez se subdivide em seis direções ou objetivos: estudos econômicos e fiscais e gestão de pesquisas; legislação tributária e diretoria do federalismo fiscal; direção de agências e autoridades fiscais; direção de Relações Internacionais; gerenciamento do Sistema de Informações Fiscais; e direção de Justiça Fiscal[22].

E é exatamente essa última direção que traz uma informação muito interessante para a situação brasileira, visto que indica a existência de uma justiça especializada, ligada ao Ministério da Economia e Fianças.

Com base em tudo isso, nota-se que há sensíveis diferenças nas formas de Estado e Governo quando comparados Brasil e Itália, o que deve ser observado quando se realiza a pesquisa das inspirações que podemos buscar. No entanto, apesar de todas as diferenças apontadas, alguns elementos do Sistema Tributário Italiano podem, sim, servir de base para a reflexão de mudanças que devem ou não ser implementadas na realidade brasileira.

---

[21] "Art. 46. O Senado Federal compõe-se de representantes dos Estados e do Distrito Federal, eleitos segundo o princípio majoritário." BRASIL. Constituição (1988). *Constituição da República Federativa do Brasil*. Brasília, DF: Senado, 1988.

[22] *"Art. 11. Competenze del Dipartimento delle finanze*

(...)

3. Il Dipartimento si articola nei seguenti uffici di livello dirigenziale generale:

a) Direzione studi e ricerche economico-fiscali;

b) Direzione legislazione tributaria e federalismo fiscale;

c) Direzione agenzie ed enti della fiscalità;

d) Direzione rapporti fiscali europei e internazionali;

e) Direzione sistema informativo della fiscalità;

f) Direzione della giustizia tributaria."

ITALIA. *Decreto del Presidente del Consiglio dei Ministri*, 26 giugno 2019, n. 103. Regolamento di organizzazione del Ministero dell'economia e delle finanze.

2. O sistema tributário italiano

2.1. A extensão da normatividade tributária na Constituição italiana e os principais princípios tributários reconhecidos pela doutrina

Ao contrário da Constituição Brasileira de 1988, extremamente extensa quanto à matéria tributária, a Constituição Italiana de 1947 é muito sucinta em praticamente todas as matérias de que trata, inclusive nos assuntos tributários, para os quais prevê os seguintes principais princípios abaixo listados.

O primeiro princípio tributário constitucionalizado de que se faz menção é o da capacidade contributiva, o qual está previsto no art. 53 da Constituição Italiana e chega a ser considerado pela Doutrina como a principal garantia dos contribuintes[23]:

> 53 – Todos têm a obrigação de contribuir para as despesas públicas na medida de sua capacidade contributiva.
> O sistema tributário é inspirado nos critérios de progressividade;

Sobre a capacidade contributiva, a melhor doutrina se posiciona no sentido de que ela é mais do que a mera capacidade econômica, chegando a ser alçada ao nível de pressuposto e fundamento da tributação. Além disso, desse mesmo dispositivo constitucional se extrai o subprincípio da progressividade, uma técnica de realização da capacidade contributiva[24].

Já no Brasil, ela encontra-se prevista no art. 145, § 1º, da Constituição[25] e a doutrina especializada entende que a expressão "sempre que possível"

---

[23] AMATUCCI, Fabrizio. *Principi e nozioni di diritto tributario*. 3. ed. Torino: Giappichelli, 2016. p. 31-36.

[24] Ibidem.

[25] "Art. 145. A União, os Estados, o Distrito Federal e os Municípios poderão instituir os seguintes tributos:
(...)
§ 1º Sempre que possível, os impostos terão caráter pessoal e serão graduados segundo a capacidade econômica do contribuinte, facultado à administração tributária, especialmente para conferir efetividade a esses objetivos, identificar, respeitados os direitos individuais e nos termos da lei, o patrimônio, os rendimentos e as atividades econômicas do contribuinte."
BRASIL. Constituição (1988). *Constituição da República Federativa do Brasil*. Brasília, DF: Senado, 1988.

serve para valorizá-la e não para mitigá-la, configurando-se como um dos pilares do sistema tributário brasileiro[26].

De todo modo, parece claro que, diante da pouca quantidade de princípios e normas tributárias na Constituição italiana e da sua grande quantidade na Constituição brasileira, a capacidade contributiva recebe uma maior relevância na realidade italiana, revelando-se o principal pilar de fundamentação do tributo.

E o segundo princípio tributário que se pode destacar é o da igualdade, o qual é muito relacionado ao da capacidade contributiva no modelo italiano[27]:

> 3º – Todos os cidadãos têm a mesma dignidade social e são iguais perante a lei, sem discriminação de sexo, de raça, de língua, de religião, de opiniões políticas, de condições pessoais e sociais.
>
> Cabe à República remover os obstáculos de ordem social e económica que, limitando de facto a liberdade e a igualdade dos cidadãos, impedem o pleno desenvolvimento da pessoa humana e a efetiva participação de todos os trabalhadores na organização política, económica e social do País;

No Brasil, por outro lado, parece existir um claro sobrevalor atribuído ao princípio da igualdade frente aos princípios da capacidade contributiva e da isonomia tributária, que dele se fundamentam. Trata-se, em nossa realidade, de um elemento verdadeiramente fundante da Democracia e do Estado de Direito[28]. De qualquer forma, em qualquer que seja a ordem de leitura (da capacidade contributiva fundamentando a igualdade ou da igualdade fundamentando a capacidade contributiva), os sistemas parecem se aproximar bastante nessas previsões.

O terceiro princípio tributário presente na Constituição Italiana é o da legalidade ou reserva de lei, que se extrai dos artigos 23 e 75, e que estabelece a noção de supremacia do Parlamento[29], até por não se aceitar a revogação da lei tributária por meio de referendo popular:

---

[26] ABRAHAM, Marcus. *Curso de Direito Tributário Brasileiro*. Rio de Janeiro. Editora: GEN/Forense: 2018. p. 116-117.
[27] AMATUCCI, Fabrizio. op.cit. p. 31-38.
[28] ABRAHAM, Marcus. op.cit. p. 114.
[29] AMATUCCI, Fabrizio. op. cit. p. 38.

23 – Nenhuma prestação pessoal ou patrimonial pode ser imposta, a não ser com base na lei.

75 – É convocado um referendo popular para deliberar a revogação, total ou parcial de uma lei ou de um ato com valor de lei, quando é requerido por quinhentos mil eleitores ou cinco Concelhos regionais.

Não é admitido o referendo para as leis tributárias e de orçamento, de amnistia e de indulto, de autorização para ratificar tratados internacionais;

Por aqui, a questão da lei na esfera tributária costuma ser dividida entre os princípios da legalidade tributária, que veda a criação ou aumento de tributo sem lei que estabeleça essas modificações, e da tipicidade tributária, a tratar do conteúdo que deve estar presente na lei tributária (hipótese de incidência, sujeito passivo, alíquota, base de cálculo, hipóteses de exclusão, suspensão e extinção do crédito)[30].

Novamente, não é identificada diferença de tratamento relevante que enseje a possibilidade de se extrair exemplos da realidade italiana que se amoldem como paradigma para a realidade brasileira nesse contexto de grandes reformas e de explosão do contencioso tributário.

O quarto e último princípio destacado no presente artigo é o da autonomia financeira dos entes, observável nos artigos 117 e 119 da Constituição italiana[31], os quais aproximam as duas realidades bastante distintas identificadas entre o Brasil (Estado Federal) e a Itália (Estado Unitário). No entanto, apesar dessa previsão pela autonomia financeira, parece clara a maior relevância desse princípio na realidade brasileira, até por já ter sido usada como motivo para declaração de inconstitucionalidade de norma emitida pelo Poder constituinte derivado[32].

Portanto, após destaque das principais normas tributárias da Constituição Italiana, nota-se que ela possuii uma normatividade tributária bem reduzida quando comparada à realidade brasileira, em que, além dos princípios tributários, existem normas de competência bem definidas, imunidades e limitações ao poder de tributar e as próprias materialidades tributárias, com características relevantes dos tributos possíveis no sistema.

---

[30] ABRAHAM, Marcus. *Curso De Direito Tributário Brasileiro*. Rio de Janeiro. Editora: GEN/Forense: 2018. p. 105-108.
[31] AMATUCCI, Fabrizio. op. cit. p. 42-46.
[32] Nesse sentido, v. notas 15 e 16 acima.

2.2. Um Sistema Tributário formado por Leis Esparsas

No Brasil, como é sabido, o art. 146, III, da Constituição Federal de 1988[33], determina que é reservado à Lei Complementar dispor sobre normas gerais em matéria tributária, cabendo ao Código Tributário Nacional (Lei n.º 5.172/66) a regulação de matérias relativas à obrigação tributária, aos sujeitos ativo e passivo, ao lançamento, ao crédito, às formas de extinção, suspensão e modificação do crédito, às garantias e privilégios do crédito, à prescrição e decadência, além da definição de tributo e parte de suas espécies, etc..

Isso não quer dizer que todas essas normas gerais se esgotem no Código ou mesmo que as matérias nele estabelecidas se encerrem por ali. Por exemplo, existe previsão sobre prescrição e sobre crédito tributário na Lei de Execuções Fiscais (Lei 6.830, artigos 2º e 40), bem como existem disposições gerais sobre o ICMS na Lei Kandir (Lei Complementar 87/89) e sobre o ISS na Lei Complementar n.º 116/03.

Ou seja, ainda que exista um Código sobre matéria tributária no Brasil, o assunto das normas gerais não se encerra completamente nele. De todo modo, trata-se de um norte muito importante no sistema como um todo, sendo certo que não existe um paralelo no sistema tributário italiano.

Por ouro lado, no sistema italiano existem alguns diplomas normativos gerais bastante relevantes, tais como o Estatuto dos Contribuintes (Lei 212/2000), que traz noções sobre fontes do direito, eficácia temporal das normas, relação fisco-contribuinte, procedimento impositivo etc.[34].

---

[33] "Art. 146. Cabe à lei complementar:
(...)
III – estabelecer normas gerais em matéria de legislação tributária, especialmente sobre:
a) definição de tributos e de suas espécies, bem como, em relação aos impostos discriminados nesta Constituição, a dos respectivos fatos geradores, bases de cálculo e contribuintes;
b) obrigação, lançamento, crédito, prescrição e decadência tributários;
c) adequado tratamento tributário ao ato cooperativo praticado pelas sociedades cooperativas.
d) definição de tratamento diferenciado e favorecido para as microempresas e para as empresas de pequeno porte, inclusive regimes especiais ou simplificados no caso do imposto previsto no art. 155, II, das contribuições previstas no art. 195, I e §§ 12 e 13, e da contribuição a que se refere o art. 239."
BRASIL. Constituição (1988). Constituição da República Federativa do Brasil. Brasília, DF: Senado, 1988.
[34] AMATUCCI, Fabrizio. op. cit. p. 9.

Trata-se do diploma que mais se aproxima do nosso Código Tributário, dada a sua natureza geral. Contudo, as matérias tratadas não permitem dizer que se trata propriamente de um Código Tributário tal qual o que temos por aqui.

Outras duas normas relevantes no sistema tributário italiano são o Decreto Legislativo nº 300/1999, que organiza o Ministério de Economia e Finanças (MEF – *Ministero dell'Economia e delle Finanze*) juntamente com o regulamento do Decreto do Primeiro Ministro n.º 103/19, e o Decreto Legislativo 546/1992, que regulamenta o processo Tributário, assunto melhor tratado nas seções 2.5. e 2.6 abaixo.

2.3. Os principais tributos da Itália e o modelo predominante de incidência

Importa destacar de início que, na falta de uma lei geral que defina o conceito de tributo e das espécies tributárias, a Doutrina construiu uma distinção entre Impostos, Taxas e Contribuições, para distinguir tais fenômenos e permitir uma melhor compreensão do sistema[35].

Impostos são entendidos como tributos por excelência e tem por base uma prática do sujeito passivo sem relação com uma atividade estatal, tendo como fundamento a solidariedade e a capacidade contributiva. As Taxas são cobradas em razão de um serviço atividade efetuada pelo poder público. Contribuições podem ser de melhoria ou de interesse de determinado grupo.[36]

Existe, ainda, o chamado *Contributo Unificato*, relacionado à previdência social, o qual é dotado de grande relevância econômica, podendo ser considerado o motivo pelo qual a incidência tributária na Itália é predominante sobre a renda. Retirando essa contribuição à previdência, os valores da incidência sobre a renda e sobre o consumo tornam-se extremamente próximas, ainda que a renda continuasse superior em 2019.

Mais especificamente, entre janeiro e agosto de 2019, o balanço das receitas fiscais foi de cerca de 288 milhões de euros, dos quais cerca de 152 milhões se referiam à tributação direta, com destaque ao Imposto de Renda das Pessoas Físicas (cerca de 121 milhões de euros) e 135

---

[35] TESAURO, Francesco. *Istituzioni di diritto tributario*. I — Parte Generale. 13. ed. Milano: UTET Giuridica, 2018. p. 3.
[36] Ibidem. p. 4-7.

milhões à tributação indireta, com destaque ao IVA (cerca de 84 milhões de euros).[37]

Além disso, as cobranças forçadas totalizaram cerca de 7,9 milhões de euros e os tributos dos entes territoriais 30,8 milhões, o que demonstra que o adimplemento não forçado do tributo é bastante alto (cerca de 280 dos 288 milhões), bem como que o montante dos tributos locais é bastante pequeno (cerca de 30,8 dos 288 milhões), o que demonstra existir uma importância econômica muito maior nos tributos do Estado central do que dos entes regionais[38].

E desses cerca de 30,8, é possível identificar que cerca de 7,1 milhões se referiam ao adicional do Imposto de Renda devido às regiões e 2,6 milhões ao adicional municipal, restando apenas cerca de 21 milhões de receita não decorrente de adicionais de tributos cobrados pelo Estado Central, sendo certo que aproximadamente 11,8 milhões decorreram do IRAP (*Imposte Regionale sulle attività produttive*), 8,5 milhões do IMU/IMIS (*imposta municipale propria su abitazione principale e relative pertinenze*) e 0,6 das taxas locais.[39]

Desse modo, passa-se a tratar brevemente dos quatro principais tributos listados acima, no que se refere ao potencial arrecadatório, além do tributo sobre as atividades digitais (*web tax*) uma novidade bastante recente do sistema.

2.3.1. Reddito delle Persone Fisiche (IRPEF)

A mais relevante materialidade tributária italiana é o Imposto de Renda das Pessoas Físicas, cuja principal regulamentação é dada pelo Decreto Presidencial n.º 917/86[40].

Trata-se de tributo que guarda alguma semelhança com o IRPF brasileiro, mas com alíquotas progressivas mais severas (no ano de 2019,

---

[37] MEF. *Rapporto sulle entrate – Agosto 2019*. Disponível em: <https://www.finanze.it/export/sites/finanze/it/.content/ Documenti/entrate_tributarie/RETeC-2019-8.pdf>. Acesso em: 14 mar. 2020.

[38] Ibidem.

[39] MEF. *Rapporto sulle entrate – Agosto 2019*. Disponível em: <https://www.finanze.it/export/sites/finanze/it/.content/ Documenti/entrate_tributarie/RETeC-2019-8.pdf>. Acesso em: 14 mar 2020.

[40] TESAURO, Francesco. *Istituzioni di diritto tributario*. 2 — Parte Speciale. 11. ed. Milano: UTET Giuridica, 2018. p. 3.

elas foram de 23% até 43%, sem faixa de isenção). Além disso, a base de incidência é severamente superior à brasileira, razão pela qual representa a receita tributária mais relevante do país, superando e muito o Imposto de Renda das Pessoas Jurídicas.

Ademais, os Municípios podem estabelecer, nos termos do art. 1º do Decreto Legislativo n. 360/98, um imposto adicional ao IRPEF, fixando alíquota que não exceda 0,8%[41]. Também existe uma sobretaxa regional, estabelecida pelo art. 50 do Decreto Legislativo n. 446/98, que atualmente varia entre 1,23% e 2,1%[42].

Constata-se das informações acima que o modelo de incidência italiano sobre a renda das pessoas físicas pode servir de exemplo ao sistema brasileiro, tendo em vista que concentra nessa matriz uma maior base de incidência, também aplicando uma progressividade mais intensa do que aquela que é vista no Brasil.

O uso dessa modalidade de incidência pode gerar uma redução na complexidade e nos montantes da tributação das pessoas jurídicas, atraindo novos negócios e acelerando a economia.

2.3.2. Reddito della società (IRES)

Trata-se do Imposto italiano sobre a Renda das Sociedades, também disciplinado pelo Decreto Presidencial n.º 917/86 e que vem passando por sucessivas reduções de alíquota nos últimos anos, seguindo uma tendência mundial. Sua incidência é proporcional (e não progressiva), atingindo a alíquota de 24% nos dias atuais[43].

Assim como ocorre no Brasil, existem diferentes tipos de incidência por conta dos padrões contábeis aplicáveis a depender do porte das empresas: as que adotam o padrão contábil internacional (IRFS), as que estão sujeitas ao padrão contábil italiano (ITA GAAP); e as microempresas, sujeitas a balanços simplificados[44].

---

[41] Disponível em: <https://www.finanze.gov.it/opencms/it/ fiscalita-regionale-e-locale/addizionale- comunale-allirpef/disciplina-del-tributo/>. Acesso em: 14 mar. 2020.

[42] Disponível em: <https://www.finanze.gov.it/opencms/it/fiscalita- regionale-e-locale/addizionale-regionale-allirpef/disciplina-del-tributo/>. Acesso em: 14 mar. 2020.

[43] TESAURO, Francesco. *Istituzioni di diritto tributario*. 2 — Parte Speciale. 11. ed. *Milano*: UTET Giuridica, 2018. p. 3.

[44] Ibidem. p. 96-97.

Desse modo, em uma análise conjunta das duas tributações sobre a renda, a singularidade do modelo italiano que pode inspirar mudanças no paradigma brasileiro é, exatamente, a virada do padrão para focar principalmente nas pessoas físicas e não nas pessoas jurídicas.

2.3.3. Imposte Regionale sulle attività produttive (IRAP)

Esse tributo é normatizado entre os artigos 1º e 45 do Decreto Legislativo 446/97 e devido pelos prestadores de serviços ou produtores e revendedores habituais de bens. Sua incidência se dá sobre o valor líquido produção. Além disso, ele é considerado um tributo derivado próprio (estabelecido e regulado pelas regiões).

As alíquotas praticadas são as seguintes: a) taxa ordinária – 3,90%; b) taxa para empresas concessionárias que não sejam a construção e administração de rodovias e túneis – 4,20%; c) taxa para bancos e outras entidades financeiras – 4,65%; d) taxa para companhias de seguros – 5,90%; e) taxa para administrações e órgãos públicos – 8,50%.[45]

Trata-se, desse modo, de um tributo muito específico da realidade italiana, voltado à garantia da autonomia das regiões dentro do Estado Unitário, sem que se possa comparar com a extensa lista de tributos Estaduais e Municipais existentes no Brasil e protegidos pelo princípio federativo.

2.3.4. Imposte sul valore aggiunto (IVA)

Trata-se de tributo sobre o consumo de bens e serviços que encontra base normativa no *Decreto del Presidente della Repubblica* n.º 633/72. Sua alíquota padrão é de 22% e existem percentuais especiais de 4% (sobre produtos de importância primordial como gêneros alimentícios) e 10% (sobre os produtos e serviços do setor de turismo – tais como hotéis, pizzarias, restaurantes, etc.)[46].

Além disso, esse é um tributo muito marcado pela sua supranacionalidade, tendo sido concebido em um pensamento coletivo europeu e que

---

[45] Disponível em: <https://www.finanze.gov.it/opencms/it/fiscalita-regionale-e-locale/irap/Disciplina-del-tributo/>. Acesso em: 14 mar. 2020

[46] Disponível em: <https://www.agenziaentrate.gov.it/portale/en/web/english/nse/business/vat-in-italy> Acesso em: 14 mar. 2020.

deve ser interpretado segundo a legislação da União Europeia, em um primeiro plano, e da Legislação Italiana em um segundo plano.[47]

E outra característica marcante é o seu potencial arrecadatório, já destacado na seção 2.3 acima, sendo a segunda maior fonte de arrecadação tributária, desde que excluída da análise a contribuição previdenciária.

Percebe-se, pois, que a adoção dessa sistemática de tributação traz uma maior simplicidade ao sistema quando comparado ao modelo brasileiro que segrega alguns bens e serviços para a tributação pelo ICMS, de competência dos Estados, e outros serviços para a tributação pelo ISS, de competência dos Municípios. Ademais, a existência de algumas diferenciações de alíquotas também parece fazer sentido para proteger alguns bens e serviços essenciais e fomentar algumas práticas relevantes como o turismo, um assunto que vem sendo rechaçado por parte dos defensores do IBS brasileiro.

2.3.5. Tributação especial sobre alta tecnologia

Extremamente polemico, o tributo especial sobre tecnologia (*"Digital Tax"* ou *"Web Tax"* começou a vigorar na Itália a partir de 1º de janeiro de 2020. A instituição se deu pelos parágrafos 35[48] a "49-bis" do art. 1º da Lei Orçamentária de 2019 (*legge* n. 145/18), com alterações promovidas pelo art. 1º parágrafo 678 da Lei Orçamentária de 2020 (*legge* 160/19).

A alíquota prevista foi de 3% (parágrafo 41 da Lei 145/2018) e base de cálculo é a receita dos serviços digitais (liquida do IVA, mas não de custos, cf. parágrafo 39 da Lei 145/2018). Referido tributo só se aplica aos casos em que o consumidor do serviço está situado na Itália e o serviço é prestado por empresa com receita mundial superior a 750 milhões de euros e receita no território italiano de 5,5 milhões de euros (parágrafo 36 da Lei 145/2018).

Essa incidência é uma resposta unilateral à ausência de conclusão do Plano de Ação 1 do projeto BEPS (*Tax Challenges Arising from Digitalisation*), o qual visa estudar os impactos da economia digital tributação internacional e que apenas em janeiro de 2020 conseguiu estabelecer dois pilares

---

[47] TESAURO, Francesco. *Istituzioni di diritto tributario*. 2 — Parte Speciale. 11. ed. Milano: UTET Giuridica, 2018. p. 219-220.
[48] "35. E' istituita l'imposta sui servizi digitali.".

de estudo e prometeu resultado definitivo até o fim do ano[49]. No entanto, cumpre ressaltar a modificação promovida pela *"legge 160/19"* em seu art. 1º, parágrafo 678, alínea 'n', que incluiu o parágrafo *"49-bis"* ao art. 1º da Lei 145/18 (instituidora do tributo), para determinar a revogação desse "Digital Tax" no momento de acordo internacional acerca da tributação desses serviços[50].

Percebe-se, portanto, que esse tributo se pretende temporário e serve mais como um mecanismo de pressão para que exista uma decisão global definitiva do que como uma fonte relevante de receitas, visto que a economia digital impõe dificuldades enormes aos entes tributantes, o que não será resolvido por essa incidência.

2.4. A Convenção destinada a evitar a dupla tributação e prevenir a evasão fiscal em matéria de impostos sobre a renda, firmada entre o Brasil e a Itália em 1978

Na esteira das discussões sobre a tributação da economia digital, que gerou a incidência tributária (*"Digital Tax"*) tratada na seção anterior, cumpre ressaltar que o Brasil e a Itália celebraram, em 03/10/1978, Convenção acerca da tributação sobre a renda segundo o modelo da OCDE, que foi internalizada por meio do Decreto Legislativo n.º 77/79 e do Decreto n.º 85.985/81 no Brasil.

O interesse desse tratado na tributação dos novos serviços digitais diz respeito à intepretação do seu art. 12, que cuida dos rendimentos relativos a *royalties*, em conjunto com o art. 5º do protocolo do tratado, que equipara os serviços técnicos e de assistência técnica aos *royalties*:

> ARTIGO 12
> *Royalties*
> 1. Os *royalties* provenientes de um Estado Contratante e pagos a um residente do outro Estado Contratante são tributáveis nesse outro Estado.

---

[49] Nesse sentido, veja-se o relatório compromisso emitido em janeiro. Disponível em: <https://www.oecd.org/tax/beps/statement-by-the-oecd-g20-inclusive-framework-on-beps-january-2020.pdf>. Acesso em: 05 de mar. 2020.

[50] *"n) dopo il comma 49 e' inserito il seguente:*
« *49-bis. 1 commi da 35 a 49 sono abrogati dalla data di entrata in vigore delle disposizioni che deriveranno da accordi raggiunti nelle sedi internazionali in materia di tassazione dell'economia digitale»*.

2. Todavia, esses *royalties* podem ser tributados no Estado Contratante de que provém, e de acordo com a legislação desse Estado, mas se a pessoa que os receber for o beneficiário efetivo dos *royalties* o imposto assim estabelecido não poderá exceder:

a) 25 por cento do montante bruto dos *royalties* provenientes do uso ou da concessão do uso de marcas de indústria ou comércio;

b) 15 por cento em todos os demais casos.

3. As disposições dos parágrafos 1 e 2 não se aplicam quando o beneficiário dos *royalties*, residente de um Estado Contratante, tiver, no outro Estado Contratante de que provém os *royalties*, um estabelecimento permanente ao qual estão ligados efetivamente o direito ou o bem que deu origem aos *royalties*. Nesse caso, os *royalties* são tributáveis nesse outro Estado Contratante, de acordo com a sua própria legislação.

4. O termo *"royalties"*, empregado neste Artigo, designa as remunerações de qualquer natureza pagas pelo uso ou pela concessão do uso de um direito de autor sobre uma obra literária, artística ou científica (inclusive os filmes cinematográficos, filmes ou fitas de gravação de programas de televisão ou radiodifusão), qualquer patente, marcas de indústria ou comércio, desenho ou modelo, plano, fórmula ou processo secreto, bem como pelo uso ou pela concessão do uso de um equipamento industrial, comercial ou científico e por informações correspondentes à experiência adquirida no setor industrial, comercial ou científico.

(...)

5. Com referência ao Artigo 12, parágrafo 4

A expressão "por informações correspondentes à experiência adquirida no setor industrial, comercial ou científico" mencionada no parágrafo 4 do Artigo 12 inclui os rendimentos provenientes da prestação de assistência técnica e serviços técnicos.

Ocorre que a Receita Federal do Brasil, por meio da ADI n.º 5/2014, passou a dizer que serviços técnicos e de assistência técnica sem transferência de tecnologia e sem registro no INPI também seriam enquadrados como *Royalties* e tributados na fonte à alíquota de 15% a título de IRRF, o que se soma à alíquota de 10% da CIDE, ocasionando uma hipótese bastante discutível de descumprimento do tratado celebrado.

Portanto, a utilização extremada dessa interpretação, pode, inclusive, representar uma tributação mais relevante do que aquela representada pelo *"Digital Tax"* italiano no que se refere aos serviços prestados por meio digital, bem como pode ser um risco à entrada do Brasil na OCDE, por tratar-se de interpretação divergente da que emitida pelo órgão.

2.5. Os modelos de contencioso e cobrança fiscais

Ainda que a execução forçada do tributo seja orientada ao Juízo Civil geral, conforme art. 9º do CPC[51], o ponto mais interessante do contencioso tributário italiano diz respeito à existência de uma jurisdição tributária especial prevista no Decreto Legislativo 546/92 relativa a todas as matérias tributárias mais relevantes.

As comissões tributárias (provinciais e regionais – cf. art. 1º do Decreto Legislativo 546/92) tratam das disputas relativas a impostos de todos os tipos, espécies e entes (nacionais, municipais ou regionais) e apelos de todos os contribuintes que consideram improcedentes os pedidos da administração financeira e de outros órgãos.[52]

As Comissões Provinciais (CTP) são competentes, em primeira instância, para disputas tributárias ao passo em que as comissões regionais (CTR) são competentes, em segundo grau, para julgamento de apelos contra as decisões da CTP[53].

O início da discussão se dá por um primeiro recurso feito à CTP, nos termos do art. 18 do Decreto Legislativo nº 546/92, contra o Auto de Infração ou mesmo outras modalidades tais como aviso de inadimplência, recusa de reembolso de tributos etc. Contra a sentença proferida pela CTP, nos termos do artigo 36 do Decreto Legislativo nº 546/92, ainda será possível recurso à comissão regional (CTR), nos termos do art. 52 do mesmo diploma.

Por fim, também será cabível recurso de cassação contra a decisão da CTP, conforme dispões o art. 62 do Decreto Legislativo nº 546/92. Nesse caso, contudo, a legislação aplicável será a de processo civil comum.

---

[51] TESAURO, Francesco. *Istituzioni di diritto tributario*. I —Parte Generale. 13. ed. Milano: UTET Giuridica, 2018. p. 358.

[52] Nesse sentido, veja-se o art. 2º do Decreto legislativo 546/92. Disponível em: <https://def.finanze.it/ DocTribFrontend/getAttoNormativoDetail.do?ACTION= getArticolo&id={ECD81E71-D37B-4722- AA36-116B5BCB2232}&codiceOrdinamento= 200000200000000&articolo=Articolo%202>. Acesso em: 14 mar. 2020.

[53] Sobre as informações das instâncias julgadoras, veja-se a informação constante no site da justiça tributária especializada: <https://www.giustiziatributaria.gov.it/gt/web/guest/commissioni-tributarie>. Acesso em: 9 mar. 2020.

2.6. Os procedimentos de redução do contencioso fiscal: mediação e conciliação tributárias

Um último aspecto do Sistema Tributário Italiano que merece destaque é o tratamento dado aos procedimentos de redução do contencioso fiscal, dentre os quais se destacam a mediação e a conciliação tributárias.

Ainda que esses instrumentos não sejam isentos de críticas da doutrina quanto a aspectos específicos de sua positivação[54], a avaliação quantitativa dos resultados obtidos parece extremamente favorável.

Segundo dados apurados pela *"Direzione dela Giustizia Tributaria"* do Departamento das Fianças do Ministério de Economia e Finanças[55], registou-se uma reversão do fluxo de casos decididos sobre os casos recebidos, exatamente por conta da instituição da mediação (art. 17-bis do Decreto Legislativo 546/92). Em 31/12/2018, os casos pendentes de julgamento eram 373.685, sendo certo que o número de casos decididos foi de 253.439 e a quantidade de casos recebidos foi de 210.322.

Além disso, os números impressionam se formos pensar que, em 2011, a quantidade de casos recebidos superava a dos julgados em mais de 28 mil processos, sendo que o estoque total era de 720.685 casos ao final do ano.[56]

Por fim, também existe no sistema italiano a figura da conciliação judicial introduzida pelo art. 9º do Decreto Legislativo nº 156/2015. Trata-se de um meio conjunto de solução da controvérsia que se aplica aos casos em que está pendente sentença e pode, inclusive, ser parcial (arts. 48 e 48-bis do Decreto Legislativo 546/92)[57].

Dessa forma, é possível perceber que a Itália vem envidando grandes esforços para reduzir o seu contencioso tributário, o qual, no entanto, sequer se aproxima do tamanho do contencioso tributário brasileiro.

---

[54] Sobre as críticas tecidas aos institutos, veja-se: SPIRO, Eridjon. *Il Reclamo e la Mediazione Tributaria*. 2016/2017. 185f. *Tesi di Laurea (Corso di Laurea Magistrale in Giurisprudenza). Dipartimento di Giurisprudenza, Universita' di Pisa*, 2017. p. 166.

[55] MEF. *Relazzione monitoraggio contenzioso – 2018*. Roma, junho de 2019. Disponível em: https://www.finanze.it/export/sites/finanze/it/.content/Documenti/Contenzioso/Relazione-monitoraggio-contenzioso-2018.pdf. Acesso em: 14 mar. 2020.

[56] Ibidem.

[57] Sobre a conciliação judicial, veja-se o site da justiça tributária especializada. Disponível em: <https://www.giustiziatributaria.gov.it/gt/web/guest/conciliazione-giudiziale>. Acesso em: 14 mar. 2020.

3. Conclusões gerais: as principais inspirações proporcionadas pela Itália

Como adianto no início do texto, o objetivo central do presente artigo foi a busca de inspirações do Sistema Tributário italiano para a realidade brasileira, especialmente em um momento de grandes discussões sobre reforma tributária e sobre o tamanho e sufocamento do contencioso tributário brasileiro.

E na busca dessas inspirações, foi possível identificar que existem sensíveis diferenças nas características gerais do Brasil e da Itália, tais como formas de Estado e Governo, dimensões territoriais e populacionais, entre outros. Além disso, existem diferenças sensíveis também no que se refere à reduzida normatividade tributária da Constituição Italiana.

De todo modo, ainda que isso deva ser observado quando se realiza a pesquisa das inspirações que podemos buscar, é fato que alguns elementos do Sistema Tributário Italiano podem, sim, servir de base para a reflexão de mudanças que devem ou não ser implementadas na realidade brasileira.

Um primeiro elemento de destaque é a experiência italiana (e também europeia) com a unificação dos tributos indiretos sobre o consumo por meio do IVA, o que pode ser vir de parâmetro na realidade brasileira, em que se buscam reformas nesse sentido, acerca de seu funcionamento, os impactos que existiram com preços, forma de cobrar etc.

E o segundo elemento de destaque também diz respeito à complexidade, mas em seu viés relacionado às formas de litígio entre o Estado e os contribuintes. Nesse campo, a pesquisa conseguiu identificar que as medidas de redução do contencioso (mediação e conciliação) foram bastante significativas na perspectiva italiana, o que pode servir de inspiração para a realidade brasileira de sufocamento das instâncias decisórias da matéria tributária.

De todo modo, são novamente ressaltadas as grandes diferenças identificadas no presente texto sobre os Sistemas Tributários brasileiro e italiano, os quais também podem contribuir para essa situação mais bem-sucedida de redução de contencioso na realidade italiana.

Ainda assim, percebe-se que a utilização dessas estratégias de redução de litígios, mais do que resolver sozinha a situação, pode contribuir em conjunto com outras medidas de racionalização do Sistema Tributário.

Referências

ABRAHAM, Marcus. *Curso de Direito Tributário Brasileiro*. Rio de Janeiro: Forense, 2018.

AMATUCCI, Fabrizio. *Principi e nozioni di diritto tributario*. 3. ed. Torino: Giappichelli, 2016.

BRASIL. *Constituição da República Federativa do Brasil (1988)*. Brasília, DF: Senado, 1988.

IBGE. *Resolução nº 3, de 26 de agosto de 2019*. Diário Oficial da União, Seção 1, p. 374, de 28 de agosto de 2019.

INSTITUTO BRASILEIRO DE ÉTICA CONCORRENCIAL; ERNST & YOUNG. *Desafios do Contencioso Tributário Brasileiro*. 2019. Disponível em: <https://www.etco.org.br/2020/wp-content/uploads/Estudo-Desafios-do-Contencioso-Tributario-ETCO-EY.pdf>. Acesso em: 15 mar. 2020.

ISTAT. *Conti Economici Nazionali*. Disponível em: <https://www.istat.it/it/files//2019/09/ContiNazionali_SETTEMBRE2019.pdf>. Acesso em: 11 mar. 2020.

___. *Statistiche Report*. Disponível em: <https://www.istat.it/it/files//2019/02/Report-Stime-indicatori-demografici.pdf>. Acesso em: 11 mar. 2020.

ITÁLIA. *Costituzione Italiana (1947)*. Edizione in lingua portoghese. Roma: Senatto dela Repubblica, 2018.

MEF. *Rapporto sulle entrate – Agosto 2019*. Disponível em: <https://www.finanze.it/export/sites/finanze/it/.content/Documenti/entrate_tributarie/RETeC-2019-8.pdf>. Acesso em: 14 mar 2020.

___. *Relazzione monitoraggio contenzioso – 2018*. Roma, junho de 2019. Disponível em: https://www.finanze.it/export/sites/finanze/it/.content/Documenti/Contenzioso/Relazione-monitoraggio-contenzioso-2018.pdf>. Acesso em: 14 mar. 2020.

NOVELLI, Flávio Bauer. Norma Constitucional e Inconstitucional? A propósito do art. 2º, § 2º, da Emenda Constitucional nº 3/93. *Revista de Direito Administrativo*, Rio de Janeiro, v. 199, p. 21-57, jan. 1995.

RECEITA FEDERAL DO BRASIL. *Carga Tributária no Brasil – 2017 (Análise por Tributo e Bases de Incidência)*. Brasília, 2018. Disponível em: <http://receita.economia.gov.br/dados/receitadata/estudos-e-tributarios-e-aduaneiros/estudos--e-estatisticas/carga-tributaria-no-brasil/carga-tributaria-2017.pdf>. Acesso em: 13 mar. 2020.

SPIRO, Eridjon. *Il Reclamo e la Mediazione Tributaria*. 2016/2017. 185f. Tesi di Laurea (Corso di Laurea Magistrale in Giurisprudenza). Dipartimento di Giurisprudenza, Universita' di Pisa, 2017.

TESAURO, Francesco. *Istituzioni di diritto tributario*. I – Parte Generale. 13. ed. Milano: UTET Giuridica, 2018.

___. *Istituzioni di diritto tributario*. 2 – Parte Speciale. 11. ed. Milano: UTET Giuridica, 2018.

17. O sistema tributário do Japão

Vítor Pimentel Pereira

Introdução[1]

O Japão, apesar de seu limitado território, com área de aproximadamente 378 mil km² (cerca de uma vez e meia o tamanho do Estado de São Paulo, sendo apenas o 62º maior país do globo terrestre em extensão), conta com cerca de 126 milhões de habitantes, sendo uma nação densamente povoada (densidade demográfica de 340,8 pessoas por km²) e constituindo o 11º país do mundo em dimensão populacional.

Todavia, o que mais impressiona nos números japoneses é, certamente, sua pujança econômica: trata-se da terceira maior economia do planeta, com um Produto Interno Bruto (PIB) de aproximadamente 5 trilhões de dólares em 2018. Seu PIB *per capita* também é elevado, de cerca de 40 mil dólares, colocando-o entre os países mais desenvolvidos do mundo. Sua moeda é o *ien* – ¥.

No Japão, vige um Estado de bem-estar social (*Welfare State*), o qual gera elevados custos para a manutenção das despesas públicas, com destaque para os sistemas de educação e saúde, mas sobretudo para a previdência social, a qual consome 34,2 % dos gastos orçamentários (o Japão apresenta 28,1% da população acima de 65 anos de idade, ou seja, cerca de 35,6 milhões de pessoas, a maior proporção do mundo). Por

---

[1] As informações desta Introdução foram extraídas primordialmente da publicação oficial JAPAN. *Statistical Handbook of 2019*. Tokyo: Statistics Bureau / Ministry of Internal Affairs and Communications, 2019. Disponível em: <https://www.stat.go.jp/english/data/handbook/pdf/2019all.pdf>. Acesso em: 23.03.2020.

isso, a relação entre a carga fiscal e o PIB é relativamente alta, de 31,4%, em valores de 2017, conforme relatório da OCDE.[2]

Politicamente, o Japão é uma monarquia constitucional parlamentarista, organizada institucionalmente em torno da Constituição japonesa de 1947 (promulgada em 03/11/1946, mas em vigor a partir de 03/05/1947).[3] O chefe de Estado é o Imperador (*Tenno*, em japonês), sendo seu papel previsto na Constituição como "símbolo do Estado e a unidade do seu povo".[4] O chefe de Governo é o Primeiro Ministro (*Naikaku-sōri-daijin*) – nomeado pelo Imperador após ser escolhido pelo Parlamento[5] –, que chefia o Poder Executivo juntamente com o Gabinete de Ministros escolhidos por ele.[6]

O Parlamento é chamado de Dieta Nacional (*Kokkai*), sendo bicameral: a Câmara Baixa (Casa dos Representantes) e a Câmara Alta (Casa dos Conselheiros).[7] O Poder Judiciário está organizado em 4 níveis, a saber:

---

[2] OECD. *Revenue Statistics 2019 – Japan*. Disponível em: <https://www.oecd.org/tax/tax-policy/revenue-statistics-japan.pdf>. Acesso em: 23.03.2020.

[3] JAPÃO. Constituição do Japão, promulgada em 3 de novembro de 1946, em vigor em 03 de maio de 1947. Versão em língua portuguesa disponível em: <https://www.br.emb-japan.go.jp/cultura/pdf/constituicao.pdf>. Acesso em: 23.03.2020.

[4] Constituição do Japão. Artigo 1. O Imperador deverá ser o símbolo do Estado e a unidade do seu povo, derivando a sua posição a partir da vontade do povo no qual reside a soberania do poder.

[5] Constituição do Japão. Artigo 6. O imperador deve apontar o primeiro-ministro como designado pela Dieta.
Artigo 67. O primeiro-ministro deverá ser designado dentre os membros da Dieta e por uma resolução da Dieta.

[6] Constituição do Japão. Artigo 65. O poder executivo será investido no gabinete.
Artigo 66. O gabinete deverá consistir do primeiro-ministro, que será o seu líder, e os outros ministros de Estado, conforme previsto por lei. O primeiro-ministro e os outros ministros de Estado devem ser cidadãos civis. O gabinete, em exercício do poder executivo, deverá ser coletivamente responsável pela Dieta.
Artigo 68. O primeiro-ministro deverá apontar os ministros de Estado. Entretanto, a maioria deles deverá ser escolhida dentre os membros da Dieta. O primeiro-ministro poderá destituir os ministros de Estado conforme a sua decisão.

[7] Constituição do Japão. Artigo 41. A Dieta será o mais alto órgão de poder do Estado, e será o único órgão legislativo do Estado.
Artigo 42. A Dieta consistirá de duas Casas, chamadas de Casa dos Representantes e a Casa dos Conselheiros.
Artigo 43. Ambas as Casas deverão consistir de membros eleitos e representantes do povo. O número de membros de cada Casa deverá ser fixado por lei.

os juizados especiais cíveis e criminais (*Kani saibansho* – pequenas causas cíveis e criminais); os tribunais distritais (*Chihō saibansho* – 1ª instância ordinária) e os tribunais de família (*Katei saibansho*); oito tribunais superiores (*Kōtō-saibansho*); o Supremo Tribunal (*Saikō saibansho*).

Quanto à forma de Estado, o Japão é configurado como um Estado unitário. O país é dividido em 47 prefeituras (*todōfuken* – divisões administrativas do Estado unitário, semelhantes a províncias). Cada prefeitura conta com um governador e legislativo próprios e eleitos.[8] Existe também o nível administrativo municipal, contando com 1.718 municipalidades e as 23 cidades da região metropolitana de Tóquio.

Apresentadas essas características básicas japonesas, relevantes para a compreensão mínima da realidade do país, podemos agora passar à descrição dos principais aspectos do sistema tributário japonês.

1. O sistema tributário japonês e seus aspectos gerais[9]

A Constituição japonesa é parcimoniosa em normas tributárias, diferentemente da realidade constitucional brasileira. Apenas dois princípios tributários são previstos constitucionalmente.

O primeiro é o princípio da isonomia tributária (e seu correlato dever fundamental de pagar tributos), previsto no Art. 30 da Constituição japonesa: "Todos pagarão impostos de conformidade com a lei". O segundo é o princípio da legalidade tributária, estabelecido no art. 84 da Constituição: "Nenhum tributo novo será criado, nem modificados os já existentes, exceto em virtude de lei ou nas condições que esta prescrever".

---

[8] Constituição do Japão. Artigo 93. As entidades públicas locais deverão estabelecer assembleias como seus órgãos deliberativos, em conformidade com a lei. Os chefes-executivos das entidades públicas locais, os membros de suas assembleias, e todos os outros oficiais previstos por lei, deverão ser eleitos por voto popular em suas respectivas comunidades.

[9] As informações desta seção foram extraídas primordialmente de JAPAN. *Guide to Metropolitan Taxes 2019*. Tokyo: Tokyo Metropolitan Government Bureau of Taxation, 2019. Disponível em: <https://www.tax.metro.tokyo.lg.jp/book/guidebookgaigo/guidebook2019e.pdf>. Acesso em: 23.03.2020; JAPAN. *The 143rd National Tax Agency Annual Statistics Report FY 2017*. Tokyo: National Tax Agency, 2018. Disponível em: <https://www.nta.go.jp/publication/statistics/kokuzeicho/h29/h29.pdf>. Acesso em: 23.03.2020; JAPAN. *Comprehensive handbook of Japanese Taxes 2010*. Tokyo: Tax Bureau / Ministry of Finance, 2010. Disponível em: <https://www.mof.go.jp/english/tax_policy/publication/taxes2010e/taxes2010e.pdf>. Acesso em: 23.03.2020.

Na legislação infraconstitucional, encontramos também princípios tributários. A legislação do imposto sobre a renda consagra o *princípio da prevalência da substância econômica sobre a forma – substance over form* (art. 12 da Lei de Imposto de Renda das Pessoas Físicas – *shootoku zei hoo*, e art. 11 da Lei do Imposto de Renda das Pessoas Jurídicas – *hoojin zei hoo*).[10] Também se aplica o *princípio da progressividade tributária* nas alíquotas do imposto de renda, do imposto de herança e do imposto de doações.

No Japão, existe lei equivalente ao Código Tributário Nacional brasileiro, o *kokuzei tsuu-soku hoo* (*lei de normas gerais sobre impostos nacionais*), a Lei nº 66/1962. Contudo, esta lei apenas versa sobre responsabilidade tributária, pagamento e arrecadação, repetição de indébito e inadimplência, processo administrativo tributário e matérias correlatas.[11]

O Código japonês não dispõe sobre a distinção entre impostos, taxas e contribuições, cabendo à doutrina estabelecer tais diferenças. Matérias como princípios básicos do sistema tributário, conteúdo da legalidade, da igualdade, critérios de imunidade e de isenção tributária e solução de conflitos de competência não estão reguladas numa lei geral no Japão, mas são objeto de disciplina casuística na legislação de cada tributo aprovada pelo Parlamento.[12]

Existe também a Lei Nacional de Cobrança Tributária (Lei nº 147, de 1959), que veicula os procedimentos para cobrança dos impostos nacionais, bem como leis esparsas para os principais tributos, como, por exemplo, a Lei do Imposto de Renda das Pessoas Físicas (Lei nº 33, de 31 de março de 1965), a Lei do Imposto de Renda das Empresas (Lei nº 34, de 31 de março de 1965), a Lei do Imposto de Herança e Doações (Lei nº 73, de 31 de março de 1950) e a Lei do Imposto Geral sobre Consumo (Lei nº 108, de 30 de dezembro de 1988).

No nível local (provincial e municipal), existe a Lei Tributária Local (Lei nº 226, de 31 de julho de 1950), a qual regulamenta, no aspecto tributário, o art. 94 da Constituição japonesa ("As entidades públicas locais deverão ter o direito de governar seus bens, administrar e decretar

---

[10] OLIVEIRA, José Marcos Domingues de. Sistema tributário e proteção ambiental no Brasil e no Japão. In: SCHOUERI, Luís Eduardo (Coord.). *Direito tributário*: homenagem a Alcides Jorge Costa – Vol. II. São Paulo: Quartier Latin, 2003. p. 1.175.

[11] Ibidem. p. 1.180.

[12] Loc. cit.

suas próprias regulamentações de acordo com a lei"). A Lei Tributária Local confere faculdade aos entes locais para instituir e cobrar os tributos deferidos a sua competência, embora não os obrigue a efetivamente instituir tais tributos.

2. Tributos em espécie

O sistema tributário japonês se constitui de três tipos básicos de tributos: os impostos (*zeikin*), que gravam manifestações genéricas de riqueza; as taxas, instituídas em razão da prestação de serviços públicos específicos e divisíveis (*shiyoo-ryoo*, valor pelo uso) ou em virtude do exercício do poder de polícia (*ninka kachoo-kin*, isto é, dinheiro pela autorização); e os "*juuekisha futan*" (carga de responsabilidade do beneficiário), equivalentes às "contribuições de melhoria" cobradas em função da valorização de propriedades privadas decorrente de obras públicas. Existem também contribuições parafiscais (*futan-kin*), sendo o principal exemplo a contribuição previdenciária (*shakai-hoken*).[13] Quanto ao ente competente para cobrá-los, os tributos dividem-se em nacionais, provinciais e municipais.

Passemos a analisar os principais tributos do sistema japonês, recordando que as alíquotas aqui presentes são aquelas do final do ano de 2019, em que 1 dólar estadunidense valia aproximadamente 100 ienes (mais precisamente, 110 ienes), para efeito de mensuração dos valores envolvidos.

2.1. Principais Tributos Nacionais do Sistema Tributário Japonês
2.1.1. Imposto sobre a renda das pessoas físicas (Lei nº 33, de 31 de março de 1965)

O *imposto sobre a renda das pessoas físicas* tem como fato gerador a percepção de renda pelas pessoas naturais ou físicas. Sua base de cálculo é a renda líquida do contribuinte (ou seja, após as deduções autorizadas na legislação do imposto sobre a renda de pessoas físicas).

Verifica-se claramente a forte aplicação do princípio da progressividade tributária[14], uma vez que o imposto de renda de pessoas físicas apresenta 7 faixas no Japão, a saber:

---

[13] Ibidem. p. 1.176 e 1.180.
[14] "The progressiveness of the individual income tax is the most important means of securing vertical equity in the income tax burden distributed between individuals whose circumstances are different. This is also concerned with the redistributive implications of

SISTEMAS TRIBUTÁRIOS NO MUNDO

Alíquota de 5%	até ¥1,950,000
Alíquota de 10%	até ¥3,300,000
Alíquota de 20%	até ¥6,950,000
Alíquota de 23%	até ¥9,000,000
Alíquota de 33%	até ¥18,000,000
Alíquota de 40%	até ¥40,000,000
Alíquota de 45%	acima de ¥40,000,000

Com vistas a uso extrafiscal (regulatório) da tributação para preservação do meio ambiente, admite-se deduções da base de cálculo do imposto de renda quando o contribuinte constrói ou adquire imóveis com baixa emissão de carbono ou reforma sua residência implantando mecanismos de economia de energia.

Além disso, em relação ao Brasil, está em vigor a Convenção para evitar a dupla tributação em matéria de impostos sobre rendimentos (Decreto nº 61.899, de 14 de dezembro de 1967).

2.1.2. Imposto sobre a renda das pessoas jurídicas (Lei nº 34, de 31 de março de 1965)

O *imposto sobre a renda das pessoas jurídicas* tem como fato gerador a percepção de renda pelas pessoas jurídicas, sendo sua base de cálculo o lucro do contribuinte (ou seja, após as deduções autorizadas na legislação do imposto sobre a renda de pessoas jurídicas).

Verifica-se a aplicação do princípio da progressividade tributária, uma vez que o imposto de renda de pessoas jurídicas apresenta 5 faixas no Japão, de acordo com o tipo e porte da pessoa jurídica, a saber: 15%, 16%, 19%, 20% e 23,2%. Por exemplo, a alíquota aplicável a sociedades empresárias ordinárias de pequeno e médio porte é de 15% até 8,000,000 de ienes. A parcela que ultrapassar esta marca é tributada a uma alíquota de 23,2%. Caso a sociedade empresária ordinária seja qualificada como de grande porte, a alíquota é de 23,2% para qualquer valor.

2.1.3. Imposto de heranças (Lei nº 73, de 31 de março de 1950)

O *imposto de heranças* tem como fato gerador a recepção por força de herança (*causa mortis*) de qualquer bem ou direito pelo sucessor, sendo

income taxation among the rich and the poor". (ISHI, Hiromitsu. *The Japanese Tax System*. 3rd ed. Oxford: Oxford University, 2001. p. 84).

sua base de cálculo o valor do bem ou direito recebido (com deduções autorizadas na legislação do imposto). Também apresenta forte aplicação do princípio da progressividade tributária, contendo 8 faixas de alíquotas de acordo com o montante recebido, a saber:

Alíquota de 10%	até ¥10,000,000
Alíquota de 15%	até ¥30,000,000
Alíquota de 20%	até ¥50,000,000
Alíquota de 30%	até ¥100,000,000
Alíquota de 40%	até ¥200,000,000
Alíquota de 45%	até ¥300,000,000
Alíquota de 50%	até ¥600,000,000
Alíquota de 55%	acima de ¥600,000,000

2.1.4. Imposto de doações (Lei nº 73, de 31 de março de 1950)

O *imposto de doações* tem como fato gerador a recepção de doações de qualquer bem ou direito pelo donatário, sendo sua base de cálculo o valor do bem ou direito recebido (com deduções autorizadas na legislação do imposto). Também apresenta forte aplicação do princípio da progressividade tributária, contendo 8 faixas de alíquotas de acordo com o montante recebido, a saber:

Alíquota de 10%	até ¥2,000,000
Alíquota de 15%	até ¥3,000,000
Alíquota de 20%	até ¥4,000,000
Alíquota de 30%	até ¥6,000,000
Alíquota de 40%	até ¥10,000,000
Alíquota de 45%	até ¥15,000,000
Alíquota de 50%	até ¥30,000,000
Alíquota de 55%	acima de ¥30,000,000

2.1.5. Imposto nacional geral sobre o consumo (Lei nº 108, de 30 de dezembro de 1988)

O *imposto nacional geral sobre o consumo* tem como fato gerador a prestação de serviços ou a circulação de mercadorias e sua base de cálculo é o montante da operação em cada etapa da cadeia negocial (sob regime não-cumulativo, em que se permite, em cada etapa, a dedução com o montante do tributo destacado cobrado nas etapas anteriores – valor agregado). Seu contribuinte é o prestador de serviço ou comerciante, mas o valor do tributo é repassado ao consumidor (transferência do encargo econômico). A alíquota nacional é de 7,8% (ou alíquota reduzida de 6,24% para alimentos e bebidas não-alcoolicas).

2.1.6. Taxa sobre o peso de automotores (Lei nº 89, de 31 de maio de 1971)

A *taxa sobre o peso de automotores* tem por fato gerador a emissão de novo registro de veículo automotor ou de certificado de inspeção veicular. Seu cálculo leva em consideração o peso total do veículo. As alíquotas variam de acordo com tabela específica que leva em consideração o tipo de veículo. Como forma extrafiscal de tutelar o meio ambiente, é aplicada alíquota reduzida para automóveis *eco friendly* (com dispositivos menos poluentes)[15], conforme tabela abaixo:

Tipo de veículo	Intervalo de inspeção veicular	Alíquota	
Veículos comuns	3 anos	¥12,300 por cada 0,5 tonelada (não *eco friendly*)	¥7,500 por cada 0,5 tonelada (alíq. reduzida *eco friendly*)
	2 anos	¥8,200 por cada 0,5 tonelada (não *eco friendly*)	¥5,000 por cada 0,5 tonelada (alíq. reduzida *eco friendly*)
	1 ano	¥4,100 por cada 0,5 tonelada (não *eco friendly*)	¥2,500 por cada 0,5 tonelada (alíq. reduzida *eco friendly*)
Veículos leves (excluindo motocicletas)	3 anos	¥9,900 por veículo (não *eco friendly*)	¥7,500 por veículo (alíq. reduzida *eco friendly*)
	2 anos	¥6,600 por veículo (não *eco friendly*)	¥5,000 por veículo (alíq. reduzida *eco friendly*)

[15] "If we consider energy taxes as a tax instrument in environmental policy, tax structures must be designed carefully in view of greater efficiency to reduce both CO2 emissions and potential global warming." (ISHI, Hiromitsu. op. cit. p. 307).

2.1.7. Imposto sobre bebidas alcoólicas (Lei nº 6, de 28 de fevereiro de 1953)

O *imposto sobre bebidas alcoólicas* tem como fato gerador a saída da indústria produtora ou do local de armazenamento e a importação de bebidas alcoólicas. Sua base de cálculo é o volume (quilolitro = 1.000 litros). Existem diversas alíquotas previstas em uma tabela, variáveis de acordo com cada tipo de bebida. Por exemplo, as cervejas pagam 220,000 ienes por quilolitro, o *sakê* 140,000 ienes por quilolitro e o whisky 370,000 ienes por quilolitro.

2.1.8. Imposto sobre a gasolina (Lei nº 55, 6 de abril de 1957)

O *imposto sobre a gasolina* tem como fato gerador a saída da gasolina da refinaria ou das áreas de armazenamento. Sua base de cálculo é o volume (quilolitro = 1.000 litros). A alíquota é de 53,800 ienes por quilolitro.

2.1.9. Imposto sobre querosene de aviação (Lei nº 7, de 31 de março de 1972)

O *imposto sobre querosene de aviação* tem como fato gerador a aquisição de querosene (combustível) para aviação. Sua base de cálculo é o volume (quilolitro = 1.000 litros). A alíquota normal é de 26,000 ienes por quilolitro (podendo ser reduzida para 18,000 ienes por quilolitros, como efetivamente o foi até março de 2020).

2.1.10. Imposto sobre petróleo e carvão (Lei nº 25, de 18 de abril de 1978)

O *imposto sobre petróleo e carvão* tem como fato gerador a saída da unidade de extração de óleo cru, hidrocarbonetos gasosos e outros derivados de petróleo, bem como carvão, ou retirá-los da área de armazenamento. Sua base de cálculo é o volume (quilolitro = 1.000 litros), para os líquidos, e o peso (em toneladas) para os hidrocarbonetos gasosos e carvão. Assim, a alíquota para *petróleo e derivados* é de 2,040 ienes por quilolitro, para *hidrocarbonetos gasosos* é de 1,080 ienes por tonelada e para *carvão* é de 700 ienes por tonelada.

Com o objetivo de preservação do meio ambiente, desde 2012 foi inserido um adicional de combate às emissões de CO^2 a esse imposto, com as seguintes alíquotas a serem adicionadas às alíquotas normais do imposto: *petróleo e derivados*: 760 ienes por quilolitro; *hidrocarbonetos gasosos*: 780 ienes por tonelada; *carvão*: 670 ienes por tonelada.

2.1.11. Imposto sobre gás liquefeito de petróleo (GLP) para automóveis (Lei nº 156, de 29 de dezembro de 1965)

O *imposto sobre gás liquefeito de petróleo (GLP) para automóveis* tem como fato gerador a aquisição de GLP para uso em automóveis. Sua base de cálculo é o quilo. A alíquota é de 17,5 ienes por quilo de GLP.

2.1.12. Imposto nacional sobre produtos de tabaco (Lei nº 72, de 10 de agosto de 1984)

O *imposto nacional sobre produtos de tabaco* tem como fato gerador a saída de produtos de tabaco (fumígenos) da unidade produtora ou do local de armazenamento. Sua base de cálculo são as unidades. A alíquota nacional é de 5,802 ienes por mil unidades (a partir de outubro de 2020, 6,302 ienes), havendo um Adicional de Imposto Especial de 820 ienes por mil unidades (Lei nº 137, de 19 de outubro de 1998).

2.1.13. Imposto do selo (Lei nº 23, de 31 de maio de 1967)

O *imposto do selo* tem como fato gerador a lavratura ou emissão de certos documentos relacionados a transações e negócios jurídicos. Sua base de cálculo varia de acordo com o tipo de ato, podendo ser tanto a unidade como uma alíquota em percentual sobre o valor da transação, de acordo com tabela contendo diversos tipos de atos e suas alíquotas. A alíquota mínima é de 200 ienes (por exemplo, cobrada por cada emissão de letra de crédito) e a máxima é de 600,000 ienes (por exemplo, nos contratos de alienação de imóveis de alto valor).

2.114. Taxa de registro e licença (Lei nº 35, de 12 de junho de 1967)

A taxa *de registro e licença* tem como fato gerador a inscrição em livros e sistemas oficiais de atos legalmente submetidos a registro. Tais atos são, por exemplo, à aquisição, transferência, alteração e extinção de direitos reais e de direitos sobre navios e aeronaves; o registro de marcas e patentes; a constituição, alteração e extinção de empresas; a qualificação e licença para exercício de certas atividades profissionais (como de profissionais liberais como advogados, médicos, contadores e avaliadores de imóveis); empreendimentos com intuito de lucro (como licença para desenvolver atividades bancárias e de venda de bebidas alcoólicas).

Sua base de cálculo é o valor do bem ou direito, do capital social ou do respectivo aumento de capital social, do número e tipo de itens ou licenças a serem registrados, conforme o caso. As alíquotas variam de acordo com tabela para cada tipo de ato, sendo, por exemplo, de 2% para o registro de alienação por venda de imóvel (reduzida para 1,5% de 1 de abril de 2013 a 31 de março de 2021), de 0,7% do capital social para o registro de empresa e de 0,4% do bem para o registro de propriedade oriunda de herança ou fusão de empresas.

2.1.15. Imposto sobre fornecimento de energia elétrica (Lei nº 79, de 6 de junho 1974)

O *imposto sobre fornecimento de energia elétrica* tem como fato gerador o fornecimento de energia elétrica por parte de empresas fornecedoras de energia elétrica ao público em geral. Sua base de cálculo é o volume do fornecimento em kilowatts/hora. A alíquota é de 375 ienes por mil kilowatts/hora.

2.2. Principais Tributos Provinciais do Sistema Tributário Japonês
2.2.1. Imposto provincial de residência

O *imposto provincial de residência* tem como fato gerador residir ou ter domicílio ou estabelecimento na província, no dia 1º de janeiro de cada ano, sendo devido tanto por pessoas físicas como por pessoas jurídicas. Sua base de cálculo é composta por dois elementos: 1) uma parcela *per capita*; 2) a renda tributável (com deduções legais). Quanto às alíquotas, no elemento *per capita*, cada residente pessoa física deve pagar um imposto provincial em valor fixo de 1,500 ienes, somados a uma alíquota provincial de 4% sobre a renda anual tributável.

Já as empresas têm alíquota que varia de 1% a 2% da renda tributável, de acordo com o volume das receitas e o porte da empresa, somados a valores *per capita* de 70,000 a 3,800,000 ienes, conforme capital social e número de empregados.

2.2.2. Imposto provincial sobre empresas

O *imposto provincial sobre empresas* tem como fato gerador auferir renda por parte de empresas com estabelecimento no território da província. Sua base de cálculo é a renda tributável ou lucro (após as deduções admitidas na legislação de regência).

A alíquota é variável de acordo com o tipo e porte da empresa. Empresários individuais são classificados em 3 categorias (englobando

70 espécies diferentes de área de atuação), sendo a alíquota de 5% para a Categoria 1 (por exemplo, restaurantes, vendas de seguros e fotografia), de 4% para a Categoria 2 (pecuária, pesca e manufatura de carvão e lenha) e de 5% para a Categoria 3 (por exemplo, profissionais liberais como médicos, advogados e dentistas).

Já para as sociedades empresárias, as alíquotas variam de 0,3% a 7,18%, de acordo com o tipo, porte da empresa e regime de tributação da renda.

2.2.3. Imposto provincial sobre a propriedade de veículos automotores

O *imposto provincial sobre a propriedade de veículos automotores* tem como fato gerador a propriedade de veículos automotores registrados em uma província.

Sua base de cálculo está relacionada com a potência (em cilindradas – "cc") e o tipo de automóvel. A alíquota varia de acordo com a potência em cilindradas do motor, bem como o tipo de automóvel e uso a que se destina, sendo mais baixa para veículos de uso comercial. Veja-se abaixo tabela contendo as alíquotas para veículos de passageiros:

Cilindradas do veículo (cc)	Uso privado	Uso comercial
Até 1,000 cc	¥25,000	¥7,500
Acima de 1,000 cc até 1,500 cc	¥30,500	¥8,500
Acima de 1,500 cc até 2,000 cc	¥36,000	¥9,500
Acima de 2,000 cc até 2,500 cc	¥43,500	¥13,800
Acima de 2,500 cc até 3,000 cc	¥50,000	¥15,700
Acima de 3,000 cc até 3,500 cc	¥57,000	¥17,900
Acima de 3,500 cc até 4,000 cc	¥65,500	¥20,500
Acima de 4,000 cc até 4,500 cc	¥75,500	¥23,600
Acima de 4,500 cc até 6,000 cc	¥87,000	¥27,200
Acima de 6,000 cc	¥111,000	¥40,700

A partir de 1 de outubro de 2019, como forma extrafiscal de tutelar o meio ambiente, reduz-se a alíquota prevista na tabela do imposto em 75% ou 50% para certas categorias de automóveis *eco friendly* (com dispositivos menos poluentes). Por sua vez, aumenta-se a alíquota em 10% a 15% para automóveis considerados mais poluentes, como ônibus e caminhões movidos a diesel com mais de 11 anos de fabricação.

2.2.4. Imposto provincial geral sobre o consumo

O *imposto provincial geral sobre o consumo* tem como fato gerador a prestação de serviços ou a circulação de mercadorias e sua base de cálculo é o montante da operação em cada etapa da cadeia negocial (sob regime não-cumulativo, em que se permite, em cada etapa, a dedução com o montante do tributo destacado cobrado nas etapas anteriores – valor agregado). Seu contribuinte é o prestador de serviço ou comerciante, mas o valor do tributo é repassado ao consumidor (transferência do encargo econômico).

A alíquota provincial é de 2,2% (ou alíquota reduzida de 1,76% para alimentos e bebidas não-alcoólicas). A esta alíquota se soma a alíquota nacional de 7,8% (ou alíquota reduzida de 6,24% para alimentos e bebidas não-alcoólicas), já previamente analisada na subseção 3.1.5.

2.2.5. Imposto provincial sobre produtos de tabaco

O *imposto provincial sobre produtos de tabaco* tem como fato gerador a produção e venda de produtos de tabaco (fumígenos). Sua base de cálculo são as unidades. A alíquota provincial é de 930 ienes por mil unidades (a partir de outubro de 2020, 1,000 ienes), somados aos 5,802 ienes por mil unidades do imposto nacional e aos 820 ienes por mil unidades do Adicional de Imposto Especial referidos na subseção 3.1.12.

2.2.6. Taxa sobre uso de campos de golfe

A *taxa sobre uso de campos de golfe* tem como fato gerador a utilização de campos de golfe. A alíquota da taxa é variável de acordo com o tipo (nível) e extensão do campo de golfe usado pelo contribuinte. A alíquota é de 1,200 ienes/dia para campos de 1º. Nível; 1,100 ienes/dia para campos de 2º. Nível; 1,000 ienes/dia para campos de 3º. Nível; 900 ienes/dia para campos de 4º. Nível; 800 ienes/dia para campos de 5º. Nível; 600 ienes/dia para campos de 6º. Nível; 500 ienes/dia para campos de 7º. Nível; 400 ienes/dia para campos de 8º. Nível.

2.2.7. Taxa de caça

A *taxa de caça* tem como fato gerador a licença para caçar (registro como caçador). A alíquota varia de acordo com o tipo de licença de caçador requerida. Para licença para caça com espingardas e rifles, as alíquotas são de 16,500 ienes (categoria A) ou 11,000 ienes (categoria B), de acordo com certas especificações de cada categoria. Para caça com redes ou armadilhas, as alíquotas são de 8,200 ienes (categoria A) ou 5,500 ienes (categoria B), de acordo com certas especificações de cada categoria. Por fim, para caça com armas de compressão a ar ou a gás, a alíquota é de 5,500 ienes. Os recursos auferidos com esta taxa são aplicados na conservação de pássaros e animais silvestres.

2.2.8. Imposto sobre entrega de óleo diesel

O *imposto sobre entrega de óleo diesel* tem como fato gerador a entrega, pelo distribuidor primário, do óleo diesel (ou seja, a entrega por parte de refinarias, importadores ou mesmo um atacadista que tenha contrato especial de fornecimento com uma refinaria). Sua base de cálculo é o volume de óleo entregue em quilolitros (1 quilolitro = 1.000 litros). A alíquota é de 32,100 ienes por quilolitro.

2.2.9. Imposto provincial sobre a aquisição de veículos automotores (com finalidade ambiental)

O *imposto provincial sobre a aquisição de veículos automotores* tem como fato gerador a aquisição de veículos automotores, novos ou usados (excluídos veículos leves e motocicletas, submetidos ao *imposto municipal sobre a aquisição de veículos leves e motocicletas*). Sua base de cálculo é o preço de aquisição ou o preço do veículo de acordo com tabela genérica de valores. As alíquotas levam em consideração o tipo de veículo (se de uso privado ou comercial). A alíquota é de 1%, 2% ou 3% do preço do veículo de uso privado e de 0,5%, 1% e 2% do preço do veículo de uso comercial.

As isenções e alíquotas variam como forma extrafiscal de tutelar o meio ambiente. Assim, é aplicada isenção aos veículos movidos a energia elétrica e gás natural, bem como a veículos que atinjam certos padrões de eficiência no uso do combustível.

2.2.10. Imposto sobre a aquisição de propriedade imobiliária
O *imposto sobre a aquisição de propriedade imobiliária* tem como fato gerador adquirir terrenos e edifícios. Sua base de cálculo é o chamado *valor padrão do imóvel*, ou seja, valor estabelecido em uma planta ou tabela genérica de valores fixada pela autoridade fiscal. A alíquota é de 4% sobre o valor padrão do imóvel para fins não residenciais, e de 3% sobre o valor padrão do imóvel para fins residenciais. Contudo, a legislação admite deduções legais que permitem a redução da base de cálculo.

2.3. Principais Tributos Municipais do Sistema Tributário Japonês
2.3.1. Imposto municipal de residência
O *imposto municipal de residência* tem como fato gerador residir ou ter domicílio ou estabelecimento no município, no dia 1º de janeiro de cada ano, sendo devido tanto por pessoas físicas como por pessoas jurídicas. Sua base de cálculo é composta por dois elementos: 1) uma parcela *per capita*; 2) a renda tributável (com deduções legais). Quanto às alíquotas, no elemento *per capita*, cada residente pessoa física deve pagar um imposto provincial em valor fixo de 3,500 ienes, somados a uma alíquota provincial de 6% sobre a renda anual tributável.

Já as empresas têm alíquota que varia de 6% a 8,4% da renda tributável, de acordo com o volume das receitas e o porte da empresa, somados a valores *per capita* de 70,000 a 3,800,000 ienes, conforme capital social e número de empregados.

2.3.2. Imposto sobre ativos fixos (IAF)
O *imposto sobre ativos fixos (IAF)* tem como fato gerador a propriedade, em 1 de janeiro de cada ano, de terrenos, construções, navios e outros ativos sujeitos a depreciação. Não incide sobre automóveis e veículos leves, pois já se submetem ao imposto provincial sobre veículos automotores e ao imposto municipal sobre veículos leves (abaixo apresentado).

Alguns exemplos de ativos fixos são jardins, cercas, muros, *outdoors*, maquinário de produção, barcos, aeronaves, helicópteros, equipamentos utilizados no exercício profissional etc.

Sua base de cálculo é o valor do bem, mas, no caso de imóveis, faz-se uso de uma tabela genérica de valores. A alíquota padrão é de 1,4% (podendo chegar a 2,1% em algumas municipalidades).

2.3.3. Imposto adicional sobre ativos fixos situados em áreas com projetos de planejamento urbano em vigor

O *imposto adicional sobre ativos fixos situados em áreas com projetos de planejamento urbano em vigor* tem como fato gerador a propriedade de imóvel situado em áreas especificadas no planejamento urbano. Sua base de cálculo é o valor do bem. A alíquota é de 0,3%. Sua função é arrecadar recursos para implementação de projetos urbanísticos como pavimentação de ruas, saneamento básico e gestão hídrica e sistema educacional local.

2.3.4. Imposto sobre a aquisição de veículos leves ou motocicletas (com finalidade ambiental)

O *imposto sobre a aquisição de veículos leves ou motocicletas* tem como fato gerador adquirir veículos leves ou motocicletas, novos ou usados. Sua base de cálculo é o preço de aquisição ou o preço do veículo de acordo com tabela genérica de valores. As alíquotas são de 1% ou 2% do preço do veículo de uso privado e de 0,5%, 1% e 2% do preço do veículo de uso comercial.

As isenções e alíquotas variam como forma extrafiscal de tutelar o meio ambiente. Assim, é aplicada isenção aos veículos leves ou motocicletas movidos a energia elétrica e gás natural, bem como a veículos que atinjam certos padrões de eficiência no uso do combustível.

2.3.5. Imposto sobre o estabelecimento de empreendimentos em cidades de grande dimensão

O *imposto sobre o estabelecimento de empreendimentos em cidades de grande dimensão* tem como fato gerador instalar negócios em cidades com mais de 300,000 habitantes. Sua base de cálculo é a área das instalações ou folha de pagamento. A alíquota é de 600 ienes por m^2, caso o estabelecimento tenha mais de 1,000m^2, somados a 0,25% da folha de pagamento, se a empresa tiver mais de 100 empregados.

2.3.6. Imposto municipal sobre produtos de tabaco

O *imposto municipal sobre produtos de tabaco* tem como fato gerador a produção e venda de produtos de tabaco (fumígenos). Sua base de cálculo são as unidades. A alíquota municipal é de 5,692 ienes por mil unidades (a partir de outubro de 2020, 6,122 ienes), somados aos 5,802 ienes por mil unidades do imposto nacional e aos 820 ienes por mil unidades do

Adicional de Imposto Especial referidos na subseção 3.1.12, bem como aos 930 ienes por mil unidades do imposto provincial referido na subseção 3.2.5 (total de imposto sobre tabaco de 13,244 ienes, ou 14,244 ienes a partir de outubro de 2020).

2.3.7. Taxa sobre banhos em spa
A *taxa sobre banhos em spa* tem como fato gerador a utilização dos spas, bastante comuns na cultura japonesa. É feita cobrança *per capita* por dia de uso, no valor padrão de 150 ienes/dia.

2.3.8. Taxa de exploração mineral
A *taxa de exploração mineral* tem como fato gerador o direito de explorar reservas minerais. O valor da taxa é de 200 ienes por hectare/ano para perfuração e 400 ienes por hectare/ano para escavação (na exploração de petróleo e gás, o valor é de 2/3 o acima indicado). Já para a mineração de aluvião, no leito dos rios, a taxa é de 600 ienes por 1,000 m de extensão/ano, e 200 ienes por hectare/ano fora do leito do rio.

3. Modelo de incidência predominante
Nos anos 1980, após um período de alto crescimento econômico, o sistema tributário do Japão dependia fortemente do imposto sobre a renda. Como os encargos com impostos sobre a renda eram considerados pesados devido à forte progressividade fiscal e as pressões cresceram para garantir a equidade horizontal da carga fiscal, a progressividade do imposto sobre a renda foi mitigada e o imposto sobre o consumo foi criado em 1989.

Através da reforma abrangente dos sistemas previdenciário e tributário (em 2012), que visou a alcançar a expansão e estabilização da previdência social e a consolidação (austeridade) fiscal, foi determinado que a alíquota do imposto sobre o consumo (governo nacional e local) seria gradualmente aumentada de 5% para 10% (a alíquota de 10% entrou em vigor apenas em 1 de outubro de 2019). Além disso, em 2013, foi decidido o aumento da alíquota mais alta dos impostos sobre a renda (45%) e a herança (55%), de modo a evitar as desigualdades e garantir a redistribuição da riqueza, em vigor desde 2015.

Essas revisões levaram as receitas do imposto de renda de pessoa física nacional a se tornarem quase iguais às receitas do imposto de consumo nos últimos anos. Além disso, as taxas de imposto sobre as empresas foram reduzidas com a expansão da base tributária, de modo a vitalizar as operações comerciais.

O modelo de incidência predominante é a tributação sobre a renda (computando-se a tributação sobre renda de pessoas físicas juntamente com a renda das empresas). Caso excluída a tributação das rendas das empresas, a tributação sobre o consumo tem praticamente o mesmo impacto da tributação sobre a renda de pessoas físicas, conforme tabela abaixo, com dados de 2017 (1 dólar vale aproximadamente 100 ienes).

	Arrecadação (2017)	Características
Imposto de renda pessoa física	¥ 17,9 trilhões	– A carga fiscal aumenta progressivamente à medida que a capacidade contributiva se amplia. – O imposto de renda de pessoa física é cobrado principalmente da população economicamente ativa. – Várias deduções são previstas para adaptar a cobrança do imposto à capacidade contributiva dos cidadãos.
Imposto de renda pessoa jurídica	¥ 12,4 trilhões	– As alíquotas influenciam na estratégia de crescimento e no nível de competitividade internacional das empresas. – Pode-se usar as alíquotas com finalidade regulatória. – A arrecadação é sensível às condições econômicas.
Impostos sobre o consumo	¥ 17,1 trilhões	– A carga fiscal é partilhada igualmente por todos, independentemente da capacidade contributiva. – São relativamente estáveis independentemente de alterações econômicas.
Imposto sobre heranças	¥ 2,1 trilhões	– O imposto sobre heranças atua na diminuição de desigualdades e redistribuição de riquezas

4. Cobrança fiscal[16]

O procedimento geral para cobrança de tributos nacionais não pagos espontaneamente está delimitado na Lei Nacional de Cobrança Tributária (Lei nº 147, de 1959). Envolve, em primeiro lugar, a percepção pela autoridade tributária de que há tributo devido não pago no prazo adequado. Nesse caso, será feita uma inscrição do crédito devido em dívidas tributárias não pagas.

Após isto, haverá o envio pela autoridade tributária de uma notificação de cobrança ao contribuinte dentro de 50 dias a partir da data de vencimento original do tributo. A partir do recebimento da notificação, se o pagamento não for efetuado dentro de 10 dias, a autoridade tributária iniciará um procedimento administrativo-tributário para cobrar o tributo devido.

Sem necessidade de autorização ou intervenção judicial, passado o prazo de 10 dias sem adimplemento, a autoridade tributária irá bloquear ativos do contribuinte inadimplente apenas no montante suficiente para pagamento da dívida. Será então realizado, em regra, leilão ou hasta pública para a alienação dos bens e conversão em dinheiro. O contribuinte inadimplente e outros interessados também são notificados para, querendo, resgatar o bem antes de ser vendido a terceiros. Em hasta pública, o pagamento deve ser efetuado em dinheiro, momento em que a propriedade se transfere ao adquirente.

Os recursos derivados da venda dos ativos são usados primeiramente para pagamento dos tributos (com preferência para os nacionais, depois os locais) e a quantia restante é repartida entre outros credores do contribuinte, se houver. Se ainda sobrar alguma quantia, esta é devolvida ao contribuinte.

Contudo, se uma garantia real, tal como hipoteca, houver sido constituída sobre um bem do contribuinte *antes do prazo final de vencimento do tributo cobrado*, o pagamento do crédito privado com garantia real terá preferência inclusive sobre o crédito tributário.

Para encontrar bens executáveis do devedor, o agente fiscal poderá interrogar diretamente o contribuinte ou qualquer terceiro que tenha a

---

[16] As informações desta seção foram extraídas de JAPAN. *Comprehensive handbook of Japanese Taxes 2010*. Tokyo: Tax Bureau / Ministry of Finance, 2010. Disponível em: <https://www.mof.go.jp/english/tax_policy/ publication/taxes2010e/taxes2010e.pdf>. Acesso em: 23.03.2020.

posse de qualquer bem do contribuinte, podendo também inspecionar livros e registros e realizar busca e apreensão no interior das propriedades do contribuinte.

Se o contribuinte ou a pessoa que está na posse de seus bens ocultar, destruir, transferir bens ou gravá-los de modo a prejudicar o Estado, com a intenção de frustrar a execução fiscal extrajudicial, o agente delituoso poderá ser punido com multa de até 2,5 milhões de ienes ou prisão de até três anos com trabalhos forçados (no sistema penal japonês, o trabalho compulsório é admitido), ou até mesmo com uma combinação de ambas as penalidades (pecuniária e criminal).

O contribuinte ou terceiro que tenha a posse de seus bens também podem ser punidos com multa de até meio milhão de ienes ou prisão de até um ano com trabalhos forçados (ou com ambas), caso: 1) se recuse a responder às perguntas do agente fiscal, ou responda falsamente; 2) se recuse, obstrua ou busque se evadir da inspeção fiscal; 3) apresente livros ou registros com inscrições falsas relativas à matéria investigada.

Caso o infrator seja representante ou administrador de pessoa jurídica, além das punições como pessoa física, a pessoa jurídica poderá ser também multada.

Conclusões
A análise da tributação japonesa revela um sistema tributário complexo, com diversos tipos de incidência tributária e carga fiscal elevada, como forma de custear o Estado de Bem-Estar Social que caracteriza a realidade japonesa.

Também ficou claro que o sistema japonês tributa de forma considerável as grandes fortunas, o que se prova não apenas pela última alíquota do Imposto de Renda de Pessoas Físicas (45%), como pela elevadíssima alíquota final do imposto sobre heranças (55%). Ademais, existem mecanismos mais efetivos para que a própria Administração fiscal obtenha a satisfação dos créditos tributários sem necessidade de recorrer ao Poder Judiciário.

Mas, apesar da tributação elevada (*ratio* entre carga fiscal e PIB de 31,4%, em valores de 2017), a devolutividade social de políticas públicas à população é significativa, tal como ocorre em diversos Estados europeus. Isso se reflete, por exemplo, no Índice de Desenvolvimento Humano (IDH) do Japão, de 0,915 (com cerca de 126 milhões de habitantes e num território bastante pequeno), estando na 19ª posição do IDH no ranking mundial.

No Brasil, ao revés, a *ratio* entre carga fiscal e PIB é semelhante (aproximadamente 32,4%, em valores de 2017[17]), e a população conta com cerca de 85 milhões de pessoas a mais espalhadas por um território continental, mas sem que haja os mesmos índices de qualidade nos serviços públicos prestados, relegando o país à 79ª posição no IDH (0,761).

Esta constatação final leva-nos a refletir sobre o destino dos recursos auferidos com a tributação: se bem geridos, as soluções proporcionadas à população poderiam ser bem diferentes em termos de qualidade de vida para todos.

Referências

BRASIL. *Carga tributária no Brasil 2017*. Brasília: Ministério da Fazenda / Receita Federal do Brasil, 2018. Disponível em: <http://receita.economia.gov.br/dados/receitadata/estudos-e-tributarios-e-aduaneiros/estudos-e-estatisticas/carga-tributaria-no-brasil/carga-tributaria-2017.pdf>. Acesso em: 25.03.2020.

ISHI, Hiromitsu. *The Japanese Tax System*. 3rd ed. Oxford: Oxford University, 2001.

JAPAN. *Statistical Handbook of 2019*. Tokyo: Statistics Bureau / Ministry of Internal Affairs and Communications, 2019. Disponível em: <https://www.stat.go.jp/english/data/handbook/ pdf/2019all.pdf>. Acesso em: 23.03.2020.

___. *Guide to Metropolitan Taxes 2019*. Tokyo: Tokyo Metropolitan Government Bureau of Taxation, 2019. Disponível em: <https://www.tax.metro.tokyo.lg.jp/book/ guidebookgaigo/guidebook2019e.pdf>. Acesso em: 23.03.2020.

___. *The 143rd National Tax Agency Annual Statistics Report FY 2017*. Tokyo: National Tax Agency, 2018. Disponível em: <https://www.nta.go.jp/publication/ statistics/kokuzeicho/h29/h29.pdf>. Acesso em: 23.03.2020.

___. *Comprehensive handbook of Japanese Taxes 2010*. Tokyo: Tax Bureau / Ministry of Finance, 2010. Disponível em: <https://www.mof.go.jp/english/tax_policy/ publication/taxes2010e/taxes2010e.pdf>. Acesso em: 23.03.2020.

___. Constituição do Japão, promulgada em 3 de novembro de 1946, em vigor em 03 de maio de 1947. Versão em língua portuguesa disponível em: <https://www.br.emb-japan.go.jp/cultura/ pdf/constituicao.pdf>. Acesso em: 23.03.2020.

---

[17] BRASIL. *Carga tributária no Brasil 2017*. Brasília: Ministério da Fazenda / Receita Federal do Brasil, 2018. Disponível em: <http://receita.economia.gov.br/dados/receitadata/estudos-e-tributarios-e-aduaneiros/estudos-e-estatisticas/carga-tributaria-no-brasil/carga-tributaria-2017.pdf>. Acesso em: 25.03.2020.

OECD. *Revenue Statistics 2019 – Japan*. Disponível em: <https://www.oecd.org/tax/tax-policy/revenue-statistics-japan.pdf>. Acesso em: 23.03.2020.

OLIVEIRA, José Marcos Domingues de. Sistema tributário e proteção ambiental no Brasil e no Japão. In: SCHOUERI, Luís Eduardo (Coord.). *Direito tributário*: homenagem a Alcides Jorge Costa – Vol. II. São Paulo: Quartier Latin, 2003.

18. O sistema tributário do Líbano

Theophilo Antonio Miguel Filho

Introdução
O presente artigo versa a respeito das características do sistema tributário no Líbano, tendo como base a topografia e hierarquia de suas normas tributárias; os princípios tributários existentes; as espécies tributárias adotadas; o modelo de incidência normativa tributária e de cobrança do crédito tributário; as espécies alternativas de extinção do referido crédito, bem como os tratados internacionais firmados em matéria tributária. Ao final, pretende-se pontuar de que maneira a experiência tributária libanesa poderá contribuir ao caso brasileiro.

1. Características regionais, econômicas, políticas e governamentais
A República do Líbano possui uma área de 10.400 quilômetros quadrados, dos quais 1,6% é constituída de água. Suas fronteiras são com a Síria (norte e leste), com Israel (ao sul) e com o Chipre (ao oeste), com acesso ao Mar Mediterrâneo.

Atualmente, possui uma população de 7.790.634 habitantes, em que 51,2% são mulheres e o restante 48,8%, homens. Com relação à religião, há a predominância do islamismo, seguido por 61,3% da população[1], entre xiitas e sunitas. Em sequência, está o cristianismo, com 38,2% de seguidores. Embora menos popular, há quem siga o budismo (0,2%) e ainda aqueles que não possuem religião (0,3%). São, ao todo, dezoito comunidades religiosas reconhecidas pelo Estado Libanês.

---

[1] Dados de https://countrymeters.info/pt/Lebanon

A densidade demográfica é de 653,15 pessoas por quilômetro quadrado[2], ocupando a décima posição no ranking mundial. Beirute, a capital, é a maior cidade do Líbano. Com relação ao idioma, há previsão constitucional de que a língua oficial é o árabe, embora, em alguns casos, determine-se que o francês deverá ser usado.

A relação entre o Produto Interno Bruto do Líbano e sua carga fiscal é de 14,4%, segundo dados de 2019 apresentados pela Heritage Foundation[3].

No que diz respeito às suas características político-governamentais, o Líbano é uma república democrática parlamentarista, conforme se depreende do Preâmbulo, cláusula "C", de sua Constituição, introduzido pela Lei Constitucional (equivalente à Emenda Constitucional) de 21 de setembro de 1990[4], famosa por estabelecer o fim gradativo do *confessionalismo*. Observe:

> C) O Líbano é uma república democrática parlamentarista, baseada no respeito pelas autonomias (faculdades, liberdades) públicas, especialmente a liberdade de opinião e crença, e no respeito à justiça social e à igualdade de direitos e deveres entre todos os cidadãos, sem discriminação.[5] [tradução livre].

> Artigo 4º
> O Líbano Maior é uma República, cuja capital é Beirute.[6] [tradução livre]

A República Democrática do Líbano é um Estado unitário, indivisível e soberano, o que se depreende da cláusula "A" de seu preâmbulo e artigo 1º, com redação introduzida pela (Emenda) Lei Constitucional de 9 de novembro de 1943. Veja-se:

> A) O Líbano e um Estado soberano, livre e independente. É a pátria final de todos os seus cidadãos. É unitário em seu território, povo e instituições, dentro

---

[2] Dados de https://www.populationpyramid.net/pt/densidades-populacionais/l%C3%ADbano/2020/
[3] Dados de https://pt.wikipedia.org/wiki/Lista_de_pa%C3%ADses_por_carga_tribut%C3%A1ria
[4] Em https://www.wipo.int/edocs/lexdocs/laws/en/lb/lb018en.pdf
[5] C) Lebanon is a parliamentary democratic republic based on respect for public liberties, especially the freedom of opinion and belief, and respect for social justice and equality of rights and duties among all citizens without discrimination. Constituição da República do Líbano de 1926, disponível em https://www.wipo.int/edocs/lexdocs/laws/en/lb/lb018en.pdf
[6] Article 4. Greater Lebanon is a Republic the capital of which is Beirut.

dos limites definidos nesta Constituição e do reconhecimento internacional.[7] [tradução livre]

Artigo 1
(Como emendado pela Lei Constitucional de 9, de novembro de 1943)
O Líbano é um Estado independente, indivisível e soberano. Suas fronteiras são as que agora limitam: [...][8] [tradução livre]

O preâmbulo ainda conta com (b) a identidade e a afiliação árabe do Líbano, na posição de membro ativo e fundador da Liga dos Países Árabes, com subordinação a seus pactos e convenções, e sua igual posição de membro ativo e fundador da Organização das Nações Unidas, estando subordinado também a seus pactos, convenções e à Declaração Universal de Direitos Humanos; (c) o Líbano como uma república parlamentarista democrática, fundada no respeito das liberdades públicas, especialmente da liberdade de opinião e crença, no respeito pela justiça social e igualdade de direitos e deveres entre os cidadãos sem qualquer discriminação; (d) o povo como a fonte de autoridade e soberania, com o exercício de seu poder por meio das instituições constitucionais; (e) o estabelecimento do sistema político de separação de Poderes, os quais se encontram balanceados (pesos e contrapesos), em mútua cooperação; (f) a liberdade do sistema econômico, com a garantia da iniciativa privada e o direito à propriedade privada;

Bem como, com (g) o desenvolvimento igualitário de suas regiões nos níveis educacional, social e econômico como pilar de unidade estatal e estabilidade do sistema; (h) a abolição do confessionalismo político como objetivo nacional básico a ser alcançado de acordo com um plano de etapas; (i) a unidade do território libanês para todos, de modo que todo libanês possui o direito de viver em qualquer parte e nela gozar do Estado Democrático de Direito. Não haverá segregação do povo libanês com base em qualquer tipo de pertencimento e não haverá fragmentação, partição ou acordo de não-libaneses no Líbano; (j) a inexistência de

---

[7] A) Lebanon is a sovereign, free, and independent country. It is a final homeland for all its citizens. It is unified in its territory, people, and institutions within the boundaries defined in this constitution and recognized internationally.

[8] Article 1 (As amended by the constitutional law of November 9, 1943) Lebanon is an independent, indivisible, and sovereign state. Its frontiers are those which now bound it: [...]

legitimidade constitucional para qualquer autoridade que contradiga o pacto de existência mútua.

Por ser um estado unitário, a divisão do território libanês se dá por meio de províncias, regiões administrativas (*"muhafazat"*, plural de *"muhafazah"*), somadas no número de seis: Beirute (capital Beirute), Monte Líbano (capital Baabda), Líbano Setentrional ou Norte Líbano (capital Trípoli), Bekaa (capital Zahle), Nabatieh (capital Nabatieh) e Líbano Meridional ou Líbano Sul (capital Saida), respectivamente[9]. A economia do Líbano é marcada pelo liberalismo econômico, com mínima intervenção estatal no comércio exterior. Apesar de a moeda nacional ser a lira libanesa, mais da metade de sua economia encontra-se dolarizada, o que se deve, em parte, à inexistência de restrição à circulação de capitais.

Feitas as devidas considerações gerais a respeito da organização política e governamental do Líbano, além da exposição de suas características regionais e econômicas, passa-se ao exame das normas tributárias libanesas.

2. Normas tributárias na Constituição e na legislação

Diferentemente do modelo tributário brasileiro, o qual é evidentemente constitucional – porquanto sejam as competências tributárias definidas no referido altiplano da Carta Régia –, a Constituição do Líbano de 23 de maio de 1926 contém apenas dois artigos que tratam de direito tributário, quais sejam, os artigos 81 (com redação pela Lei Constitucional de 21 de janeiro de 1947) e 82, localizados na quarta parte do texto constitucional, reservada a disposições diversas, no capítulo "B", que trata das finanças[10].

O artigo 81 prevê que nenhum tributo deverá ser imposto, estabelecido ou cobrado pela República do Líbano senão por uma lei abrangente, aplicada a todo o território libanês, sem exceção. Já o artigo 82 dispõe que nenhum tributo será extinto ou modificado senão em virtude de lei.

Com relação às normas tributárias infraconstitucionais, apesar de o Líbano adotar um sistema jurídico de inspiração francesa (*Civil Law*), e possuir em seu sistema jurídico normas organizadas em códigos, como o famoso Código de Obrigações e Contratos[11], não há um código tributá-

---

[9] Em http://www.familyd.net/libano/geografia_4.asp?lang=pt e em https://pt.wikipedia.org/wiki/L%C3%ADbano#Demografia
[10] Em https://www.wipo.int/edocs/lexdocs/laws/en/lb/lb018en.pdf
[11] https://www.nyulawglobal.org/globalex/Lebanon.html

rio libanês. As normas tributárias infraconstitucionais localizam-se em atos normativos esparsos, que tratam ou de matéria de Administração Tributária (competência derivada do Ministério das Finanças), ou de matéria de orçamento estatal.

Por vezes, ainda, há previsão de normas tributárias em atos normativos que tratem de políticas públicas estatais de assunto específico, como é o caso da Lei de Investimento nº 360 que oferece uma gama de incentivos tributários e não tributários (alguns sequer financeiros) a investidores nacionais e estrangeiros, com a finalidade de desenvolver e aquecer a economia do País por meio de recursos privados advindos de investidores.

3. Princípios tributários

Como outrora esposado, o direito tributário libanês não é essencialmente constitucional, eis que sua Carta Magna apenas conta com dois artigos em matéria tributária, os quais, por questões topológicas, estão ainda localizados na seção de disposições variadas, dentro do capítulo afeto ao orçamento estatal.

Entretanto, dos artigos 81 e 82 da Constituição Libanesa de 1926 é possível depreender-se dois princípios tributários, quais sejam, o de legalidade e o da isonomia. Observe:

> Artigo 81
> (como emendado pela Lei Constitucional de 21 de janeiro, de 1947)
> Tributos públicos deverão ser impostos, mas nenhum tributo deverá ser estabelecido ou cobrado pela República Libanesa senão por uma lei abrangente que se aplique, sem exceção, a todo o território libanês.[12] [tradução livre]

> Artigo 82
> Nenhum tributo será modificado ou extinto senão em virtude de lei.[13] [tradução livre]

Ademais dos princípios constitucionais da legalidade e da isonomia tributárias, conta o subsistema tributário libanês, ao menos relativamente ao imposto de renda, com os princípios da progressividade e da

---

[12] Article 81. (As amended by the Constitutional Law of January 21, 1947) Public taxes be imposed and no taxes shall beestablished or collected in the Lebanese Republic except by a comprehensive law which shall apply to the entire Lebanese territory without exception.
[13] Article 82. No tax may be modified or abolished except by virtue of law.

territorialidade, tendo-se em vista que as bases tributárias do imposto de renda apenas alcançam o acréscimo patrimonial relacionado aos limites do território libanês (como fonte ou residência), bem como haja um escalonamento de alíquotas *ad valorem* a depender do valor da base tributável.

Além do disposto, convém salientar que, como a competência tributária libanesa encontra-se submetida à competência legislativa ao orçamento, versa o artigo 86[14] da Constituição Libanesa de 1926 a respeito de uma espécie de princípio da anterioridade, relacionado ao prazo de votação do orçamento do ano subsequente e, por isso, também aplicado aos tributos.

4. Espécies tributárias

No Brasil, as espécies tributárias são cinco, quais sejam, os impostos, as taxas, as contribuições especiais, as contribuições de melhoria e os empréstimos compulsórios. Entretanto, no direito comparado não há necessária correspondência para com essas espécies de tributos.

A Organização para a Cooperação e Desenvolvimento Econômico elaborou, para título de comparação e interpretação de dados entre países, uma classificação geral de tributos e um guia interpretativo para a classificação adotada[15].

---

[14] Article 86 (As amended by the Constitutional Law of October 17, 1927 and as amended by the constitutional law of September 21,1990) If the Chamber of Deputies has not given a final decision on the budget estimates before the expiration of the session devoted to the examination of the budget, the President of the Republic, in coordination with the Prime Minister shall, immediately convenes the Chamber for an extraordinary session which shall last until the end of January in order to continue the discussion of the budget; if at the end of this extraordinary session, the budget estimates have not been finally settled, the Council of Ministers may than make a decision on the basis of which a decree is issued by the President giving effect to the above estimates in the form in which they were submitted to the Chamber. However, the Council of Ministers may not exercise this right unless the budget estimates were submitted to the Chamber at least fifteen days before the commencement of its session. During the said extraordinary session, taxes, charges, duties, imposts, and other kinds of revenues shall continue to be collected as before. The budget of the previous year shall be adopted as a basis. To this must be added the permanent supplementary credits and from it must deducted the permanent credits which have been dropped, and the Government shall fix the expenditures for the month of January on the basis of the 'provisional twelfth.'of preceding year.

[15] Disponível em https://www.oecd.org/tax/tax-policy/oecd-classification-taxes-interpretative-guide.pdf

De acordo com o referido Guia OCDE, a definição de tributo[16] é a de prestação compulsória ao "governo geral" (ente político estatal dotado da competência tributária), não decorrente de penalidade e não correspondida, na medida em que os benefícios oferecidos pelo ente estatal aos contribuintes (sujeitos passivos de forma geral) não são, em regra, proporcionais ao valor do encargo.

Portanto, excluem-se do conceito de tributo adotado pela OCDE multas e demais penalidades. Entretanto, também restam excluídos os empréstimos compulsórios e demais pagamentos relacionados a uma contraprestação estatal proporcional.

Justamente por isso torna-se impraticável a adoção da classificação quinquipartite brasileira de espécies tributárias, haja vista que, ainda que as receitas estatais possam, em alguns países, ser classificadas como taxas, impostos ou contribuições à seguridade social, não necessariamente terão a mesma natureza jurídica das entidades do direito pátrio designadas pelas mesmas expressões.

Nesse diapasão, convém mencionar que o artigo 86, da Constituição de 1926 da República do Líbano utiliza as expressões *"tributos, encargos, prestações, impostos e outros tipos de receitas"*[17], mas essas não necessariamente correspondem a espécies tributárias como conhecidas no modelo brasileiro, eis que, para além do já disposto, a competência tributária libanesa se confunde com a competência legislativa orçamentária. Entretanto, é possível afirmar que existam certas correspondências entre as espécies tributárias "impostos" e "taxas".

Se tais vernáculos presentes no artigo 86 da Constituição libanesa de 1926 não correspondem necessariamente a tributos, são, certamente, ao menos, tipos de receitas estatais (verbas orçamentárias).

---

[16] *"In the OECD classification the term "taxes" is confined to compulsory unrequited payments to general government. Taxes are unrequited in the sense that benefits provided by government to taxpayers are not normally in proportion to their payments.*
2. The term "tax" does not include fines, penalties and compulsory loans paid to government. Borderline cases between tax and non-tax revenues in relation to certain fees and charges are discussed in §11–14." OECD Classification Taxes Interpretative Guide. Pg, 5.

[17] "[...] submitted to the Chamber at least fifteen days before the commencement of its session. During the said extraordinary session, taxes, charges, duties, imposts, and other kinds of revenues shall continue to be collected as before. The budget of the previous year shall be adopted as a basis [...]". Constituição de 1926 da República do Líbano, artigo 86.

Dessa feita, há de se concluir que a classificação geral tributária da OCDE não partilha da mesma em que baseada a tipologia tributária brasileira, mas aquela referente às bases tributáveis. Observe:

> Os principais critérios de classificação
> 27. A classificação das receitas entre as principais rubricas (1000, 2000, 3000, 4000, 5000 e 6000) **é geralmente governada pela base sobre a qual o imposto é cobrado: 1000 receitas, lucros e mais-valias;** 2000 e 3000 **ganhos, folha de pagamento ou número de funcionários;** 4000 **propriedade;** 5000 **bens e serviços;** 6000 **bases múltiplas, outras bases ou bases não identificáveis.** Quando um imposto é calculado em mais de uma base, os recebimentos são, sempre que possível, divididos entre as várias rubricas (ver §32 e §81). As rubricas 4000 e 5000 abrangem não apenas os impostos em que a base tributável é a propriedade, bens ou serviços, mas também certos impostos relacionados. Assim, os impostos sobre a transferência de propriedade estão incluídos em 440010 e os impostos sobre o uso de mercadorias ou sobre a permissão para realizar atividades em 5200. Nas rubricas 4000 e 5000, é feita uma distinção em certas subcategorias entre impostos recorrentes e não recorrentes: os impostos recorrentes são definidos como os cobrados em intervalos regulares (geralmente anualmente) e os impostos não recorrentes são cobrados de uma vez por todas (consulte também os §47 a §50, §53, §54 e §79 para aplicações específicas dessa distinção).[18] [tradução livre]

Aproveitando-se o ensejo, elencam-se a seguir os principais tributos presentes no ordenamento libanês, dentre eles: (imposto) sobre a

---

[18] "*The main classification criteria*
27. The classification of receipts among the main headings (1000, 2000, 3000, 4000, 5000 and 6000) is generally governed by the base on which the tax is levied: 1000 income, profits and capital gains; 2000 and 3000 earnings, payroll or number of employees; 4000 property; 5000 goods and services; 6000 multiple bases, other bases or unidentifiable bases. Where a tax is calculated on more than one base, the receipts are, where possible, split among the various headings (see §32 and §81). The headings 4000 and 5000 cover not only taxes where the tax base is the property, goods or services themselves but also certain related taxes. Thus, taxes on the transfer of property are included in 440010 and taxes on the use of goods or on permission to perform activities in 5200. In headings 4000 and 5000 a distinction is made in certain sub-headings between recurrent and non-recurrent taxes: recurrent taxes are defined as those levied at regular intervals (usually annually) and non-recurrent taxes are levied once and for all (see also §47 to §50, §53, §54 and §79 for particular applications of this distinction)." OECD Classification Taxes Interpretative Guide. p. 10.

renda[19], tributo (imposto) sobre a renda de *holdings*[20], tributo (imposto) sobre a renda de *offshores companies*[21], tributo (imposto) sobre juros de receitas financeiras[22], tributo sobre o ganho de capital na venda de ativos (tangíveis, intangíveis e financeiros), tributo sobre a folha de salários, tributo (imposto) sobre herança[23], tributo (imposto) predial incorporado[24], tributo sobre a promoção de investimentos[25], tributo (imposto) de valor agregado[26] (sobre bens e serviços), tributo sobre selo[27], tributo aduaneiros, além de tributos extrafiscais sobre bebidas alcoólicas, sobre acomodações hoteleiras e comidas em restaurantes (que não estejam sobre a incidência do VAT), sobre entretenimento, sobre partidas (taxa), sobre jogos de azar, sobre jogos eletrônicos, sobre filmes em vídeo, sobre a entrada na Gruta Jeita.

Apesar de ser um Estado unitário, ou seja, sem pacto federativo e, portanto, sem competências tributárias que não sejam de toda a República Democrática do Líbano, as municipalidades possuem sujeição ativa para alguns tributos, isso é, apesar de não serem dotadas de competência tributária (competência legislativa), possuem competência para arrecadar e cobrar certos créditos tributários[28].

5. Modelo de incidência tributária

Em complementação ao disposto no tomo anterior, bem como, na linha da classificação geral da OCDE a respeito da tributação de acordo com as bases econômicas (bases tributárias), tem-se que o sistema tributário libanês, apesar de também adotar tributação sobre as bases econômicas de propriedade e consumo, centraliza a atividade tributária sobre as bases econômicas de manifestação de renda (acréscimo patrimonial).

---

[19] Decreto Legislativo n. 144 de 12 de junho de 1959.
[20] Decreto-Lei n. 45 de 24 de junho de 1983.
[21] Decreto-Lei n. 46 de 24 de junho de 1983.
[22] Lei n. 497 de 30/1/2003, artigo 51.
[23] Decreto Legislativo n. 146 de 12 de junho de 1959.
[24] Lei datada de 17 de setembro de 1962.
[25] Lei de Investimento nº 360 de 17 de agosto de 2001
[26] Lei n. 379, de 14 de dezembro de 2001
[27] Decreto-Lei n. 67, de 5 de agosto de 1967
[28] Lei n. 60 de 12 de agosto de 1988.

6. Tributação de alta tecnologia

A tributação sobre a alta tecnologia tem sido um assunto muito discutido nos fóruns de reformas tributárias e redesenho das bases de incidência. Recentemente, o Líbano presenciou um crescimento vertiginoso de empresas de alta tecnologia em seu território, o que lhe trouxe (i) à 1ª posição na Região MENA (conjunto de países da África Setentrional e Oriente Médio – *Middle Mast and North Africa* –) em prontidão tecnológica e (ii) o 2º lugar dos países do MENA em inovação[29].

Apesar do vertiginoso crescimento do setor e da atual crise econômica, a República Democrática do Líbano ainda não implementou efetivamente uma tributação sobre a alta tecnologia. Em 2019, houve um esforço significativo em fazê-lo, por meio do projeto de tributação (taxa) diária de ligações via VOIP, dentre elas, aquelas efetuadas pelo aplicativo *whatsapp*, a ser incluída na lei orçamentária de 2020.

O Governo libanês esperava arrecadar com a medida cerca de 250 milhões de dólares por ano[30]. Entretanto, devido a protestos populares, o projeto de tributação não foi incluído na lei orçamentária, permanecendo, assim, sem um exemplo de tributo sobre alta tecnologia. Convém ainda destacar que o Líbano conta apenas com duas companhias de telefonia móvel, ambas estatais, e uma das tarifas mais caras da Região MENA.

7. Modelo de cobrança fiscal

A Administração Tributária libanesa está relacionada e subordinada à autoridade do Ministério das Finanças. Por meio da desconcentração de pessoa jurídica de direito público no âmbito do Poder Executivo e da delegação de competências, Diretoria-Geral Financeira (órgão hierarquicamente subordinado àquele Ministério) possui competência para gerenciar, cobrar e controlar tributos, de acordo com os limites da delegação legal[31].

A oposição do sujeito passivo à cobrança do crédito tributário se dá de maneira administrativa, direcionada à autoridade responsável pela

---

[29] https://investinlebanon.gov.lb/en/sectors_in_focus/technology
[30] https://www.forbes.com/sites/simonchandler/2019/10/21/lebanon-protests-reveal-risks-for-governments-in-meddling-with-big-tech/#7ab8ae613c40
[31] Lei n. 60 de 27 de outubro de 2016. Disponível em http://www.databank.com.lb/docs/Tax%20Procedures%20Law%20and%20its%20Amendments-2016.pdf

cobrança dentro da organização da Diretoria-Geral Financeira. Para os casos de apelos à decisão dessa autoridade administrativa, há previsão de criação de Tribunais Administrativos. Entretanto, como tais cortes ainda não foram criadas, a reapreciação da matéria tributária fica a cargo de um comitê regional judicante (de feição quase judicial), composto por autoridades administrativas tributárias (hierarquicamente superiores) representativas de cada setor, as quais decidirão a matéria posta ao reexame. O referido comitê é, entretanto, presidido por juízes, cujo voto prevalecerá no caso de empate entre os votos dos oficiais tributários.

Por fim, a última Instância à revisão da imposição tributária é uma instância judicial por excelência, o Conselho de Estado (Conseil d'Etat), Corte Jurisdicional Superior em matéria Administrativa[32]. Dessa forma, observa-se que o procedimento de revisão tributária (seja iniciado pelo sujeito passivo ou pelo sujeito ativo) conta com um percurso que começa de forma estritamente administrativa (judicante), em seguida, enquanto não criados os Tribunais Administrativos (órgãos jurisdicionais), passa por um comitê ainda judicante, porém supervisionado por órgãos jurisdicionais e, por fim, em último apelo, poderá chegar à instância jurisdicional máxima em matéria administrativa.

Já com relação aos crimes de ordem tributária, esses são processados nas cortes jurisdicionais comuns, embora as penalidades sejam cobradas de modo administrativo.

8. Espécies de resolução não contenciosa/alternativas de extinção do crédito

No momento, ainda não há notícia de alternativas não contenciosas à extinção do crédito tributário no Líbano, tais como a transação, a arbitragem e a conciliação. Entretanto, não é raro que alguma negociação envolvendo crédito tributário repercuta na via da remissão do crédito ou da anistia das penalidades dele decorrentes positivadas na lei orçamentária, o que se assemelharia aos programas de regularização fiscal pátrios legalmente instituídos.

---

[32] https://www.icj.org/wp-content/uploads/2018/10/Lebanon-Memo-re-Court-Reform-Advocacy-Analysis-Brief-2018-ENG.pdf

Como exemplo, estão as Leis Orçamentárias n. 66, de 2017, e n. 110 de 30 de novembro de 2018. Esse último diploma normativo[33] conta com (i) desconto de 100% nas multas por (a) falha em manter registros contábeis para contribuintes tributados com base na estimativa de lucro e (b) emissão de faturas não conformes com a lei e regulamentos tributários; (ii) desconto de 90% em todas as outras violações tributárias, desde que os impostos e as multas com desconto sejam pagos dentro de 6 meses após a publicação da lei; (iii) "isenção" total de multas devidas pelos contribuintes envolvidos na aplicação do Artigo 53 da Lei do Imposto de Renda (contribuintes que trabalham em vários locais ou são autônomos ao mesmo tempo que devem preencher e declarar o formulário fiscal R8) por violações ocorridas até o ano de 2016, desde que os impostos sejam pagos dentro de 6 meses a partir da publicação da lei; dentre outras medidas.

9. Tratados internacionais em matéria tributária

A República Democrática do Líbano é signatária de diversos acordos bilaterais para evitar a dupla tributação[34], dentre os países com os quais possui esse mútuo compromisso estão Argélia, Armênia, Bahrain, Belarus, Bulgária, Cyprus, República Tcheca, Egito, França, Irã, Itália, Jordânia, Kuwait, Malásia, Malta, Marrocos, Omã, Paquistão, Polônia, Qatar, Romênia, Rússia, Senegal, Síria, Tunísia, Turquia, Emirados Árabes Unidos, Ucrânia, Yemen.

O Líbano ainda possui acordos de totalização a respeito do fundo da seguridade social. O empregado (e sujeito passivo) poderá se beneficiar do referido acordo desde que, cumulativamente, (i) exista um acordo recíproco entre os dois países (o país de origem oferece o programa equivalente ou melhor aos residentes libaneses que estão empregados no local), e (ii) o funcionário possua uma autorização de trabalho e residência válida[35].

Até o momento, a República Democrática do Líbano possui acordos de totalização com a Bélgica, a França, a Itália e o Reino Unido.

---

[33] http://www.aldic.net/law-no-110-dated-30th-november-2018-extending-the-discounts--on-tax- penalties-objection-deadlines-set-in-the-budget- law-2018-till-31-january-2019/
[34] Disponível em https://taxsummaries.pwc.com/lebanon/individual/ foreign-tax-relief-and-tax-treaties
[35] Idem.

Até o momento, não há dados a respeito de acordos bilaterais tributários entre Brasil e Líbano.

Conclusões

Diante de todo o esposado, é forçoso concluir que a República Democrática do Líbano possui sistema tributário em muito diverso do brasileiro, a começar por se caracterizar como um Estado unitário, e não uma República, o que influi diretamente na repartição da competência tributária (no Líbano não há o que repartir). Na experiência brasileira, há quem considere que novo arranjo da repartição da competência tributária poderá influir no próprio pacto federativo, cláusula pétrea constitucional.

Em sequência, há de se destacar que o direito tributário libanês encontra-se positivado em legislação esparsa, sempre associada ao orçamento estatal, ao passo que o subsistema jurídico-tributário pátrio é de cunho essencialmente constitucional, com determinadas matérias reservadas à prerrogativa de lei complementar, dentre as quais se tem o Código Tributário Nacional.

Ainda, com relação ao procedimento de cobrança, não possui o Brasil cortes jurisdicionais administrativas. Por outro lado, há neste País a possibilidade de oposição à cobrança na seara administrativa de cada ente político e, ainda, no caso de persistência da exação, a saída judicial, em virtude do princípio da inafastabilidade da jurisdição.

Por fim, há de se repisar que o sistema tributário libanês conta com um número extremamente enxuto de princípios, ao passo que o sistema brasileiro possui inúmeros princípios implícitos e explícitos constitucionais, e demais diretrizes legais a serem seguidas.

Referências

Todos os acessos aos sítios eletrônicos pesquisados foram realizados em abril de 2020.
https://countrymeters.info/pt/Lebanon
https://www.populationpyramid.net/pt/densidades-populacionais/l%C3%ADbano/2020/
https://pt.wikipedia.org/wiki/L%C3%ADbano
https://pt.wikipedia.org/wiki/Lista_de_pa%C3%ADses_por_carga_tribut%C3%A1ria
https://www.heritage.org/search?contains=America%27s%20Biggest%20Issues#

https://pt.wikipedia.org/wiki/Pol%C3%ADtica_do_L%C3%ADbano
https://www.wipo.int/edocs/lexdocs/laws/en/lb/lb018en.pdf
http://www.familyd.net/libano/geografia_4.asp?lang=pt
http://www.databank.com.lb/docs/Guide%20to%20Tax%20Research%20in%20 Lebanon.pdf
https://www.nyulawglobal.org/globalex/Lebanon.html
https://www.lcps-lebanon.org/search.php
https://www.nordeatrade.com/en/explore-new-market/lebanon/taxes
https://www2.deloitte.com/content/dam/Deloitte/global/Documents/Tax/dttl-tax--lebanonhighlights-2019.pdf
https://www.oecd.org/tax/tax-policy/oecd-classification-taxes-interpretative-guide.pdf
http://www.databank.com.lb/docs/Tax%20Procedures%20Law% 20and%20its%20 Amendments-2016.pdf
https://taxsummaries.pwc.com/lebanon/individual/foreign-tax-relief-and-tax-treaties
https://www.icj.org/wp-content/uploads/2018/10/Lebanon-Memo-re-Court-Reform-Advocacy-Analysis-Brief-2018-ENG.pdf
https://investinlebanon.gov.lb/en/sectors_in_focus/technology
https://www.forbes.com/sites/simonchandler/2019/10/ 21/lebanon-protests-reveal--risks-for-governments-in-meddling-with-big-tech/#7ab8ae613c40
http://www.aldic.net/law-no-110-dated-30th-november-2018- extending-the--discounts-on-tax-penalties-objection-deadlines-set-in-the-budget-law-2018--till-31-january-2019/

Decreto Legislativo n. 144 de 12 de junho de 1959.
Decreto-Lei n. 45 de 24 de junho de 1983.
Decreto-Lei n. 46 de 24 de junho de 1983.
Lei n. 497 de 30/1/2003, artigo 51.
Decreto Legislativo n. 146 de 12 de junho de 1959.
Lei datada de 17 de setembro de 1962.
Lei de Investimento nº 360 de 17 de agosto de 2001
Lei n. 379, de 14 de dezembro de 2001
Decreto-Lei n. 67, de 5 de agosto de 1967
Lei n. 60 de 12 de agosto de 1988.

19. O sistema tributário do México

Gustavo Telles da Silva

Introdução
Todo e qualquer país, em maior ou menor escala, depende da arrecadação tributária para prover sua sociedade com os serviços básicos como saúde e educação, bem como para manter a própria máquina pública funcionando. A forma com que cada um destes entes irá organizar sua arrecadação tributária, assim como sua relação fiscal com os contribuintes, pode ser chamada de Sistema Tributário.

A partir da análise do Sistema Tributário de um país, através de elementos como seus Princípios Tributários, garantias dos contribuintes, espécies tributárias, eficiência de arrecadação, dentre outros, é possível entender de forma mais clara suas características econômicas, estruturais, sociais e de planejamento.

Este trabalho, em certa medida, possui o intuito de analisar o Sistema Tributário do México, através de uma análise sobre as normas constitucionais de perfil tributário, sobre as normas infraconstitucionais de mesmo perfil, a relação entre a carga fiscal e o PIB, as principais fontes de arrecadação dos entes federativos, as características do sistema fiscal no tocante a procedimentos administrativos, dentro outros aspectos, para ao fim e ao cabo tentar trazer algumas considerações sobre os aspectos positivos que o Brasil poderia se espelhar, bem como experiências obtidas com resultados negativos para que possamos evitar.

O Direito Comparado é importantíssimo não só para se obter uma visão holística em relação a diferentes aspectos do Direito e dos ordenamentos jurídicos, mas também conduz a uma análise crítica do Direito

Interno a partir de novas perspectivas e olhares obtidos através do Direito estrangeiro, intenção que se vislumbra com o presente trabalho.

1. Aspectos gerais sobre o Estado mexicano

Os Estados Unidos Mexicanos, ou simplesmente México, é um país da América do Norte, cujas fronteiras ao norte encontram os Estados Unidos e ao sul Guatemala e Belize. Suas terras são banhadas pelas águas do Golfo do México ao leste e pelo Oceano Pacífico a oeste.

Seu território contempla uma área de aproximadamente 1.964.375 km², ocupados por uma população que, em 2015, chegava a 121.3 milhões de pessoas.[1]

O México foi uma colônia de exploração da Espanha desde 1510, situação que perdurou quase três séculos, até a conquista de sua independência em 1810. Apesar disto, o século XIX foi marcado por governos ditatoriais e perdas recorrentes de seu território para os EUA.

Durante quase 30 anos, o México foi governado por Porfírio Diaz, período conhecido como "ditadura porfirista", culminando em 1910 na famosa Revolução Mexicana, que inaugurou uma nova fase da história do país, além de ter produzido importantes resultados, como a aprovação da Constituição do México de 1917, vigente até os dias de hoje.

Atualmente, o México é uma República presidencialista, onde o presidente é chefe de Estado e de Governo, além de comandante das forças armadas, eleito para exercer um mandato de 6 anos.

A forma de Estado adotado pelos Estados Unidos Mexicanos é o federalismo, sendo o país atualmente composto por 31 Estados Federados, que possuem autonomia, sua própria Constituição e Poderes Legislativo, Executivo e Judiciário, além de 2.456 Municípios.

Conforme se verá adiante, o México possui um Sistema Tributário um tanto quanto desequilibrado, sendo o país altamente dependente dos ingressos relacionados ao Petróleo. Conforme se observa do gráfico abaixo[2], as principais fontes de ingresso são as relacionadas a indústria

---

[1] Conciliación Demográfica de México 1950 – 2015. Disponível em: <https://www.gob.mx/cms/uploads/attachment/file/390853/Infograf_a_Conciliacion_demogr_fica_de_Mexico.pdf>.
[2] Serie Apuntes Didácticos. Introducción al Sistema Fiscal Mexicano. Disponível em <https://www.asf.gob.mx/uploads/61_Publicaciones_tecnicas/2._Introduccion_al_Sistema_Fiscal_Mexicano.pdf> Pág. 7. Acessado em 21 de novembro de 2019.

petrolífera, seguidas do Imposto sobre a Renda e após pelo Imposto sobre valor agregado.

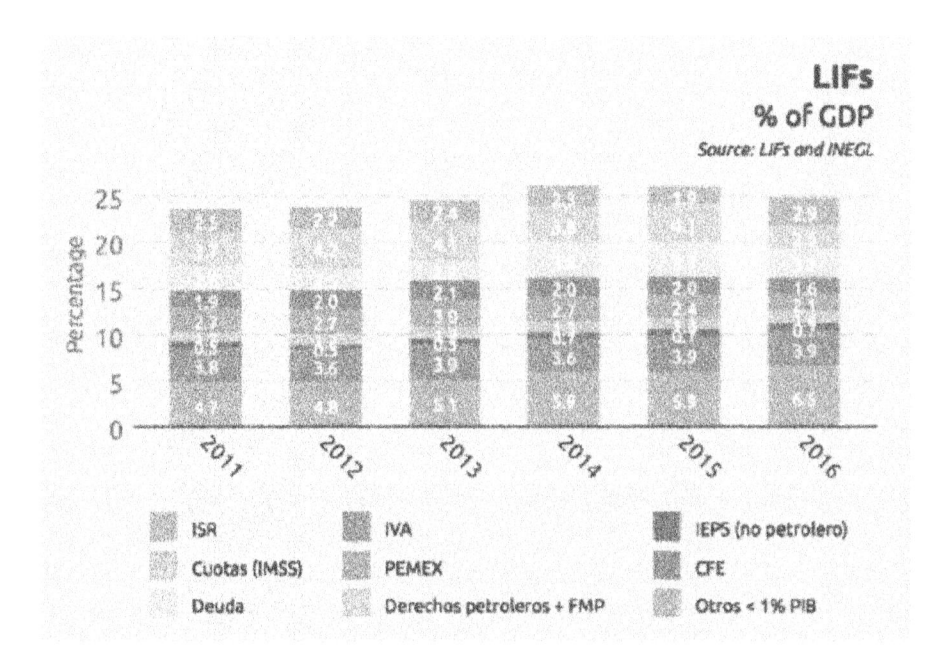

LIFs % of GDP
Source: LIFs and INEGI

[Gráfico de barras mostrando porcentagens de 2011 a 2016, com categorias: ISR, IVA, IEPS (no petrolero), Cuotas (IMSS), PEMEX, CFE, Deuda, Derechos petroleros + FMP, Otros < 1% PIB]

* Histórico de Ingressos como porcentagem do PIB.

No ano de 2017, o PIB mexicano foi de aproximadamente 1,15 trilhão de dólares, dos quais 16.09% eram de carga fiscal, conforme dados da OCDE. A referida parcela de carga fiscal x PIB do país é a menor entre os membros da Organização, representando menos do que a metade da média da OCDE para o mesmo ano, que foi de 34,24% da carga fiscal x PIB.[3]

A baixa arrecadação fiscal do México é ponto importante nos debates sobre tributação no país, tendo em vista as crescentes necessidades da população por serviços e políticas públicas e uma também crescente incapacidade do governo em prover tais exigências.

---

[3] Dados disponíveis em <https://data.oecd.org/tax/tax-revenue.htm> Acessado em 21 de novembro de 2019.

2. O sistema tributário do México

Conforme dito no tópico anterior, a política fiscal mexicana possui como característica marcante o baixo índice da carga tributária. Antes das reformas realizadas no país a partir de 2002, estes índices eram ainda menores, tendo chegado em 2005 próximos aos 11% em porcentagem do PIB. Vale ainda relembrar, que as receitas do petróleo representam cerca de 1/3 das fontes de financiamento do governo Mexicano.

O principal efeito de uma carga tributária deste tipo é a falta de recursos para o Estado investir em serviços públicos, o que ocorre frequentemente no México. Porém, para além de extrair características negativas do modelo Mexicano, a análise do Sistema Tributário deste país será importante para observar o que o Brasil poderia retirar de positivo e o que poderia tomar como lição em um momento em que tanto se fala, aqui, de reforma tributária.

2.1. A Constituição Mexicana e o Direito Tributário

O México possui uma Constituição escrita, promulgada em 5 de fevereiro de 1917, possuindo atualmente 136 artigos, e diversos dispositivos relacionados ao Direito Tributário, dos quais os mais importantes serão destacados neste momento.

As explanações doutrinárias que tratam dos dispositivos da Constituição Mexicana ligados ao Direito Tributário, em sua maioria destacam a previsão do inciso IV, do art. 31 como sendo a primeira que mereça destaque, *in verbis*:

> Artículo 31. Son obligaciones de los mexicanos:
> IV. Contribuir para los gastos públicos, así de la Federación, como de los Estados, de la Ciudad de México y del Municipio en que residan, de la manera proporcional y equitativa que dispongan las leyes.

A referida norma constitucional determina as obrigações dos mexicanos, trazendo no inciso IV o dever de contribuir para os gastos públicos, da Federação, dos Estados, da Cidade do México e dos Municípios em que residam, da maneira proporcional e equitativa que disponham as leis.

Algumas importantes observações podem ser retiradas desta pequena fração da Carta Constitucional Mexicana.

A primeira delas, é que apesar do dispositivo indicar as obrigações dos mexicanos em contribuir para os gastos públicos, o dever contributivo não é direcionado somente aos mexicanos, mas também aos estrangeiros residentes no país, bem como às pessoas jurídicas que possuam filiais no México, conforme expresso em diversas disposições infraconstitucionais de imposição tributária.[4]

A norma constitucional citada também determina a obrigação de contribuir para os gastos públicos dos três níveis de governo, tanto do governo Federal, quanto dos Estados e dos Municípios de onde o sujeito resida. Chapoy e Valdivia asseveram[5] que apesar de parecer que as legislaturas locais somente poderiam estabelecer tributos estaduais e municipais aos seus residentes, a realidade é que estes entes são financiados, em grande proporção, por impostos indiretos aplicáveis a todo e qualquer cidadão que consumam bens e serviços, sem se observar o local de sua residência.

Outra importante discussão que recai sobre o inciso IV do art. 31 da Constituição mexicana é sobre a observação da proporcionalidade e da equidade no exercício das competências tributárias dos entes estatais. O que se observa desta previsão, segundo apontado por Chapoy e Valdivia, é uma aparente "contradição entre a norma constitucional e a tendência dos sistemas tributários modernos"[6], tendo em vista a crescente consideração do Princípio da Capacidade contributiva nos ordenamentos jurídicos durante o século XX, o que impôs certa preferência pela progressividade no lugar da proporcionalidade, inclusive sendo esta a constante tendência interpretativa da Suprema Corte do México.

---

[4] P. ex: Artigo 1º da Lei do Imposto de Renda:
Las personas físicas y las morales están obligadas al pago del impuesto sobre la renta en los siguientes casos:
I. Las residentes en México, respecto de todos sus ingresos, cualquiera que sea la ubicación de la fuente de riqueza de donde procedan.
II. Los residentes en el extranjero que tengan un establecimiento permanente en el país, respecto de los ingresos atribuibles a dicho establecimiento permanente.
III. Los residentes en el extranjero, respecto de los ingresos procedentes de fuentes de riqueza situadas en territorio nacional, cuando no tengan un establecimiento permanente en el país, o cuando teniéndolo, dichos ingresos no sean atribuibles a éste.
[5] BONIFAZ, Dolores Beatriz Chapoy; VALDIVIA, Gerardo Gil. *Introducción al Derecho Mexicano*: Derecho Fiscal. México D.F.: Universidad Nacional Autónoma de Mexico, 1981. p. 10
[6] Ibidem. p. 12.

Por fim, retira-se do inciso IV do art. 31 também o Princípio da Legalidade, quando se observa que para cumprir o mandamento constitucional de contribuir para os gastos públicos o cidadão terá que observar aquilo que determina as Leis em matéria tributária. A Carta Constitucional mexicana apresenta duas exceções ao princípio da legalidade, que estão expressas no art. 29 e no art. 131 da Constituição.

O art. 29 estabelece a "faculdade que possui o titular do Executivo Federal para suspender as garantias constitucionais, como o é o inciso IV do artigo 31", nos casos de emergência determinados pelo art. 29 da mesma Carta Magna[7], *in verbis:*

> **Artículo 29.** En los casos de invasión, perturbación grave de la paz pública, o de cualquier otro que ponga a la sociedad en grave peligro o conflicto, solamente el Presidente de los Estados Unidos Mexicanos, con la aprobación del Congreso de la Unión o de la Comisión Permanente cuando aquel no estuviere reunido, podrá restringir o suspender en todo el país o en lugar determinado el ejercicio de los derechos y las garantías que fuesen obstáculo para hacer frente, rápida y fácilmente a la situación; pero deberá hacerlo por un tiempo limitado, por medio de prevenciones generales y sin que la restricción o suspensión se contraiga a determinada persona. Si la restricción o suspensión tuviese lugar hallándose el Congreso reunido, éste concederá las autorizaciones que estime necesarias para que el Ejecutivo haga frente a la situación; pero si se verificase en tiempo de receso, se convocará de inmediato al Congreso para que las acuerde.

A Suprema Corte do México já expressou entendimento de que não são todas as garantias que podem ser suspensas, mas somente aquelas que se comprove serem obstáculos para a resolução do problema que motivou a suspensão[8]. Desta forma, as garantias tributárias somente poderão ser suspensas se representarem entrave para a resolução do problema enfrentado pela nação, caso contrário persistem ativas.

---

[7] MIER, R. E. Blasio. *Análisis jurídico de las tarifas aplicables a sueldos y salarios en la ley del impuesto sobre la renta en relación al principio de capacidad contributiva*. 2003. Tesis (Licenciatura en Derecho con especialidad en Derecho Fiscal) – Departamento de Derecho, Escuela de Ciencias Sociales, Universidad de las Américas Puebla, Puebla, 2003.

[8] Semanario Judicial de la Federación, Quinta Época, Segunda Sala, Tomo: XL, p. 3630; Semanario Judicial de la Federación, Quinta Época, Segunda Sala, Tomo: XL, p. 3631.

A segunda exceção ao princípio da legalidade é determinada pelo art. 131 da Constituição Mexicana, que está redigido da seguinte forma:

> **Artículo 131.**
> (...)
> El Ejecutivo podrá ser facultado por el Congreso de la Unión para aumentar, disminuir o suprimir las cuotas de las tarifas de exportación e importación, expedidas por el propio Congreso, y para crear otras; así como para restringir y para prohibir las importaciones, las exportaciones y el tránsito de productos, artículos y efectos, cuando lo estime urgente, a fin de regular el comercio exterior, la economía del país, la estabilidad de la producción nacional, o de realizar cualquiera otro propósito, en beneficio del país. El propio Ejecutivo al enviar al Congreso el Presupuesto Fiscal de cada año, someterá a su aprobación el uso que hubiese hecho de la facultad concedida.

Segundo o supracitado artigo, o Poder Executivo possui a faculdade de criar, diminuir ou suprimir alíquotas do imposto de exportação e importação, com a finalidade de regular o comércio exterior, a economia do país, a estabilidade da produção nacional, ou por qualquer outro propósito em benefício do país.

A Constituição Mexicana também possui normas de Competência tributária, conforme se observa de seus artigos 73, 115, 117, 124 e 131.

O art. 73 estabelece a chamada competência fiscal ilimitada da Federação, quando determina em seu inciso VII que o Congresso tem a faculdade de impor as contribuições necessárias para cobrir o orçamento, além de prever em seu inciso XXIX as competências tributárias exclusivas da Federação, conforme se observa abaixo:

> **Artículo 73.** El Congreso tiene facultad:
> VII. Para imponer las contribuciones necesarias a cubrir el Presupuesto;
> XXIX. Para establecer contribuciones:
> 1º. Sobre el comercio exterior
> 2º. Sobre el aprovechamiento y explotación de los recursos naturales comprendidos en los párrafos 4º y 5º del artículo 27;
> 3º. Sobre instituciones de crédito y sociedades de seguros;
> 4º. Sobre servicios públicos concesionados o explotados directamente por la Federación; y
> 5º. Especiales sobre:

> a) Energía eléctrica;
> b) Producción y consumo de tabacos labrados;
> c) Gasolina y otros productos derivados del petróleo;
> d) Cerillos y fósforos;
> e) Aguamiel y productos de su fermentación; y
> f) Explotación forestal.
> g) Producción y consumo de cerveza.
> Las entidades federativas participarán en el rendimiento de estas contribuciones especiales, en la proporción que la ley secundaria federal determine. Las legislaturas locales fijarán el porcentaje correspondiente a los Municipios, en sus ingresos por concepto del impuesto sobre energía eléctrica.

O artigo acima exposto determina ainda que os demais entes federativos receberão participações nos rendimentos das contribuições especiais instituídas pela Federação sobre energia elétrica, produção e consumo de cigarros e derivados, gasolina e produtos derivados do petróleo, acendedores e fósforos, hidromel e os produtos da sua fermentação, exploração florestal e produção e consumo de cerveja.

O art. 131 da Constituição Mexicana também estabelece competência exclusiva da Federação, neste caso para tributar as mercadorias que são importadas e exportadas, ou que passem pelo território nacional, *in verbis*:

> **Artículo 131.** Es facultad privativa de la Federación gravar las mercancías que se importen o exporten, o que pasen de tránsito por el territorio nacional, así como reglamentar en todo tiempo y aún prohibir, por motivos de seguridad o de policía, la circulación en el interior de la República de toda clase de efectos, cualquiera que sea su procedencia.

O art. 124 da Carta Constitucional do México determina uma competência residual dos Estados, ao determinar que as faculdades que não são expressamente concedidos por esta Constituição a funcionários federais devem ser reservados aos Estados ou à Cidade do México, no âmbito de seus respectivos poderes, conforme se observa de seu texto:

> **Artículo 124.** Las facultades que no están expresamente concedidas por esta Constitución a los funcionarios federales, se entienden reservadas a los Estados o a la Ciudad de México, en los ámbitos de sus respectivas competencias.

O art. 117, por sua vez, traz as vedações à competência dos Estados federados, determinando em seus incisos IV, V, VI, e VII, respectivamente, que os Estados não podem em nenhum caso (i) gravar o trânsito de pessoas e coisas que atravessem seu território, remontando ao Princípio da não limitação ao tráfego de bens e pessoas, também conhecido como Princípio da ilimitabilidade ao tráfego em Direito Tributário; (ii) Proibir ou tributar, direta ou indiretamente, a entrada ou saída de seu território de qualquer mercadoria nacional ou estrangeira; (iii) Tributar a circulação ou o consumo de mercadorias nacionais ou estrangeiros, com impostos ou taxas cuja isenção é feita pela alfândega local, requeira inspeção ou registro de pacotes ou requeira documentação que acompanha a mercadoria; (iv) Expedir ou manter em vigor leis ou disposições fiscais que importam diferenças de impostos ou exigências em razão da origem de mercadorias nacionais ou estrangeiras, se essa diferença é estabelecida com relação à produção semelhante da localidade ou já entre produções similares de diferentes proveniências, o que nos remonta ao Princípio também aplicado no Brasil da não diferenciação tributária pela procedência ou destino.

Os Estados, no entendimento da maior parte da doutrina e da jurisprudência no México, possuem uma competência coincidente com as da Federação em todas as matérias que não possuem reserva exclusiva da Federação, ou que a Constituição lhes tenha proibido expressamente, como ocorre nos arts. 73 e 124 da Carta Constitucional.[9]

Há ainda previsão sobre competência tributária no inciso I do art. 118 da Constituição Mexicana, quando determina que os Estados somente podem estabelecer taxas de tonelada, ou qualquer outra taxa portuária, assim como impostos ou taxas sobre importação e exportação, com o consentimento do Congresso Federal.

Por fim, o inciso IV do art. 115 da Constituição mexicana traz expressa previsão sobre a Fazenda Pública Municipal, determinado que esta será composta, dentre outros ingressos, dos tributos e outros rendimentos que as legislaturas estabelecem a seu favor e dos ingressos derivados da prestação de serviços públicos a seu cargo, prevendo ainda que os Municípios receberão dos Estados os tributos que eles estabeleçam sobre propriedade imobiliária, seu fracionamento, divisão, consolidação, transladação

---

[9] BONIFAZ, Dolores Beatriz Chapoy; VALDIVIA, Gerardo Gil. op. cit. p. 16

ou melhora, além das participações federais, que serão cobertas pela Federação para os Municípios, de acordo com as bases, valores e prazos determinados anualmente pelas legislaturas dos Estados.

Segue abaixo um modelo esquematizado das normas de competência tributária presentes na Constituição Política do México:

Federação
- Art. 31, IV - Obrigação do cidadão de contribuir com os gastos públicos;
- Art. 73, VII - Faculdade para impor tributos necessários para cumprir o orçamento;
- Art. 73, XXIX - Matérias tributárias exclusivas da Federação;
- Art. 131 - - Matérias tributárias exclusivas da Federação;

Estados
- Art. 31, IV - Obrigação do cidadão de contribuir com os gastos públicos;
- Art. 117 e 118 - Restrições expressas a competência tributária dos Estados;
- Art. 124 - Competência residual dos Estados;

Municípios
- Art. 31, IV - Obrigação do cidadão de contribuir com os gastos públicos;
- Art. 115, IV - Formação da Fazenda Pública Municipal

Fonte: Elaboração própria do autor

A Constituição Mexicana possui, ainda, outros dispositivos aplicados no Direito como um todo, mas amplamente utilizados no Direito Tributário e Processual Tributário, por estabelecerem Princípios Gerais aplicáveis a estas esferas do Direito.

Do art. 8º da Carta Magna é retirado o Direito de Petição, ao determinar que os funcionários e empregados públicos respeitarão o exercício do direito de petição, desde que formulado por escrito, de maneira pacífica e respeitosa. Este direito é amplamente utilizado no Direito Tributário, assim como no processo administrativo fiscal, uma vez que, pela complexidade do Direito Tributário, os contribuintes recorrentemente procuram o Fisco para obter esclarecimentos, realizar consultas e demonstrar inconformidades.

O art. 14 da Constituição Mexicana prevê o Princípio da Irretroatividade, ao determinar que "a ninguna ley se dará efecto retroactivo en perjuicio de persona alguna", que apesar de ser tratado em um conceito geral, é amplamente difundido no exercício do Direito Tributário.

Ainda através do artigo 14, em sua segunda parte, retira-se o Princípio do Juiz Natural e do Devido Processo Legal, bem como o Direito de audiência, ao determinar-se que:

> Artículo 14. A ninguna ley se dará efecto retroactivo en perjuicio de persona alguna.
>
> Nadie podrá ser privado de la libertad o de sus propiedades, posesiones o derechos, sino mediante juicio seguido ante los tribunales previamente establecidos, en el que se cumplan las formalidades esenciales del procedimiento y conforme a las Leyes expedidas con anterioridad al hecho.

Por fim, através das disposições do art. 16 é possível se vislumbrar o Princípio da Motivação dos Atos na Lei, existindo alguns doutrinadores que também entendem que o Princípio da Legalidade está embasado não só no inciso IV do art. 31, como também neste artigo em questão, *in verbis*:

> Artículo 16. Nadie puede ser molestado en su persona, familia, domicilio, papeles o posesiones, sino en virtud de mandamiento escrito de la autoridad competente, que funde y motive la causa legal del procedimiento.

2.2. Código Fiscal da Federação

O Código Fiscal da Federação é um importante arcabouço jurídico na esfera tributária do Direito mexicano, tendo em vista que traz diversos regramentos sobre as mais variadas questões referentes à relação fiscal do Estado com o Contribuinte. Sua função se assemelha ao do Código Tributário Nacional no Brasil, pela diferença de ser bastante mais abrangente.

Como este trabalho não é sobre o Código especificamente, serão tratadas somente as principais disposições dos quase 300 artigos que ele possui.

Logo em seu art. 2º, o Código em questão estabelece as espécies tributárias praticadas no México, estabelecendo uma divisão quadripartite. Segundo o referido artigo os tributos se classificam em impostos, contribuições para a seguridade social, contribuições de melhoria e taxas, ofertando ainda a definição de cada um dele, conforme segue:

Artículo 2º. Las contribuciones se clasifican en impuestos, aportaciones de seguridad social, contribuciones de mejoras y derechos, las que se definen de la siguiente manera:

I. Impuestos son las contribuciones establecidas en ley que deben pagar las personas físicas y morales que se encuentran en la situación jurídica o de hecho prevista por la misma y que sean distintas de las señaladas en las fracciones II, III y IV de este Artículo.

II. Aportaciones de seguridad social son las contribuciones establecidas en ley a cargo de personas que son sustituidas por el Estado en el cumplimiento de obligaciones fijadas por la ley en materia de seguridad social o a las personas que se beneficien en forma especial por servicios de seguridad social proporcionados por el mismo Estado.

III. Contribuciones de mejoras son las establecidas en Ley a cargo de las personas físicas y morales que se beneficien de manera directa por obras públicas.

IV. Derechos son las contribuciones establecidas en Ley por el uso o aprovechamiento de los bienes del dominio público de la Nación, así como por recibir servicios que presta el Estado en sus funciones de derecho público, excepto cuando se presten por organismos descentralizados u órganos desconcentrados cuando en este último caso, se trate de contraprestaciones que no se encuentren previstas en la Ley Federal de Derechos. También son derechos las contribuciones a cargo de los organismos públicos descentralizados por prestar servicios exclusivos del Estado.

O Código Fiscal da Federação traz, em seu art. 5º, regras de interpretação da norma tributária, estabelecendo que as disposições fiscais que estabelecem encargos para os indivíduos (normas que se referem ao sujeito, objeto, base, alíquota ou tarifa) e aquelas que indicam exceções a eles, bem como aquelas que estabelecem infrações e sanções, são aplicadas de forma estrita, conforme *in verbis*:

Artículo 5º. Las disposiciones fiscales que establezcan cargas a los particulares y las que señalan excepciones a las mismas, así como las que fijan las infracciones y sanciones, son de aplicación estricta. Se considera que establecen cargas a los particulares las normas que se refieren al sujeto, objeto, base, tasa o tarifa.

Las otras disposiciones fiscales se interpretarán aplicando cualquier método de interpretación jurídica. A falta de norma fiscal expresa, se aplicarán supletoriamente las disposiciones del derecho federal común cuando su aplicación no sea contraria a la naturaleza propia del derecho fiscal.

A segunda parte do mesmo artigo supracitado estabelece que as outras disposições fiscais podem ser interpretadas se utilizando de qualquer método de interpretação jurídica. Além disto, ainda traz a regra da aplicação subsidiária ao Direito Fiscal de disposições de outros ramos do Direito no caso de ausência de norma específica tributária.

Nos artigos 6º e 7º do Código Fiscal da Federação são previstas regras de aplicação da Lei Tributária e Processual tributária no tempo, prevendo-se que os tributos se dão de acordo com as situações legais ou factuais previstas na legislação tributária em vigor durante o período em que ocorrem, sendo determinadas de acordo com as disposições em vigor no momento de sua causa, mas lhe serão aplicáveis as regras sobre procedimento criadas posteriormente.

> **Artículo 6º.** Las contribuciones se causan conforme se realizan las situaciones jurídicas o de hecho, previstas en las leyes fiscales vigentes durante el lapso en que ocurran. Dichas contribuciones se determinarán conforme a las disposiciones vigentes en el momento de su causación, pero les serán aplicables las normas sobre procedimiento que se expidan con posterioridad.

O Código ainda determina que as leis tributárias, seus regulamentos e disposições administrativas gerais entrarão em vigor em toda a República no dia seguinte à sua publicação no Diário Oficial da Federação, a menos que uma data posterior seja estabelecida nela, conforme se depreende do art. 7º, *in verbis*:

> **Artículo 7º.** Las leyes fiscales, sus reglamentos y las disposiciones administrativas de carácter general, entrarán en vigor en toda la República el día siguiente al de su publicación en el Diario Oficial de la Federación, salvo que en ellas se establezca una fecha posterior.

O Código Fiscal da Federação também traz a conceituação de diversos atos jurídicos importantes ao Direito Tributário, estabelecendo uma unificação de entendimento sobre estes conceitos. Isto ocorre em seus arts. 14, 15 e 16, onde são determinados os conceitos de alienação de bens e de seus desdobramentos, arrendamento financeiro, cisão da empresa, royalties, instituição financeira, atividades comerciais, operações financeiras, parte de interesse, mercados reconhecidos, dentre outros.

Em seu Título Segundo são previstos os Direitos e Obrigações dos Contribuintes, que dentre diversas outras disposições, estabelece, no art. 18B, o direito do contribuinte de ser assistido em suas questões fiscais perante o Estado pela Procuradoria da Defesa do Contribuinte – PRODECON, que seria um tipo de Defensoria Pública específica para a esfera fiscal.

Já em seu Título Quarto o Código estabelece diversos regramentos sobre Infrações e Delitos em matéria Fiscal. Destaca-se destas previsões os percentuais de multa para casos de omissão no pagamento do tributo, que são estabelecidas entre 55% a 75%, conforme art. 76, mas que podem ser agravadas de 20% a 75% conforme as regras do art. 77.

A partir do Título Quinto do Código, cuja denominação é "Dos Procedimentos Administrativos", o diploma normativo passa a tratar sobre os procedimentos administrativos que se estabelecem entre o Fisco e o contribuinte em matéria Fiscal.

A primeira defesa prevista pelo Código contra atos administrativos é o Recurso de Revogação, conforme previsto pelo art. 116 e 117 do CFF. Este recurso será manejado pelo contribuinte contra resoluções definitivas emanadas pela autoridade administrativa, bem como contra ato de autoridade fiscal que exija o pagamento de tributo que se alegue estar extinto ou ser exigível em valor inferior, atos em procedimento administrativo de execução, quando se alegue que este não estaria embasado na lei ou que determinem os valores dos bens penhorados ou contra atos que afetem o interesse jurídico de terceiros, conforme texto abaixo:

> **Artículo 116.** Contra los actos administrativos dictados en materia fiscal federal, se podrá interponer el recurso de revocación.
>
> **Artículo 117.** El recurso de revocación procederá contra:
> **I.-** Las resoluciones definitivas dictadas por autoridades fiscales federales que:
>   a) Determinen contribuciones, accesorios o aprovechamientos.
>   b) Nieguen la devolución de cantidades que procedan conforme a la Ley.
>   c) Dicten las autoridades aduaneras.
>   d) Cualquier resolución de carácter definitivo que cause agravio al particular en materia fiscal, salvo aquéllas a que se refieren los artículos 33-A, 36 y 74 de este Código.
> **II.-** Los actos de autoridades fiscales federales que:

a) Exijan el pago de créditos fiscales,cuando se alegue que éstos se han extinguido o que su monto real es inferior al exigido, siempre que el cobro en exceso sea imputable a la autoridad ejecutora o se refiera a recargos, gastos de ejecución o a la indemnización a que se refiere el artículo 21 de este Código.

b) Se dicten en el procedimiento administrativo de ejecución, cuando se alegue que éste no se ha ajustado a la Ley, o determinen el valor de los bienes embargados.

c) Afecten el interés jurídico de terceros, en los casos a que se refiere el artículo 128 de este Código.

Conforme se depreende do art. 120 do CFF, a interposição do recurso de revogação será opcional para o interessado antes de recorrer ao Tribunal Federal de Justiça Fiscal e Administrativa, ou seja, o manejo do Recurso de Revogação não é ato exigível para que o contribuinte se insurja perante o Tribunal Federal de Justiça Fiscal e Administrativa.

No recurso de revogação, não há órgão independente para resolver a disputa entre a autoridade tributária e o contribuinte, mas é a própria autoridade tributária que resolve o recurso. O prazo para sua interposição é de 30 dias a partir da data em que a notificação da decisão final emitida por uma autoridade fiscal entrar em vigor.

Outro meio de defesa de que pode se valer o contribuinte é o Juízo Contencioso Administrativo, que até 09 de dezembro de 2019 estava previsto no Título Sexto do Código Fiscal da Federação. Agora, o procedimento se mantém regido somente pela Lei Federal de Procedimento Contencioso Administrativo. Porém, para fins de ordem lógica, o tema continuará sendo tratado neste item.

O Juízo Contencioso Administrativo é um meio jurisdicional pelo qual o contribuinte, não satisfeito com a resolução de qualquer recurso administrativo ou sendo afetado por atos de autoridade, decretos e acordos de natureza geral diversos dos regulamentos, pode exigir a nulidade do ato, decreto ou acordo perante o Tribunal Federal de Justiça Fiscal e Administrativa, dentro do prazo de 45 dias contados da data em que o ato passa a produzir efeitos.

O Tribunal Federal de Justiça Fiscal e Administrativa do México é um tribunal contencioso-administrativo, que não faz parte do Poder Judiciário, dependendo do orçamento do Executivo Federal, dotado de total autonomia para emitir suas sentenças, responsável pela resolução de disputas legais que surjam entre a Administração Pública Federal e indivíduos, conforme inciso XXIX-H do art. 73 da Constituição Federal do México, *in verbis*:

> Artículo 73 – (...)
> XXIX-H. Para expedir la ley que instituya el Tribunal Federal de Justicia Administrativa, dotado de plena autonomía para dictar sus fallos, y que establezca su organización, su funcionamiento y los recursos para impugnar sus resoluciones.
> El Tribunal tendrá a su cargo dirimir las controversias que se susciten entre la administración pública federal y los particulares.
> Asimismo, será el órgano competente para imponer las sanciones a los servidores públicos por las responsabilidades administrativas que la ley determine como graves y a los particulares que participen en actos vinculados con dichas responsabilidades, así como fincar a los responsables el pago de las indemnizaciones y sanciones pecuniarias que deriven de los daños y perjuicios que afecten a la Hacienda Pública Federal o al patrimonio de los entes públicos federales.
> El Tribunal funcionará en Pleno o en Salas Regionales.

Suas decisões podem ser impugnadas através do recurso de revisão ou através do recurso de Amparo, que serão julgados pelos Tribunais da Federação, já na esfera judicial. A interposição dos ditos recursos suspende o efeito da sentença proferida pelo Tribunal Administrativo, conforme previsto no art. 57, II da Lei Federal de Procedimento Contencioso Administrativo, *in verbis*:

> Artículo 57. (...)
> II. Cuando se interponga el juicio de amparo o el recurso de revisión, se suspenderá el efecto de la sentencia hasta que se dicte la resolución que ponga fin a la controversia.

O prazo para a interposição do recurso de revisão é de 10 dias conforme previsto no art. 86 da Lei de Amparo, ao passo que o prazo para manejo do juízo de Amparo é de 15 dias contados a partir da notificação do interessado, conforme previsto art. 57 da Lei Federal de Procedimento Contencioso Administrativo.

Ambos os recursos estão previstos na Constituição Federal do México. O recurso de revisão é expressamente citado no art. 104, III da Carta

Magna, determinando que os Tribunais da Federação conhecerão dos recursos de revisão que são interpostos contra as resoluções finais dos tribunais de justiça administrativa mencionados na seção XXIX-H do artigo 73 desta Constituição, somente nos casos indicados pela lei. As revisões, das quais os Tribunais Colegiados conhecerão, estarão sujeitas aos procedimentos que a lei reguladora dos artigos 103 e 107 da Constituição estabeleçam para a revisão e amparo indiretos. Ainda assevera o dito artigo que contra as resoluções emitidas pelos Tribunais de Circuito Colegiado, não caberá nenhum recurso.

> **Artículo 104.** Los Tribunales de la Federación conocerán:
> **III.** De los recursos de revisión que se interpongan contra las resoluciones definitivas de los tribunales de justicia administrativa a que se refiere la fracción XXIX-H del artículo 73 de esta Constitución, sólo en los casos que señalen las leyes. Las revisiones, de las cuales conocerán los Tribunales Colegiados de Circuito, se sujetarán a los trámites que la ley reglamentaria de los artículos 103 y 107 de esta Constitución fije para la revisión en amparo indirecto, y en contra de las resoluciones que en ellas dicten los Tribunales Colegiados de Circuito no procederá juicio o recurso alguno.

Já o Juízo de Amparo está previsto no Art. 107 da Constituição do México, e é tipo de remédio constitucional, comparável ao nosso Mandado de Segurança, manejado para proteção dos direitos constitucionais do indivíduo, principalmente nos casos elencados pelo art. 103 da Constituição Mexicana.

> **Artículo 103.** Los Tribunales de la Federación resolverán toda controversia que se suscite
> **I.** Por normas generales, actos u omisiones de la autoridad que violen los derechos humanos reconocidos y las garantías otorgadas para su protección por esta Constitución, así como por los tratados internacionales de los que el Estado Mexicano sea parte;
> **II.** Por normas generales o actos de la autoridad federal que vulneren o restrinjan la soberanía de los Estados o la autonomía de la Ciudad de México, y
> **III.** Por normas generales o actos de las autoridades de las entidades federativas que invadan la esfera de competencia de la autoridad federal.
> **Artículo 107.** Las controversias de que habla el artículo 103 de esta Constitución, con excepción de aquellas en materia electoral, se sujetarán a

los procedimientos que determine la ley reglamentaria, de acuerdo con las bases siguientes:

I. El juicio de amparo se seguirá siempre a instancia de parte agraviada, teniendo tal carácter quien aduce ser titular de un derecho o de un interés legítimo individual o colectivo, siempre que alegue que el acto reclamado viola los derechos reconocidos por esta Constitución y con ello se afecte su esfera jurídica, ya sea de manera directa o en virtud de su especial situación frente al orden jurídico. Tratándose de actos o resoluciones provenientes de tribunales judiciales, administrativos o del trabajo, el quejoso deberá aducir ser titular de un derecho subjetivo que se afecte de manera personal y directa;

O Juízo de Amparo possui uma Lei própria, chamada de Lei de Amparo, na qual é descrito todo o procedimento para a sua utilização. Esta mesma Lei também prevê o procedimento para manejo do recurso de revisão, por força de determinação constitucional prevista no art. 104, III da Constituição.

2.2.1. Procedimento Administrativo de Execução

No México, diferente do que ocorre no Brasil, o procedimento de execução fiscal é administrativo, estando disciplinado pelo Código Fiscal da Federação, precisamente em seus arts. 145 e seguintes.

O art. 145 estabelece que a administração tributária exigirá o pagamento dos créditos tributários que não foram cobertos ou garantidos nos prazos estabelecidos pela lei, mediante procedimento administrativo de execução. O mesmo artigo ainda prevê a possibilidade de no início do procedimento a autoridade realizar medidas cautelares, chamadas embargos de precaução, para garantir a satisfação do crédito tributário.

O art. 146 prevê que o crédito tributário será extinto pela prescrição passados 5 anos a partir do momento em que o pagamento pudesse ser legalmente exigido. O artigo ainda traz um segundo prazo de 10 anos, que não poderá ser ultrapassado, computando-se o período de interrupção e desconsiderando os períodos de suspensão do prazo prescricional.

Artículo 146. El crédito fiscal se extingue por prescripción en el término de **cinco años**.

El término de la prescripción se inicia a partir de la fecha en que el pago pudo ser legalmente exigido y se podrá oponer como excepción en los recursos administrativos o a través del juicio contencioso administrativo. El término para que se consuma la prescripción se interrumpe con cada gestión de cobro que el acreedor notifique o haga saber al deudor o por el reconocimiento expreso o tácito de éste respecto de la existencia del crédito. Se considera gestión de cobro cualquier actuación de la autoridad dentro del procedimiento administrativo de ejecución, siempre que se haga del conocimiento del deudor.

Cuando se suspenda el procedimiento administrativo de ejecución en los términos del artículo 144 de este Código, también se suspenderá el plazo de la prescripción.

Asimismo, se suspenderá el plazo a que se refiere este artículo cuando el contribuyente hubiera desocupado su domicilio fiscal sin haber presentado el aviso de cambio correspondiente o cuando hubiere señalado de manera incorrecta su domicilio fiscal.

El plazo para que se configure la prescripción, en ningún caso, incluyendo cuando este se haya interrumpido, podrá exceder de diez años contados a partir de que el crédito fiscal pudo ser legalmente exigido. En dicho plazo no se computarán los periodos en los que se encontraba suspendido por las causas previstas en este artículo.

Os procedimentos relativos à execução fiscal no México são muito parecidos com os procedimentos utilizados no Brasil, incluindo as etapas de penhora, avaliação e venda em hasta pública. Assim como ocorre no Brasil, há previsão expressa sobre impenhorabilidade de bens, que no México está contida no art. 157 do Código Fiscal da Federação.

Os atos das autoridades administrativas fiscais no procedimento de execução são passíveis de serem impugnados pelo recurso de revogação, conforme já dito em tópico anterior, como também poderão ser atacados pelo juízo de Amparo nos casos determinados na Lei.

2.2.2. Revelação de Esquemas Reportáveis

Como parte das mudanças fiscais implementadas no México no ano de 2019 para o ano de 2020, foi criada a obrigação de divulgar esquemas reportáveis ao Serviço de Administração Tributária (SAT). Para tanto, em 09 de dezembro de 2019, adicionou-se o Título Seis no Código Fiscal da Federação integrado pelos artigos 197 ao 202 do referido Código.

Um esquema reportável é considerado como aquele que gere ou possa gerar, direta ou indiretamente, a obtenção de benefício fiscal no México e que tenha alguma das características elencadas nos incisos de I ao XIV do art. 199 do CFF. O mesmo artigo ainda define em seu segundo parágrafo que, para efeitos do Capítulo, esquema seria qualquer plano, projeto, proposta, conselho, instrução ou recomendação expressa ou tacitamente considerada para materializar uma série de atos jurídicos. Não é considerado um esquema, a realização de um procedimento perante a autoridade ou a defesa do contribuinte em disputas fiscais.

O art. 197 do CFF estabelece que a comunicação deverá ser realizada pelo consultor tributário, entendendo-se por consultor tributário qualquer pessoa física ou jurídica que, no curso normal de sua atividade, realize atividades de consultoria tributária, seja responsável ou envolvido no projeto, marketing, organização, implementação ou administração de todo o esquema reportável ou que disponibilize todo o esquema reportável para implementação por terceiros.

O art. 198 do CFF, por sua vez, estabelece as situações em que a obrigação de comunicação será dirigida ao contribuinte e não ao consultor.

O art. 201 do CFF determina ainda que a revelação dos referidos esquemas será feita através de uma declaração informativa que será apresentada através dos mecanismos estabelecidos pelo Serviço de Administração Tributária para esse fim. O SAT, por sua vez, já publicou este regramento, em 28 de dezembro de 2019, chamado de "Resolución Miscelánea Fiscal para 2020", onde está previsto que o procedimento passará a ser obrigatório a partir de janeiro de 2021.

2.2.3. Meios Alternativos de Solução de Conflitos (MASCs)

O artigo 17 da Constituição Política dos Estados Unidos Mexicanos estabelece como forma de solução dos conflitos sociais a justiça alternativa, integrada por mecanismos que, paralelamente, ajudam o sistema judicial.

> **Artículo 17.** Ninguna persona podrá hacerse justicia por sí misma, ni ejercer violencia para reclamar su derecho.
> Las leyes preverán mecanismos alternativos de solución de controvérsias.

No que diz respeito ao Direito Tributário, os MASCs surgiram a partir de 2014, quando os chamados "acordos conclusivos" foram instituídos na legislação tributária, através dos arts. 69-C e ss do CFF, instituição legal considerada uma modalidade de mediação administrativa.

Quem realiza a mediação é a Procuradoria de Defesa do Contribuinte (PRODECON), órgão público descentralizado, com personalidade jurídica e bens próprios, dotado de autonomia técnica e administrativa, cuja principal função é garantir a proteção dos direitos fundamentais dos contribuintes. O PRODECON atua como mediador, tendo como função a aproximação das partes em diálogo.

O objetivo dos acordos conclusivos é esclarecer questões relacionadas aos fatos ou omissões em que a autoridade tributária e o contribuinte estejam em desacordo. Os efeitos do acordo serão apenas entre partes e, uma vez formalizados, não poderão ser descumpridos por nenhuma das partes interessadas.

2.3. Os principais impostos por ente federativo
2.3.1. Federação

No que tange à arrecadação federal no México, os Impostos que atuam como protagonistas são o Imposto de Renda, o Imposto ao Valor Agregado e o Imposto Especial sobre Produtos e Serviços, possuindo cada um deles sua própria Lei onde são definidos o fato gerador, os sujeitos passivos, as bases e alíquotas, além de outras questões.

O art. 1º da Lei do Imposto sobre a Renda do México determina que são obrigados ao pagamento do imposto as pessoas que residem no México, que residam no exterior com estabelecimento no país e aquelas residentes no exterior que recebem renda de fontes de riqueza no México, conforme abaixo:

> **Artículo 1**. Las personas físicas y las morales están obligadas al pago del impuesto sobre la renta en los siguientes casos:
>
> **I.** Las residentes en México, respecto de todos sus ingresos, cualquiera que sea la ubicación de la fuente de riqueza de donde procedan.
>
> **II.** Los residentes en el extranjero que tengan un establecimiento permanente en el país, respecto de los ingresos atribuibles a dicho establecimiento permanente.
>
> **III.** Los residentes en el extranjero, respecto de los ingresos procedentes de fuentes de riqueza situadas en territorio nacional, cuando no tengan un establecimiento permanente en el país, o cuando teniéndolo, dichos ingresos no sean atribuibles a éste.

Apesar de ser um imposto de declaração anual, o contribuinte deve pagar um imposto provisório todos os meses ao SAT, seguindo a tabela abaixo[10]:

Límite inferior $	Límite superior $	Cuota fija $	Por ciento para aplicarse sobre el excedente del límite inferior %
0.01	578.52	0.00	1.92
578.53	4,910.18	11.11	6.40
4,910.19	8,629.20	288.33	10.88
8,629.21	10,031.07	692.96	16.00
10,031.08	12,009.94	917.26	17.92
12,009.95	24,222.31	1,271.87	21.36
24,222.32	38,177.69	3,880.44	23.52
38,177.70	72,887.50	7,162.74	30.00
72,887.51	97,183.33	17,575.69	32.00
97,183.34	291,550.00	25,350.35	34.00
291,550.01	En adelante	91,435.02	35.00

Conforme se observa da imagem acima, não existe faixa de isenção no Imposto de Renda Pessoa Física do México, devendo o contribuinte que esteja entre o limite de $0,01 a $578,52 pagar a alíquota de 1.92%.

O cálculo do imposto é realizado de modo que a base de cálculo seja definida pelo valor total dos ganhos diminuindo-se o limite inferior, aplicando-se a alíquota correspondente e somando-se à cota fixa (p. ex., uma pessoa que recebeu $10.000,00 possui um limite inferior de $8.629,21, sendo sua base de cálculo o valor de $1.370,79 sobre o qual incidirá a alíquota de 16%, o resultado seria $219,20 sobre os quais ainda se incluirá a cota fixa de $692, sendo o valor total a se pagar a soma destes dois numerários, ou seja, $911,20).

No que tange ao Imposto sobre a Renda das Pessoas Jurídicas a alíquota praticada no México é de 30%.

O Imposto ao Valor Agregado é um imposto indireto, aplicado ao consumo ou gozo de bens ou serviços. Mais especificamente, de acordo com o artigo 1º da Lei do IVA, esse imposto é aplicado à alienação de

---

[10] Obtida em <https://www.sat.gob.mx/home>. Acessado em 21 de novembro de 2019.

mercadorias, à prestação de serviços independentes, à concessão de uso temporário de bens e à importação de bens e serviços, conforme segue:

> **Artículo 1º.** Están obligadas al pago del impuesto al valor agregado establecido en esta Ley, las personas físicas y las morales que, en territorio nacional, realicen los actos o actividades siguientes:
> I. – Enajenen bienes.
> II.- Presten servicios independientes.
> III.- Otorguen el uso o goce temporal de bienes.
> IV.- Importen bienes o servicios.
> El impuesto se calculará aplicando a los valores que señala esta Ley, la tasa del 16%. El impuesto al valor agregado en ningún caso se considerará que forma parte de dichos valores.

Conforme determinado no mesmo artigo, o imposto será calculado aplicando sobre os valores determinados pela Lei a alíquota de 16%, não sendo considerado o próprio imposto na base de cálculo.

Já o Imposto Especial sobre Produtos e Serviços, segundo o art. 1º de sua Lei, será pago pelas pessoas físicas e jurídicas que realizem a alienação em território nacional ou, quando apropriado, a importação dos bens indicados na Lei, considerando como importação a introdução dos bens no país, ou que prestem os serviços indicados nesta Lei.

De forma resumida, o IEPS irá incidir sobre os seguintes produtos: Bebidas alcoólicas, cerveja, álcoois, álcool desnaturado, méis não cristalizáveis; tabaco forjado, gasolina e diesel, bebidas energéticas, bebidas com adição de açúcares, combustíveis fósseis, pesticidas, alimentos com alto teor calórico, lanches, confeitaria, chocolate e outros produtos derivados de cacau, flans e pudins, doces de frutas e vegetais, cremes de amendoim e avelã, doces de leite, alimentos à base de cereais, sorvetes e picolés; e sobre os seguintes serviços: comissão, mediação, agenciamento, representação, corretagem, consignação e distribuição por ocasião da alienação de: bebidas alcoólicas, cervejas e alimentos com alto teor calórico; serviços de jogos e loterias e serviços de telecomunicações.

Veja, que diferente do que ocorre no IVA, este imposto possui uma delimitação legal quanto aos produtos e serviços sobre os quais irá incidir, havendo, da mesma forma, uma diferenciação das alíquotas aplicáveis para cada um dos grupos de bens e serviços tratados pela referida Lei.

Da tabela abaixo[11] é possível se ter uma clara noção do protagonismo destes três impostos na arrecadação tributária da Federação:

Recaudación | Ingresos tributarios del Gobierno Federal

Ingresos por impuesto (Millones de pesos)

Año	Mes	Impuesto Sobre la Renta	Impuesto al Valor Agregado	Impuesto Especial sobre Producción y Servicios (IEPS)
2018	Enero	182.593,9	99.012,4	28.141,0
2018	Febrero	122.979,5	74.302,9	32.870,9
2018	Marzo	152.027,5	81.124,7	28.472,8
2018	Abril	188.975,0	88.756,3	27.282,3
2018	Mayo	116.983,2	76.741,7	25.125,2
2018	Junio	133.864,4	80.916,3	25.466,7
2018	Julio	133.149,8	87.383,9	32.837,1
2018	Agosto	121.995,1	73.952,9	26.454,1
2018	Septiembre	124.800,0	70.808,5	25.815,7
2018	Octubre	122.090,1	79.794,4	30.362,3
2018	Noviembre	124.297,3	74.578,8	31.854,1
2018	Diciembre	180.800,9	85.065,7	34.455,1
TOTAL		1.664.551,8	922.238,3	347.436,5

Año	Importaciones	Impuesto sobre Automóviles Nuevos	Impuesto por la Actividad de Exploración y Extracción de Hidrocarburos	Otros ingresos tributarios
2018	4.976,3	1.199,7	375,9	1.917,7
2018	4.447,8	918,0	410,7	2.429,7
2018	4.181,9	826,7	403,5	2.320,1
2018	3.982,2	864,4	403,7	3.703,3
2018	4.538,5	841,9	404,9	3.587,0
2018	5.806,2	939,3	452,8	4.449,5
2018	6.038,4	888,4	493,1	4.283,5
2018	6.761,5	832,1	499,2	3.824,5
2018	6.081,3	875,4	519,2	3.224,1
2018	6.958,5	885,3	502,8	6.327,3
2018	6.417,1	959,8	502,8	6.570,2
2018	5.772,9	1.096,4	501,6	2.836,9
TOTAL	65.542,6	11.141,5	5.470,4	45.253,9

2.3.2. Estados

No tocante à arrecadação estadual no México, os Impostos que atuam como protagonistas são o Imposto sobre a remuneração pelo trabalho pessoal (nominas), Imposto sobre propriedade de veículos, Imposto sobre prestação de serviço de hospedagem e Imposto sobre diversões e espetáculos públicos, possuindo cada um deles sua própria Lei onde são definidos seus elementos de acordo com cada Estado federado.

---

[11] Obtida em <https://www.sat.gob.mx/home>. Acessado em 21 de novembro de 2019.

19. O SISTEMA TRIBUTÁRIO DO MÉXICO

O Imposto sobre a remuneração pelo trabalho pessoal ou simplesmente Imposto sobre nóminas é um imposto estadual que tributa a realização de pagamentos em dinheiro por conceito de remuneração ao trabalho pessoal em relação de dependência. Incide sobre ordenados e salários, dinheiro pago por horas extras, bônus, prêmios por antiguidade, comissões e subsídios.

A definição da alíquota incidente sobre a base de cálculo acima referida dependerá de cada Estado federado, havendo certa variação de alíquotas conforme mude o Estado, o que se observa da tabela abaixo[12]:

Entidad Federativa	Porcentaje del Impuesto	Entidad Federativa	Porcentaje del Impuesto
Aguascalientes	2.00%	Morelos	2.00%
Baja California	1.80%	Nayarit	2.00%
Baja California Sur	2.50%	Nuevo León	3.00%
Campeche	de 2.00% a 3.00%	Oaxaca	3.00%
Chiapas	2.00%	Puebla	3.00%
Chihuahua	3.00%	Querétaro	2.00%
Coahuila	2.00%	Quintana Roo	2.00%
Colima	2.00%	San Luis Potosí	2.50%
Ciudad de México	3.00%	Sinaloa	2.40% a 3.00%
Durango	2.00%	Sonora	2.00%
Estado de México	3.00%	Tabasco	2.50%
Guanajuato	2.00%	Tamaulipas	3.00%
Guerrero	2.00%	Tlaxcala	3.00%
Hidalgo	de 0.5% a 2%	Veracruz	3.00%
Jalisco	2.00%	Yucatán	2.50%
Michoacán	2.00%	Zacatecas	2.50%

O Imposto sobre propriedade de veículos é um Imposto que incide sobre o valor do automóvel usado e tem como fato gerador a propriedade de um automóvel deste tipo. Cada Estado possui a prerrogativa de definir as alíquotas aplicáveis deste Imposto, existindo, inclusive, diversos Estados no México que não cobram o referido Imposto.

Já o Imposto sobre serviços de hospedagem é um tributo cobrado diretamente do individuo que está recebendo o serviço, variando sua alíquota entre 2% a 3%, a depender dos critérios adotados por cada Estado federado.

---

[12] Obtida em < https://www.youtube.com/watch?v=Mxon8lIhimo>. Acessado em 21 de novembro de 2019.

Por fim, o Imposto sobre diversões e espetáculos públicos é um tributo pago pelas pessoas físicas ou jurídicas que obtenham renda com os espetáculos públicos que organizem, explorem ou patrocinem. Sua alíquota pode variar entre 3% a 10% a depender de cada Estado.

2.3.3. Municípios

No que tange à arrecadação municipal no México, os Impostos que atuam como protagonistas deste ente federativo são o Imposto Predial, o Imposto sobre aquisição de imóveis e transferência de domínio e impostos adicionais para o fomento desportivo e educacional, para a Promoção Turística, Desenvolvimento Integral da Família e Promoção da Cultura e para Manutenção e Conservação de vias Públicas.

O Imposto Predial incide sobre a propriedade rural e urbana. É um imposto anual, pago nos dois primeiros meses do ano, calculado com base no valor cadastrado do imóvel, que é obtido através dos valores unitários do terreno e da construção, multiplicando-os pela superfície construída.

O Imposto sobre aquisição de imóveis e transferência de domínio, por força do art. 115, IV da Constituição Política do México, apesar de ser instituído pelo Estado, será revertido em sua totalidade ao Município no qual o imóvel está situado, possuindo uma alíquota média de 2%.

Por fim, os Municípios possuem uma importante arrecadação através dos adicionais revertidos para um fim determinado, conforme previsto pelo art. 115, IV da Constituição Política do México. Estes adicionais são aplicados sobre o valor a ser pago em decorrência de outros Impostos no patamar de 15%, e servem para fomento desportivo e educacional, para a Promoção Turística, Desenvolvimento Integral da Família e Promoção da Cultura e para Manutenção e Conservação de vias Públicas.

Conforme se observa do gráfico abaixo, obtido através dos indicativos do Índice de Informações do Orçamento Municipal de 2016 (IIPM2016)[13] do Instituto Mexicano de Competitividade, os Municípios mexicanos dependem demasiadamente das transferências de recursos realizadas pela Federação e pelos Estados, não passando sua renda própria de 20%

---

[13] LUX CONSULTORES EN COMERCIO Y DESARROLLO SA DE CV. *Impuesto Predial, análisis y alternativas para mejorar la capacidad recaudatoria en los municipios de México*. Ciudad de México. p. 5. Disponível em: <https://www.cefp.gob.mx/transp/CEFP-CEFP-70-41-C-Estudio0009-010617.pdf>. Acessado em 21 de novembro de 2019.

da renda total, além de que as alocações federais e estaduais representam 71,5% da renda municipal total.

Composición de los ingresos municipales

19.7% INGRESOS PROPIOS

2.4% DISPONIBILIDAD INICIAL

6.5% INGRESOS EXTRAORDINARIOS (DEUDA)

71.5% INGRESOS FEDERALES Y ESTATALES

MUNICIPALES

Outro interessante gráfico que demonstra um panorama geral sobre a arrecadação fiscal no México de acordo com cada ente é o que segue abaixo, elaborado pela OCDE[14] com dados de 2016:

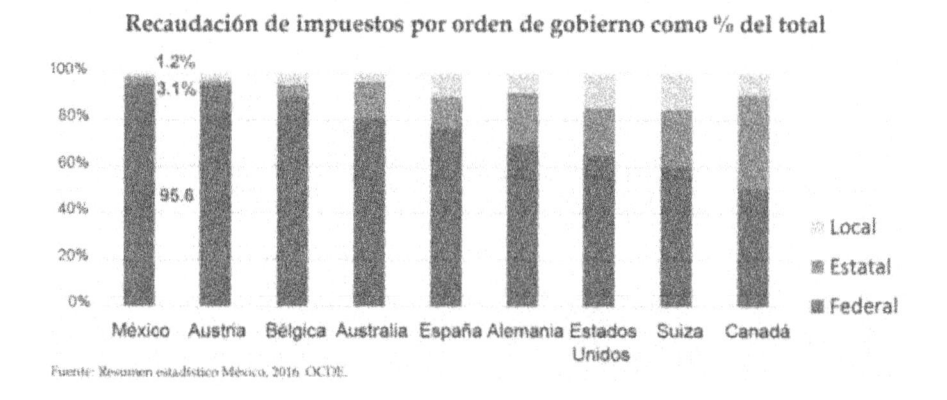

Recaudación de impuestos por orden de gobierno como % del total

México: 95.6 / 3.1% / 1.2%

Local / Estatal / Federal

Fuente: Resumen estadístico México, 2016 OCDE.

2.3.4. Incidência predominante no México

No México, assim como ocorre no Brasil, há uma crescente tributação através de Impostos indiretos sobre bens e serviços, ao passo que há

---

[14] Ibidem. p. 28.

uma tributação irregular através de impostos diretos. Segundo dados da OCDE Impostos sobre bens e serviços representam 40% do total da arrecadação Fiscal do país, conforme gráfico abaixo:

TOTAL DE ARRECADAÇÃO[15]

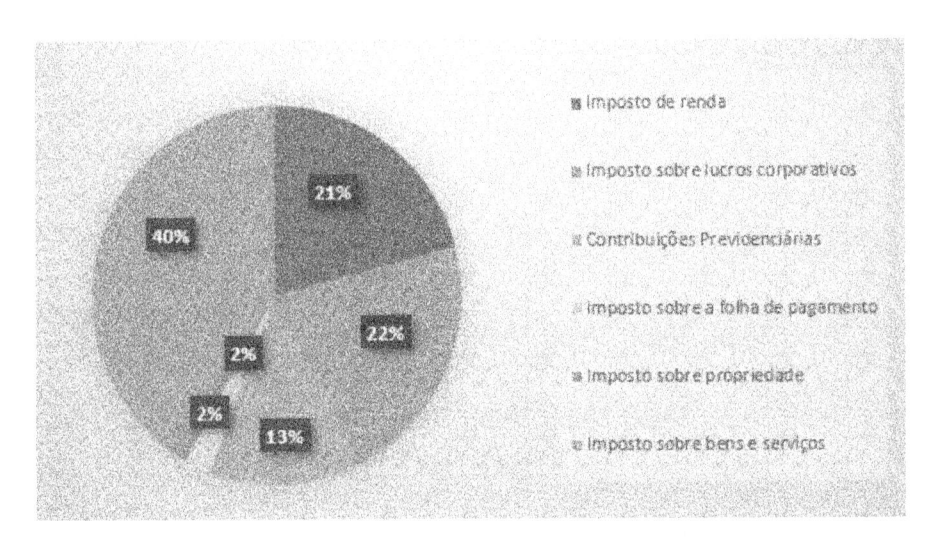

- Imposto de renda
- Imposto sobre lucros corporativos
- Contribuições Previdenciárias
- Imposto sobre a folha de pagamento
- Imposto sobre propriedade
- Imposto sobre bens e serviços

(40%, 21%, 22%, 13%, 2%, 2%)

Outra importante constatação da OCDE, representada através do gráfico que segue[16], é o protagonismo do IVA no México, em relação à média da arrecadação pelos países da OCDE:

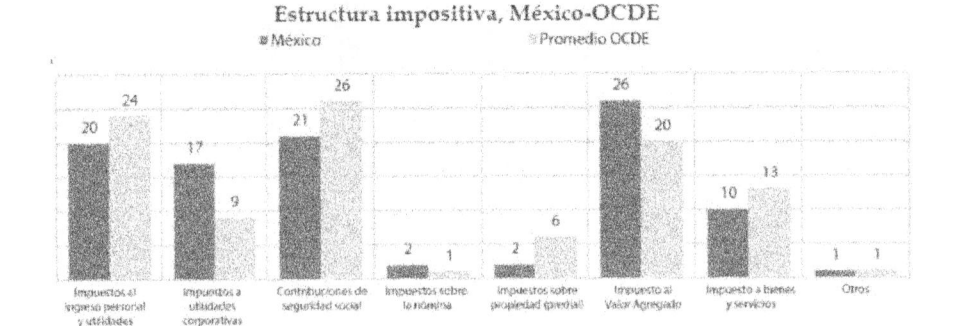

Estructura impositiva, México-OCDE
(México / Promedio OCDE)

Categoria	México	Promedio OCDE
Impuestos al ingreso personal y utilidades	20	24
Impuestos a utilidades corporativas	17	9
Contribuciones de seguridad social	21	26
Impuestos sobre la nómina	2	1
Impuestos sobre propiedad (predial)	2	6
Impuesto al Valor Agregado	26	20
Impuesto a bienes y servicios	10	13
Otros	1	1

---

[15] Elaboração própria a partir de dados da OCDE 2016.
[16] Resumo estatístico OCDE dados de 2016. Disponível em <https://data.oecd.org>. Acessado em 21 de novembro de 2019.

2.4. Tributação de novas tecnologias

O México, até a confecção deste trabalho, não possuía ainda uma legislação prevendo a tributação das ditas novas tecnologias. Porém, segundo estudo recente da Comissão Econômica para a América Latina (CEPAL)[17], o país deu importante passo para mudar essa realidade, através de um Projeto de Lei iniciado na Câmara dos Deputado, em 6 de setembro de 2018, que cria um imposto sobre os ingressos provenientes de serviços digitais.

Segundo a CEPAL a proposta mexicana seria muito similar ao imposto sobre serviços digitais sugerido na União Europeia, prevendo uma tributação através de alíquota de 3% sobre os ingressos brutos obtidos por pessoas residentes em território nacional, bem como residentes no exterior com estabelecimento permanente no país, pela realização das seguintes atividades:

1) Inclusão de uma interface digital de publicidade dirigida aos usuários dessa interface;
2) Colocar à disposição dos usuários uma interface digital multifacetária que lhes permita localizar outros usuários e interagir com eles, e que possa facilitar as entregar de bens ou a prestação de serviços subjacentes diretamente aos usuários; e
3) A transmissão de dados coletados sobre os usuários que tenham sido gerados pela atividade desenvolvida por estes nas interfaces digitais.

A aplicação de impostos sobre serviços digitais da Uber, Netflix, Spotify e Apple, segundo consta no estudo desenvolvido pela CEPAL, pode gerar uma arrecadação de aproximadamente US$ 179 milhões anualmente ao México, dos quais aproximadamente US$ 177 milhões seriam através do IVA e os outros US$ 2 milhões através do imposto exclusivo para os serviços digitais.[18]

O órgão assevera que os avanços da tributação da economia digital na América Latina são moderados, mesmo diante de um cenário em que os países necessitam aumentar suas arrecadações, estando o México em

---

[17] COMISIÓN ECONÓMICA PARA AMÉRICA LATINA Y EL CARIBE (CEPAL). *Panorama Fiscal de América Latina y el Caribe 2019*. Santiago: Naciones Unidas, 2019.
[18] Ibidem. p. 78.

uma posição de desvantagem, frente a países como Argentina, Colômbia e Uruguai, que já tributam estes serviços através do IVA, além de Chile, Costa Rica e Paraguai que estão em vias de fazer o mesmo.[19]

3. Tratados e Acordos em matéria tributária entre México e Brasil

O Decreto nº 6.000[20], publicado em 27 de dezembro de 2006, contém o texto do Tratado contra a dupla tributação celebrado entre o Brasil e o México. O Tratado se destina a evitar a dupla tributação e a dupla não tributação por tributos sobre a renda em operações transnacionais entre os dois países.

Sob a perspectiva brasileira, desde 09 de dezembro de 2015, o Tratado se aplica não apenas ao Imposto sobre a Renda da Pessoa Física e da Pessoa Jurídica, bem como ao Imposto de Renda Retido na Fonte, mas também à Contribuição Social sobre o Lucro Líquido. Ainda, o Tratado com o México estabelece em seu Artigo 24 que o princípio da não-discriminação entre o tratamento fiscal de nacionais/residentes brasileiros e mexicanos se aplica a todos os impostos, não apenas aqueles sobre a renda.

Existe ainda um Acordo de Complementação Econômica nº 55 (ACE-55)[21], assinado em 2002, e internalizado pelo Decreto n. 4.458, de 05/11/2002, que passou a ser executado em 2019.

Os Governos da Republica Argentina, da República Federativa do Brasil, da Republica do Paraguai, da Republica Oriental do Uruguai e dos Estados Unidos Mexicanos, assinaram o referido Acordo com vistas a assentar as bases para o estabelecimento do livre comercio no setor automotivo e promover a integração e Complementação produtiva de seus respectivos setores automotivos, conforme art. 1º do documento.

Com a medida, os países poderão importar e exportar automóveis comerciais leves e respectivas peças sem a imposição de cotas e com isenções de impostos.

---

[19] Ibidem. p. 79.
[20] Disponível em: <http://receita.economia.gov.br/acesso-rapido/legislacao/acordos-internacionais/acordos-para-evitar-a-dupla-tributacao/acordos-para-evitar-a--dupla-tributacao#mexico>. Acessado em 21 de agosto de 2019.
[21] Disponível em: <http://www.mdic.gov.br/comercio-exterior/negociacoes--internacionais/132-acordos-dos-quais-o-brasil-e-parte/1824-acordos-automotivo-mercosul-mexico-ace-55> Acessado em 21 de agosto de 2019.

Conclusões

Diante de todas as informações expostas no presente trabalho, algumas considerações importantes sobre o Sistema Tributário do México podem, inicialmente, ser destacadas:

- O México é um país que possui baixa arrecadação tributária (Relação Carga Fiscal x PIB foi de 16,09% em 2017);
- O país é altamente dependente das Receitas provenientes do Petróleo;
- Há no país uma intensa concentração de arrecadação no governo central, sendo os Estados e Municípios altamente dependentes das repartições de receitas oriundas da Federação;
- O perfil impositivo do México é de maior tributação através de Impostos Indiretos sobre bens e serviços;

Conforme asseverado por Mendes[22], o México passou por sucessivas reformas fiscais, percorrendo um caminho que parece ter sido o oposto ao trilhado pelo Brasil. As reformas realizadas pelo México tiveram como principais escopos o aumento da eficiência, a harmonização do sistema com padrões internacionais e com a equidade, sem preocupação direta com aumento de arrecadação. O resultado disto revela-se em uma arrecadação, como dito, insuficiente para financiar os gastos públicos com serviços públicos.

No Brasil, as modificações do sistema tributário geralmente foram conduzidas por um impulso arrecadatório, sem se levar em conta outros fatores importantes para um sistema eficiente[23]. Tanto isto é verdade, que as reformas realizadas pelo México em meados dos anos 80 já possuíam características que hoje são discutidas para futuras reformas no Brasil.

Destas questões que hoje são debatidas aqui, destaca-se a unificação de diversos impostos de competência do governo local na base do IVA federal mexicano. Apesar de esta medida gerar uma simplificação importante do Sistema Fiscal, em contrapartida torna os governos locais

---

[22] MENDES, Marcos J. *Os sistemas tributários de Brasil, Rússia, China, Índia e México*: comparação das características gerais (Textos para Discussão 49). Brasília: Senado Federal / Consultoria Legislativa, 2008. p. 34.

[23] Ibidem.

extremamente dependentes de repasses do ente central, exatamente o que se constata no México.

Talvez o México não tenha focado suas reformas fiscais na arrecadação, mas em outros pontos, pelo fato de que seus maiores ingressos são provenientes dos recursos do petróleo.

Há quem argumente que o problema não está no quanto que se arrecada, mas sim na forma como os Estados alocam seus recursos através de decisões administrativas que, na maioria das vezes, não são acompanhadas de uma motivação embasada. Seja no Brasil, seja no México, há claros problemas de administração dos recursos, gerando, em ambos os países sérias discussões sobre prestação de serviços públicos essenciais à população.

De todo modo, parece que a análise entre Brasil e México impõe o olhar para dois extremos. No caso do Brasil estamos diante de uma arrecadação consideravelmente alta, com uma alocação ruim dos recursos, ao passo que no México se está diante de uma arrecadação insuficiente, que nem com toda eficiência do mundo suportaria os gastos de uma sociedade como a Mexicana. Correndo o risco de ser nada surpreendente, parece que a solução reside em um equilíbrio entre arrecadação e eficiência.

Em recente estudo sobre conformação tributária no Brasil e no México, Hartmann[24] aponta que o sistema brasileiro é mais complexo e mais oneroso que o mexicano, "possuindo mais itens de contribuição e maior participação dos estados e municípios, fazendo com que o contribuinte tenha maior dificuldade para arcar com a burocracia tributária"[25], o que leva a uma conclusão de que o caso brasileiro seria mais complexo do que o mexicano, tendo em vista que envolveria problemas de gestão e não de arrecadação.

Ponto semelhante entre os dois países é o perfil impositivo do sistema tributário, pois em ambos há uma importante predominância de arrecadação através de impostos indiretos, revelando-se uma preocupante regressividade dos sistemas, o que desprestigia a justiça fiscal, prejudicando os mais pobres.

---

[24] HARTMANN, Maurício André. *Carga tributária e custos de conformidade fiscal*: uma análise comparativa entre Brasil e México. 2018. 20 f. Trabalho de conclusão de curso (MBA em Controladoria e Finanças) – Universidade do Vale do Rio Sinos, São Leopoldo, 2018. p. 17.
[25] Ibidem.

Para além de se apontar as características negativas do Sistema Tributário Mexicano, existem algumas questões interessantíssimas que poderiam ser levadas em conta nas discussões para a reforma tributária brasileira.

A primeira questão a se destacar, já referida acima, é a necessidade de simplificação do sistema tributário brasileiro, principalmente criação de um imposto que abarcasse o ICMS estadual e o ISS municipal, como ocorreu com o IVA no México. Como esta medida reduz a arrecadação dos entes, deverá vir acompanhada de uma reforma também no sistema de repartições de receitas, a fim de que ele se torne menos complexo e mais eficiente.

Outra característica interessante do sistema tributário mexicano é a organização dos procedimentos fiscais administrativos, com a previsão de execução fiscal na esfera administrativa. Hoje no Brasil, milhares de ações de execução fiscal são distribuídas em um judiciário já combalido e congestionado de demandas, sendo certo que os procedimentos, em sua maioria, possuem um rito mecânico, que não exige uma intervenção tão específica como a judicial. Frise-se, que no México, apesar do procedimento de execução fiscal ocorrer em esfera administrativa, há previsão de intervenção judicial em casos previamente definidos pela Lei.

Destaca-se das previsões contidas no Código Fiscal da Federação do México um regramento interessante sobre prescrição tributária. Assim como no Brasil há previsão expressa de prazo prescricional de 5 anos para extinção do crédito tributário. Porém, eles definem um segundo prazo de 10 anos, que não poderá ser ultrapassado, computando-se os períodos de interrupção e desconsiderando os períodos de suspensão. No Brasil, é possível observar diversos procedimentos administrativos e judiciais em matéria tributária que duram anos e anos sem uma resolução, gerando insegurança jurídica e descrédito no sistema fiscal brasileiro. Talvez, a determinação de um prazo como este previsto no México seja uma importante medida para se conter certos abusos nesta seara, além de exigir uma maior eficiência da administração tributária.

Ainda em matéria de procedimento administrativo fiscal, destaca-se a previsão no México de um Tribunal Administrativo Fiscal, que resolve as questões fiscais de maneira definitiva, salvo alguns casos previstos em lei onde seria possível recorrer ao judiciário. Parece que no México há um pensamento claro de que a questão fiscal está mais ligada à esfera administrativa do que judicial, devendo ser resolvida fora do judiciário. Talvez o Brasil tenha se acostumado a levar toda e qualquer questão ao judiciário, diante de flagrante ineficiência e despreparo de muitas administrações, o que nos impõe a necessidade de se repensar a eficiência desta estratégia de judicialização das matérias.

Outro ponto que poderia ser destacado de positivo no Sistema fiscal mexicano seria a previsão de uma Procuradoria de Defesa do Contribuinte (PRODECON), com atribuição de defesa dos direitos fundamentais do contribuinte me matéria fiscal. Tal previsão demonstra a preocupação do México com a eficiência e equidade do seu Sistema Tributário, o que no Brasil quase não se vê.

Por fim, merece destaque a recente mudança instituída no Sistema Tributário Mexicano, que introduziu o Título Sexto ao Código Fiscal da Federação prevendo o instituto da "Revelação de Esquemas Reportáveis", instituindo obrigação aos consultores fiscais e aos contribuintes de informarem ao Fisco, através de declaração, os esquemas que realizarem com a finalidade de obter benefício fiscal. A medida foi encarada no México como importante instrumento para combate ao planejamento fiscal abusivo.

No Brasil, a questão já vinha sendo discutida, inclusive com previsão de tal obrigação na Medida Provisória nº 685/2015. Ocorre que o Plenário da Câmara dos Deputados, ao converter a Medida em Lei, acabara por retirar os artigos que previam tal obrigação.

Tanto aqui, como no México, a questão é bastante polêmica, principalmente entre advogados, que entendem que a medida fere a liberdade econômica dos contribuintes e abriria portas para o descumprimento das prerrogativas destes profissionais. De todo modo, no México a questão foi instaurada, com previsão para ser cumprida a partir de janeiro de 2021.

Conforme é possível observar, a questão tributária envolve enormes desafios às nações, sendo necessário muito estudo, pessoas qualificadas e vontade política para que se alcance um equilíbrio capaz de proporcionar uma arrecadação suficiente, um sistema equilibrado e crescimento econômico.

Referências

BONIFAZ, Dolores Beatriz Chapoy; VALDIVIA, Gerardo Gil. *Introducción al Derecho Mexicano*: Derecho Fiscal. México D.F.: Universidad Nacional Autónoma de Mexico, 1981.

BUZAID, Alfredo. "Juicio de amparo" e mandado de segurança. (Contrastes e confrontos). *Revista da Faculdade de Direito da USP*, v. 56, n. 1, 1961.

COMISIÓN ECONÓMICA PARA AMÉRICA LATINA Y EL CARIBE (CEPAL). *Panorama Fiscal de América Latina y el Caribe 2019*. Santiago: Naciones Unidas, 2019.

HARTMANN, Maurício André. *Carga tributária e custos de conformidade fiscal*: uma análise comparativa entre Brasil e México. 2018. 20 f. Trabalho de conclusão de curso (MBA em Controladoria e Finanças) – Universidade do Vale do Rio Sinos, São Leopoldo, 2018.

LAGEMANN, Eugênio; BORDIN, Luís Carlos Vitali. A tributação nos países do NAFTA (EUA, México e Canadá). *Revista Indicadores Econômicos FEE*, v. 45, n. 1, 1995.

LUX CONSULTORES EN COMERCIO Y DESARROLLO SA DE CV. *Impuesto Predial, análisis y alternativas para mejorar la capacidad recaudatoria en los municipios de México*. Disponível em: <https://www.cefp.gob.mx/transp/CEFP-CEFP-70-41-C-Estudio0009-010617.pdf>. Acesso em: 21 nov. 2019.

MENDES, Marcos J. *Os sistemas tributários de Brasil, Rússia, China, Índia e México*: comparação das características gerais (Textos para Discussão 49). Brasília: Senado Federal / Consultoria Legislativa, 2008.

MÉXICO. *Constitución Política de los Estados Unidos Mexicanos*. Diario Oficial de la Federación, 5 febrero 1917.

___. *Código Fiscal de la Federación*. Diario Oficial de la Federación, 31 diciembre 1981.

___. *Ley del impuesto sobre la renta*. Diario Oficial de la Federación, 11 diciembre 2013.

___. Ley de Amparo, Reglamentaria de los Artículos 103 y 107 de la Constitución Política de los Estados Unidos Mexicanos. Diario Oficial de la Federación, 2 abril 2013.

MIER, R. E. Blasio. *Análisis jurídico de las tarifas aplicables a sueldos y salarios en la ley del impuesto sobre la renta en relación al principio de capacidad contributiva*. 2003. Tesis (Licenciatura en Derecho con especialidad en Derecho Fiscal) – Departamento de Derecho, Escuela de Ciencias Sociales, Universidad de las Américas Puebla, Puebla, 2003.

20. O sistema tributário da Nova Zelândia

Daniel Lannes Poubel

Introdução
A ideia do presente estudo é de descrever um pouco da história e formação do Estado neozelandês, bem como de seus sistemas jurídico e tributário, para, ao final, compará-los com o Brasil. Com isso, será possível analisar em que medida podemos aprender com as experiências de sucesso do país estrangeiro. Já se pode adiantar, todavia, que há mais diferenças do que semelhanças com o sistema brasileiro.

1. Características regionais econômicas, políticas e governamentais
Historiadores acreditam que povos ancestrais aos nativos das ilhas, os Maori, chegaram ao atual território neozelandês a partir de outras ilhas do Pacífico, antes de 1.300 d.C.[1]. Posteriormente, com a chegada do explorador holandês Abel Tasman em 1642 e, em seguida, do explorador britânico James Cook em 1769, o mundo europeu fez sua entrada no território da Nova Zelândia[2].

A história moderna do território neozelandês, para os europeus, começou em 1840. Nesse ano, o país se tornou uma colônia britânica, quando mais de 500 chefes maori e representantes da rainha Vitória

---

[1] ROYAL, Te Ahukaramū Charles. 'Māori'. In: *Te Ara – the Encyclopedia of New Zealand*. Disponível em https://teara.govt.nz/en/maori. Acesso em 28.02.2020.
[2] ROYAL, Te Ahukaramū Charles. 'Māori – The arrival of Europeans', In: *Te Ara – the Encyclopedia of New Zealand*. Disponível em https://teara.govt.nz/en/maori/page-3. Acesso em 28.02.2020.

assinaram o *Tratado de Waitangi*, documento fundador do país como uma colônia[3].

Como colônia, a Nova Zelândia adotou instituições de governo e práticas políticas da Grã-Bretanha[4]. Para governar o país, o governo do Reino Unido nomeou governadores, assessorados pelos conselhos executivo e legislativo, mas prestando contas apenas ao Escritório Colonial em Londres. Em 1852, o Parlamento britânico aprovou a Lei da Constituição da Nova Zelândia, que previa uma Câmara dos Deputados eleita e um Conselho Legislativo nomeado, mas o território se tornou efetivamente autogovernado em todos os assuntos domésticos apenas em 1856, quando o governo responsável (o executivo com o apoio da maioria dos membros da Câmara dos Deputados) foi aceito pelo Reino Unido. O controle sobre a política nativa passou para o governo colonial em meados da década de 1860; porém, o governo da Nova Zelândia tornou-se totalmente responsável por suas próprias relações externas apenas em 1935, quando o primeiro governo trabalhista reivindicou explicitamente tal responsabilidade[5].

Diferentemente do Brasil, a Nova Zelândia não precisou lutar pelo direito de se governar e seguiu lentamente pelo caminho da independência total[6]. Em 1907, a Nova Zelândia foi denominada um domínio, e não mais uma colônia. Em 1947, adotou o Estatuto de Westminster (aprovado pelo Parlamento Britânico em 1931), que confirmou que somente o Parlamento da Nova Zelândia tinha o poder de fazer leis para o país. Em 1986, uma lei encerrou os poderes legislativos britânicos residuais, tornando a Nova Zelândia responsável formalmente por seu próprio sistema de governo – como, na realidade, já ocorria há vários anos. Por fim, em 2003, o direito de recurso dos tribunais da Nova Zelândia ao Conselho Privado Britânico foi abolido.

---

[3] WILSON, John. Nation and government – The origins of nationhood. In: *Te Ara – the Encyclopedia of New Zealand*. Disponível em https://teara.govt.nz/en/nation-and-government/page-1. Acesso em 28.02.2020.
[4] WILSON, John. Nation and government – From colony to nation. In: *Te Ara – the Encyclopedia of New Zealand*. Disponível em https://teara.govt.nz/en/nation-and-government/page-2. Acesso em 28.02.2020.
[5] Ibidem.
[6] Ibidem.

Em termos de geografia e população, Brasil e Nova Zelândia são muito diferentes. Enquanto o IBGE estima haver pouco mais de 210 milhões de brasileiros em 2019[7], a população neozelandesa estimada para o mesmo período é de menos de 5 milhões de pessoas[8]. O território brasileiro tem mais de 8,5 milhões de quilômetros quadrados[9], enquanto o neozelandês, apenas pouco mais de 270 mil km²[10].

A taxa de desemprego da Nova Zelândia era de 4% em dezembro de 2019[11], e, entre 1990 e 2013, crescimento do Produto Interno Bruto foi de aproximadamente 1,5% ao ano[12]. No entanto, desde 2015, a economia da Nova Zelândia tem alcançado uma taxa de crescimento do PIB de no mínimo 3% ao ano[13], com inflação bastante controlada[14].

O Brasil atualmente é um país organizado com a forma federativa (art. 1º da Constituição Federal de 1988[15]), com a União, 26 Estados e o Distrito Federal, além de 5.568 municípios[16]. Por sua vez, a Nova Zelândia sempre foi um Estado Unitário.

---

[7] Segundo o IBGE, a população brasileira era estimada em 210.147.125 habitantes em julho de 2019. (BRASIL. Instituto Brasileiro de Geografia e Estatística – IBGE. *Estimativas da população residente no Brasil e unidades da federação com data de referência em 1º de julho de 2019*. Disponível em ftp://ftp.ibge.gov.br/Estimativas_de_Populacao/Estimativas_2019/estimativa_TCU_2019_20200116.pdf, acesso em 28.02.2020)

[8] NOVA ZELÂNDIA. Statz NZ. *Estimated population of NZ*. Disponível em https://www.stats.govt.nz/indicators/population-of-nz. Acesso em 28.02.2020.

[9] BRASIL. Instituto Brasileiro de Geografia e Estatística – IBGE. Disponível em https://cidades.ibge.gov.br/brasil/panorama. Acesso em 28.02.2020.

[10] THE COMMONWEALTH. *New Zealand*. Disponível em https://thecommonwealth.org/our-member-countries/new-zealand. Acesso em 28.02.2020.

[11] NOVA ZELÂNDIA. Statz NZ. Disponível em https://www.stats.govt.nz/indicators/unemployment-rate. Acesso em 28.02.2020.

[12] THE COMMONWEALTH. Op. cit.

[13] NOVA ZELÂNDIA. Statz NZ. *Gross domestic product (GDP)*. Disponível em https://www.stats.govt.nz/indicators/gross-domestic-product-gdp. Acesso em 28.02.2020.

[14] NOVA ZELÂNDIA. Statz NZ. *Consumers price index (CPI)*. Disponível em https://www.stats.govt.nz/indicators/consumers-price-index-cpi. Acesso em 28.02.2020.

[15] "Art. 1º A República Federativa do Brasil, formada pela união indissolúvel dos Estados e Municípios e do Distrito Federal, constitui-se em Estado Democrático de Direito e tem como fundamentos: (...)"

[16] BRASIL. Instituto Brasileiro de Geografia e Estatística – IBGE. *Quadro geográfico de referência para produção, análise e disseminação de estatísticas*. Rio de Janeiro: IBGE, 2019. Disponível em https://biblioteca.ibge.gov.br/visualizacao/livros/liv101652.pdf. Acesso em 28/02/2020.

A Constituição de 1852 estabeleceu um sistema de governo no qual algumas responsabilidades e poderes eram mantidos pelos governos provinciais[17]. As províncias, que elegeram conselhos e superintendentes, foram particularmente ativas na promoção da imigração e na venda e desenvolvimento de terras, mas o Parlamento colonial tinha o poder de abolir as províncias por uma simples maioria de votos, de modo que os governos provinciais desapareceram em 1876[18].

Desde então, a Nova Zelândia tem um sistema unitário de governo, sendo o Parlamento a única e suprema fonte de poder[19]. O Parlamento da Nova Zelândia possui apenas uma câmara democraticamente eleita, a Câmara dos Deputados, desde que o Conselho Legislativo foi abolido em 1950[20], não havendo e não uma espécie de Câmara Alta, como um Senado.

O sistema de governo adotado pela Nova Zelândia é o de uma monarquia constitucional[21]. O chefe de Estado é o Soberano, posto atualmente ocupado pela rainha Elizabeth II. O Governador-geral é o representante da rainha na Nova Zelândia, mas ele tem apenas um papel simbólico e cerimonial, não se envolvendo no dia-a-dia do Governo[22].

O Governo – que, como visto, é formado pelo Parlamento (Câmara dos Deputados) – aconselha o Soberano (chefe de Estado) – o qual, por convenção, é a fonte de toda a autoridade legal executiva na Nova Zelândia e atua sob a orientação do governo em todas as circunstâncias.

---

[17] WILSON, John. Nation and government – From colony to nation. In: *Te Ara – the Encyclopedia of New Zealand*. Disponível em https://teara.govt.nz/en/nation-and-government/page-2. Acesso em 28.02.2020.

[18] Ibidem.

[19] Ibidem.

[20] WILSON, John. Nation and government – From colony to nation. In: *Te Ara – the Encyclopedia of New Zealand*. Disponível em https://teara.govt.nz/en/nation-and-government/page-2. Acesso em 28.02.2020.

[21] NOVA ZELÂNDIA. New Zealand Parliament. *Our system of government*. Disponível em https://www.parliament.nz/en/visit-and-learn/how-parliament-works/our-system-of--government/. Acesso em 29.02.2020.

[22] WILSON, John. 'Nation and government – System of government'. In: *Te Ara – the Encyclopedia of New Zealand*. Disponível em https://teara.govt.nz/en/nation-and-government/page-4. Acesso em 29.02.2020.

De todo modo, há um princípio de repartição de poderes, com Parlamento, Executivo e Judiciário. O Parlamento legisla; o Executivo (Ministros da Coroa, também conhecido como Governo) administra a lei; e o Judiciário interpreta a lei por meio dos tribunais.

A Nova Zelândia não possui uma constituição escrita única ou qualquer forma de lei que seja superior às leis aprovadas no Parlamento[23]. As regras sobre como o sistema de governo funciona estão contidas em várias Leis do Parlamento, documentos emitidos sob a autoridade da Rainha, Leis relevantes do Parlamento inglês e do Reino Unido, decisões do tribunal e convenções constitucionais não escritas[24].

A Câmara dos Deputados é composta por membros do Parlamento que são eleitos como representantes do povo por um período de até três anos[25]. O número habitual de membros do Parlamento é de 120, mas há circunstâncias eleitorais em que isso pode variar[26]. Para valerem, as leis devem ter o consentimento da Rainha ou de seu representante, não bastando o que a Câmara meramente aprove o documento – tradicionalmente, contudo, tal consentimento nunca foi negado[27]. As funções mais importantes da Câmara dos Deputados são as de: elaboração do orçamento, com aprovação da arrecadação e do gasto de dinheiro pelo Governo; e aprovar leis[28].

O Poder Executivo é direcionado por duas instituições mais importantes[29]. A primeira e mais relevante é o Gabinete: seus membros são ministros da Coroa e são presididos pelo primeiro-ministro. O poder do gabinete deriva apenas de convenções. A Lei Constitucional de 1986 estabeleceu a convenção de que apenas membros da Câmara dos Deputados podem ser ministros. A segunda instituição mais importante é o Conselho Executivo: existe desde 1840 e é presidido pelo

---

[23] NOVA ZELÂNDIA. New Zealand Parliament. Ibidem.
[24] Ibidem.
[25] Ibidem.
[26] Ibidem.
[27] WILSON, John. 'Nation and government – System of government'. In: *Te Ara – the Encyclopedia of New Zealand* Disponível em https://teara.govt.nz/en/nation-and-government/page-4. Acesso em 29.02.2020.
[28] Ibidem.
[29] Ibidem.

Governador-geral, mas já não toma decisões políticas, mas tem funções formais, contudo, pode elaborar regulamentos, sob delegação do Parlamento.

Como visto anteriormente, a Nova Zelândia é um Estado unitário, mas existem subdivisões locais[30]. O governo local da Nova Zelândia se subordina ao governo central. Em 2019, havia 61 assembleias (ou conselhos) municipais (principalmente urbanas) ou distritais (rurais ou rurais e urbanos). Há também uma subdivisão mais abrangente, os *conselhos regionais*. As regiões podem abranger várias cidades ou distritos. Além disso, há também conselhos que atuam, por vezes, como "autoridades unitárias" – um único ente eleito, atuando como conselho regional e municipal ou distrital. Os conselhos municipais e distritais fornecem uma ampla gama de serviços, desde bibliotecas públicas até tratamento de águas residuais. Para financiar suas atividades, os conselhos municipais, distritais e regionais têm o poder de cobrar tributos (impostos sobre terrenos e edifícios).

Na Nova Zelândia, o Poder Judiciário é separado do Legislativo e do Executivo[31]. O país herdou o sistema de julgamento por júri da Grã-Bretanha. No entanto, os juízes são nomeados pelo Governador-geral, havendo regra convencional impede que o Governo tenha a autoridade de orientar ou direcionar as decisões judiciais. Além disso, uma Lei Constitucional estabelece as circunstâncias limitadas nas quais os juízes podem ser destituídos. Os juízes têm a chamada "segurança de mandato", o que significa que só podem ser removidos de seus cargos por má conduta, e seus salários não podem ser reduzidos[32].

---

[30] WILSON, John. 'Nation and government – Local government'. In: *Te Ara – the Encyclopedia of New Zealand*. Disponível em https://teara.govt.nz/en/nation-and-government/page-8. Acesso em 01.03.2020.

[31] WILSON, John. 'Nation and government – The legal system'. In: *Te Ara – the Encyclopedia of New Zealand*. Disponível em https://teara.govt.nz/en/nation-and-government/page-7. Acesso em 29.02.2020.

[32] JOSEPH, Philip A.. JOSEPH, Thomas. 'Judicial system'. In: *Te Ara – the Encyclopedia of New Zealand*. Disponível em https://teara.govt.nz/en/judicial-system?source=inline. Acesso em 01.03.2020.

A Nova Zelândia possui uma hierarquia de tribunais[33]. O sistema judiciário compreende (em ordem decrescente de hierarquia): a *Suprema Corte* da Nova Zelândia (que substituiu o Comitê Judiciário do Conselho Privado como o tribunal de apelação final da Nova Zelândia em 2003) e a *Corte de Apelações* (ambas desempenham apenas tarefas de julgamento de recursos); o *Tribunal Superior*; a *Autoridade de Apelação da Corte Marcial*; cortes distritais e outros tribunais especializados (do Trabalho; do Meio Ambiente; da Terra de Maori; Provincial; da Família; da Juventude; e cortes marciais – tribunais militares). Os quatro primeiros são *tribunais superiores*, e os demais, inferiores. Um tribunal inferior é qualquer tribunal de jurisdição inferior ao Tribunal Superior.

Por ser um país com origem fortemente ligada à Grã-Bretanha, percebe-se que o Direito aplicado pelos tribunais da Nova Zelândia é uma combinação de diversas fontes normativas, mas especialmente daquelas derivadas do sistema da *Common Law*[34]. Como fontes do direito, admitem-se as seguintes:

a) *Common Law* – o direito comum inglês tornou-se parte do Direito da Nova Zelândia em 1840. O sistema da *Common Law* da Nova Zelândia agora também inclui o direito derivado de decisões tomadas pelos tribunais da Nova Zelândia.
b) leis estatutárias – são as leis aprovadas atualmente pelo Parlamento da Nova Zelândia;
c) leis estatutárias do Reino Unido – um pequeno número de leis provenientes do Reino Unido continua sendo parte do direito neozelandês;
d) legislação subordinada – os regulamentos são feitos pelo Conselho Executivo, sob delegação do Parlamento, e os estatutos são feitos pelas autoridades locais.

---

[33] WILSON, John. 'Nation and government – The legal system'. In: *Te Ara – the Encyclopedia of New Zealand*. Disponível em https://teara.govt.nz/en/nation-and-government/page-7. Acesso em 29.02.2020.

[34] WILSON, John. 'Nation and government – The legal system'. In: *Te Ara – the Encyclopedia of New Zealand*. Disponível em https://teara.govt.nz/en/nation-and-government/page-7. Acesso em 29.02.2020.

Essa interpenetração de leis inglesas e neozelandesas, bem como a existência de um sistema de direito consuetudinário, aliado à ausência de uma constituição escrita são temas que podem soar estranhos aos ouvidos dos brasileiros, mas de fato nada indica que as instituições da Nova Zelândia funcionem de forma desarmônica.

2. Normas tributárias na Constituição e na legislação

Como exposto anteriormente, a Nova Zelândia não possui uma constituição escrita, com hierarquia superior às leis. Há, contudo, uma Lei Constitucional (*Constitution Act*)[35] de 1986, cujo art. 22 expressa que "não será lícito à Coroa, exceto por ou sob uma Lei do Parlamento, (i) cobrar um imposto; ou (ii) pedir dinheiro emprestado ou receber dinheiro emprestado de qualquer pessoa; ou (iii) gastar qualquer dinheiro público".

Outra das principais leis é a Declaração de Direitos (*Bill of Rights*) de 1990, feita para proteger e promover direitos humanos e liberdades fundamentais e afirmar o compromisso do país com o Pacto Internacional sobre Direitos Civis e Políticos[36]. Essa lei versa basicamente sobre questões relativas a direitos civis e políticos; vida e segurança da pessoa; direito à não discriminação e direitos das minorias; e garantias em matérias penal e criminal. Não há, contudo, matéria tributária sendo ali tratada.

Um diploma legislativo de grande importância é a Lei de Interpretação (*Interpretation Act*), de 1999. Embora também não disponha especificamente sobre matéria tributária, essa lei tem por objetivos declarar princípios e regras para a interpretação da legislação; reduzir o escopo da legislação (elaborando critérios para entrada em vigor, eficácia, revogação etc.); e promover consistência na linguagem e forma.

---

[35] NOVA ZELÂNDIA. Parliament Counsel Office. *Constitution Act 1986*. Disponível em http://www.legislation.govt.nz/act/public/1986/0114/latest/whole.html#DLM94204. Acesso em 01.03.2020.

[36] NOVA ZELÂNDIA. Parliamentary Counsel Office. *New Zealand Bill of Rights Act 1990*. Disponível em http://www.legislation.govt.nz/act/public/1990/0109/latest/whole.html#DLM224792. Acesso em 03.01.2020.

A matéria financeira é tratada em diplomas normativos diversos, como as Leis de Finanças editadas em 1978[37], 1988[38], 1990[39-40], 1992[41], 1994[42], 1995[43]. De todo modo, talvez a legislação mais importante em matéria fiscal seja a Lei de Finanças Públicas de 1989[44], que tem por objetivo consolidar e alterar a lei que rege o uso de recursos financeiros públicos. Em seu artigo 26(G), o diploma estatui que o governo deve perseguir seus objetivos de política de acordo com uma série de princípios de gestão fiscal responsável[45].

---

[37] NOVA ZELÂNDIA. Parliament Counsel Office. *Finance Act 1978*. Disponível em http://www.legislation.govt.nz/act/public/1978/0056/latest/096be8ed807bea94.pdf. Acesso em 01.03.2020.

[38] NOVA ZELÂNDIA. Parliament Counsel Office. *Finance Act 1988*. Disponível em http://www.legislation.govt.nz/act/public/1988/0107/latest/096be8ed818022c6.pdf. Acesso em 01.03.2020.

[39] NOVA ZELÂNDIA. Parliament Counsel Office. *Finance Act 1990*. Disponível em http://www.legislation.govt.nz/act/public/1990/0020/latest/096be8ed806dd1dc.pdf. Acesso em 01.03.2020.

[40] NOVA ZELÂNDIA. Parliament Counsel Office. *Finance Act (No 2) 1990*. Disponível em http://www.legislation.govt.nz/act/public/1990/0073/latest/096be8ed8128753b.pdf. Acesso em 01.03.2020

[41] NOVA ZELÂNDIA. Parliament Counsel Office. *Finance Act (No 2) 1992*. Disponível em http://www.legislation.govt.nz/act/public/1992/0127/latest/096be8ed806b222a.pdf. Acesso em 01.03.2020

[42] NOVA ZELÂNDIA. Parliament Counsel Office. *Finance Act 1994*. Disponível em http://www.legislation.govt.nz/act/public/1994/0073/latest/096be8ed80cc6d44.pdf. Acesso em 01.03.2020.

[43] NOVA ZELÂNDIA. Parliament Counsel Office. *Finance Act 1995*. Disponível em http://www.legislation.govt.nz/act/public/1995/0036/latest/096be8ed805f6f45.pdf. Acesso em 01.03.2020.

[44] NOVA ZELÂNDIA. Parliament Counsel Office. *Public Finance Act 1989*. Disponível em http://www.legislation.govt.nz/act/public/1989/0044/latest/096be8ed81937bfc.pdf. Acesso em 01.03.2020.

[45] São eles:
a) reduzir a dívida total a níveis prudentes, a fim de fornecer um "amortecedor" contra fatores que possam impactar adversamente o nível da dívida total no futuro, garantindo que, até que esses níveis sejam alcançados, as despesas operacionais totais em cada exercício financeiro sejam inferiores às receitas operacionais no mesmo exercício;
b) uma vez alcançados níveis prudentes de dívida total, mantê-los, garantindo que, em média, durante um período temporal razoável, as despesas operacionais totais não excedam a receita operacional total;

Em matéria tributária, não há um código nacional como no Brasil. Por outro lado, a Lei da Administração Tributária de 1994[46] desempenha a função de reger as relações entre o Departamento da Receita Nacional (*Inland Revenue Department* – órgão equivalente à Receita Federal do Brasil) em diversas matérias afetas à relação jurídica tributária, como, por exemplo: elencar os poderes da Administração Tributária; definir quem são os sujeitos ativo e passivo; estabelecer principalmente deveres dos contribuintes (não há uma lista de direitos bem ordenada); dispor sobre interpretação e procedimentos de consulta, imposição de multas, cálculo de juros, formas de cobrança e de impugnação do crédito tributário etc. Até mesmo crimes tributários estão previstos nessa lei.

Como será visto mais adiante, há ainda duas outras leis tributárias que tratam especificamente dos impostos sobre a renda (Lei do Imposto de Renda – *Income Tax Act*)[47], de 2007; e sobre os bens e serviços (Lei do Imposto sobre Bens e Serviços – *Goods and Services Tax Act*)[48], de 1985. Embora só haja duas leis de conteúdo nacional para dispor sobre tais matérias, isso não significa que elas sejam de simples análise.

c) alcançar e manter níveis de patrimônio líquido total que ofereçam um "amortecedor" contra fatores que possam impactar adversamente o patrimônio líquido total no futuro;
d) gerenciar prudentemente os riscos fiscais que o governo enfrenta;
e) ao formular a estratégia de receita, ter em conta a eficiência e a justiça, incluindo a previsibilidade e a estabilidade das alíquotas;
f) ao formular a estratégia fiscal, ter em conta a interação entre as políticas fiscal e monetária;
g) ao formular a estratégia fiscal, ter em conta seu provável impacto nas gerações presentes e futuras;
h) garantir que os recursos da Nova Zelândia sejam gerenciados de maneira eficaz e eficiente.

[46] NOVA ZELÂNDIA. Parliament Counsel Office. *Tax Administration Act 1994*. Disponível em http://www.legislation.govt.nz/act/public/1994/0166/latest/096be8ed8191a033.pdf. Acesso em 01.03.2020.
[47] NOVA ZELÂNDIA. Parliament Counsel Office. *Income Tax Act 2007*. Disponível em http://www.legislation.govt.nz/act/public/2007/0097/latest/DLM1512301.html. Acesso em 01.03.2020.
[48] NOVA ZELÂNDIA. Parliament Counsel Office. *Goods and Services Tax Act 1985*. Disponível em http://www.legislation.govt.nz/act/public/1985/0141/latest/DLM81035.html. Acesso em 01.03.2020.

3. Princípios tributários

Na Lei Constitucional neozelandesa (*Constitution Act*) de 1986, como visto, há previsão de que "não será lícito à Coroa, exceto por ou sob uma Lei do Parlamento, (i) cobrar um imposto" (art. 22). Daí se pode extrair o princípio da legalidade tributária, também aplicável àquele país. Contudo, a referência à matéria tributária, nas leis constitucionais, para por aí. Diferentemente do que ocorre na Constituição e no Código Tributário Nacional brasileiros, não há, na legislação neozelandesa analisada, qualquer referência a uma lista de direitos dos contribuintes.

O mais próximo de uma declaração de direitos é um quadro informativo oferecido pelo Fisco neozelandês, descrevendo os padrões de serviço que o contribuinte pode esperar no trato do Departamento de Receita[49]. Os princípios mais importantes, elencados textualmente na Lei da Administração Tributária de 1994, estão relacionados aos poderes da Administração Tributária relativos à obtenção de informações pelos contribuintes (artigo 16B).

Essa situação de escassez de uma lista de normas legais de proteção do contribuinte também é constatada em outro estudo sobre o tema[50], no qual se conclui que os contribuintes da Nova Zelândia estão em situação pior do que os de outras nações que adotam o sistema da *Common Law* (como a Austrália, o Canadá e os Estados Unidos) em termos de declarações de direitos; por outro lado, os direitos dos contribuintes estão dispostos, de forma esparsa, em diversas leis – por exemplo, na Lei da Administração Tributária de 1994 e na Lei de Autoridades de Revisão Tributária de 1994, são estabelecidos direitos (a maioria procedimentais) dos contribuintes, incluindo as seguintes disposições: confidencialidade das informações; restrições à realização de auditorias fiscais, incluindo procedimentos de notificação e limitações aos poderes de busca e apreensão do Fisco; um processo de resolução de disputas focado na seara administrativa (não judicial), incluindo explicações, limites para períodos de lançamento e

---

[49] Disponível em https://www.classic.ird.govt.nz/resources/b/c/bccdf4004ba3d313a-262bf9ef8e4b077/ir614.pdf. Acesso em 01.03.2020.

[50] SAWYER, Adrian J. *A Comparison of New Zealand Taxpayers' Rights with Selected Civil Law and Common Law Countries* – Have New Zealand Taxpayers Been "Short-Changed"?. Disponível em https://www.researchgate.net/publication/228128835_A_Comparison_of_New_Zealand_Taxpayers'_Rights_with_Selected_Civil_Law_and_Common_Law_Countries_-_Have_New_Zealand_Taxpayers_Been_'Short-Changed'. Acesso em 01.03.2020.

um processo de fiscalização; o direito de aconselhamento com consultores e confidencialidade das informações; o direito de gravar reuniões e de registrar julgamentos; um processo contendo procedimentos para audiências de instrução, produção de provas e julgamento; direito a recursos a diversos tribunais; e direitos e obrigações com relação a juros, multas e pagamento de impostos.

O fato de não haver tantas disposições textuais expressas acerca dos direitos dos contribuintes não significa dizer que não haja reconhecimento de direitos, em matéria tributária, pelas cortes neozelandesas. Em um discurso proferido em 2015, a Ministra da Suprema Corte da Nova Zelândia Susan Glazebrook elencou alguns princípios que derivam diretamente do Estado de Direito (*Rule of Law*) com aplicação imediata em matéria tributária naquele país[51]:

a) a necessidade *de clareza, previsibilidade e inteligibilidade na redação das leis tributárias,* permitindo, com isso, tanto mais facilidade na compreensão da lei pelos contribuintes e seus consultores, quanto na sua execução pela Administração Pública e na interpretação pelos tribunais – sem perder de vista a necessidade de permitir que a lei traga previsões mais gerais a fim de evitar a evasão fiscal;

b) a necessidade de permitir maior facilidade de *acesso à Justiça*[52], com redução tanto das despesas processuais quanto do tempo que se leva até a resolução de um litígio, bem como a possibilidade de o contribuinte optar, desde logo, por levar seu pleito ao Judiciário[53] – sem esquecer, por outro lado, os benefícios de retirar incentivos à mera litigiosidade judicial por parte dos contribuintes[54], dentro

---

[51] GLAZEBROOK, Susan. *Tax and the Courts*. Disponível em https://www.courtsofnz.govt.nz/assets/speechpapers/hjjh.pdf. Acesso em 23.03.2020.

[52] A Ministra notou que, no período entre 1993 e 2013, caiu consideravelmente o número de casos que chegaram às Cortes discutindo aspectos de Direito Tributário substantivo (i. e., matérias que não tratam meramente de questões procedimentais).

[53] Como será informado mais à frente, essa possibilidade foi sensivelmente reduzida pela Suprema Corte da Nova Zelândia no julgamento do caso *Tannadyce Investments Ltd v Commissioner of Inland Revenue*.

[54] A Ministra menciona que, antes da reforma de 1994, o contribuinte não era obrigado ao pagamento de juros e não havia risco de lançamento adicional na revisão administrativa do valor tributável, caso o contribuinte optasse por litigar administrativamente.

de uma perspectiva de que as leis devem ser sensatas, justas e bem pensadas para atender tanto os interesses da Administração Tributária quanto dos contribuintes;

c) a necessidade de *restrição dos poderes de busca e apreensão de documentos pela fiscalização* – atualmente, na Nova Zelândia, o Departamento da Receita possui poderes amplíssimos de fiscalização;

d) *igualdade perante a lei* – inclusive com a necessidade de uniformizar os critérios para a propositura de acordos por parte do Fisco, a fim de solucionar litígios tributários antes que eles cheguem ao Judiciário;

e) a necessidade de promoção da *segurança jurídica* – com a redução das alterações retrospectivas da interpretação das leis tributárias pelo Fisco e a introdução de um regime de decisões e interpretações vinculantes feitas pela Administração Tributária.

Esses princípios não estão necessariamente positivados na legislação neozelandesa, mas decorrem de discussões travadas naquele país a partir da interpretação das leis e da jurisprudência.

4. Espécies tributárias

Como em muitos locais no mundo, a tributação está intimamente ligada à soberania e, não raro, é causa de revoltas e da formação de novos governos[55].

A história da tributação na Nova Zelândia tem início quando a soberania britânica foi declarada em 1840. Os primeiros tributos foram as tarifas sobre importações de produtos como álcool e tabaco, mas havia também impostos sobre a confecção e registro de documentos jurídicos, como hipotecas, além de impostos sobre heranças. Os governos locais também coletaram tributos, conhecidos como "taxas" (rates), que, até 1874, representavam cerca de 7% de toda a carga tributária[56].

Os governos emprestaram dinheiro para financiar o desenvolvimento do país e, em 1878, instituíram novos tributos sobre a propriedade para pagar os empréstimos. À época, houve um interessante debate sobre o

---

[55] BURG, David F. *A world history of tax rebellions*: an encyclopedia of tax rebels, revolts, and riots from antiquity to the present. Nova Iorque: Routledge, 2004. p. xxv.
[56] GOLDSMITH, Paul. 'Taxes'. In: *Te Ara – the Encyclopedia of New Zealand*. Disponível em https://teara.govt.nz/en/taxes. Acesso em 03.02.2020.

chamado "incremento imerecido": houve quem dissesse que os proprietários de terras que não tomaram qualquer atitude para desenvolverem suas propriedades deveriam pagar um imposto se suas terras aumentassem em valor por causa de outras pessoas investirem em sua área[57].

No final do século XIX, a renda das pessoas era tributada diretamente, mas apenas se elas ganhassem mais de 300 libras (cerca de US$ 50.000 em termos de 2008)[58] – ou seja, desde essa época já havia uma mentalidade de isentar o pagamento do imposto de renda no caso de pessoas mais pobres.

Nas duas Guerras Mundiais, houve aumento de tributos para financiar a luta armada dos soldados. Nessa época, o Parlamento instituiu alíquotas progressivas mais altas, de modo que as pessoas com altos salários pagavam até 90% de parte de seus ganhos em forma de imposto de renda[59]. Além disso, durante a depressão econômica dos anos 1930, o governo tributou todos os trabalhadores para arrecadar dinheiro a fim de ajudar os desempregados[60].

A partir de 1958, o imposto passou a ser retido na fonte, que na Nova Zelândia é chamado de PAYE (*pay as you earn*)[61]. Ao longo de décadas, os governos alteraram as alíquotas de impostos para custear os gastos sociais, como educação e saúde[62].

Como forma de incentivar o investimento na indústria e na agricultura, diferentes governos ofereceram incentivos fiscais – porém, como em qualquer lugar do mundo, infelizmente as pessoas usaram esses incentivos como brechas fiscais para pagar ainda menos impostos. Ao longo do tempo, o sistema tributário tornou-se complicado e os incentivos fiscais estavam distorcendo a economia[63].

A solução preferida pela maioria dos especialistas tributários, na Nova Zelândia e em outros lugares do mundo, foi a de ampliar a base tributária, por meio da ampliação da tributação indireta, o que permitiria reduzir

---

[57] Ibidem.
[58] Ibidem.
[59] Ibidem.
[60] Ibidem.
[61] Ibidem.
[62] Ibidem.
[63] GOLDSMITH, Paul. *Taxes – Gradual complication of the tax system – 1960 to 1984*. Disponível em https://teara.govt.nz/en/taxes/page-6. Acesso em 03.02.2020.

as alíquotas do imposto de renda e acabar com as brechas tributárias de isenções, simplificando a legislação.

Entre 1984 e 1993, um novo Governo, controlado pelo partido trabalhista, alterou o sistema tributário, que passou de um regime de base estreita e alíquotas altas, para um regime de base ampla e alíquotas menores. A tributação indireta foi padronizada, introduzindo um Imposto sobre Bens e Serviços – IBS (*tax on goods and services* – GST) em todo o território nacional[64].

O Imposto sobre Bens e Serviços (GST) era de 10% em 1º de outubro de 1986, tendo aumentado para 12,5% em 1989 e para 15% em 2010[65]. Em contrapartida, os incentivos fiscais foram removidos, e as alíquotas do imposto de renda da pessoa física foram simplificadas. Havia apenas duas taxas de imposto de renda para pessoas físicas: 24% sobre a renda de até US$ 30.000 (trinta mil dólares) por ano e 33% acima disso[66].

Com isso, tem-se que o sistema tributário neozelandês é atualmente bastante simples em comparação com outros países. Não por outro motivo, o sistema do Imposto sobre Bens e Serviços da Nova Zelândia é um dos paradigmas que foram tomados por Bernard Appy, na elaboração de sua reforma tributária. Para o economista, "80% dos IVAs criados há 25 anos têm ao menos uma alíquota positiva, não conta com benefícios fiscais e há pouquíssimos regimes especiais"[67]. Esse modelo de reforma tributária, com a criação de um imposto geral sobre bens e serviços foi acolhido pelo deputado Baleia Rossi e resultou na Proposta de Emenda Constitucional nº 45 (PEC 45)[68], que atualmente está em debate no Parlamento brasileiro.

---

[64] GOLDSMITH, Paul. *Taxes – Labour government reforms – 1984 to 1990*. Disponível em https://teara.govt.nz/en/taxes/page-7. Acesso em 03.02.2020.
[65] Disponível em https://teara.govt.nz/en/taxes/page-7. Acesso em 03.02.2020.
[66] Disponível em https://teara.govt.nz/en/taxes/page-7. Acesso em 03.02.2020.
[67] Disponível em https://www.contabilidadenatv.com.br/2019/05/bernard-appy-debate--proposta-de-reforma-tributaria-baseada-em-imposto-unico-sobre-bens-e-servicos/. Acesso em 01.03.2020.
[68] Disponível em https://www.camara.leg.br/proposicoesWeb/fichadetramitacao?idProposicao=2196833. Acesso em 01.03.2020.

5. Modelo de incidência: patrimônio, renda ou consumo

Estudo feito pela OCDE[69] mostra que, na Nova Zelândia, predomina um modelo de incidência de *tributos sobre a renda* (impostos sobre rendimentos pessoais, lucros e ganhos), correspondendo a 38% da arrecadação, bem acima da média da OCDE, que é de 24% para o período de 2017. Nesse mesmo ano, a proporção do imposto sobre a renda da pessoa jurídica (ou *imposto corporativo*) era de 15% sobre o total da arrecadação, sendo a média da OCDE de 9%. Em compensação, não há incidência de contribuições para a seguridade social, enquanto que a média da OCDE é de 26% a esse título. Os *impostos sobre propriedade*, na Nova Zelândia, encontram-se de acordo com a média da OCDE, de 6% sobre o total da arrecadação. E o *imposto sobre valor agregado* (ou Imposto sobre Bens e Serviços) corresponde a 30% desse total, bem acima do patamar da OCDE de 20%.

A carga tributária da Nova Zelândia tem variado nos últimos anos. Levantamento feito pela OCDE[70] mostra uma alta entre os períodos de 2000 a 2005, quando a relação entre a arrecadação e o PIB saltou de 32,5% para 36,1%. Em seguida, houve uma tendência de baixa, chegando a carga tributária a 30,2% em 2009. Por fim, houve uma tendência de leve alta até 2018, quando a relação chegou a 32,7% do PIB. Para efeitos comparativos, a Nova Zelândia ficou em 24º lugar entre os 36 países da OCDE em termos da relação entre tributos e o PIB em 2018: enquanto o país tinha a carga tributária de 32,7%, a média da OCDE foi de 34,3%.

6. Tributação de alta tecnologia

A Lei do Imposto de Renda (Income Tax Act)[71] de 2007 e a Lei do Imposto sobre Bens e Serviços (*Goods and Services Tax Act*)[72] de 1985 não fazem

---

[69] Disponível em https://www.oecd.org/tax/revenue-statistics-new-zealand.pdf. Acesso em 1º.03.2020.

[70] ORGANIZAÇÃO PARA A COOPERAÇÃO E DESENVOLVIMENTO ECONÔMICO – OCDE. *Revenue Statistics 2019 – New Zealand*. Disponível em https://www.oecd.org/tax/revenue-statistics-new-zealand.pdf. Acesso em 1º.03.2020.

[71] NOVA ZELÂNDIA. Parliament Counsel Office. *Income Tax Act 2007*. Disponível em http://www.legislation.govt.nz/act/public/2007/0097/latest/DLM1512301.html. Acesso em 01.03.2020.

[72] NOVA ZELÂNDIA. Parliament Counsel Office. *Goods and Services Tax Act 1985*. Disponível em http://www.legislation.govt.nz/act/public/1985/0141/latest/DLM81035.html. Acesso em 01.03.2020.

referência à tributação no contexto da economia digital, mas o Ministério das Finanças e o Ministério das Receitas elaboraram um estudo sobre a adoção de um imposto sobre serviços digitais[73].

Embora a Nova Zelândia prefira uma abordagem multilateral acordada internacionalmente pela via da Organização para Cooperação e Desenvolvimento Econômico (afinal, o país é membro da OCDE), o governo neozelandês considerará seriamente a instituição unilateral de um Imposto sobre Serviços Digitais, a uma alíquota de 2% a 3%, a OCDE não fizer progressos suficientes durante o ano de 2019[74]. Até o momento da finalização desta pesquisa, não há novidades a respeito da aprovação de uma lei desse tipo na Nova Zelândia.

7. Modelo de cobrança fiscal

O pagamento de tributos, no sistema da Nova Zelândia, opera com base na *autoavaliação* (algo próximo do que entendemos por lançamento por homologação ou "autolançamento" aqui no Brasil). Naquele país, os contribuintes são obrigados a apresentar declarações tributárias e a assumir sua posição como credor ou devedor do Fisco, por iniciativa própria, a partir da leitura e interpretação da legislação. A Administração Tributária monitora a conformidade do contribuinte por meio da realização de auditorias, direcionadas ou aleatórias. Como resultado, o Fisco pode propor ajustes (que podem afetar o imposto devido pelo contribuinte), mediante intimações com as quais o contribuinte pode concordar ou discordar. Nessa última hipótese, surge a chamada disputa ou lide tributária[75].

Embora possa haver revisão judicial das cobranças feitas pelo Fisco, a Suprema Corte da Nova Zelândia, no julgamento *Tannadyce Investments*

---

[73] NOVA ZELÂNDIA. *Options for taxing the digital economy – A Government discussion document*. Wellington: Policy and Strategy of Inland Revenue, 2019. Disponível em https://taxpolicy.ird.govt.nz/sites/default/files/2019-dd-digital-economy.pdf. Acesso em 01.03.2020.

[74] EY. *New Zealand Government to "seriously consider" a Digital Services Tax*. In: Indirect Tax Alert – 05.06.2019. Disponível em https://www.ey.com/gl/en/services/tax/international-tax/alert--new-zealand-government-to-seriously-consider-a-digital-services-tax. Acesso em 01.03.2020.

[75] JONE, Melinda. *Evaluating New Zealand's Tax Dispute Resolution System*: A Dispute Systems Design Perspective. Disponível em https://www.business.unsw.edu.au/About-Site/Schools-Site/Taxation-Business-Law-Site/Documents/Jone_Evaluating-NZs-Tax-Dispute-Resolution-System-Melinda-Jone.pdf. Acesso em 23.03.2020.

Ltd v Commissioner of Inland Revenue, limitou a possibilidade aos poucos casos em que a lei não prevê a possibilidade de o litígio ser resolvido por meio de um procedimento não contencioso (acordo com o Departamento de Receita) – embora tenha havido uma posição minoritária na Corte enfatizando a necessidade de ampliar o acesso ao Judiciário, a fim de permitir maior controle dos atos do Poder Executivo, dentro do princípio do Estado de Direito[76].

Em regra, portanto, o Fisco neozelandês tem a possibilidade de propor acordos para evitar levar o caso ao Judiciário. Além disso, enquanto o Fisco tem alguma discricionariedade para levar o seu pleito ao Judiciário, na prática o contribuinte só pode fazê-lo com a anuência do Fisco[77], conforme relatado pela Ministra da Suprema Corte Susan Glazebrook, em sua palestra proferida em 2015[78].

A Lei de Administração Tributária (*Tax Administration Act*)[79], de 1994, prevê alguns aspectos procedimentais de cobrança, sendo complementada pela Lei de Autoridades de Revisão Tributária (*Taxation Review Authorities Act*) de 1994, a qual reúne diversas disposições relacionadas ao processo tributário – elenca as autoridades competentes para julgamento das impugnações tributárias na seara administrativa, bem como os meios de prova, sessões de julgamento, autoridades judiciárias competentes e recursos ao Poder Judiciário etc.

Não obstante a possibilidade de acordo, caso o contribuinte queira questionar a cobrança, basicamente tem-se que, após o lançamento, ele pode apresentar uma objeção (impugnação) dentro de 14 dias (art. 126 da Lei de Administração Tributária), que em regra suspende a exigibilidade do crédito tributário (art. 128.2), mas a Receita pode exigir que um contribuinte pague todos os tributos em disputa se considerar que existe um risco significativo de que eles possam não ser pagos (art. 128.2B).

A impugnação passa por um exame de admissibilidade, após o qual pode ser, a requerimento do contribuinte, ser apreciada por uma autoridade

---

[76] GLAZEBROOK, Susan. op. cit.
[77] Vide Seção 89N(1)(c)(viii) da Lei de Administração Tributária.
[78] GLAZEBROOK, Susan. Op. cit.
[79] NOVA ZELÂNDIA. Parliament Counsel Office. *Tax Administration Act 1994*. Disponível em http://www.legislation.govt.nz/act/public/1994/0166/latest/096be8ed8191a033.pdf. Acesso em 01.03.2020.

de revisão tributária (art. 134), sendo possível interpor recurso a um tribunal, desde que alguns critérios sejam observados, como, por exemplo (arts. 26 e 26A da Lei de Autoridades de Revisão Tributária): (i) o valor do tributo tratado no recurso seja de, no mínimo, US$ 2.000; (ii) a perda líquida envolvida seja de US$ 4.000 ou mais; ou (iii) o recurso se refira apenas a questões de direito. Nos demais casos, a decisão da autoridade de revisão tributária será final e conclusiva (arts. 26 e 26A da Lei de Autoridades de Revisão Tributária).

A decisão do tribunal está sujeita a outro recurso ao Tribunal de Apelações (art. 27 da Lei de Autoridades de Revisão Tributária). Algumas impugnações podem ser encaminhadas diretamente ao poder judiciário (art. 136 da Lei de Administração Tributária).

Existe também, por outro lado, a previsão de cobrança judicial de créditos tributários. Nos termos do art. 156 da Lei de Administração Tributária, os tributos não pagos podem ser recuperados, mediante um processo judicial, em nome do Departamento da Receita (equivalente à Receita Federal do Brasil). Há previsão normativa sobre o procedimento de cobrança judicial nessa lei e em outras leis esparsas, como a Lei de Processos da Coroa (*Crown Proceedings Act*)[80], de 1950.

8. Espécies de transação, arbitragem, conciliação

Como visto, o Fisco da Nova Zelândia tem certa liberdade para propor acordos tributários, de modo a evitar a litigiosidade. Tais acordos podem envolver inclusive remissões por iniciativa do auditor-fiscal ou a pedido de contribuintes (art. 174 da Lei de Administração Tributária de 1994).

As remissões são negociadas, e os agentes do Fisco devem maximizar a recuperação dos tributos pendentes de um contribuinte (art. 176), exceto se: isso constituir um uso ineficiente dos recursos do Fisco; ou a recuperação possa colocar o contribuinte pessoa física em sérias dificuldades financeiras (conceito abstrato que é esmiuçado no texto da lei). Não obstante, o Fisco pode tomar medidas preparatórias ou necessárias para a falência do contribuinte, incluindo processos de cobrança em cortes distritais ou nos tribunais. É possível negociar acordos de parcelamento

---

[80] NOVA ZELÂNDIA. Parliament Counsel Office. *Constitution Act 1986*. Disponível em http://www.legislation.govt.nz/act/public/1986/0114/latest/whole.html#DLM94204. Acesso em 01.03.2020.

(art. 177B). O Fisco também pode cancelar a cobrança de um tributo que seja considerado como irrecuperável, sob certas circunstâncias (art. 177C).

Portanto, embora o modelo neozelandês permita a litigiosidade, ao mesmo tempo confere grande importância (e até mesmo proeminência) à consensualidade no tratamento da recuperação e pagamento de tributos.

9. Tratados internacionais

Em matéria de tratados internacionais, segundo as informações da Receita Federal, Brasil e Nova Zelândia não possuem acordo para evitar a dupla tributação e prevenir a evasão fiscal[81], acordo para intercâmbio de informações relativas a tributos[82], acordo de complementação econômica[83], nem acordo de cooperação aduaneira[84].

Por outro lado, de acordo com o Ministério das Relações Exteriores[85], os dois países, que têm relações diplomáticas desde 1964, mantêm mecanismo de consultas políticas desde 2001, com o objetivo de promover o diálogo sobre iniciativas de cooperação bilateral, bem como fomentar a troca de impressões sobre temas de interesse global. A última Reunião de Consultas Políticas ocorreu em fevereiro de 2018, em Brasília.

---

[81] BRASIL. Secretaria da Receita Federal do Brasil. *Acordos para evitar a dupla tributação e prevenir a evasão fiscal*. Disponível em http://receita.economia.gov.br/acesso-rapido/legislacao/acordos-internacionais/acordos-para-evitar-a-dupla-tributacao/acordos-para-evitar-a-dupla--tributacao. Acesso em 01.03.2020.

[82] BRASIL. Secretaria da Receita Federal do Brasil. *Acordos para intercâmbio de informações relativas a tributos*. Disponível em http://receita.economia.gov.br/acesso-rapido/legislacao/acordos-internacionais/acordos-para-intercambio-de-informacoes-relativas-a-tributos/acordos-para-intercambio-de-informacoes-relativas-a-tributos. Acesso em 01.03.2020.

[83] BRASIL. Secretaria da Receita Federal do Brasil. *Acordos de complementação econômica*. Disponível em http://receita.economia.gov.br/acesso-rapido/legislacao/acordos-internacionais/acordos-de-complementacao-economica/acordos-de-complementacao-economica. Acesso em 01.03.2020.

[84] BRASIL. Secretaria da Receita Federal do Brasil. Acordos de cooperação aduaneira. Disponível em http://receita.economia.gov.br/acesso-rapido/legislacao/acordos-internacionais/acordos-de-cooperacao-aduaneira/acordos-de-cooperacao-aduaneira. Acesso em 01.03.2020.

[85] BRASIL. Ministério das Relações Exteriores. *Nova Zelândia*. Disponível em http://www.itamaraty.gov.br/pt-BR/ficha-pais/5612-nova-zelandia. Acesso em 01.03.2020.

A falta de um acordo bilateral decorre do fato de as relações comerciais não serem tão expressivas. Segundo o Itamaraty[86], em 2018, o intercâmbio bilateral somou US$ 137,5 milhões, com exportações de US$ 77,1 milhões e importações de US$ 60,4 milhões. Por fim, vale destacar a existência do Fórum de Cooperação América Latina – Ásia do Leste (FOCALAL), criado em 1999 por iniciativa do Chile e de Singapura, com os objetivos de estimular a interação e o conhecimento mútuo entre as duas regiões, promover o diálogo político e intensificar a cooperação, de forma a fomentar a coordenação entre os membros – dentre os quais o Brasil e a Nova Zelândia.

Conclusões

Brasil e Nova Zelândia são países muito diferentes um do outro. Enquanto o primeiro tem dimensão continental, a Nova Zelândia, que se situa do outro lado do globo, é formada por uma série de ilhas. Portanto, natural que história, geografia, população, economia, sistemas jurídico e tributário sejam bem distintos.

Após analisar a história e a legislação neozelandesa, pode-se perceber que se trata de um país com realmente muitas diferenças em relação ao Brasil.

A simples constatação de que a Nova Zelândia foi, durante muito tempo, uma colônia britânica (e que até recentemente mantinha laços muito estreitos com a Inglaterra) já é suficiente para notar as diferenças históricas. O sistema jurídico ali adotado, como não poderia deixar de ser, é o do *Common Law*, com todas as diferenças que essa premissa de organização legislativa e judiciária tem em relação ao sistema jurídico historicamente seguido no Brasil.

Em matéria tributária, a Nova Zelândia tem sido vista como um modelo a ser seguido, diante de uma relativamente recente simplificação de seu sistema tributário – algo que parece distante no Brasil, mesmo em meio a tantas discussões sobre a reforma tributária. Por outro lado, em matéria de direitos dos contribuintes, a sistematização normativa no Brasil, com sua lista de direitos prevista especialmente no art. 150 da Constituição

---

[86] BRASIL. Ministério das Relações Exteriores. *Nova Zelândia*. Disponível em http://www.itamaraty.gov.br/pt-BR/ficha-pais/5612-nova-zelandia. Acesso em 01.03.2020.

Federal[87], parece inicialmente melhor, embora se saiba que, substancialmente, a efetividade desses direitos nem sempre é alcançada.

De todo modo, dadas as diferenças históricas, culturais, geográficas e econômicas entre os dois países, não á adequado simplesmente importar as soluções elaboradas no estrangeiro, embora seja possível utilizar o modelo neozelandês como parâmetro para aperfeiçoar o sistema tributário, na esperança de que o tributo não seja visto como empecilho ao desenvolvimento da economia nacional e ao fomento das necessidades humanas, fundamentos e objetivos primordiais da República, na forma dos arts. 1º e 3º da Constituição Federal[88].

---

[87] "Art. 150. Sem prejuízo de outras garantias asseguradas ao contribuinte, é vedado à União, aos Estados, ao Distrito Federal e aos Municípios: I – exigir ou aumentar tributo sem lei que o estabeleça; II – instituir tratamento desigual entre contribuintes que se encontrem em situação equivalente, proibida qualquer distinção em razão de ocupação profissional ou função por eles exercida, independentemente da denominação jurídica dos rendimentos, títulos ou direitos; III – cobrar tributos: a) em relação a fatos geradores ocorridos antes do início da vigência da lei que os houver instituído ou aumentado; b) no mesmo exercício financeiro em que haja sido publicada a lei que os instituiu ou aumentou; c) antes de decorridos noventa dias da data em que haja sido publicada a lei que os instituiu ou aumentou, observado o disposto na alínea b; IV – utilizar tributo com efeito de confisco; V – estabelecer limitações ao tráfego de pessoas ou bens, por meio de tributos interestaduais ou intermunicipais, ressalvada a cobrança de pedágio pela utilização de vias conservadas pelo Poder Público; VI – instituir impostos sobre: a) patrimônio, renda ou serviços, uns dos outros; b) templos de qualquer culto; c) patrimônio, renda ou serviços dos partidos políticos, inclusive suas fundações, das entidades sindicais dos trabalhadores, das instituições de educação e de assistência social, sem fins lucrativos, atendidos os requisitos da lei; d) livros, jornais, periódicos e o papel destinado a sua impressão; e) fonogramas e videofonogramas musicais produzidos no Brasil contendo obras musicais ou literomusicais de autores brasileiros e/ou obras em geral interpretadas por artistas brasileiros bem como os suportes materiais ou arquivos digitais que os contenham, salvo na etapa de replicação industrial de mídias ópticas de leitura a laser."

[88] "Art. 1º A República Federativa do Brasil, formada pela união indissolúvel dos Estados e Municípios e do Distrito Federal, constitui-se em Estado Democrático de Direito e tem como fundamentos: I – a soberania; II – a cidadania; III – a dignidade da pessoa humana; IV – os valores sociais do trabalho e da livre iniciativa; V – o pluralismo político.
(...)
Art. 3º Constituem objetivos fundamentais da República Federativa do Brasil: I – construir uma sociedade livre, justa e solidária; II – garantir o desenvolvimento nacional; III – erradicar a pobreza e a marginalização e reduzir as desigualdades sociais e regionais; IV – promover o

Referências

BRASIL. Câmara dos Deputados. *PEC 45/2019* – Proposta de Emenda à Constituição. Disponível em: <https://www.camara.leg.br/proposicoesWeb/fichadetramitacao?idProposicao=2196833>. Acesso em: 01.03.2020.

__. Instituto Brasileiro de Geografia e Estatística – IBGE. *Panorama*. Disponível em: <https://cidades.ibge.gov.br/brasil/panorama>. Acesso em: 28.02.2020.

__. Instituto Brasileiro de Geografia e Estatística – IBGE. *Estimativas da população residente no Brasil e unidades da federação com data de referência em 1º de julho de 2019.* Disponível em: <ftp://ftp.ibge.gov.br/Estimativas_de_Populacao/Estimativas_2019/estimativa_TCU_2019_20200116.pdf>. Acesso em: 28.02.2020)

__. Instituto Brasileiro de Geografia e Estatística – IBGE. *Quadro geográfico de referência para produção, análise e disseminação de estatísticas.* Rio de Janeiro: IBGE, 2019. Disponível em: <https://biblioteca.ibge.gov.br/visualizacao/livros/liv101652.pdf>. Acesso em: 28/02/2020.

__. Ministério das Relações Exteriores. *Nova Zelândia*. Disponível em: <http://www.itamaraty.gov.br/pt-BR/ficha-pais/5612-nova-zelandia>. Acesso em: 01.03.2020.

__. Secretaria da Receita Federal do Brasil. *Acordos de complementação econômica.* Disponível em: <http://receita.economia.gov.br/acesso-rapido/legislacao/acordos-internacionais/acordos-de-complementacao-economica/acordos-de-complementacao-economica>. Acesso em: 01.03.2020.

__. Secretaria da Receita Federal do Brasil. *Acordos de cooperação aduaneira.* Disponível em: <http://receita.economia.gov.br/acesso-rapido/legislacao/acordos-internacionais/acordos-de-cooperacao-aduaneira/acordos-de-cooperacao-aduaneira>. Acesso em: 01.03.2020.

__. Secretaria da Receita Federal do Brasil. *Acordos para evitar a dupla tributação e prevenir a evasão fiscal.* Disponível em: <http://receita.economia.gov.br/acesso-rapido/legislacao/acordos-internacionais/acordos-para-evitar-a-dupla-tributacao/acordos-para-evitar-a-dupla-tributacao>. Acesso em: 01.03.2020.

__. Secretaria da Receita Federal do Brasil. *Acordos para intercâmbio de informações relativas a tributos.* Disponível em: <http://receita.economia.gov.br/acesso-rapido/legislacao/acordos-internacionais/acordos-para-intercambio-de-informacoes-relativas-a-tributos/acordos-para-intercambio-de-informacoes-relativas-a-tributos>. Acesso em: 01.03.2020.

BURG, David F. *A world history of tax rebellions*: an encyclopedia of tax rebels, revolts, and riots from antiquity to the present. Nova Iorque: Routledge, 2004.

bem de todos, sem preconceitos de origem, raça, sexo, cor, idade e quaisquer outras formas de discriminação."

CONTABILIDADE NA TV. *Bernard Appy debate proposta de Reforma Tributária baseada em imposto único sobre bens e serviços*. Publicado em 16.05.2019. Disponível em: <https://www.contabilidadenatv.com.br/2019/05/bernard-appy-debate-proposta-de-reforma-tributaria-baseada-em-imposto-unico-sobre-bens-e-servicos/>. Acesso em: 01.03.2020.

EY. *New Zealand Government to "seriously consider" a Digital Services Tax*. In: Indirect Tax Alert. Publicado em 05.06.2019. Disponível em: <https://www.ey.com/gl/en/services/tax/international-tax/alert--new-zealand-government-to-seriously--consider-a-digital-services-tax>. Acesso em: 01.03.2020.

GLAZEBROOK, Susan. *Tax and the Courts*. Disponível em: <https://www.courtsofnz.govt.nz/assets/speechpapers/hjjh.pdf>. Acesso em: 23.03.2020.

GOLDSMITH, Paul. 'Taxes'. In: *Te Ara – the Encyclopedia of New Zealand*. Disponível em: <https://teara.govt.nz/en/taxes>. Acesso em: 03.02.2020.

GOLDSMITH, Paul. *Taxes – Gradual complication of the tax system – 1960 to 1984*. Disponível em: <https://teara.govt.nz/en/taxes/page-6>. Acesso em: 03.02.2020.

GOLDSMITH, Paul. *Taxes – Labour government reforms – 1984 to 1990*. Disponível em: <https://teara.govt.nz/en/taxes/page-7>. Acesso em: 03.02.2020.

JONE, Melinda. *Evaluating New Zealand's Tax Dispute Resolution System*: A Dispute Systems Design Perspective. Disponível em: <https://www.business.unsw.edu.au/About-Site/Schools-Site/Taxation-Business-Law-Site/Documents/Jone_Evaluating-NZs-Tax-Dispute-Resolution-System-Melinda-Jone.pdf>. Acesso em: 23.03.2020.

JOSEPH, Philip A.. JOSEPH, Thomas. 'Judicial system'. In: *Te Ara – the Encyclopedia of New Zealand*. Disponível em: <https://teara.govt.nz/en/judicial-system?source=inline>. Acesso em: 01.03.2020.

NOVA ZELÂNDIA. Inland Revenue. *IR 614*. Publicado em março 2019. Disponível em: <https://www.classic.ird.govt.nz/resources/b/c/bccdf4004ba3d313a262bf9e-f8e4b077/ir614.pdf>. Acesso em: 01.03.2020.

__. New Zealand Parliament. *Our system of government*. Disponível em: <https://www.parliament.nz/en/visit-and-learn/how-parliament-works/our-system-of--government/>. Acesso em: 29.02.2020.

__. *Options for taxing the digital economy – A Government discussion document*. Wellington: Policy and Strategy of Inland Revenue, 2019. Disponível em: <https://taxpolicy.ird.govt.nz/sites/default/files/2019-dd-digital-economy.pdf>. Acesso em: 01.03.2020.

__. Parliament Counsel Office. *Constitution Act 1986*. Disponível em: <http://www.legislation.govt.nz/act/public/1986/0114/latest/whole.html#DLM94204>. Acesso em: 01.03.2020.

__. Parliament Counsel Office. *Finance Act 1978*. Disponível em: <http://www.legislation.govt.nz/act/public/1978/0056/latest/096be8ed807bea94.pdf>. Acesso em: 01.03.2020.

___. Parliament Counsel Office. *Finance Act 1988*. Disponível em: <http://www.legislation.govt.nz/act/public/1988/0107/latest/096be8ed818022c6.pdf>. Acesso em: 01.03.2020.

___. Parliament Counsel Office. *Finance Act 1990*. Disponível em: <http://www.legislation.govt.nz/act/public/1990/0020/latest/096be8ed806dd1dc.pdf>. Acesso em: 01.03.2020.

___. Parliament Counsel Office. *Finance Act (No 2) 1990*. Disponível em <http://www.legislation.govt.nz/act/public/1990/0073/latest/096be8ed8128753b.pdf>. Acesso em 01.03.2020

___. Parliament Counsel Office. *Finance Act 1994*. Disponível em: <http://www.legislation.govt.nz/act/public/1994/0073/latest/096be8ed80cc6d44.pdf>. Acesso em: 01.03.2020.

___. Parliament Counsel Office. *Finance Act 1995*. Disponível em: <http://www.legislation.govt.nz/act/public/1995/0036/latest/096be8ed805f6f45.pdf>. Acesso em: 01.03.2020.

___. Parliament Counsel Office. *Goods and Services Tax Act 1985*. Disponível em: <http://www.legislation.govt.nz/act/public/1985/0141/latest/DLM81035.html>. Acesso em: 01.03.2020.

___. Parliament Counsel Office. *Public Finance Act 1989*. Disponível em: <http://www.legislation.govt.nz/act/public/1989/0044/latest/096be8ed81937bfc.pdf>. Acesso em: 01.03.2020.

___. Parliamentary Counsel Office. *New Zealand Bill of Rights Act 1990*. Disponível em: <http://www.legislation.govt.nz/act/public/1990/0109/latest/whole.html#DLM224792>. Acesso em: 03.01.2020.

___. Parliament Counsel Office. *Tax Administration Act 1994*. Disponível em: <http://www.legislation.govt.nz/act/public/1994/0166/latest/096be8ed8191a033.pdf>. Acesso em: 01.03.2020.

___. Parliament Counsel Office. *Income Tax Act 2007*. Disponível em: <http://www.legislation.govt.nz/act/public/2007/0097/latest/DLM1512301.html>. Acesso em: 01.03.2020.

___. Statz NZ. *Consumers price index (CPI)*. Disponível em: <https://www.stats.govt.nz/indicators/consumers-price-index-cpi>. Acesso em: 28.02.2020.

___. Statz NZ. *Estimated population of NZ*. Disponível em: <https://www.stats.govt.nz/indicators/population-of-nz>. Acesso em: 28.02.2020.

___. Statz NZ. *Gross domestic product (GDP)*. Disponível em: <https://www.stats.govt.nz/indicators/gross-domestic-product-gdp>. Acesso em: 28.02.2020.

___. Statz NZ. *Unemployment rate*. Disponível em: <https://www.stats.govt.nz/indicators/unemployment-rate>. Acesso em: 28.02.2020.

ORGANIZAÇÃO PARA A COOPERAÇÃO E DESENVOLVIMENTO ECONÔMICO – OCDE. *Revenue Statistics 2019 – New Zealand*. Disponível em: <https://www.oecd.org/tax/revenue-statistics-new-zealand.pdf>. Acesso em: 01.03.2020.

ROYAL, Te Ahukaramū Charles. 'Māori – The arrival of Europeans'. In: *Te Ara – the Encyclopedia of New Zealand*. Disponível em: <https://teara.govt.nz/en/maori/page-3>. Acesso em: 28.02.2020.

ROYAL, Te Ahukaramū Charles. 'Māori'. In: *Te Ara – the Encyclopedia of New Zealand*. Disponível em: <https://teara.govt.nz/en/maori>. Acesso em: 28.02.2020.

SAWYER, Adrian J. *A Comparison of New Zealand Taxpayers' Rights with Selected Civil Law and Common Law Countries* – Have New Zealand Taxpayers Been "Short-Changed"? Disponível em: <https://www.researchgate.net/publication/228128835_A_Comparison_of_New_Zealand_Taxpayers'_Rights_with_Selected_Civil_Law_and_Common_Law_Countries_-_Have_New_Zealand_Taxpayers_Been_'Short-Changed'>. Acesso em: 01.03.2020.

THE COMMONWEALTH. *New Zealand*. Disponível em: <https://thecommonwealth.org/our-member-countries/new-zealand>. Acesso em: 28.02.2020.

WILSON, John. Nation and government – The origins of nationhood. In: *Te Ara – the Encyclopedia of New Zealand*. Disponível em: <https://teara.govt.nz/en/nation-and-government/page-1>. Acesso em: 28.02.2020.

WILSON, John. Nation and government – From colony to nation. In: *Te Ara – the Encyclopedia of New Zealand*. Disponível em: <https://teara.govt.nz/en/nation-and-government/page-2>. Acesso em: 28.02.2020.

WILSON, John. 'Nation and government – System of government'. In: *Te Ara – the Encyclopedia of New Zealand*. Disponível em: <https://teara.govt.nz/en/nation-and-government/page-4>. Acesso em: 29.02.2020.

WILSON, John. 'Nation and government – The legal system'. In: *Te Ara – the Encyclopedia of New Zealand*. Disponível em: <https://teara.govt.nz/en/nation-and-government/page-7>. Acesso em: 29.02.2020.

WILSON, John. 'Nation and government – Local government'. In: *Te Ara – the Encyclopedia of New Zealand*. Disponível em: <https://teara.govt.nz/en/nation-and-government/page-8>. Acesso em: 01.03.2020.

21. O sistema tributário de Portugal

Vanessa Huckleberry Portella Siqueira

Introdução
Imbui-se o presente artigo do propósito de explorar as peculiaridades do Sistema Tributário Português, colocando luzes naquilo que lhe confere um caráter singular, não sem descurar das especificidades cujas benéficas reverberações poderiam ser transplantadas para o arcabouço jurídico brasileiro.

A ideia a perpassar o escrutínio ora proposto impele-nos a trazer à baila análises que apontem não apenas para os traços característicos imanentes à ordem tributária, a envolver, também, o percurso, ainda que expedito, pela estrutura orçamentária portuguesa, que à tributação encontra-se visceralmente atada, porquanto o planejamento de cunho programático, além de estar consubstanciado na lei orçamentária, agasalha a implementação de medidas de cunho tributário.

Afora isso, não menos propícia à intenção de que estamos a nos ocupar é a abordagem de aspectos concernentes ao comportamento das renúncias de receita, bem como a exploração de medidas de cunho financeiro, tão caras ao mote do planejamento-programático, abarcando o destrinchar de características regionais e políticas, a par das especificidades de cunho econômico e governamental.

Ao fim e ao cabo, incumbir-nos-emos de examinar os diferenciais distintivos de Portugal em cotejo com as vicissitudes inerentes ao quadro sistêmico brasileiro, apontando as correlações porventura identificadas em ambos os arcabouços, sem prejuízo de sugerirmos o transplante para terras brasileiras de providências de cunho tributário e fiscal que, há muito, vem sendo manejadas com razoável dose de êxito em Portugal.

1. O talhe da Constituição da República Portuguesa

Discorrermos sobre o Sistema Tributário Português sem tecer palavra sobre o conjunto de acontecimentos que confluíram para que a Constituição da República Portuguesa apresentasse o talhe que lhe fora emprestado quando de sua promulgação, em 1976, seria tarefa impossível.

Com efeito, a Revolução de 25 de abril – alcunhada de Revolução dos Cravos e deflagrada no ano de 1974 – foi levada a cabo pelo MFA (Movimento das Forças Armadas), o qual, ato contínuo, convencionou entregar o poder a uma Junta de Salvação Nacional (JSN) – órgão revolucionário –, presidida pelo General António de Spínola[1].

Como é cediço, o indigitado movimento, de molde a restabelecer as liberdades democráticas, acabou por derrubar o regime salazarista em Portugal. No entanto, uma nova Constituição da República tão somente fora promulgada em 1976.

Neste compasso, não foram poucos os textos constitucionais que se prestaram a inspirar o legislador constituinte português de 1976, oportunidade em que vale registrar: a) no que tange à feição dos direitos fundamentais, a Constituição alemã; b) a Constituição francesa de 1958, essencial no desenho dos específicos contornos da figura do Presidente da República; c) a Constituição italiana de 1947, a impulsionar o reconhecimento da autonomia regional; e, por fim, d) a influência das Constituições dos países do leste europeu, essenciais ao estímulo da consagração dos direitos econômicos, sociais e culturais[2].

Sob o prisma do cenário naquela feita delineado, não se pode ignorar que uma das mais gravosas preocupações esboçadas pelo legislador constituinte recaía sobre a matéria financeira, razão por que se procurou estabelecer diretrizes gerais, de sorte a que fossem erguidos óbices suficientemente robustos a obstaculizar a abertura de caminho para um

---

[1] CÂMARA DOS DEPUTADOS. *Sistema Político Português*. Disponível em: <https://www2.camara.leg.br/atividade-legislativa/comissoes/comissoes-temporarias/especiais/54a-legislatura/aprimoramento-das-instituicoes-brasileiras/arquivos/sistema-politico-portugues/view>. Acesso em: 06 abr 2020.
[2] Idem.

retorno ao uso arbitrário das receitas públicas pelo Chefe do Executivo, propósito este que vem sendo alcançado com razoável dose de êxito, à luz do que se extrai da firme estabilidade política de que goza o Estado português trinta anos após a redemocratização[3].

2. Características estruturais

Um exame, mesmo que perfunctório, do Sistema Tributário Português não poderia prescindir de uma breve digressão acerca das características estruturais, econômicas, políticas e governamentais de Portugal, mormente porque o arcabouço tributário assume compleição cujas propriedades derivam, em grande parte, destas características.

É o que doravante faremos, a começar pela investigação de dados afetos à extensão territorial.

Assim é que, no que concerne à dimensão territorial, impõe-se dizer que Portugal ostenta 92.212 quilômetros quadrados.

Já no que tange à renda média doméstica líquida *per capita*, essa é de US$ 21.203 por ano, inferior à média da Organização de Cooperação e de Desenvolvimento Econômico – OCDE, de US$ 33.604 por ano[4].

Alvissareira a informação no sentido de que Portugal logrou galgar posições na escala mensuradora do Índice de Desenvolvimento Humano – IDH das Nações Unidas, passando para o 41º lugar, mantendo-se na base do grupo dos países com o índice mais elevado[5].

Quanto à densidade demográfica, Portugal tem o equivalente a cerca de 5% (cinco por cento) *da população do Brasil* – país que, em 2019, contava com 210 milhões de habitantes[6]. Não é difícil concluir que, sob esta moldura, Portugal apresenta-se como um dos países menos populosos da União Europeia.

Nada obstante a evidência empírica ora desvelada, convém registrar que, ano a ano, a população de Portugal vem diminuindo gradativamente.

---

[3] SILVA, Rodrigo da Guia. *Orçamento Público em Portugal*. In: ABRAHAM, Marcus; PEREIRA, Vítor Pimentel (Orgs.). *Orçamento Público no Direito Comparado*. São Paulo: Quartier Latin, 2015.
[4] OECD. *Better Life Index. Portugal*. Disponível em: <https://www.oecdbetterlifeindex.org>. Acesso em: 06 abr. 2020.
[5] OBSERVADOR. *Portugal sobe uma posição para 41º lugar no ranking de desenvolvimento da ONU*. Disponível em: <https://www.observador.pt>. Acesso em: 06 abr. 2020.
[6] AGÊNCIA BRASIL. *Estimativa da população do Brasil passa de 210 milhões, diz IBGE*. Disponível em: <https://www.agenciabrasil.ebc.com.br>. Acesso em: 06 de abr 2020.

Ainda assim, os dados demográficos do país vêm sofrendo uma expressiva alteração ocasionada principalmente pelo aumento da imigração[7].

Segundo a Fundação PORDATA, atualmente, a população residente em Portugal é de *10 milhões e 259 mil pessoas*[8].

Ainda de acordo com as informações disponibilizadas pelo INE, a população de Portugal, desde 2011, vem reduzindo gradualmente. No ano de 2017, o quantitativo de redução perfez 18 mil pessoas, um crescimento efetivo negativo de 0,18% em relação ao ano anterior. Na eventualidade de se ver mantida a cadência ora observada, Portugal deixará de ostentar, já em 2033, a cifra de 10 milhões de habitantes[9].

De se notar que os dados de envelhecimento demográfico da população do país seguem em franca ascensão. De modo a que possamos minimamente inferir o que isto significa, basta imaginarmos que, em 2018, o contingente populacional com menos de 15 anos diminuiu para 1.423.896 (um saldo negativo de 18.520), ao passo que a população com idade igual ou superior a 65 anos recrudesceu na ordem de 36.634 pessoas, resultando num total de 2.213.274 pessoas. Os números desvelados retratam, respectivamente, 13,8% e 21,5% da população total[10].

A perspectiva, diante do quadro evidenciado, é a de que o declínio populacional e o envelhecimento demográfico se acirrarão, estimando-se que o número de jovens diminuirá de 1,4 para 0,9 milhões e o de idosos, de 2,2 para 2,8 milhões nos próximos anos[11].

3. Características econômicas, políticas e governamentais

Dos termos da Constituição Portuguesa, depreende-se, logo no corpo do seu artigo inaugural, que a forma de governo é a República[12].

---

[7] EXPRESSO. *Imigração para Portugal já cresceu 18% em 2019*. Disponível em: <https://www.expresso.pt>. Acesso em: 06 abr. 2020.

[8] FUNDAÇÃO PORDATA. Disponível em: <https://www.pordata.pt>. Acesso em: 06 abr. 2020.

[9] INSTITUTO NACIONAL DE ESTATÍSTICA. *Redução da população residente em 2018 menor que a de 2017-2018*. Disponível em: <http://www.ine.pt>. Acesso em: 06 abr. 2020.

[10] Idem.

[11] Idem.

[12] Artigo 1º (República Portuguesa) Portugal é uma República soberana, baseada na dignidade da pessoa humana e na vontade popular e empenhada na construção de uma sociedade livre, justa e solidária.

De outra parte, quanto ao sistema de governo, a Constituição de 1976 consagra o sistema parlamentarista, relevando observar que a característica fundamental do sistema parlamentarista de governo é a existência de um Executivo dual (Chefe de Estado e Chefe de Governo).

Nesta toada, o Chefe de Estado embute-se no arquétipo do Presidente da República, representante legítimo do Estado e garantidor da unidade e independência nacionais (art. 120º da CRP), à medida que o Chefe de Governo é representado pelo Primeiro-Ministro, figura responsável, a um só tempo, pela condução da política geral do país e pelo exercício do comando superior da Administração Pública (arts. 182º e 183º da CRP).

A interdependência entre Executivo e Legislativo é abissal, o que se comprova diante da circunstância de a Constituição prever a demissão do Governo em caso de rejeição de uma moção de confiança ou de aprovação de uma moção de censura pela Assembleia da República (art. 195º, §1º, "e" e "f", da CRP), bem como pelo fato de chancelar a dissolução desta última, em hipóteses restritas, pelo Presidente da República (art. 133º, "e", da CRP)[13].

Não custa asseverar que o Presidente da República (PR) e os Deputados da Assembleia da República (AR) são eleitos por sufrágio direto, secreto e universal, sendo certo que não há previsão constitucional contemplando aquilo que, em terras brasileiras, equivaleria o Senado, revelando a adoção de uma solução unicameral.

O Premiê de Portugal, António Costa, foi reeleito em outubro de 2019, catapultado ao cargo máximo da nação ante os excelentes resultados colhidos da economia.

O sistema político português não apenas resistiu à fortíssima crise de 2009 como ao duro ajuste fiscal desde então implementado, não tendo sofrido a fragmentação de que padeceram outros países.

Quanto à moldura institucional, Portugal assume a forma de Estado unitário[14]. No que concerne ao sistema político, a organização do poder

---

[13] SILVA, Rodrigo da Guia. op. cit.
[14] Artigo 6º (Estado unitário)
1. O Estado é unitário e respeita na sua organização e funcionamento o regime autonómico insular e os princípios da subsidiariedade, da autonomia das autarquias locais e da descentralização democrática da administração pública.
2. Os arquipélagos dos Açores e da Madeira constituem regiões autónomas dotadas de estatutos político-administrativos e de órgãos de governo próprio.

político tem a sua previsão constitucional espelhada nos artigos 108º a 111º da Constituição da República Portuguesa (CRP), do que se extrai que o poder político pertence ao povo e é exercido nos termos da Constituição, antepondo-se como "órgãos de soberania o Presidente da República, a Assembleia da República, o Governo e os Tribunais."

O regime de governo é a democracia[15], assumindo o Governo a qualidade de órgão de condução da política geral do país e órgão superior da Administração Pública (artigo 182º da CRP).

Nesta ordem de ideias, o Primeiro-Ministro é nomeado pelo Presidente da República, ouvidos os partidos com representação na Assembleia da República, sempre tomando por base os resultados eleitorais. Com relação ao restante dos membros do Governo, a nomeação dar-se-á pelo Presidente da República, sob proposta a ser apresentada pelo Primeiro-Ministro.

No Programa de Governo constarão as principais orientações políticas e medidas a adotar nos diversos domínios da atividade governamental. O Governo responde perante o Presidente da República e a Assembleia da República, conforme se infere do artigo 190º da CRP.

Nada obstante o Governo seja responsável perante a Assembleia da República, para a qual deve apresentar o Programa de Governo sufragado nas urnas, não este carece de uma expressa investidura parlamentar através de um voto de confiança.

Por outro lado, o Governo, sendo nomeado pelo Presidente da República, também é perante este responsável, podendo ser exonerado por ele independentemente de desconfiança parlamentar, muito embora sob condições assaz restritas, consoante se depreende do teor do artigo 133º, "g", da CRP, c/c o nº. 2 do artigo 195º.

No seio das relações travadas entre o Governo e a Assembleia da República, muito embora o supedâneo daquele não encontre guarida no escrutínio que subsidia o Parlamento, tampouco tenha necessidade de gozar da sua confiança positiva, impõe-se constatar que, contra ela ou sob o rótulo de sua desconfiança, de maneira alguma pode subsistir.

---

[15] Artigo 2º (Estado de direito democrático) A República Portuguesa é um Estado de direito democrático, baseado na soberania popular, no pluralismo de expressão e organização política democráticas, no respeito e na garantia de efectivação dos direitos e liberdades fundamentais e na separação e interdependência de poderes, visando a realização da democracia económica, social e cultural e o aprofundamento da democracia participativa.

4. Relação entre carga tributária/PIB

A carga tributária portuguesa corresponde a 35,4% do PIB. Assim é que, como proporção do PIB, o país atingiu, ano passado, a maior carga fiscal de que se teve notícia, embora ainda esteja abaixo da média europeia, que ronda os 39,4%, segundo o INE[16].

Em 2018, dentre os 28 Estados-Membros da União Europeia, Portugal foi o 12º com menor carga fiscal, um pouco acima da Espanha (34,7%), mas inferior, por exemplo, à Grécia (38,7%) e à Itália (41,9%)[17].

O *maior impulso* adveio do imposto mais importante de todos: o *IVA*.

O *segundo maior impulso* à receita advém da *Seguridade Social*, o que se explica pelo aumento do emprego. Com efeito, as chamadas "contribuições sociais efetivas dos empregadores" – tributo suportado pelas empresas, incidente a uma alíquota de 23,75% sobre os salários brutos dos seus trabalhadores – conferiram ao atual governo, desde o começo da legislatura, mais 1,9 bilhões de euros, totalizando 11,1 bilhões de euros no final de 2018[18].

A *tributação do lucro das empresas* (Imposto sobre o Rendimento das Pessoas Coletivas ou IRC) correspondeu à *terceira maior contribuição*, equivalente a 1,1 bilhões de euros[19].

E as *contribuições pagas pelas famílias e pelos trabalhadores para a Seguridade Social* foram responsáveis pela *quarta maior* arrecadação, com 1,1 bilhões de euros adicionais entre 2015 e 2018[20].

No extremo oposto, estão as mais marcantes perdas de receita. Vejamos.

A *tributação sobre o Fundo de Resolução* – que continua a emprestar milhões de euros do contribuinte ao Novo Banco – caiu mais de 100 milhões de euros em três anos, baixando para um total penas 60,5 milhões de euros no final de 2018[21].

---

[16] INSTITUTO NACIONAL DE ESTATÍSTICA. *Carga fiscal atingiu 35,4% do PIB*. Disponível em: <http://www.ine.pt>. Acesso em: 06 abr. 2020.
[17] Idem.
[18] AICEP PORTUGAL GLOBAL – Agência do Governo Português. *Sistema Fiscal*. Disponível em: <http://www.portugalglobal.pt>. Acesso em: 06 abr. 2020.
[19] Idem.
[20] Idem.
[21] Idem.

Outros tributos em relação aos quais a arrecadação arrefeceu foram a *contribuição sobre a indústria farmacêutica*, que recuou 26 milhões de euros, e a *taxa municipal de proteção civil*, cuja receita regrediu em quase 13 milhões de euros em três anos[22].

Merece destaque, ademais, a *taxa dos sacos de plástico* (contribuição sobre os sacos de plástico leves de produção nacional), que desceu um milhão de euros, um possível reflexo da forte queda no uso de plásticos em Portugal[23].

O PIB de Portugal vem crescendo desde 2014, muito embora o período de expansão da economia esteja dando sinais de estancamento. O governo prevê crescimento de 1,7% para este ano, enquanto a Organização para a Cooperação e o Desenvolvimento Econômico (OCDE) fala em alta de 1,8% do PIB. Semelhantes números são explicados, em parte, pela fraca demanda interna e pela desaceleração na Europa, o que prejudica as exportações portuguesas[24].

A consultoria *Oxford Economics* prevê que os gastos das famílias estão enfraquecendo[25]: cresceram 2,6% em 2018 e subiram 2,2% em 2019. E o ciclo de queda do desemprego parece estar chegando ao fim, a indicar menos força no consumo doméstico. Aliada a isso está a fraqueza das maiores economias da Europa, mesmo porque muitos países da região vêm desacelerando desde 2017, e Portugal deve seguir o mesmo caminho.

A participação das exportações no PIB cresceu de 25% para 40% nos últimos 18 anos. Cerca de 77% do total exportado por Portugal têm como destino o bloco europeu. Com menor crescimento dos vizinhos, estima-se que o crescimento das exportações de bens e serviços igualmente recue[26].

Frente ao processo de desaceleração da economia, o principal desafio de Portugal ainda concerne à redução de sua dívida pública. Muito embora a dívida tenha diminuído nos últimos anos, situa-se a mesma no patamar

---

[22] Idem.
[23] Idem.
[24] Idem.
[25] VALOR ECONÔMICO. *Após retomada, Portugal prevê novo impulso*. Disponível em: <http://www.valor.globo.com>. Acesso em: 06 abr. 2020.
[26] Idem.

de 121,5% do PIB e é, convém consignar, a terceira maior da zona do euro, atrás apenas da Grécia (181,1%) e da Itália (132,2%)[27].

A dívida neste patamar representa pressão significativa e implica políticas orçamentárias muito restritas.

No longo prazo, o país tem como obstáculos ao crescimento a baixa produtividade e problemas demográficos, como o envelhecimento populacional e a fuga de mão de obra qualificada.

As reformas estruturais de 2011 a 2014 aumentaram o fluxo de investimentos e fizeram o país subir 19 posições no ranking geral do *Doing Business*, do Banco Mundial – de 48º em 2009 para 29º em 2019, de um total de 190[28].

De toda sorte, o desafio mais contundente será o de fazer migrar os investimentos em infraestrutura para os setores mais produtivos, porquanto um baixo nível de produtividade significa crescimento econômico limitado no longo prazo, mormente porque o perfil demográfico de Portugal, como já se mencionou, não é favorável.

A combinação de uma população que envelhece rapidamente com a emigração de trabalhadores capacitados aponta para um encolhimento da oferta de mão de obra nos próximos anos.

5. Normas tributárias na Constituição e na legislação

Relativamente às normas tributárias estampadas na Constituição Portuguesa, primordial trazer à baila o artigo 103º, cujo substrato versa sobre o Sistema Fiscal Português, voltado, por sua vez, à satisfação das necessidades financeiras do Estado e outras entidades públicas, propugnando, outrossim, por uma repartição justa dos rendimentos e da riqueza.

Em adendo, consagrando o princípio da legalidade, a Constituição da República impõe que os impostos sejam criados por lei, a qual determinará a incidência, a taxa, os benefícios fiscais e as garantias dos contribuintes.

De outra parte, ninguém poderá ser obrigado a pagar impostos que não haja sido criados nos termos da Constituição ou que porventura

---

[27] OBSERVADOR. *Dívida Pública baixa para 121,5% do PIB no final de 2018*. Disponível em: <https://www.observador.pt>. Acesso em: 06 abr. 2020.
[28] VALOR ECONÔMICO. *Após retomada, Portugal prevê novo impulso*. Disponível em: <http://www.valor.globo.com>. Acesso em: 06 abr. 2020.

possam ostentar natureza retroativa ou cuja liquidação e cobrança se não façam nos termos da lei.

Mais adiante, notadamente em seu artigo 104º, a Constituição se incumbe de reger o imposto sobre o rendimento pessoal, porquanto se destinará à diminuição das desigualdades, a par de ser único e progressivo, não sem deixar de tomar em conta as necessidades e os rendimentos do agregado familiar.

No que se refere às empresas, procura a Carta Constitucional garantir que a tributação incidirá fundamentalmente sobre o seu rendimento real.

Colocando luzes sobre a isonomia, a Constituição procura assegurar que a tributação do patrimônio não pode prescindir de contribuir para a igualdade entre os cidadãos.

Finalmente, a tributação incidente sobre o consumo guardará como objetivo adaptar o arquétipo do consumo à evolução das necessidades do desenvolvimento econômico e da justiça social, devendo onerar as atividades consumeristas de luxo.

Quanto ao Sistema Tributário Nacional, cada tributo importante possui seu próprio Código.

A Lei Geral Tributária (LGT), semelhante ao Código Tributário Nacional brasileiro (CTN), se presta a fazer as vezes de diploma estrutural.

Há, ainda, um Código de Procedimento e de Processo Tributário (Decreto-Lei nº. 433, de 26 de outubro de 1999. Última atualização levada a cabo pela Lei nº. 119, 18 de setembro de 2019).

Em Portugal, os diplomas emanados da *Assembleia da República* assumem a designação de *Leis*, ao passo que os provindos do *Governo* guardam a designação de *Decretos-Lei*.

Sob o espectro dos contribuintes, o cálculo dos impostos em Portugal segue dinâmica infinitamente mais simples do que a estabelecida pelas leis brasileiras, sendo correto afirmar que o número de informes e obrigações acessórias existem em menor quantidade.

6. Princípios tributários

Quanto aos Princípios Constitucionais Tributários, vale consignar que, na Constituição estão consagrados os princípios constitucionais de tributação, ou seja, o legislador, ao criar as normas jurídicas de Direito Fiscal, deve aos mesmos obediência.

Do Princípio da Legalidade Tributária extrai-se que os impostos só podem ser criados por lei, ao passo que o Princípio da Reserva de Lei impõe que a lei criadora dos impostos emane, necessariamente, de um órgão dotado de competência legislativa, a invocar a reserva de lei formal e a reserva de lei material.

De outra parte, o Princípio da Segurança Jurídica confere aos cidadãos a possibilidade de tomar decisões com lastro numa moldura mínima de previsibilidade, limitando o legislador, no sentido de lhe impor a não elaboração de normas retroativas (desfavoráveis), bem como compelindo-o a respeitar a anterioridade quando da revogação de leis fiscais (favoráveis).

No que tange ao Princípio da Igualdade Tributária, desta diretiva depreende-se a necessidade de se tributar de forma desigual o que não é igual.

Afora os princípios constitucionais tributários, a Constituição da República Portuguesa agasalha o Princípio Republicano (art. 1º), o Princípio do Estado de Direito (art. 2º), o Princípio Democrático (art. 2º), o Princípio da Soberania Popular (art. 3º), o Princípio da Separação de Poderes (art. 111º) e o Princípio da Autonomia Regional (art. 6º).

7. Espécies tributárias[29]

Quanto aos principais tributos (municipais e regionais), são duas as esferas a legislar sobre impostos: governo central e autarquias (municípios). Ademais, Portugal possui somente 13 impostos, taxas e contribuições[30].

De modo a melhor compreendermos essa divisão, releva observar que Casalta Nabais classifica quantitativamente as espécies tributárias em dois grupos, impostos e outros tributos – que hão de polarizar-se ou conduzir-se à figura das taxas –, abraçando, pois, a divisão dicotômica[31].

Os impostos estão subordinados a um exigente princípio da legalidade e são materialmente testáveis através do princípio da capacidade contributiva. De outra parte, as taxas são compatíveis com uma legalidade mais

---

[29] AUTORIDADE ADUANEIRA E TRIBUTÁRIA. Disponível em: <https://www.portaldasfinancas.gov.pt>. Acesso em: 06 abr. 2020.
[30] PORTUGAL FÁCIL. *Tributos Brasil x Portugal* – Alguns contrastes e algumas semelhanças. Disponível em: <http://www.portugalfacil.com.br>. Acesso em: 06 abr. 2020.
[31] NABAIS, Casalta. *O Dever Fundamental de Pagar Impostos*: contributo para a compreensão constitucional do Estado fiscal contemporâneo. 3ª reimpressão. Coimbra: Almedina, 2012.

tênue e flexível, porquanto estão atreladas à ideia de proporcionalidade entre a prestação e a contraprestação sobre a qual repousam[32].

7.1. Impostos sobre o patrimônio
- IMI - O *Imposto Municipal sobre Imóveis* constitui receita dos Municípios nos quais os imóveis se localizam e incide sobre o valor patrimonial tributário dos prédios (rústicos, urbanos ou mistos) em território português;
- Adicional ao IMI - *Imposto Adicional ao IMI*, incidente sobre os imóveis mais valiosos;
- IMT - O *Imposto Municipal sobre as Transmissões Onerosas de Imóveis*, tributando as transmissões do direito de propriedade sobre bens imóveis em território nacional.

7.2. Impostos sobre o consumo ou a despesa
- IVA - O *Imposto de Valor Acrescentado* incide sobre transmissões de bens e prestações de serviços, importações de bens, operações intercomunitárias, realizadas em território nacional;
- IS - O *Imposto de Selo* é exigido mediante um valor fixo ou pela aplicação de uma taxa ao valor do ato ou contrato. Aplica-se a todos os atos não sujeitos ao IVA. Fadado a cair em desuso.

7.3. Impostos sobre o rendimento
- IRS - O *Imposto sobre o Rendimento de Pessoas Singulares* incide sobre o valor anual dos rendimentos, consoante as categorias, depois de efetuadas as respetivas deduções e abatimentos. Os rendimentos ficam sempre sujeitos à tributação, independentemente do local, moeda ou forma pela qual são obtidos;
- IRC - O *Imposto sobre o Rendimento de Pessoas Coletivas* é aplicado ao rendimento das empresas atuantes em território português e incide sobre os rendimentos obtidos no período de tributação, pelos respetivos sujeitos passivos;
- Derrama - O *Derrama* é um imposto que varia consoante o Município e é pago juntamente com o IRC.

---

[32] Idem.

7.4. Impostos especiais sobre o consumo
- IABA – O *Imposto sobre o Álcool e as Bebidas Alcoólicas* incide sobre cervejas, vinhos e outras bebidas fermentadas, produtos intermédios, bebidas espirituosas/alcoólicas e álcool etílico;
- ISP – O *Imposto Sobre os Produtos Petrolíferos e Energéticos* incide sobre produtos petrolíferos e energéticos, produtos usados como carburante destinados a venda e consumo, outros hidrocarbonetos (com exceção da turfa e do gás natural) destinados à venda ou ao consumo como combustível;
- IT – O *Imposto sobre o Tabaco* incide sobre charutos, cigarrilhas, cigarros e diferentes tipos de tabaco.

7.5. Tributação do automóvel
- ISV – O *Imposto Sobre Veículos* é pago apenas uma vez, por ocasião da primeira matrícula do veículo. Nos veículos mais recentes, o valor já se encontra embutido no preço da venda. Nos veículos importados, o imposto é pago pelo importador. O ISV incide sobre automóveis ligeiros de passageiros, de utilização mista, de mercadorias, de passageiros com mais de 3.500Kg e com lotação superior a nove lugares, autocaravanas, motociclos, triciclos e quadriciclos;
- IUC – O *Imposto Único de Circulação* tributa os veículos matriculados em Portugal, sendo que o pagamento acontece sempre no mês da matrícula do veículo ou no mês anterior, até o abatimento do mesmo;
- Adicional de IUC – O *Imposto Adicional de IUC* aplica-se aos veículos mais poluentes comprados em Portugal, a partir de janeiro de 2017.

8. Modelo de incidência predominante: consumo
Os impostos indiretos respondem por uma grande fatia do dinheiro que o Estado arrecada dos contribuintes, ainda que de forma sutil, uma vez que fica diluído nos preços das mercadorias consumidas.

Na qualidade de principais Impostos Indiretos, podemos arrolar os seguintes:

IVA – O *Imposto de Valor Acrescentado* é, provavelmente, um dos impostos indiretos mais conhecidos pelos portugueses. Este imposto está incluído nos preços de praticamente todos os bens e serviços que adquirimos. O valor máximo do IVA em Portugal é de 23%, um dos mais altos da Europa.

IUC – O *Imposto Único de Circulação*, pago anualmente, aplica-se a quase todos os veículos motorizados terrestres e embarcações de recreio e aeronaves de uso particular. O objetivo é taxar os contribuintes pelo custo ambiental e viário por estes provocados. É calculado tomando-se em conta a categoria do veículo, o ano da matrícula em Portugal, o tipo de combustível e a cilindrada.

Adicional de IUC – O *Imposto Adicional de IUC* aplica-se aos veículos mais poluentes comprados em Portugal a partir de janeiro de 2017.

ISV – O *Imposto sobre Veículos* recai sobre a primeira matrícula de automóveis e motos. É pago no momento de compra, se for novo, ou no processo de legalização de um veículo importado, quer seja usado ou não.

IMT – O *Imposto Municipal sobre as Transmissões Onerosas de Imóveis* é cobrado diante de um contrato de compra e venda de imóveis.

ISSO – O *Imposto do Selo* visa à taxação de determinados atos, contratos ou negócios jurídicos e a emissão de alguns documentos, livros, papéis, títulos, entre outros.

ISP – O *Imposto sobre os Produtos Petrolíferos e Energéticos* é um dos Impostos Especiais de Consumo sobre os quais houve um aumento generalizado na ordem dos 1,4%. O *ISP* incide sobre a gasolina, o gasóleo, o gás propano e butano, o petróleo e o GPL, que se destinem à venda ou ao consumo como carburante ou como combustível, com exceção da turfa e do gás natural.

IT – O *Imposto sobre o Tabaco* incide sobre charutos, cigarrilhas, cigarros e diferentes tipos de tabaco.

IABA – O *Imposto sobre o Álcool e as Bebidas Alcoólicas* incide sobre cervejas, vinhos e outras bebidas fermentadas, produtos intermédios, bebidas espirituosas/alcoólicas e álcool etílico.

9. Benefícios fiscais

São mais de 500 benefícios fiscais espraiados pelos vários impostos, mas com especial incidência no IRS (Imposto sobre o Rendimento de Pessoas Singulares) e no IRC (Imposto sobre o Rendimento de Pessoas Coletivas). Os benefícios fiscais representam uma despesa para o Estado de quase 4 bilhões de euros anuais, o equivalente a 2% do Produto Interno Bruto (PIB)[33].

---

[33] OBSERVADOR. *Há mais de 500 benefícios fiscais e um quinto não tem um objetivo definido*. Disponível em: <https://www.observador.pt>. Acesso em: 06 abr. 2020.

No entanto, mais de 100 benefícios não têm um objetivo econômico, social ou outro definido fora do quadro fiscal.

O relatório *Os Benefícios Fiscais em Portugal* – encomendado pelo Ministério das Finanças – revela que nem sempre o Fisco sabe a quantos beneficiários chegam tais benesses, fato a inviabilizar a aferição de sua eficácia.

O elevado número destes mecanismos "traduz uma **aparente facilidade**" na sua concessão. Os motivos de natureza política – muitas vezes desprovidos de uma adequada fundamentação técnica – que subjazem à criação dos benefícios fiscais podem ser contrários à necessidade de simplificação do sistema fiscal e da obrigatoriedade de controle da despesa pública.

Defende-se, de igual forma, que a sua concessão deva ser previamente avaliada e quantificada em termos de impacto orçamentário, aliada a uma nova avaliação – a ser levada a efeito **por uma entidade técnica independente** –, que culmine numa eventual **revisão de cinco em cinco anos.**

Estas são algumas das conclusões do relatório coordenado por Francisca Guedes de Oliveira, entregue ao Secretário de Estado dos Assuntos Fiscais, António Mendonça Mendes. O raio-X recentemente divulgado tão somente poderá produzir efeitos numa próxima legislatura, tendo sido defendido como o primeiro passo para um trabalho de reavaliação dos benefícios fiscais[34].

Em segunda linha, estão os benefícios concedidos **em sede de IRS,** tendo o Governo assumido o compromisso de neutralidade fiscal deste exercício.

Superficial análise do Orçamento do Estado revela que as receitas fiscais que não são cobradas em função dos benefícios – ou taxas reduzidas – representam 6% do Produto Interno Bruto (PIB). As receitas que deixam de ser cobradas perfazem o total de 11 bilhões de euros, um valor significativamente superior ao Orçamento do Ministério da Educação e até mesmo do Ministério da Saúde.

Para além da dimensão do valor, o relatório identificou 542 benefícios fiscais, concentrados, sobretudo, nos impostos diretos – o IRS (147) e o IRC (121).

---

[34] Idem.

O relatório apresenta um diagnóstico sintético das ***principais falhas identificadas*, dentre as quais podemos arrolar a extrema complexidade do** sistema, aliada à falta de transparência e ao excesso de renúncias de receita (mais de 500 benefícios fiscais); sem contar que não são previstas medidas de compensação aptas a amainar o rombo ocasionado pelo benefício.

Em suma, o que se desvela é a falta de clareza do objetivo extrafiscal dos benefícios, conceito que abarca objetos de política econômica ou social exteriores ao sistema fiscal.

No que se refere a muitos dos benefícios, não há valores apurados, sendo certo que não existe mensuração de impacto em quase 80% dos benefícios em sede de IRS, e em mais de 50% dos benefícios em sede de IRC, fato a dificultar a avaliação da eficácia e/ou eficiência do instrumento respectivo[35].

O IRS é o imposto que concentra a maior fatia de benefícios fiscais, gerando questões sobre a sua eficácia, mesmo porque quase metade das famílias portuguesas não paga o imposto. A mesma dúvida é colocada em relação ao IRC, na medida em que um terço das empresas não paga imposto sobre o lucro.

O benefício concedido em mais da metade dos casos é a isenção tributária. Em matéria de funções, o apoio à atividade econômica e industrial são as funções que mobilizam mais benefícios.

Não há indicadores de desempenho que permitam avaliar a eficácia do benefício. Face ao objetivo principal de repor ou equilibrar rendimento para quem tem menos capacidade de gerar, e considerando que quem não paga IRS não tem acesso a tais benefícios, **sugere-se a opção pela despesa direta**, cujos efeitos chegariam a todos.

O relatório dedica uma atenção especial a um dos benefícios mais polêmicos dos últimos anos: **o regime fiscal para residentes não habituais.** Os números mostram um crescimento acelerado do número de beneficiários, cerca de 1.400% entre 2014 e 2018.

Propõe-se a concepção de uma metodologia para acompanhar os benefícios fiscais, a começar pela definição de alguns princípios orientadores atinentes à criação e à fiscalização dos benefícios, respeitando, por óbvio, o princípio da proporcionalidade. Tal avaliação deverá ser levada a efeito

---

[35] Idem.

antes da sua criação, a envolver a exposição dos motivos que justificam o privilégio, bem como o seu impacto orçamentário. Próximo ao seu prazo de caducidade, deverá ser feita outra avaliação[36].

Propõe-se, ainda, a constituição de uma unidade técnica independente, que se incumbiria de proceder a avaliações permanentes – de cinco em cinco anos – dos benefícios fiscais. Caberia a esta unidade técnica fazer uma avaliação, de forma progressiva, de todos os benefícios.

Ademais, uma das ocorrências a deflagrar avaliação acerca da eficácia do benefício seria a **verificação de uma grande concentração de despesa fiscal num imposto que ostente um número reduzido de contribuintes**. Ainda em matéria de reavaliação, o relatório propõe seja ponderada a substituição de alguns benefícios por despesas públicas diretas.

Igualmente, defende-se um enquadramento orgânico do benefício respectivo, no sentido de levar os ministérios a assumirem responsabilidades no controle da despesa pública, mesmo porque, ao não serem imputados aos ministérios, os benefícios funcionam como bandeiras políticas, sem a correspondente responsabilização pelos seus custos.

10. Tributação de alta tecnologia

A Comissão Europeia apresentou, dia 21 de março último, um pacote legislativo (mais especificamente, duas Propostas de Diretiva), que procura responder às dificuldades identificadas na legislação fiscal em vigor, a qual se afigura manifestamente ultrapassada face às particularidades da economia digital.

Embora a Comissão Europeia venha colaborando de perto com a Organização para a Cooperação e Desenvolvimento Econômico (OCDE), que se assume como "fórum preferencial" relativamente às alterações respeitantes à "Economia Digital" com impacto global, alcançar um consenso entre todos os intervenientes no processo é particularmente difícil.

De fato, as empresas digitais europeias encontram-se atualmente sujeitas a uma taxa de tributação efetiva média correspondente, grosso modo, à metade da taxa de tributação efetiva aplicável às empresas que integram a designada economia tradicional.

---

[36] Idem.

10.1. O novo *estabelecimento estável digital*

A *primeira proposta* abraçada pela Comissão Europeia como uma solução a longo prazo procura *modificar a noção de Estabelecimento Estável na União Europeia*.

As novas regras visam garantir a tributação dos lucros auferidos nos respectivos territórios, ainda que as empresas não estejam fisicamente presentes nestes territórios. Para tanto, a Comissão Europeia intentará a implementação de novas regras aptas a permitir a compreensão daquilo que deva conceber-se por "presença digital", bem como incorporará novas regras de imputação de lucros na legislação doméstica e nas convenções de dupla-tributação celebradas pelos Estados-Membros[37].

Neste sentido, a Comissão Europeia considera existir uma *presença digital significativa* nas ocasiões nas quais lograr-se identificar alguma das circunstâncias adiante arroladas: (i) a ultrapassagem do limite equivalente a 7 milhões de euros de receitas anuais em determinado Estado-Membro; (ii) durante um determinado exercício fiscal, constatar-se um número de utilizadores superior a cem mil em determinado Estado-Membro; ou (iii) durante um determinado exercício fiscal, constatar-se a celebração de mais de três mil contratos comerciais concernentes a serviços digitais com utilizadores empresariais[38].

10.2. O novo *digital services tax*

A *segunda proposta*, entendida pela Comissão Europeia como uma medida provisória, visa a *criação de um imposto incidente sobre determinadas receitas provenientes de atividades digitais*. Através da criação deste imposto, procurar-se-á responder a apelos de diversos Estados-Membros, garantindo receita fiscal decorrente de atividades que atualmente não a geram. Ademais, com a criação de um imposto ao nível europeu, pretende-se evitar medidas unilaterais por parte dos Estados-Membros.

O novo *Digital Service Tax* (DST) corresponderá a uma taxa de 3%[39], incidente sobre as receitas provenientes de determinadas atividades

---

[37] RFF ADVOGADOS ASSOCIADOS. *A Nova Tributação da Economia Digital na União Europeia.* Disponível em: <http://www.rrfadvogados.adv.br>. Acesso em: 06 abr. 2020.

[38] Idem.

[39] RIBEIRO, Inês. *O Estabelecimento Estável no contexto da Economia Digital* – Em especial, as Propostas da Comissão Europeia. 2019. 52 f. Dissertação (Mestrado em Direito)

digitais, sendo que apenas as empresas com receitas mundiais anuais que superem 750 milhões de euros e cujas receitas provenientes da União Europeia ascendam a 50 milhões de euros serão consideradas sujeitos passivos.

Os serviços digitais subsumidos à tributação em sede de DST serão determinados em atenção a modelos de negócio em relação aos quais os utilizadores desempenhem um papel fundamental na criação de valor, tais como: (i) venda de espaços publicitários em plataformas digitais voltadas aos utilizadores; (ii) atividades digitais que possibilitem a interação entre os seus utilizadores, facilitando a venda de bens e prestação de serviços entre estes; e (iii) transmissão de dados recolhidos a partir das informações provindas dos utilizadores e das atividades por eles desempenhadas[40].

A competência tributária situa-se na esfera dos Estados-Membros nos quais se localizam os utilizadores das plataformas.

Afigurando-se necessária a unanimidade quando da aprovação de ambas as Propostas de Diretiva, o processo legislativo se mostrará lento. Acaso aprovadas, tais alterações representarão uma realocação da receita fiscal, consectária esta da modificação do poder tributário dos Estados-Membros[41].

Segundo as estimativas publicadas pela Comissão Europeia, as receitas geradas pela aplicação da nova taxa de 3% baterão cifra de 5 bilhões de euros[42].

11. Orçamento público

A questão orçamentária ganhou relevo em Portugal ante a necessidade de superação da crise econômica pela qual o país passou, bem como em função dos crescentes esforços no âmbito comunitário, no sentido de pavimentar o terreno para a criação de orçamentos sustentáveis entre os países-membros da União Europeia.

– Faculdade de Direito, Universidade do Porto, 2019. Disponível em: <https://repositorio.ucp.pt/bitstream/10400.14/28658/1/In%C3%AAsRibeiro_O%20Estabelecimento%20Est%C3%A1vel%20no%20contexto%20da%20Economia%20Digital.pdf>. Acesso em: 06 abr 2020.

[40] RFF ADVOGADOS ASSOCIADOS. op. cit.
[41] Idem.
[42] Idem.

A Constituição da República Portuguesa atribui papel de destaque ao Poder Legislativo na atividade orçamentária, desde o processo da elaboração do orçamento até o controle de sua execução. Como no Brasil, o Governo carece de autorização política da Assembleia da República para a atuação financeira em cada ano.

O orçamento português é uma figura composta, a abarcar o orçamento do Estado e o orçamento da Seguridade Social.

As *Normas Gerais do Orçamento Público Português* vêm consubstanciadas na "Lei de Enquadramento Orçamental" (LEO) – Lei nº. 151/2015, papel semelhante ao desempenhado pela Lei nº. 4.320/1964 no Direito Financeiro brasileiro.

No que concerne à elaboração, o orçamento público português é misto, assim como o brasileiro, de cuja confecção participam o Poder Executivo e o Poder Legislativo[43].

Elaborado o projeto inicial, deve o mesmo ser aprovado pelo *Conselho de Ministros*. Concluída a fase interna, deve o Governo apresentar a *Proposta de Lei do Orçamento do Estado* à Assembleia da República até 1º de outubro, de modo a que a lei comece a viger a partir do dia 1º de janeiro do exercício financeiro seguinte.

A Assembleia da República dispõe do prazo de 45 dias para votar a proposta orçamentária, cujos termos serão discutidos no âmbito da *Comissão de Orçamento e Finanças*, sendo certo que a versão final, depois de aprovada pela comissão, será submetida ao plenário da Assembleia da República[44].

Aprovada pelo Poder Legislativo, a proposta de Lei do Orçamento do Estado será promulgada e publicada pelo Presidente da República (art. 134º, "b", da CRP), caso não exerça este o direito de veto (art. 136º, §1º, da CRP).

Em paralelo, até o dia 15 de abril, deve ser apresentada pelo Governo e votada pela Assembleia da República a "Lei das Grandes Opções do Plano", que se incumbirá de executar os planos de desenvolvimento

---

[43] Artigo 161º (Competência política e legislativa) Compete à Assembleia da República: (...)
g) Aprovar as leis das grandes opções dos planos nacionais e o Orçamento do Estado, sob proposta do Governo;
[44] SILVA, Rodrigo da Guia. op. cit.

econômico e social previstos na Constituição, desvelando o caráter programático do orçamento português, conforme prevê o art. 34º da Lei de Enquadramento Orçamental (Lei nº. 151/2015)[45].

O controle da execução orçamentária será levado a efeito por dois órgãos: Assembleia da República e o Tribunal de Contas, ao qual incumbirá exarar parecer sobre a *Conta Geral do Estado*, parecer este que subsidiará a Assembleia da República na aprovação ou não das contas do Governo[46].

---

[45] Artigo 105º (Orçamento) O Orçamento do Estado contém:
a) A discriminação das receitas e despesas do Estado, incluindo as dos fundos e serviços autónomos; (princípio da discriminação orçamental)
b) O orçamento da segurança social.
O Orçamento é elaborado de harmonia com as grandes opções em matéria de planeamento e tendo em conta as obrigações decorrentes de lei ou de contrato.
O Orçamento é unitário e especifica as despesas segundo a respectiva classificação orgânica e funcional, de modo a impedir a existência de dotações e fundos secretos, podendo ainda ser estruturado por programas. (princípio da plenitude orçamental)
O Orçamento prevê as receitas necessárias para cobrir as despesas, definindo a lei as regras da sua execução, as condições a que deverá obedecer o recurso ao crédito público e os critérios que deverão presidir às alterações que, durante a execução, poderão ser introduzidas pelo Governo nas rubricas de classificação orgânica no âmbito de cada programa orçamental aprovado pela Assembleia da República, tendo em vista a sua plena realização. (princípio do equilíbrio orçamental)
Artigo 106º (Elaboração do Orçamento) A lei do Orçamento é elaborada, organizada, votada e executada, anualmente, de acordo com a respectiva lei de enquadramento, que incluirá o regime atinente à elaboração e execução dos orçamentos dos fundos e serviços autónomos.
A proposta de Orçamento é apresentada e votada nos prazos fixados na lei, a qual prevê os procedimentos a adoptar quando aqueles não puderem ser cumpridos.
A proposta de Orçamento é acompanhada de relatórios sobre:
a) A previsão da evolução dos principais agregados macroeconómicos com influência no Orçamento, bem como da evolução da massa monetária e suas contrapartidas;
b) A justificação das variações de previsões das receitas e despesas relativamente ao Orçamento anterior;
c) A dívida pública, as operações de tesouraria e as contas do Tesouro;
d) A situação dos fundos e serviços autónomos;
e) As transferências de verbas para as regiões autónomas e as autarquias locais;
f) As transferências financeiras entre Portugal e o exterior com incidência na proposta do Orçamento;
g) Os benefícios fiscais e a estimativa da receita cessante.
[46] Artigo 107º (Fiscalização) A execução do Orçamento será fiscalizada pelo Tribunal de Contas e pela Assembleia da República, que, precedendo parecer daquele tribunal, apreciará e aprovará a Conta Geral do Estado, incluindo a da segurança social.

Neste particular, os países integrantes da União Europeia são regidos pelo *Tratado sobre Estabilidade, Coordenação e Governação na União Econômica e Monetária*, internalizado em Portugal pela Resolução nº. 84/2012. O tratado obriga cada um dos Estados-Membros a ter um déficit estrutural inferior a 0,5% do PIB e uma dívida pública abaixo dos 60% do PIB.

12. Espécies de transação

A Constituição Portuguesa – atualizada de acordo com a Lei Constitucional nº. 1/1997, de 20 de setembro – autoriza a instituição de tribunais arbitrais, cometendo à lei a disciplina sobre os casos e as formas através das quais estes tribunais podem ser constituídos[47].

A arbitragem voluntária é regida pela Lei nº. 31, de 29 de agosto de 1986, e a institucional, pelo Decreto-lei nº. 425, de 27 de dezembro de 1986[34].

Por ser sumamente difícil e custosa a justiça comum, torna-se indispensável a arbitragem institucional, quer a voluntária, quer a necessária.

Em Portugal, a arbitragem constitui uma forma de resolução do litígio através de um árbitro escolhido pelas partes ou designado pelo Centro de Arbitragem Administrativa (CAAD), que julga conflitos nos mesmos termos e com o mesmo valor jurídico que um magistrado judicial.

A chamada Lei de Arbitragem Tributária (LAT) pretende resolver de forma rápida e simples os conflitos entre os contribuintes e as finanças, reduzindo o número de processos nos tribunais. A arbitragem é feita por tribunais arbitrais que funcionam no Centro de Arbitragem Administrativa (CAAD), sendo certo que tais tribunais podem ser compostos por um árbitro – se o contribuinte não indicar um juiz e o valor da causa não ultrapassar 60 mil euros – ou por três árbitros, para os demais casos[48].

Até agora a arbitragem não conseguiu atingir o objetivo principal, que é diminuir as pendências litigiosas. Contudo, tem-se registrado um aumento significativo de processos julgados pelo novo órgão, o que se traduz num maior conhecimento do regime e numa maior confiança.

---

[47] SZKLAROWSKY, Leon Fredja. Uma Nova Visão da Arbitragem. Disponível em: <https://www.migalhas.com.br>. Acesso em: 06 abr 2020.

[48] Consultor Jurídico. Portugal tem exemplo aplicável de arbitragem em discussões fiscais. Disponível em: <http://www.*conjur.com.br*>. Acesso em: 06 abr 2020.

A experiência de Portugal com tribunais arbitrais surgiu no fim de 2009, em função da crise econômica na União Europeia. De feito, havia uma crise de solvência fiscal, sendo certo que Portugal detinha um abismal estoque de dívida ativa, razão por que adotou esse tipo de procedimento de modo a agilizar a cobrança do crédito tributário[49].

Conclusões

Apesar de ser um país de renda média, o Brasil teve, em 2016, uma arrecadação tributária bruta de R$ 2 trilhões – 32,4% do PIB –, valor próximo à carga tributária média de países da OCDE. Em 2016, a arrecadação tributária dos países da OCDE foi de 34,3% do PIB. Assim, não há dúvidas de que, para o nosso atual nível de PIB *per capita*, o Brasil tem uma carga tributária elevada. De acordo com a OCDE, em 2016, a carga tributária média para América Latina e Caribe foi de 22,7% do PIB, cerca de 10 pontos percentuais do PIB inferiores à carga tributária brasileira. Assim, qualquer que seja a comparação, o Brasil tem carga tributária alta[50].

Além do tamanho da carga tributária, o Brasil também se destaca na comparação internacional pela complexidade da sua carga tributária. De acordo com o Banco Mundial, em média, as empresas no Brasil gastam cerca de 1.958 horas para cumprir com suas obrigações fiscais, ante uma média de 332 horas na América Latina e no Caribe[51].

Em 1991, a despesa primária do governo central era de 10,8% do PIB e, em 2016, essa despesa foi para 20% do PIB. Esse crescimento primário da despesa, de cerca de nove pontos percentuais, foi equivalente ao aumento da carga tributária no período.

Com a elevada carga tributária brasileira, não é fácil tornar esse sistema progressivo, dados os limites de tributação de um mercado de trabalho no qual quase metade das pessoas com carteira de trabalho assinada está na faixa de isenção do IR.

A tributação sobre bens e serviços no Brasil foi de 47,4% do total da arrecadação em 2016 (nos países da OCDE, representa um pouco mais de

---

[49] Idem.
[50] AFONSO, José Roberto R. Reforma Tributária. Disponível em: <https://www.joserobertoafonso.com.br>. Acesso em: 06 de abr 2020.
[51] Idem.

30% do total de arrecadação)[52]. Estreme de dúvidas que a elevada carga tributária no Brasil é um fator limitador para a melhoria da composição dos nossos impostos para um sistema mais progressivo.

As empresas no regime de lucro real, no Brasil, pagam a título de IRPJ e de CSLL uma alíquota de 34% da renda corporativa, mas não há tributação sobre dividendos. Essa alíquota é elevada quando comparada a de outros países.

O maior problema do Brasil são os regimes especiais de tributação (simples e lucro presumido), que nos carreiam a uma situação de injustiça fiscal e a crescentes distorções na decisão de investimento e tamanho das empresas.

A carga tributária de uma pessoa no Brasil depende menos da renda e mais do regime de tributação da empresa. Nesta esteira, haveria espaço para tornar o nosso sistema mais racional com a reformulação dos regimes especiais de tributação e com a introdução de tributação sobre os dividendos.

Além de impostos e contribuições que incidem sobre a mesma base, o excesso de regras do Sistema Tributário Brasileiro carreia incertezas nada desprezíveis para os contribuintes.

A proliferação de impostos e de contribuições sobre a mesma base tributável vem gerando, ao longo dos anos, inúmeras distorções não apenas para as empresas, mas para a administração tributária, bem como para o pagamento das contas do Governo Federal, o qual, de modo a não compartilhar o aumento de impostos com os entes subnacionais, priorizou o aumento das contribuições sociais e econômicas, dando azo a uma recentralização política, na contramão dos objetivos perseguidos pelo constituinte originário quando incrementou o mecanismo de discriminação de rendas.

O volume de recursos extraídos da economia compulsoriamente pelo setor público brasileiro em 2017 chegou a R$ 2,2 trilhões, uma carga tributária global de 33,60% do PIB.

De outra parte, os tributos indiretos agrupados representaram, aproximadamente, 45% da carga tributária em 2018. Já os tributos diretos agrupados (renda, lucros e ganhos e patrimoniais) representaram 25% do total da carga. Isso, por si só, é um indício de que a estrutura do Sistema

---

[52] Idem.

Tributário Brasileiro é regressiva, onerando relativamente mais as famílias das classes de renda mais baixas do que as famílias das classes de renda mais altas e, consequentemente, ferindo a função distributiva do Estado[53].

O Sistema Tributário Brasileiro é iníquo, ineficiente, anticompetitivo, complexo, pouco transparente e inflexível. Afora o fato de que, no Brasil, não raro a tributação tem ignorado as mudanças operadas economia, cujo esteio gira cada vez mais em torno dos serviços e da economia digital.

Não é de se ignorar que os laços a unir o caos tributário ao desequilíbrio orçamentário são representados pelas inúmeras vinculações de receitas, que aumentam a pressão pelo aumento dos tributos que integram suas bases, de sorte a promover a ampliação dos benefícios auferidos por aqueles que gozam dessa proteção.

A partir do momento em que as vinculações estejam hospedadas no próprio texto constitucional, o principal resultado é a abismal dificuldade em realocar despesas para equilibrar o atendimento dos direitos dos cidadãos, o que faz perpetuar o desequilíbrio nas prioridades orçamentárias, em detrimento da necessidade de ajustar os gastos a mudanças na dinâmica socioeconômica da população e da capacidade de financiar investimentos de fundamental importância para o desenvolvimento da Federação.

Referências

AFONSO, José Roberto R. *Reforma Tributária*. Disponível em: <https://www.joserobertoafonso.com.br>. Acesso em: 06 abr. 2020.

AGÊNCIA BRASIL. *Estimativa da população do Brasil passa de 210 milhões, diz IBGE*. Disponível em: <https://www.agenciabrasil.ebc.com.br>. Acesso em: 06 abr. 2020.

AICEP PORTUGAL GLOBAL – Agência do Governo Português. *Sistema Fiscal*. Disponível em: <http://www.portugalglobal.pt>. Acesso em: 06 abr. 2020.

AUTORIDADE ADUANEIRA E TRIBUTÁRIA. Disponível em: <https://www.portaldasfinancas.gov.pt>. Acesso em: 06 abr. 2020.

CÂMARA DOS DEPUTADOS. *Sistema Político Português*. Disponível em: <https://www2.camara.leg.br/atividade-legislativa/comissoes/comissoes-temporarias/especiais/54a-legislatura/aprimoramento-das-instituicoes-brasileiras/arquivos/sistema-politico-portugues/view>. Acesso em: 06 abr. 2020.

---

[53] Idem.

EXPRESSO. Imigração para Portugal já cresceu 18% em 2019. Disponível em: <https://www.expresso.pt>. Acesso em: 06 abr. 2020.

CONSULTOR JURÍDICO. Portugal tem exemplo aplicável de arbitragem em discussões fiscais. Disponível em: <http://www.conjur.com.br>. Acesso em: 06 abr. 2020.

FUNDAÇÃO PORDATA. Disponível em: <https://www.pordata.pt>. Acesso em: 06 abr. 2020.

INSTITUTO NACIONAL DE ESTATÍSTICA. Redução da população residente em 2018 menor que a de 2017-2018. Disponível em: <http://www.ine.pt>. Acesso em: 06 abr. 2020.

__. Carga fiscal atingiu 35,4% do PIB. Disponível em: <http://www.ine.pt>. Acesso em: 06 abr. 2020.

NABAIS, Casalta. *O Dever Fundamental de Pagar Impostos*: contributo para a compreensão constitucional do estado fiscal contemporâneo. 3ª reimpressão. Coimbra: Almedina, 2012.

OECD. *Better Life Index. Portugal*. Disponível em: <https://www.oecdbetterlifeindex.org>. Acesso em: 06 abr. 2020.

RFF ADVOGADOS ASSOCIADOS. *A Nova Tributação da Economia Digital na União Europeia*. Disponível em: <http://www.rrfadvogados.adv.br>. Acesso em: 06 abr. 2020.

OBSERVADOR. Portugal sobe uma posição para 41º lugar no ranking de desenvolvimento da ONU. Disponível em: <https://www.observador.pt>. Acesso em: 06 abr. 2020.

__. Dívida Pública baixa para 121,5% do PIB no final de 2018. Disponível em: <https://www.observador.pt>. Acesso em: 06 abr. 2020.

__. Há mais de 500 benefícios fiscais e um quinto não tem um objetivo definido. Disponível em: <https://www.observador.pt>. Acesso em: 06 abr. 2020.

PORTUGAL FÁCIL. *Tributos Brasil x Portugal* – Alguns contrastes e algumas semelhanças. Disponível em: <http://www.portugalfacil.com.br>. Acesso em: 06 abr. 2020.

RIBEIRO, Inês. *O Estabelecimento Estável no contexto da Economia Digital* – Em especial, as Propostas da Comissão Europeia. 2019. 52 f. Dissertação (Mestrado em Direito) – Faculdade de Direito, Universidade do Porto, 2019. Disponível em: <https://repositorio.ucp.pt/bitstream/10400.14/28658/1/In%C3%AAsRibeiro_O%20Estabelecimento%20Est%C3%A1vel%20no%20contexto%20da%20Economia%20Digital.pdf>. Acesso em: 06 abr 2020.

SILVA, Rodrigo da Guia. Orçamento Público em Portugal. In: ABRAHAM, Marcus; PEREIRA, Vítor Pimentel (Orgs.). *Orçamento Público no Direito Comparado*. São Paulo: Quartier Latin, 2015.

SZKLAROWSKY, Leon Fredja. *Uma Nova Visão da Arbitragem*. Disponível em: <https://www.migalhas.com.br>. Acesso em: 06 abr. 2020.

VALOR ECONÔMICO. Após retomada, Portugal prevê novo impulso. Disponível em: <http://www.valor.globo.com>. Acesso em: 06 abr. 2020.

22. O sistema tributário da Suíça

KERLLY HUBACK BRAGANÇA

Introdução
A Suíça é singular.
Embora com dimensões modestas e sem recursos naturais relevantes, destaca-se como uma das mais dinâmicas e ricas economias do Globo. Sua formação desenhou-se ao longo dos séculos sob um tecido de alianças de um conjunto instável de cantões autônomos com graus variáveis de cooperação, passando pela formação de uma confederação, até adotar a forma federativa de estado, com a emblemática Constituição de 1848.[1]

As experiências e circunstâncias históricas, pouco a pouco, moldaram o aparelho normativo do país, o que permite compreender melhor as características do seu sistema tributário, marcado pela ampla competência tributária dos entes subnacionais, a falta de uniformidade legislativa, a possibilidade de sobreposição de incidências e a representação direta dos contribuintes.

Este artigo propõe-se a examinar o sistema tributário suíço, sobretudo quanto à estrutura legal, aos princípios fundantes, às regras de repartição de competência e à matriz de incidência. A constatação de

---

[1] A Confederação Suíça, sua designação oficial, é também referenciada por *Confœderatio Helvetica* (CH). Os Helvécios eram uma antiga tribo celta que habitava em parte da região onde atualmente se encontra o país. E, em vista da variedade de idiomas praticados nos cantões, recorreu-se ao latim para nomear o território, língua então majoritariamente falada. A propósito, as iniciais CH são comumente encontradas no cotidiano suíço, seja em placas de veículos, moedas ou domínios de internet.

pontos de aproximação e afastamento do modelo brasileiro é fruto dessa análise, o que permite colher subsídios para aprimorá-lo, com as cautelas de praxe.

1. Características regionais econômicas, políticas e governamentais[2]

A Suíça é um país pequeno. Sua superfície é menor do que a do Estado do Rio de Janeiro. A população, preponderantemente urbana (apenas 15% vivem na zona rural), soma pouco mais de 8,5 milhões de habitantes. As proporções reduzidas não impediram que tivesse uma economia próspera e pujante, com o Produto Interno Bruto (PIB) *per capita* ocupando o 5º lugar na escala mundial.

Embora pobre em matérias-primas, conta com mão de obra altamente qualificada, multicultural e poliglota (alemão, francês, italiano e romanche são idiomas oficiais). Mais de €15 bilhões são gastos anualmente em pesquisa e desenvolvimento, dos quais ¾ provêm da iniciativa privada. O setor de serviços é responsável por cerca de 70% do PIB, enquanto a indústria contribui com outros 25%. Destacam-se os ramos da alta tecnologia, das indústrias química e farmacêutica, dos serviços bancários e seguros. Em vista do pequeno mercado interno, é fortemente dependente do comércio internacional, sendo a União Europeia, da qual não é membro, o principal parceiro.

No plano político, a Suíça constitui um estado federado composto pelos entes nacional (Confederação), regional (26 cantões) e local (aprox. 2.300 comunas). Em âmbito federal, os Poderes Executivo, Legislativo e Judiciário são exercidos, respectivamente, pelo Conselho Federal, pelo parlamento bicameral e por um Tribunal Federal.[3] A tripartição

---

[2] Para uma visão mais ampla sobre as características socioeconômicas, consultar: SWITZERLAND GLOBAL ENTERPRISE. *Guide de l'investisseur – La Suisse, Pays d'accueil des Entreprises*. Zürich, 2018. Disponível em: <https://www.s-ge.com/sites/default/files/publication/free/guide-de-l-investisseur-s-ge-2019-03.pdf>. Acesso em: 06 maio 2020.

[3] O Conselho Federal, a quem cabe governar o país, compõe-se de sete membros, constituindo-se numa administração colegiada. Os membros são eleitos pelo parlamento para um mandato de quatro anos, sendo que a presidência da Confederação é renovada anualmente. Cada integrante do Conselho Federal preside um dos sete departamentos da administração federal, correspondentes a ministérios. O parlamento federal compreende os Conselhos Nacional (representante da população) e de Estado (representante dos cantões), que, atuando conjuntamente, formam a Assembleia Federal, responsável pela elaboração

dos Poderes projeta-se nos cantões, e, com exceção do Poder Judiciário, também nas comunas.

A imposição tributária ocorre nos três níveis federativos. A possibilidade de bitributação sobre a renda e a grande discrepância de alíquotas cantonais e comunais provoca intensa concorrência entre eles. Essa é uma das contribuições mais originais do sistema impositivo helvético, além da democracia direta, que possibilita a manifestação dos eleitores acerca de decisões da Assembleia Nacional ou mesmo propor alterações às constituições.

Comparado à Europa, os impostos corporativos são baixos. A carga tributária suíça, em 2017, foi inferior a 28% do PIB, equivalente a ¾ da carga brasileira, de 35%, medida em 2019. Ao peso moderado dos tributos, somam-se como fatores de agregação de investimentos nacionais e estrangeiros a estabilidade política, a infraestrutura moderna, a força de trabalho especializada e multilíngue, a capacidade significativa de pesquisa e desenvolvimento, uma legislação trabalhista flexível e rede de acordos para evitar a dupla tributação com os principais parceiros econômicos.

Esse cenário ajuda a compreender o grande número de multinacionais instaladas na Suíça. Embora totalizem apenas 5% das mais de 580.000 empresas registradas no país, representam cerca de um terço da criação do valor agregado e das receitas tributárias e de um a cada quatro empregos gerados.[4]

2. Normas tributárias na Constituição e na legislação

A ciência das finanças costuma subdividir os sistemas fiscais em históricos (ou tradicionais) e teóricos (ou racionais). Incontestavelmente, o sistema suíço é do tipo histórico, decorrência das mutações político-administrativas que o país vivenciou no curso dos séculos. A atual Constituição Federal, promulgada em 1999, distribui a competência tributária entre

---

das leis e a monitorização da administração do Conselho Federal e do Tribunal Federal. O Tribunal Federal exerce a função de mais alta autoridade judiciária no país, zelando pela aplicação uniforme da lei em seu território. Subdivide-se em sete câmaras especializadas, sendo duas dedicadas a assuntos relacionados a direito público; duas, a direito civil; uma, a direito penal; e duas, a direito social.

[4] PLÜSS, Jessica Davis. Caso de amor da Suíça com as multinacionais. *Swissinfo*, 25 ago. 2018. Disponível em: <https://www.swissinfo.ch/por/economia/> Acesso em: 05 maio 2020.

a Confederação e os cantões, num capítulo destinado ao regime das finanças públicas.

À Confederação cabem os tributos a ela expressamente atribuídos. É uma competência limitada. Mesmo para exigir o Imposto Federal Direto (IFD) e o Imposto sobre o Valor Agregado (IVA), a aptidão é temporária, autorizada pelo povo e pelos cantões a cada regime financeiro (período de quatorze anos). O atual regime expirará no final de 2020; o novo, aprovado por 84% dos votos, estender-se-á de 2021 até o final de 2035.

A competência tributária dos cantões é residual. Vale dizer, a materialidade não atribuída à Confederação pode ser alcançada pelos estados. Mesmo a atribuição de competência à Confederação não exclui *ipso facto* a possibilidade de os cantões exigirem uma exação de mesmo gênero, a não ser que exista uma vedação expressa.

Quanto às comunas, as constituições cantonesas encarregam-se de lhes atribuir direitos fiscais. Enquanto a Confederação e os cantões dispõem de competência originária, a comunal é derivada, outorgada ao sabor dos limites atribuídos pelo cantão a qual pertence. Malgrado essas especificidades, as comunas integram o sistema tributário suíço, de sorte que a repartição da competência tributária naquele país é tripartite.

O gráfico a seguir fornece uma ideia da participação das unidades federadas na arrecadação de tributos, cuja soma alcançou 138 bilhões de francos suíços (CHF) em 2016:[5]

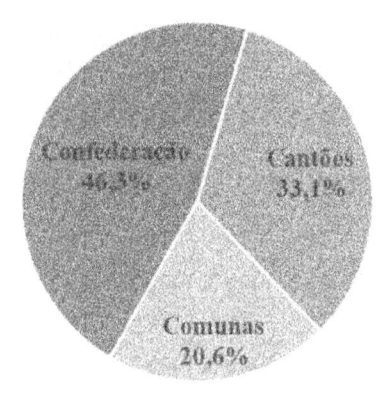

- Confederação 46,3%
- Cantões 33,1%
- Comunas 20,6%

---

[5] CONFÉDÉRATION SUISSE. *Le Système Fiscal Suisse*. Berna: Administration Fédérale des Contributions, 2019. Disponível em: <https://www.efd.admin.ch/efd/fr/home/themen/impots/steuern-national/le-systeme-fiscal-suisse.html>. Acesso em: 06 maio 2020.

A Constituição Federal não chega a ser prolixa em matéria tributária. Também não é lacônica, imiscuindo-se em alguns pontos com alguma minudência. Em linhas gerais, reserva o "Capítulo III – Regime das finanças", pertencente ao "Título III – Confederação, cantões e comunas", para dispor sobre os meios de financiamento estatal, entre eles, os de natureza tributária. Tirante os dispositivos inaugural e derradeiro do capítulo, que tratam, respectivamente, de matérias orçamentária (art. 126) e financeira *stricto sensu* (art. 135), os demais se destinam a normatizar a disciplina dos tributos, da seguinte forma:

a) **Princípios** – Os princípios gerais encartados na Constituição Federal (v.g., liberdade econômica) orientam o regime fiscal, além de princípios próprios (v.g., capacidade econômica), de acordo com o art. 127.

Outro princípio expresso em matéria fiscal é o da *harmonização dos tributos diretos* entre os entes federativos, possibilitando que a Confederação legisle para estabelecer normas gerais e combater a concessão de vantagens fiscais injustificadas (art. 129).

b) **Espécies tributárias** – A saber:

1. **Impostos diretos** (art. 128) – A competência para sua instituição é comum da Confederação e dos cantões. A materialidade é a renda das pessoas, físicas ou jurídicas, com alíquotas máximas impostas à Confederação. Aos cantões é fixada participação mínima do produto arrecadado.
2. **Imposto sobre o Valor Agregado (IVA)** (art. 130) – A competência é privativa da Confederação. A alíquota máxima do tributo é fixada, com subtetos em razão de certos produtos ou serviços. Prevê também a destinação do produto arrecadado para certos fins (v.g., infraestrutura ferroviária).
3. **Impostos Especiais sobre o Consumo** (art. 131) – A Confederação pode exigir o tributo pela comercialização de tabaco, bebidas destiladas, cerveja, automóveis e seus componentes, petróleo, outros óleos minerais, gás natural, produtos resultantes de seu refinamento e combustíveis.

Um décimo da receita líquida do imposto sobre bebidas destiladas é afetado aos fundos cantoneses para combater as causas e os efeitos do abuso de substâncias que acarretam dependência.

4. **Imposto de Selo e Imposto Retido na Fonte** (art. 132) – O primeiro é uma espécie de emolumento que incide sobre atos, contratos, documentos, títulos e papéis, tais como transações com valores mobiliários, contratação de seguro e outros títulos relativos a operações comerciais. Títulos relacionados com transações imobiliárias e hipotecárias estão imunes do imposto. Atribui-se à Confederação, ainda, a possibilidade de cobrar o imposto na fonte (imposto antecipado) sobre ganhos de capital mobiliários, ganhos de loteria e benefícios de seguro. Dez por cento do produto do imposto são destinados aos cantões.
5. **Impostos aduaneiros** (art. 133) – Os direitos aduaneiros e outros encargos cobrados em operações transfronteiriças são de competência privativa da Confederação.

c) **Vedação de tributação para cantões e comunas** (art. 134) – As materialidades que a legislação federal sujeita ao IVA, aos Impostos Especiais sobre o Consumo, ao Imposto de Selo ou ao Imposto Retido na Fonte ou que declara isento, não podem ser submetidos pelos cantões e comunas a um imposto de gênero semelhante.

O sistema normativo suíço não possui uma lei federal de caráter nacional dispondo sobre normas gerais em matéria de tributos, nos moldes do Código Tributário Nacional brasileiro. Inexiste tampouco um código ou regulamento que reúna a legislação tributária de cada ente federativo. No mais, não é exagero afirmar que a regulação tributária é uma colcha de retalhos.

Todavia, em razão da competência comum dos entes federativos para legislar sobre certos tributos diretos, a Assembleia Nacional editou a *Lei Federal de Harmonização de Impostos Diretos de Cantões e Comunas* (LHID), que estabelece as molduras para a definição da sujeição tributária, bem como as regras de procedimento e de direito penal tributário.

3. Princípios tributários

O regime tributário suíço é balizado pelos princípios gerais plasmados na Constituição Federal, sem prejuízo da incidência de princípios específicos na temática fiscal. Entre os gerais com relevante interface em matéria de tributos, pode-se citar:

a) **Princípio federativo** – A Confederação e os cantões formam a Confederação Suíça, e a autonomia dos entes subnacionais deve se enquadrar nos lindes constitucionais, incumbindo-lhes as atribuições que não pertençam à Confederação ou não lhes sejam vedadas.[6]

b) **Princípio da igualdade** – O princípio da igualdade é arrolado entre os direitos fundamentais, prescrevendo que todos os seres humanos são iguais perante a lei.[7] Consequentemente, seria vedado exigir tributo de forma diferenciada entre contribuintes em situação semelhante. À mingua de justa causa, é ilegítimo discriminar.

c) **Princípio da liberdade econômica** – Também como direito fundamental, a garantia da liberdade econômica inclui, em particular, a livre escolha de profissão, o livre acesso a uma atividade econômica lucrativa e seu livre exercício.[8]

   A aplicação do princípio rechaçaria qualquer tentativa de o legislador limitar ou reduzir o livre jogo da atividade econômica por meio de tributos, criando imposições ou exonerações injustificadas.

d) **Princípio da garantia da propriedade privada** – A garantia da propriedade privada é mais um direito fundamental, assegurando-se ao titular a plena indenização em caso de expropriação ou restrição de forma equivalente.[9]

   Daí se extrai que a atividade tributante não pode criar imposições que venham a proscrever ou limitar tal direito, como a fixação de

---

[6] *Art. 3 Cantons*
Les cantons sont souverains en tant que leur souveraineté n'est pas limitée par la Constitution fédérale et exercent tous les droits qui ne sont pas délégués à la Confédération.
[7] *Art. 8 Égalité*
al. 1 *Tous les êtres humains sont égaux devant la loi.*
[8] *Art. 27 Liberté économique*
al. 1 *La liberté économique est garantie.*
al. 2 *Elle comprend notamment le libre choix de la profession, le libre accès à une activité économique lucrative privée et son libre exercice.*
[9] *Art. 26 Garantie de la propriété*
al. 1 *La propriété est garantie.*
al. 2 *Une pleine indemnité est due en cas d'expropriation ou de restriction de la propriété qui équivaut à une expropriation.*

alíquotas sobre o patrimônio ou renda tão elevadas que tenham efeito análogo ao de confisco.

e) **Princípio da liberdade de crença** – Curiosamente, figura entre as exações suíças o imposto eclesiástico, incidente sobre a renda das pessoas.

Todavia, o princípio em comento assegura o direito de escolher livremente a religião, de formar as convicções filosófiscas e de professá-las. Também, a garantia de ingressar ou pertencer a uma comunidade religiosa e seguir um ensino religioso, vedando-se a imposição de seu ingresso ou de permanência.

A partir dessa norma constitucional, as Cortes de Justiça têm deduzido pela impossibilidade de cobrança de impostos eclesiásticos de pessoas que não pertencem à comunidade religiosa em questão.

Em sede de princípios de natureza tributária, a Constituição Federal suíça enuncia os seguintes:

a) **Princípio da reserva legal** – A qualidade de contribuinte, a materialidade impositiva e a forma de cálculo são definidas em lei.[10]
b) **Princípios da universalidade e da isonomia** – Na medida em que a natureza do tributo permita, os princípios da universalidade, igualdade e capacidade contributiva devem, em particular, ser respeitados.[11]
c) **Princípio da vedação de bitributação** – É vedado a mais de um cantão tributar o mesmo fato econômico, cabendo à Confederação tomar as medidas necessárias por meio da edição de lei.[12] Contudo, diante da abundante e remansosa jurisprudência, não há notícia de manifestação legal a respeito.

---

[10] *Art. 127 Principes régissant l'imposition*
al. 1 *Les príncipes généraux régissant le régime fiscal, notamment la qualité de contribuable, l'objet de l'impôt et son mode de calcul, sont définis par la loi.*
[11] *Art. 127. (...)*
al. 2 *Dans la mesure où la nature de l'impôt le permet, les principes de l'universalité, de l'égalité de traitement et de la capacité économique doivent, en particulier, être respectés.*
[12] *Art. 127. (...)*
al. 3 *La double imposition par les cantons est interdite. La Confédération prend les mesures nécessaires.*

A vedação em apreço refere-se a exigências intercantoneais, mas não nas relações entre eles e a Confederação.
d) **Princípio da vedação de vantagens fiscais injustificadas** – O desejo de atrair contribuintes para o seu território, como empresas estrangeiras, por exemplo, e com isso favorecer a dinamização de sua economia e a abertura de novos postos de trabalho, poderia levar à concorrência desleal entre os cantões. Visando evitar a concessão de benefícios fiscais objetivamente injustificáveis, é princípio expresso de harmonização fiscal a vedação de tais benesses.[13]

Embora a Confederação possa legislar sobre o tema, a intervenção legislativa federal nunca foi necessária, haja vista o acordo intercantonal em que os estados se comprometem a não concluir tais ajustes.

4. Espécies tributárias

No modelo suíço, as receitas públicas são catalogadas em dois grandes grupos: os impostos e as contribuições.

Os impostos, como no Brasil, caracterizam-se como ingressos pecuniários sem que haja uma contraprestação específica em favor do contribuinte. São de duas espécies: ordinários e afetados; estes, diferentemente daqueles, têm seus recursos obrigatoriamente reservados a certas atividades, como o Imposto sobre o Tabaco, destinado a financiar a previdência social.

A seu turno, as contribuições são exações causais, i.e., coletadas em troca de serviços prestados pelo Estado. Subdividem-se em três categorias principais: i) taxas ou emolumentos; ii) encargos de preferência; e iii) contribuições de substituição.

Em breves linhas, as taxas ou emolumentos são receitas que visam remunerar serviços prestados pela administração pública. São tributos vinculados a uma atividade estatal relativa ao contribuinte (v.g., a taxa para coleta de lixo). Os encargos de preferência assemelham-se às contribuições de melhoria brasileira. Destinam-se a cobrir, no todo ou em parte, os custos com instalações específicas arcados por uma autoridade pública. Cobra-se das pessoas a quem essas instalações oferecem benefícios econômicos (v.g., participação na construção de estradas e na

---

[13] Art. 129. (...)
al. 3 *La Confédération peut légiférer afin de lutter contre l'octroi d'avantages fiscaux injustifiés.*

correção de cursos d'água). Finalmente, as contribuições de substituição propõem-se a compensar o não cumprimento de um serviço pessoal ou qualquer outro serviço geralmente imposto à coletividade (v.g., a não prestação do serviço militar).

Os ingressos pecuniários mais relevantes em termos de arrecadação provêm dos impostos. As demais receitas cumprem papel residual na matriz de financiamento estatal. Um panorama das regras de competência pode ser dado pelo quadro seguinte:[14]

Tributos diretos	Tributos indiretos
Confederação	
a) Imposto Federal Direto (IFD) 1. Sobre a Renda das Pessoas Físicas 2. Sobre o Lucro das Pessoas Jurídicas b) Imposto Federal sobre Casa de Apostas c) Taxa da Isenção da Obrigação Servir	a) Imposto sobre o Valor Agregado (IVA) b) Imposto Federal Antecipado c) Imposto de Selo Federal d) Impostos Especiais sobre o Consumo e) Impostos Aduaneiros f) Tarifas Rodoviárias
Cantões	
a) Imposto sobre a Renda e Riqueza b) Imposto sobre o Lucro e Capital c) Taxa Pessoal ou de Casais d) Impostos de Tramsmissão e Doação e) Imposto sobre Ganhos de Loteria f) Impostos sobre Ganhos de Capital g) Imposto Predial h) Imposto Cantonal sobre Casa de Apostas	a) Imposto sobre a Propriedade Veícular b) Imposto sobre a Propriedade de Cães c) Imposto sobre o Entretenimento d) Imposto de Selo Cantonal e) Imposto sobre Loterias f) Tarifas sobre Águas g) Outros
Comunas	
a) Imposto sobre a Renda e Riqueza b) Imposto sobre o Lucro e Capital c) Taxa pessoal ou de Casais d) Impostos de Tramsmissão e Doação e) Imposto sobre Ganhos de Loteria f) Impostos sobre Ganhos de Capital g) Imposto Predial h) Taxa Profissional	a) Imposto sobre a Propriedade de Cães b) Imposto sobre o Entretenimento c) Outros

---

[14] Sobre os tributos suíços, consultar: CONFÉDÉRATION SUISSE. *Les Impôts en Vigueur*. Berna: Administration Fédérale des Contributions, 2020. Disponível em: <https://www.estv.admin.ch/dam/estv/fr/dokumente/allgemein/Dokumentation/Publikationen/dossier_steuerinformationen/c/c-geltende-steuern.pdf.download.pdf/c-geltende_steuern_fr_2018.pdf>. Acesso em: 09 maio 2020.

A variedade de imposições não é exatamente o que diferencia a Suíça de outros países, mas a ausência de disposição legal uniforme, particularmente para os impostos sobre a renda, exigíveis por todos os entes federativos. A sobreposição de competência torna o sistema tributário singularmente complexo. A Suíça é o único país europeu em que não se retém na fonte o imposto de renda sobre a folha de salários (com exceção dos estrangeiros), e a complexidade do sistema está na raiz dessa especialidade. A reboque disso, os suíços estão entre os piores pagadores de tributos do continente.[15]

A Lei de Harmonização (LHID) estabelece apenas os princípios básicos da taxação e do procedimento dos impostos diretos, mas não impede que haja discrepâncias regionais.

É verdade que o país não figura entre os que mais pesadamente sobrecarregam os contribuintes, mas podem existir diferenças relevantes na carga tributária de um cantão para outro, e também de uma comuna para outra de um mesmo cantão. Por exemplo, um assalariado com rendimentos anuais de CHF 100 mil suportará alíquotas que podem variar de 8% (Zug) a 25% (Basileia). Essas disparidades são menos comuns nos impostos indiretos, porque coletados principalmente pela Confederação, que não estabelece diferenças regionais sobre os tributos que administra.

5. Modelo de incidência

A formação política do país permite compreender a distribuição da competência tributária e seu modelo de incidência. Conforme assinalado, a Suíça derivou de um punhado de cantões independentes, que passaram a constituir uma confederação e, finalmente, uma federação.

Por um curto período (1798-1803), quando da República Helvética, o país experimentou um sistema tributário unificado, embora muito mais formal do que efetivo, pois jamais pôde ser aplicado na sua integralidade. Após a queda da República e o retorno à Confederação, os cantões recuperaram a autonomia fiscal e seus sistemas tributários desenvolveram-se de forma bastante independente, o que acarretou uma grande diversidade, tanto em relação à concepção de sistemas quanto à organização das várias

---

[15] SIEGENTHALER, Peter. Nombre de poursuites en hausse. Les Suisses parmi les plus mauvais payeurs d'Europe. *Swissinfo*, 16 jan. 2019. Disponível em: <https://www.swissinfo.ch/fre/economie/>. Acesso em: 18 maio 2020.

espécies tributárias. Enquanto alguns cantões retornaram aos impostos indiretos, outros, por conveniência, mantiveram os tributos oriundos da República, principalmente o imposto sobre a riqueza.

A fundação do estado federal, em 1848, modifica radicalmente o sistema tributário suíço. Com a passagem da competência sobre os direitos aduaneiros para a Confederação, os cantões viram-se forçados a impor tributos sobre a renda e a riqueza, como forma de compensar a perda de receita. Ao longo do séc. XIX, os impostos diretos, os que gravavam a riqueza, em especial, adquiriam grande importância para as finanças cantonesas, ao passo que os impostos indiretos se tornaram pouco relevantes, embora constituíssem a espinha dorsal para as finanças da Confederação.

As novas atribuições estatais, sobretudo as excepcionais, resultantes das crises mundiais que culminaram em revoluções e em duas grandes guerras mundiais no séc. XX, tornaram evidente que as receitas então recolhidas eram insuficientes para fazer face às obrigações. Após a Primeira Guerra Mundial, os sistemas fiscais federal e cantonal sofreram profundas alterações.

Aos impostos aduaneiros, já a cargo da Confederação, somou-se o Imposto de Selo. Abandonou-se também o princípio político segundo o qual aos cantões cabiam os impostos diretos, e à Confederação, os indiretos. Várias exações foram instituídas a favor da Confederação na primeira metade do séc. XX.[16] A nova matriz de incidência serviu para que a Confederação equilibrasse suas contas e reduzisse o déficit público, mas a assunção de novos encargos estatais e a demanda por recursos crescentes tornaram inimaginável o retorno ao sistema tributário anterior.

Contrariamente à Confederação, os cantões não introduziram novos tributos. Houve, todavia, uma gradual inversão de papéis, deslocando-se a relevância dos tributos sobre a riqueza para a renda. Essa passagem não se deu de forma homogênea, dada a competência atribuída aos estados federados, mas pode-se afirmar que, em geral, prepondera entre as receitas cantonais a tributação sobre a renda do trabalho e, suplementarmente, sobre a riqueza líquida acumulada.

Nos dias que correm, o Imposto Federal Direto (IFD) e o Imposto sobre o Valor Agregado (IVA) são as principais fontes de recursos da

---

[16] Destacam-se: i) impostos de guerra; ii) imposto sobre o tabaco; iii) imposto retido na fonte; iv) contribuições para defesa nacional; v) imposto sobre o luxo; e vi) imposto sobre bebidas.

22. O SISTEMA TRIBUTÁRIO DA SUÍÇA

Confederação, com igual peso. Representam mais de 60% do total dos cerca de CHF 45,5 bilhões arrecadados em receitas ordinárias em 2019, conforme demonstra o gráfico:

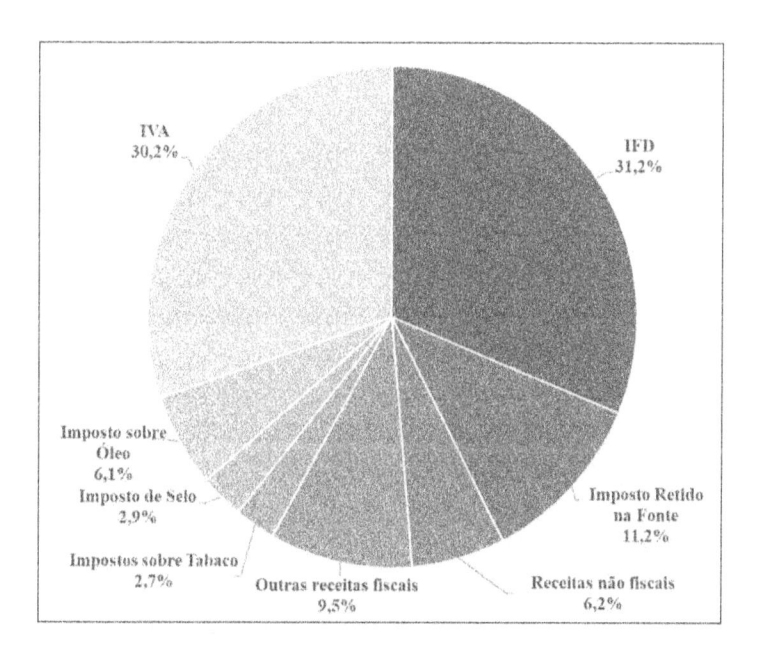

Gráfico de pizza com as seguintes fatias:
- IFD: 31,2%
- IVA: 30,2%
- Imposto Retido na Fonte: 11,2%
- Outras receitas fiscais: 9,5%
- Receitas não fiscais: 6,2%
- Imposto sobre Óleo: 6,1%
- Imposto de Selo: 2,9%
- Impostos sobre Tabaco: 2,7%

O IFD é cobrado sobre a renda das pessoas física (imposto progressivo, máx. de 11,5%) e sobre o lucro das pessoas jurídicas (8,5%). A Confederação não tributa a riqueza das pessoas físicas e o capital das pessoas jurídicas, que ficam a cargo dos cantões e comunas.

O IVA, como o nome sugere, é um imposto não cumulativo, cobrado em cada etapa da cadeia de produção e distribuição, com dedução do imposto arcado na etapa anterior, de competência privativa da Confederação. Embora a Suíça não seja membro da União Europeia (UE), o imposto foi concebido de acordo com as diretivas do bloco. A alíquota padrão é de 7,7% (inferior a todos os países europeus), mas pode ser reduzida em razão da essencialidade de certos produtos (v.g., alimentos) ou serviços (difusão de TV não comercial), ou mesmo exonerado, no caso de exportação.

Cantões e comunas são dependentes dos impostos diretos, que representam mais de 4/5 do conjunto de receitas fiscais.

6. Tributação de alta tecnologia

A construção do conhecimento é peça-chave para alavancar a inovação de produtos e processos, aumentar a capacidade tecnológica e maximizar a produtividade. Daí porque o investimento em pesquisa e desenvolvimento (P&D) é fundamental para o progresso econômico de uma nação.

Atento a isso, os países têm buscado por diferentes meios formular políticas de estímulo em P&D, inclusive pela concessão de benefícios tributários. Nesse contexto surgiram as "caixas de patentes" (*patent boxes*). Introduzidos na França, em 2001, disseminaram-se pelo mundo em duas décadas. São incentivos fiscais à inovação, centrados na redução da tributação sobre a renda em relação às patentes industriais registradas no seu território.

Tendo em vista a mobilidade dos direitos de propriedade intelectual (PI), imateriais por excelência, esses ativos podem ser deslocados facilmente, e costumam aportar em jurisdições que oferecem regimes vantajosos de *patent box*. É o movimento verificado em grandes grupos empresariais, que segregam as atividades operacionais de seus portfólios de propriedade intelectual (Google Irlanda, v.g.). Como alguns países se contentam com o mero registro da patente, mesmo sem qualquer atividade efetiva de P&D em seu território, acabam por permitir a alocação artificial das corporações ("empresas de papel") e o planejamento tributário agressivo em âmbito internacional. A prática despertou a atenção da OCDE (Organização para Cooperação e Desenvolvimento Econômico), de modo que o *patent box* integra as discussões do projeto BEPS (*Base Erosion and Profit Shifting*).[17]

Em 2015, os países integrantes da OCDE concordaram com a chamada "Abordagem do Nexo Modificado" para regimes de PI, como parte da Ação 5 do projeto BEPS. Para que as patentes sejam levadas em consideração, precisam estar relacionadas às atividades de pesquisa e desenvolvimento e, de acordo com as diretrizes da OCDE, devem ser novas, úteis e não óbvias. Como resultado, países anteriormente não conformes

---

[17] *Patent box* dá incentivos fiscais para inovação tecnológica. *Centro de Estudos Sociedade e Tecnologia da USP*. Disponível em: <http://www.cest.poli.usp.br/pt/patent-box-da-incentivos-fiscais-para-inovacao-tecnologica/>. Acesso em: 19 maio 2020.

fecharam ou alteraram seus regimes de caixas de patentes nos últimos anos.[18]

É o caso da Suíça. A desconformidade de certos privilégios fiscais tornou-se incompatível com as exigências da comunidade internacional, motivando uma reforma fiscal, em vigor desde 1º/01/2020.[19] Tal reforma ocasionou a retirada do país da lista de paraísos fiscais pelos 28 Estados-membros da União Europeia.

Doravante, todas as empresas estarão fundamentalmente sujeitas às mesmas regras tributárias. Para as chamadas "empresas de status especial", em geral, a carga tributária aumentará. A fim de preservar a atratividade o país alpino como local de negócios, os cantões e comunas poderão promover e apoiar empresas inovadoras por meio de *patent boxes*, sujeitando os lucros das patentes e direitos equiparáveis a patamar não inferior a 10%. Outro mecanismo de incentivo são as deduções adicionais, que não poderão superar 50% das despesas de P&D. Nenhum alívio é introduzido, porém, em relação ao imposto federal direto.

7. Modelo de cobrança fiscal

Não há um procedimento especial para a execução do crédito tributário na Suíça, que se rege pelo direito comum, cujas autoridades encarregadas da sua cobrança podem variar bastante. Em geral, esse papel é atribuído às administrações cantonesas, que se organizam por meio da Agência de Cobrança de Dívidas e Falências (*Office des Poursuites et Faillites*). Em certos casos, a execução compete aos tribunais civis.[20]

As dívidas de natureza pecuniária (como as fiscais) são reguladas pela Lei Federal de Cobrança de Dívidas e Falência [*Loi fédérale sur la poursuite pour dettes et la faillite* (LP)]. As demais reinvindicações regem-se pelo Código de Processo Civil [*Code de procédure civile* (CPC)].

---

[18] P&D: a importância dos incentivos fiscais para potencializar investimentos. Disponível em: <https://www.grantthornton.com.br/insights/artigos-e-publicacoes/pd-a-importancia-dos-incentivos-fiscais-para-potencializar-investimentos/>. Acesso em: 19 maio 2020.

[19] CONFÉDÉRATION SUISSE. *Loi fédérale relative à la réforme fiscale et au financement de l'AVS (RFFA)*. Disponível em: <https://www.admin.ch/opc/fr/federal-gazette/2018/6077.pdf>. Acesso em: 18 maio 2020.

[20] *The debt collection procedure in Switzerland*. Disponível em: <https://croce-associes.ch/>. Acesso em: 17 maio 2020.

Quanto às dívidas em dinheiro, o procedimento de cobrança é bem peculiar, haja vista que a execução é possível com a mera alegação do pretenso credor, dispensando-se mesmo a apresentação de provas documentais. Vale dizer, o início do procedimento pode se iniciar ainda que o credor não tenha em mãos um título, como uma sentença judicial ou decisão administrativa ou, ainda, uma confissão de dívida. Em relação ao crédito tributário, as decisões das autoridades administrativas irrecorríveis são equiparáveis a sentenças executórias, i.e., são títulos executivos extrajudiciais (art. 80, LP).

O credor deve solicitar à Agência de Cobrança uma intimação para pagamento (*commandement de payer en force*) do devedor. Essa etapa inicial é imprescindível, ainda que o credor disponha de evidências documentais quanto ao seu direito. Por meio dela será possível executar atos de constrição do patrimônio ou declarar a falência do devedor. Nenhum outro documento é aceito, salvo em caso especiais.

A intimação para pagamento provoca dois efeitos: i) obriga a Agência de Cobrança a registrar a dívida, numa espécie de cadastro negativo. Se o devedor for declarado insolvente, o credor será informado imediatamente e se tornará parte do processo de liquidação; e ii) interrompe a prescrição da dívida. A cada nova inscrição, renova-se a interrupção.

A Agência de Cobrança examina formalmente o pedido de intimação para pagamento, mas não a legitimidade da exigência, prerrogativa exclusiva do juiz estadual ou de um tribunal de arbitragem. Dessa forma, a mera solicitação do suposto credor desencadeará diversos efeitos na órbita jurídica do devedor, mesmo que se trate de uma dívida infundada.

Intimado para pagamento, o devedor dispõe de três possibilidades: i) quitar a dívida com os acréscimos moratórios, em 20 dias; ii) quedar-se inerte, permitindo a continuação do procedimento pelo credor; ou iii) contestar a exigência (*opposition au commandement de payer*), em dez dias.

A contestação do devedor causa a suspensão do procedimento de cobrança. Se o credor portar uma decisão definitiva, suíça ou estrangeira, ou uma sentença arbitral final de mérito, poderá solicitar o levantamento definitivo da contestação (*mainlevée définitive*) em âmbito judicial. Esse procedimento é simples e permite que o procedimento de cobrança seja retomado sem maiores delongas.

Por outro lado, se o credor dispuser apenas de um indicativo de dívida (contrato de aluguel, v.g.), deverá solicitar o levantamento provisório da contestação (*mainlevée provisoire*) perante o tribunal suíço competente. Concedido o levantamento provisório, querendo resistir ao pagamento da dívida, o devedor precisa, dentro de 20 dias, instaurar uma ação de quitação de dívida (*action en libération de dette*). Nesse caso, inverte-se o ônus da prova. O devedor passa a ter a incumbência de demonstrar a inexistência do débito.

Finalmente, caso o credor não disponha de títulos, deve ingressar com a ação judicial para o reconhecimento da dívida (*action en reconnaissance de dette*). Em geral, os procedimentos de mérito são realizados em paralelo com as etapas iniciais do processo de cobrança.

Como assinalado, a decisão irrecorrível fiscal em sede administrativa é um título executivo em favor do fisco, donde o levantamento da contestação será definitivo. Uma vez afastada a contestação, o credor deve apresentar um pedido de continuação (*réquisition de continuer la poursuite*), que é o ato conclusivo do procedimento preliminar de cobrança, e serve como preparação para a penhora de bens e direitos do devedor ou decretação de sua falência.

O pedido de continuação obriga a Agência de Cobrança a enviar um aviso de penhora ou de liquidação compulsória ao devedor. No primeiro caso, se não houver quitação da dívida em até 20 dias, o credor poderá solicitar a falência da pessoa jurídica. À Agência de Cobrança compete executar a penhora, coletar os pagamentos de ações judiciais e remeter os valores ao credor.

Esquematicamente:

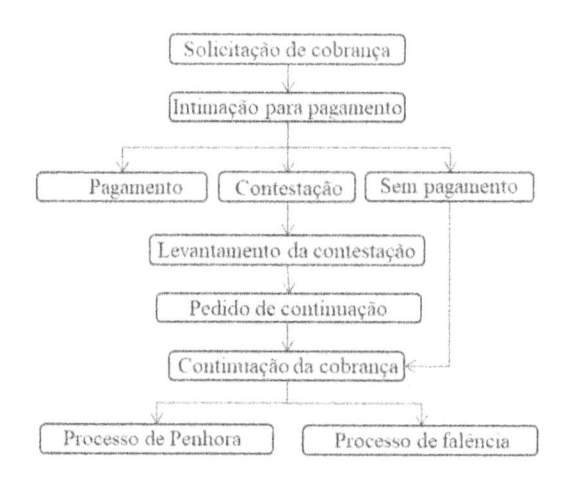

8. Tratados internacionais

Num passado não muito distante, as políticas fiscais destinavam-se preponderantemente a resolver questões domésticas. Mas o mundo mudou, ficou menor, menos fronteiriço. O fenômeno da globalização, catalisado pela digitalização da economia, facilitou sobremaneira o fluxo de bens, serviços, pessoas e capitais entre os países, promovendo a internacionalização das empresas. A reboque dessas mudanças surgem conflitos transnacionais, inclusive de ordem tributária. A exigência simultânea de tributos pelos estados fonte e residência é o mais comum, o que é desencorajador para os novos investimentos e danoso ao desenvolvimento socioeconômico. A celebração de tratados, convenções e acordos são instrumentos de que a comunidade internacional tem se valido para solucioná-los.

A Suíça firmou convenções sobre imposto de renda com todas as principais nações industrializadas e com numerosos outros países. A maioria delas é baseada nos princípios da convenção modelo da OCDE. Atualmente, mais de 80 convenções estão em vigor, além dos acordos bilaterais celebrados com a União Europeia.[21] Há também algumas convenções sobre impostos sucessórios e acordos especiais para trabalhadores transfronteiriços, para a tributação de companhias aéreas e transportes internacionais e para as organizações internacionais e seus funcionários.[22]

Em 2018, Brasil e Suíça assinaram uma convenção para evitar a dupla tributação em relação aos tributos sobre a renda. O ajuste, inédito entre os signatários no âmbito tributário, também contempla recomendações do projeto BEPS, e dispositivos adicionais de combate ao planejamento tributário agressivo e ao uso abusivo do acordo.

Consta dos "considerandos" que os países compartilham o desejo

> [...] de concluir uma Convenção para eliminar a dupla tributação em relação aos tributos sobre a renda, sem criar oportunidades para não tributação ou tributação reduzida por meio de evasão ou elisão fiscal (inclusive por meio do

---

[21] Sobre as convenções internacionais para evitar a dupla tributação firmadas pela Suíça, consulte: <https://www.admin.ch/opc/fr/classified-compilation/0.67.html>. Acesso em: 13 maio 2020.
[22] SWITZERLAND GLOBAL ENTERPRISE. *Guide de l'investisseur – La Suisse, Pays d'accueil des Entreprises*. Zürich, 2018. Disponível em: <https://www.s-ge.com/sites/default/files/publication/free/guide-de-l-investisseur-s-ge-2019-03.pdf>. Acesso em: 06 maio 2020. p. 117.

uso abusivo de tratados com o objetivo de estender indiretamente os benefícios previstos nesta Convenção a residentes de terceiros Estados) [...]

A Convenção é fruto de negociações que duraram anos, mas que receberam grande impulso quando o Brasil arrolou a Suíça entre os países com tributação favorecida ("lista negra"), pela Instrução Normativa (IN) 1.037, de 2010, editada pela Secretaria da Receita Federal do Brasil (RFB). Vinte dias depois, o Ato Declaratório Executivo RFB 11, de 2010, concedeu efeito suspensivo àquela inclusão. Quatro anos depois, a IN RFB 1.474, de 2014, retirou o país da referida lista, inserindo-o entre as jurisdições com regimes fiscais privilegiados ("lista cinza").

André Regli, então embaixador da Suíça no Brasil, comentou que a inclusão na lista começou a ser discutida pelo governo brasileiro após a Vale S/A, uma das maiores empresas brasileiras, obter generosas isenções fiscais para instalar sua *holding* no cantão de Vaud. Admite que a mudança de postura da Suíça nos últimos anos, – que quase terminou com o sigilo bancário –, favoreceu o trabalho diplomático com o Brasil.[23]

As tratativas aceleraram-se desde então, resultando no Acordo para Intercâmbio de Informações sobre Matéria Tributária, firmado em Brasília, em 2015, e promulgado pelo Decreto 9.814, de 2019; e, em 2016, na assinatura de uma declaração conjunta para o intercâmbio automático de informações fiscais. A Convenção para Eliminar a Dupla Tributação em Relação aos Tributos sobre a Renda e Prevenir a Evasão e a Elisão Fiscais é resultado do estreitamento dos laços cooperativos entre os países.

A Suíça ocupa a sexta posição dentre os países que mais investem no Brasil, seu o maior parceiro comercial na América Latina. O fim da dupla tributação de renda favorecerá as relações econômicas bilaterais, melhorando a competitividade das empresas nacionais em relação a de outros países que não se beneficiam desse tipo de acordo,[24] bem como proporcionará maior segurança jurídica. Além evitar a dupla incidência sobre a renda e prevenir os planejamentos tributários danosos, a Convenção

---

[23] THUSWOHL, Maurício. Fora da lista de paraísos fiscais, Suíça discute parceria com Brasil. *Swissinfo*, 05 ago. 2014. Disponível em: <https://www.swissinfo.ch/por/economia/>. Acesso em: 12 maio 2020.

[24] MOREIRA, Assis. Aprovada pela Suíça, fim de bitributação não avança no Brasil. *Valor Econômico*, 07 mar. 2019. Disponível em: < https://valor.globo.com/brasil/coluna/>. Acesso em: 12 maio 2020.

contém uma cláusula de assistência administrativa de acordo com a norma internacional para troca de informações, o que permite maior colaboração entre os países na área fiscal.

A Assembleia Federal suíça aprovou a Convenção, em março de 2019, autorizando o Conselho Federal a ratificá-la. Quanto ao Brasil, a Convenção e seu Protocolo foram submetidos à aprovação do Congresso Nacional. Aquiescido pela Câmara dos Deputados, em março de 2020, o projeto de Decreto Legislativo 650-C/2019 ora tramita no Senado Federal. Portanto, a Convenção ainda não se encontra em vigor devido à mora brasileira.

9. Conclusões

O sistema fiscal suíço reflete sua estrutura federativa. O processo de urbanização e globalização fez com que se adaptasse às mudanças, colocando-se em xeque seu modelo de federalismo, supostamente inoxidável. Estudo aponta que, assim como outros estados federais, a Suíça passa por um processo de centralização, principalmente de ordem legislativa, embora os cantões conservem uma autonomia considerável em matéria administrativa e fiscal.[25]

A Constituição Federal encarrega-se de repartir a competência tributária entre a Confederação e os cantões, que por sua vez a replicam às comunas. A competência concorrente na tributação sobre a renda é uma característica marcante, o que torna a legislação uma babel e dificulta o cumprimento da exação. Além disso, a autonomia cantonesa, aliada à superposição impositiva sobre a renda, levam à intensa competição entre os entes subnacionais. Paraíso e inferno fiscais coexistem no seio do próprio país.

O receio do efeito perverso da guerra fiscal (*race to the bottom*) é reduzido pelo sistema de equalização financeira (*péréquitization*), que consiste na constituição de fundos de transferência de recursos das regiões mais ricas às mais pobres. Com isso, preserva-se a coesão econômica nacional e combatem-se as desigualdades regionais.

A democracia direta, inclusive em matéria fiscal, merece especial menção. O cidadão decide o tributo que pagará. As emendas constitucionais,

---

[25] FENAZZI, Sonia. Mitos e realidades. O federalismo em questão: a Suíça está cada vez mais centralizada. *Swissinfo*, 13 jun. 2017. Disponível em: <https://www.swissinfo.ch/por/politica/>. Acesso em: 18 maio 2020.

tanto em nível federal quanto cantonal, devem ser objeto de referendo obrigatório. As alterações legislativas são acompanhadas, em regra, de referendo facultativo, mas alguns cantões preveem referendo obrigatório. Em suma, o povo é o árbitro final, o que tempera o federalismo suíço com maior dose de política do que a de outros estados. Por isso, talvez não surpreenda que no passado o corte de tributos tenha sido repetidamente recusado pelo eleitorado.

A matriz de incidência moldou-se ao sabor das vicissitudes históricas. Os entes federativos podem exigir tanto impostos diretos quanto indiretos. Esses representam 2/3 das receitas fiscais federais, com destaque para o IVA. Cantões e comunas, por sua vez, são dependentes dos impostos diretos.

A carga tributária é baixa em relação à média do continente europeu, o que conta a seu favor como polo atrativo de investimentos, além da estabilidade econômica, excelente infraestrutura e mão de obra especializada. Esse conjunto de fatores potencializa a instalação de empresas estrangeiras em seu território, contornando o baixo volume de vendas no mercado doméstico, a carência de recursos naturais e as restrições geo-topográficas.

E, dependendo da atividade desempenhada pela empresa, admitia-se ainda a negociação de uma redução da carga efetiva (*tax ruling*). O país manteve-se por décadas fiel à política de concessão de regimes tributários especiais para as grandes corporações. Todavia, o não alinhamento com princípios fiscais de boa governança da União Europeia fez com que fosse considerado um *tax haven*. A pressão internacional levou a uma harmonização do sistema. Em vigor no alvorecer de 2020, a reforma fiscal eliminou os acordos fiscais preferenciais para empresas multinacionais sediadas no país. A partir de agora, todas as empresas estarão basicamente sujeitas às mesmas regras. Investimentos em pesquisa e desenvolvimento continuam sendo incentivados por meio de redução em até 90% na tributação corporativa sobre a renda (*patent box*), em conformidade com os padrões da OCDE.

O breve apanhado sobre a Suíça e seu regime tributário mostra algumas afinidades com o Brasil, mas as dessemelhanças são maiores. Em que pese os países adotarem a forma federativa de estado e atribuírem competência tributária a todos os entes, pontos esses de aproximação, observam-se flagrantes distinções entre os sistemas impositivos.

A Constituição, *locus* normativo fundamental de legitimação da exigência de tributos nas duas jurisdições, reflete as experiências históricas, os valores e a cultura nacionais, o que acarreta inevitáveis particularidades.

A formação política suíça, marcada pela grande autonomia dos estados membros, reverbera-se no sistema tributário pela ampla liberdade cantonal. Não é exatamente o que ocorre entre nós, pois o sistema tributário brasileiro concentra grande poder na União, embora a atual Constituição Federal tenha buscado reagir ao processo de centralismo imperante no período militar (1964-1985). Estados e municípios, principalmente esses, dependem dos fundos de repartição de receitas tributárias para saldar suas contas. Além disso, a competência municipal é originária, enquanto a das comunas suíças é delegada pelos cantões. Como decorrência, alterações à Constituição Federal brasileira em relação ao catálogo impositivo municipal são mais sensíveis, porque, se de alguma forma asfixiarem sua autonomia administrativa, podem esbarrar em inconstitucionalidade pelo amesquinhamento da forma federativa de Estado.

Os modelos de incidência também se distinguem bastante. Na Suíça, a tributação do imposto de renda é comum a todos os entes, o que gera complexidades e concorrência entre cantões e comunas. Embora haja uma lei de harmonização (LHID), sua aplicação é restrita aos impostos diretos. Para os demais, não existe uma lei nacional de normas gerais, como o CTN. Nesses quesitos, parece estarmos em vantagem.

Por outro lado, o IVA fica a cargo da Confederação, com legislação una. No Brasil, proliferaram-se tributos indiretos. Ao lado dos impostos federal (IPI), estadual (ICMS) e municipal (ISS), incluem-se as contribuições sociais (PIS/Cofins). O emaranhado normativo é causa de insegurança jurídica, judicialização e custos excessivos de *compliance*, sem falar na nefasta regressividade da tributação sobre o consumo. Ora se discute no Congresso Nacional a reforma do sistema tributário. Na pauta está a racionalização dos tributos indiretos, como a criação de um IVA federal. A unificação daqueles impostos e contribuições numa única exação, com compartilhamento de competência entre os entes tributantes, é sonho difícil de concretizar, mas a simplificação desses tributos é necessidade que não se pode mais adiar.

Consoante visto, a Suíça reúne características favoráveis aos investimentos e à inovação. O Brasil precisa melhorar seu ambiente de negócios para proporcionar o crescimento econômico e tornar-se protagonista no mercado mundial. A experiência suíça pode nos servir de inspiração. O País já dispõe de um amplo mercado consumidor, abundância de recursos naturais, clima favorável ao agronegócio e ao turismo, um importante parque industrial e muitos centros de pesquisa. Mas a infraestrutura ainda é deficiente, o desemprego renitente supera uma dúzia de milhão e os analfabetos funcionais são ainda mais numerosos. A demanda por maiores gastos com educação e programas de transferência de renda impõe-se como agentes qualificadores da mão de obra e redutores de desigualdades sociais. Investir mais – bem mais – em pesquisa e desenvolvimento é estratégia de fundamental importância para superamos a sina de país preponderantemente exportador de *commodities*.

Considerando-se que um dos componentes do sucesso suíço está carga tributária moderada e nos incentivos fiscais à instalação de empresas estrangeiras, cabe-nos tornar o sistema tributário brasileiro mais racional e atrativo, alinhando-o aos padrões internacionais, respeitadas suas especificidades, o que melhorará significativamente nossa atratividade.

Há muito o que fazer. O desafio é descomunal, sem dúvida, mas "no meio do caos há sempre uma oportunidade" (Sun Tzu).

Referências

CONFÉDÉRATION SUISSE. *Le Système Fiscal Suisse*. Berna: Administration Fédérale des Contributions, 2019. Disponível em: <https://www.efd.admin.ch/efd/fr/home/themen/impots/steuern-national/le-systeme-fiscal-suisse.html>. Acesso em: 06 maio 2020.

_____. *Les Impôts en Vigueur*. Berna: Administration Fédérale des Contributions, 2020. Disponível em:
<https://www.estv.admin.ch/dam/estv/fr/dokumente/allgemein/Dokumentation/Publikationen/dossier_steuerinformationen/c/c-geltende-steuern.pdf.download.pdf/c-geltende_steuern_fr_2018.pdf>. Acesso em: 09 maio 2020.

_____. *Loi fédérale relative à la réforme fiscale et au financement de l'AVS (RFFA)*. Disponível em: <https://www.admin.ch/opc/fr/federal-gazette/2018/6077.pdf>. Acesso em: 18 maio 2020.

FENAZZI, Sonia. Mitos e realidades. O federalismo em questão: a Suíça está cada vez mais centralizada. *Swissinfo*, 13 jun. 2017. Disponível em: <https://www.swissinfo.ch/por/politica/>. Acesso em: 18 maio 2020.

MOREIRA, Assis. Aprovada pela Suíça, fim de bitributação não avança no Brasil. *Valor Econômico*, 07 mar. 2019. Disponível em: <https://valor.globo.com/brasil/coluna/>. Acesso em: 12 maio 2020.

PLÜSS, Jessica Davis. Caso de amor da Suíça com as multinacionais. *Swissinfo*, 25 ago. 2018. Disponível em: <https://www.swissinfo.ch/por/economia/>. Acesso em: 05 maio 2020.

SIEGENTHALER, Peter. Nombre de poursuites en hausse. Les Suisses parmi les plus mauvais payeurs d'Europe. *Swissinfo*, 16 jan. 2019. Disponível em: <https://www.swissinfo.ch/fre/economie/>. Acesso em: 18 maio 2020.

SWITZERLAND GLOBAL ENTERPRISE. *Guide de l'investisseur – La Suisse, Pays d'accueil des Entreprises*. Zürich, 2018. Disponível em: <https://www.s-ge.com/sites/default/files/publication/free/guide-de-l-investisseur-s-ge-2019-03.pdf>. Acesso em: 06 maio 2020.

THUSWOHL, Maurício. Fora da lista de paraísos fiscais, Suíça discute parceria com Brasil. *Swissinfo*, 05 ago. 2014. Disponível em: <https://www.swissinfo.ch/por/economia/>. Acesso em: 12 maio 2020.

23. O sistema tributário da União Europeia

Marcus Abraham

Introdução[1]

A União Europeia (UE) é uma união econômica e política que conta atualmente com 27 Estados-Membros (o Reino Unido retirou-se do bloco em 31 de janeiro de 2020) soberanos situados no continente europeu, cujas origens remontam à Comunidade Europeia do Carvão e do Aço (1951) e à Comunidade Econômica Europeia (1957). Em 1992, o Tratado de Maastricht (Tratado da União Europeia) instituiu a União Europeia com o nome atual, conferindo ao Parlamento da UE uma participação mais ampla na tomada de decisões e adicionando novos domínios políticos de cooperação.

A UE vale-se, para sua atuação, de um conjunto de organismos supranacionais independentes, bem como de ajustes e acordos entre os Estados-Membros. Alguns de seus objetivos principais, de acordo com o art. 3º do Tratado sobre o Funcionamento da União Europeia[2] (doravante, TFUE), são: assegurar a livre circulação de pessoas; estabelecer um mercado interno e empenhar-se no desenvolvimento sustentável da Europa, assente num crescimento econômico equilibrado e na estabilidade

---

[1] Os dados básicos mais recentes sobre a União Europeia foram extraídos das seguintes obras: EUROSTAT. *Key Figures on Europe*: Statistics Illustrated – 2019 edition. Luxembourg: Publications Office of the European Union, 2019; UNIÃO EUROPEIA. *A União Europeia*: o que é e o que faz. Luxemburgo: Serviço das Publicações da União Europeia, 2019.

[2] UNIÃO EUROPEIA. *Tratado sobre o Funcionamento da União Europeia*. Disponível em: <https://eur-lex.europa.eu/legal-content/PT/TXT/HTML/?uri=CELEX:12012E/TXT&from=PT>. Acesso em: 27/03/2020.

dos preços, numa economia social de mercado altamente competitiva que tenha como meta o pleno emprego e o progresso social, e num elevado nível de proteção e de melhoramento da qualidade do ambiente; fomentar o progresso científico e tecnológico; combater a exclusão social e as discriminações; promover a coesão econômica, social e territorial, e a solidariedade entre os Estados-Membros; respeitar a riqueza da sua diversidade cultural e linguística e velar pela salvaguarda e pelo desenvolvimento do patrimônio cultural europeu; estabelecer uma união econômica e monetária cuja moeda é o euro (a chamada Zona Euro, criada em 1999 e atualmente composta por 19 Estados-Membros).[3]

Conta com uma população de cerca de 512 milhões de habitantes distribuídos pelos Estados-Membros (dados de janeiro de 2018) e com taxas de natalidade baixas, ao redor de 1,59 nascidos vivos por mulher, ao mesmo tempo em que apresenta expressivo contingente populacional na faixa etária acima de 65 anos (cerca de 30% da população em dados de 2018). A expectativa de vida média de sua população, em 2017, era de 83,5 anos para mulheres e 78,3 anos para homens.

O Produto Interno Bruto (PIB) da UE era da monta de 15,877 trilhões de euros em 2018, tendo como principais locomotivas da geração de riquezas no bloco econômico a Alemanha (responsável por 21,3% deste valor), o Reino Unido (15,1%, mas que agora se retirou da UE), França (14,8%) e Itália (11,1%). A renda *per capita* fica ao redor de 30 mil euros.

As exportações do bloco em 2018 foram da ordem de 1,956 trilhão de euros, e suas importações de 1,980 trilhão, revelando um déficit na balança comercial de cerca de 24 bilhões de euros. Os principais parceiros no comércio de mercadorias foram os EUA (responsáveis por 20,8% das exportações de mercadorias europeias, e de quem a UE realizou 13,5% de suas importações de mercadorias), seguidos pela China (responsável por 10,7% das exportações de mercadorias europeias, e de quem a UE realizou 19,9% de suas importações de mercadorias, com exclusão de Hong Kong).

Quanto à exportação de serviços em 2017, os principais parceiros foram os EUA (responsáveis por 25,9% das exportações de serviços europeus, e

---

[3] ABRAHAM, Marcus. *Governança fiscal e sustentabilidade financeira*: os reflexos do Pacto Orçamental Europeu em Portugal como exemplos para o Brasil. Belo Horizonte: Forum, 2018. p. 102-103.

de quem a UE realizou 31,0% de suas importações de serviços), seguidos pela Suíça (responsável por 13,0% das exportações de serviços europeus, e de quem a UE realizou 9,9% de suas importações de serviços).

Em 2017, as despesas públicas corresponderam a 45,8% do PIB. Os gastos com seguridade social representaram cerca de 18,8% do PIB, com saúde 7,0%, com educação 4,6% e com serviços públicos em geral 5,8%, demonstrando o compromisso com um Estado de Bem-Estar Social no bloco, especialmente nos países mais desenvolvidos nele inseridos.

O presente texto tem por objetivo expor resumidamente as principais formas de financiamento das atividades e instituições mantidas e promovidas pela União Europeia (UE) enquanto maior bloco econômico do mundo. Em geral, apenas se analisam as receitas dos países voltadas ao financiamento das políticas públicas nacionais. Contudo, em razão da atuação transnacional da UE, parece-nos interessante expor ao público brasileiro as receitas pelas quais são financiadas as despesas do orçamento comunitário.

1. Os principais órgãos e instituições europeias

É imperioso apresentar resumidamente os principais órgãos e instituições comunitários e suas funções[4], de modo a entender seu papel na determinação dos recursos do orçamento da UE. Em relação à sua estrutura[5], podem ser listadas as seguintes entidades mais relevantes com suas respectivas funções:

1) **Parlamento Europeu:** configura o órgão legislativo da UE. É composto por 705 deputados (chamados *eurodeputados*) eleitos diretamente

---

[4] "[...] understanding the EU's institutions is necessary for anyone concerned with or about European integration. By revealing the degree of power and nature of the tasks that member governments are prepared to delegate to the Union at any one time, the EU institutions serve as an indicator of the direction and condition of the integration process. Study of the institutions themselves, and how both they and actors from within them interact, helps us to understand the functioning of the EU system and its production of public policy [...]" (WARLEIGH, Alex. *Introduction*: institutions, institutionalism and decision making in the EU. In: WARLEIGH, Alex (Ed.). *Understanding European Union Institutions*. London: Routledge, 2002. p. 6).

[5] Informações extraídas de <https://europa.eu/european-union/about-eu/institutions-bodies_pt>. Acesso em: 26/03/2020.

pelos cidadãos europeus de cinco em cinco anos. As cadeiras são ocupadas de acordo com a proporção populacional aproximada de cada país. Contudo, nenhum país pode contar com mais de 96 deputados ou menos de 6 deputados.

Suas funções abarcam três tipos de poderes:

a) *Poderes legislativos*: adota legislação, juntamente com o Conselho da UE, com base em propostas da Comissão Europeia; decide sobre os acordos internacionais; decide sobre o ingresso de novos membros; analisa o programa de trabalho da Comissão Europeia (órgão executivo da UE) e convida-a a propor legislação.

b) *Poderes de supervisão*: exerce o controle democrático de todas as instituições da UE; elege o Presidente da Comissão e aprova a Comissão no seu todo; pode votar uma moção de censura, obrigando a Comissão a demitir-se; concede quitação, isto é, aprova a forma como o orçamento da UE é gasto; examina as petições dos cidadãos e abre inquéritos; debate a política monetária com o Banco Central Europeu; interroga a Comissão e o Conselho da UE; realiza observações eleitorais.

c) *Poderes orçamentais*: define o orçamento da UE, juntamente com o Conselho da UE; aprova o quadro financeiro plurianual da UE (espécie de plano plurianual no âmbito europeu).

2) Conselho Europeu: reúne os Chefes de Estado e de Governo dos Estados-Membros para definir a agenda política da UE (não deve ser confundido com o Conselho da União Europeia, a ser mencionado em seguida). Representa o nível mais elevado de cooperação política entre os países da UE. Suas reuniões ocorrem em encontros de cúpula (em geral, trimestrais) entre os dirigentes da UE, sob a presidência de um Presidente permanente (eleito pelos membros do Conselho Europeu para um mandato renovável de dois anos e meio). Também é composto pelo Presidente da Comissão Europeia, mas apenas os Chefes de Estado e de Governo têm direito a voto.

Suas funções principais são: a) decidir sobre as orientações gerais e as prioridades políticas, embora não aprove legislação; b) tratar de questões complexas e sensíveis que não podem ser resolvidas a níveis inferiores de cooperação intergovernamental; c) definir a política externa e de segurança comum da UE, tendo em conta os interesses estratégicos e as implicações em termos de defesa; d) designar e nomear candidatos a determinados altos cargos nas instituições da UE, como a presidência do BCE e da Comissão.

3) Conselho da União Europeia: reúne ministros dos governos de cada país da UE, em encontros temáticos referentes à pasta de cada ministro (são 10 formações diferentes, de acordo com a área), para discutir, alterar e aprovar legislação e coordenar políticas. Os ministros estão autorizados a assumir compromissos em nome dos respectivos governos em relação às medidas aprovadas nas reuniões.

Suas funções principais são: a) negociar e adotar a legislação europeia, juntamente com o Parlamento Europeu, com base em propostas da Comissão Europeia; b) coordenar as políticas dos países da UE; c) definir a política externa e de segurança, com base nas orientações do Conselho Europeu; d) celebrar acordos entre a UE e outros países ou organizações internacionais; e) aprovar o orçamento da UE em conjunto com o Parlamento Europeu.

Todos os debates e votações são públicos e as decisões, para serem aprovadas, requerem geralmente uma maioria qualificada especial, a saber: 55% dos países (o que, com os atuais 27 Estados-Membros, equivale a 15 países) e que, ao mesmo tempo, representem, pelo menos, 65% da população total da UE. Para bloquear uma decisão são necessários, pelo menos, 4 países (que representem, pelo menos, 35% da população total da UE). Excepcionalmente, assuntos sensíveis, como a política externa e a fiscalidade exigem a unanimidade, como se verá mais adiante acerca das decisões que estabelecem as disposições aplicáveis ao sistema de recursos orçamentários próprios da UE. A maioria simples é suficiente quando se vota sobre questões meramente processuais e administrativas.

O Conselho da UE é, juntamente com o Parlamento Europeu, o principal órgão de decisão da União. Nas questões financeiras, destacam-se as reuniões dos Ministros de Economia ou Finanças de cada país (o chamado "Conselho ECOFIN").

4) Comissão Europeia: configura o órgão executivo da UE, sendo politicamente independente. É responsável pela elaboração de propostas de novos atos legislativos europeus e pela execução das decisões do Parlamento Europeu e do Conselho da UE.

É composta por uma equipe de 27 Comissários (um de cada país da UE), liderada pelo Presidente da Comissão, que decide sobre a repartição das pastas políticas pelos Comissários. A gestão quotidiana da Comissão é organizada em direções-gerais (DG), responsáveis por áreas políticas específicas.

Suas funções são:

a) *Propositura de novas leis*: a Comissão é a única instituição da UE que apresenta legislação para adoção pelo Parlamento e pelo Conselho com o objetivo de proteger os interesses da UE e dos seus cidadãos em questões que podem ser tratadas com maior eficácia ao nível europeu do que ao nível nacional, bem como resolve questões técnicas específicas mediante consulta de peritos e do público em geral.

b) *Gerir as políticas europeias e distribuir os fundos da UE*: define as prioridades de despesa da UE juntamente com o Conselho da UE e o Parlamento; elabora orçamentos anuais que devem ser aprovados pelo Parlamento e pelo Conselho da UE; controla as despesas, que são verificadas pelo Tribunal de Contas.

d) *Zelar pelo cumprimento do direito europeu*: juntamente com o Tribunal de Justiça, garante a aplicação da legislação da UE em todos os Estados-Membros.

e) *Representar a UE a nível internacional*: é a voz de todos os países da UE nas instâncias internacionais, designadamente nas áreas da política comercial e da ajuda humanitária, bem como negocia acordos internacionais em nome da UE.

5) Tribunal de Justiça da União Europeia (TJUE): o Tribunal de Justiça da União Europeia exerce o Poder Judiciário na UE, tendo a função de interpretar o direito europeu para garantir que este seja aplicado uniformemente em todos os países da UE, bem como julga lides jurídicas entre Estados-Membros e instituições europeias.

6) Banco Central Europeu (BCE): tem como função gerir o euro, assegurar a estabilidade dos preços e conduzir a política econômica e monetária da UE, apoiando o crescimento econômico e a geração de empregos.

Suas funções principais são: fixar as taxas de juro dos empréstimos que concede aos bancos comerciais da zona euro, controlando, desta forma, a oferta monetária e a inflação; gerir as reservas de divisas da zona euro, assim como a compra e venda de divisas para equilibrar as taxas de câmbio; garantir uma supervisão adequada das instituições e mercados financeiros pelas autoridades nacionais e o bom funcionamento dos sistemas de pagamento; preservar a segurança e a solidez do sistema bancário europeu; autorizar a emissão de notas de euro pelos países da zona euro; acompanhar a evolução dos preços e avaliar os riscos para a estabilidade dos preços.

O BCE trabalha com os bancos centrais de todos os países da UE. Juntos, constituem o Sistema Europeu de Bancos Centrais. O BCE dirige a cooperação entre os bancos centrais da zona euro (o "Eurosistema").

7) Tribunal de Contas Europeu (TCE): trata-se do órgão independente de controle externo da UE, controlando a cobrança e a utilização dos recursos da UE e ajudando a melhorar a gestão financeira da UE.

Suas funções são:

a) Auditar as receitas e despesas da UE, para verificar se os fundos são corretamente cobrados e gastos, se são investidos com eficácia para produzir valor acrescentado e se as operações foram devidamente contabilizadas;
b) Controlar as pessoas e as organizações que gerem fundos da UE, por meio de controles aleatórios nas instituições europeias (em especial a Comissão), nos Estados-Membros e nos países que recebem ajudas da UE;
c) Apresentar as suas conclusões e recomendações em relatórios de auditoria dirigidos à Comissão Europeia e aos Estados-Membros;
d) Comunicar suspeitas de fraude, corrupção ou atividades ilícitas ao Organismo Europeu de Luta Antifraude (OLAF)
e) Elaborar um relatório anual dirigido ao Parlamento Europeu e ao Conselho da UE, que o Parlamento analisa antes de proceder à aprovação do orçamento da UE;

f) Emitir pareceres especializados dirigidos aos responsáveis políticos sobre como melhor gerir os dinheiros públicos e prestar contas da sua utilização aos cidadãos.

Além destas instituições, há outras com funções setoriais, como: o Serviço Europeu para a Ação Externa, que apoia o Alto Representante da União Europeia para a Política Externa e de Segurança Comum; o Comitê Econômico e Social Europeu, que representa a sociedade civil, os empregadores e os trabalhadores; o Comitê das Regiões Europeias, que representa as entidades regionais e locais; o Banco Europeu de Investimento, que financia projetos de investimento da UE; o Provedor de Justiça, que investiga as queixas relativas a casos de alegada má administração por parte das instituições ou dos organismos da UE; a Autoridade Europeia para a Proteção de Dados, que salvaguarda a confidencialidade dos dados pessoais dos cidadãos; o Serviço das Publicações Oficiais, que publica informações sobre a UE; o Serviço Europeu de Seleção do Pessoal, que recruta pessoal para as instituições e outros organismos da UE; a Escola Europeia de Administração, cuja função é dar formação em áreas específicas a membros do pessoal da UE; além de uma série de outras agências e organismos com tarefas técnicas, científicas e de gestão.[6]

2. A necessidade das receitas orçamentárias da União Europeia e suas fontes

Para além da necessidade de financiamento de todos os órgãos e instituições anteriormente mencionados, e dos agentes políticos e funcionários públicos necessários a seu funcionamento, o orçamento da UE demanda recursos para fazer frente aos gastos em políticas públicas de investimento, sendo sobretudo, no lado das despesas, um orçamento de financiamento de projetos, fomentando "os domínios fundamentais que proporcionam valor acrescentado europeu ao estimular o crescimento e a competitividade".[7]

Nesta função, a UE busca se guiar pelo princípio da subsidiariedade: somente são realizados gastos quando é mais eficiente fazê-lo em nível comunitário que em nível local ou nacional. As políticas públicas

---

[6] ABRAHAM, Marcus. op. cit. p. 104.
[7] UNIÃO EUROPEIA. Comissão Europeia. *O orçamento da UE num relance*. Luxemburgo: Serviço das Publicações da União Europeia, 2019. p. 6.

financiadas pela UE podem ser em sistema de cofinanciamento (juntamente com o governo local) ou com financiamento integral pela UE.[8]

As despesas envolvem investimentos em ampliação do acesso à banda larga, melhorias em sistemas de saúde locais, prevenção de inundações e de incêndios, melhoria de saneamento básico, geração de novos empregos, auxílio a empresas, melhoria do sistema escolar, eficiência energética, energias renováveis e redução de emissões de gases com efeito de estufa, capacitação de jovens e pesquisadores, combate a alterações climáticas, catástrofes naturais, epidemias, terrorismo e criminalidade organizada.[9]

Seu planejamento é decidido a longo prazo, para assegurar a estabilidade fiscal, por meio do chamado Quadro Financeiro Plurianual – QFP (similar ao Plano Plurianual da experiência brasileira), adotado por um período de ao menos cinco anos (geralmente sete anos). O QFP determina os limites máximos anuais que a UE pode gastar nas diferentes categorias de despesas em cada um dos anos de sua vigência. Assim, no Quadro Financeiro Plurianual em vigor (2014-2020), as dotações de autorização de gastos para todo o período foram da ordem de 1,087 trilhão de euros[10], sendo o limite para o orçamento anual de 2019 de autorização de gastos de 165,8 bilhões de euros.[11]

Nos termos do art. 311, § 1 do TFUE, a UE "dota-se dos meios necessários para atingir os seus objetivos e realizar com êxito as suas políticas". Para a execução desses objetivos, determina o art. 311, § 2 que "o orçamento é integralmente financiado por recursos próprios, sem prejuízo de outras receitas".

Assim, as receitas do orçamento anual da UE dividem-se em duas espécies básicas: 1) as *receitas de recursos próprios* (mais relevantes e expressivas, correspondentes a cerca de 97% do total das receitas orçamentárias[12]) e 2) as *outras receitas*.

As receitas de recursos próprios da UE originam-se de três fontes principais:

---

[8] Loc. cit.
[9] Ibidem. p. 9-13.
[10] Ibidem. p. 15.
[11] Ibidem. p. 18.
[12] Por exemplo, 97% dos 144,8 bilhões de euros de receitas totais da UE no ano de 2018 foram oriundos de recursos próprios. Disponível em: <https://www.consilium.europa.eu/pt/policies/eu-budgetary-system/eu-revenue-own-resources/>. Acesso em: 31/03/2020.

a) os *recursos próprios tradicionais*, consistentes em direitos aduaneiros sobre as importações provenientes do exterior da UE;
b) os *recursos próprios provenientes do IVA*, consistentes numa pequena parcela do imposto sobre o valor agregado (IVA) cobrado por cada Estado-Membro e destinada à UE;
c) os *recursos próprios baseados no Rendimento Nacional Bruto (RNB)*, uma pequena parcela do Rendimento Nacional Bruto[13] dos Estados-Membros em função da sua riqueza, paga diretamente à UE.

De acordo com o art. 311, § 3 do TFUE[14], as decisões que estabelecem as disposições aplicáveis ao sistema de recursos próprios da UE são tomadas por meio de um processo legislativo especial que demanda um parecer prévio (consulta) do Parlamento Europeu e aprovação por *unanimidade* no Conselho da União Europeia. Ademais, antes de entrarem em vigor, tais decisões precisam ser ratificadas por cada Estado-Membro, em conformidade com as respectivas normas constitucionais.

Por isso, o Conselho da UE aprovou as normas em vigor, em 2014, por meio da Decisão do Conselho 2014/335/UE[15] sobre o sistema de recursos próprios da União, o qual deve garantir recursos adequados para financiar e assegurar a boa execução das políticas públicas da UE, com estrita observância da disciplina orçamental (art. 1º da Decisão do Conselho 2014/335/UE), o que significa dizer que o orçamento da UE é sempre

---

[13] Enquanto o Produto Interno Bruto (PIB) mede apenas as riquezas geradas dentro do território nacional, o Rendimento Nacional Bruto (RNB) mede as riquezas geradas, no território nacional ou no estrangeiro, por todos os residentes em um país. Por exemplo, as rendas obtidas por uma empresa sediada no território do país "A" em operações ocorridas no estrangeiro serão computadas para efeito de RNB, mas não para efeito de PIB. E as rendas obtidas por uma empresa estrangeira (com sede em outro país) em operações ocorridas no território do país "A" serão computadas para efeito de PIB, mas não para efeito de RNB.

[14] Art. 311, § 3. O Conselho, deliberando de acordo com um processo legislativo especial, por unanimidade e após consulta ao Parlamento Europeu, adota uma decisão que estabelece as disposições aplicáveis ao sistema de recursos próprios da União. Neste quadro, é possível criar novas categorias de recursos próprios ou revogar uma categoria existente. Essa decisão só entra em vigor após a sua aprovação pelos Estados-Membros, em conformidade com as respectivas normas constitucionais.

[15] UNIÃO EUROPEIA. Conselho da União Europeia. *Decisão do Conselho 2014/335/UE*. Disponível em: <https://eur-lex.europa.eu/legal-content/pt/ALL/?uri=CELEX:32014D0335>. Acesso em: 27/03/2020.

equilibrado, nunca podendo apresentar um déficit. O Conselho da UE também aprova os regulamentos que detalham as medidas de execução do sistema de recursos próprios da União (art. 311, § 4 do TFUE).

Uma advertência seja feita: em regra, tecnicamente, a UE não tem poder de tributar, e sim os Estados-membros que a compõem. São estes Estados-Membros que, por decisão conjunta de seus representantes no Conselho da UE, decidem repassar percentuais de sua própria arrecadação para formar as receitas orçamentárias da UE.[16]

2.1. Recursos próprios tradicionais

Os *recursos próprios tradicionais*[17] consistem principalmente em direitos aduaneiros sobre as importações oriundas de países externos à UE e, até 2018, em impostos sobre a produção de açúcar. Estão previstos no art. 2º, § 1, alínea "a" da Decisão do Conselho 2014/335/UE.

Quanto aos impostos sobre o açúcar, previstos no Regulamento (UE) 1308/2013, o regime de quotas aplicável ao açúcar teve seu fim no período de comercialização de 2016/2017 (30 de setembro de 2017). Dessa forma, os Estados-Membros pagaram o imposto sobre a produção de açúcar à UE pela última vez em março de 2017 e junho de 2018.

Como a UE não dispõe de recursos humanos e materiais necessários a essa fiscalização e cobrança de direitos aduaneiros, os próprios Estados-Membros são os responsáveis pela arrecadação desses recursos, de acordo com o art. 8º da Decisão do Conselho 2014/335/UE. Após a cobrança, eles repassam os valores à UE, conforme regras estabelecidas no Regulamento (UE, Euratom) 609/2014.[18] Como contraprestação pelos

---

[16] "It is apparent that all the revenue of the Union comes from levies on the revenues of member states. The EU, unlike any other form of government, has no tax-raising powers of its own; there is no 'eurotax'. It is entirely at the mercy of the Council of Ministers, relying as it does on whatever levies the Council sees fit to grant. Out of this figure, the Union must meet the expen diture commitments also fixed by the Council". (WATTS, Duncan. *The European Union*. Edinburgh: Edinburgh University, 2008. p. 197).

[17] Recebem o nome de recursos próprios "tradicionais" por terem sido a primeira modalidade específica de recursos próprios criados ainda em 1970, por meio da Decisão do Conselho 70/243/ECSC, EEC, Euratom.

[18] UNIÃO EUROPEIA. Conselho da União Europeia. *Regulamento (UE, Euratom) 609/2014*. Disponível em: <https://eur-lex.europa.eu/legal-content/PT/TXT/?uri=CELEX:020 14R0609-20161001>. Acesso em: 27/03/2020.

custos de cobrança, em que os Estados-Membros fazem uso de sua própria administração fiscal e aparato judiciário para garantir a arrecadação, eles têm o direito de reter 20% dos valores pagos antes de transferi-los à UE, de acordo com o art. 2º, § 3 da Decisão do Conselho 2014/335/UE.

Conforme o art. 2º do Regulamento (UE, Euratom) 609/2014, considera-se que nasce o direito da UE sobre os recursos próprios tradicionais assim que se encontrem preenchidas as condições previstas na regulamentação aduaneira quanto ao lançamento (registro de liquidação) do montante do crédito tributário e à sua notificação ao devedor.

Em caso de haver contencioso tributário, considera-se que as autoridades administrativas nacionais competentes podem calcular o montante dos créditos, para efeitos de apuração, o mais tardar por ocasião da primeira decisão administrativa de notificação da dívida ao interessado ou no momento da apresentação do caso à autoridade judicial, caso esta tenha ocorrido antes da referida decisão administrativa. Se a notificação tiver de ser retificada, conta-se o nascimento do direito da UE a partir da nova notificação.

Os recursos próprios tradicionais devem ser colocados à disposição da UE no regime de duodécimos, isto é, mensalmente, até o primeiro dia útil após o dia 19 do segundo mês seguinte àquele em que o direito foi estabelecido (art. 10º, § 1, Regulamento UE, Euratom 609/2014). Os Estados-Membros informam a UE dos valores a serem creditados na conta, mediante declaração detalhada dos direitos estabelecidos. Havendo atrasos na disponibilização dos valores, incidem juros moratórios, calculados nos percentuais previstos no art. 12 do Regulamento (UE, Euratom) 609/2014.[19]

---

[19] Artigo 12.º *Juros em caso de atraso na colocação à disposição dos montantes*
1. Qualquer atraso nos lançamentos na conta referida no artigo 9.º, n.º 1, implica o pagamento, pelo Estado-Membro em causa, de juros de mora.
No entanto, é dispensada a cobrança de montantes de juros inferiores a 500 EUR.
2. Relativamente aos Estados-Membros que participam na União Econômica e Monetária, a taxa de juro é igual à taxa de juro aplicada, no primeiro dia do mês do vencimento, pelo Banco Central Europeu às suas operações principais de refinanciamento, tal como publicada no Jornal Oficial da União Europeia, série C, acrescida de dois pontos percentuais.
Essa taxa é majorada de 0,25 pontos percentuais por cada mês de atraso. A taxa aumentada aplica-se durante todo o período do atraso.

Os Estados-Membros devem conservar os documentos comprobatórios relativos à apuração e à colocação à disposição de recursos próprios por ao menos três anos civis a contar do fim do ano a que esses documentos comprobatórios se referem, conforme o art. 3º do Regulamento (UE, Euratom) 609/2014.

Ademais, os Estados-Membros tem o dever de transmitir à Comissão Europeia relatórios anuais pormenorizados sobre os seus controles relacionados com os recursos próprios tradicionais e os respectivos resultados, os dados globais e as questões de princípio relativas aos problemas mais importantes, nomeadamente no plano contencioso, decorrentes da aplicação dos regulamentos aplicáveis que dão execução à Decisão 2014/335/UE. Esses relatórios são transmitidos à Comissão até 1 de março do ano seguinte ao exercício em causa. Com base nesses relatórios, a Comissão elabora um relatório de síntese, dirigido a todos os Estados-Membros, e de três em três anos, transmite ao Parlamento Europeu e ao Conselho da UE um relatório sobre o funcionamento do sistema de controle dos recursos próprios tradicionais, conforme art. 6º, Regulamento (UE, Euratom) 608/2014.[20]

A arrecadação de recursos próprios tradicionais representa apenas cerca de 13% a 14% das receitas orçamentárias da UE.[21]

2.2. Recursos próprios provenientes do IVA

Estes recursos próprios correspondem a um pequeno percentual da base de cálculo do Imposto sobre o Valor Acrescentado – ou Agregado – (IVA)

---

3. Relativamente aos Estados-Membros que não participam da União Econômica e Monetária, a taxa é igual à taxa aplicada no primeiro dia do mês do vencimento em questão pelos Bancos Centrais respetivos às suas operações principais de refinanciamento, acrescida de dois pontos percentuais, ou, relativamente aos Estados-Membros para os quais não se dispõe de taxa do Banco Central, é igual à taxa mais equivalente aplicada no primeiro dia do mês em questão no mercado monetário desses Estados-Membros, acrescida de dois pontos percentuais. Essa taxa é majorada de 0,25 pontos percentuais por cada mês de atraso. A taxa aumentada aplica-se durante todo o período do atraso.

[20] UNIÃO EUROPEIA. Conselho da União Europeia. *Regulamento (UE, Euratom) 608/2014*. Disponível em: <https://eur-lex.europa.eu/legal-content/PT/TXT/?qid=1585761038393&uri=CELEX:32014R0608>. Acesso em: 27/03/2020.

[21] EUROPEAN UNION. *European Union Public Finance*. 5th ed. Luxembourg: Publications Office of the European Union, 2014. p. 190.

de cada país da UE. Estão previstos no art. 2º, § 1, alínea "b" da Decisão do Conselho 2014/335/UE.[22]

Os *recursos próprios provenientes do IVA* decorrem da aplicação, para o período 2014-2020, de uma alíquota padrão uniforme, chamada de *taxa uniforme*, de 0,30% do IVA arrecadado em cada Estado-Membro, conforme art. 2º, § 4º da Decisão do Conselho da UE 2014/335/UE (com exceção de Alemanha, Países Baixos e Suécia, em que a taxa é fixada em 0,15% para o mesmo período). Aqui também, havendo atrasos na disponibilização dos valores, incidem juros moratórios, conforme art. 12 do Regulamento (UE, Euratom) 609/2014 já anteriormente mencionado.

Contudo, a base de cálculo uniforme do IVA está limitada a 50% do Rendimento Nacional Bruto, ou seja, nos países em que a arrecadação de IVA for expressiva na composição do RNB, não será o valor total de arrecadação de IVA a ser considerado como base imponível, mas apenas o montante corresponde a 50% do RNB. O objetivo da limitação é evitar a penalização dos Estados-Membros menos desenvolvidos em que o peso do IVA no modelo impositivo é maior, em razão da forte regressividade do IVA sobre o consumo.

Os detalhes para o cálculo da base imponível estão presentes no Regulamento (CEE, Euratom) 1553/1989 do Conselho da UE, relativo ao regime uniforme e definitivo de cobrança dos recursos próprios provenientes do IVA – alterado pelos Regulamentos (CE, Euratom) 1026/1999 e (CE) 807/2003.

Quanto aos recursos próprios do IVA, os Estados-Membros devem conservar os documentos comprobatórios relativos à apuração e à colocação à disposição destes recursos até 30 de setembro do quarto ano seguinte ao exercício em causa, conforme o art. 3º do Regulamento (UE, Euratom) 609/2014.

A arrecadação de recursos próprios da UE provenientes do IVA representou 12,2% das receitas orçamentárias da UE em 2017 (ou seja, cerca de 17 bilhões de euros).

---

[22] Artigo 2.º, § 1. b) Sem prejuízo do n. 4, segundo parágrafo, da aplicação de uma taxa uniforme, válida para todos os Estados-Membros, à base tributável do IVA, determinada de maneira harmonizada segundo as regras da União. Para cada Estado-Membro, a base tributável a ter em conta para este efeito está limitada a 50 % do rendimento nacional bruto (RNB), conforme definido no n. 7.

2.3. Recursos próprios baseados no Rendimento Nacional Bruto (RNB)

As *contribuições nacionais dos Estados-Membros baseadas no RNB* são a principal e mais relevante fonte de recursos orçamentários próprios da UE, estando previstas no art. 2º, § 1, alínea "c" da Decisão do Conselho 2014/335/UE.

Sua base de cálculo é o Rendimento Nacional Bruto (RNB) anual a preços de mercado (art. 2º, § 7, da Decisão do Conselho 2014/335/UE), definido de acordo com o sistema europeu de contas nacionais e regionais (SEC 2010).[23] A Comissão Europeia verifica as fontes e os métodos utilizados pelos Estados-Membros para calcular o RNB.

De fato, o percentual do RNB de cada Estado-Membro a ser pago a título de contribuição é determinado de modo a gerar exatamente a receita adicional necessária para financiar as despesas orçamentárias não cobertas por outros recursos (art. 5º, Regulamento UE, Euratom 609/2014[24]), garantindo que o orçamento geral da União esteja sempre equilibrado, de acordo com a diretriz de que o orçamento da UE não pode ter déficits (diferente do que ocorre nos orçamentos nacionais). Por isso, o percentual dos recursos próprios baseados no RNB que podem ser cobrados dos Estados-Membros é limitado.

Ademais, o limite máximo da soma de todos os recursos próprios (recursos tradicionais, baseados no IVA e baseados no RNB) para as

---

[23] O SEC 2010 é uma estrutura contábil internacionalmente compatível para uma descrição sistemática e detalhada da economia total (ou seja, uma região, um país ou um grupo de países), seus componentes e seus relacionamentos com outras economias totais.

[24] Artigo 5.º *Taxas aplicáveis*
A taxa uniforme a que se refere o artigo 2.º, n.º 1, alínea c), da Decisão 2014/335/UE, Euratom é fixada no decurso do processo orçamental e é calculada em percentagem da soma dos rendimentos nacionais brutos (RNB) previsionais dos Estados-Membros, por forma a cobrir integralmente a parte do orçamento não financiada pelas receitas a que se refere o artigo 2.º, n.º 1, alíneas a) e b), da Decisão 2014/335/UE, Euratom, pelas contribuições financeiras para os programas complementares de investigação e desenvolvimento tecnológico e por outras receitas.
Esta taxa é expressa no orçamento por um valor que contém tantas casas decimais quantas as necessárias para repartir integralmente entre os Estados-Membros o recurso próprio RNB.

dotações de pagamento[25] atualmente deverá ser de até 1,20% da soma dos RNB dos Estados-Membros a preços de mercado, e o limite máximo para as dotações de autorização[26] deverá ser fixado em até 1,26% da soma do RNB dos Estados-Membros (art. 3º, § 1 e § 2 da Decisão do Conselho 2014/335/UE, ajustado de acordo com o SEC 2010), o que também acaba por atuar como fator limitador do valor das contribuições dos Estados-Membros baseadas na RNB.

Assim, os recursos próprios baseados no RNB acabam atuando como "recursos residuais", não no sentido de que sua importância seja residual (muito pelo contrário), mas sim pelo fato de que seu cálculo somente poderá ser feito após computados os valores de todos os demais recursos próprios. Computados estes, poderá se averiguar quanto falta para atingir o limite máximo de 1,20% ou 1,26%. Esta diferença será o valor máximo que poderá ser cobrado a título de recursos próprios baseados no RNB dos Estados-Membros.[27]

Devido a este mecanismo de equilíbrio orçamentário, garantido por essas contribuições nacionais dos Estados-Membros, o percentual aplicável aos Estados-Membros naturalmente varia de ano para ano. Hoje, este recurso representa a principal fonte de receita do orçamento da UE (cerca de 70% do financiamento total). Por exemplo, a contribuição baseada no RNB para 2017 foi de 78,6 bilhões de euros.

---

[25] "Os pagamentos cobrem as despesas previstas para o ano em curso decorrentes de compromissos jurídicos assumidos nesse ano ou em anos anteriores". Disponível em: <https://www.consilium.europa.eu/pt/policies/eu-budgetary-system/eu-annual-budget/>.

[26] "As autorizações são obrigações jurídicas de afetar fundos assinadas em determinado exercício orçamental. As obrigações jurídicas podem ser contratos, convenções e decisões de subvenção. Os seus montantes não são necessariamente despendidos no mesmo ano, mas podem ser pagos ao longo de vários anos". Loc. cit.

[27] "*The GNI-based resource as a 'top-up'*: In addition to the proceeds from traditional own resources and the VAT-based resource, which are determined by the rates applicable and the actual movement in the bases, expenditure is financed by revenue based on GNI. There is no particular limit on the rate of call for the GNI- based resource other than the own-resources ceiling, which limits the total amount of all own resources to a maximum of 1.23 % of EU GNI. This resource is therefore intended to balance the budget, which is why it is often referred to as 'the additional resource' or 'the residual resource' in budget documents". (EUROPEAN UNION. *European Union Public Finance*. 5th ed. Luxembourg: Publications Office of the European Union, 2014. p. 132).

2.4. Outras receitas

Já as *outras receitas*[28], menos expressivas, decorrem de:

a) receitas oriundas de tributos e outras contribuições incidentes sobre a remuneração dos funcionários públicos dos órgãos e instituições da UE (imposto sobre salários, aposentadorias e pensões e contribuições para os planos de previdência próprios dos funcionários públicos da UE);
b) receitas oriundas da gestão administrativa das instituições da UE, tais como alienação de imóveis, aluguéis, prestação de serviços e juros bancários;
c) receitas oriundas de contribuições e reembolsos relacionados a programas e acordos da UE;
d) juros moratórios de pagamentos atrasados por parte dos Estados--membros, bem como multas aplicadas às pessoas jurídicas por descumprimento de normas comunitárias;
e) receitas oriundas de empréstimos feitos pela UE;
f) outras receitas variadas;
g) os excedentes orçamentários do ano anterior, ou seja, o saldo positivo de um exercício consistente na diferença entre as receitas cobradas e os pagamentos efetuados, o qual é transportado para o exercício seguinte (o excedente representava menos de 1% do total das receitas no ano de 2018).

Conclusões

A análise das funções que os órgãos e instituições comunitários são chamados a cumprir, bem como o papel do orçamento da UE na implementação de relevantes políticas públicas em nível comunitário, demonstram o porquê da existência de um orçamento próprio da União.

De fato, seria inviável manter as ações a nível comunitário sem as devidas fontes de custeio das mesmas, expressas sobretudo nos recursos próprios da UE anteriormente explicitados. Mais ainda: o próprio projeto europeu de unificação continental seria impossibilitado sem tais receitas. Afinal, quem dá os fins, dá também os meios.

---

[28] Ibidem. p. 197.

Este, na verdade, é um grande desafio do atual momento histórico da Europa: afloram novamente os sentimentos nacionalistas, com destaque para as questões financeiras, fenômeno exemplarmente ilustrado pelo recente abandono do Reino Unido do projeto comum europeu (Brexit).

A saída de uma das maiores economias do bloco lança uma espessa nuvem de incertezas sobre o futuro da Europa unificada. As instituições europeias passarão pelo difícil teste que é colocado diante delas? Os Estados-Membros continuarão se dispondo a aceitar as diretrizes dos órgãos supranacionais comunitários ou entenderão que se trata de ingerência indevida na soberania nacional?

Por outro lado, num mundo polarizado entre a superpotência dos EUA e a recente ascensão do gigante chinês, poderia a Europa fazer frente a esses dois polos numa perspectiva de fragmentação, ou isto diminuiria consideravelmente suas forças e poder de barganha?

Todas essas questões ainda não possuem uma resposta definida, e teremos de aguardar o desenrolar dos fatos nos próximos anos para que possamos divisar os rumos que a UE terá condições de assumir.

Referências

ABRAHAM, Marcus. *Governança fiscal e sustentabilidade financeira*: os reflexos do Pacto Orçamental Europeu em Portugal como exemplos para o Brasil. Belo Horizonte: Forum, 2018.

EUROSTAT. *Key Figures on Europe*: Statistics Illustrated – 2019 edition. Luxembourg: Publications Office of the European Union, 2019.

UNIÃO EUROPEIA. *A União Europeia*: o que é e o que faz. Luxemburgo: Serviço das Publicações da União Europeia, 2019.

__. Comissão Europeia. *O orçamento da UE num relance*. Luxemburgo: Serviço das Publicações da União Europeia, 2019.

__. *Tratado sobre o Funcionamento da União Europeia*. Disponível em: <https://eur-lex.europa.eu/legal-content/PT/TXT/HTML/?uri=CELEX:12012E/TXT&from=PT>. Acesso em: 27/03/2020.

__. Conselho da União Europeia. *Regulamento (UE, Euratom) 609/2014*. Disponível em: <https://eur-lex.europa.eu/legal-content/PT/TXT/?uri=CELEX:02014R0609-20161001>. Acesso em: 27/03/2020.

__. Conselho da União Europeia. *Regulamento (UE, Euratom) 608/2014*. Disponível em: <https://eur-lex.europa.eu/legal-content/PT/TXT/?qid=1585761038393&uri=CELEX:32014R0608>. Acesso em: 27/03/2020.

___. Conselho da União Europeia. *Decisão do Conselho 2014/335/UE*. Disponível em: <https://eur-lex.europa.eu/legal-content/pt/ALL/?uri=CELEX:32014D0335>. Acesso em: 27/03/2020.

___. *European Union Public Finance*. 5th ed. Luxembourg: Publications Office of the European Union, 2014.

WARLEIGH, Alex. *Introduction*: institutions, institutionalism and decision making in the EU. In: WARLEIGH, Alex (Ed.). *Understanding European Union Institutions*. London: Routledge, 2002.

WATTS, Duncan. *The European Union*. Edinburgh: Edinburgh University, 2008.

24. O sistema tributário do Uruguai

Paulo Vitor Gouvea Soares

Introdução
Este artigo pretende analisar as características do sistema tributário da República Oriental do Uruguai (Uruguai) por meio de uma análise legal, estatística e doutrinária.

Para tanto, realizaremos um preliminar levantamento de dados demográficos, legais e organizacionais do próprio Estado uruguaio. Feita tal análise, passaremos a um cotejo entre os indicadores financeiros da economia nacional, bem como sua comparação com a carga fiscal do país.

Posteriormente, adentraremos numa análise das normas legais que constroem e estruturam o sistema tributário uruguaio. Passaremos, portanto, por códigos, leis e análise de suas características básicas, com o objetivo tanto de identificarmos os tributos em espécie do referido país quanto as características da tributação nacional do Uruguai (consumo x renda).

Em seguida, realizaremos breves análises sobre as principais espécies tributárias do país, com destaque ao Imposto sobre Valor Agregado (IVA), Imposto de Renda das Atividades Econômicas (IRAE), Imposto sobre o Patrimônio (IP) e Imposto de Renda da Pessoa Física (IRPF).

Sem embargo, analisaremos pontos relevantes sobre o funcionamento da administração tributária do Uruguai, com o entendimento de sua sistemática de declaração e cobrança dos tributos. Abordaremos, ainda, questões sobre a cobrança administrativa e judicial de tributos não recolhidos voluntariamente, bem como traremos informações acerca dos acordos bilaterais com o Brasil, bem como acerca da transação e arbitragem em matéria tributária no país.

1. Características regionais econômicas, políticas e governamentais
1.1. Características políticas e governamentais

A República Oriental do Uruguai é uma república democrática localizada na América do Sul, que obteve sua independência no ano de 1825 do Império do Brasil, sendo esta reconhecida no ano de 1828.

Sua atual Constituição, promulgada no ano de 1966, organiza o país sob a forma de governo republicana, um sistema de governo presidencialista regente e sob a forma de Estado Unitária.

Para fins de organização interna, o Estado uruguaio possui 19 departamentos descentralizados, com funções administrativas internas. Suas eleições presidenciais são realizadas a cada 5 (cinco) anos, e o Legislativo nacional organiza-se sob a forma bicameral, composto por uma Câmara Nacional e um Senado presidido pelo vice-presidente do país.

Os departamentos possuem órgão democrático regional denominado Junta Departamental, com 31 representantes eleitos democraticamente por meio de sistema eleitoral direto e proporcional.

Sendo um dos menores países da América do Sul em extensão territorial, o Uruguai possui área total de 176.215Km², com população de 3.457 milhões de habitantes no censo de 2017.

1.2. Características econômicas

No ano de 2017, seu PIB foi de $ 56,16 bilhões de dólares, o que representou um crescimento de 3,7 (três vírgula sete pontos percentuais) em relação ao ano anterior:

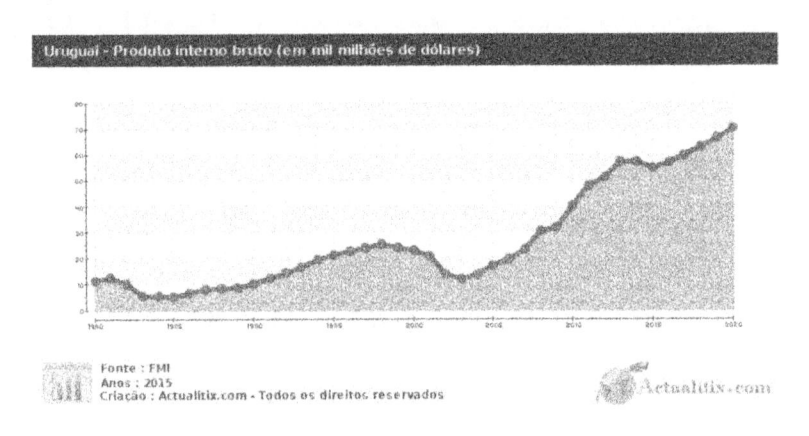

Tabela 1 – **Evolução histórica do PIB uruguaio**

Importante salientarmos, ainda, que desde o ano de 1999 houve uma forte tendência de aumento na relação percentual entre a carga tributária e o PIB do país, com um aumento real de mais de 9% (nove pontos percentuais):

Data	Receita tributária (M. €)	Receita fiscal per capita €	Carga Fiscal (% PIB)
2017	16.185,60	4.710	30,90%
2016	13.811,20	4.034	29,00%
2015	13.085,20	3.774	27,30%
2014	11.816,90	3.421	27,40%
2013	11.938,50	3.471	27,60%
2012	10.752,00	3.138	26,90%
2011	9.185,10	2.691	26,70%
2010	7.986,20	2.351	26,30%
2009	5.890,70	1.744	26,00%
2008	5.398,30	1.605	26,10%
2007	4.288,90	1.277	25,10%
2006	3.941,50	1.174	25,20%
2005	3.362,80	1.003	24,00%
2004	2.521,00	755	22,90%
2003	2.310,80	692	21,70%
2002	3.063,70	915	21,30%
2001	5.170,00	1.543	22,10%
2000	5.408,40	1.615	21,90%
1999	4.899,20	1.469	21,80%

Tabela 2 – **Evolução histórica da carga tributária uruguaia**

2. Normas tributárias na Constituição e na legislação

Estando esclarecidas as importantes nuances organizacionais, econômicas e históricas acima refletidas, passamos agora à análise do sistema tributário uruguaio propriamente dito.

Como não seria diferente, iniciaremos nossa análise pelo texto constitucional uruguaio, eis que este possui uma série de normas constitucionais de natureza tributária.

Tais normas, em geral, constituem-se como normas tributárias de competência e normas tributárias de produção normativa, eis que, à similaridade do texto constitucional brasileiro, o texto constitucional uruguaio não é o instrumento de criação/instituição dos tributos ali previstos, e sim de mera previsão normativa de sua existência.

Podemos afirmar, portanto, que o texto constitucional uruguaio, original de 1966 e amplamente modificado pelas reformas de 1989, 1994, 1996 e 2004, traz em sua redação mais de 15 (quinze) normas tributárias expressas, dentre as quais destacaremos: (i) normas de imunidade tributária (Art. 5º), (ii) normas de competência tributária indireta (capacidade tributária ativa – Arts. 87, 273 e 275) e (iii) normas de competência direta para a instituição e cobrança de tributos (Art. 297, 298, 299 e ss.). Vejamos a seguir alguns dos trechos de maior destaque:

> **Artículo 5º.-** Todos los cultos religiosos son libres en el Uruguay. El Estado no sostiene religión alguna. Reconoce a la Iglesia Católica el dominio de todos los templos que hayan sido total o parcialmente construidos con fondos del Erario Nacional, exceptuándose sólo las capillas destinadas al servicio de asilos, hospitales, cárceles u otros establecimientos públicos. Declara, asimismo, exentos de toda clase de impuestos a los templos consagrados al culto de las diversas religiones.
>
> **Artículo 87.-** Para sancionar impuestos se necesitará el voto conforme de la mayoría absoluta del total de componentes de cada Cámara.
>
> **Artículo 273.-** La Junta Departamental ejercerá las funciones legislativas y de contralor en el Gobierno Departamental.
>
> Su jurisdicción se extenderá a todo el territorio del departamento.
>
> Además de las que la ley determine, serán atribuciones de las Juntas Departamentales: (...)
>
> 3º) Crear o fijar, a proposición del Intendente, impuestos, tasas, contribuciones, tarifas y precios de los servicios que presten, mediante el voto de la mayoría absoluta del total de sus componentes.
>
> **Artículo 274.-** Corresponden al Intendente las funciones ejecutivas y administrativas en el Gobierno Departamental.
>
> **Artículo 275.-** Además de las que la ley determine, sus atribuciones son: (...)
>
> 4º) Proponer a la Junta Departamental, para su aprobación, los impuestos, tasas y contribuciones; fijar los precios por utilización o aprovechamiento de los bienes o servicios departamentales y homologar las tarifas de los servicios públicos a cargo de concesionarios o permisarios.

Artículo 297.- Serán fuentes de recursos de los Gobiernos Departamentales, decretados y administrados por éstos:

1º) Los impuestos sobre la propiedad inmueble, urbana y suburbana, situada dentro de los límites de su jurisdicción, con excepción, en todos los casos, de los adicionales nacionales establecidos o que se establecieren. Los impuestos sobre la propiedad inmueble rural serán fijados por el Poder Legislativo, pero su recaudación y la totalidad de su producido, excepto el de los adicionales establecidos o que se establecieren, corresponderá a los Gobiernos Departamentales respectivos. La cuantía de los impuestos adicionales nacionales, no podrá superar el monto de los impuestos con destino departamental.

2º) El impuesto a los baldíos y a la edificación inapropiada en las zonas urbanas y suburbanas de las ciudades, villas, pueblos y centros poblados.

3º) Los impuestos establecidos con destino a los Gobiernos Departamentales y los que se creen por ley en lo futuro con igual finalidad sobre fuentes no enumeradas en este artículo.

4º) Las contribuciones por mejoras a los inmuebles beneficiados por obras públicas departamentales.

5º) Las tasas, tarifas y precios por utilización, aprovechamiento o beneficios obtenidos por servicios prestados por el Gobierno Departamental, y las contribuciones a cargo de las empresas concesionarias de servicios exclusivamente departamentales.

6º) Los impuestos a los espectáculos públicos con excepción de los establecidos por ley con destinos especiales, mientras no sean derogados, y a los vehículos de transporte.

7º) Los impuestos a la propaganda y avisos de todas clases. Están exceptuados la propaganda y los avisos de la prensa radial, escrita y televisada, los de carácter político, religioso, gremial, cultural o deportivo, y todos aquellos que la ley determine por mayoría absoluta de votos del total de componentes de cada Cámara.

8º) Los beneficios de la explotación de los juegos de azar, que les hubiere autorizado o les autorice la ley, en la forma y condiciones que ésta determine.

9º) Los impuestos a los juegos de carreras de caballos y demás competencias en que se efectúen apuestas mutuas, con excepción de los establecidos por ley, mientras no sean derogados.

10) El producido de las multas:

a) que el Gobierno Departamental haya establecido mientras no sean derogadas, o estableciere según sus facultades;

b) que las leyes vigentes hayan establecido con destino a los Gobiernos Departamentales;

c) que se establecieran por nuevas leyes, con destino a los Gobiernos Departamentales.

11) Las rentas de los bienes de propiedad del Gobierno Departamental y el producto de las ventas de éstos.

12) Las donaciones, herencias y legados que se le hicieren y aceptare.

13) La cuota parte del porcentaje que, sobre el monto total de recursos del Presupuesto Nacional, fijará la Ley Presupuestal.

Artículo 298.- La ley, que requerirá la iniciativa del Poder Ejecutivo y por el voto de la mayoría absoluta del total de componentes de cada Cámara, podrá:

1) Sin incurrir en superposiciones impositivas, extender la esfera de aplicación de los tributos departamentales, así como ampliar las fuentes sobre las cuales éstos podrán recaer.

2) Destinar al desarrollo del interior del país y a la ejecución de las políticas de descentralización, una alícuota de los tributos nacionales recaudados fuera del departamento de Montevideo. Con su producido se formará un fondo presupuestal, afectado al financiamiento de los programas y planes a que refiere el inciso quinto del artículo 230. Dicha alícuota deberá ser propuesta preceptivamente en el Presupuesto Nacional.

3) Exonerar temporariamente de tributos nacionales, así como rebajar sus alícuotas, a las empresas que se instalaren en el interior del país.

Artículo 299.- Los decretos de los Gobiernos Departamentales creando o modificando impuestos, no serán obligatorios, sino después de diez días de publicados en el "Diario Oficial", y se insertarán en el Registro Nacional de Leyes y Decretos en una sección especial.

Deberán publicarse, además, por lo menos, en dos periódicos del departamento.

Estando clara e manifesta a elevada importância do texto constitucional uruguaio dentro do sistema tributário nacional, passamos à lógica análise das normas tributárias responsáveis pela instituição dos tributos no país, bem como à observação de como tais normas se organizam.

Para tanto, faz-se mister destacar que, a exemplo do Brasil, o Uruguai possui um Código Tributário Nacional (CTN) extenso e analítico, que tem a função de organizar os mais diversos conceitos e institutos do Direito Tributário no país. O referido código foi instruído pela Lei 14.306/1974, e possui orientações gerais acerca de diversos institutos do direito tributário vigente:

Artículo 1º. (Ambito de aplicación).- Las disposiciones de este Código son aplicables a todos los tributos, con excepción de los aduaneros y los departamentales. También se aplicarán, salvo disposición expresa en contrario, a las prestaciones legales de carácter pecuniario establecidas a favor de personas de derecho público no estatales.

Son tributos aduaneros aquellos cuyo hecho generador es una operación de importación, exportación o tránsito ante las aduanas nacionales.

Son tributos departamentales aquellos cuyo sujeto activo es una administración departamental, cualquiera fuere el órgano competente para su creación, modificación o derogación. No obstante lo dispuesto en el párrafo primero, se aplicarán a estos tributos las normas de competencia legal en materia punitiva y jurisdiccional.

De forma paralela ao Código Tributário vigente, há ainda a norma instituidora do Sistema Tributário do Uruguai, prevista na Lei nº 18.083/2006, sendo esta a responsável pela última grande reforma no sistema tributário do país, que alterou completamente a dinâmica tributária então vigente:

Artículo 1º.- Deróganse los siguientes tributos:
– Impuesto a las Retribuciones Personales (IRP).
– Impuesto de Contribución al Financiamiento de la Seguridad Social (COFIS).
– Impuesto a los Activos de las Empresas Bancarias (IMABA).
– Impuesto de Control del Sistema Financiero (ICOSIFI).
– Impuesto Específico a los Servicios de Salud (IMESSA).
– Impuesto a las Pequeñas Empresas (IPEQUE).
– Impuesto a las Comisiones (ICOM).
– Impuesto a las Telecomunicaciones (ITEL).
– Impuesto a las Tarjetas de Crédito (ITC).
– Impuesto a las Ventas Forzadas (IVF).
– Impuesto a las Rentas Agropecuarias (IRA).
– Impuesto a las Cesiones de Derechos sobre Deportistas.
– Impuesto a la Compraventa de Bienes Muebles en Remate Público.
– Impuesto a los Concursos, Sorteos y Competencias (ICSC).

Artículo 2º.- Facúltase al Poder Ejecutivo a establecer la fecha a partir de la cual quedarán derogados los Impuestos a la Compra de Moneda Extranjera, a los Ingresos de las Entidades Aseguradoras y para el Fondo de Inspección Sanitaria.

Facúltase, asimismo, al Poder Ejecutivo a disminuir las alícuotas de los citados tributos a efectos de favorecer el tránsito gradual hacia su derogación.

Ambas facultades se ejercerán tomando en consideración las metas fiscales establecidas.

Deve-se destacar que tal diploma normativo atua como norma instituidora dos tributos, trazendo em seu corpo toda a organização do fato gerador, sujeito passivo, alíquota e cobrança dos mais diversos tributos do país.

A título exemplificativo (o que se faz necessário sob pena de transcrição de todo o Código tributário do país), vejamos a seguir os primeiros artigos de alguns dos principais tributos do Uruguai, sendo esses o IRAE (Título I, Arts. 1º, 2º e 15), o IRPF (Título VII – Arts. 1 e 2º) e o IVA (Título 10 – Arts. 1 e 2):

ARTÍCULO 1º. Estructura.- Créase un impuesto anual sobre las rentas de fuente uruguaya de actividades económicas de cualquier naturaleza.

CAPÍTULO I
HECHO GENERADOR

ARTÍCULO 2º. Rentas comprendidas.- Constituyen rentas comprendidas:
A) Las rentas empresariales.
B) Las asimiladas a rentas empresariales por la habitualidad en la enajenación de inmuebles.
C) Las comprendidas en el Impuesto a la Renta de las Personas Físicas (IRPF), obtenidas por quienes opten por liquidar este impuesto o por quienes deban tributarlo preceptivamente por superar el límite de ingresos que determine el Poder Ejecutivo.

TASA

ARTÍCULO 15. Tasa.- La tasa del impuesto será del 25% (veinticinco por ciento) sobre la renta neta fiscal."

IMPUESTO A LA RENTA DE LAS PERSONAS FÍSICAS (IRPF)

CAPÍTULO I
NORMAS GENERALES

ARTÍCULO 1º. Naturaleza del impuesto.- Créase un impuesto anual de carácter personal y directo, que gravará las rentas de fuente uruguaya obtenidas por las personas físicas y que se denominará Impuesto a la Renta de las Personas Físicas.

El sujeto activo de la relación jurídico tributaria será el Estado actuando a través de la Dirección General Impositiva (DGI). El Banco de Previsión Social, a través de la Asesoría Tributaria y Recaudación (ATYR), colaborará con la DGI en la recaudación del tributo como agente a cargo de la gestión de las retenciones que se determinen y que refieran a los afiliados activos del citado organismo previsional. Dicha gestión podrá comprender la recaudación, fiscalización, determinación tributaria y eventualmente la recuperación coactiva de los adeudos respectivos, atribuyéndose a dicho instituto los actos administrativos correspondientes a todos los efectos, incluido el régimen normativo en materia de recursos administrativos y de contralor de legalidad ante el Tribunal de lo Contencioso Administrativo.

La DGI podrá requerir el asesoramiento del BPS, a través de ATYR, en caso de las consultas previstas por los artículos 71 y siguientes del Código Tributario, relativas a las rentas de la Categoría II de este Título.

Facúltase al Poder Ejecutivo a incluir en el régimen dispuesto en los incisos anteriores, a la Caja Notarial de Seguridad Social, a la Caja de Jubilaciones y Pensiones de Profesionales Universitarios y a la Caja de Jubilaciones y Pensiones Bancarias.

ARTÍCULO 2º. Hecho generador. Rentas comprendidas.- Estarán comprendidas las siguientes rentas obtenidas por los contribuyentes:

A)Los rendimientos del capital.
B)Los incrementos patrimoniales que determine la ley.
C)Las rentas del trabajo. Se considerarán rentas del trabajo las obtenidas dentro o fuera de la relación de dependencia, los subsidios de inactividad compensada, las jubilaciones, pensiones y prestaciones de pasividad de similar naturaleza con la excepción de las pensiones alimenticias recibidas por el beneficiario.

No se encuentran comprendidas las partidas correspondientes a los subsidios establecidos en el Decreto-Ley Nº 15.180, de 20 de agosto de 1981 (seguro por desempleo), el Decreto-Ley Nº 14.407, de 22 de julio de 1975 (seguro por enfermedad), los artículos 11 y siguientes del Decreto-Ley Nº 15.084, de 28 de noviembre de 1980 (subsidio por maternidad), y la Ley Nº 16.074, de 10 de octubre de 1989, en lo relativo a la indemnización temporal por accidente, de acuerdo con lo que establezca la reglamentación.

D)Las imputaciones de renta que establezca la ley.

TITULO 10 – IMPUESTO AL VALOR AGREGADO

Artículo 1-T10 Caracteres generales.- El Impuesto al Valor Agregado gravará la circulación interna de bienes, la prestación de servicios dentro del territorio nacional, la introducción de bienes al país y la agregación de valor originada en la construcción realizada sobre inmuebles.

Artículo 2-T10 Definiciones:

A) Por circulación de bienes se entenderá toda operación a título oneroso que tenga por objeto la entrega de bienes con transferencia del derecho de propiedad o que de a quien los recibe la facultad de disponer económicamente de ellos como si fuera su propietario. En tal caso se encuentran entre otros, las compraventas, las permutas, las cesiones de bienes, las expropiaciones, los arrendamientos de obra con entrega de materiales, los contratos de promesa con transferencia de la posesión, cualquiera fuera el procedimiento utilizado para la ejecución de dichos actos. Quedan asimiladas a las entregas a título oneroso, las afectaciones al uso privado por parte de los dueños, socios o accionistas de uma empresa, de los bienes de esta.

B) Por servicio se entenderá toda prestación a título oneroso que, sin constituir enajenación, proporcione a la otra parte una ventaja o provecho que constituya la causa de la contraprestación. En tal caso se encuentran entre otros, los arrendamientos de cosas, de servicios y de obras sin entrega de materiales, las concesiones de uso de bienes inmateriales, como las marcas y patentes, los seguros y los reaseguros, los transportes, los préstamos y financiaciones, las fianzas y las garantías, la actividad de intermediación como la que realizan los comisionistas, los agentes auxiliares de comercio, los Bancos y los mandatarios en general.

El servicio de financiaciones a que se refiere este literal, compreende los intereses derivados del incumplimiento del plazo pactado.

C) Por importación se entenderá la introducción definitiva del bien al mercado interno.

D) Por agregación de valor en la construcción sobre inmuebles se entenderá la realización de obras bajo la modalidad de administración, cuando tales inmuebles no se hallen afectados a la realización de actividades que generen ingresos gravados por el Impuesto al Valor Agregado ni rentas computables para el Impuesto a las Rentas de las Actividades Económicas (IRAE) y el Impuesto a la Enajenación de Bienes Agropecuarios (IMEBA) por parte del titular de la obra.

Com tais análises, identificamos de maneira satisfatória ao objeto deste artigo a forma de organização do sistema tributário uruguaio dentro de seu ordenamento jurídico.

3. Princípios tributários

Esclarecidas, portanto, as nuances básicas de organização do sistema tributário uruguaio, passamos agora a uma análise de sua dogmática, por meio de uma visão geral dos princípios que norteiam a existência e aplicação do Direito Tributário no país.

Conforme nos ensina a doutrina do Direito Tributário uruguaio, podemos citar a existência de 4 (quatro) princípios básicos na construção do sistema: (i) legalidade, (ii) igualdade, (iii) generalidade e (iv) tutela jurisdicional. Existem também alguns princípios ainda controversos na categorização dada pela doutrina.

Passaremos, portanto, a uma análise sistemática dos princípios supramencionados, tendo como base a doutrina dos mestres Ramon Valdés Costa e José Pedro Monteiro Traibel, e tendo como parâmetro, ainda, o valioso artigo "Sistemas Tributarios – Principios Generales del Derecho Tributario[1]", que nos foi presenteado por J. P. Monteiro Traibel.

Como base normativa, nos utilizaremos das claras diretrizes previstas no Código Tributário uruguaio, instituído pela lei nº 14.306/1974.

3.1. Princípio da Legalidade

O princípio da legalidade encontra-se previsto no art. 2º do Código Tributário uruguaio, possuindo a seguinte redação:

> Artículo 2º. (Principio de legalidad).- Sólo la ley puede:
> 1º)Crear tributos, modificarlos y suprimirlos.
> 2º)Establecer las bases de cálculo y las alícuotas aplicables.
> 3º)Establecer exoneraciones totales o parciales.

---

[1] TRAIBE, J. P. Monteiro. *Revista 09*: Sistemas Tributarios – Principios generales del Derecho Tributario. Lima: IPDT, 1985.

4º)Tipificar infracciones y establecer las respectivas sanciones.
5º)Crear privilegios, preferencias y garantías.
6º)Establecer los procedimientos jurisdiccionales y los administrativos en cuanto estos signifiquen una limitación o reglamentación de derechos y garantías individuales.

En los casos de los numerales 2º, 3º y 4º la ley podrá establecer también las condiciones y límites dentro de los cuales el Poder Ejecutivo deberá precisar o determinar las bases de cálculo, alícuotas, exoneraciones y sanciones aplicables.

A partir de tal leitura, podemos afirmar que o princípio da legalidade, como não o seria diferente, possui contornos dogmáticos muito similares àqueles adotados pela doutrina brasileira e internacional, correlacionando-se com a obrigação legal de que a criação, instituição, cobrança e outros corolários decorrentes da existência do tributo sejam realizados por meio de lei em sentido estrito. Neste sentido, nos ensina, ainda, J. P. Monteiro Traibe:

> Es en base a este principio, que se ha elaborado, en forma primordial, toda la teoria del Derecho Tributario. Su origen doctrinal se ubicara en el hecho de considerar a los tributos como um ataque al derecho de propriedade, por lo que sólo los que representan a aquéllos que deben pagarlo, pueden imponerlos.[2]

Importante destacar que, conforme demonstrado pela própria doutrina uruguaia, a construção do Direito Tributário do país se dá em torno do princípio da legalidade, de forma que este é o único princípio geral apontado pela redação do Código Tributário e da Lei do Sistema Tributário do país. A doutrina, contudo, aborda outros princípios gerais, também estruturais e decorrentes da própria lógica do ordenamento jurídico democrático.

3.2. Princípio da Igualdade

O princípio da igualdade, embora não possua base normativa expressa no Código Tributário do Uruguai, possui o necessário destaque e

---

[2] TRAIBE, J. P. Monteiro. op. cit. p. 22.

desenvolvimento pela doutrina nacional, que o fundamenta com base no texto constitucional[3] e assim o trata:

> Este principio supone que todos los sujetos de la relación jurídica tributaria, ya sea el Estado o los contribuyntes o responsables, están sometidos por igual ante la ley, lo que no impede que em determinados casos la misma ley prevea privilégios para el fisco acreedor. Ello no supone um apartamiento del principio, por cuanto el acto de la Admministración no podrá apartarse de las normas legales que le otorgan ventajas, como ocorre por ejemplo em los períodos de amnistía tributaria.[4]

O princípio da igualdade, portanto, seria aplicado como corolário do próprio Estado de Direito e teria base normativa no art. 8º da Constituição nacional, remetendo-se às noções de igualdade formal e material dos contribuintes perante a lei.

3.3. Princípio da Generalidade

Em seguida, podemos tratar do chamado princípio de generalidade, instrumento pelo qual o direito uruguaio defende que a necessidade de instituição e criação de um tributo deve ser decorrente de um caráter geral, segundo o qual todos os contribuintes ou responsáveis que realizarem determinada hipótese de incidência devem estar obrigados ao recolhimento do tributo, independente de sua origem. Como analogia ao Direito Tributário brasileiro, devemos citar o Art. 153, §2º, Inc. I da CRFB, que trata da hipótese de generalidade na aplicação do Imposto Sobre a Renda. No âmbito doutrinário, destaque-se o entendimento de que:

> Este principio, igual al recentemente visto, implica, al decir del ya citado Héctor VIllegas, um contenido más negativo que positivo, por cuanto, según la generalidad, nadie debe ser eximido de tributar si está compreendido en la hipótesis de incidencia. Si bien compartimos totalmente lo expuesto debemos necesariamente tener em cuenta que la generalidad de un tributo no implica impossibilidad de adoptar exenciones.[5]

---

[3] "Constitución de la República Oriental del Uruguay: Artículo 8º.- Todas las personas son iguales ante la ley, no reconociéndose otra distinción entre ellas sino la de los talentos o las virtudes."
[4] TRAIBE, J. P. Monteiro. op. cit. p. 25.
[5] Ibidem. p. 27.

Destaca-se que, mesmo que no direito brasileiro a aplicação de tal instituto seja positivada em texto normativo relativo ao Imposto Sobre a Renda, não é incomum que a doutrina o trate como princípio de aplicação geral ao Direito Tributário. Outra parcela da doutrina, ainda, deixa de tratar a generalidade como um princípio autônomo do Direito Tributário, por entendê-lo como corolário do princípio da legalidade.

3.4. Princípio da Tutela Jurisdicional

O princípio da tutela jurisdicional, apontado pela doutrina uruguaia, possui conexão direta em sua carga interpretativa ao chamado princípio da tutela jurisdicional efetiva, decorrente do Art. 5º, Inc. XXXV da CRFB e com aplicação direta pelo Direito Tributário brasileiro. Da mesma forma, defende-se no Uruguai sua aplicação como instrumento de garantia da correta aplicação das normas tributárias aos contribuintes:

> Creemos que la piedra angular de todo este punto está en el aforismo de que nadie puede ser juez en su propia causa. De modo tal que todo lo que se plantee entre Fisco y contribuynte tiene que ser resuelto por órganos ajenos a la Administración activa, porque es necesario reafirmar la judicialidad de los procedimientos de ejecución y apremio como una necesaria consecuencia del principio de tutela jurisdicional, como muy bien dice nuestro maestro Ramón Valdés Costa en su monografía "El contencioso tributário en América Latina". Podemos agregar, que igual solución se adoptaron en las VIIa Jornadas Luso-Hispano-Americanas celebradas em Pamplona en 1976.[6]

Podemos afirmar, portanto, e em conclusão intermediária, que o Direito Tributário uruguaio possui uma carga principiológica com positivação reduzida em relação do Direito Tributário brasileiro. Tal fato, contudo, não significa que tal direito se exima da construção de seus vetores interpretativos, mas apenas que a doutrina possui um caráter de destaque na construção destes princípios.

Outro fato de merecido destaque é o *status* que é dado ao princípio da legalidade no referido Código Tributário, de modo que tanto princípios quanto direitos diversos que no Brasil são estudados com uma natureza autônoma muito mais evidente (igualdade, anterioridade, segurança

---

[6] Ibidem. p. 28.

jurídica, não confisco etc.) mostram-se claramente fundamentados em seu desenrolar lógico na aplicação do Direito Tributário.

4. Tributos em espécie

Agora, nos aprofundaremos na análise das diversas espécies tributárias existentes no Direito Tributário uruguaio, com o objetivo de entendermos como se organiza a tributação local. Neste sentido, cabe-nos salientar que o Uruguai, até o ano de 2006, e, portanto, antes da promulgação da Lei nº 18.083, era considerado como um "paraíso fiscal" por muitos investidores de capital. Tal fato era decorrente da inexistência de uma tributação sobre a renda das pessoas físicas e jurídicas de maneira consistente até o referido momento. Em outras palavras, quase que a totalidade da tributação do país encontrava-se deslocada para o consumo. Tal realidade, contudo, experimentou uma severa mudança desde a implementação do novo sistema tributário do país.

Conforme anteriormente relatado, os tributos em espécie no Uruguai encontram-se previstos na Lei nº 18.083/2006, a lei de reforma do sistema tributário nacional. Ordinariamente, as leis ordinárias responsáveis por alterações nestes tributos alteram somente a lei original, de modo que não há de se falar em diversas leis tributárias esparsas que sejam responsáveis pela instituição e regulamentação dos tributos no país.

A referida lei, ao contrário do comumente visto no Brasil, traz uma disposição organizada e detalhada da aplicação do direito tributário ao referido tributo, com considerações acerca de contribuintes, bases de cálculo, alíquotas, incentivos fiscais etc. Tal fenômeno faz com que a lei de instituição do tributo seja deveras mais completa e, portanto, consideravelmente mais objetiva e de fácil compreensão de modo a dispensar, por exemplo, a existência de longuíssimos regulamentos infralegais.

Justiça seja feita, tal simplificação normativa deriva não somente de uma suposta competência do legislativo uruguaio, mas das próprias características do sistema jurídico e tributário do país: a organização sob a forma de Estado Unitário e a consequente concentração dos tributos em um ente púbico nacional e fortalecido favorece de modo considerável não só a redução como a otimização dos textos regulamentadores e dos procedimentos legais relativos à administração tributária do país.

Neste sentido, considerando a quase que uniformidade normativa relativa no sistema tributário uruguaio, devemos citar a existência de alguns tributos em espécie, que se constituem como as principais fontes de arrecadação tributária do país:

Tabela 03 – **Principais tributos do Uruguai – Nomes, alíquota e bases legais**

Principais tributos do Uruguai – Nomes, alíquota, bases legais e incidência				
Tributo	Abreviação	Alíquota	Base Legal (Lei 18.083/2006)	Tipo
Imposto sobre Valor Agregado	IVA	22%	Título X - Art. 1º	Consumo
Imposto Sobre Valor Agregado Mínimo	IVA-Mínimo	10%	Título X - Art. 1º	Consumo
Imposto Relativo a Atividade Econômica	IRAE	25%	Título I - Art. 1º	Renda
Imposto sobre a Renda da Pessoa Física - Trabalho	IRPF	0 a 30%	Título VII - Art. 1º	Renda
Imposto sobre a Renda da Pessoa Física - Capital	IRPF	3 a 12%	Título VII - Art. 1º	Renda
Imposto de Renda dos Não Residentes	IRNR	3 a 12%	Título VIII - Art. 1º	Renda
Imposto Sobre o Patrimonio das pessos jurídicas	IP - Jurídica	1,50%	Título XIV - Art. 1º, A	Patrimônio
Imposto Sobre o Patrimonio das pessos físicas	IP - Física	0,7 a 1,5%	Título XIV - Art. 1º, D	Patrimônio

Importante, ainda, tecermos alguns comentários pontuais sobre a forma de funcionamento de cada uma das espécies tributárias acima mencionadas.

O **Imposto Sobre Valor Agregado (IVA)** é o imposto geral incidente sobre o consumo e serviços no Uruguai. Sua base de cálculo constitui-se no valor da operação de compra e venda ou prestação de serviços, sendo o fato gerador a própria operação. Sua alíquota não possui uma característica clara de seletividade, eis que somente podem se verificar duas alíquotas distintas: uma geral de 22% (vinte e dois por cento) e outra básica de 10% (dez por cento) aplicada a itens considerados de natureza essencial como itens da cesta básica. A divisão em IVA e IVA-mínimo é a mesma divisão entre as alíquotas e é realizada apenas para fins de cômputo arrecadatório pelo Diretório Geral Impositivo (DGI) do Uruguai, de modo que não são dois tributos distintos e sim um mesmo imposto com alíquotas distintas aplicáveis.

O **Imposto Relativo a Atividade Econômica (IRAE)** equivale ao Imposto de Renda da Pessoa Jurídica no Brasil, sendo incidente sobre as atividades econômicas das pessoas jurídicas no Uruguai. Sua alíquota geral é fixa e equivalente a 25% (vinte e cinco por cento) permitindo--se deduções da base de cálculo relativas aos custos operacionais, bem como existindo alíquotas reduzidas de incentivo para pequenas e médias empresas. Pode-se dizer, portanto que o IRAE não possui características consistentes de progressividade, à similaridade do IRPJ.

O **Imposto sobre a Renda das Pessoas Físicas (IRPF)** é o imposto incidente sobre a renda das pessoas físicas no país. Ele possui relevante característica de progressividade com alíquotas que variam entre zero e 30% (trinta por cento) incidentes sobre os ganhos da pessoa física advindos de sua atividade laboral. A variação de renda compreendida nesta progressividade se dá entre aproximadamente US$ 9.000,00 (nove mil dólares) para a incidência da primeira alíquota e US$ 147.000 (cento e quarenta e sete mil dólares) para a incidência da última alíquota, possuindo o total de 7 (sete) faixas de tributação progressiva da renda. Nesta primeira modalidade são permitidas deduções relativas a gastos básicos de naturezas diversas. O Tributo possui, ainda, modalidade com alíquotas diferenciadas de incidência sobre os ganhos advindos de investimento de capital, com alíquotas progressivas e variáveis entre 3% (três por cento) e 12% (doze por cento).

O **Imposto de Renda dos Não Residentes (IRNR)** é o imposto de renda incidente sobre o rendimento recebido no Uruguai por não residentes. Sua alíquota é progressiva e variável entre 3% (três por cento) e 12% (doze por cento).

O **Imposto sobre o Patrimônio (IP)** possui aplicação com alíquotas diferenciadas para pessoas jurídicas e pessoas físicas. Sua incidência para pessoas físicas é sobre o valor do patrimônio acumulado pelo indivíduo, possuindo alíquotas variáveis entre 0,7% (sete décimos de pontos percentuais) e 1,5% (um e meio pontos percentuais). Há ainda uma faixa de "não oponibilidade" definida atualmente pela DGI antes da qual não há incidência do imposto. Atualmente tal faixa encontra-se em cerca de US$ 110.000,00 (cento e dez mil dólares). Para pessoas físicas há alíquota fixa de 1,5% (um e meio pontos percentuais), admitindo-se a dedução dos valores pagos a título de IP do IRAE.

5. Tributação de alta tecnologia

A exemplo do Brasil, ainda não há no Uruguai um modelo ou tributos incidentes especificamente sobre a atividade de alta tecnologia, sendo a tributação de atividades inserida no âmbito do IVA (no caso de alguns serviços e mercadorias). Não há um modelo de tributação especial sobre a renda para as empresas de alta tecnologia.

6. Modelo de tributação

Com a promulgação de Lei 18.083/2006 e a total reforma do sistema tributário nacional, o antigo "status" de paraíso fiscal dado por muitos ao Uruguai foi totalmente alterado, eis que foram criados diversos mecanismos de tributação da renda das pessoas físicas, jurídicas e também dos estrangeiros não residentes. Deve-se destacar, contudo, que até os dias atuais a tributação do país ainda possui sua construção voltada para o consumo e não para a renda, conforme nos demonstram dados oficiais[7] da Direção Geral Impositiva (o órgão com atribuições equivalentes à Receita Federal do Brasil – RFB):

Tabela 04 – **Arrecadação Tributária Uruguai – Consumo e Renda**

Arrecadação Tributária absoluta - em $U (pesos uruguaios) - Uruguai - 2008 a 2018						
Ano	IVA	IVA Mínimo	IRAE	IRPF (Categoria 1)	IRPF (Categoria 2)	IRNR
2008	67.598.127.978,00	573.177.637,65	11.724.297.795,00	1.780.781.306,00	12.381.322.528,00	1.025.146.747,00
2009	71.964.699.255,83	595.774.925,95	16.512.138.405,00	1.921.372.718,00	12.441.081.355,00	1.784.579.981,00
2010	80.936.547.754,00	586.339.058,60	21.279.615.391,00	2.358.273.737,00	14.642.842.767,00	1.662.248.712,00
2011	92.088.026.939,58	600.294.441,61	21.719.215.217,00	2.946.180.730,00	18.421.906.712,00	2.587.790.134,00
2012	103.372.273.965,00	630.751.833,56	23.937.012.946,00	3.763.810.899,00	22.533.906.733,00	2.053.474.348,00
2013	113.953.333.131,00	686.254.870,51	31.812.082.965,00	4.278.315.616,00	26.047.572.895,00	2.678.819.697,00
2014	128.986.580.799,00	741.220.445,82	29.152.427.603,00	4.967.332.041,00	31.365.429.211,00	3.236.839.548,00
2015	137.426.663.944,00	796.190.574,31	34.375.148.162,00	5.837.899.459,00	34.880.809.785,00	3.874.750.248,00
2016	148.012.981.105,00	850.092.176,00	45.307.965.378,00	6.861.583.615,00	39.882.611.469,00	4.523.474.104,00
2017	162.104.124.260,00	924.787.074,00	50.929.092.911,00	8.377.323.287,00	54.327.154.731,00	5.178.611.460,00
2018	173.029.524.203,00	980.091.681,37	56.129.621.553,00	9.487.696.156,00	61.077.270.715,00	5.639.201.742,00

Tabela 05 – **Arrecadação Tributária Uruguai – Patrimônio**

Arrecadação Uruguai - Imposto sobre Patrimônio em $U			
Ano	IP - Jurídica	IP - Física	IP - Total
2008	6.325.556.826,00	324.867.435,00	6.650.424.261,00
2009	7.921.219.766,00	370.509.394,00	8.291.729.160,00
2010	8.165.230.383,00	381.825.904,00	8.547.056.287,00
2011	9.110.618.834,00	422.375.645,00	9.532.994.479,00
2012	10.263.664.763,00	444.942.557,00	10.708.607.320,00
2013	11.197.939.107,00	491.040.858,00	11.688.979.965,00
2014	13.079.214.169,00	629.031.451,00	13.708.245.620,00
2015	14.167.099.825,00	605.827.306,00	14.772.927.131,00
2016	15.967.169.322,00	684.103.913,00	16.651.273.235,00
2017	16.344.843.946,00	710.748.939,00	17.055.592.885,00
2018	16.712.666.344,00	759.746.512,00	17.472.412.856,00

---

[7] Recaudación anual y mensual por impuesto. DGI. Disponível em: <https://www.dgi.gub.uy/wdgi/page?2,principal,dgi--datos-y-series-estadisticas--serie-de-datos--recaudacion--anual-y-mensual-por-impuesto,O,es,0,>. Acesso em: 20 de março de 2019.

Tabela 06 - **Arrecadação Tributária Uruguai**
- Relação percentual da arrecadação

Ano	Consumo	Renda	Propriedade	Total	% Consumo	% Renda	% Propriedade
2008	68.171.305.615,65	26.911.548.376,00	6.650.424.261,00	101.733.278.252,65	67,01%	26,45%	6,54%
2009	72.560.474.181,78	32.659.172.459,00	8.291.729.160,00	113.511.375.800,78	63,92%	28,77%	7,30%
2010	81.522.886.812,60	39.942.980.607,00	8.547.056.287,00	130.012.923.706,60	62,70%	30,72%	6,57%
2011	92.688.321.381,19	45.675.092.793,00	9.532.994.479,00	147.896.408.653,19	62,67%	30,88%	6,45%
2012	104.003.025.798,56	52.288.204.926,00	10.708.607.320,00	166.999.838.044,56	62,28%	31,31%	6,41%
2013	114.639.588.001,51	64.816.791.173,00	11.688.979.965,00	191.145.359.139,51	59,98%	33,91%	6,12%
2014	129.727.801.244,82	68.722.028.403,00	13.708.245.620,00	212.158.075.267,82	61,15%	32,39%	6,46%
2015	138.222.854.518,31	78.968.607.654,00	14.772.927.131,00	231.964.389.303,31	59,59%	34,04%	6,37%
2016	148.863.073.281,00	96.575.634.566,00	16.651.273.235,00	262.089.981.082,00	56,80%	36,85%	6,35%
2017	163.028.911.334,00	118.812.182.389,00	17.055.592.885,00	298.896.686.608,00	54,54%	39,75%	5,71%
2018	174.009.615.884,37	132.333.790.166,00	17.472.412.856,00	323.815.818.906,37	53,74%	40,87%	5,40%

Podemos observar, portanto, a partir de dados oficiais, que desde a reforma do sistema tributário uruguaio houve uma significativa alteração da relação de tributação entre consumo e renda, mantendo-se mais estável a tributação sobre o patrimônio.

Isto por que, com a já mencionada extinção de diversos tributos e a criação de tributos sobre a renda de nacionais e estrangeiros, o Uruguai possuía, no ano de 2008, um percentual de 67% (sessenta e sete por cento) de sua tributação incidente sobre o consumo e somente cerca de 26% (vinte e seis por cento) sobre a renda. Tal realidade, conforme pode ser observado na "Tabela 05", foi significativamente alterada no ano de 2018, com a queda da tributação sobre o consumo ao patamar de quase 54% (cinquenta e quatro por centro) e o crescimento da tributação sobre a renda para quase 41% (quarenta e um por cento) do produto da arrecadação interna do país[8].

A reforma tributária e seus reflexos ao longo do tempo geraram, portanto, uma importante alteração no modelo de tributação uruguaio, eis que anteriormente existia uma absoluta prevalência do modelo de tributação sobre o consumo. Atualmente, contudo, tal modelo tendeu ao equilíbrio, de modo que a diferença arrecadatória entre a tributação

---

[8] O referido levantamento não levou em consideração os tributos sobre atividade econômicas específicas, a tributação dos departamentos descentralizados do Uruguai e nem impostos e contribuições destinados ao financiamento do sistema previdenciário, eis que estes não possuem impacto percentualmente significativo na arrecadação final total do país, ou mesmo não se prestam à análise realizada, como é o caso dos de natureza previdenciária.

de consumo e renda não chega aos 10% (dez pontos percentuais) em sua relação absoluta.

7. Modelo de cobrança fiscal e administração tributária

Conforme anteriormente destacado, a administração tributária no Uruguai é exercida de maneira direta pela DGI, órgão equivalente à RFB. Deve-se destacar, contudo, que o órgão possui naturalmente uma concentração de poderes maior do que à RFB, em razão da diferença entre a Forma de Estado (Federal e Unitário) dos dois países, de modo que a DGI concentra funções que estariam, no Brasil, delegadas à administração tributária estadual e municipal.

Como exemplo marcante dessa estrutura estará a administração do IVA, imposto que, em linha gerias, condensa o que equivaleria ao Imposto Sobre a Circulação de Mercadorias e Serviços (ICMS) e o Imposto Sobre Serviços de Qualquer Natureza (ISSQN). Tal atribuição, que no Brasil é realizada pelos fiscos estaduais e municipais, está concentrada na DGI no Uruguai. De maneira análoga, órgãos como o CONFAZ não existem no Uruguai, em razão da inexistência de traços de guerra fiscal entre entes públicos regionais e locais, eis que estes são inexistentes sob a forma unitária de Estado.

Sendo, portanto, de incumbência da DGI a organização da administração tributária do Uruguai, sempre que nos referirmos à prestação de informações ao fisco estaremos nos referindo ao órgão.

7.1. Da cobrança fiscal administrativa e obrigações acessórias

Quanto ao IVA, seu recolhimento será feito por meio de destaque em Nota Fiscal na ocasião da prestação do serviço ou da operação de compra e venda de mercadoria, sendo necessária tão somente a apresentação de declaração de ajuste mensal com a referida compensação de eventuais débitos/créditos suportados nas referidas operações, a exemplo claro da sistemática do ICMS nos diversos estados brasileiros.

Quanto ao IRAE, IRPF, IRNR e IP sua declaração será feita por intermédio de declaração acessória anual apresentada no final do 4º (quarto) mês do ano calendário, sendo esta relativa ao exercício fiscal anterior. Esta declaração será realizada por meio de declaração juramentada, em que o próprio contribuinte faz a sua declaração e realiza o recolhimento voluntário do tributo, a exemplo da sistemática do Imposto de Renda no

Brasil. Àqueles cujo recolhimento do tributo foi realizado de maneira antecipada, por meio da sistemática de retenção na fonte, é facultada a hipótese de declaração e requisição de restituição ou a opção de não declaração e aceitação tácita dos valores anteriormente retidos como devidos. Tais declarações poder ser alteradas, retificadas, em razão de erros materiais e de fato, sendo, contudo, vedada sua alteração em momentos posterior ao início de inspeções pela autoridade fiscal.

São permitidas fiscalizações e requisições de documentos pela autoridade fiscal tanto à pessoa física quanto à pessoa jurídica para a validação dos dados apresentados em declaração, sendo as diversas hipóteses de não recolhimento passíveis da aplicação de multa formal e punitiva. Tal aplicação de multa será realizada por meio de realização de notificação ao contribuinte, que terá o prazo simultâneo de 10 (dez) dias para apresentação de Recurso Administrativo ordinário (à própria DGI) e hierárquico (ao Executivo).

Insatisfeito o contribuinte com o resultado do julgamento de seus recursos, caberá, ainda, outra tutela administrativa sobre o tema, por meio de procedimento de anulação do ato administrativo, que será processado e apurado no âmbito do Tribunal do Contencioso Administrativo (TCA). Tal Tribunal é um órgão autônomo e independente da organização dos próprios três poderes do país, mas que possui funções de natureza jurisdicional, como as supramencionadas. Devemos destacar, portanto, que embora em primeira análise possamos correlacionar o TCA com o Conselho Administrativo de Recursos Fiscais (CARF), os órgãos possuem atuações, competências e organizações dentro da estrutura estatal bem distintas.

7.2. Cobrança fiscal judicial (Execuções Fiscais)

Devemos destacar, ainda, que a cobrança fiscal por meio judicial não é realizada por meio do TCA. Isto porque, embora este órgão possua algumas atribuições de natureza jurisdicional, este encontra-se em estrutura externa ao Poder Judiciário e possui competências restritas à análise da validade de atos e normas de natureza administrativa e advindos dos demais poderes.

O feito executivo fiscal, portanto, será processado e julgado no âmbito da justiça comum. Tal feito executivo será realizado por meio das normas processuais específicas e gerais trazidas pelo Código Tributário, Código

Geral de Processo e eventual legislação esparsa uruguaia[9], sendo realizado a partir de título executivo necessariamente pré-constituído, à similaridade do modelo brasileiro.

8. Tratados internacionais

Por fim, destacamos, ainda, que Brasil e Paraguai possuem acordo para evitar a bitributação de renda de seus cidadãos. Tal tratado foi firmado no dia 07 de Junho de 2019, conforme informações fornecidas pela própria RFB[10]:

> No dia 7 de junho de 2019, a República Federativa do Brasil e a República Oriental do Uruguai firmaram em Brasília uma Convenção para Eliminar a Dupla Tributação em Relação aos Tributos sobre a Renda e sobre o Capital e Prevenir a Evasão e a Elisão Fiscais.

Tal acordo, contudo, ainda se encontra pendente dos trâmites de internacionalização e homologação a serem realizados no âmbito do Congresso Nacional e pela Presidência da República.

---

[9] Lei 12.804: Artículo 378. (Juicio Ejecutivo). La Administración tendrá acción ejecutiva para el Cobro de los créditos fiscales que resulten a su favor, según sus resoluciones firmes debidamente notificadas. Se consideran resoluciones firmes las consentidas expresa o tácitamente por el obligado, las dictadas al resolver el recurso de revocación y las definitivas a que se refieren los artículos 309 y 319 de la Constitución.

A tal efecto, constituirán títulos ejecutivos los testimonios de las mismas y los documentos que de acuerdo con la legislación vigente tengan esa calidad.

En los juicios ejecutivos promovidos por cobros de obligaciones tributarias no será necesaria la conciliación y sólo serán notificados personalmente el auto que decreta el embargo, el que cita de excepciones y la sentencia de remate. Todas las demás actuaciones, incluso la planilla de tributos, se notificarán por nota.

Sólo serán admisibles las excepciones de inhabilidad del título, nulidad del acto declarado en vía contencioso-administrativa, pago, prescripción, caducidad, o espera concedida con anterioridad a la traba de embargo.

Se podrá oponer la excepción de inhabilidad cuando el título no reúna los requisitos formales exigidos por la ley o existan discordancias entre el mismo y los antecedentes administrativos en que se fundamente. Podrán oponerse además las excepciones previstas en el artículo 246 del Código de Procedimiento Civil.

El procedimiento se suspenderá a pedido de parte: (...)

[10] Receita Federal. No dia 7 de junho de 2019, a República Federativa do Brasil e a República Oriental do Uruguai firmaram em Brasília uma Convenção para Eliminar a Dupla Tributação em Relação aos Tributos sobre a Renda e sobre o Capital e Prevenir a Evasão e a Elisão Fiscais.

9. Conclusões

Em conclusão aos raciocínios e exposições realizados ao longo deste artigo, salientamos que os sistemas tributários brasileiro e uruguaio guardam grandes diferenças entre si, tanto pelo modelo de tributação (renda versus consumo) quanto pelas diferenças naturalmente oriundas da forma de Estado dos países (federativa x unitária).

Devemos destacar, contudo, que aspectos como a organização e objetividade das legislações tributárias de nosso vizinho sul-americano podem servir como saudável parâmetro à observação do legislado brasileiro.

Da mesma forma, sobretudo em tempos de acalorados debates acerca de uma iminente e necessária reforma tributária no Brasil, o IVA e a sua simplificação do modelo de tributação indireta para tributação de serviços e consumo (sem a inclusão de tributos de natureza previdenciária) mostra-se um valioso exemplo de eficiência na gestão e redução dos custos da administração tributária atualmente suportados no Brasil.

Referências

COBAS, Franciso; LENS, Hugo. *Las excepciones en el juicio ejecutivo fiscal, con especial énfasis en la inhabilidad de título*. 2015. 166 f. Dissertação (Mestrado em Direito e Técnica Tributária) – Faculdade de Direito, Universidade de Montevideo, Montevideo, 2015.

COSTA, Ramón Valdés. *Curso de Derecho Tributario*. 2. ed. Montevideo: Temis, 1966.

DIRECCIÓN GENERAL IMPOSITIVA (DGI). *Recaudación anual y mensual por impuesto*. Disponível em: <https://www.dgi.gub.uy/wdgi/page?2,principal,dgi--datos-y-series-estadisticas--serie-de-datos--recaudacion-anual-y-mensual-por--impuesto,O,es,0,>. Acesso em: 20 de março de 2019.

TRAIBE, J. P. Monteiro. *Revista 09*: Sistemas Tributarios – Principios generales del Derecho Tributario. Lima: IPDT, 1985.

URUGUAI. *Constituição da República Oriental do Uruguai*. Disponível em: <https://parlamento.gub.uy/documentosyleyes/constitucion>. Acesso em: 20.03.2020.

___. *Lei nº 14.306 – Código Tributário Uruguaio*. Disponível em: <https://legislativo.parlamento.gub.uy/temporales/leytemp5394711.htm>. Acesso em: 20.03.2020.

___. *Lei nº 18.083/2006*. Disponível em: <https://legislativo.parlamento.gub.uy/temporales/leytemp5560569.htm>. Acesso em: 20.03.2020.